भावसंग्रह

पूज्यपाद श्री देवसेनाचार्य विरचित

भाव संग्रह

हिन्दी टीकाकार

पं. लालाराम शास्त्री

भारतीय ज्ञानपीठ

लोकोदय ग्रन्थमाला : ग्रन्थांक 76

ISBN 978-93-87919-22-8

भाव संग्रह
(आचार शास्त्र)
आचार्य देवसेन

प्रकाशक : **भारतीय ज्ञानपीठ**
18, इन्स्टीट्यूशनल एरिया, लोदी रोड, नयी दिल्ली–110 003

मुद्रक : विकास कम्प्यूटर्स ऐंड प्रिन्टर्स, दिल्ली–32

आवरण : चन्द्रकान्त शर्मा

BHAV-SANGRAH
(Achar Shastra)
By Acharya Devsena

Published by
Bharatiya Jnanpith
18, Institutional Area, Lodi Road, New Delhi-110 003
Ph. : 011 24698417, 24626467; 23241619 (Daryaganj)
Mob. : 9350536020; e-mail : bjnanpith@gmail.com
sales@jnanpith.net, website : www.jnanpith.net

First Edition : 2018
Price : Rs. 800

मनो-भावना

अनादि काल से जन्म-मरण की असहनीय वेदना को सहन करता हुआ, इंद्रिय विषय भोगों से पीड़ित ये जीव अपनी तृष्णा को शान्त करने के लिये पुनः विषय-भोग करता है और अत्यन्त पीड़ित होता है। संसारी जीवों के कष्टों को दूर करने के निमित्त अरहंत देव की दिव्य ध्वनि सहज ही, शीतल जल के समान, संसार के ताप को हरने के लिये मुखरित हुई। जिस प्रकार चातक मेघ की बूँदों को अपने में समा लेता है उसी प्रकार भगवान् की दिव्य-ध्वनि गणधर भगवन्तों में समा गयी। इस ज्ञानामृत मयी धारा रूपी दिव्य ध्वनि के द्वारा बताये हुए मार्ग ने अनेकों भव्यों को भवसागर से पार उतारा और परम्परा से आगे भी भव्य जीवों को यह ज्ञान की नौका भवसागर से पार कराने में निमित्त होगी।

गुरु से प्राप्त इस ज्ञानधारा को शिष्य स्वयं में आत्मसात् करते रहे। किन्तु काल के प्रभाव के कारण निरन्तर क्षीण होती हुई स्मरण शक्ति से ये धारा कहीं शुष्क एवं मलिन न हो जाये, इस भावना से परम करुणामयी आचार्यों ने ग्रन्थों के रूप में इसको सदैव के लिये संरक्षित किया।

काल के प्रभाव एवं समाज में होने वाले अन्तरंग एव बहिरंग परिवर्तन भी इसको अपने रूप से विकृत नहीं कर पाये। आचार्य भगवन्तों का इसके संरचन एवं संरक्षण में बड़ा योगदान रहा है। आज भी युगल मुनि, परम पूज्य 108 मुनि श्री अमोघ कीर्ति जी महाराज एवं अमर कीर्ति जी महाराज ने इस दिशा में एक कदम बढ़ा कर इस परम्परा को अक्षुण्ण रखने का प्रयास किया है। हम श्रावक वृंद इस प्रयास के लिये उनके अति आभारी हैं। यह पुस्तक कभी अशुद्धियों के साथ प्रास हुई थी जिसको शुद्ध करने की पूरी कोशिश की गयी। लेकिन फिर भी कोई अशुद्धि रह गयी हो तो प्रेषित करने का कष्ट करें।

मुनि युगल के चरणों में शत शत् नमन अर्पित करते हुए...........

—आशा जैन

भूमिका

समयसार का सार
(णमो समयसाराणं)

शास्त्राध्ययन क्रम

जैनागम रूपी महासमुद्र के चार भेद है— (1) प्रथमानुयोग, (2) करणानुयोग, (3) चरणानुयोग, (4) द्रव्यानुयोग। ये चारों अनुयोग सर्वज्ञ, वीतराग, हितोपदेशी अरिहन्त भगवान् की दिव्यध्वनि से निःसृत होने के कारण सत्य हैं, तथ्य हैं, और उपादेय हैं। चारों अनुयोगों का अध्ययन मनन, चिन्तन, एवं उपलब्धि क्रमशः ही होती है।

यथा—यथेष्ट प्रार्थना—

प्रथमं करणं चरणं द्रव्यं नमः।
शास्त्राभ्यासो.... ॥

पहले प्रथमानुयोग का अध्ययन, मनन, चिन्तन, प्राथमिक साधक करें। उसके बाद करणानुयोग, चरणानुयोग एवं द्रव्यानुयोग भी करें। अर्थात् साधक पूर्व-पूर्व अनुयोग एवं अपनी अवस्थानुसार कर्तव्य में दक्ष होते हुए उत्तरोत्तर अनुयोगों का अध्ययन, मनन एवं अनुकरण करें।

प्रथमानुयोग में पुण्य पुरुषों का चरित्र बोधि समाधि आदि समीचीन विषय का वर्णन है। उसको पढ़कर प्राथमिक साधक महापुरुषों के चरित्र के माध्यम से धर्म को सरल, सहज अवगत कर लेता है। इसलिए इसको प्रथम— अनुयोग-प्रथमानुयोग प्राथमिक साधकों का अनुयोग, करणानुयोग जिस अनुयोग में लोक, अलोक, युग परिवर्तन, गुणस्थान, जीवसमास आदि का वर्णन है, उसे करणानुयोग कहते हैं। इसमें गणित का अवलम्बन लेकर वर्णन है। इसमें सूक्ष्म रूप से गणितिक पद्धति से जीवों

के विभिन्न अवस्थाओं का सूक्ष्म एवं अत्यन्त प्रामाणिक वर्णन हैं। इसमें जो भावों का वर्णन हैं वह भाव अन्य अनुयोग के लिए मानदण्ड स्वरूप हैं। भाव किस तरह उत्तरोत्तर ज्ञान वृद्धि को प्राप्त होता है। उसकी सूक्ष्म गणितिक एवं वैज्ञानिक वर्णन है। इस अनुयोग से ही अन्य तीन अनुयोग के वर्णित भावों की परीक्षा की जाती है। यदि करणानुयोग इन भावों को सत्य साबित करता है तो सत्य है अन्यथा मिथ्या हैं। इसमें किसी प्रकार का साहित्यिक, मनोरंजक, अतिश्योक्ति, उपमा, अलंकारात्मक वर्णन नहीं है।

चरणानुयोग में गृहस्थों के अणुव्रत, शिक्षाव्रत, दिग्व्रतादि चारित्र तथा मुनियों के के महाव्रत, समिति आदि 28 मूलगुण-उत्तरगुणादि का वर्णन है। बारह अंग में प्रथम अंग आचारांग हैं। आचारांग का मूल कारण यह है कि बिना आचरण के रत्नत्रय की वृद्धि नहीं हो सकती हैं। तथा केवल ज्ञान और मोक्ष की भी प्राप्ति नहीं हो सकती है। इसलिए आचार (चारित्र) प्रथम एवं मुख्य धर्म है, इसलिए आचारांग का वर्णन प्रथम किया गया है।

जिस अनुयोग में जीव, अजीवादि सात तत्त्वों का वर्णन है उसको द्रव्यानुयोग कहते हैं। द्रव्यानुयोग अतीन्द्रिय विषयों का सूक्ष्म वर्णन करने के कारण नय ज्ञान विरहित प्राथमिक शिष्यों के लिए अत्यन्त दुरुह दुरासाध्य एवं क्लिष्ट हैं।

जिसने विज्ञ अनुभवज्ञ अनेकान्त एवं पारंगत गुरू से क्रमशः प्रथमानुयोग, करणानुयोग, चरणानुयोग, द्रव्यानुयोग का अध्ययन मनन-चिन्तन एवं आचरण कर लिया है वह शिष्य गुरु के तत्त्वाधान में इस रहस्यपूर्ण नय उपनय से अकीर्ण सूक्ष्म अनुयोग का अध्ययन-मनन चिन्तनं एवं आचरण करके शुद्ध परम उपादेयतत्त्व, स्वतत्त्व रूपी समयसार को प्राप्त कर सकता है। अन्यथा साधक का विशेष उत्थान होना कठिन ही नहीं अशक्य है।

जैसे एक विद्यार्थी पहले गुरु के अवलम्बन से वर्ण माला को पढ़ता है उसके पश्चान पद् वाक्य शास्त्रादि का अध्ययन करते-करते आगे बढ़ता है। उसी प्रकार मुमुक्षु साधक पहले गुरु से प्रथमानुयोग पढ़कर उससे आत्मा का उत्थान-पतन जानकर संसार शरीर भोग से संवेग, वैराग्य को प्राप्त कर करणानुयोग के माध्यम से विभिन्न भावों को एवं उनके फल को जानकर चरणानुयोग के माध्यम से उत्तरोत्तर विशुद्ध भावों को प्राप्त करता हुआ, द्रव्यानयोग में वर्णित स्व शुद्धात्म तत्त्व को प्राप्त कर लेता है। यह चारों अनुयोगों का क्रम एवं विषय है। जब तक पहले-पहले के तीन अनुयोग रूप परिणमन नहीं करते है तब तक चतुर्थ अनुयोग में वर्णित शुद्ध तत्त्व भी अत्यन्त दूर है।

महान् आध्यात्मिक योगी पुरुष आध्यात्मिक क्रान्तिकारी एवं मूल आम्नाय के मुख्य स्तम्भ आचार्य कुन्दकुन्द के अनेक वाङ्मय में समयसार अन्यतम् कृति है। इस शास्त्र में आचार्यवर्य ने समयसार स्वरूप शुद्धात्म द्रव्य सिद्ध भगवान् का वर्णन किया है।

समय पाहुडं समयप्राभृतं सम्यक् अयः बोधो यस्य भवति स समय आत्मा, अथवा समं एकी भावेनायनं गमनं समयः। प्राभृतं सारं सारः शुद्धावस्था समयस्यात्मनः प्राभृतं समयप्राभृतं, अथवा समय एव प्राभृतं समय प्राभृतः।

स. सार. जयसेनाचार्य त. वृ. /गा.1

समय प्राभृत ग्रन्थ का–सम्यक्–समीचीन अर्थ बोध–ज्ञान है जिसके वह समय अर्थात् आत्मा अथवा समम् एकी भावेनायनम् समनं "ममयः" अर्थात् एकमेक रूप से जो गमन उसका नाम समयः प्राभृत अर्थात् सार शुद्धावस्था इस प्रकार समय नाम आत्मा उसका प्राभृत अर्थात् शुद्धावस्था वही हुआ सयम प्राभृत। अथवा समय जो है वही प्राभृत सो समय प्राभृत।

स्वरूपाद् प्रच्यवनात् टंकोत्कीर्णचित्स्वभावो जीव नाम पदार्थः स समयः समयत एकत्वेन युगमज्जानाति।

स. सा. अमृतचन्द्र आपचार्य। गा. 2

स्व स्वरूप से च्युत न होने से टकोत्कीर्ण चित्स्वभाववाला जीव नाम पदार्थ है वही सयमसार है। **एक काल में ही जानना और परिणमन करना ये दो क्रियाएँ जिसमें हो वह समय है।**

"स्वसमय एवं शुद्धात्मनः स्वरूपं न पुनः परसमय"

स. सा. जयसेनाचार्य त. वृ. /गा. 3

स्वसमय ही शुद्धात्मा का स्वरूप है, पर समय शुद्धात्मा का स्वरूप नहीं। अर्थात् शुद्धात्मा सिद्ध परमेष्ठी ही स्वसमय है। अन्य समस्त संसारी जीव परसमय है।

बहिरन्तरप्प भेदं परसमयं भण्णदे जिणिंदेहिं।
परमप्पा सगसमंय तब्भेदं जाण गुणठाणे॥
मिस्सोत्ति बाहिरप्पा तरतमया तुरियं अन्तरप्प जहण्णो,
सन्तोति मज्झिमंतर खीणुत्तम परम जिणसिद्धा॥

रयणसार। कुन्दकुन्दाचार्य / गा. 140–141

जिनेन्द्र भगवान् द्वारा बहिरात्मा एवं अन्तरात्मा को परसमय कहा गया है, परमात्मा स्वसमय है उसको गुणस्थान के अनुसार जान लेना चाहिए।

मिश्र गुणस्थान पर्यन्त मिथ्यात्व, सासादन, सम्यग्मिथ्यात्व गुणस्थनवर्ती जीव

तारतम्य से बहिरात्मा है। चतुर्थ गुणस्थानवर्ती सम्यग्दृष्टि जीव जघन्य अन्तरात्मा है। पाँचवें गुणस्थानवर्ती देशवर्ती श्रावक तथा छठें एवं सातवें गुणस्थानवर्ती अनगारी मुनि मध्यम अन्तरात्मा हैं। चौदह प्रकार के अन्तरंग और दस प्रकार के बहिरंग परिग्रह संरहित, शुद्धोपयागी, आत्मा का निरन्तर ध्यान करने वाले, आठवें से बारहवें गुणस्थानवर्ती मुनिराज उत्तम अन्तरात्मा हैं। अरिहंत भगवान् एवं सिद्ध भगवान् अर्थात् तेरहवें गुणस्थानवर्ती सयोग केवली एवं चैदहवें गुणस्थान वर्ती अयोग केवली एवं सिद्ध भगवान् परमात्मा हैं। जैसा पंडित दौलतराम जी ने भी अपनी छहढाला में कहा है—

बहिरातम अन्तर आतम, परमातम जीव त्रिधा है।
देह जीव को एक गिनैं, बहिरातम तत्त्व मुधा है।
उत्तम-मध्यम, जघन त्रिविध के अन्तर आतम ज्ञानी।
द्विविध संग बिन शुद्ध-उपयोगी मुनि उत्तम निज ध्यानी॥

—पं. दौलतराम जी। छहढाला। ढ. 3/4

जीवो चरित्त दंसणणाणट्ठिउ तं हि ससमयं जाण।
पुग्गलकम्मपदेसट्ठियं च तं जाण परसमयं॥

—स. स. । गा. 2

जीवश्चारित्रदर्शनज्ञानस्थितो यदा भवति तदा काले तमेव जीवं हि स्फुटं स्वसमयं जानीहि तथाहि विशुद्ध ज्ञान दर्शन स्वभावे निज परमात्मनि यद्रुचिरूपं सम्यग्दर्शनं तत्रैव रागादि रहित स्वसंवेदनं ज्ञानं तथैव निश्चलानुभूतिरूपं वीतरागचारित्रमित्युक्त लक्षणेनं निश्चयरत्नत्रयेण परिणंत जीवपदार्थ हे शिष्य स्वसमयं जानीहि। पुद्गल कर्मोपदेश स्थितंच तमेव जानीहि परसमयम्।...पूर्वोक्त निश्चयरत्नत्रयाभावात्तत्र यदा स्थितो भवत्ययं जीवस्तदा त जीवं परसमयं जानीहीत।

—स. सां. जयसेनाचार्य/ त. वृ. गा. 2

वह जीव जब चारित्र-दर्शन-ज्ञान में स्थित रहता है उस समय में उसे स्वसमय समझो। अर्थात् विशुद्ध ज्ञान दर्शन स्वभाववाले निज परमात्मा में रुचि रूप सम्यग्दर्शन और उसमें रागादि रहित स्वसंवेदन का होना वह सम्यग्ज्ञान तथा निश्चल स्वानुभूति रूप वीतराग चारित्र इस प्रकार कहे गए लक्षणवाले निश्चय रत्नत्रय के द्वारा परिणत जीवपदार्थ को हे शिष्य तू स्वसमय समझ। पुद्गल प्रदेश में स्थित उस जीव को तू परसमय समझ। पूर्वोक्त रत्नत्रय न होने से उस काल में परसमय जान।

अथ शुद्ध परमात्मतत्त्व प्रतिपादन मुख्यात्वेन विस्ताररुचि शिष्य प्रति बोधनार्थं श्री कुन्कुन्दाचार्य देव निर्मिते समयसार प्राभृतग्रन्थे।

—स. सा. जयसेनाचार्य त. वृ. /गा 1

अब शुद्ध परमात्म तत्त्व को मुख्य लेकर विस्तार में रुचि रखने वाले शिष्यों के प्रतिबोधन के लिए श्री कुन्दकुन्दाचार्य देव के द्वारा बनाया हुआ समयप्राभृत ग्रन्थ है। समयसार रूप शुद्धात्म तत्त्व का वर्णन कुन्दकुन्दाचार्य देव के इस ग्रन्थ में विशेष रूपरस से प्रतिपादन करने से इस ग्रन्थ का यथार्थ नाम समयसार है।

समयसार के लिए योग्य पात्र

समयसार ग्रन्थ में वर्णित जो आत्मतत्त्व उसका प्रत्यक्ष अनुभव निर्विकल्प समाधिस्थित, निश्चयनंय, के अवलम्बन सहित, महामुनि को ही होता है। और समयसार में प्रतिपादित विषय, उनके अनुभव भव्य एवं आचरण होने के कारण समयसार ग्रन्थ भी महामुनि के लिए ही विशेष प्रयोजनवान है और वही अन्तः बाह्य चित्त चमत्काररूप समयसार को आत्मसार कर सकता है, जिसने अन्तरंग बहिरंग ग्रन्थ रूपी परसमय का त्याग किया है वही हृदयंगम कर सकता है, आचरण में ला सकता है। परन्तु जो अन्तरंग बहिरंग ग्रन्थवान (परिग्रही) पर समयरत जीव है वह केवल इस ग्रन्थ को ग्रन्थरूप में (परिग्रह) सिर पर धारण कर सकता है, परन्तु पूर्ण रूप से ग्रहण करके हृदय में ग्रहण नहीं कर सकता है। जैसे कि शेरनी (सिंहणी) का दूध जिस किसी पात्र में नहीं रहता उसे सुवर्ण पात्र ही चाहिए, अन्यथा पात्र छिन्न-भिन्न होता है उसे योग्य पात्र ही चाहिए। अतः सम्पूर्ण रूप से निर्मोह, निस्संग, निराग, निक्षेप, मुनि ही उस समयसार को जानने के समझने के, कथन करने के पात्र हैं, अन्यथा अपात्र होने पर भी इस समयसार को धारण करने लगे तो जीवन रूपी पात्र छिन्न-भिन्न होगा, टुकड़े-टुकड़े होगा अर्थात् स्वच्छंद विषयी-कषायी होगा। जैसे भोजन को योग्य व्यक्ति के योग्य रीति से भोजन करने पचाने पर वह भोजन शक्तिवर्धक होता है। परन्तु अयोग्य व्यक्ति के अयोग्य रीति से भोजन करने से शक्तिवर्धक नहीं होता है। उसी प्रकार शास्त्र को केवल सिर पर रखने पर सिर का बोझ बढ़ता है एवं आत्मा को कोई लाभ नहीं मिलता है। इस समयसार में वर्णित शुद्धात्म तत्त्व का परिज्ञान एवं प्राप्ति किनको होती है। स्वयं जयसेनाचार्य ने प्रथम गाथा की टीका में कहा है—

''निर्विकार स्वसम्वेदन ज्ञानेन शुद्धात्म परिज्ञानं प्राप्तिर्वा प्रयोजन-मित्यभिप्रायः।''

इस समयसार ग्रन्थ का प्रयोजन निर्विकार स्वसम्वेदन ज्ञान के द्वारा शुद्धात्मा का जानना व प्राप्ति है।

सद्दृष्टि जनः पुनरभेदरत्नत्रयलक्षणनिर्विकल्पसमाधिबलेन कतक फलस्थानीयं निश्चयनयमाश्रित्यः शुद्धात्मामनुभवतीत्यर्थः।

—स. सा. जयसेनाचार्य त. वृ. /गा. 11

सम्यग्दृष्टि जीव पुनः अभेद रत्नत्रय लक्षण निर्विकल्प समाधि के बल से स्थानीय निश्चयनय का आश्रय लेकर शुद्धात्मा का अनुभव करता है।

निश्चयनय किसके लिए—

सुद्धो सुद्धादेसो णायव्वो परमभाव दरिसीहिं।
ववहार देसिदा पुण जे दु अपरमे ट्ठिदाभावे ॥12॥

—स. सा. /गा. 12

भूतार्थो निश्चयनयो निर्विकल्पसमाधिरतानां प्रयोजवान् भवति। किन्तु निर्विकल्पसमाधिरहितानां पुनः षोडशवर्णिका सुवर्णलाभाभावे अधस्तनवर्णिका सुवर्णलाभवत्केषां चिन्प्राथमिकानां कदाचित् सविकल्पावस्थायां मिथ्यात्वविषय कषाय दुर्ध्यानवंचनार्थं व्यवहारनयोपि प्रयोजनवान् भवतीति प्रतिपादयति तात्पर्यवृत्ति-सुद्धो शुद्धनय निश्चयनयः कथंभूत सुद्धादेसो शुद्धद्रव्यस्यादेशः कथनं यत्र स भवति शुद्धादेशः। णादव्वो ज्ञातव्यो भावयितव्यः कैः परमभावदरसीहिं शुद्धात्म भावदर्शिभिः। कस्मादिति चेत्। यतः षोडशवर्णिका-कार्तस्वरलाभवेदभेद-रत्नत्रयस्वरूपसमाधिकाले प्रयोजनो भवति। निःप्रयोजनो न भवतीत्यर्थः। व्यवहार देसिदो व्यवहारेण विकल्पेन भेदेन पर्यायेण देर्शितः कथित इति व्यवहार देशितो व्यवहारनयः पुणः पुनः अधस्तनवर्णिकसुवर्णं लाभवत्प्रयोजनवान् भवति। केषां? जे ये पुरुषाः दु पुनः अपरमे अशुद्धे असंयत सम्यग्दृष्ट्यपेक्षया श्रावकापेक्षया वा सराग सम्यग्दृष्टि लक्षणे शुभोपयोगे प्रमत्ताप्रमत्तसंयतापेक्षयाच भेद रत्नत्रय लक्षणे वा ठिदा स्थिताः कस्मिन स्थिताः। भावे जीवपदार्थे तेषामिति भावार्थः॥2॥

—स. सा. तात्पर्यवृत्ति/गा. 12

शुद्ध निश्चयनय शुद्ध द्रव्य का कथन करने वाला है, वह परम शुद्धात्मा की भावना में लगे हुए पुरुषों के द्वारा करने योग्य है। परन्तु जो पुरुष अशुद्ध व नीचे की अवस्था में स्थित है। उनके लिए व्यवहार नय ही कार्यकारी है अर्थात् उपादेय है।

शुद्ध निश्चय नय शुद्ध द्रव्य का कथन करने वाला है वह शुद्धता को प्राप्त हुए आत्मदर्शियों के द्वारा जानने-भावने अर्थात् अनुभव करने योग्य है। क्योंकि वह सोलहवानी सुवर्ण के समान अभेद रत्नत्रय स्वरूप समाधि काल में प्रयोजनवान होता है। किन्तु व्यवहार अर्थात् विकल्प, भेद अथवा पर्याय के द्वारा कहा गया जो व्यवहार नय है वह पन्द्रह, चौदह आदि वानी के सुवर्ण लाभ के समान उन लोगों के लिए है जो लोग शुभोपयोग असंयत सम्यग्दृष्टि अथवा श्रावक की अपेक्षा तो सराग सम्यग्दृष्टि लक्षणवाला है और प्रमत्त-अप्रमत्त संयत लोगों की अपेक्षा भेद रत्नत्रय लक्षणवाला है ऐसे शुभोपयोग रूप जीव पदार्थ में स्थित है।

व्यवहार नय त्यागने से हानि

यद्यप्ययं व्यवहार नयो बहिर्द्रव्यावलम्बनत्वेना भूतार्थस्तथापि रागादिबहिर्द्रव्यावलम्बन रहितविशुद्धज्ञान दर्शन स्वभाव स्वालम्बन सहितस्य परमार्थस्य प्रतिपादकत्वाद्-दर्शयितुमुचितो भवति। यदा-पुनर्व्यवहार नयो न भवति तदा शुद्ध निश्चय नयेन त्रस स्थावर जीवा न भवन्तीति मत्वा निःशंकोपमर्दन कुर्वन्ति जनाः। ततश्चपुण्यरूप धर्माभाव इत्येकं दूषणं तथैव शुद्धनयेन राग द्वेष मोह रहितः पूर्वमेव मुक्तो जीवस्तिष्ठतीति मत्वा मोक्षार्थमनुष्ठानं कोपिन करोति ततश्च मोक्षाभाव इति द्वितीयं च दूषणं। तस्माद्व्यवहारनयः व्याख्यानमुचितं भवतीत्यभिप्रायः।

—सं. सा. त. वृ. /गा. 51

यद्यपि व्यवहार नय बाह्यद्रव्य का आलम्बन लेने से अभूतार्थ हैं किन्तु रागादि बाह्यद्रव्य के आलम्बन से रहित और विशुद्ध ज्ञान, दर्शन स्वभाव के आलम्बन सहित ऐसे परमार्थ का प्रतिपादक होने से इसका भी कथन करना आवश्यक है। क्योंकि यदि व्यवहार नय को सर्वथा भुला (छोड़) दिया जाए तो फिर शुद्ध निश्चय नय से तो त्रस स्थावर जीव है ही नहीं। अतः फिर लोग निःशंक होकर उनके मर्दन में प्रवृत्ति करने लगेंगे ऐसी दशा में पुण्य रूप धर्म का अभाव हो जाएगा एक दूषण तो यह आएगा।

तथा शुद्ध निश्चयनय से तो जीव राग-द्वेष-मोह से रहित पहले से ही है अतः मुक्त ही है, ऐसा मानकर फिर मोक्ष के लिए भी अनुष्ठान कोई क्यों करेगा, अतः मोक्ष का भी अभाव हो जाएगा, यह दूसरा दूषण आएगा। इसलिए व्यवहार नय का व्याख्यान परम आवश्यक हैं, निरर्थक नहीं है।

—आचार्य ज्ञानसागर हिन्दी टीका से उद्धृत गा. /51

परमार्थनय तो जीव को शरीर और राग-द्वेष कहता है। यदि इसी का एकान्त किया जावे, तब शरीर तथा राग द्वेष मोह से भिन्न पुद्गलमय ठहरे और तब पुद्गल की घात से हिंसा नहीं हो सकती हैं और राग-द्वेष-मोह से बन्ध नहीं हो सकता है इस प्रकार परमार्थ से संसार और मोक्ष दोनों का अभाव हो जाएगा ऐसा एकान्तरूप वस्तु का स्वरूप नहीं है। अवस्तु का श्रद्धान, ज्ञान और आचरण मिथ्या अवस्तु रूप ही है। इसलिए व्यवहार का उपदेश न्याय प्राप्त हैं। इस प्रकार स्याद्वाद से दोनों नयों का विरोध मेट कर श्रद्धान करना सम्यक्त्व है।

—प. जयचन्द्रजीकृत हिन्दी टीका

समयसार की दृष्टि में ज्ञानी व अज्ञानी

यद्यपि सम्यग्दर्शन होने के बाद आगम अपेक्षा सम्यग्दृष्टि जीव ज्ञानी है, परन्तु

अध्यात्मिक दृष्टि अर्थात् समयसार दृष्टि से सम्पूर्ण पचेंद्रिय जनित विषय भोगों से रहित सम्पूर्ण संकल्प-विकल्प से रहित अन्तरंग बहिरंग परिग्रह रहित निर्विकल्प ध्यान स्थित महामुनि ही ज्ञानी हैं उसके अतिरिक्त उस अवस्था से रहित नीचे-नीचे के गुणस्थानवर्ती जीव अज्ञानी है, क्योंकि जो शुद्धात्मानुभूति रूप निर्विकार स्वसंवेदन ज्ञान, अनुभूति रूप आत्मानन्द का आस्वादन पूर्ण रूप से नहीं कर पाता हैं। यथायोग्य विषय कषाय पर पदार्थ में अनुरंजित होने के कारण वह अज्ञानी है। समयसार बाह्य शास्त्रीय ज्ञान को किसी प्रकार महत्व नहीं देता हैं अर्थात् ज्ञानी नहीं मानता हैं।

पंडिय-पंडिय पंडिया कणु छंडिवि तुरा कंडिया।
अत्थे गंथे तुद्ठो सि परमत्थु ण जाणहि मूढो सि ॥86 ॥

—पाहुड दोहा मुनि रामसिंह

हे शब्द-अर्थ ग्रन्थ से सन्तुष्टी को प्राप्त करने वाला पंडित! तू परमार्थ ज्ञान बिना केवल मूढ़ हैं, अज्ञानी है, मिथ्य दृष्टि है। जैसे कण रहित तुस को कूटने पर उससे विशेष लाभ नहीं होता उसी प्रकार तूने परमार्थ रहस्य को जाने बिना केवल शब्द ग्रन्थ में सन्तुष्ट होकर गाथाएँ रटकर लचकदार भाषा से भाषण करके, पर मनोरंजन करके भी तू कुछ विशेष लाभ प्राप्त नहीं कर पाया। कारण कि शब्द ग्रन्थ में परमार्थ तत्त्व, धर्म अथवा अध्यात्मिकता नहीं है वह केवल सूचना मात्र है। जैसे किसी रोगी के औषधि का नाम लिखे हुए कागज को सेवन करने से उस रोग को दूर नहीं कर सकता, उसी प्रकार शास्त्र कण्ठस्थ करने से भवरोग दूर नहीं होता। जैसे चित्रित कुएँ से जल प्राप्त नहीं होता है एवं प्यास भी नहीं बुझती है। चित्रित मिष्ठान व भोजन से जिह्वा को स्वाद नहीं मिलता है एवं पेट नहीं भरता है। जैसे माँ बेटे को हाथ की अँगुली से चन्द्र को संकेत करती है, दिखाती है, परन्तु चन्द्र उँगली में नहीं है, इसी प्रकार शास्त्र में परम तत्त्व का संकेत है परम तत्त्व को दिखाता है किन्तु परमतत्त्व नहीं है। जैसे पाणी के पात्र में सूर्य बिम्ब दिखाई देता है किन्तु सूर्य बिम्ब नहीं है किन्तु बहुत दूर में है उसको प्राप्त करने के लिए तद्नुकूल क्रिया करना आवश्यक है। जैसे मानचित्र में देश-विदेशों का चित्र हैं परन्तु हम उसमें ही देश विदेशों को ढूँढेंगे तो उसमें देश-विदेश नहीं मिल सकते। उसी प्रकार शास्त्र में तत्त्वों का मानचित्र है किन्तु यथार्थ तत्त्व उसमें नहीं है उस संकेत के अनुसार हम सम्यक् क्रिया करेंगे तो उस तत्त्व को प्राप्त कर सकते हैं जैसे रोड (रास्ते) पर माईल स्टोन में नगरों का नाम एवं दूरी एवं दिग् सूचित रहता है, परन्तु उस माईल स्टोन को पकड़कर बैठने पर उन-उन नगरों में नहीं पहुँच सकते हैं। उस माईल स्टोन को छोड़कर एवं गमन करने पर ही उन-उन नगरों को प्राप्त कर सकते हैं उसी प्रकार शास्त्र में मोक्षादि तत्त्वों का वर्णन है उस वर्णन के अनुसार यदि सम्यक् आचरण

करेंगे तब मोक्षादि तत्त्व की प्राप्ती हो सकती है। जैसे एक विद्यार्थी वाणिज्य विद्या (कॉमर्स) में स्नातकोत्तर (M.com) होने के बाद भी वह कुशल व्यापारी नहीं हो सकता हैं। वाणिज्य विद्या का विद्यार्थी होने मात्र से वह सेठ नहीं बन सकता हैं। एक कुशल निरक्षर व्यापारी व्यापार के माध्यम से सेठ बन सकता है। परन्तु साक्षरी वाणिज्य विद्या विशारद भी उस निरक्षरी सेठ का नौकर होकर कार्य करता है।

"अक्खरडेहिं जि गव्विया कारणु ते ण मुणंति।
वंसविहीणउ डोमु जिम सिरहत्थडा धुणंति।।87।।"

—पाहुड दोहा मुनि रामसिंह

कारण को नहीं जानने वाला अक्षरज्ञ मनुष्य का ज्ञान व्यर्थ है उससे वह आत्मोन्नति नहीं कर सकता है। वह स्वावलम्बी रूप आत्मावलम्बी नहीं हो सकता हैं। जैसे डोम बांस से रहित होने के कारण अपना खेल दिखाने रूप कार्य नहीं कर सकता है। केवल हाथ धुनते रहता है उसी प्रकार शास्त्र के रहस्य को हृदयंगम नहीं करने वाला, आचरण में नहीं लाने वाला लेखक हाथ मलते रहता है।

"सत्थं णाणं ण हवदि जम्हा सत्थं ण याणदे किंचि।
तम्हा अण्णं णाणं अण्णं सत्थं जिणा विंति।।
सद्दो णाणं ण हवदि जम्हा सद्दो ण याणदे किंचि।
तम्हा अण्णं णाणं अण्णं सद्दं जिणा विंति।।

—स. सा./गा. 414-415

शास्त्र और ज्ञान एक नहीं है क्योंकि शास्त्र कुछ भी नहीं जानता है। वह तो जड़ है। इसलिए ज्ञान भिन्न वस्तु है और शास्त्र उससे भिन्न वस्तु है ऐसा जिन भगवान् कहते हैं।

शब्द भी ज्ञान नहीं है क्योंकि शब्द कुछ नहीं जानता है। इसलिए ज्ञान अन्य है और शब्द अन्य हैं और शब्द उससे भिन्न वस्तु है ऐसा जिन भगवान् कहते हैं।

पुस्तकेषु च विद्या परहस्तेषु यदधनम्।
उत्पन्नेषु च कार्येषु न सा विद्या न तद्धनम्।।

—चाणक्यनीति दर्णण/श्लो. 20

जो विद्या कण्ठ में न रहकर पुस्तक में लिखी पड़ी है। जो धन अपने हाथ में न रहकर पराए हाथ में पड़ा है अतएव आवश्यकता पड़ने पर अपने काम नहीं आ सकता, वह विद्या न विद्या है और न वह धन, धन ही है।

जैसे एक कृषि विद्या में स्नात्तकोत्तर उत्तीर्ण होकर भी कृषि कार्य करने में अर्थात् हल चलाने में, मिट्टी खोदने में, मिट्टी ढोने आदि में असमर्थ भी हो सकता है। परन्तु जो कृषक है जिसने कृषि विद्या सम्बन्धी विशेष आक्षरीक अध्ययन भी

नहीं किया वह कृषि कार्य दक्ष होकर करता है। उसी प्रकार केवल शास्त्रज्ञ भी आत्मतत्त्व से, आत्म भावना से, धर्म-कर्म से दान पूजादि कर्तव्यों के पालन करने में असमर्थ भी हो सकता है, और परामुख भी हो सकता हैं। उसी प्रकार अक्षरज्ञ पंडित के लिए वह शास्त्र विशेष कार्यकारी नहीं है। परन्तु जो विशेष शास्त्रज्ञ नहीं है किन्तु आचरण में धर्म को लाता हैं वह कृतकार्य हो सकता है। जैसे कि प्रथमानुयोग में शिवभूति, भीमसेन जैसे अनेक अक्षर ज्ञान से अनभिज्ञ मोक्ष को प्राप्त किए मिलते हैं। तथा ग्यारह अंग के पाठी भी अपने कुकृत्यों से अधोगति-दुर्गति को प्राप्त हुए। जैसे केवल भोजन करने मात्र से शक्ति वृद्धि नहीं होती है। भोजन के यथार्थ पाचन से ही शक्ति वृद्धि होती है। उसी प्रकार शास्त्र को आत्मसात् करके तदनुकूल आचरण करने से ही आत्मविशुद्धि होती है। जैसे भोजन नहीं पचाने से उससे रोग ही बढ़ता हैं उसी प्रकार शास्त्र को भी नहीं पहचानने पर अर्थात् आचरण में नहीं लाने पर वह भी अपाच्य आहार के समान अपथ्य का अर्थात् विष का कार्य करता हैं।

''यस्य नास्ति स्वयं प्रज्ञा, शास्त्रं किं करिष्यति ।
लोचनाभ्यां विहीनस्य दर्पणं किं करिष्यति॥''

—नीति वाक्यमृतम्

जिसका विवेकरूपी प्रज्ञा चक्षु नहीं है। उसके लिए शास्त्र कोई कार्यकारी नहीं है। जैसे दृष्टि रहित अन्ध के लिए दर्पण कोई कार्यकारी नहीं है। अर्थात् दृष्टि शक्ति बिना मनुष्य स्वच्छ दर्पण में भी अपना मुख नहीं देख पाता हैं उसी प्रकार हिताहित विवेक रहित मनुष्य भी शास्त्र से अपने आत्मस्वरूप को प्राप्त नहीं कर पाता हैं।

''विद्या विवादाय धनं मदाय शक्ति परेषां परीपड़नाय।
खलस्य साधोर्विपरीतमेतद् ज्ञानाय दानाय च रक्षणाय॥''

खल दुर्जन व्यक्ति विद्या प्राप्त करके विवाद करता है धन प्राप्त करके मदोन्मत्त होता है, शक्ति प्राप्त करके दूसरों को पीड़ा देता है, परन्तु साधु धर्मात्मा पुरुष विद्या प्राप्त करके हिताहित विवेक वत ज्ञानी बनता है, धन प्राप्त करके दान देता है, एवं शक्ति प्राप्त करके दूसरों की रक्षा करता है। जैसे अग्नि के द्वारा भोजन तैयार करके उससे शरीर की पुष्टि कर सकते हैं, और अग्नि को शरीर के ऊपर डालकर नष्ट भी कर सकते हैं। उसी प्रकार शास्त्र के माध्यम से आत्म विशुद्ध करने से शास्त्र, शास्त्र हैं, अन्यथा वह शस्त्र है अर्थात् स्वयं का ही घातक भी हैं।

''अज्ञानिनां निर्विकल्पसमाधिभ्रष्टानां।''

जो निर्विकल्प समाधि से भ्रष्ट हैं अर्थात् निर्विकल्प समाधि में स्थिर नहीं हैं वह अज्ञानी है। और जो निर्विकल्प समाधि में स्थित है वह ज्ञानी है।

निर्विकल्प समाधिपरिणामपरिणतकारणसमयसारलक्षणेन भेदज्ञानेन सर्वारम्भापरिणतत्त्वाज्ज्ञानिनो जीवस्य शुद्धात्मख्यातिप्रतीति संवित्युपलब्धनुभूति रूपेण ज्ञानमय एव भवति। अज्ञानिनः पूर्वोक्त भेदज्ञानाभावात् शुद्धात्मानुभूति स्वरूपाभावे सत्यज्ञानमय एव भवतीत्यर्थः।

— जयसेनाचार्य। त. वृ/गा. 134

निर्विकल्प समाधिरूप परिणाम से परिणत रहने वाला जो कारण समयसार है लक्षण जिसका उस भेदज्ञान के द्वारा सभी प्रकार के आरम्भ से रहित होने के कारण ज्ञानी जीव का वह भाव शुद्धात्मा की ख्याति प्रतीति, संवित्ति, उपलब्धि या अनुभूति रूप से ज्ञानमय ही होता है। किन्तु अज्ञानी जीव को पूर्वोक्त भेदज्ञान न होने से शुद्धात्मा की अनुभूति स्वरूप का अभाव होने से उसका वह भाव अज्ञानमय होता है।

जो आत्मा अनंतज्ञान, दर्शन, अनन्त सुख और अनन्त वीर्य रूप चतुष्टय को प्राप्त है वह कार्य समयसार कहलाता है, किन्तु जो अनन्त चतुष्टय को प्राप्त न होकर उसकी प्राप्ति के लिए निर्विकल्प समाधि में लगता है वह उपर्युक्त कार्य समयसार का सम्पादक होने से कारण समयसार कहलाता है। जो सब प्रकार आरम्भ-परिग्रह आदि से रहित होकर अपनी शुद्धात्मा की अनुभूति लिए हुए रहता है। अतः उसके राग-द्वेषादि रहित शुद्ध ज्ञानमय भाव ही होता है। किन्तु जो समाधि से च्युत होकर रागद्वेषादि में परिणत रहता है उसके ज्ञान शुद्ध न होकर अशुद्ध होता है। अतः उसका भाव उस समय अज्ञानमय होता है ऐसा आचार्य का कहना है।

—स. सा. आचार्य ज्ञानसागर हिन्दी टीका का विशेषार्थ/गा. 134

''आदा तावदु कत्ता सो होदि णादव्वो तावत्कालं परमसमाधेरभावात् स चाज्ञानी जीवः कर्मणां कारको भवतीति ज्ञातव्यः''

तब तक परम समाधि के न होने से वह जीव अज्ञानी होता है जो कि कर्मों का करने वाला होता हैं ऐसा समझना चाहिए।

निर्विकार स्वसंवेदन लक्षणे भेद ज्ञाने स्थित्वा भावना कार्यैति तामेव भावनां दृढ़यति। यथा कोऽपि राजसेवक पुरुषो राजशत्रुभिः सह संसर्ग कुर्वाणः सन् राजाराधको न भवति तथा परमात्माऽराधक पुरुषस्तत्प्रतिपक्षभूत मिथ्यात्वरागादिभिः परिणममानः परमात्माराधको न भवतीति भावार्थः। — समयसार। त. वृ. गा 25,26,27

निर्विकार स्वसंवेदन है लक्षण जिसका ऐसे भेद ज्ञान में निमग्न होकर भावना करनी चाहिए। इसी बात को फिर दृढ़ करते हैं कि जैसे कोई राज पुरुष भी राजा के शत्रुओं के साथ संसर्ग रखता हैं तो वह राजा का आराधक नहीं कहला सकता। उसी प्रकार परमात्मा की आराधना करने वाला पुरुष आत्मा की प्रतिपक्षभूत जो मिथ्यात्व व रागादि भाव हैं उन रूप परिणमन करने वाला होता है। तब वह परमात्मा का आराधक नहीं हो सकता यह इसका निचोड़ (तात्पर्य) है।

जिस प्रकार आत्मा से इतर पदार्थों में अहंकार रखनेवाले को अप्रतिबुद्ध बतलाया हैं उसी प्रकार उनमें ममकार रखने वाले को भी अप्रतिबुद्ध बताते हुए उन सबसे दूर हटकर केवल निर्विकल्प समाधि में स्थित होने वाले जीव को ही अप्रतिबुद्ध, ज्ञानी एवं सम्यगदृष्टि कहा हैं।

—आचार्य ज्ञानसागरजी की हिन्दी टीका से उद्धृत

निश्यय कौन—

जो इन्दिए जिणित्ता, णाणसहावाधिअं मुणदि आदं।
त खलु जिदिंदियं ते भणंति जे णिच्छिदा साहू॥

—समयसार गा. 36 में क्षेपक/कर्ताकर्माधिकार

निश्चय में तत्पर रहने वाले अर्थात् आत्मा का अनुभव करने वाले साधु लोग उसे जितेन्द्रिय कहते हैं, जो इन्द्रियों को वश में करके अपने ज्ञानादि गुणों से परिपूर्ण अपनी आत्मा का ही अनुभव करता है।

यः कर्त्ता द्रव्येंद्रिय-भावेन्द्रिय पंचेन्द्रिय विषयान् जित्वा शुद्ध ज्ञान चेतना गुणेनाधिकं परिपूर्ण शुद्धात्मानं मनुते जानात्यनुभवति संचेतयति। तं पुरुषं खलु स्फुटं जितेन्द्रिय भणन्ति ते साधवः के ते ये निश्चिताः निश्चयज्ञा।

—स. सा. जयसेनाचार्य। त. वृ. गा. 36

जो जीव द्रव्येंद्रि-भावेन्द्रिय रूप पंचेन्द्रियों के विषयों को जीतकर शुद्धज्ञान चेतना गुण से परिपूर्ण अपने शुद्धात्मा को मानता है, जानता है, अनुभव करता है; संचेतता है अर्थात् शुद्धात्मा से तन्मय होकर रहता है, उस पुरुष को ही निश्चय नय के जानने वाले साधु लोग जितेन्द्रिय कहते हैं।

यः पुरुष उदयागतं मोहं सम्यग्दर्शन ज्ञान चारित्रैकाग्रयरूपनिर्विकल्पसमाधिबलेन जित्वा शुद्धज्ञानगुणेनाधिकं परिपूर्णमात्मानं मनुते जानाति भावयति। तं साधुं जितमोहं रहितमोहं परमार्थ विज्ञायका बुवन्ति कथयन्तीति।

(स. सा. जयसेनाचार्यकृत. गा. 37)

जो पुरुष उदयमे आए हुए मोह को सम्यग्दर्शन, सम्यग्ज्ञान, और सम्यग्चारित्र इन तीनों की एकाग्रता रूप निर्विकल्प समाधि के बल से जीतकर अर्थात् दबाकर शुद्धज्ञान गुण के द्वारा अधिक अर्थात् परिपूर्ण अपनी आत्म को मानता है, जानता है, और अनुभव करता है, उस साधु को परमार्थ के जाननेवाले 'जित मोह' अर्थात् मोह से रहित जिन, इस प्रकार कहते हैं।

(आचार्य ज्ञानसागर जी की हिन्दी टीका से उद्धृत)

उपरोक्त आगम प्रमाण से यह सिद्ध होता है कि केवल शास्त्र-शास्त्र कण्ठस्थ

करने से अध्ययन-अध्यापन करने से उपदेश देने से, शास्त्रों की रचना एवं टीका करने से अथवा आत्म तत्त्व (निश्चयनय) का वर्णन करने से कोई निश्चय नहीं हो सकता। किन्तु जब भव्य सम्यग्दृष्टि जीव संसार-शरीर भोगों से विरक्त होकर अन्तरंग-बहिरंग परिग्रह को त्याग कर पंचेद्रिय विषय कषाय को जपकर परीषह उपसर्ग को सहन कर, कषायों का क्षय या उपशम करके, समस्त संकल्प-विकल्प से दूर होकर निर्विकल्प समाधि के माध्यम से स्व शुद्धात्मा को जानता है, मानता है, भावना करता है वही निश्चयज्ञ है अन्य नहीं। अर्थात् सातिशय सप्तम गुणस्थानवर्ती से ऊपर के गुणस्थानवर्ती जीव निश्चयज्ञ है। उसके नीचे के गुणस्थानवर्ती जीव निश्चयज्ञ नहीं है। पूर्ण निश्चयज्ञ तो केवल ज्ञानी अरिहंत एवं सिद्ध ही है। जो परिग्रहादि धारण करके स्त्री भोगकर, विषय कषायों में स्वपच होते हुए अपने को निश्चयज्ञ मानता है वह स्वयं को ही पतित करता है। और उसी प्रकार गृहस्थ-श्रावक को पंडितों को भी अथवा निर्विकल्प समाधि से नीचे स्थित मुनियों को भी जो निश्चयज्ञ मानता है, वह भी आगम के रहस्य को नहीं जानता वह भी अन्धकारमय ही है।

मुख्यरूप से समयसार किसके लिए

"अत्र ग्रन्थे वस्तुवृत्या वीतराग सम्यग्दृष्टेग्रर्हणम्,
यस्तु चतुर्थ गुणस्थानवर्ती सम्यग्दृष्टिस्तस्य गौणवृत्या गृहणम्।"

—स. सा. त. वृ. 22 जयसेनाचार्य

इस ग्रन्थ में वास्तविक वीतराग सम्यग्दृष्टि (ध्यानस्थ एवं श्रेणी स्थित मुनि) का ही ग्रहण है। परन्तु चतुर्थ गुणस्थानवर्ती अविरत सम्यग्दृष्टि का कथन यहाँ गौण है।

ध्यान में स्थित मुनि समयसार में वर्णित विषयों का अनुभव करता है; आचरण करता है, श्रद्धान करता है, मानता है, जानता है, इसलिए समयसार का विषय मुख्य रूप से मुनियों के लिए हैं उसके नीचस्थ सम्यग्दृष्टि जीव जैसे छठवाँ गुणस्थान स्थित मुनि, पाँचवें गुणस्थवर्ती देशव्रती श्रावक एवं चतुर्थ गुणस्थानवर्ती असंयत सम्यग्दृष्टि जीव समयसार का पूर्ण आचरण नहीं कर पाते हैं। चतुर्थगुणस्थानवर्ती जीव मुख्य रूप से श्रद्धान करता है किन्तु आचरण में नहीं ला पाता है उसके लिए समयसार गौण है। सम्यग्दृष्टि जीव केवल तत्त्वों का श्रद्धान करता है परन्तु पचेन्द्रियों के विषय से विरत नहीं हो पाता है, भोग-उपभोग को भोगता रहता है, धनोपार्जन के लिए व्यापार धंधा करके त्रस और स्थावर का भी बध करता रहता है, मन सतत् राग-द्रेष कामादि विषय वासना में रत रहता है, अत्यन्त स्थूल अणुव्रत भी धारण नहीं

कर पाता है। उसका अन्तरंग-बहिरंग परिग्रह रहने के कारण उसका मन क्षुभित रहता है। मन और इन्द्रियों को वश करने में वह समर्थ नहीं हो पाता है जिससे वह स्थूल परिग्रह त्याग नहीं कर पाता है। जब वह उत्कृष्ट धर्मध्यान व पुण्यकर्म, शुभोपयोग भी नहीं कर पाता है तब वह कैसे अत्यन्त सूक्ष्म अन्तरंग परिग्रहों को त्याग करके मन को वश करके कैसे निर्विकल्प ध्यान कर सकता है? इसलिए समयसार के विषय को सम्यग्दृष्टि श्रद्धान करता है, किन्तु आचरण नहीं कर पाता है, परन्तु उसके योग्य अन्य-अन्य धार्मिक क्रियाओं को करते हुए जब आगे बढ़ते हुए अन्तरग-बहिरंग परिग्रह को छोड़ते हुए आर्त-रौद्र ध्यान को नष्ट करके शुभ ध्यान को ध्याते हुए मुनि रूप को धारण करते हुए निर्विकल्प समाधि में लीन होता है तब समयसार को प्राप्त कर सकता है। जब तक इस अवस्था को प्राप्त नहीं हुआ है तब तक यथायोग्य दान-पूजा-अभिषेक षट्-आवश्यक, प्रतिक्रमण, प्रत्याख्यान, तीर्थ-यात्रा, देवदर्शन-जपतप-सामायिक आदि शुभ क्रियाएँ करना चाहिए, जो कि आत्म-विशुद्धि के लिए कारण है, पाप कर्म की निर्जरा के लिए कारण, पुण्यबन्ध का कारण, एवं परम्परा से मोक्ष के लिए कारण है। यदि श्रावक अवस्था में रहते हुए यथायोग्य श्रावकों की क्रियाओं को नहीं करता हैं वह इतोभ्रष्ट ततोभ्रष्ट उभयभ्रष्ट है। इसी प्रकार मुनि भी निर्विकल्प समाधि को प्राप्त नहीं करता है तब तक स्वमूलगुण, देववंदनादि षट्-आवश्यक निर्दोष पूर्वक पालन करना चाहिए। यदि इन शुभ क्रियाओं से पुण्यबन्ध होता है ऐसा मानकर त्याग कर देगा तो वह भी उभयभ्रष्ट है, क्योंकि घर-द्वार स्त्री कुटुम्बादि को छोड़कर इहलोक सुख से वंचित है, तथा स्वकर्तव्य पालन नहीं करने से परलोक सुख से भी वंचित हो जाएगा। जो केवल संसारिक सुख भोगते हुए, परिग्रह को संचय करते हुए, स्त्री कुटुम्ब का सुख लेते हुए भोग से योग मानते हुए, भक्ति से मुक्ति मानते हुए, सम्भोग से समधि मानते हुए स्वयं को मोक्षगामी मुमुक्षु वीतरागी मानते हैं वह अपने को धोखा दे रहे हैं। क्योंकि उपरोक्त कार्य आत्मा से विपरीत होने के कारण उससे मोहनीयादि तीव्र पाप बन्ध होते हैं जिससे केवल संसारिक घोर दु:ख ही दु:ख मिलता है।

''दो मुख पंथी चले न पंथा, दो मुख सुई सिए न कंथा।
दोय बात नहिं होय सयाने, विषय भोग अरु मुक्ति हु पाने॥''
रागद्वेषके त्याग बिना ग्रथारथ पद नाहीं।
कोटि ग्रन्थ पढो व्याख्या करोसब अकारज जाहिं॥

समयसार क्या है? उसका अनुभव कौन कर सकता है?

कम्म बद्धमबद्ध जीवे एवं तु जाण णयपक्खं।
णयपक्खातिंक्कंतो भण्णदि जो सो समयसारो॥

—समयसार। गा 149

जीव में कर्म बन्धे हुए है अथवा नहीं बन्धे हुए हैं इस प्रकार तो नय पक्ष जानो और जो पक्ष से दूरवर्ती कहा जाता है, यह समयसार है निर्विकल्प शुद्धात्म तत्त्व है।

''ततो य एव समस्तं नयपक्षमातिक्रामति सा एव समस्तं विकल्पमतिक्रामति, य एव समस्त विकल्पमतिक्रामति स एव समयसारं विंदति''

(श्रीमदामृतचन्द्राचार्यकृत आत्मख्याति)

इसलिए जो समस्त नयपक्षों को छोड़ता है, तथा वही समयसार का अनुभव कर सकता है।

नयपक्षातिक्रांतो भण्यते यः स समयसारः शुद्धात्मा। तद्यथा-वयवहारेण बद्धो जीव इति नय विकल्पः शुद्ध जीव स्वरूपं न भवति निश्चयेनाबद्धो जीव इति च नय विकल्पः शुद्ध जीव स्वरूपं न भवति, निश्चयव्यवहाराभ्यां बद्धाबद्ध जीव इति वचन विकल्पः शुद्ध जीवस्वरूपं न भवति। कस्मादिति चेत? 'श्रुतविकल्पा' नया इति वचनात्। श्रुतज्ञानं च क्षायोपशमिकं क्षायोपशमस्तु ज्ञानावरणीयक्षायोपशमजनित त्वात्। यद्यपि व्यवहार नयेन छद्‌मस्थापेक्षया जीवस्वरूपं भण्यते तथापि केवल ज्ञानापेक्षया शुद्धजीव स्वरूपं न भवति। तर्हि कथभूत जीवस्वरूपमिति चेत् योऽसौ नयपक्षपातरहित स्वसंवेदनज्ञानी तस्याभिप्रायेण बद्धाबद्ध मूढा-मूढादिनय विकल्परहितं चिदानन्देक स्वभाव जीवस्वरूप भवतीति।

(जयसेन आचार्य की तात्पर्यवृत्ति टीका गाथा 149)

शुद्धात्म तत्त्व का वास्तविक स्वरूप जो की समयसार नाम से कहा जाता है वह है तो इन दोनों पक्षों से भिन्न प्रकार का ही है; क्योंकि व्यवहार नय के कहने के अनुसार जीव कर्मों से बन्धा हुआ है जो की शुद्ध जीव का स्वरूप नहीं है और निश्चयनय से जीव कर्मों से अबद्ध है। वह भी नय का विकल्प है जो की शुद्ध जीव का स्वरूप नहीं है इसलिए निश्चय और व्यवहार के द्वारा जीव को बद्ध या अबद्ध कहना यह जीव मात्र का स्वरूप नहीं है। यह नय का विकल्प है। नय जितने भी होते हैं वह सब श्रुतज्ञान के विकल्प रूप होते है वह सिद्धान्त की बात है। और श्रुतज्ञान है सो क्षायोपशमिक है। वह क्षयोपशम ज्ञानावर्णीय कर्म के क्षायोपशम से प्रकट होने के कारण यद्यपि व्यवहारनय के द्वारा छद्मस्थ जीव की अपेक्षा से जीव का स्वरूप होता है तथापि केवलज्ञान की अपेक्षा से वह शुद्ध जीव का स्वरूप नहीं है तब फिर जीव का स्वरूप क्या है इस प्रश्न के होने पर आचार्य उत्तर देते हुए कहते हैं— नय के पक्षपात से रहित जो स्वसंवेदन ज्ञानी जीव है उसके विचारानुसार जीव का स्वरूप बद्धाबद्ध या मूढ़ामूढ़ आदि नय के विकल्पों से रहित चिदानन्दस्वरूप होता है।

य एव मुक्त्वा नयपक्ष पातं स्वरूपगुप्ता निवसंति नित्यं।
विकल्प जालच्युत शांतचित्तास्तएव साक्षादमृतं पिंबति॥ 69॥

जो लोग नय के पक्षपात को छोड़कर सदा अपने आप के स्वरूप में तल्लीन रहते हैं एवं सभी प्रकार के विकल्प जाल से रहित शांतचित्त वाले होते है वे लोग ही साक्षात् अमृत का, समयसार का पान करते है।

एकस्य बद्धो न तथा परस्य चितिद्वयोर्द्वावितिपक्षपातौ।
यस्तत्त्ववेदी च्युतपक्षपातस्तस्यास्ति नित्यं खलु चिच्चिदेव॥ 70॥

जीव व्यवहार नय की अपेक्षा से बद्ध होता है और निश्चय नय की अपेक्षा से अबद्ध होता है। निश्चय नय की अपेक्षा से वह बद्ध नहीं होता है। अतः इन दोनों नयों के विचार में अपना-अपना पक्षपात है। इसलिए पक्षपात रहित तत्त्ववेदी पुरुष के ज्ञान में तो चेतन-चेतन ही है।

समयाख्यानकाले या बुद्धिर्नयद्वयात्मिका।
वर्तते बुद्धतत्त्वस्य सा स्वस्थ्यस्य निवर्तते॥
हेयोपादेयतत्त्वे तु विनिश्चित्य नयद्वयात्।
त्यक्त्वा हेयमपादेयेऽवस्थानं साधुसम्मतं॥

— (स. सा. जयसेनाचार्य त. वृ.)

आगम के अध्ययन के समय मनुष्य की बुद्धि निश्चय और व्यवहार इन दोनों नयों को लेकर चलती है। किन्तु, तत्त्व को जान लेने के बाद स्वस्थ हो जाने पर ऊहापोहात्मक बुद्धि दूर हो जाती है। निश्चय और व्यवहार इन दोनों नयों के द्वारा हेय और उपादेय तत्त्व का निर्णय कर लेने पर हेय का त्याग करके उपादेय तत्त्व में लगे रहना साधु-सन्तों को अभीष्ट है।

आह्वान—

जिस करणी से हम हुए अरहंत सिद्ध महान्।
उस करणी तुम करो हम तुम दोनों समान॥

उपसंहारः

समयसार वस्तुतः शास्त्र नहीं है, जोकि कुछ स्वर व्यंजनात्मक वाक्य से लिपिबद्ध है। वह तो एक परमोत्कृष्ट, अलौकिक, अभौतिक, अतीन्द्रिय, शब्दातीत, वचनातीत, अनाकार, मनातीत परमतत्त्व है। वह परमत्व वचन के अगोचर, शब्द से अवर्णनीय,

शास्त्र की सीमा से परे है, कोई भी उसको हाथ में लेकर देख नहीं सकता है। सूक्ष्म अणुवीक्षक दूरदर्शक यन्त्र से देख नहीं सकता है, भौतिक विज्ञान शाला का अविषय है। वचन के अगोचर होते हुए भी जिसका कथन सतत् आध्यात्मिक विशारद करते हैं, शास्त्र की सीमा से परे होते हुए भी जिसका वर्णन समस्त आध्यात्मिक शास्त्र करता है, जिसका प्रदर्शन करवाना असम्भव होते हुए भी समस्त आध्यात्मिक, प्रशिक्षक जिसका ही प्रदर्शन कराते हैं, वह ही परमोत्कृष्ट स्वतत्त्व समयसार है। जिसका दर्शन चक्षु आदि इन्द्रियों से, सूक्ष्म शक्तिशाली अणुदर्शक दूरदर्शक यन्त्र से, तर्क, व्याकरण, छंद, साहित्य, काव्य नाटक, न्याय, दर्शन, आगम, आध्यात्मिक शास्त्र से भी नहीं हो सकता है; उसका दर्शन निःशक निरावलम्बी, अकिंचन महामुनि सहज स्वभावी निर्विकल्प परमसमाधि के माध्यम से करते हैं। जो तर्क, वितर्क, कुतर्क, सुतर्क के अगम्य, वाद-विवाद कुवाद-सुवाद से परे होते हुए भी जो सहज सरल महामुनि के वेद गम्य हैं। जो परम मुनियों का परम ध्यान का विषय होते हुए भी स्वयं ध्यानातीत, जो निश्चय-व्यवहार, द्रव्य-पर्यायात्मक नय का विषय होते हुए भी स्वयं सर्व नयातीत है, जो निक्षेपों के विषय होते हुए भी स्वयं निक्षेपातीत है, जो सर्व ज्ञेय पदार्थ को जानते हुए भी स्वयं अन्य ज्ञेय स्वरूप नहीं, जो सर्वद्रव्य संयोग सहित होते हुए भी स्वयं असंग स्वरूप है। अतिविचित्र अतिगूढ़ शुद्ध स्वात्मत्व। जो अमूल्य होकर भी त्रिलोक के मूंल्य से भी खरीदा नहीं जा सकता, जो गुरूता से (भारीपना) रहित होकर भी त्रिलोक के गुरु है, जो सूक्ष्म होकर भी लोकालोक से भी अनन्त गुण (ज्ञानापेक्षा) बड़ा है वह है महान् तत्त्व स्वशुद्धात्म तत्त्व। जो अगुरूलघु (न भारी, न हल्का) होते हुए भी जिसको चलायमान कराने से त्रिलोक की शक्ति असमर्थ है जो दूसरों को प्रतिरोध (अव्याबाध) नहीं करते हुए भी कोई उनको बाधा नहीं पहुँचा सकता, जो मन वचन काय बल से रहित होकर भी अनंतवीर्य हैं, वह स्वयं सर्वशक्तिमान समयसार तत्त्व स्वशुद्धात्म तत्त्व है। जो समस्त चराचर का दर्शक होते हुए भी स्वयं सर्वदृष्टि के अगोचर, सर्व का दर्शन होते हुए भी जो स्वयं अनन्त क्षायिक सम्यग्दृष्टि है वह शुद्ध बुद्ध सुदर्शन रूप आत्मतत्त्व समयसार स्वशुद्ध तत्त्व है। (जो मिथ्या देवादियों का दर्शन करता है वह मिथ्यादृष्टि परन्तु शुद्धात्मा, अनन्तदर्शन से सबका दर्शन करते हुए भी क्षायिक अनन्त सम्यक्त्ववाला है) जो सुख से (काम-भोग इन्द्रिय जनित सुख से) रहित होकर भी जो त्रिकालवर्ती नर-नरेन्द्र, देव-देवेन्द्र, असुर-असुरेन्द्रादिओं के सुख से भी अनन्त गुणित अतीन्द्रिय, अव्याबाध, निरापेक्षी, आत्मोत्थ, निराकुल, ज्ञानानद रूप अमित सुख को अनुभव करता है वह अनन्त शान्ति, सुखी, आत्मोपयोगी, महेन्द्र, विष्णु, शंकर, शुद्ध-बुद्ध-प्रबुद्ध परम अभौतिक चिज्जयोतिस्वरूप, आनन्द धन स्वरूप त्रैकाली ध्रुवतत्त्व स्वशुद्ध आत्मतत्त्व ही निश्चय से समयसार है। जो दूसरों का तो कभी स्मरण नहीं करता है परन्तु जिनका स्मरण मुनिन्द्र, देवेन्द्र नरेन्द्रादि करते हैं वह परमेश्वर,

प्रभुविभु अर्हन, विष्णु पूज्यपाद, परमाराध्य त्रिलोक पूज्य स्वशुद्ध तत्त्व, उत्कृष्ट परमोपादेय द्रव्य समयसार है।

यः स्मर्यते सर्व मुनीन्द्र वृन्दैः
यः सूयते सर्वनरामरेन्द्रैः।
यो गीयते वेद-पुराण-शास्त्रैः
स देव देवो हृदये ममास्ताम्॥ भा द्वा. 12॥
यो दर्शन ज्ञान सुख स्वभावः
समस्त संसार विकार बाह्यः
समाधिगम्यः परमात्मज्ञः
स देवदेवो हृदये ममस्ताम्॥ भा. द्वा. 13॥
यो व्यापको विश्व जनीन वृत्तेः
सिद्धी बिबुद्धो द्युत कर्मबन्धः।
ध्याता घुनीतो सकलं विकारं
स देवदेवो हृदये ममास्ताम्॥ भा. द्वा. 13॥
निर्मलः केवलः सिद्धो विविक्तः प्रभुरक्षय।
परमेष्ठी परात्मेति परमात्मेश्वरो जिना॥ समाधिशतकम् 6॥
नमः समयसाराय स्वानुभूत्या चकासते।
चित्स्वभावाय भावाय सर्व भावान्तरच्छिददे॥ अमृतकलश 1॥

उपाध्याय मुनिश्री कनकनन्दि
7-11-87

धर्म की परीक्षा-

यथा सुवर्णं परिक्ष्यते घर्षण छेदन ताप ताउनैः॥
धर्मो विदुषाः परीक्ष्यते श्रुतेन शलेन तपदयागुणैः॥

जैसे सुवर्ण को घर्षण, छेदन, अग्नि में तपना एवं ताड़ना से परीक्षा करके शुद्धसुवर्ण ग्रहण किया जाता है, उसी प्रकार ज्ञानी धर्म को शास्त्र से, शील से, तप से एवं दया गुण से परीक्षा करके शुद्ध धर्म को ग्रहण करता है। अर्थात् जिसे धर्म में अविरोध शास्त्र है, शील है, तपश्चर्या है, दर्या धर्म है वही धर्म सत्यधर्म है अन्य धर्म कुधर्म है। अज्ञानी, मिथ्यादृष्टि, बुद्धिहीन जन दयादिहीन धर्म को स्वीकार करते हैं, ज्ञानी, सम्यग्दृष्टि बुद्धिमान जन नहीं॥

धर्मः कल्पवृक्ष—

धर्म कल्पवृक्षस्य अहिंसा दृढमूलः
सुरत्नं त्रयः स्कंधः क्षमादि दिव्य शाखाः।
समिति सुमन शोभे गुप्तित्रयः परागः
अमृतफलं दिव्यः नित्यानन्द रसालः॥

सरस्वती स्तव—

सर्वज्ञदेवं तनुजा शुद्धशुभ्रगात्री
विज्ञान हंसवाहिनी वेद-चतुर्भुजी।
स्याद्वादवीणा अनेकान्तः धर्मधारिणी
जगत जननी नमो अमृत-वर्षणी॥
सर्वज्ञहृदोद्भुतः पवित्र तीर्थः पूनी।
अनेकान्तः बहुर्मि स्याद्वाद कलध्वनी॥
अहिंसा स्वच्छगात्री भव्यानां तीर्थमूर्तीः
संसार ताप हर्त्री भव्यानां मोक्षदात्री॥

अमृत नीति—

विनयसमं न नीति स्वाध्याय सम तपः
स्वरुचिसमस्वादः प्रेमसमान बन्धः
न क्षमासमं शस्त्रं लोभसमान पापं
धैर्य समानं शक्तिः त्रैलोक्ये नान्य अन्य॥
स्वाधीन सुरणं परमेव सुखं
भोगसमं रोग न अन्य क्वचित्।
रत्नत्रयधारी समं न श्रीमान्
भारवाही पशुरेव धनवान्॥

॥ श्री वीतरागाय नमः॥

तस्य भुवणेक्क गुरुणो णमो अणेगंतवायस्स-

देवसम देवसेन आचार्य का अद्वितीय व्यक्तित्त्व और कृतित्त्व

परम जिनागम रहस्य ज्ञाता उभय भाषावित् नय चक्र संचारक धुरंधर, अक्षुण्ण चारि. पालनैंक धीर, मूल संघ कुन्द कुन्द आम्नाय के समर्थ पोषक एवं प्रचारक महा प्राज्ञ देवसेन आचार्य जैन धर्म के एक अलौकिक ज्योतिपुंज थे। उनके वर्तमान उपलब्ध निश्चय व्यवहार समन्वयात्मक अनेक बेजोड़ ज्वलंत कृतियों से उनका व्यक्तित्त्व स्पष्ट रूप से प्रतिभाषित होता है। आचार्य प्रवर समन्वय अनेकान्तवादी होते हुए भी मिथ्या मत का सम्यक् खण्डन करके सत्य धर्म का प्रतिपादन स्पष्ट एवं निर्भय रूप से अपनी समस्त कृति में यत्र-तत्र किया है। कृतित्त्व से ही व्यक्ति का व्यक्तित्त्व पहिचाना जाता है इस न्यायानुसार उनके द्वारा रचित वर्तमान उपलब्ध कृतियों के माध्यम से उनका व्यक्तित्त्व का हम अवलोकन करेंगे उनके द्वारा रचितशास्त्र निम्नलिखित है— (1) दर्शनसार, (2) नय चक्र (3) आलाप पद्धति (4) श्रुत भवन दीपक (4) नय चक्र (5) तत्त्वसार (6) भावसंग्रह (7) आराधनसार, इतने शास्त्र उपलब्ध है। धर्मसंग्रह पुस्तक अप्राप्य है।

(1) दर्शनसार

दर्शनसार एक लघुकृति प्राकृत दोहाबद्ध शास्त्र है। इसमें मूल आम्नाय के समर्थक प्रचारक एवं पोषक देवसेन आचार्य ने जैनाभासियों का उत्पत्ति काल एवं उनके शिथिलाचार के बारे में ऐतिहासिक एवं प्रामाणिक वर्णन किए हैं। भाव संग्रह में आचार्यश्री ने समस्त मिथ्यामत एवं श्वेताम्बरों का सविस्तृत खण्डन किया है। दर्शनसार में आचार्य श्री ने पाँच जैनाभासियों का वर्णन किया है—

गोपुच्छक श्वेतवासा द्रविडोयापनीय।
निष्पिच्छश्चेति जैसे पंच जैनाभासाः प्रकीर्तिताः।

(1) गोपुच्छक (काष्ठा संघ), (2) श्वेताम्बर, (3) द्राविड़, (4) यापनीय, (5) निपिच्छिक (माथुर) ऐसे पाँच प्रकार जैनाभास कहे गए हैं।

(1) गोपुच्छक (काष्ठा संघ)

आसीकुमार सेणो णंदियडे विणयसेण दिक्खियओ।
सण्णासभंजणेंणय अगहिय पुणदिक्खओ जादो॥ 33॥

सत्तसए तेवण्णे विक्कमरायस्स मणरपत्तस्स।
णंदियडे वरगामे कट्टो संघो मुणेयव्वो॥ 38॥

णंदियडे वरगामे कुमारसेणो य सत्त्थ विण्णाणी।
कट्टो दंसण भट्टो जादो सल्लेहणा काले॥ 39॥

आचार्य विनयसेन के द्वारा दीक्षित आचार्य कुमार सेन जो संन्यास से भ्रष्ट होकर पुनः गुरु से दीक्षा न ली और सल्लेखना के समय दर्शन से भ्रष्ट होकर नन्दितट ग्राम में (वि.सं. 753 में) काष्ठासंघी हो गए।

काष्ठासंघ में मूलसंघ के विरूद्ध सिद्धान्त

कुमार सेन ने मयूर पिछी का त्याग कर तथा चमरी गाय की पूंछ के बालों को ग्रहण कर सारे बागड़ प्रांत में उन्मार्ग का प्रचार किय। उसमें स्त्रियों को पूर्ण दीक्षा देना, क्षुल्लकों की वीर्य चर्या, मुनियों को कड़े बालों की पीछी रखना और रात्रि भोजन त्याग नामक छट्ठे गुणव्रत का विधान किया। उन्होंने आगम, शास्त्र, पुराण प्रायश्चित ग्रन्थों को कुछ और ही प्रकार रचकर मूर्ख लोगों में मिथ्यात्व का प्रचार किया। इस संघ में गोपुच्छ की पीछी रखने के कारण इसे गोपुच्छ संघ कहा जाता है।

(2) श्वेताम्बर संघ

श्वेतवस्त्रधारी, स्त्रीमुक्ति, केवली कवलाहारी आदि को माननेवाले प्रसिद्ध श्वेताम्बर संघ का वर्णन स्वयं देवसेन आचार्य भाव संग्रह में करेंगे इसलिए उसका विशेष कथन नहीं कर रहे हैं।

(3) द्राविड संघ

सिरि पुज्जपाद सीसो द्राविड़ संघस्स कारगो दुट्ठो।
णामेण वज्जणंदी पाहुडवेदी महासत्तो॥ 24॥ — *दर्शनसार*
अप्पा सुय चणयाणं मक्खणदो वज्जिदो मुणिंदेहिं।
परिरइयं विवरीयं विसेसियं वग्गणं चोज्जं॥ 25॥ — *दर्शनसार*
बीएसु णत्थि जीवो उब्भसणं णत्थि फासुगं णत्थि।
सावज्जं ण हु मण्णइ ण गणइ गिह कप्पियं अट्ठं॥ 26॥
कच्छं खेत्तं वसहिं वाणिज्जं कारिऊण जीवंतो।
ण्हंतो सीयलणीरे पावं पडरं स संजेदि॥ 27॥
पंचसय छब्बीसे विक्कमरायस्स मरणपत्तस्स।
दक्खिणमहुराजो दाविड्र संघो महामोहो॥ 28॥ — *दर्शनसार*

श्री पूंज्यपाद या देवनंदि आचार्य के शिष्य दुष्ट ब्रजनंदि द्राविड़ संघ को उत्पन्न करनेवाले हुए। ये प्राभृत ग्रन्थों के ज्ञाता और महान् सत्त्वधारी थे। मुनिराजों ने उन्हें अप्रासुक या सचित्त चनों को खाने के लिए रोका। परन्तु वे नहीं माने और भ्रष्ट होकर विपरीत प्रायश्चित आदि ग्रन्थों की रचना की। उनके मतानुसार बीजों में जीव नहीं होते, मुनियों को खड़े होकर भोजन लेने की विधि नहीं है। कोई वस्तु प्रासुक नहीं है। वह सावद्य भी नहीं मानते थे और गृह कल्पित अर्थ को भी नहीं मानते थे। कच्छार क्षेत्र वसतिका और वाणिज्य आदि कराके जीवन निर्वाह करते हुए और शीतल जल में स्नान करते हुए उन्होंने प्रचुर पापों का संग्रह किया। विक्रम राजा की मृत्यु के 523 वर्ष बीतने पर दक्षिण मथुरा में यह महामोहरूप द्राविड़ संघ उत्पन्न हुआ।

(4) यापनीय संघ-

कल्लाणे वरणयरे सत्तसए पंच उत्तरे जादे।
जावणियं संघ भावो सिरि कलसादो हु सेवडदो॥ 29॥

दर्शनसार यापनीयास्तु वेसरा इवो भयं मन्यन्ते, रत्नत्रयं, पूजयन्ति, कल्पंच वाचयन्ति, स्त्रीणां तद्‌भवे मोक्षं केवलि जिनाना कवलाहारं, पर शासने सग्रन्थानां मोक्षंच कथयन्ति।

कल्याण नगर में विक्रम राजा की मृत्यु के 705 वर्ष बीतने के बाद दूसरी प्रति के अनुसार 205 वर्ष बीतने के बाद श्रीकलश नामक श्वेताम्बर साधु द्वारा यापनीय संघ का उद्‌भव हुआ। यापनीय संघवाले दिगम्बर एवं श्वेताम्बर दोनों को मानते हैं,

रत्नत्रय को पूजते हैं, कल्पश्रुत को पढ़ते हैं, स्त्रियों को उसी भव में मोक्ष मानते हैं, केवलियों को कवलाहार मानते हैं। परमत वालों (मिथ्यात्व वादियों को) और परिग्रहधारियों को भी मोक्ष बताते हैं।

(5) निपिच्छक संघ-(माथुर संघ)

तत्तो दुएसतीदे महुराए माहुराण गुरुणाहो।
णामेण रामसेणो णिप्पिच्छं वण्णियं तेण॥ 40॥

सम्मत पयडिमिच्छंतं कहियं जं जिणिंद बिंबेसु।
अप्प यरणिट्ठिएसु य ममत्त बुद्धीए परिवसणं॥ 41॥

एसो मम होऊ गुरु अवरो णत्थित्ति चित्तपरियरणं।
सग गुरु कुलाहि माणे इयरेसु वि भंगकरणंच॥ 42॥

काष्ठा संघ के 200 वर्ष पश्चात विक्रम सं. 953 में मथुरा नगरी में माथुर संग के प्रधान गुरु रामसेन हुए। जिन्होंने निपिच्छ रहने का उपदेश दिए। उन्होंने अपने और पराए प्रतिष्ठित किए हुए जिनबिम्बों की ममत्व बुद्धि के द्वारा न्यूनाधिक भावों से पूजा वंदना करने एवं यह मेरा गुरु है दूसरा नहीं है इस प्रकार के भाव रखने और अपने गुरुकुल का अभिमान करने और दूसरे गुरुकुलों का मान भंग करने के लिए सम्यक्त्व प्रकृति रूप मिथ्यात्व का उपदेश दिए।

पिच्छेण हु सम्मत्तं करगहिए मोर चमर डंबरए।
अप्पा तारइ अप्पा तम्हा अप्पा वि झायव्वो॥ 1॥

सेयंबरो य आसंबरो य बुद्धो य तह य अण्णे य।
समभाव भावियप्पा लहेय मोक्खं ण संदेहो॥ 2॥

मोर पंख या चमरी गाय के बालों की पिच्छी हाथ में लेने से सम्यक्त्व नहीं है। श्वेताम्बर हो या दिगम्बर हो, बुद्ध हो या अन्य कोई भी हो, समभाव से युक्त आत्मा ही मोक्ष प्राप्त करती है इसमें संदेह नहीं।

निमित्त उपादान से कार्य होता है—

इस संघ का मत वस्तुत: स्वच्छंद शिथिलाचारी निश्चयाभासीय है, क्योंकि प्रत्येक कार्य बाह्याभ्यान्तर कारण से होता है।

जैसा कि तार्किक शिरोमणि स्वामी समन्त भद्र ने स्वयंभू स्तोत्र में कहा है—

बाह्येतरोपाधिसमग्रतेयं, कार्येषु ते द्रव्यगतः स्वभावः।
नैवान्यथा मोक्षविधिश्चं पुंसां, तेनाभिवंद्यस्त्वमृषिर्बुधानाम्॥ 60॥

प्रभाचन्द्राचार्य की टीका—

बाह्येत्यादि। बाह्यश्च इतरश्चाभ्यन्तरः तौ च तौ उपाधीच हेतू उपादान सहकारि कारणे तयोः समग्रता संपूर्णता। इयं प्रतीयमाना क्वः? कार्येषु घटादिषु ते तव मते। कथम्भूता? द्रव्यगतः स्वभावः जीवादि पदार्थगतमर्थक्रियाकारिस्वरूपं। अन्यथा एतस्मात्तत्समग्रता-तत्स्वभावता प्रकाराद् अन्येन तदसनु तदस्वभावता प्रकारेण। नैव मोक्ष विधिश्च च शब्दोऽपि शब्दार्थः, न केवलं घटादि विधानं नैवान्येन प्रकारे घटते किंतु मोक्षविधिरपि पुंसां मुक्तर्थिनां यत एवं तेन कारणेनभिवंद्यस्त्वं बुधानां गणधर देवादि विपश्चितां। कथम्भूतः? ऋषिः परमर्द्धिसम्पन्नः॥60॥

बाह्य कारण अर्थात् निमित्तकारण एवं आभ्यान्तर कारण अर्थात् उपादान कारणों की परिपूर्णता से ही कार्य की उत्पत्ति होना यह द्रव्य का स्व-स्वभाव है अर्थात् जीवादि पदार्थगत अर्थ क्रियाकारित्व के लिए दोनों कारणों का समन्वय होना अनिवार्य है। जैसे घट रूप कार्य के लिए योग्य मिट्टी उपादान कारण है एवं कुंभार, चक्र, पानी, चीवर आदि बाह्य कारण हैं। यदि केवल योग्य मिट्टी है परन्तु बाह्य योग्य कुम्भारादि कारणों का अभाव होने पर मिट्टी घट रूप परिणमन नहीं करती है। उसी प्रकार योग्य कुंभारादि के सद्भाव होने पर भी योग्य मिट्टी के अभाव में भी घट की उत्पत्ति नहीं हो सकती है। यदि इसी प्रकार नहीं मानेंगे तो प्रत्यक्ष आगम विरोध प्राप्त होगा। बाहय निमित्त कारण के अभाव से भी मिट्टी स्वंयमेव ही घट बनती है ऐसा मानने पर समस्त मिट्टी का स्वयंमेव घट रूप परिणमन हो जाना चाहिए किन्तु इस प्रकार उपलब्ध नहीं है और अनुपलब्ध को ही उपलब्ध मानना मिथ्यात्व है। उसी प्रकार केवल बाहय निमित्त से कार्य होता है। तो कुंभारादि बाह्य निमित्त से घट बनता है मानने पर मिट्टी की आवश्यकता नहीं होती तथा कुंभारादि के हाथ, पैर आदि ही घट रूप परिणमन कर जाना चाहिए किन्तु ऐसा भी उपलब्ध नहीं है। केवल लौकिक घटादि कार्य के लिए दोनों कारणों का सद्भाव चाहिए ऐसा नहीं किन्तु अलौकिक अभूतपूर्व महान् कार्य मोक्ष के लिए भी दोनों कारणों का समन्वय अनिवार्य है।

मोक्ष के लिए रत्नत्रय परिणत स्वात्मा उपादान कारण है एवं बाह्य द्रव्य, क्षेत्र, कालादि, निग्रन्थ मुनि लिंग आदि निमित्त कारण हैं। अन्तरंग परिणाम एवं बहिरंग साधनों के माध्यम से मोक्ष रूप कार्य सिद्ध होता है। आध्यात्मिक सम्राट मूल आम्नाय के कर्णधार कुन्दकुन्द आचार्य अष्टपाहुड़ में बताते हैं—

णवि सिज्झदि वत्थधरो जिणसासणे जह वि होई तित्थरो।
णग्गो विमोक्खमग्गो सेसा उम्मग्गया सव्वे॥ 23॥

जिन शासन में वस्त्रधारी तीर्थंकर को भी मोक्ष की प्राप्ति नहीं हो सकती। एक केवल निर्ग्रन्थता ही मोक्ष मार्ग है अन्य सर्व उन्मार्ग हैं, कुमार्ग हैं। जैसे आचार्य कहते हैं—

कारण द्वयं साध्यं न कार्यमेकेन जायते।
द्वन्द्वोत्पाद्यमपत्यं किमेकेनोत्पद्यते क्वचित्॥

जो कार्य दो कारण से होता है वह एक कारण से नहीं हो सकता है। जैसे पुत्र उत्पत्ति रूप कार्य माता-पिता रूप दो कारणों से होता है। इसी प्रकार अन्तरंग चारित्र एवं बाह्य चारित्र रूप धारण से ही मोक्ष प्राप्ति रूप कार्य हो सकता है। अन्यथा नहीं।

इन ऐतिहासिक पंथ भेदों में मूल कारण शिथिलाचार, मनो कल्पित सिद्धान्त, हठग्राहितवादी हैं। यदि अन्तरंग में परिग्रह की इच्छा नहीं है तो बाह्य में परग्रिह कदापि नहीं हो सकता। यदि बाह्य में परिग्रह है तो अन्तरंग में मूर्च्छा है ही। इसी प्रकार प्राय: एकान्त निश्चय आध्यात्मवादी करण चरण को छोड़कर स्वच्छन्द होकर संसार वृद्धि करते हैं। इसी प्रकार देवसेन आचार्य ने दर्शनसार में दर्शन विषयक कलंक धोकर निर्मल दर्शन प्राप्त करने का वर्णन किए हैं।

(2) नयचक्र

वर्तमान उपलब्ध नय विषयक स्वतंत्र कृति आचार्य देवसेन की है। आचार्य देवसन द्वारा नय चक्र में गाथाएँ प्राकृत भाषा में हैं। इस नय चक्र में आचार्य श्री ने सम्पूर्ण नयों का आगमानुसार संक्षिप्त वर्णन किया है। आचार्य श्री अपने काल में नय विषयक ज्ञान में अत्यन्त दक्ष थे। द्रव्य स्वभाव प्रकाशक नय चक्र के कर्त्ता माइल्ल धवल ने देवसेनाचार्य कृत नय चक्र के अवलम्बन से ही नय चक्र की रचना की।

सियसद्दसुणय दुण्णय दणुदेह दणुदेह विदारणेक्क वर वीरं।
तं देवसेण देवं णयचक्कयरं गुरुं णमह॥ 423॥
दव्व सहाव पयासं दोहय बन्धेण आसि जं दिट्ठं।
तं गाहा बन्धेण रइयं माइल्ल धवलेण॥ 424॥
सुसमीरणेण पोयं पेरयं सन्तं जहा तिरणट्ठं।
सिरिदेवसेण मुणिणा तह णय चक्क पुणो रइयं॥ 425॥

—नयचक्र (माइल्लधवल)

स्यात् शब्द से युक्त सुनय के द्वारा दुर्नयरूपी दैत्य के शरीर को विहारण करने में एक मात्र वीर नय चक्र के कर्ता उन देवसेन नामक गुरुदेव को नमस्कार हो। इससे सिद्ध होता है कि देवसेनाचार्य नय विषयक मर्मज्ञ महाप्रज्ञ विद्वान थे उन्होंने सुनय चक्र के माध्यम से दुर्नय रूपी मोहांधकार स्वरूप दैत्य को नाश किया था। अर्थात् जैन धर्म का सम्यक् प्रचार प्रसार उन्नयन किया था॥ 423॥

द्रव्य स्वभाव प्रकाशक दोहे में रचा हुआ था। उसको माइल्ल धवल ने गाथाबद्ध किया॥ 424॥

अनुकूल वायु के द्वारा प्रेरित हुआ जहाज तैरने में समर्थ होता है वैसे ही श्री देवसेन मुनि ने नयचक्र पुनः रचा। इससे सिद्ध होता है उस समय की परिस्थिति से प्रेरित होकर आचार्य श्री ने पुनः नयचक्र को रचा। अन्य प्रति में स्थित अन्य गाथा–

दुसमीरणेण पोयं पेरियसन्तं जहा ति(चि) नट्टम्।
सिरि देवसेन मुणिणा तह णय चक्कं पुणो रइयं॥

दुःषम काल रूपी आँधी से संसार सागर से पार उतारने वाला जहाज के समान जो नय चक्र चिरकाल से नष्ट हो गया था उसे देवसेन मुनि ने पुनः रचा। इससे सिद्ध होता है कि नयचक्र विषयक उस समय शास्त्र था परन्तु दुःकाल के कारण वह शास्त्र नष्ट होने से धर्म वात्सल्य से प्रेरित होकर जिन शासन की रक्षा प्रसार-प्रचार के लिए एवं मिथ्या नयों का निरसन करने के लिए आचार्यश्री ने संसार से पार उतारने के लिए जहाज के समान, एक नवीन नय चक्र रचा।

जैन धर्म एक पंथ व वाद नहीं है जैन धर्म वस्तु स्वभाव सहज सरल स्वभाव प्राकृतिक धर्म है। वस्तु सत्त स्वरूप होने से त्रिकाल अबाधित एवं शाश्वत है। वस्तु अनादि अनन्त है एवं जैन धर्म वस्तु स्वभाव धर्म है उसी कारण जैन धर्म शाश्वतिक, अनादि अनन्त, प्राकृतिक सहज सरल धर्म है। प्रत्येक वस्तु अनन्त गुण पर्याय होने से प्रत्येक वस्तु अनेकान्तात्मक है इसलिए जैन धर्म भी अनेकान्तात्मक है। अनन्त गुण पर्यायात्मक वस्तु को जानने के लिए अनन्त ज्ञान भी चाहिए। जो अनन्त ज्ञानी अर्थात् सर्वज्ञ हैं वे ही वस्तु को पूर्ण यथार्थ रूप से जान सकते हैं अन्य कोई असर्वज्ञ नहीं जान सकते हैं। सर्वज्ञ भगवान् का ज्ञान सम्यग्ज्ञान होने से वस्तु जैसी है उसी प्रकार है। परन्तु दिव्यध्वनि में युगपत सम्पूर्ण गुण पर्यायों का वर्णन नहीं हो सकता इसलिए दिव्यध्वनि भी नयात्मक है। जैसे कि स्याद्वादसूरि सिद्धसेन दिवाकर ने सन्मति सूत्र में कहा है—

तित्थयर वयण संगह विसेस पत्थार मूल वागरणी।
दव्वट्ठियो य पज्जवणयो य सेसा वियप्पा सिं॥ 3॥

तीर्थंकर के वचन सामान्य विशेषात्मक हैं। सामानय रूप से मूल व्याख्यान करनेवाला वचन द्रव्यार्थिक नय है। विशेष रूप का प्रतिपादन करनेवाला मूल व्याख्यान पर्यायार्थिक नय है। शेष सभी नय इन दो नयों के भेद है इसलिए द्रव्यार्थिक अर्थात् निश्चय नय भी सत्य है उसी प्रकार स्वस्थान में पर्यायार्थिक नय भी सत्य है।

नयः

जं णाणीण वियप्पं सुयसेयं सुयभेयं वत्थुंयंस संगहणं।
तं इह णयं पउत्तं णाणी पुण तेहि णाणेंहिं॥ 2॥
जह्ला ण णएण विणा होई णरस्स सियवाय पडिवत्ती।
तह्ला सो बोहव्वो एअन्तं हंतुकामेण॥ 3॥ *नयचक्र*

नय ज्ञानी को जो विकल्प हैं उसे नय कहते हैं, अथवा श्रुत ज्ञान के भेद को नय कहते हैं, अथवा वस्तु के एक अंश ग्राही को ज्ञानियों ने नय कहा है। इसलिए नयसे न पूर्ण ज्ञान है न अज्ञान है परन्तु नय में द्रव्य का पूर्ण ज्ञान नहीं होता है और नय अन्यथा वस्तु का प्रतिपादन करता है केवल वस्तु अंशग्राही होता है॥2॥

नय के बिना स्याद्वाद की सिद्धी नहीं होती है इसलिए स्याद्वाद सिद्धि के लिए एवं एकान्त खण्डन के लिए नय विषयक ज्ञान अनिवार्य है क्योंकि ''णयमूलो अणेयंतो'' अनेकांत का मूल नय है॥ 3॥

वस्तु अनेकांत स्वरूप है। अनेकांत को जानने पर ही वस्तु के स्वरूप को जान सकते हैं। जब वस्तु के स्वरूप को जानेंगे तभी सम्यग्दृष्टि हो सकते हैं। जब सम्यग्दृष्टि होंगे तभी मोक्षमार्गी होंगे।

जे णयदिट्ठिविहीणा तेसिं ण हु वत्थुरुव-उवलद्धि।
वत्थु सहाव विहूणा सम्माइट्ठी कहं हुंति॥ 10॥ *— नयचक्र।*

नय दृष्टि से विहीन व्यक्ति स्वरूप को प्राप्त नहीं कर सकता है वस्तु स्वभाव रहित जीव सम्यग्दृष्टि नहीं हो सकता है॥ 10॥

एअन्तो एअणओ होइ अणेयंतमस्स सम्मूहो।
तं खलु णाणवियप्पं सम्मं मिच्छं च णायव्वं॥ 09॥ —नयचक्र

एक नय एकांत स्वरूप है। सम्पूर्ण नयों का सम्यक् समन्वय अनेकांत है। नय और अनेकांत दोनों ज्ञान के विकल्प हैं। तो भी एकांत नय मिथ्या है और अनेकांत सम्यक् है। वह भले द्रव्यार्थिक या निश्चय नय हो अथवा पर्यायार्थिक या व्यवहार

नय हो तो ये दोनों निरपेक्ष होने से दोनों मिथ्या एवं अवस्तु स्वरूप हैं। सिद्धसेन दिवाकर ने सन्मति सूत्र में कहे हैं—

दव्वट्ठिय वत्तव्वं अवत्थु णियमेण पज्जव णयस्स।
तह पज्जव वत्थु अवत्थुमेव दव्वट्ठिय णयसस॥10॥

द्रव्यार्थिक नय का सामान्य कथन पर्यायार्थिक नय के लिए नियम से अवास्तविक है। इसी प्रकार पर्यायार्थिक नय का विषय द्रव्यार्थिक नय के लिए अवास्तविक है। क्योंकि विवक्षा भेद से दोनों नयों के विषय भिन्न-भिन्न हैं। दोनों ही नय एक ही वस्तु के विभिन्न स्वरूप को ग्रहण करते हैं।

कथचिन्त्— दोनों नय परस्पर एक दूसरे के विषय को ग्रहण कर सकते हैं क्योंकि दोनों नय सापेक्ष हैं। द्रव्यार्थिक नय सामान्य है और पर्यायार्थिक नय विशेष है। अतएव एक दूसरे के विषय को अवस्तु मानने के कारण ये दोनों नय भिन्न-भिन्न हैं। उदाहरण स्वरूप समयसार में कुन्दकुन्द देव कहते है—

ववहारेणुवदिस्सदि णाणिस्स चरित्तदंसणां णाणं।
णवि णाणं ण चरित्तं ण दंसणं जाणगो सुद्धो॥ 7॥

From the vyavahara point of view, conduct, belief and knowledge are attributed (as different characteristics) of the knower, the self. But from the real point of view there is no differentiation of knowledge, conduct and belief, in pure self.

व्यवहार नय की अपेक्षा ज्ञानी का चारित्र, दर्शन, ज्ञान है किन्तु निश्चय नय की अपेक्षा ज्ञानी का ज्ञान दर्शन चारित्र नहीं है केवल एक ज्ञायक शुद्ध स्वभाव है॥ 7॥

इस गाथा में दोनों नयों का विरुद्ध विषय प्रतिपादन है जैसे कि ज्ञानी का चारित्र आदि है किन्तु निश्चय नय की अपेक्षा ज्ञानी का चारित्र आदि नहीं है तो निश्चय नय की अपेक्षा चारित्र आदि नष्ट हो गए क्या? यदि चारित्र आदि नष्ट हो जाएँगे तो आत्म द्रव्य ही नष्ट हो जाएगा, परन्तु ऐसा है नहीं। सद्भूत व्यवहार नय की अपेक्षा चारित्र आदि भेद है, तथा शुद्ध नय की अपेक्षा अभेद से एक ज्ञायक स्वभाव में अन्तर्भूत किया गया है। व्यवहार अपेक्षा तीन भेद होकर परस्पर अलग-अलग द्रव्य, क्षेत्र, काल, भाव में रहते हैं क्या? नहीं परन्तु गुण-गुणी भेद से भेद है। इस प्रकार दोनों नयों का परस्पर विरोध और समन्वय हुआ। दूसरा उदा—

''सव्वे सुद्धा हु सुद्ध णया'' शुद्ध द्रव्यार्थिक नय की अपेक्षा से प्रत्येक जीव शुद्ध, बुद्ध, नित्य निरंजन, अनन्त ज्ञान दर्शन ज्ञान स्वरूप है। परन्तु पर्यायार्थिक नय की अपेक्षा अभव्य लब्ध्य पर्याप्तक जीव अनन्त मोही, अज्ञानी दुःखी है। द्रव्य दृष्टि

से वह भी सिद्ध के समान होते हुए भी पर्याय रूप से वह भी सिद्ध हो सकता है? कदापि नहीं। इससे सिद्ध होता है निरपेक्ष द्रव्यार्थिक नय भी मिथ्या है परन्तु शक्ति रूप से उस अभव्य में जो गुण हैं वे सर्वथा कभी लोप हो सकते हैं? कभी नहीं। यदि लोप होगा तो जीव ही अजीव बन जाएगा ऐसा कभी सम्भव नहीं है। इसलिए वस्तु का स्वरूप प्रतिपादन करने के लिए एवं धर्म प्रचार-प्रसार के लिए आत्म-उद्धार के लिए दोनों नयों की परम आवश्यकता है। यथा—

निश्चय-व्यवहार नय

जइ जिणमयं पवज्जइ ता वा ववहार णिच्छए मुयह।
एक्केण विणा छिज्जइ तित्थं अण्णेण उण तच्चं॥2॥

यदि जिनधर्म का प्रचार-प्रसार प्रवर्तन करना है एवं आत्म उद्धार करना है तो केवल एकान्त व्यवहार का पक्षपाती मत बनो इसी प्रकार केवल एकांत निश्चय का भी पक्षपाती मत बनो। यदि व्यवहार को नहीं मानेंगे तब संसार से उत्तीर्ण होने तक जो व्यवहार तीर्थ है उसका लोप हो जाएगा और जिसके कारण आत्मोपलब्धि रूप निश्चय धर्म की प्राप्ति नहीं हो सकती है। यदि निश्चय को नहीं मानेंगे तो व्यवहार धर्म के माध्यम से जिस परम तत्त्व को प्राप्त करना है उस परम तत्त्व का लोप हो जाएगा फिर उस व्यवहार धर्म के द्वारा किस तत्त्व को प्राप्त करेंगे।

समयसार के गुप्त रहस्य को उद्‌घाटित करनेवाले, कुंदकुंद साहित्य रूपी सागर में अवगाहन करनेवाले समयसार के आद्य टीकाकार आध्यात्मिक सन्त अमृतचन्द्र सूरि तत्त्वार्थ सार में कहते हैं—

निश्चय-व्यवहाराभ्यां मोक्षमार्गो द्विधा स्थितः।
तत्राद्यः साध्यरूपः स्याद् द्वितीयस्तस्य साधनम्॥2॥

मोक्षमार्ग दो प्रकार का है। (1) निश्चय मोक्षमार्ग (2) व्यवहार मोक्षमार्ग। निश्चय मोक्षमार्ग साध्य रूप है जिसे प्राप्त करना है जो कार्य स्वरूप है। द्वितीय व्यवहार मोक्ष मार्ग साधन स्वरूप है जिसके द्वारा साध्य रूप निश्चय मोक्ष मार्ग की प्राप्ति होती है समर्थ कारण से कार्य होता है अर्थात् साधन से साध्य की सिद्धि होती है इस न्यायानुसार व्यवहार मोक्ष मार्ग के द्वारा निश्चय मोक्ष मार्ग की उपलब्धि होती है। व्यवहार मोक्ष मार्ग बिना निश्चय मोक्ष मार्ग त्रिकाल में अनुपलब्ध ही रहेगा।

पंडित शिरोमणि चतुर अनुयोग पारंगत निश्चय-व्यवहारज्ञ आर्ष परम्परा संरक्षक संस्कृत के महान् धर्मामृतादि अनेक मौलिक कृति में रचयिता आचार्यकल्प आशाधर जी ने अनगार धर्मामृत में लिखा है—

व्यवहार पराचीनः निश्चयं यः चिकीर्षति।
बीजादि बिना मूढः सः शस्यानि सिसृक्षति॥

व्यवहार से जो विमुख होकर जो निश्चय को चाहते हैं वे मूर्ख हैं जैसे कि एक मूढ़ बीज के बिना वृक्ष को चाहता है अर्थात् जिस प्रकार बीज के बिना वृक्ष नहीं हो सकता है उसी प्रकार व्यवहार के बिना निश्चय की प्राप्ति नहीं हो सकती है। इसलिए अमृतचन्द्र सूरि पुरुषार्थ सिद्ध में कहते है—

व्यवहारनिश्चयौ यः प्रबुध्य तत्त्वेन भवति मध्यस्थः।
प्राप्नोति देशनायाः स एव फलम विकलं शिष्यः॥ 8॥

—पुरुषार्थ सिद्धि

जो व्यवहार और निश्चय में ज्ञानी होकर अर्थात् दोनों नयों को अच्छी तरह समझकर कोई भी नयों का पक्षपाती नहीं होकर मध्यस्थ होते हैं। अर्थात् यथायोग्य दोनों को मानते हैं वही योग्य शिष्य हैं वही उपदेश प्राप्त करने के लिए योग्य हैं। अन्य हठाग्रही, पक्षपाती जन उपदेश के पात्र नहीं है॥च॥

देवसेन आचार्य नयचक्र को समाप्त करते हुए लिखते है—

जह इच्छह उत्तरिदुं अज्झाण महोवहिं सुलीलाए।
तो णादुं कुणह मइं णय चक्के दुणय तिमिर मत्तण्डे॥ 87॥

—नयचक्र

यदि अज्ञान रूपी महासमुद्र को लीला से तरने की इच्छा है तो नयचक्र को जानने के लिए मति को नयचक्र में प्रवेश कराओ। दुर्नय रूपी अन्धकार को नष्ट करने के लिए सम्यक् नय सूर्य के समान है॥ 26॥

इसी प्रकार देवसेनाचार्य ने गुरु परम्परा से प्राप्त सम्पूर्ण नयों उपनयों का वर्णन इस लघुकृति नयचक्र में समावेश किया है। सुप्रसिद्ध नीति-गागर में सागर यहाँ लागू नहीं होती किन्तु बिंदु में सिंधु है यह नीति इस नय चक्र में लागू होती है। जिस अनेकांतवाद को बड़े-बड़े दिग्गज आचार्य विनम्र नतमस्तक होते हैं उस भगवंत अनेकांत को स्वलेखनी से जीवंत प्रकट करनेवाले पूज्यपाद देवसेन आचार्य को मेरा विनम्र अनन्त नमस्कार हो।

(3) आलाप पद्धति

देवसेन आचार्य की तीसरी कृति संस्कृत सूत्र बद्ध नय विषयक शास्त्र आलाप पद्धति है। बहुशः देवसेन आचार्य ने नयचक्र लिखने के पश्चात् आलाप पद्धति की रचना की उसकी निम्नसूत्र से पुष्टि होती है—

आलापपद्धतिर्वचन रचनाऽनुक्रमेण नय चक्रस्योपरि उच्यते॥1॥

आलापपद्धति अर्थात् वचन की पद्धति नय चक्र के आधार पर मैं (देवसेन आचार्य) कहता हूँ। इसको पुनः स्वतंत्र लिखने का कारण मन्द बुद्धि जनों के सुसम्बोधन के लिए है। आचार्य श्री ने आलाप पद्धति की समाप्ति में कहा है—

इति सुखबोधार्थमालापपद्धतिः श्रीमद्देवसेन पण्डित विरचिता परिसमाप्ता॥

इसमें गुण, पर्याय, स्वभाव, नयों, उपनयों का अनूठा वर्णन है। इसमें भी आध्यमात्मिक नयों आगम नयों का वर्णन है। जैसे—

णिच्छय ववहार णया मूलिमभेया णयाण सव्वाणं।
णिच्छय साहण हेऊ दव्वय यज्जत्थिया मुणह॥ 3॥

आलाप पद्धति में सामान्य रूप से समस्त नयों के दो भेद हैं— (1) निश्चय नय, (2) व्यवहार नय। उनमें से निश्चयनय की सिद्धि के लिए द्रव्यार्थिक और पर्यायार्थिक ये दोनों नय कारण है ऐसा सर्वज्ञ देव ने कहा है।

आध्यत्मिक दृष्टि से नय दो प्रकार है— (1) निश्चय (2) व्यवहार

तत्र निश्चयनयोऽभेद विषयो, व्यवहारो भेद विषय॥216॥

(1) निश्चय नय-अभेद विषयो ज्ञेयः यस्य सः निश्चय नयः।

(2) व्यवहार नय-भेदेन ज्ञातुं योग्यः सो व्यवहार नयः।

निश्चय नय का विषय अभेद है। व्यवहार नय का विषय विशेष भेद स्वरूप है। जैसे— गुण-गुणी, पर्याय-पर्यायी, धर्म-धर्मी भेद नहीं करके अभेद रूप से जो नय ग्रहण करता है उसको निश्चय नय कहते हैं। जैसे—आत्मा गुणी, ज्ञान, दर्शन, सुख वीर्यादि गुण हैं उन ज्ञान-दर्शनादि को अभेद करके केवल आत्मा ग्रहण करना निश्चय नय है।

आत्मा में ज्ञान, दर्शनादि हैं इसी प्रकार भेद करके अथवा आत्मा ज्ञानवान, दर्शनवान ग्रहण करना व्यवहार नय का विषय है। सामान्य से आत्मा एक होते हुए भी ज्ञान, दर्शन, सुख, वीर्यादि से अनेक है। इसलिए दोनों नय स्वक्षेत्र में यथार्थ हैं।

आध्यात्मिक नय

(4) श्रुतभवन दीपक नय चक्र

नयचक्र धुरंधर आचार्य देवसेन ने पूर्वोक्त दोनों नय विषयक शास्त्रों में मुख्यतः आगम भाषा में तथा गौण रूप से आध्यात्मिक भाषा में नयों का वर्णन किया है। आगमज्ञ होने के पश्चात् आध्यात्मिक साम्राज्य में प्रवेश करने के लिए आचार्य श्री ने

"श्रुत भवन दीपक नय चक्र" का प्रतिपादन किया है। यह नय च. संस्कृत गद्य पद्यात्मक शैली में है। देवसेनाचार्य ने शास्त्र के प्रारम्भ में इष्ट देव वर्धमान स्वामी को नमस्कार पूर्वक श्रुत भवन दीपक नय चक्र को प्रतिपादन करने के लिए प्रतिज्ञा की है। आचार्य श्री ने मंगलाचरण में ही प्रतिज्ञा की। "गाथार्थस्याविरोधेन नयचक्रं मयोच्यते" अर्थात् मैं गाथा के अर्थ से अविरुद्ध नय चक्र को कहता हूँ। एक छंद में कहते है—

जिनपतिमत मह्यां रत्नशेलादपापा, दि हि समयसाराद्बुद्ध बुद्धया गृहीत्वा।
प्रहतघन विमोहं सुप्रमाणादिरत्नं श्रतभवनसुदीपं विद्धि तद्वयापनीयम् ॥2॥

जिनेन्द्र भगवान् में मतरूपी भूमि में समयसार रूपी निर्दोष पवित्र रत्नपर्वत को बुद्धि के द्वारा अच्छी तरह समझकर, गाढ़े मोह को नष्ट करनेवाले तथा सम्यक् प्रमाणादि रत्नोवाले "श्रुत भवन दीपक नय चक्र" को प्रकाशमान करने के उद्देश्य से लिखता हूँ॥2॥

इसके पश्चात समयसार की 11, 12, 143वीं गाथाओं का उल्लेख किया है—

ववहारोऽभूदत्थे भूदत्थो देसिदो दु सुद्ध णओ।
भूदत्थमस्सिदो खलु सम्मादिट्ठी हवदि जीवो॥13॥

— समयसार

प्रथम व्याख्यान की अपेक्षा

व्यवहार नय अभूतार्थ है किन्तु शुद्ध निंश्चय भूतार्थ है। भूतार्थ का अवलम्बन लेकर जीव सम्यग्दृष्टि होता है॥11॥

द्वितीय व्याख्यान की अपेक्षा

द्वितीय व्याख्यानेन पुनः। व्यवहारो अभूदत्थो व्यवहारोऽभूतार्थो। भूदत्थो भूतार्थश्च। देसिदो देशितः कथितः, न केवलं व्यवहारो देशितः। सुद्धणओ शुद्ध निश्चय नयोऽपि दु शब्दादयं शुद्धनिश्चय नयो पीति व्याख्यानेन भूतार्था भूतार्थभेदेन व्यवहारोऽपि द्विधा शुद्धनिश्चयाशुद्धनिश्चयभेदेन निश्चयनयोऽपि द्विधा इति नय चतुष्टयं।

(श्री जयसेनाचार्यकृत तात्पर्य वृत्ति)

व्यवहार नय अभूतार्थ भी है और भूतार्थ भी है ऐसे दो प्रकार का कहा गया है। केवल व्यवहार नय ही दो प्रकार का नहीं है किन्तु (सुद्धओ) निश्चय नय भी शुद्ध निश्चय नय और अशुद्ध निश्चय के भद से दो प्रकार है ऐसा गाथा में आए हुए 'दु'

शब्द से प्रगट होता है॥11॥

अथ पूर्वगाथायां भणितं भूतार्थ नयमाश्रितो जीवः सम्यग्दृष्टिभर्वति। अत्र तु न केवल भूतार्थों निश्चय नयो निर्विकल्प समाधिरतानां प्रयोजनवान् भवति। किन्तु निर्विकल्पसमाधिरहितानां पुनः षोडषवर्णिका सुवर्णलाभाभावे अधस्तन वर्णिका सुवर्णभवत्केषांचित्प्राथमिकानां कदाचित् सविकल्पावस्थायां मिथ्यात्वविषयकषाय दुर्ध्यान वंचनार्थ व्यवहार नयोऽपि प्रयोजनवान् भवतीति प्रतिपादयति—

(श्री जयसेनाचार्यकृत तात्पर्य वृत्ति)

जो पूर्वोक्त गाथा में कहा गया है कि भूतार्थ नय का आश्रय लेकर ही सम्यग्दृष्टि होता है किन्तु इस गाथा में स्पष्टीकरण करते हैं कि निर्विकल्प समाधि में निरत होकर रहनेवाले सम्यग्दृष्टियों को भूतार्थ स्वरूप निश्चय नय ही प्रयोजनवान हो ऐसा नहीं है किन्तु उन्हीं निर्विकल्प समाधिरतों को किन्हीं किन्हीं को कभी सविकल्प अवस्था में मिथ्यात्व विषय कषाय रूप दुर्ध्यान को दूर करने के लिए व्यवहार नय भी प्रयोजनवान् होता है जैसे किसी को शुद्ध सोलहवानी के सुवर्ण का लाभ न हो तो नीचे के ही अर्थात् पन्द्रह चैदहवानी का सोना भी सम्मत समझा जाता है। ऐसा कहते है—

सुद्धो सुद्धादेसो णायव्वो परमभाव दरिसीहिं।
ववहार देसिदो पुण जे दु अपरमे ट्ठिदाभावे॥14॥

—समयसार

सुद्धो शुद्धनयः निश्चयनयः। कथंभूतः? सुद्धादेसो शुद्धद्रव्यस्यादेशः कथनं यत्र स भवति शुद्धादेशः। णादव्वो ज्ञातव्यो भावयित्वः। कैः? परमभावदरसीहिं शुद्धात्मभाव दर्शिभिः। कस्मादिति चेत्। यतः षोडषवर्णिकाकार्त्तस्वरलाभवदभेदरत्नत्रयस्वरूप समाधिकाले सप्रयोजने भवति, निःप्रयोजनो न भवतीत्यर्थः। ववहार देसिदो व्यवहारेण विकल्पेन भेदेन पर्यायेणदेशितः कथित इति व्यवहार देशितो व्यवहारनयः। पुण पुनः अधस्तनवर्णिक सुवर्ण लाभवत्प्रयोजनवान् भवति। केषां जे ये पुरुषाः दु पुनः अपर ये अशुद्धे असंयत सम्यग्दृष्टयापेक्षया श्रावकापेक्षया वा सराग सम्यग्दृष्टि लक्षणे शुभोपयोग प्रमत्ताप्रमत्तसंयतापेक्षया च भेद रत्नत्रय लक्षणे वा। ठिदास्थिताः, कस्मिन् स्थिताः? भावे जीव पदार्थे तेषामिति भावार्थः।

(श्री जसेनाचार्यकृत तात्पर्य वृत्तिः)

'सुद्धोसुद्धोदेसो' शुद्ध निश्चय नय शुद्ध द्रव्य का कथन करनेवाला है (णादव्वो परमभावदरसीहिं) वह शुद्धता को प्राप्त हुए आत्मदर्शियों के द्वारा जानने भावने अर्थात् अनुभव करने योग्य है। क्योंकि वह सोलह वानी स्वर्ण के समान अभेद रत्नत्रय स्वरूप समाधि काल में प्रयोजनवान होता है। (ववहारदेसिदो किंतु व्यवहार

अर्थात् विकल्प, भेद अथवा पर्याय के द्वारा कहा गया जो व्यवहार नय है वह (पुण) पन्द्रह, चौदह आदि वानी के स्वर्णलाभ के समान उन लोगों के लिए प्रयोजनवान् है। (जेदु) जो लोग (अपर में ठि्टदा भावे) अशुद्ध रूप शुभोपयोग में, जो कि असंयत सम्यग्दृष्टि अथवा श्रावक की अपेक्षा तो सराग सम्यग्दृष्टि लक्षणवाला है और प्रमत्त अप्रमत्त संयत लोगों की अपेक्षा भेदरत्नत्रय लक्षणवाला है ऐसा शुभोपयोग रूप जीव पदार्थ में स्थित है।

अथ नय पक्षातिक्रांतस्य शुद्ध जीवस्य किं स्वरूपमिति पुष्टे सति पुनर्विशेषण कथयति।

दोण्हवि णयाण भणियं जाणदि णवरिं तु समयपडिबद्धो।
ण दु णय पक्खं गिण्हदि किंचि विणयपक्ख परिहीणो ॥150॥

—समयसार

योऽसौ नय पक्षपात रहितः स्वसंवेदन ज्ञानी तस्याभिप्रायेण बद्धाबद्ध मूढ़ामूढ़ादिं नय विकल्प रहित चिदानन्दैक स्वभावं। दोण्ह वि णयाण भणियं जाणदि यथा भगवान् केवली निश्चयव्यवहाराभ्यां द्वाभ्यां भणितमर्थं द्रव्य पर्याय रूपं जानति। णवरिं तु पडिबद्धो तथापि नवरिं केवलं सहज परमानन्दैक स्वभावस्य समयस्य प्रतिबद्ध आधीनः सन्। णय पक्ख परिहीणो सतत् समुल्लसन् केवलज्ञानरूपतया श्रुत ज्ञानावरणी क्षयोपशम जनित विकल्प जाल रूपान्नयद्वय पक्षपाताद् दूरीभूतत्त्वात्। ण दु णयपक्खं गिण्हदि किंचिवि न तु नय पक्षं विकल्पं किमप्यात्मरूप तया गृण्हाति तथापि गणधर देवादि छद्मस्थ जनोऽपि नययोक्तं वस्तु स्वरूपं जानाति तथापि नवरि केवलं चिदानन्दैक स्वभावस्य समयस्य प्रतिबद्ध आधीनः सन् श्रुत ज्ञानावरणीयक्षयो-पशमजनित विकल्प जालरूपान्नय द्वय पक्षपातात् शुद्ध निश्चयेन दूरीभूतत्वान्नयपक्षपात-रूपं स्वीकार विकल्पं निर्विकल्प समाधिकाले शुद्धात्म स्वरूपतया न गृण्हाति ॥150॥ अथं शुद्ध पारिणामिकपरमभाव ग्राहकेण शुद्धद्रव्यार्थिकनयेन नय विकल्पस्वरूपसमस्त पक्षपातेनातिक्रांत एव समयसार इत्येव तिष्ठति।

(श्री जयसेनाचार्य कृत तात्पर्य वृत्तिः)

'दोण्हऽपि णयाय भणिय जाणदि' जो कोई नयों के पक्षपात से दूर स्वसंवदेन *ज्ञानी है वह बद्ध अबद्ध, मूढ़ अमूढ़ आदि नय के विकल्पों से रहित चिदानन्दमयी एक स्वभाव को उसी प्रकार जानता है जैसा भगवान् केवली, निश्चय नय तथा व्यवहार नय के विषय द्रव्य पर्याय रूप अर्थ को जानते हैं। 'णवरि तु समय पड़िबद्धो' किंतु सहज परमानन्द स्वभाव जो शुद्धात्मा उसके आधीन होते हुए केवली भगवान् (नय पक्ख परिहीणो) निरन्तर केवल ज्ञान के रूप में वर्तमान होने से श्रुत ज्ञानावरणीय कर्म के क्षयोपेशम से उत्पन्न होने वाले विकल्प जाल रूप जो निश्चय नय और व्यवहार नय उन दोनों नयों के पक्षपात से रहित होने के कारण (ण*

दु नय पक्खं गिण्हदि किंचिवी) किसी भी नय के पक्षरूप विकल्प को कभी स्वीकार नहीं करते अर्थात् उसे छूते भी नहीं है। वैसे ही गणधर देव आदि छद्मस्थ महर्षि लोग भी दोनों नयों के द्वारा बताए हुए वस्तु के स्वरूप को जानते अवश्य है फिर भी चिदानन्दैक स्वभाव रूप शुद्धात्मा के आधीन होते हुए अर्थात् शुद्धात्म स्वरूप का अनुभव करने में लीन होते हुए श्रुत ज्ञानवरणीय कर्म के क्षयोपशम से उत्पन्न विकल्पों का जाल रूप जो दोनों नयों का पक्षपात उस से शुद्ध निश्चय के द्वारा दूर होकर नय के पक्षपात रूप विकल्प को निर्विकल्प समाधिकाल में अपने आत्म रूप से ग्रहण नहीं करते है।

इससे सिद्ध होता है कि निश्चय नय का अवलम्बन ध्यानावस्था में स्थित अप्रमत्तादि गुणस्थन वर्ती महामुनि के लिए है जब तक वह अवस्था प्राप्त नहीं होती है तब उस अवस्था को प्राप्त करने के लिए व्यवहार नय आवश्यक है। व्यवहार रत्नत्रय का प्रतिपादक व्यवहार नय है एवं निश्चय रत्नत्रय का प्रतिपादक निश्चय नय है। व्यवहारोऽसत्कल्पना निवृत्यथं सद्रत्नत्रय सिध्यर्थंच। रत्नत्रयेण तु परमार्थ सिद्धि।

(श्रुतभवन दीपक नयचक्र)

व्यवहार से असद्कल्पना की निवृत्ति होती है एवं सद्रत्नत्रय की सिद्धि होती है।

स्वभाव सिद्धस्य परमार्थस्य कथं तेन सिद्धिरिति वक्तव्यं। सद्रत्नत्रयात्सर्वथा भेदे निश्चय भावः। सर्वथात्वादभेद व्यवहारो मा भूदिति कथंचिद्भेदेन तेन सिद्ध इति वचनं।

(श्रुतभवन दीप नयचक्र)

शंका-स्वभावसिद्ध परमार्थ की सिद्धि व्यवहार से कैसे हो सकती है?

समाधान-व्यवहार का सद्रत्नत्रय से सर्वथा भेद मानने पर निश्चय का भी अभाव हो जाएगा तथा सर्वथा भेद को मानने पर अभेद का व्यवहार भी नहीं हो सकेगा, अतः कथंचित् भेद मानने पर ही उसकी सिद्धि होती है— ऐसा आचार्यों का वचन है।

एवमात्मा यावद् व्यवहार निश्चयाभ्यां तत्त्वनुभवति तावत्परोक्षानुभूति। प्रत्यक्षानुभयूतिर्नय पक्षातीता। (श्रुतभवन दीपक नयचक्र)

जब तक वह आत्मा व्यवहार और निश्चय इन नयों के द्वारा तत्त्व को अनुभव करता है, तब तक परोक्षानुभूति रहती है, प्रत्यक्षानुभूति नय पक्षातीत है।

तर्ह्येवं द्वावदि सामान्येन पूज्यतां गतौ न।
ह्यवं व्यवहार पूज्यतरत्वान्निश्चयस्य तु पूज्यतमत्वात्।

(श्रुतभवनदीपक नयचक्र)

शंका : *यदि ऐसा नहीं है तो दोनों ही नय सामान्यरूप से ही पूज्यत्व को प्राप्त*

होंगे।

समाधान : *नहीं, व्यवहार नय तो पूज्यतर है, लेकिन निश्चय नय पूज्यतम है। नयपक्षातीत:-*

यथा सम्यग्व्यवहारेण मिथ्या व्यवहारो निवर्त्तते तथा निश्चयन व्यवहार विकल्पोति निवर्त्तते। यथा निश्चयनयेंन व्यवहारो विकल्पोपि निवर्त्तते तथा स्वपर्यवसित भावेनेकत्व विकल्पोपि निवर्त्तते। एवं हि जीवस्य यो सौ स्वपर्यवसित स्वभाव स एव नय पक्षातीत:।

(श्रु. मं. दी. नय.)

जिस प्रकार सम्यक् व्यवहार से मिथ्या व्यवहार का निराकारण होता है, उसी प्रकार निश्चय के द्वारा व्यवहार का विकल्प भी निवृत्त होता है तथा जिस प्रकार निश्चय नय द्वारा व्यवहार का विकल्प निवृत्त होता है उसी प्रकार स्वपर्यवसित स्वभाव (परम निरपेक्ष स्वाश्रित स्वभाव) के अवलम्बन से एकत्व का विकल्प भी छूट जाता है। इस प्रकार जीव का जो स्वपर्यवति स्वभाव है वह नय पक्षातीत है।

शुभाशुभ संवर हेतु क्रममाह—

जह व णिरूज्झं असुहं सुहेण सुहमवि तहेव सुद्धेण।
तम्हा एण कमेण य जोई झाएउ णियआदं ॥348॥

—द्रव्य स्वभाव प्रकाशक नयचक्र॥

जैसे शुभ के द्वारा अशुभ का निरोध होता है वैसे ही शुद्धोपयोग के द्वारा शुभ कर्मों का भी निरोध होता है। इसलिए योगी को इसी क्रम से अपनी आत्मा का ध्यान करना चाहिए॥348॥

अव्रती व्रतमादाय व्रती ज्ञानपरायण:।
परमात्मज्ञानसम्पन्न: स्वयमेव परो भवेत्॥86॥

—समाधि शतक

अव्रती सराग चारित्र रूप मुनि धर्म को स्वीकार करके भेद ज्ञान सम्पन्न होकर आत्मा में लीन होता है उस समय स्वयमेव ही समस्त संकलप विकल्प व्रत, अव्रत निश्चय व्यवहार से परे होकर निर्विकल्प रूप परमात्म स्वरूप बन जाता है। यह परमात्म पद प्राप्त करने का त्रिकाल अबाधित परम सत्य सिद्धान्त है। अभी तक जो अनन्त सिद्ध हुए है, सिद्ध हो रहे है, आगे होंगे, वे सभी इसी मार्ग के द्वारा ही हुए है अन्य कोई दूसरा मार्ग नहीं है।

उदाहरण: *आमरस का आस्वादन करना लक्ष्य है तो उसके लिए पहले बीज चाहिए। बीज से वृक्ष, युवावस्था प्राप्त होने पर वृक्ष में फूल आते है फूल से कैरी, कैरी से अपक्व आम, उसमें रस पश्चात आस्वादन होगा। जिस समय रस का आस्वादन*

होता है उस समय न वृक्ष, न फूल, न कच्चा आम, न गुठली आदि रहती है केवल वहाँ रस ही रस है। रसावस्था में अन्य प्रारंभिक अवस्थाएँ नहीं रहने पर भी बिना प्रारंभिक अवस्था के बिना रस की प्राप्ति नहीं हो सकती।

यदि विचार करो कि हमें तो रस चाहिए। बीज, वृक्ष, फूलादि नहीं चाहिए। बीज के बिना वृक्ष कैसे होगा, वृक्ष के अभाव में फूल कैसे होगा, फूल के बिना फल कैसे होगा? यदि हम सोंचे कि फूल में तो आम रस नहीं है इसलिए फूल को तोड़कर फेंक दें तो फल की प्राप्ति हो सकती है क्या? फल के अभाव में रस की प्राप्ति कैसे होगी? परन्तु बीज अंकुर होकर वृक्ष रूप परिणित हो जाता है तो स्वयमेव नष्ट हो जाता है, उसी प्रकार फूल से फल बन जाता है तब स्वयमेव फूल योग्य समय में गिर जाता है फूल को तोड़ना नहीं पड़ता है। यदि योग्य समय के पूर्व ही फूल को तोड़ देंगे तो फल की प्राप्ति नहीं हो सकती है। इसी प्रकार निर्विकल्प आत्मानुभव रूप रस प्राप्त करने के लिए आत्म रूप भूमि में सम्यक्त्व रूप बीच रोपण करना होगा। इसके लिए मिथ्यात्व हिंसा, झूठ, चोरी, अन्याय, अत्याचार, दुराचार, कुशील, अतिकांक्षा, शोषण, कालाबाजारी, संग्रहवृत्ती, परस्त्रीगमन, वेश्यागमन, मद्यपान, मांसभक्षण, रात्रिभोजन, अभक्ष भोजन, ईर्ष्या-द्वेष, मात्सर्य, आदि अशुभ भावों का त्याग करके अहिंसा, सत्य अचौर्य, ब्रह्मचर्य, अपरिग्रह, समता शान्ति, क्षांति, ऋजुता, मृदुता, विश्वमैत्री, उदारता, वात्सल्य, गुणानुराग धर्मानुराग, अनुकम्पा आदि शुभ भावों को धारण करना चाहिए। इनमें सतत् तत्पर होकर जब आत्मा में विशेष निर्मलता आती है, तब वह महा संयमी आत्मानन्द रूप रस को निर्विकल्प होकर आस्वाद करता है। उस समय व्रत अव्रतों का विकल्प स्वयमेव छूट जाता है, जिस प्रकार रस अवस्था में पूर्व की अवस्थाएँ नहीं रहती है।

शंका : आम रस के लिए बीज, वृक्षादि की क्या आवश्यकता है बाजार से पका आम खरीदकर लाकर उससे रस निकालकर अथवा रस खरीदकर लाकर रस का आस्वाद कर सकते है।

समाधान : है भाई, धर्म कभी भी रूपए के माध्यम से नहीं खरीदा जा सकता है। धर्म का तो आद्योपान्त स्वयमेव ही आचरण करके प्राप्त कर सकते हैं। आध्यात्मिक सम्राट अमृतचन्द्र सूरी अमृतकलश में कहते है—

य एव मुक्त्वा नय पक्षपात, स्वरूप गुप्ता निवसन्ति नित्यम्।
विकल्प जाश्चूयुत शांतचित्तास्त एव साक्षादमृतं पिबन्ति॥24॥

(अमृत कलश)

जो समस्त प्रकार नय पक्षपात से रहित होकर समस्त संकल्प-विकल्प जालों से रहित होकर शान्त चित्त हो स्वरूप में ही सतत् निवास करते हैं वे साक्षात् आत्मानन्द रूप अमृत का पान करते हैं। जो समयसार रूप शुद्ध आत्म द्रव्य हैं वह

समस्त नय पक्ष से अतीत हैं।

देवसेनाचार्य इसी प्रकार आध्यात्मिक प्रधान नयचक्र को समाप्त करते हुए लिखते हैं—

निश्चयव्यवहारयोरविनाभावित्व निर्णीति कथनो नाम तृतीयोऽध्यायः समाप्तः। भट्टारक श्री देवसेन आचार्य

(कर्म रूप शत्रु को नाश करने वाले विशेष ज्ञानी मुनि)

विरचित व्योम पंडित को प्रतिबोध करने वाले श्रुतभवन दीपक नय चक्र में निश्चय व्यवहार का अविनाभाव का कथन करनेवाला तृतीय अध्याय पूर्ण हुआ।

''निश्चयव्यवहारयोविनाभावित्व'' यह वाक्यांश अत्यन्त महत्त्वपूर्ण है। समस्त आगम और आध्यात्मिक रहस्य को उद्घाटित करने वाली एक गुरु चाबी है अर्थात् निश्चय व्यवहार परस्पर विरोधी नहीं है दोनों परस्पर सापेक्ष, उपकारक, सहायक हैं। दोनों सापेक्ष पर ही सम्यक् हैं और निरपेक्ष होने पर दोनों मिथ्या हो जाते हैं।

(5) तत्त्वसार

आचार्य प्रवर की अन्य एक ध्यान प्रधान कृति तत्त्वसार है इस शास्त्र में गाथाएँ प्राकृत में हैं। इसमें 84 गाथाएँ हैं। इसमें स्वतत्त्व, परतत्त्व, सविकल्प तत्त्व, अविकल्प तत्त्व, अपरमतत्त्व परमतत्त्वों का आध्यात्मिक भाषा में वर्णन है। आचार्य श्री ने हुण्डावसर्पिणी पंचमकाल में वक्र जड़ स्वभावी भ्रष्ट मिथ्यादृष्टियों का जो ध्यान संबन्धी शंका है उसका स्पष्टीकरण किया है यथा—

पंचम काल में भाव लिंगी मुनियों का सद्भावः—

संकाकंरवा गहिया विसय वसत्था सुमग्गयब्भट्ठा।
एवं भणंति केई णहु कालो होइ झाणस्स ॥14॥

—तत्त्वसार

संदेह शील विषय सुख के प्रेमी भोगों में आसक्त हुए विषय भोगों में अपना हित मानने वाले जिनेन्द्र प्रणीत रत्नत्रय रूपी सुमार्ग से भ्रष्ट कितने ही इस प्रकार कहते हैं कि वर्तमान पंचम काल ध्यान योग्य काल नहीं है, इस काल में मोक्ष नहीं है, ध्यान भी नहीं होता है, यदि मोक्ष की प्राप्ति नहीं होती हो तो मुनि होकर क्या करना हैं पूर्वोक्त समस्त प्रश्नों का समाधान करते हुए आचार्य कहते हैं—

अज्जवि तिरयणवंता अप्पा झाऊन जंति सुरलोचं।
तथ्य चुया मणुयत्ते उप्पज्जिय लहहि णिव्वाणं॥15॥

— (तत्त्वसार)

आज भी इस पंचम काल में रत्नत्रयधारी मुनि आत्मा का ध्यान कर स्वर्ग लोग

को जा सकते हैं वहाँ से च्युत होकर उत्तम मानव कुल में जन्म लेकर मुनि होकर निर्वाण की प्राप्ति कर सकते हैं।

मुनि निवास—

कलेः काले वने वासो वर्जनीयो मुनीश्वरैः।
स्थीयतेज जिनागारे ग्रामादिषु विशेषतः॥

— (इन्द्रनंदि नीतिसार)

कलि काल में मुनिश्वरों को वनवास छोड़ने योग्य है, विशेषतः जिन मंदिर, ग्रामादिक में रहना चाहिए।

कुन्दकुन्दाचर्य मोक्ष पाहुड़ में कहते है—

भरहे दुस्समकाले धम्मज्झाणं हवेइ साहुस्स।
तं अप्पसहाव ठिदे ण हु मण्णइ सो वि अण्णाणी॥76॥

अज्ज वि तिरयण सुद्धा अप्पा झाए विलहइ इंदत्तं।
लोयंतिय देवत्तं तत्थ चुआ णिव्वुदिं जंति॥77॥

— (मोक्षपाहुड़)

भरत क्षेत्र में दुःषम काल में मुनियों को धर्म ध्यान होता है वे धमध्यान के माध्यम से आत्मा में स्थित रहते हैं जो इस प्रकार नहीं मानता है वह भी अज्ञानी मिथ्यादृष्टि है॥76॥

अभी भी सम्यग्दर्शन, सम्यग्ज्ञान, सम्यक् चारित्र से शुद्ध मुनि आत्म ध्यान कर इन्द्रत्व एवं लौकान्तिक देव होता है वहाँ से च्युत होकर उत्तम मानव पयार्य को प्राप्त कर परम निर्वाण को प्राप्त करता है।

शंकाः वर्तमान काल में मुनियों को शुक्ल ध्यान नहीं होता है तो क्या चारित्र भी नहीं हो सकता है? ''वीतराग चारित्राभावे कथं गौणत्व मिथ्या शंक्याह।''

समाधानः माइल्ल धवल ''द्रव्य स्वभाव प्रकाशक'' में इसका निर्णय करते है।

मज्झिम जहाणुक्कस्सा सराय इव वीयराय सामग्गी।
तम्हा सुद्धचरितं पंचमकाले वि देसदो अत्थि॥344॥

''द्रव्य स्वभाव प्रकाशक नयचक्र''

जिस प्रकार सरागदशा के भी जघन्य, मध्यम, उत्कृष्ट भेद होते हैं, वैसे वीतराग दशा के भी जघन्य, मध्यम उत्कृष्ट भेद होते हैं। अतः एक देश वीतराग चारित्र पंचम काल में भी होता है॥344॥

श्री नागसेन मुनि भी कहते हैं—

अत्रेदानीं निषे धुति शुक्लध्यानं जिनोत्तमाः।
धर्मध्यानं पुनः प्राहुः श्रेणीभ्यां प्राग्विवर्तिनां ॥83॥

यत्पुनवंज्रकायस्य ध्यानमित्यागमे वचः।
श्रेण्यो ध्यानं प्रतीत्योक्तं तन्नाधस्तान्निषेधकं ॥84॥

ध्यातारश्चेन्न सन्त्यद्यश्रुत सागरपारगाः।
तत्किमल्पश्रुतैर्न ध्यातव्यं स्वशक्तितः ॥85॥

चरितारो न चेत्सन्ति यथाख्यातस्य संप्रति।
तत्किमन्ये यथाशक्तिमाचरन्तु पतपस्विनः ॥86॥

सम्यग्गुरूपदेशेन समभ्यस्यन्ननारतं।
धारणासौष्ट वाद्ध्यानं प्रत्ययानपि पश्चति ॥87॥

यथाऽभ्यासेन शास्त्राणि स्थिराणिस्युर्महान्त्यपि।
तथा ध्यानमपि स्थैर्यं लभतेऽभ्यासवर्तिनां ॥88॥

श्री जिनेन्द्र भगवान् ने इस पंचम काल में यहाँ पर भरत क्षेत्र में शुक्ल ध्यान का अभाव बताया है। उपशम-क्षपक श्रेणी से नीचे रहने वालों को धर्मध्यान होना बताया है। वज्रकायधारी उत्तम संहननवालों को जो ध्यान आगम में कहा है वह श्रेणी की अपेक्षा से कहा है। अधस्तन ध्यान के लिए निषेध नहीं है। यद्यपि वर्तमान में श्रुतकेवलीसमान ध्यानी मुनी नहीं हो सकते हैं, तो भी क्या अल्पश्रुत के ज्ञाताओं को अपने शक्ति के अनुसार ध्यान नहीं करना चाहिए? अर्थात् अवश्य करना चाहिए। तत्त्वार्थ सूत्र से ''शक्तितस्त्यागतपसी'' शक्ति के अनुसार त्याग और शक्ति के अनुसार तपस्या करना चाहिए। यद्यपि वर्तमान काल में यथाख्यात चारित्र के आचरण करनेवाले नहीं हो सकते है, तो क्या तपस्वियों को यथाशक्ति सामयिक-छेदोस्थापनादि सराग चारित्र नहीं पालन करना चाहिए अर्थात् अवश्य ही पालन करना चाहिए। जो साधक भले प्रकार गुरु के उपदेश से भले प्रकार आध्यात्मिक अभ्यास निरन्तर करता रहेगा, तो उसकी धारणा उत्तम हो जाएगी तो वह अनेक चमत्कार को भी देख सकेगा। जैसे बड़े-बड़े शस्त्र भी अभ्यास के बल से समझने में आते है उसी प्रकार अभ्यास करनेवालों का भी ध्यान स्थिर हो जाता है। इसलिए पंचम काल में भी यथाशक्ति प्रमाद रहित होकर काम भोग, पंचेन्द्रिय के विषयों से, स्त्री, कुटुम्ब, व्यापारादि से विरक्त होकर, ख्यातिपूजा लाभादि से रहित होकर धर्मध्यान पूर्वक आत्मध्यान करना चाहिए। इससे पाप कर्मों की संवर, निर्जरा, होगी। निरिच्छक सातिशय पुण्य बन्ध होगा, जिससे परम्परा से स्वर्ग मोक्ष की प्राप्ति होगी। जैसे

करोड़पति, अरबपति स्वमूलधन के अनुसार व्यापार करते हैं, उसी प्रकार साधारण व्यक्ति सर्वशक्ति अनुसार व्यापार करता है। अधिक धन नहीं रहने पर निरुद्यम होकर बैठा नहीं रहता है, यदि बैठा रहेगा तो पेट पोषण भी नहीं हो पाएगा, श्रीमंत होने की बात तो दूर रही। इसी प्रकार पंचम काल में स्वशक्ति अनुसार श्रावक दान, पूजा, शील, व्रत, उपवासादि जघन्य एक देश चारित्रपालन नहीं करेंगे तो पाप संचय के कारण नरक निगोद ही मिलेगा, संसार वृद्धि होगी, मोक्ष तो अत्यन्त दूर की बात है, सुस्वर्ग की भी प्राप्ति नहीं होगी।

पंच काल में मुनियों की एक वर्ष की तपस्या चतुर्थ काल में 1000 वर्ष के समान—

अत्यन्त विपरीत हुण्डावसर्पिणी रूप इस पंचम काल में अत्यन्त दुर्धर महाव्रतादि धारण कर अत्यन्त भौतिक भोग विलास वातावरण में विचरण करना लोहे के चने चबाने के समान है। यह कोई बच्चों का खेल नहीं है, अथवा बहुरूपीयों का खेल नहीं है, वाग्विलास नहीं है। वातानुकूल (एयरकण्डिशन) कमरे में बैठकर वातानुकूल (स्वयं के अनुकूल बात), आध्यात्मिक शुष्क बौद्धिक चर्चा नहीं है। जो धीर, वीर है, वही पंचम काल में जिनेन्द्र भगवान् को निर्ग्रंथ लिंग को धारण कर सकता हैं

सहण्णं अइ णिणच्चं कालो सो दुस्समो मणो चवलो।
तह वि हु धीरा पुरिसा महव्वयभरधरण उच्छहिया ॥130॥

(भाव संग्रह)

वरिससहस्सेण हु पुरा जं कम्मं हणइ तेण काएण।
तं संपइ वरिसेण हु णिज्जरयइ हीण संहणणो ॥131॥

(भाव संग्रह)

इस पंचम काल मे संहनन अत्यन्त हीन है, काल अत्यन्त दुःषम है। मन अत्यन्त चंचल है, तथापि जो धीर वीर पुरुष महाव्रत रूपी महाभार को धारण करने के लिए उत्साहित है वह महान् प्रशंसनीय वंदनीय, पूज्यनीय है॥130॥

चतुर्थ काल में जिस उत्तम संहनन युक्त शरीर माध्यम से तपश्चरण द्वारा जो कर्म एक हजार वर्ष में नष्ट होता था, उतना ही कर्म वर्तमान दुःषम काल में हीन संहनन युक्त हीन शरीर से एक वर्ष की ततश्चरण द्वारा नष्ट होता है। इससे सिद्ध होता है, चतुर्थकाल अपेक्षा पंचम काल में मुनिव्रित धारण, पालन तपश्चरणादि 1000 गुणा दुष्कर है। निग्रंथ रूप की दुर्धरता के लिए भगवान् जिनसेन स्वामी आदि पुराण में बताते है—

अशक्य धारण चेदं जन्तूनां कातरात्मनाम्।
जेनं निस्संगता मुख्यं रूपं धीरैः निषेव्यते॥

जिसमें यथाजात रूप अन्तरंग-बहिरंग संग रहितता मुख्य है ऐसा निर्ग्रंथ लिंग उसी प्रकार दुर्धर, दुरासाध्य, अत्यन्त कठिन रूप को, कातर कायर, मन एवं इन्द्रियों के दास, भोगों के कीड़ों के द्वारा धारण करना अत्यन्त अशक्य है। जो धीर, वीर, गंभीर, दमी, यमी होते हैं उनके द्वारा ही निग्रन्थ लिंग धारण किया जा सकता है। जैसे— चक्रवर्ती के चक्र को कायर पुरुष धारण नहीं कर सकता है। उसी प्रकार इस निर्ग्रंथ रूप को धीर, वीर एवं पुण्यात्मा पुरुष धारण कर सकते है।

अन्तर विषय वासना वरतैं बाहर लीक लाज भय भारी।
यातें परम दिगम्बर मुद्राधर नहीं सकै दीन संसारी॥
ऐसी दुर्धर नगन परिषह जीतै साधु शील व्रतधारी।
निर्विकार बालकवत् निर्भय तिनके चरणों धोक हमारी॥7॥

(22 परीषह)

पंचमकाल के अंतिम समय तक भाव लिंगी मुनि आर्यिका श्रावक श्राविका रहेंगे, यह त्रिलोकसार में सिद्धान्त चक्रवर्ती नेमीचन्द्र आचार्य कहते हैं—

अथ चरम कल्की स्वरूपं गाथा पंचकेनाह—

इदि पडि सहस्स वस्सं वीसे कक्कीणदिक्कमे चरिमो।
जल मथंणो भविस्सदि कक्की सम्मग्ग मत्थणओ॥857॥

इह इंदराय सिस्सो वीरंगद साहु चरिम सव्वसिरी।
अज्जा अग्गिल सावय वरसाविय पंगुसेणावि॥858॥

पंचम चरिमे पक्खड मासतिवासो वसेसए तेण।
मुणिपढम पिंड गहणे सण्णसणं करिय दिवस तियं॥859॥

सोहम्मे जायंते कत्तिय अमवास सादि पुव्वण्हे।
इगि जलहि ठिदी मुणिणो सेसतिए सांहियं पल्लं॥860॥

तव्वा सरस्स आदी मज्झंते धम्मराय अग्गीणं।
णासो तत्तो मणुसा णग्गा मच्छादि आहारा॥861॥

इस प्रकार एक एक हजार वर्ष बाद एक एक कल्की होगा, तथा 20 कल्कियों के अतिक्रम अर्थात् पूर्ण होने के पश्चात् सन्मार्ग का मंथन करने वाला जलमंथन नाम का अंतिम कल्की होगा। उसी काल में इन्द्रराज नामक आचार्य के शिष्य वीराङ्गद नामक अंतिम साधु, सर्वश्री नाम की आर्यिका, अग्निल नामक उत्कृष्ट श्रावक, पंगुसेना नाम की श्राविका होगी। पंचमकाल के अंत में तीन वर्ष, 8 माह और 1 पक्ष अवशिष्ट रहने पर उस कल्की द्वारा पूर्वोक्त प्रकार मुनिराज के हस्तपुट का प्रथम ग्रास

शुल्क स्वरूप ग्रहण किया जाएगा। तब वे चारों तीन दिन के सन्यास पूर्वक कार्तिक बदी अमावस्या को स्वाति नक्षत्र, एवं पूर्वण्हि काल में मरण को प्राप्त हो सौधर्म स्वर्ग में मुनि तो एक सागर आयु के धारी, शेष तीनों साधिक एक पल्य की आयु के धारी उत्पन्न होंगे। उसी दिन आदि मध्य और अन्त में क्रम से धर्म, राजा एवं अग्नि का नाश हो जाएगा इसलिए उसके बाद मनुष्य मत्स्यादि का भक्षण करनेवाले और नग्न होंगे॥ 857-861॥

पंचमकाल 21 हजार वर्ष प्रमाण है। वर्तमान केवल 2513 वर्ष (1987 में) प्रमाण व्यतीत हो रहा है। यह तो केवल पंचम काल की शैश्व अवस्था है। अर्थात् प्राथमिक अवस्था है। अभी प्राय: 18484 वर्ष प्रमाण और भाव लिङगी मुनि रहेंगे। उपरोक्त सिद्धान्त से ज्ञात होता है कि पहले धर्म का जीवन्त स्वरूप मुनि आर्यिका श्रावक श्राविका का पूर्वाण्ह में अन्त होगा, उनके अन्त में धर्म का भी अन्त होगा क्योंकि "न धर्मो धार्मिकैर्विना", मध्यान्ह में राजा का लोप, एवं सन्ध्यकाल में अग्नि का लोप होगा। इससे सिद्ध होता है कि भरत क्षेत्र में जब तक अग्नि है तब तक भाव लिङ्गी मुनि भी है। जो पंचम काल में भाव लिङगी मुनियों का अस्तित्त्व नहीं मानता, वह जिनवाणी को नहीं मानता, जिनवाणी के न मानने के कारण मिथ्यादृष्टि है। भाव लिङगी मुनियों के सद्भाव के लिए स्वयं अग्नि ही साक्षीभूत है।

धर्मादिक के नाश का कारण—

पोग्गल अइरुक्खादो जलणे धम्मे णिरासएण हदे।
असुर वइणा णरिंदे सयलो लोओ हवे अन्धो॥862॥

पुद्गल द्रव्य में अत्यन्त रूक्षता आ जाने से अग्नि का नाश, समीचीन धर्म के आश्रयभूत मुनिराज का अभाव हो जाने से धर्म का नाश तथा असुरेन्द्र द्वारा राजा का नाश हो जाने से सम्पूर्ण लोक अन्धा हो जाएगा अर्थात् मार्गदर्शक कोई नहीं रहेगा।

आचार्य श्री ने अन्त में आशिर्वादात्मक अपना नाम देकर इस शास्त्र की समाप्ति की है—

सोऊण तच्चसारं रइयं मुणिणाह देवसेवणेण।
जो सद्दिट्ठी भावइ सो पावइ सासयं सोक्खं॥74॥

— (तत्त्वसार)

मुनिराज देवसेन रचित तत्त्वसार को सुनकर जो सम्यग्दृष्टि भावना करेगा वह शाश्वत सुख को प्राप्त करेगा।

(6) आराधनासार

आचार्य श्री के द्वारा प्रतिपादित आराधनासार में प्राकृत गाथाएँ 115 है। इसमें निश्चय एवं व्यवहार दोनों आराधनाओं का संक्षिप्त एवं मौलिक वर्णन है। निश्चय आराधना साध्य और व्यवहार आराधना साधन है। जब तक व्यवहार आराधना नहीं करेंगे तब तक निश्चय आराधना नहीं हो सकती है।

-निश्चय व्यवहार आराधना-

ननु निश्चयाराधनायां सत्यां किमनया व्यवहाराराधनया साध्यसमिति वदन्तं प्रत्याह—

पज्जय णयेण भणिया चउव्विहाराहण हु जा सुत्ते।
सा पुणु कारण भूदा णिच्छ्यणयदो चउक्कस्स॥12॥

(आराधनासार)

जो निश्चय से आत्मा से अभिन्न रूप दर्शन, ज्ञान, चारित्र, तप, आराधना है उसके कारणभूत व्यवहार दर्शन, ज्ञान, चारित्र तपाराधना है। कारण बिना कार्य कभी भी सम्भव नहीं है। इस न्याय के अनुसार जब तक साधक व्यवहाराधना-रूप परिणम नहीं करता है तब तक निश्चयराधना को प्राप्त नहीं कर सकता है।

कश्चिद् भव्यः प्राथमिकावस्थायां निश्चयाराधनायां स्थितिमलभमानस्तावदय व्यवहाराराधनामाराधयति पश्चान्मनसो दार्ढ्यं प्राप्य क्रमेण निश्चयाराध- नामाराधतीत्यभिप्रायः॥

(आराधना सार)

अनादि कुसंस्कार के कारण इन्द्रिय और मन की बहिर्मुखता के कारण पुनः पुनः पूर्व में आत्मत्व की भावना से रहित होने के कारण जब एक प्राथमिक आत्म तत्त्व की आराधना करता है तब व्यवहाराधना की पुनः पुनः आराधना करते हुए चंचल मन दृढ़ हो जाता है, बाह्य विषय वासनाओं से विरत होता है, आत्म भावना स्थिर होती है तब क्रमशः निश्चयराधना की आराधना करता है।

नवदेवता स्तवन (संस्कृत) लेखक : पू. कनकनन्दि महाराज

(1) धर्मचक्रधरः जिनं ज्ञाणार्णवः चतुष्ट्यम्।
चत्वार वदनं ध्यायेत सर्व मोहोपो शान्तये॥

(2) ज्ञानाम्बर धरः सिद्धं वर्णातितं गुणाष्ट्यम्।
प्रणष्ट कर्माय स्मरेत् सर्वकर्म प्रणास्त्राये॥

ध्यान का पात्र :

देवसेन आचार्य ने शून्य ध्यान का विशेष वर्णन किया है। शून्य ध्यान अर्थात् निर्विकल्प शुक्ल ध्यान हैं

जाम वियप्पो कोई जायइ जोइस्स झाण जुत्तस्स।
ताम ण सुण्णं झाणं चिन्ता वा भावणा अहवा॥83॥

(आराधनासार)

ध्यान युक्त मुनि को जब तक किसी प्रकार के विकल्प उत्पन्न होते रहते हैं तब तक शून्य अर्थात् संकल्पातीत ध्यान अर्थात् निर्विकल्प ध्यान नहीं हो सकता है। किंतु चिन्ता, भावना, अनुप्रेक्षा, मनन चिन्तन होता है, तब तक निर्विकल्प ध्यान नहीं होताहै, चिन्ता भावनादि ध्यान के लिए साधन है। इस प्रकार ध्यान सबको प्राप्त नहीं होता है। उसके लिए विशेष साधक चाहिए। यथा—

चइऊण सव्वसंगं लिंगं धरिऊण जिण वरिंदाण।
अप्पाणं झाऊणं भविया सिज्झंति णियमेण॥112॥

(आराधनासार)

समस्त अन्तरंग बहिरंग ग्रन्थों को त्याग करके यथाजात रूप जिनेंद्र लिंग को धारण कर जो आत्मा का ध्यान करेंगे वे भव्य सम्पूर्ण कर्मों को नष्ट करके नियम से सिद्ध परमेष्ठी पद को प्राप्त करेंगे। इस प्रकार सिद्धान्त चक्रवर्ती नेमीचन्द्र आचार्य ने भी कहा है।

तव सुद्वदवं चेदा झाणरह धुरंधरों हवे जम्हा।
तम्हा तत्तियणिरदा तल्लद्धीए सदा होहि॥57॥

(द्रव्य संग्रह)

ध्यान रूपी धुरा को धारणा करने के लिए वही धीर पुरुष समर्थ हो सकता है जो अन्तरंग बहिरंग तपश्चरण को धारण करता है, जिन वाणी का अवगाहन करता है, महाव्रतों का पालन करता है। जो तप एवं व्रतों की आराधना नहीं करता है, वह भीरू पुरुष ध्यान रूपी धुरा को धारण करने में समर्थ नहीं हो सकता है। यदि ध्यानामृत के पान करने की इच्छा रखता है तो वह व्रत, श्रुत, एवं तप में रत रहे, निरतिचार पूर्वक सेवन करे। ध्यान के लिए योग्य, पात्रता चाहिए, बिना पात्रता के ध्यान की सिद्धी नहीं हो सकती है। आचार्यों ने कहा है—

ध्यान का पात्र अपात्र—

वैराग्य तत्त्वविज्ञान नैर्ग्रंथ वसचित्तता।
परिषह जयश्चेति पंच ते ध्यान हेत्वा॥

ध्यान के लिए पांच कारण है— (1) वैराग्य, (2) तत्त्वविज्ञान, (3) निर्ग्रंथता, (4) मनवशता (5) परीषह जय। जहाँ पर उपरोक्त 5 कारण है वहाँ पर ध्यान हो सकता है। जो परिग्रहधारी, तत्त्व विज्ञान से रहित, काम भोग विषय वासना में रत, शरीर पोषण करनेवाले हैं इनको त्रिकाल में भी ध्यान की सिद्धि नहीं हो सकती है। ज्ञानार्णव में कहा है—

मुमुक्षुर्जन्मनिर्विण्णः शान्तचित्तो वशी स्थिरः।
जिताक्षः संवृतो धीरो ध्याता शास्त्रे प्रशस्यते ॥6॥

(ज्ञानार्णव चतुर्थ सर्ग)

(1) जो मोक्ष का इच्छुक है, (2) जो संसार से विरक्त है, (3) मोह क्षेभ रहित शांतचित्त है, (4) मन वश में है, (5) अंगोपांग दृढ़ होने के कारण ध्यानासान में स्थिर हो, (6) इन्द्रियों को जीतकर उनके विषयों से विरक्त हो, (7) संवर सहित हो, (8) उपसर्ग परीषह सहन करने में धीर हो वही ध्यान के लिए योग्य पात्र है। उपरोक्त गुण अथवा विशेषण केवल निर्ग्रंथ मुनि में ही पाए जा सकते हैं। किंतु जो उपरोक्त विशेषण से रहित, भुभुक्षु, बकध्यानी, संसार-शरीर-भोग-धनसंपत्ति, स्त्रीकुटुम्ब में आसक्त है, चंचल मन वाले हैं, पंचेन्द्रिय के दास है, व्रत-नियम-त्याग-तपश्चरण करने में नपुंसक के सदृश कायर है, वे कभी भी ध्यान के लिए योग्य पात्र नहीं हो सकते है।

मिथ्यादृष्टि की बात तो दूर रही किन्तु सम्यग्दृष्टि और श्रावक भी जब तक गृह-धंधा में लीन रहता है तब तक उसको भी ध्यान की सिद्धि नहीं हो सकती है।

दह्यमाने जगत्यस्मिन्महता मोह वन्हिना।
प्रमादमुदमृत्सृज्य निष्क्रान्ता योगिनः परम् ॥8॥

— (ज्ञानार्णव)

महामोहरूपी अग्नि से जलते हुए इस जगत में से केवल मुनिगण ही प्रमाद को छोड़कर निकलते हैं, अन्य कोई नहीं।

न प्रमादजयं कर्तुं धीधनैरपि पार्यते।
महाव्यसन संकीर्णे गृहवासेऽतिनिन्दिते ॥9॥

— (ज्ञानार्णव)

---

(3) अष्टाचारं धरः सूरीं गुण निधिः संघाधिपम्।
गम्भीररूपाम ध्यायेत् शुद्ध चारित्र प्राप्तये॥

(4) आगमरधः पाठकं ज्ञान निधिः गुणाधारः।
प्रशान्त रूपाय ध्यायेत् विनयाचारप्राप्तये॥

अनेक कष्टों से भरे हुए अतिनिन्दित गृहवास में बड़े-बड़े बुद्धिमान भी प्रमाद को पराजित करने में समर्थ नहीं है। इस कारण गृहस्थावस्था में ध्यान की सिद्धि नहीं हो सकती।

शक्यते न वशीकर्तुं गृहिभिश्चपलं मनः।
अतश्चितप्रशान्त्यर्थं सद्भिस्त्यक्ता गृहस्थिति॥10॥

— *(ज्ञानार्णव)*

गृहस्थ गण घर में रहते हुए अपने चपल मन को वश करने में असमार्थ होते हैं, अतएव चित्त की शान्ति के अर्थ सत्पुरुषों ने घर में रहना छोड़ दिया और वे एकांत स्थान में रहकर ध्यानस्थ होने को उद्यमी हुए।

प्रतिक्षणं द्वन्द्वशतार्त्त चेतसां नृणां दुराशाग्रह पीड़ितात्मनाम्।
नितम्बिनी लोचन चैर संकटे गृहाश्रमे नश्यति पारमार्थिकम्॥11॥

सैकड़ों प्रकार के कलहों से दुःखित चित्त और धनादिक की दुराशारूपी पिशाची से पीड़ित पुरुषों के प्रतिक्षण स्त्रियों के नेत्ररूपी चोरों का है उपद्रव जिसमें ऐसे इस गृहस्थाश्रम में अपने आत्महित की सिद्धी नहीं होती।

निरन्तरार्तानलदाहदुर्गमे कुवासनाध्वान्त विलुप्त लोचने।
अनेकचिन्ताज्वर जिह्मितात्मनां नृणां गृहेनात्महितं प्रसिद्ध्यति॥12॥

निरन्तर पीड़ा रूप आर्त्तध्यान की अग्नि के दाह से दुर्गम, बसने के अयोग्य तथा काम क्रोधादि की कुवासना रूपी अन्धकर से विलुप्त हो गई नेत्रों की दृष्टि जिसमें ऐसे घरों में अनेक चिन्तारूपी ज्वर से विकार रूप मनुष्यों के अपेन आत्मा का हित कदापि सिद्ध नहीं होता ऐसे गृहस्थावास में उत्तम ध्यान कैसे हो?

विपन्महापङ्क निमग्नबुद्धयः प्ररूढरागज्वरयन्त्रपीड़िताः।
परिग्रहव्यालविषाग्निमूर्च्छिता विवेकवीथ्यां गृहिणः स्खलन्त्यमी॥13॥

— *(ज्ञानार्णव)*

गृहस्थ अवस्था की आपदा रूपी महान् कीचड़ में जिनकी बुद्धि फँसी हुई है, तथा जो प्रचुरता से बढ़े हुए राग रूपी ज्वर के यन्त्र से पीड़ित हैं, और जो परिग्रह रूपी सर्प के विष की ज्वाला से मूर्च्छित हुए हैं, वे गृहस्थ गण विवेकरूपी वीथी में (गली में) चलते हुए स्खलित हो जाते हैं अर्थात् च्युत हो जाते हैं। अथवा समीचीन मार्ग से (मोक्ष मार्ग) भ्रष्ट हो जाते हैं।

हिताहित विमूढ़ात्मा स्वं शश्वद्वेष्टयेद्गृही।
अनेकारम्भजैः पापै कोशकारः कृमिर्यथा॥14॥

— *(ज्ञानार्णव)*

जैसे रेशम का क्रीड़ा अपने ही मुख से तारों को निकालकर अपने को ही

उसमें आच्छादित कर लेता है, उसी प्रकार हिताहित में विचार शून्य होकर यह गृहस्थजन भी अनेक प्रकार के आरम्भों से पापोपार्जन करके अपने को शीघ्र ही पाप जाल में फँसा लेते हैं।

जेतुं जन्मशतेनापि रागाद्यरिपताकिनी।
विना संयम शस्त्रेण न सद्भिरपि शक्यते ॥15॥

— (ज्ञानार्णव)

रागादि शत्रुओं की सेना संयमरूपी शस्त्र के बिना बड़े-बड़े सत्पुरुषों से (राजाओं से) सैकड़ों जन्म लेकर भी जब जीती नहीं जा सकती है, तो अन्य की कथा ही क्या है।

प्रचण्डपवनैः प्रायश्चाल्यन्ते यत्र भूभृतः।
तत्राङ्गनादिभः स्वान्तं निसर्गतरलं न किम् ॥16॥

— (ज्ञानार्णव)

स्त्रियाँ प्रचण्ड पवन के समान हैं। प्रचंड पवन बड़े-बड़े भूभृतों (पर्वतों) को उड़ा देता है और स्त्रियाँ बड़े-बड़े भूभृतों को राजाओं को चला देती हैं। ऐसी स्त्रियों से जो स्वभाव से ही चंचल है ऐसा मन क्या चलायमान नहीं होगा?

भावार्थ : *स्त्रियों के संसर्ग में ध्यान की योग्यता कहाँ?*

खपुष्पमथदा शृडगं खरस्यापि प्रतीयते।
न पुनर्देश कालेऽपि ध्यानसिद्धिर्गृहाश्रमे ॥17॥

— (ज्ञानार्णव)

आकाश के पुष्प और गधे के सींग नहीं होते है। कदाचित् किसी देश व काल में ध्यान की सिद्धि होनी हो तो किसी देश व काल में सम्भव नहीं है ॥17॥

जो विषय वासना में लीन होकर गृहस्थ में रहकर स्वयं को उत्कृष्ट ध्यानी मानता है वह आत्मवंचना है। वह बक ध्यानी के समान विषयों का ही ध्यान करता है न कि आत्मध्यान। यदि अन्तरंग में विषयों के प्रति अनुराग नहीं है तो बाह्य में सेवन भी नहीं कर सकता है।

रागद्वेषनिवृत्तेर्हिंसादि निवर्तनाकृता भवति।
अनपेक्षितार्थवृत्तिः कः पुरुषः सेवते नृपतीन् ॥48॥

---

(5) *मौनव्रतधरः मुनि रत्ननिधिः निर्विकारम्।*
निर्वाणरूपाय ध्यायेत् आत्मप्राप्ति संसिद्धये॥

(6) *दिव्यध्वनि धारिणी देवी शुभ्रवर्णा ज्ञानरूपम्।*
सर्वतो वदनी ध्यायेत् अज्ञान ध्वान्त नाशये॥

— *(रत्नकरण्ड श्रावकाचार)*

अन्तरंग रागद्वेष की निवृत्ति से बाह्य हिंसा, असत्य, चौर्य, कुशील, परिग्रहादि बाह्य पापों से निश्चित रूप से निवृत्ती हो जाती है। जब तक अन्तरंग में रागादि भाव रहेंगे तब तक बहिरंग में उसके कार्यरूप धन सम्पत्ती के ऊपर लालसा, काम भोग, सेवन आदि रहेगा। अन्तरंग बहिरंग परिग्रह रहने के कारण श्रावक उत्कृष्ट ध्यान का पात्र नहीं हो सकता।

देवसेन आचार्य महाप्रज्ञ होने पर भी अत्यन्त निर्गर्वी थे। 'गुणी विद्वान न करोति गर्वम्' इस न्याय के अनुसार आराधना सार को समाप्त करते हुए लघुता प्रगट करते हैं—

अमुणिय तच्चेण इमं भणियं जं किंपि देवसेणेण।
सो हंतु तं मुणिंदा अत्थि हु जइ पवयण विरुद्धम् ॥115॥

(आराधनासार)

तत्त्व को नहीं जाननेवाला मैं देवसेन आचार्य, जो कुछ कहा है उसमें यदि निश्चय से आगम के विरुद्ध कुछ भी हो तो द्रव्य भाव श्रुत के धारी श्रुत केवली महामुनि संशोधन करें। ये भावश्रुतविरहिताः केवलं द्रव्यश्रुतावलंबिनस्तेषां पुनरिहाराधनासार शेधने नाधिकारः। ये परब्रह्माराधनातत्परास्त एवात्राधिकारिण इत्यर्थः॥

भावश्रुत से रहित होते हुए जो द्रव्यश्रुत का आश्रय लेते है वे इस आराधनासार ग्रन्थ के संशोधन करने के अधिकारी नहीं है। किन्तु जो परम ब्रह्म की आराधना में तत्पर हैं वे ही इस आराधना सार के संशोधन करने के अधिकारी हैं। इससे सिद्ध होता है कि भावश्रुत ज्ञान से रहित द्रव्युश्रुत ज्ञानी का कोई महत्व नहीं है क्योंकि स्वमत या स्वाभिप्राय के विरोध में जो कुछ जिनागम में परिवर्तन करके स्वभावानुसार प्रतिपादन करेगा उसमें जिनागम का हनन एवं सत्य का नाश होगा।

भावसंग्रह— देवसेन के स्वयं देव होने का प्रायोगिक मार्ग (भाव संग्रह) देवसेन आचार्य के बृहत्तमकृति यह भाव संग्रह है। इसमें प्राकृत गाथा बद्ध 701 गाथाएँ हैं। इसमें कुशल, निर्भीक आचार्यश्री ने मिथ्या मान्यताओं व परम्पराओं का सशक्त मुक्त कंठ से विरोध किया है। आचार्यश्री ने किसी प्रकार कलुषित मनोभाव से अथवा पक्षपात से अथवा सम्प्रदाय व्यामोह से अथवा दूसरों को अपमानित करने के लिए कुठार घात नहीं किया किन्तु वस्तु स्वरूप का प्रतिपादन करने के लिए

---

(7) *अहिंसा धर्मरूपाय अनेकांतप्रकाशने।*
रअत्रयगुणांगाय नमो दुःखबिनाशाय॥

(8) *प्रशान्तरूपरूपाय कृतकृत्यः स्वरूपाय।*
परमात्मनिर्देशाय नमो चैत्यजिनालये॥

अथवा सम्यक् मार्ग से भष्ट हुए प्राणियों के ऊपर दया भाव से कथन किया है। जो भव्य सम्यग्दृष्टि है उनके लिए इनकी वाणी अमृततुल्य है जिनका पान कर वह अमृत पद अर्थात् मोक्ष पद को प्राप्त कर सकता है। परन्तु जो अभव्य है वह इस अमृत को प्राप्त नहीं कर सकता है—

शस्त्राग्नौ मणिवद्भव्यो विशुद्धो भाति निर्वृतः।
अङ्गारवत् खलो दीप्तो मली वा भस्म वा भवेत्॥176॥

(आत्मानुशासन)

शास्त्ररूपी अग्नि में भव्य (सम्यग्दृष्टि) रूपी मणि विशुद्धी को प्राप्त कर निर्वाण सुख को प्राप्त करता है परन्तु जो अभव्य रूप अंगार है वह शास्त्र रूपी अग्नि में गिरकर थोड़ा प्रकाशवान होता है पश्चात मलिन हो जाता है अथवा भस्म हो जाता है। यहाँ परा शास्त्र को आचार्य गुणधर स्वामी ने अग्नि की उपमा दी है क्योंकि अग्नि पक्षपात रहित होकर योग्य ईंधन को जलाती है एवं प्रकाश देती है उसी प्रकार शास्त्र रूप अग्नि निरपेक्ष से ज्ञान रूपी प्रकाश देती है जैसे पुष्प रागादि रत्न अग्नि के माध्यम से किट्टकालिमा से रहित निर्मल हो जाता है उसी प्रकार भव्य रूपी रत्न शास्त्र रूपी अग्नि के माध्यम से कर्म कलंक से रहित होकर निर्मल चित्यमत्कार ज्योति रूप में परिणमन करता है। जिस प्रकार लकड़ी अग्नि के माध्यम से पहले प्रकाशमान होती है बाद में मलिन रूप, कोयला रूप परिणति होती है या भस्मरूप परिणित करती है उसी प्रकार अभव्य मिथ्यादृष्टि शास्त्र-अग्नि के माध्यम से पहले प्रकाशवान होता है अर्थात् क्षयोपशम के माध्यम से शास्त्रज्ञ हो जाता है परन्तु मिथ्यात्व के कारण मिथ्याज्ञानी होकर आगम का विरोध करता है। अनंतानुबन्धी क्रोधादि कषायों के कारण अन्याय, अत्याचार, भ्रष्टाचारों का प्रचार प्रसार करके ज्ञान शून्य होकर पाप संचय कर संसार में परिभ्रमण करता है।

विकाशयंति भव्यस्य मनोमुकुलमंशवः।
खेरिवार विन्दस्य कठोराश्च गुरुक्तयः॥142॥

— (आत्मानुशासन)

जिस प्रकार सूर्य की कठोर भी किरणें कोमल सी कली को प्रफुल्लित करती हैं उसी प्रकार कठोर भी गुरु के वचन भव्य जीव के मन रूप कमल को प्रफुल्लित करते हैं अर्थात् भव्य जीव कठोर भी गुरु के वचन सुनकर अपने दोष को दूर कर अभ्युदय एवं निःश्रेयस सुख को प्राप्त करते हैं। नीति प्रसिद्ध है—"हितं मनोहारी च दुर्लभं वचः" संसार में हितकर मनोहारी वचन दुर्लभ हैं जैसे रोग को दूर करने के लिए वैद्य कड़वी औषध देता है, उसी प्रकार भव्य जीवों के भवरूप रोग दूर करने के लिए भवरोग वैद्य गुरूदेव भी कठोर वचन रूप कड़वी औषध देते हैं उसका पान

करके भव्य रोग से दूर होकर परम स्वास्थ्य को प्राप्त करता है।

यह शास्त्र कानाम अन्वयर्थक संज्ञा वाला है क्योंकि इस शास्त्र में समस्त संसारी एवं मुक्त जीवों का भाव संग्रहित है अर्थात् वर्णित है। ''उपयोगो लक्षणं'' इस सूत्रानुसार समस्त जीव राशि उपयोगमय है। परन्तु कर्म सापेक्षता एवं कर्म निरपेक्षतानुसार अनेकानेद भेद प्रभेद हो जाते हैं। सामान्यापेक्षा उपयोग एक, विशेषापेक्षा-शुद्ध-अशुद्ध की अपेक्षा दो, शुद्ध, शुभ, अशुभरूप से तीन, गुणस्थानापेक्षा 14 इसी प्रकार संख्यात-असंख्यात भेद प्रभेद हैं। मध्यम प्रतिपद के अनुसार उपयोग तीन प्रकार है जिसमें समस्त भाव गर्भित हैं। यथा—

जीवो परिणमदि जदा सुहेण असुहेण वा सुहो असुहो।
सुद्धेण तदा सुद्धो हवदि हि परिणाम सब्भावो ॥9॥

(प्रवचन सार) (जयसेनाचार्य कृत टीका)

यथा स्फटिक मणि विशेषो निर्मलोऽपि जपापुष्पादिरक्तकृष्णश्वेतोपाधिवेशन रक्तकृष्णश्वेतवर्णो भवति, तथाऽयं जीवः स्वभावेन शुद्धबैक स्वरूपोऽपि व्यवहारेण गृहस्थापेक्षया यथासम्भवं सरागसम्यक्त्वपूर्वक दान-पूजादि शुभानुष्ठानेन, तपोधनापेक्षया तु मूलोत्तर गुणादिशुभनुष्ठानेन परिणतः शुभो ज्ञातव्य इति। मिथ्यात्वाविरति प्रमादकषाय योग पंच प्रत्ययरूपाशुभोपयोगे नाशुभो विज्ञेयः। निश्चय रत्नत्रयात्मकशुद्धोपयोगेन परिणतः शुद्धो ज्ञातव्य इति। किंच जीवस्यांसंख्येयलोक मात्रपरिणामाः सिद्धान्ते मध्यम प्रतिपत्या मिथ्यादृष्टयादि चतुर्दशगुणस्थानरूपेण कथिता। अत्र प्राभृतशास्त्रे तान्येव गुणस्थानानि संक्षेपेण शुभाशुभ शुद्धोपयोग रूपेण कथितानि। कथमिति चेत्-मिथ्यात्व-सासादन-मिश्र गुणस्थान त्रये तारतम्येना-शुभोपयोगः, तदनन्तरमसंयत-सम्यग्दृष्टिदेशवरतप्रमत्तसंयत गुणस्थानत्रये तारतम्येनाशुभोपयोगः, तदनन्तरमप्रमत्तादि-क्षीणकषायान्त गुणस्थान षट्के तारतम्येन शुद्धोपयोगः, तदनन्तरं सयोग्य योगीजिन गुणस्थानद्वये शुद्धोपयोग फलमिति भावार्थः॥

गाथार्थ : जब उपयोगात्मक जीव शुभ भाव से परिणमन करता है तब वह स्वयं ही शुभ होता है। जब अशुभ से परिणमन करता है, तब वह स्वयं ही अशुभ होता है, और जब शुद्ध भाव से परिणमन करता है तब वह स्वयं शुद्ध होता है क्योंकि जीव परिणमन शील एक चैतन्य द्रव्य है।

---

(9) समवशरण स्वरुपाय धर्मायतनबीजाय।
नमो जिन चैत्यालय चैतन्यरूपप्रासये॥

(10) नवलिब्धप्राप्ताय नवदेव स्तवोऽयम।
सच्चिदानन्दसिद्धये बाह्याभ्यन्तर धर्मोऽसम्॥

टीकार्थ—*जैसे स्फटिकमणि निर्मल होने पर भी जपा पुष्पादि लाल काला श्वेत उपाधि के वश से लाल काला श्वेतरंग रूप परिणत करता है वैसे ही यह जीव स्वभाव से शुद्ध बुद्ध एक स्वभाव होने पर भी व्यवहार से गृहस्थापेक्षा यथासम्भव सराग सम्यक्त्व पूर्वक दान-पूजादि शुभानुष्ठान को करने से तथा मुनि की अपेक्षा मूल एवं उत्तर गुणादि शुभानुष्ठान रूप परिणित होने से शुभोपयोग वाला जानना चाहिए। मिथ्यादर्शन, अविरति, प्रमाद कषाय, योग ऐसे पाँच कारण रूप अशुभ योग के सहित होता हुआ अशुभपयोग जानना चाहिए निश्चय रत्नत्रयात्मक शुद्धोपयोग में परिणित करता हुआ शुद्ध जानना चाहिए। सिद्धान्त में विस्तार प्रतिपत्ति अपेक्षा जीव के असंख्यात लोक मात्र परिणाम है। मध्यम प्रतिपत्ति अपेक्षा मिथ्यादृष्टि आदि चतुर्दश गुणस्थान अपेक्षा वर्णन है। इस प्राभृत शास्त्र में उन्हीं गुणस्थान को संक्षेप में शुभ-अशुभ तथा शुद्धोपयोग रूप से कहा गया है। (1) मिथ्यात्व, (2) सासादन, (3) मिश्र इन तीन गुणस्थान में तारतम्य रूप से अशुभ उपयोग है। इसके आगे (4) असंयत सम्यग्दृष्टि, (5) देशविरत श्रावक, (6) प्रमत्त संयत मुनि इन तीन गुणस्थान में तारतम्य रूप से शुभोपयोग है। इसके आगे (7) अप्रमत्त, (8) अपूर्वकरण, (9) अनिवृत्तिकरण, (10) सूक्ष्म साम्पराय, (11) उपशांतमोह, (12) क्षीण कषाय में तारतम्य रूप से शुद्धोपयोग होता है। उसके बाद (13) सयोगी, (14) अयोगी गुणस्थान इन दो में शुद्धोपयोग का फल है। ऐसा इस गाथा का भावार्थ है।*

इस आर्षवचन से निश्चित होता है कि शुभोपयोग का प्रारम्भ चतुर्थ गुणस्थान से प्रारम्भ होता है एवं पाँचवे, छठे, सातवें गुणस्थान में उत्तरोत्तर वृद्धि को प्राप्त करता है। उत्कृष्ट शुभोपयोग श्रावक को नहीं हो सकता है वह भाव लिंगी सातवें गुणस्थानवर्ती मुनि को ही हो सकता है। शुद्धोपयोग (शुक्लध्यान नहीं है) मुनि की ध्यानावस्था से आरम्भ होकर 12वें गुणस्थान तक रहता है। 13वाँ, 14वाँ गुणस्थान में पूर्ण शुद्धोपयोग प्रगट होता है जो शुद्धोपयोग का फल है।

प्रत्येक जीव स्वभाव से स्वयं सिद्ध भगवान् शुद्ध बुद्ध निर्लेप निरंजन अनन्त ज्ञान दर्शनवान होते हुए भी कर्म के कारण इसमें जीव अनेक अवस्थाओं में रहता है। वह सामान्य 14 प्रकार है।

प्रत्येक जीव स्वभाव से स्वयं सिद्ध भगवान् के समान शुद्ध बुद्ध निर्लेप निरंजन अनन्त ज्ञान दर्शनवान होते हुए भी कर्म के कारण इसमें जीव अनेक अवस्थाओं में रहता है। वह सामान्य 14 प्रकार है।

गुणस्थान—*गुणस्थान का अर्थ है आध्यात्मिक सोपान। जिस सोपान के माध्यम से जीव संसार रूपी भूपृष्ठ से ऊपर ऊपर चढ़ता हुआ मोक्षरूप महल में पहुँच जाता है। त्रिकाल में इस आध्यात्मिक सोपान के माध्यम से ही जीवात्मा परमात्मा बनता है, अन्य कोई उपाय न भूतो न भविष्यति। जीव की अत्यन्त आध्यात्मिक सुप्त*

एवं निम्नश्रेणीय अवस्था मिथ्यात्व गुणस्थान है। इस पतित आत्मान्धकार की अति नीच अवस्था में जीव अनादि काल से पतित होकर रच पच रहा है। जब अनुकूल द्रव्य, क्षेत्र, काल, भाव रूपी निमित्त एवं उपादान का सम्यक् समन्वय रूप समवाय होता है एवं सद्गुरु का उपदेश मिलता है तब जाकर उसकी सुप्त अवस्था नष्ट होकर अर्थात् वह जाग्रत होकर खड़ा होता है एवं स्वयं को अवलोकन करता है। एवं स्वरूप को प्राप्त करने के लिए मोक्ष की ओर उत्साह पूर्वक आगे पुरुषार्थ से सुदृढ़ कदम उठाता है। आगे बढ़ते हुए मोक्ष महल को प्राप्त करता है। इस अलौकिक मोक्ष महल की यात्रा को ही गुणस्थान कहते है।

(1) मिथ्यात्व गुणस्थान

सत्य से विपरीत मान्यता, श्रद्धा, प्रतीति, विश्वास रूप परिणाम व भावों को मिथ्यात्व कहते है। सत्य का पूर्ण साक्षात्कार सर्वज्ञ वीतरागी देव है। सर्वज्ञ भगवान् ने दिव्य ध्वनि मूलक उस परम सत्य का प्रमाण नय, निक्षेपों के द्वारा प्रतिपादन किया है, उनके द्वारा प्रतिपादित सत्य अर्थात् जिसे उनके द्वारा कहे हुए द्रव्य, तत्त्व, पदार्थों में विश्वास नहीं, श्रद्धा नहीं, वह मिथ्यदृष्टि है क्योंकि उसकी श्रद्धारूप दृष्टी विपरीत होने के कारण वह पदार्थ को भी विपरीत रूप श्रद्धान करता है सिद्धान्त चक्रवर्ती नेमीचन्द्र आचार्य गोम्मटसार में कहते हैं—

मिच्छाइट्टी जीवो, उवइट्ठं पवयणं ण सद्दहदि।
सद्दहदि असब्भावं, उवइट्ठं वा अणुवइट्ठं॥18॥

(गो. सार)

The wrong-believing soul does not believe in the noble doctrine preached (by the conquerers) and believes in the nature of things as it really is not, whether it be preached or not by (the teaching or description of) any one.

मिथ्यादृष्टिजीवः उपदिष्टं-अर्हदादिभिर्व्याख्यातं, प्रवचनं आप्तागम पदार्थत्रयं न श्रद्दधाति-नाभ्युपगच्छति। प्रकृष्टं वचनं यस्यासौ प्रवचनः आप्तः, प्रकृष्टस्य वचनं प्रवचनं-परमागमः, प्रकृष्टमुच्यतै-प्रमाणेन अभिधीयते इति प्रवचनं पदार्थः,

---

(2) मंगलाचरण

(सुमण पुप्फ संचयण) प्राकृत

मंगलं भयवदो आदा मंगलं अणयंत धम्मो।
मंगलं रणत्तयं मंगलं वत्थु सहावो॥1॥
मंगलं विसुद्ध आदा मंगलं आत्तं परमेट्ठी।
मंगलं साधयत्तयं मंगलं रयणत्तयं॥2॥

इति निरुक्त्या प्रवचन शब्देन तत्र यस्याभिधानात्। पुनः स मिथ्यादृष्टिः असद्भावं मिथ्यारूपं प्रवचनं आप्तागम पदार्थ, उपदिष्टं–आप्ताभासौः प्रकथितं अथवा अनुपदिष्टं अकथितमपि श्रद्दधाति।

मिथ्यादृष्टि जीव 'उपदिष्ट' अर्थात् अर्हन्त आदि के द्वारा कहे गए, 'प्रवचन' अर्थात् आप्त आगम और पदार्थ ये तीन, इनका श्रद्धान नहीं करता है। प्रवचन अर्थात् जिसका वचन प्रकृष्ट है ऐसा आप्त, प्रकृष्ट का वचन प्रवचन अर्थात् परमागम, प्रकृष्ट रूप से जो कहा जाता है अर्थात् प्रमाण के द्वारा कहा जाता है, वह प्रवचन अर्थात् पदार्थ। इन निरूक्तियों से प्रवचन शब्द से आप्त, आगम और पदार्थ तीनों कहे जाते है। तथा वह मिथ्यादृष्टि असद्भाव अर्थात् मिथ्यारूप प्रवचन यानी आप्त आगम पदार्थ का 'उपदिष्ट' अर्थात् आप्तभासों के द्वारा कथित अथवा अकथित का भी श्रद्धान करता है।

पदमक्खरं च एक्कं पि जो ण रोचेदि सुतणिद्दिष्ठ्ठं।
सेसं रोचन्तो वि हु मिच्छादिट्ठी मुणेयव्वो ॥38॥

(भगवती आराधना)

विजयोदया टीका : पदमक्खरं इति। पद शब्देन पद सहचारी पदस्यार्थं उच्यते। 'अक्खरं च' इति स्वल्प शब्दोपलक्षणं स्वल्पमप्यर्थं शब्दश्रुतं वा। 'जो' यः। 'ण रोचेदि' न रोचते। 'सुत्त णिदिट्ठं' पूर्वोक्तप्रमाणनिर्दिष्टम। 'सेसं' इतरश्रुतार्थं श्रुतांशं रोचन्तोऽपि। 'मिच्छादिट्ठी' मिथ्यादृष्टिरिति। 'मुणेदव्वो' ज्ञातव्यः। महति कुंडे स्थितं बह्वापिपयो यथा विषकणिका दूषयति। एवम श्रद्धानकणिका मलिन यत्यात्मनमिति भावः।

श्रुत में कहा गया है कि एक पद का अर्थ अथवा एक अक्षर का भी अर्थ जो प्रमाणभूत मानकर श्रद्धा नहीं करता है वह बाकी के श्रुतार्थ को या श्रुतांश को प्रमाण जानता हुआ भी मिथ्यादृष्टी ही है। बड़े पात्र में रखे हुए दूध को भी छोटी सी विषकणिका बिगाड़ती है। इसी तरह अश्रद्धा का छोटा-सा अंश भी आत्मा को मलिन करता है।

मदि सुदणाण बलेण दु सच्छंदं बोल्लदे जिणुद्दिट्ठं।
जो सो होदि कुदिट्ठी ण होदि जिण मग्ग लग्गखो ॥3॥

(रयणसार कुदकुंदाचार्य)

णमो आस परमेट्ठीणं णमो णिक्कम्माणं णमो साधयाणं।
णमो रयणत्तयाणं णमो लोये सव्व देवाणं॥3॥
मंगलं भयवदो पारस मंगलं आइरिय वीरो।
मंगलं संति कुंथुय मंगलं सिरि जिण धम्मो॥4॥

जो मतिज्ञान-श्रुतज्ञानवरण कर्म का क्षयोपशम से प्राप्त हुए मतिज्ञान-श्रुतज्ञान के कारण उद्धत होकर स्वयं के मनमाने ज्ञान द्वारा अपने मत अर्थात् पक्ष को लेकर स्वच्छंद होकर कपोल कलिप मत का प्रतिपादन करते हैं, जिनवाणी को नहीं मानते हैं वे मिथ्यादृष्टि अज्ञानी जिनधर्म से बाह्य हैं। यदि जिनागम को दिखाने पर यथार्थ वस्तु का श्रद्धान करने लगता है और पूर्व कल्पित मत-पक्ष का त्याग करता है वह सम्यग्दृष्टि बन जाता है। अन्यथा मिथ्यादृष्टी रहता है।

मिच्छंत्तं वेदंतो, जीवो विवरीयदंसणोहोदि।
ण य धम्मं रोचेदि हु, महुरं खु रसं जहा जरिदो ॥17॥

(गोम्ममसार जीवकांड)

मिथ्यात्वं उदयागतं वेदयन-अनुभवन जीवा विपरीत दर्शनः अतत्त्व श्रद्धा युक्तो भवति न केवलं अतत्त्वमेव श्रद्धदत्ते अनेकांतात्मकं कर्म वस्तुस्वभावं रत्नत्रयात्मक मोक्षकारणभूत धर्म न रोचते (नाभ्युगच्छति) अत्र दृष्टांतमाह-यथाज्वरितः पित्तज्वराकान्हो, मधुरं-क्षीरादिरसं न रोचते तथा मिथ्यादृष्टीधर्मं न रोचते इत्यर्थः ॥17॥

उदय में आये मिथ्यात्व का वेदन अर्थात् अनुभवन करने वाला जीव विपरीत दर्शन अर्थात् अतत्त्वं श्रद्धा से युक्त होता है। वह ने केवल अतत्त्व को ही श्रद्धा करता है, अपितु अनेकान्तात्मक धर्म, वस्तु स्वभाव, मोक्ष के कारणभूत रत्नत्रयात्मक धर्म को भी पसन्द नहीं करता।

दृष्टांत : *पित्त ज्वर से ग्रस्त व्यक्ति मीठे दूध-रसादि को पसन्द नहीं करता, उसी तरह मिथ्या दृष्टि को धर्म नहीं रुचता है।*

इंदिय विसय सुहादिसु मूढमदी रमदि ण लहदि तच्चं।
बहुदुक्खमिदि ण चिन्तदि सो चेव हवेदि बहिरप्पा ॥129॥

(रयणसार)

जो मूढ़मति इन्द्रियजनित सुख में रमण करता हुआ उसको सुख मानता है, बहुदुःखप्रद नहीं मानता है, वह आत्म तत्त्व को प्राप्त नहीं कर सकता है, वह बहिरात्मा मिथ्यादृष्टि है।

पूर्व संचित मिथ्यात्व कर्म के उदय से जो स्वयंमेव विपरीत भाव होता है उसे निसर्ग व अगृहीत मिथ्यादृष्टि कहते हैं। जो कुगुरु के उपदेश से विपरीत भाव होते हैं उसे अधिगमज व गृहीत मिथ्यादृष्टि कहते हैं। मिथ्यात्व के कारण जीव अवस्तु में वस्तु भाव, धारण करता है। बहिरात्मा केवल शरीर पोषण करता है, अतीन्द्रिय आत्मोत्थ सुख से बहिर्मुख होकर विषयसुख में ही लीन रहता है। बाह्य-भौतिक हानि-वृद्धि मानकर सुखी-दुःखी होता है। सामान्य से मिथ्यात्व एक प्रकार होते हुए भी विशेष अपेक्षा अर्थात् द्रव्य-भाव से दो प्रकार,एकान्त, विपरीत, संशय, विनय, अज्ञान की अपेक्षा 5 प्रकार भी होता है। इनमें सांख्य-चार्वाक मत मिलाने से 7 प्रकार

का मिथ्यात्व होता है। विशेष रूप से क्रियावादियों के 180, अक्रियावादियों के 84, अज्ञानवादी के 67 और वैयनिकवादियों के 32 इस प्रकार मिथ्यावादियों के 363 भेद होते है।

कोई एकान्त से काल, ईश्वर, आत्मा नियति और स्वभाव को स्वतंत्र रूप से कर्त्ता मानते है।

कुछ मिथ्यावादियों का स्वरूप

एकांतकालवादी : काल ही सबको उत्पन्न करता है, काल ही सबका नाश करता है, सोते हुए प्राणियों को काल ही जगाता है सो ऐसे काल को ठगने में कौन समर्थ हो सकता है? इस प्रकार काल से ही सब कार्य मानना, कालवाद कहलाता है।

एकांत नियतिवादी : जो जिस समय, जिससे जैसा, जिसको नियम से होना है वह उस समय, उससे वैसा उसके ही होता है ऐसा नियम से सभी वस्तु को मानना नियतिवाद कहलाता है।

किसी भी कार्य के लिए पंच कारणों की आवश्यकता

इसी प्रकार कोई मिथ्यावादी एक एक कारण से कार्य उत्पति को मानते हैं परन्तु प्रत्येक कार्य सम्यक् अन्तरग-बहिरंग भावों के सद्भाव से एवं विरोधी कारणों के अभाव से होता है। यथा—

कालो सहाव णियइ पुव्वकयं पुरिस कारणेगंता।
मिच्छत्तं ते चेव उ समासओ होंति सम्मतं ॥53॥

(सन्मतिसूत्र)

प्रत्येक कार्य के लिए (1) काल (2) स्वभाव (3) नियति (4) पूर्वकृत (5) पुरुषार्थ। इन पाँच कारणों का सम्यक् समन्वय चाहिए और प्रत्येक कार्य के लिए पाँचों को मानना सम्यक्त्व है। एक एक को कार्योत्पत्ति में कारण मानना मिथ्यात्व है। कालरूपी कारण केवल बाह्य उदासीन कारण है, उपादान अथवा प्रेरक कारण नहीं है।

यदि काल को ही सम्पूर्ण कार्यों का कर्ता मानेंगे तब काल को ही कर्म बन्ध

उदय लोय हिययर अणंत सुहसंति दातारो।
विस्ससंति पदातारो जो सो हवई धम्मो ॥5॥

(3) सुमण पुप्फ संचयण

—जिण धम्मो—

जत्थ अणेयंत जत्थ सियावाय जत्थ रयणत्तय होई।
जत्थ जीवदया जत्थ उहय णया तत्थ जिण धम्मो होई ॥6॥

होना चाहिए, काल को ही सुख दुःख होना चाहिए, काल को ही मोक्ष पद की प्राप्ति होनी चाहिए? परन्तु यह आगम, प्रत्यक्ष अनुमान विरुद्ध है क्योंकि इस प्रकार उपलब्ध नहीं है।

इसी प्रकार नियति को ही यदि कार्य के लिए कारण मानेंगे तब काल, स्वभाव, पूर्वकृत, पुरुषार्थ रूप चार कारणों के लोप का प्रसंग प्राप्त होता है परन्तु विकल अर्थात् न्यून कारण से कार्य नहीं हो सकता है। द्रव्य में परिणमन के लिए उदासीन रूप काल का अभाव होने पर द्रव्य में परिणमन नहीं होगा, स्वभाव के अभाव से द्रव्य का ही लोप होगा। पूर्वकृत के अभाव से एकेन्द्रिय से पंचेन्द्रिय तक एक मिथ्यात्व से चैदह गुणस्थान तक जीव की अवस्था विशेष का अभाव होने से संसार का अभाव हो जाएगा, जिससे प्रत्येक जीव शुद्ध-बद्ध, नित्य निरंजन स्वरूप हो जाएँगे जो कि प्रत्यक्ष विरुद्ध है।

कर्म नहीं है तो कर्म नष्ट करने के लिए पुरुषार्थ की क्या आवश्यकता है? संसार के अभाव से प्रतिपक्ष भूत मोक्ष को भी अभाव हो जाएगा। संसार-मुक्त जीवों का अभाव होने से प्रतिपक्ष भूत अजीव द्रव्य का अभाव हो जाएगा, तब सर्व शून्यता का प्रसंग आएगा जो कि अनुपलब्ध है।

यदि केवल नियति को ही कार्य में कारण मानेंगे तो पुरुषार्थ के अभाव होने से लौकिक व अलौकिक कार्य के लिए जीव बुद्धिपूर्वक अथवा अबुद्धिपूर्वक क्रिया करता है उसका लोप होगा, पुरुषार्थ के अभाव से मोक्ष का भी अभाव हो जाएगा। परन्तु अनन्त केवली हुए वे सभी पुरुषार्थ पूर्वक, बुद्धिपूर्वक, गृहस्थ जीवन का त्याग कर, शरीर स्थित पोशाक निकालकर, केंशलोच कर, निर्ग्रन्थ रूप धारणकर, कठोर अन्तरंग-बहिरंग तपश्चरण कर मोक्षपदवी प्राप्त हुए हैं।

धुव सिद्धि तित्थयरो चउणाण जुदो करेइ तवयरणं।
णाऊण धुवं कुज्जा तवयरणं णाणजुत्तो वि ॥60॥

— (अष्टपाहुड़ मोक्षपाहुड़)

तद्भव मोक्षमागी, चरमशरीरी, निश्चितरूप से तद्भव में मोक्ष जानेवाले, जन्म से ही क्षायिक सम्यग्दृष्टि, मति-श्रुत-अवधिज्ञान के धारक होते हैं और

—अधम्मो-

अण्णाणं दुट्ठचारिय विसिदट्ठी एयंत पक्कववाई।
सपर उहय लोयझाणी सुहसंति विघ्घकर हवई अधम्मो ॥7॥

-आदा धम्मो-

जे णासेण सगदोहो मोहो णात्थि णिच्चयेण।
ते णासेण धम्मो होदि हु णिच्चयेण ॥8॥

अन्तरंग-बहिरंग कारण मिलने पर सम्पूर्ण परिग्रह का त्याग कर "नमः सिद्धेभ्य" बोलकर केंशलोंच कर दीक्षा लेते हैं तब अनेक ऋद्धि-सिद्धि सहित मनःपार्यय ज्ञान प्रगट होने पर चार ज्ञान के धारी होने के कारण उन्हें स्पष्ट अवगत है कि मैं निश्चित मोक्ष जाऊँगा तो भी तीर्थंकर भगवान् कठोर-कठोर अन्तरंग-बहिरंग तपश्चरण करते हैं, मासोपवासी होकर पर्वत के शिखर पर ग्रीष्म ऋतु में, जिस समय पाँव के नीचे पृथ्वी जलती है और सूर्य ऊपर अत्यन्त सन्ताप देता है, चारों ओर ऊष्ण वायु शरीर का शोषण करती है, तब भी कर्म शत्रु को नष्ट करने के लिए अन्तरंग-बहिरंग तपश्चरण करते हैं, अन्यथा कर्म नष्ट नहीं हो सकते हैं, कर्म नष्ट हुए बिना शाश्वतिक आत्मोत्थ अतीन्द्रिय ज्ञानानन्द सुख की प्राप्ति नहीं हो सकती है।

तीर्थेश्वरा जगज्जेष्ठा, यद्यपि मोखगामिना।
तथापि पालितं तैश्च चारित्रं मुक्ति हेतवे॥

जगत में ज्येष्ठ तीर्थ के ईश्वर जो निश्चित मोक्षगामी हैं तो भी वे मुक्ति के हेतु चारित्र को पालन करते है।

जदि ण वि कुव्वदि छेदं ण मुच्चदि तेण कम्मबन्धेण।
कालेण दु बहगेणवि ण सो णरो पावदि विमोक्खं॥309॥

(मोक्ष अधिकार समयसार)

जह बन्धे छेतूणय बन्धण बद्धो य पावदि विमोक्खं।
तह बन्धे छेत्तूणय जीवो संपावदि विमोक्खं॥312॥

(मोक्ष अधिकार समयसार)

As a person, who has been in shackles for a long time, may be aware of the nature of his bondag, intense or feeble, and also its duration still so long as he does not make any effort to break them, he does not, get himself free from the chains, and may have to remain so, for a long time without obtaining freedom. Similarly a person with karmic bondage, even if he has the knowledge of the extent, the nature , the duration, and the strength of the karmic bondage, does not get liberation (by the mere knowledge) but he gets complete liberation if pure in heart—289-

As one bound in shackles gets released only on breaking the shackles, so also the self attains emancipation only by breaking (Karmic) bondage—292.

जयसेनाचार्यकृत तात्पर्यवृत्ति : *जानन्नपि यदि बन्धच्छेदं न करोति तदा न मुच्यते तेन कर्म बन्ध विशेषेणामुच्यानः सन् पुरुषो बहुतर कालेऽपि मोक्षं न लभते॥289॥*

यथा बन्धन बद्धः कश्चित्पुरषो रज्जुबन्धं श्रृंखला बन्धं काष्ठ निगल बन्धं वा

कमपि बन्धं छत्वा कमपि भित्वा कमपि मुक्त्वा स्वकीय विज्ञान पौरूष बलेन मोक्षं प्राप्नोति। तथा जीवोऽपि वीराग निर्विकल्प स्वसंवेदन ज्ञान। युद्धेन बन्धं छित्वा द्विधाकृत्वा भित्वा विदार्य मुक्त्वा छोटयित्वा च निज शुद्धात्मोपलंभ स्वरूप मोक्षं प्राप्नोतीति ॥292॥

कोई एक पुरुष धातु निर्मित शृंखला से बन्ध कर पड़ा है, वह उस शृंखला का वर्ण, स्वभाव, गुण धर्म के बारे में जानता है मानता है और मनन चिन्तवन भी करता है, तो भी तब तक उस बन्धन से मुक्त नहीं हो सकता है, जब तक वह उस बन्धन को छेदन, भेदन, खण्डन नहीं करेगा। उसी प्रकार संसार जीव कर्म रूपी बन्धन में पड़ा है उस विषय में जानता है, मानता है, और बन्धन से मुक्त होने के लिए चिन्तन-मनन भी करता है, परन्तु जब तक कर्म बन्धन को नष्ट करने के लिए दृढ़ पुरुषार्थ रूप क्रिया नहीं करेगा, तब तक वह पुरुष बहुकाल तक मोक्ष को प्राप्त नहीं कर सकता है। जैसे रज्जु (रस्सी), लोह, स्वर्ण, काष्ठ रूप बन्धन को तोड़कर फोड़कर खोलकर नष्ट कर अपने विज्ञान और पुरुषार्थ के बल से उस बन्धन से मुक्त हो सकता है। उसी प्रकार मुमक्षु वीर भी स्वविज्ञान, पुरुषार्थ रूपी वीतराग निर्विकल्प स्वसंवेदन ज्ञान के बल से उस बन्धन को छेदकर, भेदकर, खोलकर, तोड़कर, नष्ट कर, विदारण कर अपने शुद्धात्मा के उपलम्भ स्वरूप मोक्ष को प्राप्त करता है, वही परम पुरुषार्थ है।

बिना पुरुषार्थ मोक्ष नहीं होता, कवेल नियति को मानना, परम पुरुषार्थ का तिरस्कार करना, अवहेलना करना, नकारना है। इसलिए एकान्त नियतिवाद घोर मिथ्यात्व है, शिथिलिचार भ्रष्टाचार का पोषण है। यदि नियति से सब कुछ होता है तो धनसम्पत्ति के लिए व्यापार, पुत्र उत्पति के लिए विवाह, रोग निवारण के लिए औषध सेवन, ज्ञानार्जन के लिए विद्यालय जाना, शास्त्र अध्ययन, प्रवचन, शिबिर आदि की क्या आवश्यकता है?

इस प्रकार सम्पूर्ण मिथ्यात्व के कारण वस्तु स्वरूप अयथार्थ श्रद्धान एवं आत्म स्वरूप का विपरीत श्रद्धान होने से मिथ्यात्व संसार का मूल कारण है, कर्म बन्ध का प्रधान कारण है, अधर्म का आधार है, आत्म पतन के लिए मूल हेतु है।

जे णासेण रागद्दोसो मोहो आत्थि णिच्चयेण।
ते णासेण अधम्मी होदि हु णिच्येण॥
आदा धम्मो दुविहं सायार अणायार भेयेण।
सायार साधयं पुणो अणायारं साज्झ॥10॥

मिथ्यात्व में बन्ध

''मिथ्या दर्शनाऽविरतिप्रमाद कषाय योगाबन्ध हेतवः ॥''

मिथ्यादर्शन, अविरति, प्रमाद, कषाय और योग बन्ध के हेतु है क्योंकि इनके कारण ही बन्ध होता है। ''त एते पंच बन्ध हेतवः समस्ता व्यस्ताश्च भवन्ति। तद्यथा मिथ्यादृष्टेः पंचापि समुदिता बन्ध हेतवो भवन्ति'' ये पाँचों स्वतंत्र स्वतंत्र बन्ध के हेतु है और समुदाय से भी बन्ध के कारण है जैसे मिथ्यादृष्टि गुणस्थान में पाँचों बन्ध के लिए कारण है। सासादन, मिश्र, असंयतसम्यग्दृष्टि इन तीन स्थान में मिथ्यात्व को छोड़ अन्य अविरति आदि चारों प्रत्यय बन्ध के कारण है। जब तक मिथ्यात्व गुणस्थान में मिथ्यात्व प्रकृति उदय में रहती है तब तक मिथ्यात्वादि 16 प्रकृतियों का बन्ध होता है उसके आगे बंद व्युच्छिति हो जाती है।

मिच्छत्त हुंड संढाऽसंपत्तेयक्ख थावरादावं।
सुहुमतियं वियलिंदिय णिरयदु णिरयाउगं मिच्छे॥95॥

(कर्मकाण्ड)

मिथ्यात्व, हुण्डक संस्थान, नपुंसकवेद, असम्प्राप्तासपाटिका संहनन, एकेन्द्रियजाति, स्थवर, आतप, सूक्ष्म, अपर्याप्त, साधारण, विकलत्रय, नरकगति, नरकगत्यानुपूर्वी और नरकायु इन 16 प्रकृतियों की बन्ध व्युच्छित मिथ्यात्व गुणस्थान के अन्त में होती है।

सामण्ण पच्चया खलु चउरो भण्णंति बन्धकत्तारो।
मिच्छत्तं अविरमणं कसायं जोगा य बोद्धव्वा॥16॥

(समयसार)

सामान्य से मिथ्यात्व, अविरति, कषाय और योग ये चार बन्ध के कर्ता है अर्थात् जिस समय में मिथ्यात्व कर्म का उदय होता है उस समय उदयगत मिथ्यात्व कर्म के कारण जो भाव होता है उसके माध्यम से पुनः नवीन कर्म बन्ध होता है इसी प्रकार अविरति आदि से जानना चाहिए। यहाँ पर प्रमाद को आचार्यश्री ने नहीं गिनाया है तो क्या प्रमाद बन्ध के लिए कारण नहीं है, अवश्य कारण है किंतु प्रमाद

-सावय-

अट्ठ मूल गुण जुत्तो सत्तविसणं परिमुक्को।
दिवा भोयणं सुद्धं जलं देव दंसणं सावय धम्मो ॥११॥

-समण-

अट्ठावीस गुण जुतो णिम्मम झाणज्झयण संयुत्तो।
परिसह उपसग्ग जयी समयारुवी हवई समणो॥12॥

कषाय के कारण होता है। द्रव्य संग्रह में ''जोगा पथडि प्रदेशा टिट्ठि अनुभाव कसायदो होदि'' इसमें कषाय को ही स्थिति और अनुभाग का कारण बताया है। तो मिथ्यात्व और अविरति बन्ध के कारण नहीं है, अवश्य है, किंतु संक्षेप में कषाय में मिथ्यात्वादि को अन्तर्भूत कर दिया है। यहाँ पर कषाय प्रत्यय अन्त दीपक है, इसलिए उसके पहले पहले के सभी कारण उससे ग्रहण किए गए है।

सूत्रः—

सव्वतित्त्वाणुभागा मिच्छतस्स उक्कस्साणु भागुदीरणा।
अणंताणुबन्धीणमण्णदरा उक्कस्साणु भागुदीरणा

तुल्ला अणंत गुण होणा॥

—ज. ध. पु. 11 पे. 123–124

मिथ्यात्व की उत्कृष्ट अनुभाग उदीरणा तीव्र अनुभाग वाली है। अर्थात् सबसे तीव्र शक्ति से संयुक्त है। उससे अनंतानुबन्धी की अन्यतर (कोई एक) उत्कृष्ट अनुभाग उदीरणा परस्पर समान होकर मिथ्यात्व की उत्कृष्ट अनुभाग उदीरणा से अनन्त गुणी हीन है।

शंका : *मिथ्यात्व की उत्कृष्ट अनुभाग उदीरणा सबसे तीव्र क्यों है।*

समाधान : *''सव्व दव्व विसय सद्दहण गुण पड़ि बंधित्तादो''*

अर्थ : *सर्व द्रव्य विषय श्रद्धान गुण का प्रतिबन्धन मिथ्यात्व कर्म करता है।*

—ज. ध. पु. 11 पे. 123

मिच्छतपच्चयो खलु बन्धो उवसाम यस्य बोधव्वो।
उवसन्ते सासणे तेण परं होदि भय णिज्जो॥ *(धवल)*

मिथ्यात्व का उपशांत अवस्था में और सासादन गुणस्थान में मिथ्यात्व निमित्तक बन्ध नहीं होता है अन्य स्थानीय भी भजनीय है। अर्थात् मिथ्यात्व को प्राप्त हुए जीव को मिथ्यात्व निमित्तक बन्ध होता है। अन्य गुणस्थान प्राप्त जीव को बन्ध नहीं होता। एक विचारणीय विषय है कि 40 कोड़ा कोड़ी सागर स्थिति वाला चारित्र मोहनीय (अनंतानुबन्धी आदि) 70 कोड़ा कोड़ी सागर स्थिति प्रमाण दर्शन

मोण झाणाझयण णिम्मम णिरहंकार संजुत्तो।
आसा संकप्प मुक्को जो सो हवई सो समणो॥13॥

सरदारस सेई सव्व जीवे समभाव सया भाई।
सव्व सग सव्वासी जो सो समणो होई॥14॥

मोहनीय का कैसे बन्ध कर सकता है। यदि कषाय को ही स्थिति बन्ध का कारण मानेंगे तो दर्शनमोहनीय का स्थिति बन्ध मात्र कषाय के रहने पर 70 कोड़ा-कोड़ी सागर का और मिथ्यात्व में 16 प्रकृतियों का जो बन्ध होता है वह नहीं हो सकता हैं अनंतानुबन्धी भी मिथ्यात्व के सहाय से ही अंनत संसार का कारण हो सकती है अन्यथा नहीं।

अनंतानुबन्धी क्रोध मान माया लोभ कषाय आत्मनः सम्यक्त्व परिणामं कषन्ति अनन्त संसार कारणत्वात् अनन्तं-मिथ्यात्वं, अनन्त भव संस्कार कालं वा अनुबन्धित सुघट्यन्तीत्यनन्तानुबन्धिन इति॥

(गो. सार. टीका गाथा 283॥)

अनंतानुबन्धी क्रोध-मान-माया-लोभ कषाय आत्मा के सम्यक्त्व परिणाम को घातती है क्योंकि अनन्त संसार का कारण होने से मिथ्यात्व कर्म को अनन्त कहते हैं। उस अनन्त भव के संस्कार काल को बांधती है इसलिए उसे अनंतानुबन्धी कहते है। एक क्षण के लिए भी सम्यक्त्व हो जाता है तो संसार अनन्त नहीं रहता है संसार शान्त हो जाता है जो कि अर्ध पुद्गल परिवर्तन मात्र है।

न सम्यक्तव समं किंचित त्रैकाल्यं त्रिजगत्यपि।
श्रेयोऽश्रेयश्च मिथ्यात्व समं नान्यत्तनू भृताम्॥34॥

(रत्नकरण्ड श्रावकाचार)

In the three periods of time and the three worlds there is nothing more inauspicious than Right Faith for the living, nor any thing more inauspicious than a false conviction.

तीन जगत में तीन काल में सम्यक्त्व के समान श्रेयस्कर जीवों के लिए अन्य कुछ नहीं है एवं मिथात्व के समान अश्रेयस्कर अन्य कुछ नहीं हैं।

(2) सासादन

आदिम सम्मतद्धा, समयादो छावलित्ति वा सेसे।
अण अण्णदरुदयादो णासियस सम्मोत्ति सासणक्खो सो॥19॥

सासादन अर्थात् असादन सहित। जो उपशम सम्यक्त्व को प्राप्त कर सम्यक्तव के काल में जघन्य से एक समय और उत्कृष्ट से 6 आवली शेष रहने पर अनंतानुबन्धी संबन्धी क्रोधादि एक कषाय का उदय होने पर जो सम्यक्त्व रूपी रत्न पर्वत के शिखर से गिरकर मिथ्यात्व रूप भूमि के सन्मख हुआ है परन्तु मिथ्यात्व रूप भूमि में अभी भी पहुँचा नहीं, उस पतनभिमुख आत्मीक परिणाम विशेष को सासादन गुणस्थान कहते हैं।

(3) मिश्र गुणस्थान

सम्मामिच्छुदयेण य जत्तंतर सव्वधादि कज्जेण।
ण य सम्भं मिच्छं पि य सम्मिस्सो होदि परिणामो ॥21॥

(गो. सार)

जात्यंतर सर्वघाति के कार्य रूप सम्यग्मिथ्यात्व प्रकृति के उदया से जीव के एक साथ सम्यक्त्व और मिथ्यात्व रूप मिश्र परिणाम होता है उस समय में शुद्ध न सम्यक्तव रहता है न मिथ्यात्व रहता है जिस प्रकार मिले हुए दही-गुड़ में खट्टा और मीठा दोनों युगपत् मिले हुए रहते हैं उनको अलग-अलग करना शक्य नहीं है उसी प्रकार मिश्र अवस्था में सम्यग्मिथ्यात्व भाव रहते हैं। जिस प्रकार घोड़ी गधा से उत्पन्न हुई सन्तान न घोड़ा होती है और न गधा होती है, खच्चर होती है उसी प्रकार मिश्र परिणाम होते हैं। ''गंगा गए गंगादास, जमना गए जमनादास'' नीति के अनुसार सम्यक् देव गुरु-शास्त्र को भी मानता है और मिथ्या देव गुरु शास्त्र को भी मानता है।

(4) अविरत सम्यग्दृष्टि

इस गुणस्थान से वास्तविक मोक्ष का मंगलाचरण होता है। अन्तरंग-बहिरंग समस्त कारणों के सद्भाव से मिथ्यात्व एवं अनतानुबन्धी चतुष्क का उपशम, क्षयोपशम, क्षय से यथाक्रम उपशम, क्षयोपशम, क्षायिक सम्यग्दर्शन प्राप्त होता है। जो कि मोक्षफल के लिए बीजभूत हैं जिस प्रकार बीज के अभाव से बीज की उत्पत्ति वृद्धि नहीं हो सकती है उसी प्रकार सम्यग्दर्शन रूप बीज के अभाव से मोक्ष रूपी वृक्ष की उत्पति, वृद्धि नहीं हो सकती है। सम्यग्दर्शन सहित ही ज्ञान व चरित्र सम्यक् है अन्यथा मिथ्या है। सम्यग्दर्शन एक अंक प्रमाण है और ज्ञान चारित्र दो शून्य समान है जैसे स्वतंत्र शून्य का कोई मूल्य नहीं है परन्तु एक के आगे जोड़ने पर 100 संख्या हो जाती है। वर्तमान शून्य में विशेष मूल्य है जिसके कारण एक का मूल्य बढ़कर सौ हो गया। यदि सौ पूर्ण मोक्ष मार्ग है तो स्वतंत्र एक एक संख्या रूपी सम्यग्दर्शन मोक्ष मार्ग नहीं है, दशक स्थान स्थित शून्य रूपी पूर्ण मोक्ष मार्ग नहीं है, परन्तु सम्यग्दर्शन

-सज्जण-

सव्व जीव हिये तत्पर पर दुक्ख सुख समभाई।
वसण कुटील च्चागी समदस्सी हवाई सज्जणो॥ 15॥

-दुज्जणो-

पर सुहे दुःक्खी पर दुःखे हवई जो सुहि।
वसण कुटील सेई विसम दिठ्ठी दवई दुट्ठो॥ 16॥

रूप एक के आगे सम्यग्ज्ञान रूप शून्य जोड़ने पर दश तथा सम्यक्चारित्र रूप शून्य जोड़ने पर सौ हो जाता है जो कि पूर्ण मोक्षमार्ग है। वर्तमान काल के संस्कृत जैनवाङमय के आद्य सूत्रकार उमास्वामी प्रथम सूत्र में कहते हैं—

"सम्यग्दर्शन ज्ञान चारित्राणि मोक्षमार्गः।" इस सूत्र में सम्यग्दर्शन ज्ञान चारित्राणि" बहुवचन है और मोक्षमार्ग एकवचन रखने में एक महान् रहस्य छिपा हुआ है। जिसका अर्थ है स्वतंत्र सम्यग्दर्शन, सम्यग्ज्ञान, सम्यक्चारित्र मोक्षमार्ग नहीं है परन्तु तीनों का सम्यक् समन्वय ही मोक्ष मार्ग है। सूत्र में जो पद क्रम रखा गया है उसमें भी एक महान् आगमिक एवं आध्यात्मिक सूक्ष्म रहस्य भरा है अर्थात् सम्यग्दर्शन पूर्वक सम्यग्ज्ञान और सम्यग्ज्ञान पूर्वक सम्यक्चारित्र होता हैं। अन्य भी एक कारण है जो कि सम्यग्दर्शन पूर्ण होने के बाद भी साक्षात् तत्काल मोक्ष नहीं मिलता है, जैसे क्षायिक सम्यग्दर्शन चतुर्थ गुणस्थान में पूर्ण होने पर तत्क्षण मोक्ष नहीं होता है। कोई जघन्य से एक भव और उत्कृष्ट से 4 भवों तक परिभ्रमण करता है।

सम्यग्ज्ञान 13वें गुणस्थान में पूर्ण हो जाता है तो भी तत्क्षण मोक्ष की प्राप्ति नहीं होती है जघन्य से अन्तर्मुहुर्त से लेकर उत्कृष्ट से कुछ कम एक पूर्व कोटी वर्ष तक संसार में रूका रहता है। चैदहवें गुणस्थान के अन्त में शैलेश अवस्था प्राप्त होती है एवं चारित्र पूर्ण होता है सम्पूर्ण कर्म नष्ट होकर शश्वतिक मोक्ष पदवी प्राप्त होती है। इस सिद्धान्त को जब हम सूक्ष्म दृष्टि से अवलोकन करते हैं कि सम्यग्दर्शन की पूर्णता मोक्षमार्ग की पूर्णता नहीं है, सम्यग्ज्ञान की पूर्णता भी मोक्षमार्ग की पूर्णता नहीं है, किन्तु सम्यक्चारित्र की पूर्णता ही मोक्षमार्ग की पूर्णता है। इसलिए सूत्र में पहले सम्यग्दर्शन को उसके पश्चात सम्यग्ज्ञान और शेष में सम्यक्चारित्र को रखा है। मोक्षमार्ग का प्रारम्भ सम्यग्दर्शन और पूर्णता सम्यक्चारित्र से होती है जहाँ सम्यक्चारित्र है वहाँ सम्यग्दर्शन एवं सम्यग्ज्ञान निश्चित रूप से रहेंगे ही, किंतु जहाँ पर सम्यग्दर्शन व सम्यग्ज्ञान है वहाँ पर चारित्र भजनीय है अर्थात् हो भी सकता है और नहीं भी। जैसे किसी के पास दस हजार रूपए हैं उसके पास सौ रूपए, दस रूपए हैं ही। किन्तु जिसके पास दस रूपए और सौ रूपए हैं उसके पास हजार रूपए भी हो सकते हैं, नहीं भी हो सकते हैं। इसलिए मोक्षमार्ग का धनी सम्यक्चारित्रवान जीव है।

णो इंदिएसु विरदो णो जीवे थावरे तसे वापि।
जो सद्दहदि जिणुत्तं सम्माइट्ठी अविरदो सो॥ 29॥

(गो. सार.)

जो इंद्रिय के विषयों से विरत नहीं है तथा त्रस और थावर जीवों की हिंसा से भी विरत नहीं है केवल जिनेन्द्र भगवान् के द्वारा प्रतिपादित तत्त्वों के ऊपर श्रद्धान रखता है, इसलिए वह जीव अविरत सम्यग्दृष्टी है। अपि शब्द से संवेगादि गुण प्रगट होते हैं।

सम्माइट्ठी जीवो उवइट्ठं पवयणं तु सद्दहदि।
सद्दहदि असब्भावं अजाणमाणो गुरुणियोगा॥ 27॥

(गो. जी.)

सुत्तादो तं सम्मं दरसिज्जतं जदा ण सद्दहदि।
सो चेव हवइ मिच्छाइट्ठी जीवो तदो पहुदी॥ 28॥

(गो. जी.)

जो जीव अर्हन्त आदि के द्वारा उपदिष्ट प्रवचन अर्थात् आप्त आगम और पदार्थ इनकी श्रद्धा रखता है, साथ ही उनके विषय में असद्भाव अर्थात् अतत्त्व भी स्वयं के विशेष ज्ञान से शून्य होने से, केवल गुरु के नियोग से, जो गुरु ने कहा वही अर्हन्त भगवान् की आज्ञा है ऐसा श्रद्धान करता है, वह भी सम्यग्दृष्टी ही है। अर्थात् अपने को विशेष ज्ञान न होने से और गुरु भी अल्पज्ञानी होने से वस्तु स्वरूप अन्यथा कहे और यह सम्यग्दृष्टी उसे ही जिनाज्ञा मानकर अतत्त्व का श्रद्धान कर ले तब भी वह सम्यग्दृष्टी ही है, क्योंकि उसने जिनाज्ञा का उल्लंघन नहीं किया॥29॥

उक्त प्रकार से असत् अर्थ का श्रद्धान करता हुआ आज्ञा सम्यग्दृष्टी जीव जब अन्य कुशल आचार्यों के द्वारा पूर्व में उसके द्वारा गृहीत असत्यार्थ से विपरीत तत्त्व गणधरादि द्वारा कथित सूत्रों को दिखाकर सम्यक्रूप से बतलाया जावे और फिर भी वह दुराग्रह वश उस सत्यार्थ का श्रद्धान न करे तो उस समय से वह जीव मिथ्यादृष्टी होता है, क्योंकि गणधरादि के द्वार कथित सूत्र का श्रद्धान न करने से जिनाज्ञा का उल्लंघन सुप्रसिद्ध है। इसी कारण वह मिथ्यादृष्टि है॥29॥

भयवसण मल विवज्जिद-संसार सरीर भोग णिव्विणो।
अट्ठ गुणंग समग्गो दंसण सुद्धो हु पंचगुरु भत्तो॥ 5॥

(रयणसार)

जो सप्त भय से रहित, सप्त व्यसन से रहित, सम्यग्दर्शन के 25 अतिचार मल दोष से रहित है, संसार शरीर भोग से विरक्त है, सम्यग्दर्शन के 8 अंग सहित है एवं पंच परमेष्ठी की जो भक्ति करता है वह शुद्ध सम्यग्दृष्टी है।

सम्यग्दर्शन सामान्य से एक प्रकार है सराग सम्यग्दर्शन और दूसरा वीतराग

-पुरिसो-

पुरु गुणा णुराई पुरु साध्ये जो होई लीण।
पर णिंद अप्पा पसंस्सा रहियो जो सो हवई पुरिसो॥ 17॥

-इत्थी-

माया काम मुत्ति कलहो दुट्ठ वचणाणु राई।
पर दोस दंसणो पण्णा अप्पा दोस छाद्दणा इत्थी॥ 18॥

सम्यग्दर्शन अपेक्षा दो प्रकार है। (1) उपशम (2) क्षयोपशम (3) क्षायिक की अपेक्षा तीन प्रकार का है।

(1) आज्ञा (2) मार्ग (3) उपदेश (4) सूत्र (5) बीज (6) संक्षेप (7) विस्तार (8) अर्थ (9) अवगाढ़ (10) परम अवगाढ़ भेद से मम्यक्त्व 10 प्रकार भी है। उसे से प्रथम सम्यक्त्व आज्ञा सम्यग्दर्शन है। यथा—

आज्ञासम्यक्त्व मुक्तं यदुत विरुचितं वीतरागाज्ञयैव।
त्यक्त ग्रन्थ प्रपंच शिवममृतपथं श्रद्धन्मोहशान्तेः॥

(आत्मानुशासन)

दर्शनमोहनीय के उपशांत होने से ग्रन्थ श्रवण के बिना केवल वीतराग भगवान् की आज्ञा से ही जो तत्त्व श्रद्धान उत्पन्न होता है उसको आज्ञा सम्यग्दर्शन कहते है क्योंकि उसका श्रद्धान होता है सर्वज्ञ हितोपदेशी भगवान् कभी भी अन्यथा उपदेश नहीं करते है जो भी कथन करते है वह सत्य ही कथन करते है।

सूक्ष्मं जिनोदितं तत्त्वं हेतुभिर्नैव हन्यते।
आज्ञा सिद्धं तु तद्ग्राह्यं नान्यथावादिनो जिना॥ 5॥

वीतराग सर्वज्ञ हितोपदेशी भगवान् के द्वारा प्रतिपादित तत्त्व त्रिकाल अबाधित परम सत्य एवं सूक्ष्म है। जो कि परोक्ष मतिज्ञान श्रुतज्ञान के अवयवभूत हेतु, तर्क, उदाहरण से खण्डित नहीं होता है। जिनेन्द्र भगवान् अन्यथावादी नहीं होते हैं। इसलिए उनकी आज्ञा ग्रहण करने योग्य है, यहाँ से ही सम्यग्दर्शन का प्रारम्भ होता है, आज्ञा सम्यक्त्व तलहदी (आधारशिला) है उसके ऊपर अन्य अन्य सम्यग्दर्शन रूपी महल अवस्थित है।

कुछ वर्ष पूर्व जैन धर्म के अनेकांतवाद स्याद्वाद, धर्मास्तिकाय अधर्मास्तिकाय, आकाशास्तिकाय, कालद्रव्य, परमाणुवाद, वनस्पति एकेन्द्रिय है इत्यादि सिद्धान्त अन्य कोई दर्शन एवं विज्ञान नहीं मानते थे वर्तमान वैज्ञानिक शोध से उपरोक्त समस्त विषयों को आज वैज्ञानिक जगत एवं साधारण जन भी मानने लगे हैं। विज्ञान की नवीन नवीन शोध से जैन धर्म की प्रमाणिकता अधिक अधिक दुनिया के सन्मुख

–बालयो–

हियाहिय परिमुक्को पर दव्वे सया अणुरतो।
पर दव्व णासे आऊलो जो सो हवई वालयो॥ 19॥

–फोड–

जो सो विवेय सीलो अप्पादव्वे सया अणुरत्तो।
पर दव्व विमुत्त कुसलो जो सो हवई फोडो॥ 20॥

स्पष्ट होती जा रही है, इससे सिद्ध होता है कि जिनेन्द्र भगवान् द्वारा प्रणीत समस्त सिद्धान्त सत्य पूर्ण और तथ्यपूर्ण है, इसलिए जो जिनेन्द्र भगवान् की आज्ञा को नहीं मानता है वह मिथ्यादृष्टी है।

(5) देशविरत

सम्यग्दर्शन होने के बाद जीव की सुप्त अवस्था नष्ट होती है। विपरीत श्रद्धान नष्ट होने के पश्चात् आत्मा की उन्नति के लिए अथवा मोक्ष प्रयाण के लिए उठकर खड़ा होता है परन्तु पूर्व संस्कार के कारण चारित्र मोहनीय के तीव्र उदय से मोक्ष मार्ग के साधनभूत किसी प्रकार का चारित्र धारण नहीं कर पाता है। जब देश चारित्र प्रतिबंधक अप्रत्याख्यान कषायों का उपशम या क्षयोपशम होता है तब आत्मिक शक्ति की कुछ वृद्धि होने के कारण मोक्षमार्ग में बढ़ने के लिए कदम उठाता है। मोक्ष के साधनभूत सम्पूर्ण व्रतों को पालन करने के लिए आत्मशक्ति नहीं होने के कारण देशव्रतों को धारण कर मन्थरगति से मोक्षमार्ग में बढ़ता है।

जो तस बहाउ विरदो अविरदओ तह य थावर वहादो।
एक्क सम्यम्हि जीवो विरदाविरदो जिणेक्कमई॥ 31॥

(गो. जी.)

(He) Who vows against the killing of mobile (trasa) Souls, and (is) vowless as to the killing of immobile (sthavara) souls, and is entirely devoted to the conquerer (Jina), is vowful and vowless (Virataavirata) at one and the same time.

पंचम गुणस्थानावर्ती जीव एक ही काल में त्रस वध से विरत होने के कारण एवं स्थावर बध से अविरत होने के कारण वह विरताविरत सार्थक नाम से सहित है। च शब्द से सूचित होता है कि प्रयोजन के बिना स्थावर हिंसा भी नहीं करता है, उसकी श्रद्धान अर्थ रुचि भक्ति जिन भगवान् में रहने के कारण वह जिनैकमति होता है, यहाँ से संयम अथवा विरत का प्रारम्भ होता है यह आदि दीपक होने के कारण आगे भी गुणस्थान में यह विशेषण जोड़ना चाहिए। इस गुणस्थान में श्रद्धान रहते हुए भी आत्मा के घातक विषय कषायों से सम्पूर्ण विरत नहीं हो पाता है।

अनाद्यविद्यादोषोत्थचतुःसंज्ञाज्वरातुराः।
शश्वत्स्वज्ञानविमुखः सागारा विषयोन्मुखाः॥ 2॥

(सागार धर्मामृत)

अनाद्यविद्यानुस्यूतां ग्रन्थसंज्ञामपासितुम्।
अपारयन्तः सागराः प्रायो विषयमूर्च्छिताः॥ 3॥

(सागर धर्मामृत)

अनादि कालीन अविद्यारूप दोषों से उत्पन्न होने वाली चारों संज्ञाओं रूपी ज्वर से पीड़ित होकर और उसके सहन करने में असमर्थ होकर उस आहर, भय, मैथुन, परिग्रह, संज्ञा रूप दाह को शान्त करने के लिए विषय समुद्र में स्नान करता है। उस समय में वह हिताहित विवेक से शून्य होकर, निरन्तर आत्म ज्ञान से विमुख होकर विषयों को भोगता है। बाह्य जड़ वस्तुओं का संग्रह करता है। धन-सम्पत्ति आदि के क्षय से भयभीत होता है, तुष्टि पुष्टि कर इन्द्रियों को उत्तेजित कर आहारादि का भी सेवन करता है। अनादिकालीन अज्ञान के कारण परम्परा से आने वाली परिग्रह संज्ञा को त्याग करने में असमर्थ प्राय: विषय काम भोग में मूर्च्छित श्रावक होते हैं। इसी प्रकार भव्य सम्यग्दृष्टि जीवों की दीन अवस्था को देखकर स्वपर उपकारी मोक्ष मार्ग के पथिक यथाशक्ति उसका आत्मउद्धार के लिए उपदेश देते है—

विषयविषमाशनोत्थित मोहज्वरजनित तीव्रतृष्णस्य।
नि:शक्तिकस्य भवतः प्रायः पेयाद्युपक्रमः श्रेयान॥ 17॥

(आत्मानुशासन)

विषय रूपी विषम अपथ्य भोजन से उत्पन्न हुआ मोह रूप ज्वर के निमित्त से, तीव्र स्त्री सम्भोगरूप तृष्णा, धन सम्पत्ति उपार्जन सरंक्षणादि लालसा, विलासतादि तीव्र तृष्णा से सहित होने के कारण जिसकी शक्ति उत्तरोत्तर क्षीण हो रही है ऐसे तेरे लिए प्राय: सुपाच्य पेय के योग्य अणुव्रतादि सदृश पथ्य प्राथमिक अवस्था में चिकित्सा के लिए अधिक श्रेयस्कर होगी—

बहुशः समस्तविरतिं प्रदर्शियां यो न जातु गृहणाति।
तस्यैकदेशविरतिः कथनीयानेन बीजेन॥ 17॥

He, who is not prepared to adopt the order of saints should be persuaded to enter the life of a virtuous house holder, who practices partial renunciation' and graduallly prepares himself for the higher orders.

प्रथम भव्यों को समस्त विरति रूप मोक्ष का प्रधान कारणभूत महाव्रतरूप मुनि धर्म का उपदेश देना चाहिए और ग्रहण करने के लिए प्रोत्साहन देना चाहिए। यदि वह भव्य इस महान् व्रतों को धारण करने के लिए असमर्थ होगा तब एक देशविरति

-सौच-

भावि भोग पदात्थे जो ण ठवदि ममत्ति भावं।
सो सोच मुणेयव्व ण बहिरंग मात्तेण॥ 21॥

सव्व असुचि वीजं लोह कसाय होदि णियमेण।
वीजं णासेण पुणो असुचि ऋक्ख ण हवदि॥ 22॥

रूप गृहस्थ धर्म का उपदेश देना चाहिए। धर्म मुनि धर्म का उपदेश न देकर, मुनि धर्म को स्वीकार करने रूप उत्साह नहीं देकर केवल गृहस्थ धर्म का उपदेश देंगे तब वह मुनि प्रायश्चित का भागी है क्योंकि गृहस्थ धर्म में सम्पूर्ण विषय कषाय, परिग्रह से विरति नहीं है, सम्पूर्ण पाप कर्मों से विरति नहीं है निराकुलता रूप धर्म शुक्ल रूप आत्मध्यान भी नहीं होता है, जो भव्य की आत्म उन्नति में बाधक होता है।

अष्टमूलक गुण

महु मज्ज मंस विरई चाओ पुण उबंवराण पंचण्हं।
अट्ठेदे मूलगुणा हवंति फुडु देसविरयम्मि॥ 356॥

(भाव-संग्रह)

मद्य, मांस, मधु एवं पंच उदुम्बरों को त्याग करना देश विरतियों के 8 मूल गुण है।

मद्यपलमधु निशाशन पंचफली विरति पंचकाप्तनुती।
जीवदयाजलगालनमिति च क्वचिदष्टमूलगुणा॥ 18॥

(आशाधरकृत सागर धर्मामृत)

(1) मद्य त्याग (2) मांस त्याग (3) मधु त्याग (4) रात्रि भोजन त्याग (5) पंच उदुम्बर फलों का त्याग (6) त्रैकाल्य पंचपरमेष्ठी भगवान् की वंदना (7) जीव दया (8) पानी छानकर पीना। इस प्रकार प्रकारान्तर से 8 मूलगुण है। जो श्रावक उपरोक्त मूलगुणों को पालन नहीं करता है वह श्रावक ही नहीं है। श्रावकों के लिए मद्य, मांस, मधु, पंचउदुम्बर फल, सप्त व्यसन, रात्री के भोजन, अनछना पानी पीना आदि त्याग करना अनिवार्य है। तथा जीव दया, पंचपरमेष्ठी के प्रतिभक्ति, देव-दर्शन, शास्त्र श्रवण, गुरु वंदना, आहार दान, देव पूजा, संयम, तप, अहिंसाणुव्रत, सत्यानुव्रत, अचौर्यानुव्रत, ब्रह्मचर्यानुव्रत, परिग्रह परिमाण अणुव्रत पालन करना अनिवार्य है तथा अन्याय अत्याचार, शोषण, लोक विरुद्ध, समाज विरुद्ध, पर निन्दा, आत्म प्रशंसा, द्वेष मात्सर्य आदि पापात्मक अशुभ परिणामों को त्याग करके पुण्यात्मक शुभ परिणाम को धारण, पोषण संवर्धन करना चाहिए।

-नपुंसक-

इह परलोक कुसल रहियो भोग रागे अणुस्तो।
चउविह पुरुसाथ्य विहीणो नपुंसक होई अण्णाणी॥ 23॥

-सामान्य धम्मो-

रयणत्तयं य धम्मं अणेयंत सियवाय धम्मो।
धम्मो वत्थु सहावो उत्तमक्खमादी दस पिहो धम्मो॥ 24॥

अष्टावनिष्ट दुस्तर दुरिता यतनान्यमुनि परिवर्ज्य।
जिनधर्म देशनायाः भवन्ति पात्राणि शुद्धधियः॥ 74॥

(पुरुषार्थ सिद्धि)

मद्य, मांस, मधु एवं पाँच उदुम्बर फल अत्यन्त अनिष्ट कर पाप वर्धक, नरक निगोदियादि दुर्गति के कारण आत्मपतन के कारण मानसिक शारीरिक, वाचनिक आध्यात्मिक मलिनता के कारण होने से जो उनको यत्नपूर्वक त्याग करता है वही भव्य सम्यग्दृष्टी जीव शुद्ध मनोभाव वाला होकर जिनधर्म को सुनने के लिए, शास्त्र सुनने के लिए शास्त्र पढ़ने, पढ़ाने, उपदेश करने का पात्र होता है अन्य नहीं हो सकता है।

श्रावक के षट् आवश्यक

देवपूजा गुरूपास्तिः स्वाध्यायः संयमस्तपः।
दान चेति गृहस्थानां षट्कर्माणि दिने दिने॥ 6॥

(पद्मनंदि पंचविशंति)

(1) देवपूजा (2) गुरुसेवा (3) स्वाध्याय (भाव द्रव्यरूप श्रुताभ्यास) (4) संयम (5 प्रकार प्राणी संयम, मन संयम, इन्द्रिय संयम) (5) तप (यथायोग्य इच्छा निरोधरूप अन्तरंग-बहिरंग तप) (6) दान ये गृहस्थों के दैनन्दिन अवश्य करने योग्य कर्तव्य है।

देवपूजा दया दानं, तीर्थयात्रा जपस्तपः।
शास्त्रं परोपकारत्वं मर्त्युं जन्म फलाष्टकम्॥

(1) देवपूजा (2) दया (3) दान (4) तीर्थ यात्रा (5) जप (6) तप (7) शास्त्र अध्ययन (8) परोपकार ये मनुष्य जन्म के उत्तम 8 फल है।

''दाणं पूजा सीलमुववासो चेदि चडव्विहो सावय धम्मो''

(ज. ध. पु. 1 पे 91)

(1) दान (2) दया (3) शील (4) उपवास ये चारों श्रावकों के धर्म है।

दाणं पूया मुक्खं सावय धम्मे ण सावया तेण विणा।
झाणाज्झयणं मुक्खं जदि धम्मे तं विणा तहा सोवि॥ 11॥

(रयणसार)

श्रावकों के अनेक कर्तव्यों में से षट् आवश्यक मुख्य है। उनमें भी दान-पूजा अत्यन्त मुख्य है। यदि श्रावक दान-पूजा नहीं करता है तो वह श्रावक ही नहीं है। उसी प्रकार मुनि धर्म में ध्यान-अध्ययन मुख्य है, यदि मुख्य ध्यान, अध्ययन नहीं

करता है तो मुनि नहीं है।

दाण ण धम्म ण चाग ण भोग ण बहिरप्प जो पयंगो सो।
लोह कसायग्गिमुहे पडिदो मरिदो ण संदेहो॥ 12॥

(रयणसार)

जो दान, धर्म, त्याग नहीं करता है तथा अनर्गल, आसक्ति पूर्वक भोग करता है, परन्तु संयम पूर्वक नहीं रहता है, वह बहिरात्म मिथ्यादृष्टि, अज्ञानी है, वह लोभकषाय रूप अग्नि में पतंगे के समान पड़ता है, मरता है, संसार में दुःखी होता है।

जिण पूया मुणिदाणं करेदि जो देदि सत्तिरुवेण।
समादिठ्ठी सावय-धम्मी सो होदि मोक्खमग्ग रदो॥ 13॥

(रयणसार)

जो शक्ति-भक्ति के अनुसार देव पूजा करता है, मुनियों को दान देता है, वह सम्यग्दृष्टी श्रावक धर्म को पालन करने वाला धर्मात्मा मोक्षमार्ग में रत है, निकट भविष्य में मोक्ष प्राप्त करने वाला है।

दाणु ण दिण्णउ मुणिवरहुँ ण वि पूज्जिउ जिणणाहु।
पंच ण वं दय परम गुरु किमु होसइ सिवलाहु॥

(परमात्म प्रकाश)

आध्यत्मिक आचार्य योगीन्द्र देव बताते है, हे भव्य तूने मुनियों को भक्तिपूर्वक दान नहीं दिया, जिनेन्द्र भगवान् की पूजा नहीं की, पंच परम गुरुओं की सेवा-वंदना-भक्ति आदि नहीं की तो किस प्रकार तुझे मोक्ष की प्राप्ति हो सकती है।

देवपूजा

पुण्णास्स कारणं फुडु पढमं ता हवइ देवपूयाय।
कायव्वा भत्तीए सावयवग्गेण परमाय॥ 425॥

(भाव संग्रह)

-जीव-

अत्थित वत्थुथ पमेयत्त अगुरु लहु भावो।
उप्पाद वह धुव्व सव्व दव्वाण सामण्णो धम्मो॥ 25॥

चेदण णाणं दंसणं सुह अणंत विरीय अव्वावाहं।
णिम्मम णिरापेक्खं जीवाणं उत्तमो धम्मो॥ 26॥

पुण्य प्राप्ति के लिए देवपूजा निश्चय से प्रथम कारण है इसलिए श्रावक वर्ग को अतिशय भक्ति से प्रतिदिन देव पूजा करना चाहिए।

देव पूजा से अशुभ कर्मों का संवर एवं निर्जरा होती है, अतिशय आत्म विशुद्धि होती है, जिससे सम्यग्दर्शन विशुद्ध होता है और उससे सातिशय पुण्य बन्ध होता है, जो कि स्वर्ग मोक्ष का कारण है, इसलिए योग्य श्रावक को मन-वचन-काय की शुद्धि पूर्वक द्रव्य-भावात्मक पूजा नित्य करनी चाहिए।

जिन दर्शन महिमा

दर्शनं देवदेवस्य दर्शनं पापनाशनम्।
दर्शनं स्वर्गसोपानं दर्शन मोक्षसाधनम्॥
दर्शनेन जिनेंद्राणां साधूनां वन्दनेन च।
न चिरं तिष्ठते पाप छिद्रहस्ते यथोदकम्॥
वीतरागमुखं दृष्टवा पद्मराग समप्रभम्।
जन्मजनम कृतं पापं दर्शनेन विनश्यति॥
दर्शनं जिनसूर्यस्य संसार ध्वान्तनाशनम्।
बोधनं चित्तपद्मस्य समस्तार्थ प्रकाशनम्॥
दर्शनं जिनचन्द्रस्य सद्धर्मामृतवर्षणम्।
जन्मदाहविनाशाय वर्धनं सुखवारिधेः॥
जन्म जन्म कृतं पापं जन्मकोट्यामुपार्जितम्।
जन्म मृत्युजरा रोगं हन्यते जिनदर्शनात्॥
एया वि सा समत्था जिणभत्ती दुग्गइं णिवारेदि।
पुण्णणि य पूरेदुं आसिद्धिः परम्परा सुहाणं॥ 745॥

(भगवती आराधना)

बीएण विणा सस्सं इच्छदि सो वासमब्भएण विणा।
आराधण मिच्छन्तो आराधण भतिमकरन्तो॥ 749॥

अकेले जिनभक्ति ही दुर्गति का नाश करने में समर्थ है, इससे विपुल पुण्य की प्राप्ति होती है, और मोक्ष प्राप्ति होने तक इससे विपुल पुण्य की प्राप्ति होती है, इससे इन्द्र पद, चक्रवर्ती पद, अहमिन्द्र पद, और तीर्थंकर पद के सुखों की प्राप्ति होती है॥ 743॥

जो भगवान् की भक्ति-आराधना नहीं करना चाहता है तथा रत्नत्रय सिद्धि रूप फल की इच्छा रखता है, वह पुरुष बीज के बिना धान्य प्राप्ति की इच्छा रखता है, अथवा मेघ के बिना जलवृष्टी की इच्छा करता है॥ 750॥

तीहि कारणेहि पढम सम्मत्तमुप्पादेति-केइं जाइस्सरा।
केई सोऊण, केइं जिणबिंबं दट्ठण॥ सूत्र 22॥

(ध. पु. 6 से 427)

पूर्वोक्त पंचेन्द्रिय तिर्यंच तीन कारणों से प्रथम सम्यक्त्व को उत्पन्न करते है— कितने ही तिर्यंच जाति स्मरण से, कितने ही धर्मोपदेश सुनकर और कितने ही जिनबिंब दर्शन करके सम्यक्त्व प्राप्त करते है। कधं जिणविंब दंसण पढम सम्मत्तुप्पत्तीए कारणं?

जिणबिंब दंसणेण णिधत्त णिकाचिदस्स वि मिच्छत्तादिककम्मकलावस्स खय दंसणादो। तथा चोक्तं—

दर्शनेन जिनेन्द्राणां पापसंघातकुंजरम्।
शतधा भेदमायाति गिरिर्वज्रहतो यथा॥ 1॥

(ध. पु. 6 पे 427-428)

शंका : *प्रथम सम्यक्त्व की उत्पत्ति का कारण किस प्रकार होता है?*

समाधान : *जिनबिंब के दर्शन से निधत्ति और निकाचित रूप भी मिथ्यात्ववादी कर्म कलाप का क्षय देखा जाता है जिससे जिनबिंब का दर्शन प्रथम सम्यक्त्व की उत्पत्ति का कारण होता है। कहा भी है—*

जिनेन्द्रों के दर्शन से पाप संघात रूपी कुंजर के सौ टुकड़े हो जाते है, जिस प्रकार कि वज्र के आघात से पर्वत के सौ टुकड़े हो जाते हैं।

प्रत्येक कार्य अन्तरंग-बहिरंग कारणों से होता है। सम्यक्त्व उत्पत्ति के लिए अन्तरंग कारण सम्यग्दर्शन प्रतिबन्धक कर्मों का उपशम क्षयोपशम, क्षय, निमित्त है तथा बहिरंग कारण जिनबिंब दर्शन, जाति स्मरण, धर्म उपदेश, देवर्द्धिदर्शन, वेदनानुभवादि है। जिनबिंब अचेतन होते हुए भी मूर्ती की वीतरागता, सौम्यता आदि माध्यम से जो आत्म विशुद्धी होती है उसके कारण वज्र के समान निकाचित-निधत्ति कर्म भी नष्ट हो जाते है जिस प्रकार वज्रपात से पर्वत टुकड़े-टुकड़े हो जाता है।

निकाचित-निद्धत्ति कर्म : *जो कर्म उदय, अपकर्षण, उत्कर्षण, संक्रमण योग्य नहीं हो उस कर्म को निकाचित कर्म कहते हैं। वह स्थिति पूर्ण होने पर ही*

-पुद्गल-

फास रध गन्ध वण्ण पुरण गलण येव।
सद्द छाया प्पकास पुग्गल दव्वाणं धम्मं॥27॥

-धर्म-

अमुत्त णिच्च सुद्धं लोयायासं प्पमाण द्विदं।
गई परिणयाणं जीव रुवीणं गमणे णिमित्त धम्मं। 28॥

उदय में आकर फल देता है।

उपरोक्त प्रकार का कर्म अकृत्रिम, कृत्रिम अथवा साक्षात् भगवान् के दर्शन से नष्ट हो जाता है तो सामान्य कर्म की बात क्या है। इसलिए भव्यजीव को भक्तिपूर्वक भगवान् के दर्शन-पूजा-अभिषेकादि करना चाहिए। यह कोई रूढ़ी अथवा मिथ्यात्व नहीं है और पुण्य बन्ध का मात्र कारण नहीं है, परन्तु साक्षात् आत्म विशुद्धी एवं सम्यग्दर्शन प्राप्ति के लिए भी कारण है। जिन मंदिर, जिन प्रतिमा, जिनदर्शन, जिनपूजा प्रतिष्ठादि अर्वाचीन पद्धति नहीं है, अन्य परम्परा से आगत नहीं है।

जिन चैत्य—चैत्यालय का स्वरूप

जैनियों के परमपूज्य परमोत्कृष्ट प्रातः स्मरणीय नव देवता है। यथा— (1) अरहंत (2) सिद्ध (3) आचार्य (4) उपाध्याय (5) सर्व साधु (6) जिन चैत्य (7) जिन चैत्यालय (8) जिनधर्म (9) जिनागम।

जिन चैत्य एवं जिन चैत्यालय कृत्रिम एवं अकृत्रिम दोनों प्रकार के होते है। जिन चैत्य अर्थात् जिनबिंब पंच परमेष्ठियों का भी होता है।

अकृत्रिम चैत्य

चमर करणाग जक्खग बत्तीसं मिहुण गेहि पुह जुत्ता।
सरिसीए पंतीए गब्भगिहे सुट्ठु सोहंति॥ 987॥

—त्रिलोकसार

सिरिदेवी सुददेवी सव्वाण्ह सणक्कुमार जक्खाणं।
रुवाणि य जिणपासे मंगलमट्ठ विहमवि होदि॥ 988।

—त्रिलोकसार

भिंगारा कलस दप्पण वीय ण धय चामराद वत्तमहा।
सुवइट्ठ मंगलाणि य अट्ठहिय सयाणि पत्तेयं॥ 989॥

—त्रिलोकसार

वे जिन प्रतिमाएँ, चमरधारी, नागकुमारों के 32 युगलों और यक्षों के 32 युगलों सहित पृथक पृथक एक गर्भगृह में सदृश पंक्ति से भली प्रकार शोभायमान होती हैं। उन जिन प्रतिमाओं के पार्श्वभाग में श्रीदेवी, श्रुतदेवी, सर्वाह यक्ष और सानतकुमार यक्ष के रूप अर्थात् प्रतिमाएँ हैं, तथा अष्टमंगल द्रव्य भी होते हैं। झारी, कलश, दर्पण, पंखा, ध्वजा, चामर, छत्र और ठोना ये 8 मंगल द्रव्य है। ये प्रत्येक मंगल द्रव्य 108, 108 प्रमाण होते है॥987-988-989॥

तिलोयपण्णयत्ति में कहा है—

सिरिसुददेवीवण तहा सव्वाण्ह सणक्कुमार जक्खाणं।
रुवणिं पत्तेक्कं पडिवर रयणाइ रइदाणिं॥ 1881॥

(चतुर्थ अधिकार)

प्रत्येक प्रतिमा के प्रति उत्तम रत्नादिको से रचित श्रीदेवी, श्रुत देवी तथा सर्वाण्ह व सनत्कुमार यक्षों की मूर्तियाँ रहती है।

कृत्रिम चैत्य

प्रातिहार्याष्टकोपेतं, सम्पूर्णावयवं शुभम्।
भावरूपानु विद्धांग, कारयेद्वि बिम्बमर्हता:॥ 69॥

प्रातिहार्यैर्विना शुद्धं, सिद्धं बिम्बमपीदृशम्।
सूरीणां पाठकानां च, साधूनाम च यथागमम्॥ 70॥

(वसुनन्दि प्रतिष्ठा पाठ तृतीय प्रतिच्छेद)

अष्ट प्रातिहार्य से युक्त सम्पूर्ण अवयवों से सुन्दर तथा जिनका सन्निवेष (आकृति) भाव के अनुरूप है ऐसे अरिहंत बिम्ब का निर्माण करें।

सिद्ध प्रतिमा शुद्ध एवं प्रातिहार्य से रहित होती है आगमानुसार आचार्य, उपाध्याय एवं साधुओं की प्रतिमाओं का भी निर्माण करें।

जिनेन्द्र पूजा विधि

द्रव्य सहित भाव पूजा– लोभ कषाय के उदय के कारण श्रावक सम्पूर्ण परिग्रह का त्याग नहीं कर पाता है इसलिए वह परिग्रहधारी है परिग्रह में आसक्ति ही बन्ध का कारण है।

''रत्तो बन्धयि कम्मं मुंचदि जीवो विराग सम्पण्णो''

इस सिद्धान्तानुसार बाहय वस्तु में जो आसक्ति है वह बन्ध का कारण है और वैराग्यभाव, निर्मोहभाव विमुक्ति का कारण है। वैराग्य भाव को प्रगट करने के लिए

–अधम्मं–

अमुत्त णिच्चसुद्धं लोयायासं प्पमाणं द्रिदं।
दिठ्ठी परिणयाणं जीव रुवीणं ठ्िठद णिमित्तधम्मं॥ 29॥

–आगास–

अमुत्त णिच्च सुद्धं सव्व वापि महायादव्वं।
सग पर ओगास दाणं आगास दव्वाणं धम्मं॥ 30॥

लोभ कषाय के परित्याग पूर्वक द्रव्य पूजा सहित भाव पूजा करें। श्रावक के कषायवान, इच्छावान, कामभोगी होने के कारण उसका मन निरावलम्बन ध्यान और पूजा में स्थिर नहीं हो सकता है। यदि स्थिर होता है तो वह काम भोगों के लिए बाह्य द्रव्यों का आवलम्बन क्यों लेता है? परिग्रह संचय क्यों करता है? बाह्य परिग्रहों के हानि वृद्धि में सुख-दुःख का अनुभव करता है।

इसलिए आचार्य ने द्रव्य सहित भाव पूजा करने के लिए कहते हैं—

द्रव्यस्य शुद्धि मधिगम्य यथानुरूपं
भावस्य शुद्धिमधिकामधिगन्तुकामः।
आलम्बनानि विविधान्यवलम्बय वल्गन्
भूतार्थ-यज्ञ-पुरुषस्य करोमि यज्ञम्॥ 11॥

मैं यथायोग्य द्रव्य भाव शुद्धि पूर्वक विभिन्न अवलम्बन को लेकर परमपूज्य, परमआराध्य, वीराग सर्वज्ञ भगवान् का भूतार्थ यज्ञ (पूजा) करता हूँ।

द्वेधापि कुर्वतः पूजा जिनानां जितजन्मनाम्।
न विद्यते द्वये लोके दुर्लभं वस्तुपूजितम्॥ 15॥

(अध्याय 12 अमि गति श्रावकाचार)

संसार को जीतने वाले जिनेन्द्र देव की द्रव्य और भाव से पूजा करने वाले पुरुष को यह लोक परलोक में कोई भी श्रेष्ठ वस्तु पाना दुर्लभ नहीं है। "सुद परिचिदाणुभूदा सवस्स वि काम भोग बन्ध कहा" काम भोग बन्ध की कथा इस जीव ने सुना, परिचय लिया, अनुभव लिया, रचा, पढ़ा उसमें ही लीन रहा इसलिए मन उसके ओर ही दौड़ता है। उस अत्यन्त चंचल अशुभ मन को आत्मा की ओर परिवर्तन करने के लिए प्रशस्त द्रव्यों का अवलम्बन चाहिए। जिस प्रकार बच्चे व बन्दर मनमोहकारी वस्तु को प्राप्तकर उसमें रमायमान हो जाते है उसी प्रकार मन भी उत्तम देव, शास्त्र, गुरु एवं उनकी प्रतिकृति (मूर्ती) सुन्दर, सरस, सुगन्धित, प्रशस्त पूजा द्रव्यों के माध्यम से धर्म में रमायमान होता है। यह श्रावक अवस्था से अवलम्बन भूत है। जब श्रावक दृढ़ होकर मुनि हो जाता है तब उस बाह्य पूजा द्रव्य

-काल-

अमुत्त णिच्च सुद्ध प्पत्तेय लोयाप्पदेसे ठ्ठिदं।
सग पर परिणयाणं णिमित्तं काल दव्वस्स धम्म॥ 31॥

(4) लघु द्वादश अनुप्रेक्षा दोहा (हिन्दी)

सब धर्म का सार है सर्व चारित्र का सार।
सर्व ज्ञान का सार है तत्त्वों का विचार॥

की विशेष आवश्यकता नहीं रहती है जब तक श्रावक है तब तक द्रव्य पूर्वक भाव पूजन करना अनिवार्य है ऐसी जिनाज्ञा है।

उच्चारिऊण मंते अहिसेयं कुणउ देवदेवस्स।
णीर धय खीर दहियं खिवउ अणुक्कमेण जिणसीसे॥441॥

(भावसंग्रह)

ण्हवणं काऊण पुणो अमलं गन्धोदयं च वंदित्ता।
सव लहणं च जिणिंदे कुणउ कस्सीर मलएहिं॥ 442॥

(भावसंग्रह)

अभिषेक के श्लोक और उनके मंत्र बोलकर जिन प्रतिमा का मस्तक से पानी, घी, दूध, दही से अनुक्रम से अभिषेक करें, अभिषेक के पश्चात भक्तिपूर्वक अपने सिर पर गन्धोदक को धारण करें उसके बाद केशर, चन्दन आदि सुगंधित पदार्थों से जिनेंद्र प्रतिमा को लेपपूर्वक अभिषेक करें।

जिनेन्द्र भगवान् अभिषेक विधि

आश्रुत्यं स्नपनं विशोध्य तदिलां पीठयां चतुष्कुम्भयुक।
कोणायां सकुशश्रियां जिनपतिं न्यस्यान्तमाप्येष्टदिक।
नीरज्याम्बुर साज्य दुग्धदधिभिः सिक्त्वा कृत्तोद्वर्तन
सिक्त कुम्भजलैस्य गन्धसलिलैः सम्पूज्यनुत्वा स्मरेत॥23॥

(षष्ठ अधिकार सागार धर्मामृत)

अभिषेक करने की प्रतिज्ञा करके जहाँ पर भगवान् का अभिषेक करना है वहाँ की भूमि को विशुद्धि करके चतुष्कुंभ से युक्त है कोणा जिनकी ऐसी तथा तिस पर श्री लिखा हुआ है तथा कुश रखा हुआ है ऐसी पीठिका पर (सिहांसन) जिनेन्द्र भगवान् को स्थापित करके आरती उतारकर इष्ट दिशा में अर्थात् पूर्व दिशा में स्थित होकर जल, फलरस, घृत, दुग्ध, दधि के द्वारा अभिषेक किया है उद्वर्तन अर्थात् चन्दन का अनुलेपन करके चारों कोण के कलशों से तथा सुगंधित जल से अभिषेक करें। तथा जल-चन्दनादि अष्ट द्रव्य से पूजा करके और नित्य वन्दनादि विधि से नमस्कार करके अपने हृदय में भगवान् को विराजमान करके अपने शक्ति के अनुसार भगवान् का ध्यान करें व जप करें।

कुव्वंते अभिसेयं महा विभूदीहिं ताण देविंदा।
कंचन कलसगदेहिं विमल जलेहिं सुगन्धेहिं॥ 104॥

(तिलोयपण्णति पंचम अधिकार)

देवेन्द्र महान् विभूति के साथ इन प्रतिमाओं का सुवर्ण-कलशों में भरे हुए सुगंधित निर्मल जल से अभिषेक करते है॥ 104॥

कुंकुम कप्पूरेहिं चन्दण कालगरुहिं अण्णेहिं।
ताणं विलेवणाइं ते कुव्वते सुगन्धेहि॥ 105॥

(तिलोयपण्णत्ति)

वे इन्द्र कुकुंम, कर्पूर, चन्दन, कालगरु और अन्य सुगंधित द्रव्यों से उन प्रतिमाओं का विलेपन करते है।

कुन्देन्दु सुन्देरेंहिं कोमल विमलेहिं सुरभिगन्धेहिं।
वर कलम तंडुलेहिं पूजंति जिणिंद पणिमाओ॥ 106॥

(तिलोयपण्णत्ति)

ये कुन्द पुष्प व चन्द्रमा के समान सुन्दर, कोमल निर्मल और सुगंधित उत्तम कलम धान्य के तंदुलो से जिनेन्द्र प्रतिमाओं की पूजा करते है।

सयवंतगा य चंपयमाला पुण्णाय णाय पहुदीहिं।
अच्चंति ताओ देवा सुरहीहिं कुसुममालाहिं॥ 107॥

(तिलोयपण्णत्ति)

वे देव सेवंती, चम्पकमाला, पुनांग और नागप्रभृति सुगंधित पुष्प मालाओं से उन प्रतिमाओं की पूजा करते है॥ 107॥

बहु विहर सवंतेहिं वर भक्खेहिं विचित रुवेहिं।
अमय सरिच्छेहिं सुरा जिणिंद पडिमाओ महयंति॥ 108॥

(तिलोयपण्णत्ति)

ये देवगण बहुत प्रकार के रसों से संयुक्त, विचित्र रूप वाले और अमृत के सदृश उत्तम भोज्य पदार्थों से (नैवेद्य) जिनेन्द्र प्रतिमाओं की पूजा करते है।

विप्फुरिद किरण मंडल मंडिद भवणेहिं रयण दीवेंहि।
णिक्कज्जल कलुसेहिं पूजंति जिणिंद पडिमाओ॥ 109॥

अनित्य (अनित्स)

राम गए रावण गए, गए तीर्थंकर।
जो आत्मा में स्थिर भए, ताके न हेर न फेर॥

-अशरण-

पार्श्व पर उपसर्ग भए, कोई न रखता हार।
जो अपना आरय लहे ताके न मारन हार॥

(तिलोयपण्णत्ति।)

देदीप्यमान किरण समूह से जिन भवनों को विभूषित करनेवाले और कज्जल एवं कलुषता से रहित ऐसे रत्नदीपकों से इन प्रतिमाओं की पूजा करते हैं।

वासिद दियंतरेहिं कालागरू पमुह विविह धूवेहिं।
परिमलिद मंदिरेहिं महयंति जिणिंद बिंबाणिं॥ 110॥

(तिलोयपण्णत्ति)

देवगण मंदिर एवं दिग्मंडल को सुगंधित करने वाले कालागरु प्रभृति अनेक प्रकार के धूपों से जिनेन्द्र बिम्बों की पूजा करते हैं।

दक्खा दाडिम कदली णारंग य माहुलिंग चूदेहिं।
अण्णेहिं वि पक्केहिं फलेहि पूंजति जिणणाहं॥ 111॥

दाख, अनार, केला, नारंगी, मातुलिंग, आम तथा अन्य भी पके हुए फलों से वे जिननाथ की पूजा करते हैं।

णिस्सेस कम्मक्खणेक्क हेदुं मण्णंतया तत्थ जिणिंद पूजं।
सम्मत्त विरया कुव्वंति णिच्चं देवा महाणंत विसोहि पुव्वं॥ 228॥

(तिलोयपण्णति)

वहाँ पर अविरत सम्यग्दृष्टी देव जिन पूजा को समस्त कर्मों के क्षय करने में एक अद्वितीय कारण समझकर नित्य ही महान् अनन्त गुणी विशुद्धिपूर्वक उसे करते है॥ 228॥

अभिषेक पूजा का फल

जलधारा णिक्खेवेण पापमलं सोहणं हवे णियमं।
चन्दनलेवेणणरो जावई सोहग्ग संपण्णो॥ 483॥

(वसु. श्रा.)

पूजा के समय नियम से जिन भगवान् के आगे जलधारा के छोड़ने से पाप रूपी मैल का संशोधन होता है। चन्दन रस के लेप से मनुष्य सौभाग्य से सम्पन्न होता है।

जाइय अक्खयणिहि रयणसामिओ अक्खष्टही अक्खोहो।
अक्खीण लद्धि जुत्तो अक्खय सोक्खं च पावेइ॥ 484॥

(वसु.)

अक्षतों से पूजा करनेवाला मनुष्य अक्षय नौ निधि और 14 रत्नों का स्वामी चक्रवर्ती होता है। सदा अक्षय अर्थात् रोग, शोक रहित निर्भय रहता है, अक्षीण

लब्धि से सम्पन्न रहता है और अन्त में अक्षय मोक्ष सुख को पाता है।

कुसुमेहिं कुसेसय वयणु तरुणी जघाणयण।
कुसुम वरमाला वलाएणच्चियदेहो जयइ कुसुमाउहो चेव॥ 485॥

(व. सु. श्रा.)

पुष्पों से पूजा करनेवाला मनुष्य कमल के समान सुन्दर मुखवाला तरुणी जनों के नयनों से और पुष्पों की उत्तम मालाओं के समूह से समर्चित देहवाला कामदेव होता है।

जायइ णिविज्ज दाणेण सत्तिगो कंति-तेय संपण्णो।
लावण्ण जलहिं वेला तरंग संपाविय सरीरो॥ 486॥

(वसु.)

नैवेद्य के चढ़ाने से मनुष्य शक्तिमान, कांति और तेज से सम्पन्न और सौंदर्यरूपी समूह की वेल (तट) वर्ती तरंगों से संप्लावित शरीर वाला अर्थात् अतिसुन्दर होता है।

दीवेहिं दीविया सेस जीव दव्व इतच्च सब्भावो।
सब्भाव जणिय केवल पईवतेण होइणरो॥ 487॥

(वसु.)

दीप से पूजा करनेवाला मनुष्य सद्भावों के योग से उत्पन्न हुए केवल ज्ञान रूपी प्रदीप के तेज से समस्त जीव द्रव्यादि तत्त्वों के रहस्य को प्रकाशित करनेवाला केवलज्ञानी होता है।

धूवेण सिसिरयर धवलकित्ति धवलिजयत्तओ पुरिसो।
जायइ फलेहि संपत्त परमणिव्वाण सोक्ख फलो॥ 488॥

धूप से पूजा करनेवाला मनुष्य चन्द्रमा के समान धवलकीर्ति से जगत्रय को धवल करनेवाला अर्थात् त्रैलोक्य व्यापी यशवाला होता है फलों से पूजा करनेवाला मनुष्य परम निर्वाण का सुख रूप फल पाने वाला होता है।

-संसार-

संसार हे उल्टा यामे सम्यक् सार नहीं।
अमृतामति से विष झरें है यशोधर अयश फैलाई॥

-एकत्व-

दो मैं है बन्धन विवाह, दो में ही संसार।
एकत्व में सब नशे, पाए सच्चिदानन्द सार॥

घंटाहि घंटा सद्दाउलेसु पवर च्छणणमच्झाम्मि।
संकीडइ सुर संघाय सेविओ वर विमाणेसु॥ 489॥

जिन मंदिर में घंटा समर्पण करनेवाला मनुष्य घंटाओं के शब्दों से आकुल अर्थात् व्याप्त, श्रेष्ठ विमानों में सुर-समूह से सेवित होकर प्रवर अप्सराओं के मध्य में क्रीड़ा करता है।

छत्तेहिं एयछत्तं भुंजड़ पुहवी सवत्त परिहिणो।
चामर दाणेण तहा विज्जिज्जइ चमरणवि हेहिं॥ 490॥

छत्र पूजन करने से मनुष्य शत्रु रहित होकर पृथ्वी को एक छत्र भोगता है। तथा चमरों के दान से चमरों के समूह द्वारा परिविजित किया जाता है, अर्थात् उसके उपर चरम ढोरे जाते हैं। 490

अहिसेय फलेण णरो अहिसिंचज्जइ सुन्दसणस्सुवरिं।
खीरोय जलेण सुरिंदप्प मुह देवेहि भत्तीए॥ 491॥

जिन भगवान् के अभिषेक करने के फल से मनुष्य सुदर्शन मेरु के ऊपर क्षीर सागर के जल से सुरेन्द्र प्रमुख देवों के द्वारा भक्ति के साथ अभिषिक्त किया जाता है॥ 491॥

विजय पडाएहिंणरो संगाय मुहेसु विजइओ होइ।
छक्खंड विजयणाहो णिप्पडिवक्खो जसस्सी य॥ 492॥

जिन मंदिर में विजय पताकाओं के देने से मनुष्य संग्राम के मध्य विजयी होता है। तथा षट्खंडरूप भारतवर्ष का निष्प्रतिपक्ष स्वामी और यशस्वी होता है।

किं जंपिएण बहुणा तीसु विलोएसु किं पिजं सोक्खं
पूजा फलेण सव्वं पाविज्जइ णत्थि संदेहो॥ 493॥

अधिक कहने से क्या लाभ है, तीनों ही लोक में जो कुछ भी सुख है वह सब

-अन्यत्व-

अन्य सर्वदा अन्य रहे ताते दुःख साधना।
अप्पा सदा अप्पा रहे ताते सुख खजाना॥

-अशुचि-

सर्व अशुचि की देह गेह सर्व अशुचि का यन्त्र।
भुक्त वस्तु मल होय स्पर्श वस्तु असार॥

पूजा के फल से प्राप्त होता है। इसमें कोई सन्देह नहीं है।

एकापि समर्थेयं जिनभक्तिदुर्गतिं निवारयितुम्।
पुण्यानि च पूरयितुं दातुं मुक्तिश्रियं कृतिनः ॥ 8 ॥

(पूज्यपाद समाधिभक्तिः)

एक ही परम जिनभक्ति भक्त का समस्त दुर्गतियों का निवारण करने के लिए सातिशय पुण्य को संपादन करने के लिए एवं मोक्ष पदवी देने के लिए समर्थ होता है।

देवाधिदेवचरणे परिचरणं सर्वदुःखनिर्हरणम्।
कामदुहि कामदाहिनि परिचिनु यादादृतो नित्यं॥ 119॥

(रत्नकरंड)

The worshipping of the feet of the Deva of devas (Holy Tirthankara) the bestower of desired good and the consaner of Cupid's Shattts, is the remover of all kind of Pain (For this reason it) should be performed reverently every day.

श्रावक को आदर से युक्त होकर प्रतिदिन मनोरथों को पूर्ण करने वाले और काम वेदना को भस्म करने वाले इन्द्रादिक द्वारा वंदनीय अरहंत भगवान् के चरणों में समस्त दुःखों को दूर करने वाली भगवान् की पूजा करें।

देवेन्द्रचक्रमहिमानममेयमानम्
राजेन्द्र चक्रभवनीन्द्रशिरोर्चनीयम्।
धर्मेन्द्रचक्रमधरीकृतसर्वलोकम्
लब्ध्वा शिवंच जिनभक्तिरूपैति भव्यः॥ 41॥

(रत्नकरण्ड)

जिनेन्द्र भगवान् में सातिशय अनुराग को रखनेवाला जिनेन्द्र भक्त सम्यग्दृष्टी जीव अपरिमि प्रतिष्ठा और ज्ञान से रहित इंद्र समूह की महिमा को प्राप्त करता है। 32 हजार मुकुट बद्ध राजाओं से पूजनीय चक्रवर्ती, चक्ररत्नों को प्राप्त करके चक्रवर्ती बनता है। केवल इस प्रकार अभ्युदय सुख का अधिकारी नहीं होता है परन्तु समस्त लोक से पूजनीय धर्म चक्र के अधिपति होकर अर्थात् तीर्थकर बनकर शेष त्रिलोक का प्रभु स्वरूप भगवान् बनकर मोक्ष साम्राज्य को प्राप्त करता है।

अरहंत णमोऽकारं भावेण य जो करेदि पयदमदि।
सो सव्व दुःक्ख मोक्खं पावदि अचिरेण कालेण॥

(मूलाचार)

जो उत्कृष्टमतिवाला अरहंत भगवान् को भावपूर्वक नमस्कार करता है। वह

समस्त दुःख से अचिरकाल से अर्थात् अतिशीघ्र मुक्त होकर मुक्त अवस्था को प्राप्त करेगा।

अरिहंत भक्ति में तीर्थंकर बन्ध

अरिहंतभत्तीए-खवीद घादिकम्मा केवलणाणेण
द्विदसव्वदा अरहंतणाम। अथवा णिट्ठ विद ट्ठ कम्माणं

घाइदघादि कम्माणंच अरहंतेत्ति सण्णा अहिणणं पडि दोण्हें भेदा भावादो। तेसु भत्ती अरहंत भत्ती। ताए तिथयर कम्म बज्झइ। कथमेत्थ सेसकारणाणं सम्भवो? बुच्चदे अरहंत वुत्ताणु दाण्णु वत्तणं तदणु ट्टाण पासो व अरहंत भत्तीणाम णच एसा दंसण विसुज्झदादीहि विणा सम्भवइ, विरोहादो। तदो एसा एक्कार सम्मं कारणं।

–धवला, प्र. 5 से 89

अरहंत भक्ति तीन लोक को क्षुभित करनेवाला सातिशय पुण्य स्वरूप और परम्परा मोक्ष के लिए निश्चित कारण है इसी प्रकार तीर्थंकर नाम कर्म के बन्ध बाँधने का भी कारण है। जिन्होंने घातियाँ कर्म को नष्ट कर केवल ज्ञान के द्वारा सम्पूर्ण पदार्थों को देख लिया है, वह अरहंत अथवा 8 कर्मों को नष्ट करनेवाले सिद्ध और घातिया कर्मों को नष्ट करनेवालों कानाम (अरहंत सकल परमात्मा) है क्योंकि कर्म शत्रु के नाश के प्रति दोनों में कोई भेद नहीं है उन अहरन्तों में जो गुणानुराग रूप भक्ति होती है वह ही अरहंत भक्ति कहलाती है। इस अरहंत भक्ति से तीर्थंकर प्रकृति का बंध होता है।

शंका : *केवल अरहंत भक्ति में अन्य भावनाओं की सम्भावना कैसे है? (क्योंकि 16 भावनाओं से तीर्थंकर नाम कर्म बन्धता है। तो केवल अरहंत भक्ति से किस प्रकार बन्ध हो सकता है?)*

समाधान : *अरहंत के द्वारा उपदिष्ट अनुष्ठान के अनुकूल प्रवृत्ति करने या उस अनुष्ठान के स्पर्शों को अहरन्त भक्ति कहते हैं। और यह दर्शन विशुद्धि आदि के बिना ऐसा सम्भव नहीं है क्योंकि ऐसा मानने में विरोध है। अतएव अहरन्त भक्ति तीर्थंकर प्रकृति बन्ध का 11वाँ कारण है।*

उपरोक्त सिद्धान्त से सिद्ध होता है कि जहाँ अरहंत भक्ति है वहाँ दर्शन विशुद्धि विनय सम्पन्नता आदि सम्पूर्ण भावनाओं का सद्भाव है क्योंकि अहरन्त भक्ति जब होती है तब हृदय में सम्यग्दर्शन के बिना यथार्थ अरहंत भक्ति हो ही नहीं सकती है। उपरोक्त समस्त सिद्धान्त से सिद्ध होता है कि देव दर्शन, अरहंत भक्ति सम्यग्दर्शन की उत्पत्ति के लिए कारण, पाप कर्मों की निर्जरा के लिए कारण, निधत्ति, निकाचित वज्र कर्म के लिए कारण, राजा, महाराजा, चक्रवर्ती, तीर्थंकर

प्रकृति के लिए कारण है इसलिए मोक्ष पद की प्राप्ति के कारण है। इसलिए आचार्य ने बताया है "वन्दे तद्गुण लब्धये" भक्त ही भक्ति के माध्यम से सम्पूर्ण कर्म को नष्ट करके भगवान् बन जाता है।

"दासोऽहं रटता प्रभो! आया जब तुम पास।
दे दर्शन ही हट गयो "सोऽहं" रहो प्रकासु॥
'सोऽहं सोऽहं' ध्यावतो रह नहीं सको सकार।
'दीप' 'अहं' मम हो गयो अविनाशी अविकार॥

गुरूपास्ति— (साधु सेवा)

जैन धर्म रूपी रथ-श्रावक और मुनि चक्र रूपी अवलम्बन से गतीशील होता है। उसमें से एक भी चक्र के अभाव में धर्म रूपी रथ आगे नहीं बड़ सकता-जब तक जीवंत धर्म स्वरूप मुनियों का सद्भाव रहेगा तब तक धर्म रहेगा,— तब तक श्रावक भी रहेंगे। क्योंकि, "न धर्मो धार्मिकैर्वीना" इसीलिए दूरदृष्टी एवं सूक्ष्मदृष्टी धर्म प्रवर्तकों ने एवं प्रचारकों ने धर्म की स्थिरता एवं धर्म की गतीशीलता के लिए विनय वैयावृत्त्य, वात्सल्य, उपगूहन, स्थितिकरण और प्रभावनादि धर्मप्रचार प्रसार के उपाय रखे हैं।

सेज्जागासणिसेज्जा उवधिपडिलेहणा उवग्गहिदे।
आहारो सह वायण वि किं चणुव्वत्तणादीसु॥ 307॥

(भगवती आराधना)

अद्धाण तेण सावयराणदीरो ध गासिवे ऊमे।
वेज्जावच्चं उत्तं संगहसारक्खणो वेदं॥ 308॥

शयनस्थान, बैठने का स्थान, उपकरण इनका शोधन करना, निर्दोष आहार-औषध देकर उपकार करना, स्वाध्याय अर्थात् उपदेश (व्याख्यान) करना, अशक्त मुनि का मैला उठाना, उसे करवट दिलाना बैठाना वगैरह कार्य करना, थके हुए साधू के हाथ पैर दबाना, नदी से रूखे हुए अथवा रोग पीड़ित का उपद्रव विद्या आदि से दूर करना दुर्भिक्ष को सुभिक्ष देश में लाना ये सब कार्य वैयावृत्य कहलाते हैं।

वैयावृत्त्य न करने में दोष

एदे गुणा महल्ला वेज्जावच्चुज्जदस्स बहुया य।
अप्पट्ठिदो हु जायदि सज्झयं चेव कुव्वंतो॥ 331॥

आणिगूहद बलविरिओ वेज्जावच्चं जिणो व देसेण।
जदि ण करेदि समत्थो सन्तो सो होदी णिद्धम्मो॥ 309॥

तित्थयराण कोवो सुदधम्म विराधणा अणयारो।
अप्पापरो पवयणं च तेण णिज्जू हिदं होदि॥ 310॥

(भगवती आराधना)

समर्थ होते हुए तथा अपने बल को न छिपाते हुए भी जिनोपदिष्ट वैयावृत्त्य जो नहीं करता है वह धर्म भ्रष्ट है।

जिनाज्ञा का भंग, शास्त्र कथित धर्म का नाश, अपना साधु वर्ग का आगम का त्याग ऐसे महादोष वैयावृत्त्य न करने से उत्पन्न होते है॥ 309॥

वैयावृत्त्य प्रयोजन का फल

गुण परिणामो सड्ढा वच्छल्लं भत्तिपत्त लंभोय।
संधाणं तवपूया अव्वोच्छित्ती समाधी य॥ 311॥

आणा संजम साखिल्लादा य दाणं च अविदिगिंछाय।
वेज्जा वच्चस्स गुणा पभावणा कज्ज पुण्णाणि॥ 312॥

(भगवती आराधना)

गुण ग्रहण के परिणाम श्रद्धा, भक्ति, वात्सलय, पात्र की प्राप्ति विच्छिन्न सम्यक्त्व आदि का पुनः संधान, तप, पूजा तीर्थ, अव्युच्छिति, समाधि॥ 311॥

जिनाज्ञा, संयम, सहार्य, दान निर्विचिकित्सा प्रभावना, कार्य निर्वाहण ये वैयावृत्त्य के 18 गुण है।

समाध्याधान विचिकित्सा भाव प्रवचन वात्सल्याद्यभि
व्यक्त्यर्थम्॥ राजवार्तिक॥ सर्वार्थ सिद्धि॥442॥

यह सभाधि की प्राप्ति विचिकित्सा भाव और प्रवचन वात्सल्य की अभिव्यक्ति के लिए किया जाता है।

वैयावृत्ती से तीर्थंकर नाम कर्म का बन्ध

साहुणं वेज्जावच्च जोग जुत्तदाए-व्यावृते यत्कियते तद्वे यावृत्यम्। जेण सम्मत्त-णाण-अरहंत-बहुसुद भत्ति पवयण वच्छ ल्लादिणा जोवो जुज्जइ वेज्जावच्चे सो वेज्जावच्च जोगो दंसणिविसुज्झदादि तेण जुत्तदा वेज्जावच्च जोग जुत्तदा। ताए विहाए एक्काए वि तित्थयराण कम्मं बन्धइ। एत्थ सेसकार णणं जहा सम्भवेण अन्त भावो क्तव्वो। एवमेंद दसय कारणं।

साधुओं के व्यावृत्त्य योग युक्तता से तीर्थंकर नामकर्म बन्धता है। वैयावृत अर्थात् रोगादि व्याकुल साधु के विषय में जो सेवा औधादि देने से उपसर्ग, परीषह दूर किया जाता है उसका नाम वैयावृत्त्य है।

सम्यक्त्व-ज्ञान-अरिहंत भक्ति बहुश्रुत भक्ती एवं प्रवचन वात्सल्यादि से जो जीव वैयावृत्त्य में लगता हो वह वैयावृत्य योग है अर्थात् दर्शन विशुद्धतादि गुण है उनसे संयुक्त हाने का नाम वैयावृत्य योग मुक्तता है इस प्रकार की उस एक ही प्रकार की वैयावृत्य युक्तता से तीर्थंकर नाम कर्म बन्धता है। यहाँ शेष कारणों का यथा सम्भव अन्तर्भाव करना चाहिए। इस प्रकार यह दसवाँ कारण है।

कुंदकुंद स्वामी प्रवचन सार में बताते हैं कि वैय्यावृत्ति मुनियों की अपेक्षा श्रावकों का मुख्य कर्तव्य है।

जो अन्तरंग में अहंकारी, अविनयी हैं और जिनकी धर्म के प्रति, गुरु के प्रति श्रद्धा नहीं है वह साधू सेवा नहीं कर सकता है। वैयावृत्य से अभिमान, अविनयता दूर होता है। ऋजुता, नम्रता कोमलता आदि गुण प्रगट होते है। वैयावृत्त्य अन्तरंग तप है। एक सतत् ज्ञानोपयोगी साधु से भी वैयावृत्य करनेवाला साधू श्रेष्ठ है। क्योंकि वह स्वपर उपकार करता है। परन्तु स्वाध्यायवाला केवल स्वउपकार करता है स्वाध्याय करने वाले पर विपत्ती आएगी तो उसे वैयावृत्य वाले के मुख की तरफ ही देखना पड़ेगा ऐसा भगवती आराधना की 329 गाथा में कहा है।

स्वाध्याय

स्वाध्याय केवल शब्द आगम अर्थात् द्रव्य श्रुत का पढ़ना रटना नहीं है। परन्तु द्रव्य श्रुत के माध्यम से भाव श्रुतद्वारा स्व आत्म द्रव्य का अध्ययन करना, जानना, शोध करना, प्राप्त करना यथार्थ स्वाध्याय है।

प्रज्ञातिशय प्रशस्ताध्यावसायः परमसंयमस्तपोवृद्धिरतिचार विशुद्धि रित्येवमाद्यर्थः।

प्रज्ञा में अतिशय लाने के लिए अध्यावसाय को प्रशस्त करने के लिए परम संवेग के लिए, तपवृद्धि अतिचार शुद्धि के लिए (संशयोच्छेद व परवादियों की

–आस्रव–

पानी के प्रवेश तें नाव जैसे डूबे अथाह सागरे।
कर्म के सोगे जीव बावरा डूबे अपार संसार॥

पानी के निरोध यथा नाव से प्रवेश नहीं करे पानी।
आस्रव द्वारों को निरोध जब जीव संवर भाव है मणि॥

शंका का अभाव राजवार्तिक) आदि के लिए स्वाध्याय तप आवश्यक है।

दव्व सुयादो सम्मभावं तं चेव अप्प सब्भा।
तं पि य केवलणाणं संवयण सगदो जह्मा॥ 1॥ नय चक्र

गाहिओ सोसुदाणाणें पच्छा संवेयणेण झायव्वो।
जोणहु सुदमवलम्बइ सो मुज्झइ अप्प सब्भावे॥ 348॥ *नयचक्र*

द्रव्य श्रुत से भावश्रुत होता है। भावश्रुत से भेद विज्ञान होता है। उससे स्वसंवेदन आत्मसंवित्ति और केवल ज्ञान होता है॥1॥

पहले श्रुतज्ञान के द्वारा आत्मा को ग्रहण करके स्वसंवेदन के द्वारा उसका ध्यान करना चाहिए। जो श्रुत ज्ञान का अवलम्बन नहीं लेता है वह आत्मस्वभाव में मूढ़ रहता है।

जिणवयण मोसहमिणं विसय सुह विरेयण अमिद भूदं।
जर मरणवाहिहरणं खयकरणं सव्व दुक्खणं॥ *दंसण पाहुड*

यह जिन वचन रूप औषधि इंद्रिय विषय से उत्पन्न सुख को दूर करनेवाला है। तथा जन्म मरण रूप रोग को दूर करने के लिए अमृत सादृश है और सर्व दुःखों के क्षय का कारण है।

शास्त्रं बदोडे शान्ति सैरने निगर्वं नीतिमेल्वातु मुक्ती
स्त्रीचिंते निजात्मचिन्ते निल वेलक तंल्ल्दा शास्त्रादि॥
दुस्त्रीचिन्तने दुर्मुखं कलहमुडा गर्वं मनंगोंड।
शास्त्रं शास्त्रमे शास्त्रिकनला? रत्नाकराधीस्वरा॥

—रत्नाकर शतक

शास्त्र का ज्ञान प्राप्त कर शान्ति और सहिष्णुता को धारण करना, अहंकार से रहित होना, धार्मिक बनना, मृदु बातें करना, मोक्ष चिन्ता तथा स्वात्म चिन्ता में निरत रहना श्रेष्ठ कर्तव्य है। इसके विपरीत शास्त्रीय ज्ञान प्राप्त कर स्त्रियों की चिन्ता, क्रोध, मान, माया आदि से विकसित स्पर्धा और अहंकार के उपयोग से शास्त्र शस्त्र बन जाता है। और शास्त्रज्ञ भी शस्त्रधारी हो जाता है। अभिप्राय यह है की, शास्त्र ज्ञान का उपयोग आत्महित के लिए करना चाहिए।

जिस स्वाध्याय के माध्यम से आत्मव्रत का परिज्ञान होता है, हिताहित ज्ञान प्रगट होता है, कषाय इंद्रियों का दमन होता है, संसार शरीर भोगों से वैराग्य उत्पन्न होता है, मोक्ष मार्ग में प्रवृत्ति होती है, वात्सल्य, प्रेम, विनय, सरलता देव, गुरु, शास्त्र के प्रति बहुमान, शान्ति प्रगट होती है। उसको स्वाध्याय कहते हैं, अन्यथा

उसका स्वाध्याय केवल द्रव्य स्वाध्याय है जो मोक्ष मार्ग के लिए अकिंत्कर है।

संयम

जिस प्रकार एक कार के लिए गति चाहिए, प्रकाश चाहिए उसी प्रकार गति रोध शक्ति-ब्रेक भी चाहिए। ब्रेक नियन्त्रण के बिना कार बेकार है। उसी प्रकार मानवी जीवन में उन्नति रूप गति चाहिए, साथ-साथ इंद्रिय और मन को नियन्त्रण करने रूप ब्रेक भी चाहिए नहीं तो वह मानव भी बेकार है। उस नियन्त्रण शक्ति को ही संयम कहते हैं। ''सम्यक् ययो वा सयमः' सम्यक् रूप से यम अर्थात् नियन्त्रण सो संयम है। उस संयमरूपी अस्त्र (सम-यम) के माध्यम से संसार रूपी यम को नष्ट कर सकते हैं। अन्यथा नहीं। पूर्ण संयमी यमी महामुनी हो सकता है। किन्तु श्रावक को भी आंशिक रूप संयम पालन करना आवश्यक ही नहीं अनिवार्य है। इसलिए श्रावक को देश संयमी कहते हैं। संयम 12 प्रकार के हैं। 5 इन्द्रियों का निरोध एक मननिरोध और षड्काय जीवों के संरक्षण को संयम कहते हैं।

तप

इच्छा आकाश के समान अनन्त है। जिस इच्छा रूपी आकाश में सम्पूर्ण विश्व एक सरसों के समान है। जब एक ही जीव के इच्छा रूपी खड्डे में यह सम्पूर्ण विश्व सरसों के दाने के समान हैं तो अनन्त जीवों के लिए उस सरसों समान विश्व का भाग करने से एक जीव के भाग में कितना प्राप्त होगा। अथवा जिस प्रकार अग्नि के ऊपर घृत डालने से अग्नि बढ़ती जाती है। अग्नि सन्तुष्ट नहीं होती उसी प्रकार इच्छा रूपी व आशा रूपी अग्नि में परिग्रह रूपी घृत डालने से आशा रूपी अग्नि शान्त नहीं होती किन्तु बढ़ती ही जाती है। इसीलिए ज्ञानी श्रावक उस इच्छारूपी अग्नि को शान्त करने के लिए तपरूपी पानी डालते है। उसको महान् शान्ति मिलती है। इसलिए ''इच्छानिरोध तपः'' महर्षियों ने बताया है। वह भी यथायोग्य अतरंग बहिरंग 12 प्रकार का तप धारण करता है।

-निर्जरा-

नाव से नाविक निकाले पानी है यथा हल्का हुए है नाव।
तथा जीव भी निर्जरे कर्म को आत्मा का विशेष भाव॥

-लोक-

अनादि अनन्त लोको शाश्वातिक याके कर्ता न कोय।
अज्ञान मोह वश जीव भर में करता धरता होई॥

दान

चारित्र मोहनीय कर्म के उदय से लोभ कषाय के वशवर्ती होकर श्रावक सम्पूर्ण बाह्य परिग्रह को त्याग नहीं कर पाता है वह गृह में रहकर असि-मषि कृषि व्यापारादि आरम्भ करके परिग्रह संचय करता है, भोग-उपभोग करता है। उसे जो पाप संचय होता है उस पाप को नष्ट करने के लिए, कषायों को क्षीण करने के लिए, देव, गुरु, शास्त्र की सेवा संरक्षण के लिए आत्म विशुद्धि के लिए सातिशय पुण्य सम्पादन के लिए परम्परा से आत्मोत्य सहज सरल अतीद्रिय सुख के लिए ज्ञानामृत का आस्वादन के लिए (1) आहार (2) औषध (3) शास्त्र (4) अभयदान शक्ति के अनुसार दान देता है। जो यथाशक्ति दान नहीं देता है वह ''दाणं पूजा मुक्खं सावय धम्मेण सावया तेण विणा'' इस सूत्र के कारण श्रावक ही नहीं है। पुरुषार्थ सिद्धी उपाय में आध्यात्मिक महर्षि अमृतचन्दजी कहते है—

गृहमागताय गुणिने मधुकरवृत्या परान पीड़यते।
वितरति यो नातिथये स कथं नहि लोभवान् भवति॥

जो रत्नत्रय एवं मूल गुणादि से सहित और अन्य को पीड़ा नहीं देते हुए मधुमक्खी के समान जो आहार ग्रहण करते हैं ऐसे महान् गुण सम्पन्न महामुनि जब घर पर आते हैं, उनको जो श्रावक आहार दान नहीं देते हैं, वह कैसे लोभी नहीं हैं, अर्थात् वह निश्चय से महालोभी कंजूस हैं।

दिण्णदि सुपत्त दाणं विसेसदो होई भोग सग्गमही।
णिव्वाण सुहं कमसो णिदि्दट्ठं जिणवरिं देहिं॥ 16॥

(रयणसार)

रवेत्तविसेस काले ववदि सुवियं फलं जहां विवुलं।
होदि तहा तं जाणह पत्तविसेसेसु दाण फलं॥ 17॥

इह णिय सुवित्तबीजं जो ववदि जिणुत्तसत्तरखेत्तेसु।
सो तिहुवण रज्जफलं भुंजदि कल्लाण पंचफलं॥ 18॥

जो भक्तिपूर्वक सुपात्र को दान देता है विशेष से उन्हें भोगभूमि स्वर्गसुख मिलता है और क्रमशः परम निर्वाण सुख की प्राप्ति होती है। इसी प्रकार स्वयं जिनेन्द्र भगवान् ने कहा है।

जैसे उत्तम खेत में बोया हुआ उत्तम बीज काल विशेष को प्राप्त होकर विपुल फल को देता है उसी प्रकार पात्र को दिया बीज स्वरूप अल्प दान भी काल प्राप्त होने पर स्वर्ग-मोक्ष रूपी विपुल फल को प्राप्त करता है।

जो अपने न्यायपूर्वक उपार्जित धनरूपी बीज को जिनेन्द्र भगवान् द्वारा प्रतिपादित (जिन प्रतिमा-जिन मंदिर जिन गुरु सप्त क्षेत्र में बोता है उसको त्रिभुवनरूपी राज्यफल मिलता है एवं वह पंचकल्याणक धारी तीर्थंकर पद को प्राप्त करता है।)

जो मुनिभुत्तवसेसं भुंजदि सो भुंजादे जिणुदिदट्ठं।
संसार सार सोक्खं कमसो णिव्वाण वर सोक्खं॥ 22॥ (रयण.)

जो भव्य मुनिश्वरों के आहार दान के पश्चात् अवशेष अन्न को भक्तिवपूर्ण खाता है वह संसार के सारभूत उत्तम सुख को प्राप्त करता है। और क्रमशः निर्वाण सुख भी प्राप्त करता है।

सर्वोवांछति सौख्यमेव तनुभृत्तन्मोक्ष एव स्फुटं।
दृष्टयादित्रय एव सिद्धयति स तन्निर्गंथ एवं स्थितम्॥
(पदमनन्दी पंच वि...)

तद्वृत्तिर्वपुरुषोऽस्य वृत्तिरशनात्तद्दीयते श्रावकैः।
काले क्लिष्टतरेऽपि मोक्षपदवी प्रायस्ततो वर्तते॥ 8॥

सब प्राणी सुख की इच्छा करते हैं, वह सुख स्पष्टतया मोक्ष में ही है। वह मोक्ष सम्यग्दर्शनादि स्वरूप रत्नत्रय के होने पर ही सिद्ध होता है। वह रत्नत्रय साधु के होता है। उक्त साधु की स्थिति भोजन के निमित्त से होती है। और वह भोजन श्रावकों के द्वारा दिया जाता है। इस प्रकार इस अतिशय क्लेशयुक्त काल में भी मोक्ष मार्ग की प्रवृत्ति प्रायः उन श्रावकों के निमित्त से ही हो रही है।

दानांश

तूर्यांशो वा षडंशो वा दशांशो वा निजार्थतः।
दीयते यातु सा शक्तिर्वर्या मध्या कनीयसी॥25॥
(धर्मरत्नाकार अ. 12)

-बोधि दुर्लभ-
जनम मरण मोह राग द्वेष अत्यन्त सुलभ भाई।
संसार नाशक मोह प्रणाशक सुज्ञान सुलभ होई॥
-धर्म भावना-
सर्वेच्छा पूरक सर्वार्थ साधक अनन्त सुख के दाई।
तीन लोक के सार चिन्तामणी आतम धरम होई॥
यह विधि द्वादश भावना बल से आत्मा परमात्मा होई।
दुःख सुख में है समता बल से कर्म कलंक न सई॥

जो अपने धन में अर्थात् दैनिक आय में से चतुर्थ भाव देन देता है वह उत्कृष्ट दानी है जो षष्टांश दान देता है वह मध्यम दानी है। जो दशांश दान देता है वह जघन्य दानी है।

धर्मस्थैर्यं स्यात्कस्यचिच्चंचलस्य।
प्रौढं वात्सल्यं बृहणं सद्गुणानाम ॥
दानेन श्लाघा शासनस्यातिगुर्वी।
दातृणामित्थं दर्शनाचारशुद्धिः ॥107 ॥

(धर्मरत्नाकार)

दान देने से किसी चंचल धर्म मार्ग से च्युत होते हुए से धार्मिक की उसमें स्थिरता होती है, धार्मिकों में प्रौढ़ (अतिशय) वात्सल्य प्रगट होता है। धार्मिकों में सद्गुणों की वृद्धी होती है तथा दान देने से जिन शासन की बड़ी प्रशंसा होती है। इस प्रकार दाता जन के दर्शनाचर की शुद्धि होती हैं

औदार्यवर्य पुण्य दक्षिण्यमन्यत्।
संशुद्धो बोधः पातकात्स्याज्जुगुप्सा ॥
आख्यातं मुख्यं सिद्धधर्मस्य।
लिंगं लोकभेयस्तद्दातुरेवोपपन्नम ॥108 ॥

(धर्मरत्नाकार)

श्रेष्ठ उदारता, पवित्र मृदुता या सरलता, निर्मलता पाप से ग्लानी तथा लोक प्रियता ये अनादि सिद्ध धर्म के चिह्न कहे गए है और ये सब गुणदाता को ही प्राप्त होता है।

---

(5) ईशस्तवनम्

सत्यं शिवं सुन्दरम्　चिदानन्दमंगलम्
सर्व कर्म रहितम्　सर्वगुणः मण्डितम्
परिभ्रमः रहितम्　लोक अग्रे संस्थितम्
सदा स्थिरः निष्कम्पं व्यो द्रादः सहितम्
सिद्धः शुद्ध ज्ञायकः बुद्धः विष्णुः महेशः
पुरुः हः शंकरः　स्तुत्यः पूज्यः श्रीधरः
एकानेकः ईश्वरः　सूक्षस्थूलः व्यापकः
आदिअन्त रहितम्　आत्ममध्ये संस्थितम्
देह मनः रहितम्　ज्ञान सुखं सहितम्
राग द्वेष रहितम्　शम शान्ति शायितम्
स्वच्छं सौम्यः गम्भीरम्　आत्मभावा स्वरूपम् ॥

तीर्थोन्नतिः परिणतिश्च परोपकारे।
ज्ञानादि निर्मलगुणावलिकाभिवृद्धिः॥
वित्तादि वस्तुविषये च विनाश बुद्धिः।
संवादिता भवति दानवतात्मशुद्धिः॥109॥ (ध.र.)

दान देने से तीर्थ की उन्नति, दाता की परोपकार परिणिति (प्रवृत्ति) ज्ञान के निर्मल गुण समूह की वृद्धी धन आदि वस्तुओं में नश्वरता का विचार और दाता की आत्मशुद्धी भी है॥101॥

सीदति पश्यतां येषां शक्तानामपि साधवः।
न धर्मो लौकिकोऽप्येषां दूरे लोकोत्तराः स्थितः॥110॥

(धर्मरत्नाकार)

दुःख को दूर करने में समर्थ होकर जो श्रावक साधुजन को कष्ट में देखकर भी उनके दुःख को दूर नहीं करते हैं। उनके लौकिक धर्म भी सम्भव नहीं है। फिर भला लोकोत्तर धर्म तो उनसे बहुत दूर है। ऐसा समझना चाहिए।

ज्ञानपान ज्ञानदानेन निर्भयोऽभयदानतः।
अन्नदानात्सुखी नित्यं निर्व्याधिभेर्षजाद्भवेत॥

ज्ञान दान से दानी विशिष्ट क्षायोपशम के माध्यम से मति श्रुत अवधि मनःपर्याय ज्ञानी होता है। श्रुत केवली होता है। एवं शेष में केवल ज्ञान प्राप्त कर मोक्ष जाता है। अभय दान से इहलोक परलोक में निर्भय होता है। अन्न दान से इहलोक परलोक में सुखी होता है। औषध दान देने से शारीरिक-मानसिक- आध्यात्मिक रोग से रहित होकर परम स्वास्थ्य रूप अमृत पद को प्राप्त करता है।

यस्यान्नपानैः सन्तृप्ताः साधवः साधयंत्यमी।
स्वाध्यायादिक्रियां सार्वी तस्य पुण्यं तदुद्भवम्॥77॥

(धर्मरत्नाकर)

जिस दाता के अन्न-पानी से तृप्त हुए मुनिजन आत्म हितकर सर्व स्वाध्यायदि क्रियाओं को करते हैं, उससे उत्पन्न हुआ पुण्य उस दाता को प्राप्त होता है।

दान अभाव से दोष

सीदंतो यतयो यदप्यनुचितं किंचिज्जलान्नादिकं।
स्वीकुर्वंति विशिष्ट भक्ति विकलाः कालादि दोषादहो।
मालिन्यं रचयंति यज्जिनमतस्यास्थानशय्यादिना।
श्राद्धानामिदमेति दूषण पदं शक्तानुपेक्षा कृताम्॥401॥

(धर्मरत्नाकार)

रोगादि से पीड़ित साधुजन विशिष्ट भक्ति से रहित होते हुए काल आदि के दोष से यदि अपने पद के अयोग्य जल व अन्नादिक को स्वीकार करते हैं तथा अयोग्य वसति व शय्या आदि का ग्रहण करके जिनमत में मलिनता को उत्पन्न करते हैं तो यह दोष शक्ति होने पर भी उपेक्षा करनेवाले श्रावक पर आता है— इसे श्रावकों का दोष समझना चाहिए।

दान तीर्थ और धर्म तर्थ की अपेक्षा तीर्थ दो प्रकार का है। दान तीर्थ के माध्यम से शरीर की रक्षा होती है और शरीर के माध्यम से धर्म पालन होता है। ''शरीर माध्यम खलु धर्मशासनम्'' धर्म पालन से इहलोक परलोक में अलौकिक सुख मिलता है। इसलिए श्रावकों को धर्मतीर्थ प्रवर्तन के लिए दान देना चाहिए।

दान पूजादि क्या पाप बन्ध का कारण

शंका : *पूजा दानादिक से आरम्भ होने से हिंसा होती है। और उससे पाप बन्ध होता है। इसलिए दान पूजादिक नहीं करना चाहिए।*

ननुदधिदुग्ध गन्धमाल्यादिना भगवतः पूजाभिदाने पापमप्युपार्ज्यते लेशतः सावद्य सद्भावात् इत्याशक्याह।

श्री जिनेन्द्र भगवान् की दही-दूध-गन्ध-फूल मालादि से पूजा करने से पाप उत्पन्न होता है क्योंकि उस पूजादि (में) सावद्य है (पापात्मक आरम्भादिक)

समाधान : *हे पूजातिशय पूज्य भगवान् आपकी पूजा करने से भव्य जीवों को सातिशयत् पुण्य उपार्जन होता है। यद्यपि पूजादिक सामग्री लाना, धोना, स्वच्छतादि करने से पाप उत्पन्न होता है तथापि वह पाप इतना कम है कि, पूजादि से उत्पन्न पुण्य से उसकी शक्ति नष्ट हो जाती है। वे अपना कार्य करने के लिए अशुभ कर्म फल देने के लिए असमर्थ हो जाता है। जैसे स्पर्श इंद्रिय को तृप्त करनेवाले ठण्डे पानी से भरा समुद्र में एक कण विष पड़ने से उस सम्पूर्ण समुद्र को वह विष कण दूषित नहीं कर पाता है।*

---

(6) अद्वितीय वस्तु

वीतरागान्नपरो देवः आगमन्नापरो वेदः।
निर्ग्रन्थान्नापरो गुरुः अहिंसान्नापरो धर्मः॥1॥
न ज्ञानात् परो ज्योतिः न अज्ञान सम तमः।
न समता समं सुखं न तृष्णात्परो दुःखम्॥2॥

प्रारम्भोऽप्येष पुण्याय देवाद्युद्धेशतः कृतः।
सामग्र्यंतर पातित्त्वाज्जीवाय विषं यथा ।।339 ।।

(धर्मरत्नाकर)

देव, शास्त्र, गुरु के उपदेश से किया गया महान् आरम्भ भी उसकी सामग्री के अन्तर्गत होने से पुण्य के लिए होता है। जैसे विष इतर सामग्री से युक्त होने पर जीवन के लिए प्राण रक्षा का कारण भी होता है।

भिन्न हेतुक एवायं भिन्नात्मा भिन्न गोचरः।
भिन्नानु बन्धस्तेन स्यात्पुण्यबन्धनिंबन्धनम् ।।340 ।।

(धर्मरत्नाकार)

इस आरम्भ का चूँकि हेतु भिन्न, स्वरूप, भिन्न, विषय, भिन्न, संबन्ध भी भिन्न है। इसलिए वह पुण्य बन्ध का कारण होता है।

लोभादि हेतुकः पापारम्भो गेहादि गोचरः।
पापानुबन्धी संत्याज्यः कार्योऽन्यः पुण्य साधनः ।।341 ।।

(ध. रत्नाकार)

लोभ के कारण जो गृह कुटुम्बादी के विषय में आरम्भ किया जाता है वह पाप का बन्धक होने से छोड़ने के योग्य है। परन्तु दूसरा जिनगृह व जिन प्रतिमा के निर्माणादि तथा आहार दानादि विषयक आरम्भ पुण्य का बन्धक होने से आचरणीय है।

धर्मारम्भतस्य रज्यति जनः किर्तिः पराजायते।
राजानोऽनुगुणा भवन्ति रिपवो गच्छन्ति साहायकम्।।
चेतः कांचन निवृत्तिं च लभते प्रायोऽर्थलाभःपरः।
पापारम्भ भराद्यनार्थ विरतिश्चेति प्रतोता गुणाः ।।342 ।।

(ध. रत्नाकर)

जो भव्य धर्म के निमित्त आरम्भ में निरत होता है, उससे लोग प्रेम करते है। उसे उत्तम कीर्ति का लाभ होता है, राजा उसके अनुकूल होता है, शत्रु सहायक होता है। उसका चित्त किसी अभूतपूर्व शान्ति को प्राप्त होता है। उसे प्रायः बहुत धन का लाभ होता है। तथा वह प्रचुर पापारम्भ से परिपूर्ण अनर्थों से निरर्थक कर्मों से विरक्त होता है। इस प्रकार धर्मारम्भ भी तत्पर भव्य के प्रसिद्ध गुण हुआ करते हैं।

न मिथ्यत्वात्प्रमादाद्वा काषायद्वा प्रवर्त्ततेऽति।
श्राद्धो द्रव्यस्तवे तेन तस्य बंधोऽस्ति नाशुभः ।।343 ।।

श्रावक चूँकि मिथ्यात्व से, प्रमाद से, अथवा कषाय से द्रव्यस्तव में पूजा–

प्रतिष्ठा एवं दानादिरूप बाह्य संयम में प्रवृत्त नहीं होता है, इसलिए उसको अशुभ का बन्ध नहीं होता है।

कृष्यादि कर्म बहुजंगम जंतुघाति।
कुर्वन्ति ये गृह परिग्रह भोगसक्ताः॥
धर्माय रंधनकृतां किलपापमेषा।
मेवं वदन्नपि न लज्जित एवं दुष्टः॥354॥

(धर्मरत्नाकर)

जो गृहस्थ घर, परिग्रह तथा भोगों से आसक्त होकर बहुत से त्रस जीवों के धान के कारणभूत खेती आदिक कार्यों को करते हैं उन्हें धर्म के लिए भोजन के तैयार करने में पाप का भागी कहनेवाले को लज्जा नहीं आती? (तात्पर्य मुनियों को आहार देने के लिए जो आरम्भ होता है उससे पाप अल्प और पुण्य महान् होता है अतः ऐसे आरम्भ का निषेध करना अनुचित है।)

एवं विधस्याप्य बुधस्य वाक्यं सिद्धान्त वाह्ययं बहु बाधकं च।
मूढा दृढ श्रद्धते कदर्याः पापे रमनोऽमतयः सुखेन॥355॥

(ध. रत्नाकार)

जो अज्ञानी जन लोभ के वशीभूत होकर इस प्रकार बोलनेवाले मूर्ख के भी आगमबाह्य और अतिशय बाधक वचन पर स्थिर श्रद्धा करते है वे दुर्बुद्धि पाप में आनन्द से रममाण होते हैं ऐसा समझना चाहिए।

पुण्य पाप

शंका : *भले पूजादी से पाप बन्ध से बच सकते हैं किन्तु पुण्य बन्ध से नहीं बच सकते हैं। पुण्य भी संसार का कारण है। यथा कम्ममसुहं*

कम्ममसुहं कुसीलं सुहकम्मं चावि जाणह सुसीलं।
किह त होदी सुसीलं जं संसार पवेवेदि॥152॥

(समयसार)

रत्नत्रय समं धनं णमोकार समं मंत्रं।
आत्म तीर्थ समं तीर्थ न भूतो न भविष्यति॥3॥

आत्मविद्या समं विद्या आत्महिंसा समं हिंसा।
आत्ममित्र समं मित्रः न त्रिकाल लोके सन्ति॥4॥

अशुभ कार्य कुशील पापरूप है। शुभ कर्म पुण्य सुशील स्वरूप है। ऐसा साधारण जन कहते हैं। परन्त शुभ कार्य सुशील कैसे हैं। जो कि संसार रूप कारागार में प्रवेश करने के लिए कारण हैं।

जई भणइ कोवि एवं गिह वावारेसु वट्टमाणोवि।
पुण्णे अम्हण कज्जं जं संसारे सुवाडेई ॥389॥

(भावसंग्रह)

गृहवास में रहते हुए भी और गृह व्यापार में प्रवृत्त होते हुए भी कोई कहता है कि हमको पुण्य नहीं चाहिए क्योंकि पुण्य संसार में गिराने वाला है।

समाधान

मेहुणसण्णारुढो मारइ णवलक्खसुहुम जीवांई।
इय जिणवरेहिं भणियं वज्झंतर णिग्गंथ रुवेहिं॥390॥

गेहे वट्ट तस्स य वावरसयाइं सया कुणंतस्स।
आसवइ कम्ममसुहं अद्द रउद्दे पवत्तस्स॥ 391॥

जाम ण छडइ गेहं तामण परिहरइ इंतयं पावं।
पावं अपरिहंतो हेओ पुण्णस भाचयउ॥ 393॥

उपरोक्त कुशंका का समाधान देते हुए आचार्य प्रवर देवसेन ने नय एवं अवस्थाओं का अवलम्बन लेकर सयाद्वाद पद्धति से उसका समर्थन एवं आगमोक्त उत्तर दिए हैं।

बाहय अभ्यतर ग्रन्थों से रहित जिनेन्द्र भगवान् ने बताया है कि एक बार मैथुन संज्ञा से सहित होकर मनुष्य जब भोग करता है तब लिंग और योनि के लिए संघर्षण से 9 लाख पंचेन्द्रिय मनुष्य जातिय लब्ध्य पर्यायप्तक जीवों का घात करता है।

पहले जीव मैथुन मोह कर्म के उदय से निर्मल ब्रह्मचर्य रूपी आत्मस्वरूप का घात करता है। उस समय जिस प्रकार सरसों से भरा हुआ पात्र में सन्तप्त लोह शलाका डालने पर सरसों जल जाते हैं उसी प्रकार योनी गत 9 लाख लब्ध्य पर्याप्त मनुष्य जीव भी जल जाते हैं।

गृह में रहते हुए हजारों गृहव्यापारों के सदा करते हुए अत्यन्त अशुभ आर्त्त रौद्र परिणाम से अशुभ कर्म का आस्रव करता है जो की एकांत में संसार का कारण होने से अत्यन्त हेय स्वरूप है।

जब तक आर्द्र-रौद्र ध्यानों का निवासस्वरूप गृहवास को त्याग नहीं करते है जब तक इन पापों का त्याग नहीं हो सकता है। यदि पाप का त्याग न हो तो पुण्य कारणों को मत छोड़ो।

पुण्यं कुरुष्व कृतपुण्यमनीदृशोऽपि।
नो पद्रवोऽभिभवति प्रभवेच्च भूत्यै।
सन्तापयन् जगदशेषमशीतरश्मिः।
पद्मेषु पश्य विदधाति विकासलक्ष्मीम्॥ 31॥

(आत्मानुशा.)

हे भव्य जीव! तु पुण्य कर्म को कर, क्योंकि पुण्यवान् प्राणी के ऊपर साधारण भी उपद्रव कुछ प्रभाव नहीं डाल सकते है। इतना ही नहीं बल्कि वह उपद्रव भी उसके लिए सम्पत्ति का साधन बन जाता है। देखो, समस्त संसार को सन्तप्त करनेवाला भी सूर्य कमलों में विकासरूप लक्ष्मी को ही करता है।

यथांगमध्यक्ष सुखे हि धर्मस्तथा परोक्षेऽपि मौक्षसौख्ये।
भोगापभोगादिसुखाय धर्मो मित्रादि यत्नोऽपि
निमित्तमात्रम्॥ 13॥

(धर्म रत्नाकर)

धर्म जैसे प्रत्यक्ष सुख का कारण है वैसे ही वह परोक्ष स्वरूप मोक्षसुख का भी कारण है। भोगोपभोगादि सुख के लिए धर्म ही कारण है। इस सुख के लिए मित्रादि का यत्न भी निमित्तमात्र है।

पुण्य का लक्षण

पुनात्यात्मानं पूयतेऽनेनेति वा पुण्यम्।

(सर्वार्थ सिद्धि)

जो आत्मा को पवित्र करता है या जिससे आत्मा पवित्र होता है वह पुण्य है।

यस्तु शुद्धात्म भावना साधानार्थ बहिरंग व्रत तपश्चरण।
दानपूजादिकं करोति स परम्पराया मोक्षं लभते इति भावार्थः॥

शुद्धात्माभावना को सिद्ध करने के लिए अथवा प्राप्त करने के लिए बहिरंग

न धर्मकल्पवृक्ष समं तरुं
न भावतीर्थ समं अस्ति तीर्थम्।
मनसमान नान्य चंचलास्ति
आत्मशक्ति समं न शक्तिमस्ति॥ 5॥
विवेक समं न राजहंसः मधुर वचन समं नहि पिकः।
गुण ग्राहक समं मधुमक्षिः निन्दक समं नहीं गद्धपक्षिः॥ 6॥

व्रत तपश्चरण, दान पूजादिक को जो करता है वह परम्परा से मोक्ष को प्राप्त करता है।

(समयसार 15 म. गा. जयसेनाचार्य तात्पर्यवृत्ति)

पावागम दाराइं अणाइरुवट्ठि याइं जीवम्मि।
तत्थ सुहासवदारं उग्धादेंतेकड सदोसो।।57।।

(जय धवला)

जब तक सम्यग्दर्शन नहीं होता है तब तक जीव अनादि काल से बन्ध ही करता है। सम्यग्दर्शन होने के पश्चात ही सातिशय पुण्य का आश्रव होता है। जीव में अनादि काल से पापाश्रव के द्वार स्थित हैं। उनके रहते हुए जो जीव शुभाश्रव द्वार का उद्घाटन करता है अर्थात् पापाश्रव के कारणभूत मिथ्यात्व, विषय, कषाय, हिंसादि त्याग करके शुभाश्रव के कारण भूत सम्यग्दर्शन, दया, दानादि में प्रवृत्त होता है। वह कैसे सदोष हो सकता है? अर्थात् कभी भी नहीं हो सकता है। इसलिए प्राथमिक जीव को परम्परा से मोक्ष के साधनभूत पुण्य को निदान रहित होकर उपार्जन करना चाहिए।

सालम्बन एवं निरालम्बन का ध्यान

शंका : *अवलम्बन ध्यान से पुण्य होता है और अशुभ ध्यान से पाप होता है ये दोनों संसार के कारण हैं इसलिए दोनों विकल्पों से ऊपर होकर शुद्धात्मानुभूतिरूप निरावलम्ब ध्यान क्यों नहीं करना चाहिए।*

समाधान

जो भणइ कोवि एवं अत्थि गिहत्थाण णिच्चलं झाणं।
सुद्धं च णिरालम्बं ण मुणइ सो आयमो जइणो।।382।।

(भाव संग्रह)

कहियाणि दिट्ठिवाए पडुच्च गुण ठाण जाणि झाणाणि।
तह्मा स देस विरओ मुक्खं धम्मं ण झाएई।।383।।

(भाव-संग्रह)

सुगुण समं नहि गन्धमस्ति न वीर्य समं प्रतापमस्यि।
न रागसमानं बन्धनमस्ति न क्रोध समानं अनलमस्ति॥ 7॥
विषयसमानं विषं मोह समानं रिपुः।
कुभाव समानं हिंसा त्रैलोक्य मध्ये नहि॥ 8॥

जो कोई कहता है कि गृहस्थों को निश्चल निरावलम्ब, शुद्ध ध्यान होता है वह यतियों के आगम को नहीं जानता है दृष्टीवाद अंग में जो गुणस्थान को लेकर ध्यान का वर्णन है उससे सिद्ध होता है कि देश विरत पंचम गुणस्थान में श्रावको को मुख्य (उत्कृष्ट) धर्म ध्यान नहीं होता है।

गृहस्थों को उत्कृष्ट धर्म ध्यान नहीं होने का कारण—

किं जं सो गिहवन्तो बहिरन्तर गंथ परमिओ णिच्चं।
बहु आरम्भ पउत्तो कह झायइ सुद्धपप्पाणं ॥384॥

(भाव-संग्रह)

धरबाबारा केई करणीया अत्थि तेण ते सव्वे।
झाणट्ठियस्स पुरओ चिट्ठंति णिमीलियच्छिस्सं ॥385॥

(भाव-संग्रह)

गृहस्थ सतत् बाह्य धन-धान्य, स्त्री-पुरुष परिग्रह-एवं कामक्रोधादि अन्तरंग परिग्रह से वेष्टित रहता है। कृषि व्यापारादि आरम्भ से लीन रहता है इसी प्रकार बाह्य विषय में लीन रहनेवाला गृहस्थ शुद्ध आत्मा का ध्यान किस प्रकार कर सकता है अर्थात् नहीं कर सकता।

व्यापार को करते हुए गृहस्थ का मन, इन्द्रिय, भाव उसमें ही तल्लीन रहता है जिस समय में वह ध्यान करने के लिए आँख बन्द कर बैठता है उसके सामने सम्पूर्ण संसार-व्यापार मनरूपी चल चित्र के परदे पर अंकित होते हैं।

ख पुष्पमथवा शृंगं खरस्यापि प्रतीयते।
न पुनर्देशकालेऽपि ध्यानसिद्धिर्गृहाश्रमे ॥17॥

(ज्ञानार्णव)

आकाश के पुष्प और गधे के सींग नहीं होते हैं। कदाचित् किसी देश वा काल में इनके होने की प्रतीति हो सकती है, परन्तु गृहस्थाश्रम में ध्यान की सिद्धि होना किसी देश वा काल में सम्भव नहीं है ॥17॥

अप्रमत्त गुणस्थान में मुनि को निरालम्ब ध्यान होता है।

जं पुणु वि णिरालम्बं तं झाणं गयपमाय गुण ठाणे।
चत्तगेहस्स जायइ धरियं जिण लिंग रूवस्स ॥381॥

(भाव-संग्रह)

जिसने गृह त्याग करके निर्ग्रंथ जिनलिंग को धारण किया है उन अप्रमत्त गुणस्थानवर्ती मुनियों को निरालम्ब ध्यान हो सकता है गृहस्थों को नहीं।

अरसमरुवमगन्धं अव्वतं चेदणागुणमसद्दं।
जाण अलिंगग्गहणं जीव मणिदि्दट्ठ संठाणं॥127॥

(पंचास्तिकाय)

अलिंगग्गहणं यद्यप्यनुमानेन लक्षणेन परोक्षज्ञानेन व्यवहारनयेन धूमादग्निवदशुद्धात्मा ज्ञायते तथापि रागादिविकल्परहितस्वसंवदन-ज्ञानसमुत्पन्न परमानन्द-रूपानुकूलत्वसुस्थितवास्तवसुखामृतजलेन पूर्णकलशवत्सर्व प्रदेशेषुभरितावस्थानां परमयोगिनां यथा शुद्धात्मा प्रत्यक्षो भवति तथेतराणां न भवतीत्यलिंगग्रहणः।

(श्री जयसेनाचार्यकृत तात्पर्यवृत्तिः)

गाथार्थ : *शुद्ध आत्मा रस रूप, गन्ध रहित है। संसारी जीव के समान शुद्ध जीव प्रगट नहीं है इसलिए अप्रगट है। चैतन्य गुण से पूर्ण है शब्द रहित है, इन्द्रियादि चिह्नों से ग्रहण करने में अयोग्य है, निराकार है।*

टीकार्थ : *रागादि विकल्प रहित स्वयंसंवेदन ज्ञान से समुत्पन्न परमानन्द रूप अनुकूलत्व सुस्थित, वास्तविक, सुखामृत जल के द्वारा पूर्ण कलश के समान सर्व प्रदेश में भरे हुए अवस्था को प्राप्त परम मुनियों को जैसे शुद्धात्मा का प्रत्यक्ष होता है उसी प्रकार अन्यों को शुद्धात्मा का प्रत्यक्षीकरण नहीं होता है। किन्तु अनुमान लक्षण के द्वारा परोक्ष ज्ञान से व्यवहार नय से धूम से अग्नि का ज्ञान जैसे होता है उसी प्रकार आत्मा का परोक्ष ज्ञान परमयोगी (ध्यानावस्थापन्न मुनि) को छोड़कर यथा योग्य अन्यों को होता है। जैसे दूरस्थ पर्वतादि के ऊपर धूम अग्नि का साक्षात् दर्शन नहीं होता है परन्तु बिना अग्नि से धूम नहीं होता है इस न्याय के अनुसार अनुमान से ज्ञात होता है। वहाँ पर अग्नि है इसी प्रकार गुरु के उपदेश से, शास्त्राध्यय, मनन, चिन्तन, अनुप्रेक्षा से परम मुनि को छोड़कर अन्यों को अशुद्धात्मा का अनुमान से ज्ञान होता है।*

नहि नहि अमृतं अहिंसा समं क्वचित
नहि नहि भोजन सुज्ञान समं क्वचित।
नहि नहि व्यापार सुध्यान समं क्वचित
नहि नहि सुवीरः मतुमुक्षसमं क्वचित॥ 9॥
विनव समं न नीति स्वाध्याय समं तपः
स्वरुचि समं स्वादः प्रेम समानं बन्धः।
न क्षमा समं शास्त्रं लोभ समानं पापं
धैर्य्य समानं शक्तिः त्रैलोक्येनान्य अन्य॥ 10॥

उपसंहार

लहिऊणदेस संजम सयलंवा होइ सुरोत्तमोसग्गे।
मोत्तूण सुहे रम्मे पुणो वि अवयरइ मणुयत्ते॥ 496॥

तत्थ वि सुहाइं भुत्ता दिक्खा गहिऊण भविय णिग्गंथो।
सुक्कज्झाणं पाविय हणिऊण सिज्झेइ॥ 497॥

जो देश संयम को अर्थात् श्रावक के व्रतों का पालन करता है। अथवा मुनिधर्म को पालन करता है वह उस सातिशय पुण्य के कारण उत्तम स्वर्ग में जन्म लेता है वहाँ पर रम्य, मनोहर भोगों को भोगकर पुनः उत्तम मनुष्य को प्राप्त होता है। वहाँ पर उत्तम भोग को भोगकर पूर्व संस्कार के कारण सातिशय पुण्य के प्रभाव से दीक्षा लेकर मुनिव्रत को धारण कर शुक्ल ध्यान को प्राप्त करके कर्म नष्ट करके सिद्धगति को प्राप्त करता है इसी प्रकार गृहस्थ के व्रत से सातिशय पुण्य प्राप्त होता है, पापों की संवर निर्जरा होती है और परम्परा से मोक्ष प्राप्त होता है।

7वाँ गुणस्थान-सकल संयमी-मोक्ष मार्ग के उत्कृष्ट यात्री

जब भव्य सम्यग्दृष्टी देश संयम रूपी पुरुषार्थ से कर्म शक्ति को ह्रास करके आत्मशक्ति की वृद्धि करता है तब उसकी मोक्ष मार्ग की यात्रा तीव्र हो जाती है। तब वह अवशेष बाह्य परिग्रहों को पूर्ण रूप में त्याग सहित अन्तरंग परिग्रह को त्याग कर वह जिनेन्द्र भगवान् के यथा जात रूप को धारण करता है। वह तीर्थंकर का लधुनन्दन बन जाता है।

वत्तावत्तपमाए जो णिवसइ पमत्त संजदो होइ।
सयल गुणसील कलिओ महव्वई चित्तलायरणो॥ 601॥

(भाव-संग्रह)

स्वाधीनं सुखं परमेव सुरणं
भोग समं रोग न अन्य क्वचित।
रत्नत्रय धारी समं न श्रीमान
भारवाहि पशुरेव धनवान॥ 11॥
-नर पशुः-
धर्मः विवेकः नीति ज्ञानं हीन
वात्सल्य बन्धुत्व समता हीन।
मनुष्य समानं न पशुरस्ति
परोपकारी पशुरेव श्रेष्ठः॥ 12॥

जो महाव्रतधारी मुनि व्यक्त-अव्यक्त प्रमाद से सहित है, सर्व गुणशील मण्डित है, चित्रलाचरण से सहित है (प्रमाद के कारण आचरण में मिश्ररूप परिणाम) उनके प्रमत्तविरत 6ठा गुणस्थान होता है।

मुनि का स्वरूप

णाह होमि परेसिं ण मे परे णत्थि मज्झमिह किंचि।
इदि णिच्छदो जिदिंदो जादो जधजादरुव धरो॥ 204॥

(प्रवचनसार)

मैं दूसरों का नहीं हूँ पर मेरे नहीं है इस लोक में मेरा कुछ भी नहीं है ऐसा निश्चय करके जितेन्द्रिय होता हुआ यथा जात रूप धारी निर्ग्रंथ मुनि बन जाता है।

शंका : *आत्माद्रव्य, त्याग, व्रत, अव्रत, संकल्प विकल्प से रहित है। तब इसी प्रकार बाह्य द्रव्यों अर्थात् संसार स्त्री कुटुम्ब का त्याग एवं व्रतों आदि का पालन रूपी संकल्प विकल्प क्यों करना चाहिए?*

समाधान

''पडिवज्जदु सामण्णं जदि इच्छदि दुक्खपरिमोक्खं''॥ 201॥

(प्रवचनसार)

यदि सम्पूर्ण दुःख से प्रकृष्ट रूप से विमुक्त होना चाहते हो तो श्रामण्य दीक्षा को अंगीकार करो। अन्यथा मोक्ष नहीं मिल सकता है।

णिच्चेल पाणिपत्तं उवइट्ठं परमजिणवरिंदेहिं।
एक्को वि मोक्खमग्गो सेसाय अमग्गया सव्वे॥ 10॥

(अष्टपाहुड)

परम जिनेन्द्र देव द्वारा प्रतिपादित अचेलकत्व एवं पाणिपात्र स्वरूप को प्राप्त करो। क्योंकि ये ही प्रकृष्ट मोक्ष का प्रकृष्ट मार्ग है शेष मार्ग उन्मार्ग है, मिथ्या मार्ग है।

द्रव्यस्य सिद्धौ चरणस्य सिद्धिः द्रव्यस्य सिद्धि चरणस्य सिद्धौ।
बुद्धवेति कर्मा विरताः परेऽपि द्रव्याविरुद्धं चरणं चरन्तु॥ 13॥

(अमृतचन्द्रटीका)

द्रव्य की सिद्धी में चरण की सिद्धी है। और चरण की सिद्धी में द्रव्य की सिद्धी है ज्ञान से आत्मविशुद्धि होती है उससे विवेक प्रगट होता है, हेय को त्याग करता है, उपादेय को ग्रहण करता है, बाह्यद्रव्यों से उपेक्षा भाव धारण करता है। आत्म स्वरूप को जानने के बाद ज्ञानी आत्म स्वरूप से विरोधी कार्य अर्थात् आचरण नहीं करता है बाह्य कर्मों से विरक्त होकर आत्मशुद्धि के लिए चारित्र पालन करता

है। जब तक आत्म अविरुद्ध चारित्र पालन नहीं करेंगे तब तक सर्व कार्य से निवृत्त होकर आत्मोपलब्धि रूप मोक्ष को प्राप्त नहीं कर सकते हैं।

मुनियों का कर्तव्य

झायइ धम्मज्झाणं अहं पि य णोकसाय उदयाओ।
सज्झाय भावणाए उवसामइ पुणु वि झाणम्मि॥ 603॥

(भाव-संग्रह)

मन धर्मध्यान को ध्याता है कभी-कभी तो कषाय के उदय से आर्तध्यान भी हो जाता है। उस आर्त्तध्यान के उपशमन के लिए स्वाध्याय, अनुप्रेक्षाओं का चिन्तवन करते हैं। प्रमादवश मूल गुण उत्तर गुण में अतिचार आदि लगने पर निन्दा, गर्हा प्रतिक्रमणादि करता है। जब मन धर्मध्यान में स्थित नहीं रहता है, तब स्वाध्याय स्तुति वंदनादि करता हैं

शंका : *मुनि गृहादि क्रिया को छोड़कर मूलगुण रूप क्रिया को करता है। क्रिया की अपेक्षा दोनों समान होने से बन्ध भी समान है। अशुभ को छोड़कर अहिंसाव्रत देववंदनादि शुभ क्रियाओं से पुण्य, बन्ध होता है क्योंकि शुद्ध की अपेक्षा शुभ अशुभ है बन्ध की अपेक्षा पुण्य-पाप समान है। मुनि धर्म भी बन्ध स्वरूप है। और बन्धस्वरूप होने के कारण संसार का कारण है।*

समाधान

सेवो सुद्धो भावो तस्सुवलंभो य होइ गुणठाणे।
पणदहप्रमादरहिए सयलवि चारित्त जुत्तस्स॥ 6॥

शुद्ध भाव आत्म का स्वरूप होने से अत्यन्त उपादेय एवं ग्रहण करने योग्य है। इस शुद्ध भाव की प्राप्ति 15 प्रमाद से रहित सकल चारित्र से शोभित महामुनियों को

-दुर्जन-

परोपकार दुग्ध पाने सोऽपि
कृतघ्न विषप्रदाने संलग्नः।
दुर्जन समं नहि विषधरः
मंत्रेन शाम्यति दुर्जन नरः॥ 13॥
सुगुण शतेऽपि समाश्रितोऽपि
कुगुण कुरक्तः ग्रहणे शक्तः।
दुर्जन समानं नहि जलौकः
दूरेऽपि कुगुणः ग्रहणे शक्तः॥ 14॥

अप्रमत्तगुणस्थान आदि में होती है।

छट्ठमए गुणठाणे वट्टंतो परिहरेइ छावासं।
जो साहु सो ण मुणई परमायमसार संदोह॥ 606॥

(भाव-संग्रह)

अहण मुणंतो छंडइ सव्वावासइं सुत्तबद्धाइं।
तो तेण होइ चत्तो सुआयमो जिनवरिंदस्स॥ 607॥

(भाव-संग्रह)

जो 6वें गुणस्थान में प्रवर्तन करते हुए देव वंदना, स्तुति, स्वाध्याय, प्रतिक्रमणादि का त्याग करता है वह परमागम के रहस्य को नहीं जानता है। अथवा जानता हुआ भी सूत्र निबद्ध आवश्यकों का त्याग करता है वह जिन भगवान् द्वारा प्रतिपादित आगम का ही त्याग करता है और जिनागम के त्याग के कारण सम्यक्त्व को ही त्याग कर दिया इसलिए वह मिथ्यादृष्टी है। इसलिए जब तक मन निश्चल रूप से निश्चय ध्यान नहीं होता है तब तक षट् आवश्यक क्रिया को व्रतसहित पालन करना चाहिए।

यम नियमों का फल

णाणदिरयण तियमिह सज्झं तं साधयंति जमणियमा।
जत्थ जमा सस्यदिया णियमा णियतप्प परिणामः॥ 2॥

(मूलाचार कुंदकुंदाचार्य)

सम्यग्दर्शन, सम्यग्ज्ञान, सम्यक्चारित्र रूप साध्य है। यम और नियम इस रत्नत्रय रूप साध्य को सिद्ध करनेवाले है। साधन के बिना साध्य की सिद्धि नहीं होती है। इसलिए महाव्रतादि यम सामायिकादि नियम के बिना रत्नत्रय की सिद्धि नहीं हो सकती है। इसलिए मोक्ष के लिए व्रतादि अनिवार्य है। जो महाव्रतादि आजीवन पालन किया जाता है। उसे यम कहते हैं। सामायिकादि अल्पकालावधि

ईर्षक समानं नहि इन्दुरः
सन्त सुगणः कर्त्तने चतुरः।
मुषिकः लनन्ति निकट वस्तु
इर्षकः लुनन्ति दूरे स्थितेऽपि॥ 15॥
दुर्जन शिष्य सम नहि अग्नि
दहति शिक्षाः अशिक्षारपि।
ईन्धन हीन दूरस्थ अग्नि
न दहति (कु) शिष्यःउभयरेपि॥ 16॥

होने से नियम कहलाते हैं।

मूलगुणेसु विसुद्धे वंदित्ता सव्व संजदे सिरसा।
इह पर लोग हिदत्थे मूलगुणे कित्तइस्सामि॥ 1॥

(मूलाचार) सि. च. वसुनन्दी टीकाकार

इह शब्दः प्रत्यक्षवचनः, परशब्द उपरतेनिद्रय-जन्म वचनः लोक शब्दः सुरेश्वरादि वचनः। इह च परश्चेहपरौ तौच तौ लोकौ च इह पर लोकौ ताध्यांतऽयोर्वा हितं खैश्वर्यपूजासत्कारचित्त निवृत्तिफलादिकं तदेवार्थः प्रयोजनं फलं येषां ते इहपरलोक हितार्थास्थान इह लोक परलोक सुखैश्वर्यादि निमित्तान्।

इहलोके पूजां सर्व जनमान्यतां गुरुतां सर्वजनमैत्रीभावादिके च लभते मूलगुणानाचरन, परलोके च सुरैश्वर्यतीर्थकरत्वं चक्रवर्तीबलदेवादिकत्वं सर्वजनकान्त-तादिकं च मूलगुणानाचरन लभत इति। मूलगुणान् सर्वोतर गुणधारतां गतानावरण-विशेषान।

'इह' शब्द प्रत्यक्ष को सूचित करनेवाला है 'पर' शब्द इन्द्रियातीत जन्म को कहनेवाला है और 'लोक' शब्द देवों के ऐश्वर्य आदि का वाचक है।

'हित' शब्द से सुख, ऐश्वर्य पूजा सत्कार और चित्त की निवृत्ति फल आदि कहे जाते है और 'अर्थ' शब्द से प्रयोजन अथवा फल विवक्षित है। इस प्रकार से इहलोक और परलोक के लिए अथवा इन उभय लोकों में सुख ऐश्वर्य आदि रूप ही है प्रयोजन जिनका, वे इहलोक पर हितार्थ कहे जाते है। अर्थात् ये मूल गुण इहलोक और परलोक में सुख ऐश्वर्य आदि के निमि्त्त हैं। इन मूलगुणों का आचरण करते हुए जीव इस लोक में पूजा, सर्वजन से मान्यता गुरुता (बड़प्पन) और सभी जीवों से मैत्री भाव आदि को प्राप्त करते हैं तथा उन मूलगुणों को धारण करते हुए परलोक में देवों के ऐश्वर्य, तीर्थंकर पद, चक्रवर्ती, बलदेव, आदि के पद और सभी जनों में मनोज्ञता, प्रियता आदि प्राप्त करते हैं। ऐसे मूलगण जो कि सभी उत्तर गुणों के आधारपने को प्राप्त आचरण विशेष हैं।

एसा पसत्थभूदा समणाणं वा पुणो घरत्थाणं।
चरिया परेत्ति भणिदा ताएव परं लहदि सोक्खं॥ 254॥

(प्रवचनसार)

तपोधनः शेषतपोधनानां वैयावृत्यं कुर्वाणा सन्तः कायेन किमपि निरवद्यवैयावृत्यं कुर्वन्ति। वचनेन धर्मोपदेशं च। शेषमौषधान्नापानादिकं गृहस्थानामधीनं तेन कारणेन वैयावृत्यरूपो धर्मो गृहस्थानां मुख्यः तपोधनानां गौणः। द्वितीयं च कारणं निर्विकारचिच्चमत्कारभावनाप्रतिपक्षभूतेन विषयकषायनिमित्तोत्पन्नेनार्त रौद्रध्यानद्वयेन परिणतानां गृहस्थामात्माश्रितनिश्चय धर्मस्यावकाशो नास्ति वैयावृत्यादि धर्मेण दुर्ध्यान

वंचना भवति तपोधन संसर्गेण निश्चय व्यवहार मोक्ष मार्गोपदेश्लाभो भवति। ततश्च परम्परया निर्वाणं लभत इत्यभिप्रायः॥

(जयचन्द्राचार्यकृत तात्पर्यवृत्तिः)

गाथार्थ : *यह प्रशस्तभूत चर्चा श्रमणों के होती है और गृहस्थों के तो मुख्य होती है शास्त्रों में ऐसा कहा गया है। उसी से गृहस्थ परम सौख्य को प्राप्त होता है।*

तपोधन दूसरे साधुओं की वैयावृत्ति करते हुए अपने शरीर के द्वारा जो कुछ भी वैयावृत्य करते हैं वह पापारम्भ व हिंसा से रहित होती है तथा वचनों के द्वारा धर्मोपदेश करते हैं। शेष औषधि अन्नपान आदि की सेवा गृहस्थों के अधीन है, इसलिए वैयावृत्य गृहस्थों का मुख्य धर्म है किन्तु साधुओं का गौण है। दूसरा कारण यह है कि विकार रहित चैतन्य के चमत्कार की भावना के विरोधी तथा इन्द्रिय विषय और कषायों के निमित्त से पैदा होनेवाले आर्त्त और रौद्रध्यान में परिणमने वाले गृहस्थों को आत्माधीन निश्चय धर्म के पालने का अवकाश नहीं है। यदि वे गृहस्थ वैयावृत्यादि रूप शुभोपयोग धर्म से वर्तन करे तो खोटे ध्यान से बचते हैं तथा साधुओं से गृहस्थों को निश्चय तथा व्यवहार मोक्ष मार्ग के उपदेश का लाभ हो जाता है, इससे ही वे गृहस्थ परम्परा से निर्वाण को प्राप्त करते हैं।

धम्मो दयाविसुद्धो पव्वज्जा सव्वसंग परिचत्ता।
देवो ववगयमोहो उदय करो भव्वजीवाणं॥ 25॥

(अट्ठ पाहुडं कुन्दकुन्द)

जो दया से विशुद्ध है धर्म वो है, जो सर्वसंग से रहित है वो प्रवज्या है अर्थात् मुनि दीक्षा, मोह से रहित जो देव है वह भव्य जीवों के उदय को करने वाला है।

वर वय तवेहि सग्गो मा दुक्खं होऊ णिरइ इयरेहिं।
छायातविट्ठयाणं पडिवालंताण गुरु भेयं॥ 25॥

(अट्ठ पाहुडं कुन्द कुन्द)

निन्दक समं नहि चित्रकारः
सम सुगुणे विषमः आकारः।
मूर्तिक द्रव्ये समो असमः
किंतु अमूर्तिक गुणे निन्दकः॥ 17॥

–सज्जन–

सज्जन समानं न कदा सरोजः
मित्रागमे विकाशितः रात्रौ म्लानमुखः।
अहो! सज्जन सरोज सदा विकाशितः
निन्दा प्रशंसा सर्वत्र किम्वा मित्रे॥ 18॥

जब तक रत्नत्रय की पूर्णता नहीं होती है तब तक मोक्ष की प्राप्ति नहीं हो सकती है। जब तक मोक्ष की प्राप्ति नहीं होती है, तब तक व्रत तपों का पालन करके स्वर्ग प्राप्त करना श्रेष्ठ है। परन्तु अव्रती होकर नरक तिर्यंचगति सम्बन्धी दु:ख प्राप्त करना श्रेष्ठ नहीं है। जिस प्रकार एक पथिक को पीछे आनेवाले अपने साथी की राह देखने के अत्यन्त उष्ण धूप में बैठने की अपेक्षा शीतल वृक्ष की छाया में बैठना श्रेयस्कर है ऐसा कौन मूर्ख होगा जो शीतल छाया को छोड़कर अत्यन्त उष्ण धूप में बैठेगा।

अव्रतानि परित्यज्य व्रतेषु परिनिष्ठितः
त्यजेत्तान्यपि सम्प्राप्य परम पदमात्मनः॥ 84॥

(समाधिशतक)

हिंसा पापादि अव्रतों को छोड़कर अहिंसादि व्रत में अत्यन्त निष्ठावान होना चाहिए। उस व्रत के माध्यम से जब परमात्मा पद की प्राप्ति जो जाएगी तब उन व्रतों को भी त्यागना चाहिए। जिस प्रकार मंजिल के ऊपर चढ़ने के लिए सीढ़ी की आवश्यकता होती है बिना सीढ़ी के चढ़ा नहीं जा सकता है परन्तु मंजिल के ऊपर जाने के बाद सीढ़ी स्वयंमेव छूट जाती है अथवा सीढ़ी की शेष सीमा के बाद उस सीढ़ी को त्यागकर मंजिल में प्रवेश करते है; जैसे हम आगे बढ़ जाते है पीछे का रास्ता छूट जाता है उसी प्रकार हम गुणश्रेणी पर आरूढ़ होकर आगे बढ़ जाते है तो पीछे की गुणश्रेणी छूट जाती है। जैसे मुनि होने पर श्रावक के व्रत छूट जाते हैं, उसी प्रकार परमात्म पद को प्राप्त करते हैं तो व्रतादि के विकल्प नहीं रहते हैं जैसे दूध से दही, घी बनता है जब तक घी नहीं बनता है तब तक दूध दही का संरक्षण करना आवश्यक है परन्तु घी बनने के बाद दूधादि अवस्था नहीं रहती है। जैसे फूल से फल बनता है फल होने पर स्वयं फूल खिल जाता है।

अशुभाच्छुभमायातः शुद्धः स्यादयभागमात्।
खेर प्राप्त संध्यस्य तमसो न सुमुद्गमः॥ 122॥
विधूत तमसो रागस्तपः श्रुत निबन्धनः।
संध्याराग इवार्कस्य जन्तोरभ्युदाय सः॥ 123॥
विहाय व्याप्मालोकं पुरस्कृत्य पुनस्तमः।
रविवद्रागमागच्छन् पातालतलमृच्छति॥ 124॥

(आत्मानुशासन)

अर्थ : *यह आराधक भव्य जीव आगम ज्ञान के प्रभाव से अशुभ स्वरूप असंयम अवस्था से शुभ रूप संयम अवस्था को प्राप्त कर समस्त कर्ममल से रहित*

होकर शुद्ध हो जाता है। जिस प्रकार सूर्य जब तक प्रभात काल को प्राप्त नहीं होता है तब तक वह अंधकार को नष्ट नहीं कर सकता है।

अज्ञान असंयमरूप अंधकार को नष्ट करनेवाले प्राणी के जो तप और शास्त्र विषय का जो अनुराग होता है वह सूर्य की प्रभात कालीन राग (लालिमा) के समान अभ्युदय के लिए होता है।

जिस प्रकार सूर्य फैले हुए प्रकाश को छोड़कर और अंधकार को आगे करके जब (अस्त) राग (लालिमा) को प्राप्त होता है तब वह पाताल को जाता है। अर्थात् अस्त हो जाता है। उसी प्रकार जो प्राणी वस्तु स्वरूप को प्रकाशित करनेवाले ज्ञानरूप प्रकाश को अज्ञान असंयम को स्वीकार करता हुआ संसार-शरीर-भोग सम्बन्धी राग को प्राप्त होता है तब वह पाताल तल अर्थात् आत्म पतन रूप अवस्था को प्राप्त होता हुआ नरकादि दुर्गति को प्राप्त होता है।

आत्मारूपी सूर्य अनादिकाल से अज्ञान असंयम मोहरूपी अंधकार से व्याप्त संसाररूपी रात्री में संचरण कर रहा है। जिसे चित्ज्योति स्वरूप मुक्ति लोक को प्राप्त करना है उसको पहले अज्ञान-असंयम रूपी अंधकार को छोड़कर देव शास्त्र गुरु व्रत नियम सम्बन्धी राग रूपी दिग्वलय में आना ही होगा। उस समय में पूर्ण अंधकार नहीं प्रकाश भी नहीं परन्तु उस राग आत्मा रूपी सूर्योदय के लिए कारण है। जिस प्रकार सूर्योदय के पूर्व पूर्ण प्रकाश नहीं पूर्ण अन्धकार नहीं परन्तु वह लालिमा सूर्योदय के अभ्युदय का सूचक है परन्तु जब जीव देव शास्त्र-गुरु-तप-संयम को छोड़कर संसार शरीर के प्रति अनुराग करता है वह राग उसके पतन का ही कारण है जिस प्रकार सांयकालीन राग (लालिमा) पतन का सूचक है अर्थात् प्रभात लालिमा और सांयकालीन दोनों राग समान होते हुए भी प्रभात कालीन अभ्युदय की सूचक है और सांयकालीन राग पतन की सूचक है। उसी प्रकार देव-शास्त्र-गुरु के प्रति और संसार-शरीर भोग के प्रतिराग समान होते हुए एक उत्थान का कारण है तो दूसरा पतन का कारण है।

णिज्जावगो य णाणं वादो झाणं चरित्त णावा हि।
भवसागरं तु भविया तरंति तिहिसण्णिपायेण॥ 100॥

—मूलाचार-'समयसाराधिकार'

अर्थ : *खेवटिया ज्ञान है, वायु ध्यान है और नौका चारित्र है। इन तीनों के संयोग से ही भव्य जीव भवसागर से तिर जाते हैं।*

विषयविरतिः संगत्यागः कषाय विनिग्रहः
शम-यम दमास्तत्त्वाभ्यासस्तपश्चरणोद्यमः।
नियमित मनोवृत्तिर्भक्तिर्जिनेषु दयालुता।
भवित कृतिनः संसाराब्धेस्टे निकटे सति॥ 224॥

(आत्मानुशासनम्)

अर्थ : *इन्द्रिय विषयों से विरक्ति परिग्रह का त्याग, कषायों का दमन, राग-द्वेष की शान्ति, यम-नियम इंद्रिय दमन, सात तत्त्वों का विचार, मन की प्रवृत्ति पर नियन्त्रण, जिन भगवान् की भक्ति और प्राणियों पर दया भाव ये सब भाव उस पुण्यात्मा पुरुष के होते हैं। जिसके कि संसार समुद्र का किनारा निकट आ चुका है। अर्थात् निकट भव्य सम्यग्दृष्टी जीव उपरोक्त व्रतादि स्वरूप नौका में बैठकर संसार रूपी स्वरूप को शीघ्र रूप से पार करता हैं*

यथा यथा समायाति, संवितौ तत्त्वमुत्तमम्।
तथा तथा न रोचन्ते विषयाः सुलभा अपि॥ 37॥
यथा यथा न रोचते विषयाः सुलभा अपि।
तथा तथ समायाति तत्त्वमुत्तमम्॥ 38॥

(इष्टोपदेश)

अर्थ : *जैसे जैसे विशुद्ध आत्मस्वरूप की संवित्ति बढ़ती जाती है वैसे-वैसे सुलभ भी इन्द्रिय विषय रुचता नहीं है, जैसे— जैसे सुलभ भी इन्द्रिय विषय रुचकर नहीं लगता है वैसे-वैसे आत्मसंवित्ति बढ़ती ही जाती है।*

णिय अप्पणाण झाणज्झयण सुहामियर सायण्णं पाणं।
मोत्तूणक्खाणसुहं जो भुजंदि सोहु बहिरप्पा॥ 126॥

अर्थ : *जो ज्ञानध्यान और सुखामृत रसायन पान से विमुख होकर इन्द्रिय सम्बन्धी सुख भोगता है वह निश्चित बहिरात्मा मूढ़ है।*

शुभोगयोग एवं पुण्यपाप

शंका : *व्यवहार नय अपेक्षा शुभोपयोग के प्राधन्यता से जो व्रत संयमादि अरिहन्त भक्ति आदि भाव है वे सब पुण्य बन्ध के कारण होने से एवं रागात्मक होने के कारण हेय है? पुण्य से संसार बढ़ता है इसलिए व्रत, संयमादि अरिहन्त भक्ति संसार के*

सज्जन समानं नहि कदापि सलिलः
अग्नि संपर्केन उष्णमेव अतिशीघ्रः।
दावालन अग्नि सम दुर्जनः सम्पर्के
सज्जन स्वशीतलता न त्यजे त्रिकाले॥ 19॥
निन्दा प्रशंसा प्रसंगो शत्रू मित्र वर्गे
लाभालाभे जीवित मरणे सर्वकाले।
समुद्रवत् गम्भीरं मेरुवत स्थिरं
यः तिष्टत सयेव सज्जनः धीरः वीरः॥ 20॥

कारण हैं?

सुहपरिणामो पुण्णं असुहो पावंत्तिभणियमण्णेसु।
परिणामो णण्णगदो दुक्खक्खयकारणंसमये॥ 181॥

(प्रवचनसार)

अपने आत्मा से भिन्न अन्य द्रव्य में जो शुभ रूप परिणाम हैं उससे पुण्य होता है और अशुभ भाव से पाप होता है जो दोनों भावों से रहित होकर स्व स्वरूप में प्रवर्त्तमान होता है उसका सम्पूर्ण दुःख क्षय हो जाता है।

अरहंत सिद्ध चेदीय पवयण गण णाण भत्ति संपण्णो।
बन्धदि पुण्णं बहुसोण दु सो कम्मक्खयं कुणदि॥ 166॥

(पंचास्तिकाय)

अर्थ : *अरिहन्त-सिद्ध-चैत्यालय-प्रवचन-मुनिगण-भेद-विज्ञानादि बहुश्रुत की भक्ति आदि से अत्यधिक पुण्य बन्ध करता है। परन्तु कर्म क्षय नहीं करता है।*

इस आर्ष वचन से सिद्ध होता है व्यवहार स्वरूप शुभ क्रियाएँ हेय है।

समाधान : *ण च ववहारणओ चप्पलओ तत्तो ववहाराणुसारि सिस्साणं पउत्ति दसणादो। जो बहुजीवाणुग्गहकारी ववहारणओ सो चेव समस्सिदव्वो त्तिमणेणावहारिय गोद गयेरेण मगलं तत्थ कयं।*

अर्थ : *यदि कहा जाय कि व्यवहार नय असत्य है तो भी ठीक नहीं है; क्योंकि उसमें व्यवहार का अनुसरण करनेवाले शिष्यों की प्रवृत्ति देखी जाती है। अतः जो व्यवहार नय बहुत जीवों का अनुग्रह करनेवाला है उसी का आश्रय करना चाहिए ऐसा मन में निश्चय करके गौतम स्थविर ने चैबीस अनुयोग के द्वारों के आदि में मंगल किया है।*

—वीरसेनाचार्य। ज. घ. पु. पृष्ठ 7-8

ण च अप्पमाणपुरस्सरो ववहारो सच्चत्तमल्लियइ। ण च एवं वाहविवज्जिय

यदि सूर्यः कदापि पश्चिमे उदिश्यति
अग्नि शीतलता याति चन्द्र तापयति।
समुद्र यदि कदापि स्वमर्यादा त्यागे
तथापि सज्जनः स्वस्वभाव न त्यागे॥ 21॥
पर स्त्री दर्शने अन्धः गमनेच नपुंसकः
विकथा निन्दा श्रवणे वधिरमेव भावः।
असत्य भाषणे मूकः कुकार्येच पंगुः
मुग्ध कुविचारे अहो कृति सज्जनस्य॥ 22॥

सव्व ववहाराणं सच्चत्तुवलंभादो।

अर्थ : *अप्रमाण पूर्वक होनेवाला व्यवहार सत्यता को प्राप्त नहीं हो सकता है। यदि कहा जाए कि सभी व्यवहार अप्रमाण पूर्वक होने से असत्य मान लिए जाएँ सो भी बात नही है, क्योंकि जो व्यवहार बाधा रहित होते हैं उन सबमें सत्यता पाई जाती है।*

पुण्ण कम्म बन्धत्थीणं देसव्वयाणं मंगलं कारणं जुत्तं ण मुणीणं कम्मक्खकंक्खु-वाणमिदि ण वोत्तुं जुतं; पुण्णबन्ध हेउत्त पडि विसेसाभावादो मंगलस्सेव सराग संयमस्स वि परिच्चागप्प संगादो; ण च एव तेण संजम परिच्चागप्प सग भावेण विव्वुइगमणाभावप्पसंगादो। सराग संयमो गुणसेदि णिज्जराए कारणं, तेणं बन्धादो मोक्खे असंखेज्ज गुणो त्ति सराग संयमे गुणीणं वट्टणं जुत्तमिदि णं पच्चवठाणं कायव्वं; अरहंत णमोक्कारो सेयहिय बन्ध दो असंखेज्ज गुण कम्मक्खय कारओ त्ति तत्त्थ वि मुणीणं पवुत्तिप्पसंगादो उत्तं च।

अरहंत णमोवकारं यावेण रा जो करेदि पयडमदी।
सो सव्व दुक्ख मोक्खं पावइ अचिरेण कालेण॥

यदि कहा जाय कि पुण्य कर्म के बांधने में इच्छुक देशवासियों को मंगल करना युक्त है, किन्तु कर्मों के क्षय के इच्छुक मुनियों को मंगल करना युक्त नहीं है ऐसा कहना भी ठीक नहीं है क्योंकि पुण्य बन्ध के कारणों के प्रति उन दोनों में कोई विशेषता नहीं है। अर्थात् पुण्य बन्ध के कारणभूत कार्यों को जैसे देशव्रती श्रावक करते हैं वैसे ही मुनि भी करते हैं, मुनि के लिए उनका एकानत से निषेध नहीं है। यदि ऐसा न माना जाय तो जिस प्रकार मुनियों को मंगल के परित्याग के लिए यहाँ कहा जा रहा है उसी प्रकार उनके सराग संयम के भी परित्याग का प्रसंग प्राप्त होता

-ज्ञानं-

ज्ञान समान नहि कोटि रश्मिः
क्षेत्रा कालावधि प्रकाशयति।
ज्ञानं तु पुनः चैतन्य रश्मिः
सर्व क्षेत्र काल प्रकाशयन्ति॥ 23॥

-ज्ञानी-

ज्ञानी समान नहि चक्रवर्ती
क्षेत्र कालावधि प्रभूत्वे स्थिति।
ज्ञानी जयन्ति समस्त विश्वम्
अनन्त सुख ईशत्वे स्थिति॥ 24॥

है क्योंकि देशव्रत के समान सराग संयम भी पुण्य बन्ध का कारण है।

यदि कहा जाए कि मुनियों के सराग संयम के परित्याग का प्रसंग प्राप्त होता है तो होवो से भी बात नहीं है क्योंकि मुनियों के सराग संयम के परित्याग का प्रसंग प्राप्त होने से उनके मुक्तिगमन के अभाव का भी प्रसंग प्राप्त होता हैं

यदि कहा जाय कि सराग संयम गुणश्रेणी निर्जरा का कारण है क्योंकि उससे बन्ध की अपेक्षा मोक्ष अर्थात् कर्मों की निर्जरा असंख्यात गुणी होती है ऐसा भी निश्चय नहीं करना चाहिए, क्योंकि अरहंत नमस्कार तत्कालीन बन्ध की अपेक्षा असंख्यात गुणी कर्म निर्जरा का कारण है इसलिए सराग संयम के समान उसमें भी मुनियों की प्रवृत्ति प्राप्त होती है।

कहा भी है—

जो विवेकी जीव भावपूर्वक अरहन्त को नमस्कार करता है वह अतिशीघ्र समस्त दुःखों से मुक्त हो जाता है।

(ज. घ. पु. 1 पृ. 7-8)

किं फलमेदं धममज्झाणि? अक्खवएसु विउलामर सुहफलं गुणसेडिए कम्मणिज्जरा फलं च। खवएसु पुण असंखेज्ज-गुण सेडीए कम्म पदेश णिज्जरण फलं सुहकम्माण मुक्कस्साणुभागविहाण फलं च। अतएव धम्मदिनपेतं धर्म्यं ध्यानमिति-सिद्धम।

एत्थ गाहाओ—

होंति सुहासव-संवर-णिज्जरामर सुहाईं विउलाईं।
ज्झाण वरस्स फालइं सुहाणुबन्धीणि धम्मस्स॥ 46॥

जह वा घण संघान रवणेण परणाह्या विलिज्जंति।
ज्झाणप्प वणोवहया तह कम्म धणा विलिज्जति॥ 47॥

शंका : इस धर्मध्यान का क्या फल है?

समाधान : अक्षपक जीवों को देव पर्याय सम्बन्धी विपुल सुख मिलना उसका फल है और गुण श्रेणी में कर्मों की निर्जरा होना भी उसका फल है; तथा क्षपक जीवों के तो असंख्यात गुण श्रेणी रूप से कर्म प्रदेशों की निर्जरा होना और शुभ कर्मों के उत्कृष्ट अनुभाग का होना उसका फल है। अतएव जो धर्म से अनुप्रेत है वह धर्मध्यान है, यह बात सिद्ध होती है।

इस विषय में गाथाएँ—

उत्कृष्ट धर्मध्यान के शुभ आश्रव संवर, निर्जरा और देवों का सुख, में शुभानुबन्धी विपुल फल होते है॥ 56॥

अथवा जैसे मेघपटल ताड़ित होकर क्षण मात्र में विलीन हो जाते हैं वैसे ही

ध्यानरूपी पवन से अपहृत होकर कर्ममेघ भी विलीन हो जाते हैं॥ 57॥

(घ. पु. 5 पृ. 77)

मोह सव्वुवसग्गो पुण धम्मज्णण फलं; सकसायत्तणेण धम्मज्झाणिणो सुहम सांपराइयस्स चरिम समए मोहणीयस्स सव्वुवसतमुवलभादो तिण्णं घादि कम्माणं णिम्मूल विणास फल मेंपत्तविदक्क अवचिारज्झाणं मोहणीय विणासो पुण ध्याम्मज्झाणं फलं, सुहुम सांपराय चरिम समए तस्स विणासुवलंभादो।

अर्थ : *मोह का सर्वोपशम करना धर्म ध्यान का फल है; क्योंकि कषाय सहित धर्मध्यानी के सूक्ष्म सांपराय गुणस्थान के अन्तिम समय में मोहनीय कर्म की सर्वोपशना देखी जाती है। तीन घाती कर्मों का निर्मूल विनाश करना एकत्व वितर्क अविचार ध्यान का फल है। परन्तु मोहनीय का विनाश करना धर्मध्यान का फल है, क्योंकि सूक्ष्म सांपराय गुणस्थान के अन्तिम समय में उसका विनाश देखा जाता है।*

(घ. पु. 4 पृ. 81)

प्राथमिकानां चिन्तास्थिति करणार्थं विषय दुर्ध्यान वंचनार्थ च परम्परया मुक्ति कारणमर्हदादि पर द्रव्य ध्येयम् पश्चात्चित्ते स्थिरी भूते साक्षात्मुक्ति कारणं स्वशुद्धात्मतत्त्वमेव ध्येयं नास्त्येकांतः एवं साध्य साधक भावं ज्ञात्वा ध्येय विषये विवादो न कर्तव्यः इति।

(परमात्म प्रकाश अध्याय 2 गाथाटीका 33 ब्रह्मदेव)

अर्थ : *ध्यान के प्राथमिक साधकों को चित्त के स्थिर करने के लिए और विषय कषाय स्वरूप दुर्ध्यान से बचने के लिए परम्परा से मुक्ति के कारण स्वरूप अरिहन्तादि ध्यान करने योग्य है। अर्थात् ध्येय है। पश्चात चित्त स्थिर होने पर साक्षातमुक्ति का कारण जो निज शुद्धात्म तत्त्व है वही ध्यावने योग्य है। परद्रव्य होने से अरिहन्तादि ध्यावने योग्य नहीं है यह एकान्त से ठीक नहीं है। अर्थात् सविकल्प अवस्था में अरिहन्तादि उपादेय ही है। इस प्रकार साध्य-साधन जानकर ध्यावने योग्य वस्तु में विवाद नहीं करना, पंचपरमेष्ठी का ध्यान साधक है, और आत्म ध्यान साध्य है, यह निःसंदेह जानना। वैयावृत्यादि स्वकीयावस्था योग्य धर्मकार्ये नेच्छति तदा तस्य सम्यक्त्वमेव नास्तीति।*

(टीका प्रवचनसार 250)

-कालरात्रि-

मोह रेव महा मद्यः अज्ञानमेव काल रात्रिः
इच्छारेव महास्वप्नं स्वजागृते विनश्यति॥ 25॥

मोहमहा मद्य पानेन जीवः
अज्ञान रात्रो मध्ये स्पपयति।

आकाक्षां स्वप्नं पश्यति सर्वदा
आत्म जाग्रते समस्त नश्यन्ति॥ 26॥

अर्थ : *वैयावृत्य आदि अपनी अवस्था के योग्य धर्म कार्य की अपेक्षा नहीं चाहता है उसके तब से सम्यग्दर्शन ही नहीं है। मुनि व श्रावकपना तो दूर ही रहा।*

यद्यपि व्यवहार नयेन गृहस्थावस्थाणं विषय कषाय दुर्ध्यान वंचनार्थ धर्मवर्धनार्थंच पूजाभिषेक दानादि व्यवहारोऽस्ति तथापि वीतराग निर्विकल्प समाधि रतानोतत्काले बहिरंग व्यापाराभावात् स्वमेव नास्तीति।

अर्थ : *यद्यपि व्यवहार नय से गृहस्थ अवस्था में विषय कषाय रूप खोटे ध्यान के हटाने के लिए और धर्म बढ़ाने के लिए पूजा अभिषेक दान आदि का व्यवहार है। तो भी वीतराग निर्विकल्प समाधि में लीन हुए योगीश्वरों को उस समय में बाह्य व्यापार के अभाव होने से स्वयं ही द्रव्य पूजा का प्रसंग नहीं आता भाव पूजा में ही तन्मय है।* (टीका परमात्मप्रकाश 123-2)

शुद्धात्मानुभूति

सद्दृष्टी जनः पुनरभेदरत्नत्रयलक्षण निर्विकल्प समाधिबलेन कतकफल स्थानीयं निश्चय नयमाश्रित्य शुद्धात्मानमनुभवतीत्यर्थः।

(स. सा. ता. वृ. -पृ. 13)

अर्थ : *जो सम्यग्दृष्टी जन होता है वह तो अभेद रत्नत्रय लक्षण निर्विकल्प समाधि के बल से कतक स्थानीय निश्चय नय का आश्रय लेकर शुद्ध आत्मा का अनुभव करता है। ननु-वीतराग संवेदन विचार काले वीतराग विशेषणं किमिति क्रियते प्रचुरेण भवब्धिः किं सरागमपि स्वसंवेदन ज्ञानमस्तीति?*

अत्रोत्तरं विषय सुखानुभवानन्द रूप स्वसंवेदनज्ञानं सर्वजनप्रसिद्धं सरागमप्यस्ति। शुद्धात्मसुखानुभूतिरूप स्वसंवेदनज्ञानं वीतरागमिति। इदं व्याख्यानं स्वसंवेदन ज्ञान व्याख्यान काले सर्वत्र ज्ञातव्यमिति भावार्थः।

—स.सा. ता. वृ. 103-पु. 89

शंका : *वीतराग संवेदन विचार काल में आपने जो बार-बार वीतराग विशेषण*

---

(7) सरस्वती स्तोत्रम्

जगन्माता वागीश्वरी शारदा ब्रह्मचारिणी।
आत्मविद्या संपादने सिद्धिर्भवतु में सदा॥
सर्वज्ञद्ददोभ्युतः पवित्र तीर्थं धूनी।
अनेकान्तो बहुर्भि स्याद्वादः कलध्वनि॥
अहिंसा स्वच्छ गात्री भव्यानां तीर्थ मूर्तीः।
संसार ताप हत्री भव्यानां मोक्षदात्री।

दिया है वह क्यों देते आ रहे हैं क्या कोई सराग स्व संवेदन ज्ञान भी होता है?

समाधान : इसके उत्तर में आचार्य उत्तर देते है कि भाई विषय सुखानुभव के आनन्दरूप स्वसंवदेन होता है वह सर्वजन प्रसिद्ध है। अर्थात् वह सब लोगों के अनुभव में आया करता है, वह सराग होता है किन्तु जो शुद्धात्मा के सुखनुभव रूप स्वसंवेदन ज्ञान होता है वह वीतराग होता है। इसी प्रकार स्वसंवेदन ज्ञान के व्याख्यान काल में सब ही स्थान पर समझना चाहिए।

विषयकषायनिमित्तोत्पन्नेनार्त्तरौद्रध्यानद्वयेन परिणतानां गृहस्थानामात्माश्रित निश्चयधर्मस्यावकाशो नास्ति।

(प्र .सा. ता. वृ. 254, पृ. 347)

विषय कषाय के निमित्त से उत्पन्न आर्त्त-रौद्र ध्यानों में परिणत गृहस्थजनों को आत्माश्रित निश्चय धर्म का अवकाश नहीं है।

असंयत सम्यग्दृष्टी श्रावक प्रमत्तसंयतेषु पारम्पर्येण शुद्धोपयोगसाधक उपर्युपरि तारतस्येन शुभोपयोग वर्तते तदनन्तरमप्रमत्तादि क्षीणकषायपर्यंत जघन्य मध्यमोत्कृष्ट भेदेन विवक्षितेकदेश शुद्धनय रूप शुद्धोपयोग वर्तते।

(द्र. सं. टी. 38)

असंयत सम्यग्दृष्टी से प्रमत्त तक के तीनों गुणस्थानों में परम्परा से शुद्धोपयोग का साधक, ऐसे उत्तरोत्तर विशुद्ध शुभोपयोग वर्तता है। और उसके अन्तर अप्रमत्तादि क्षीण कषाय के गुणस्थानों तक जघन्य मध्यम उकृष्ट भेद को लिए विवक्षित एकदेश शुद्ध नयरूप शुद्धोपोयोग वर्तता है।

ये गृहस्थापि सन्तो मनागात्म भावनामासाद्य वयं ध्यानिन इति भूवंते ते जिनधर्म विराधकः मिथ्यादृष्टयो ज्ञातव्याः।

जो गृहस्थ होते हुए भी मानाकि (थोड़ा) आत्म भावना को प्राप्त करके "हम ध्यानी है" ऐसा कहते है, उन्हें जिनधर्म विराधक मिथ्या दृष्टी जानना चाहिए।

(मो. पा. अध्याय—305)

एकान्त अध्यात्मवाद (8)

यावत् जीवाय सुखी बीयात् पंचेन्द्रिय भोग सदा कुर्यात्।
शरीर क्रिया शरीरे भवति आत्मा सदा निर्लिप्त भवति॥
यावत् जीयात् सुखी जीयात् पंचेन्द्रिय भोग सदा कुर्यात्।
भोगते निर्जरा भवति अध्यात्म योग यह भणन्ति॥
यावत् जीयात् सुखी जीजाय् निरर्गल भाव सदा कुर्यात्।
संयमे भावे कर्म बन्धन्ति सद्गुरुदेव सदा भणन्ति।
यावत् जीयात् सुखी जीयात् दान तपादिक दान कुर्यात्।
पुण्य बन्धेत् संसार वर्धति भावी तिर्थेश सदा भणन्ति॥

परम ध्यानो के पर्यायवाची शब्द—

मा चिट्ठह मा जंपह मा चिन्तह किं वि जेण होइ थिरो।
अप्पा अप्पामि रओ इणमेव परं हवे ज्झाणं॥

नित्य निरंजन निष्क्रिय निज शुद्धात्मानुभूति प्रतिबन्धक शुभाशुभ चेष्टारूपं काव्यव्यापारं, तथैव शुभाशुभान्तर्वहि जल्परूप वचन व्यापारं तथैव शुभाशुभविकल्प जाल रूपं चित्तव्यापारं च किमपि मा कुरुते है विवेकि जनः।

येन योगत्रय निरोधेन स्थिरो भवति। स क... आत्मा। कथम्भूतः स्थिरो भवति?

सहज शुद्ध ज्ञान दर्शन स्वभाव परमात्म तत्त्व सम्यक् श्रद्धान्ज्ञानानुचरणउपामेव रत्नत्रयात्मक परम समाधि समुद्भूत सर्वप्रदेशाल्हाद जनक सुखास्वाद परिणति सहिते निजात्मनि रतः परिणतिस्तल्लीयमान स्तच्चित्तस्तन्मयो भवति...इदमेवात्म सुखरूपे तन्मयत्वं निश्चयेन परमुत्कृष्टं ध्यानं भवति।

तस्मिन ध्याने स्थितानां यद्वीतरागं परमानन्द सुखं प्रतिभाति, तदेव निश्चय मोक्षमार्ग स्वरूपम्।

तच्च चार्य नामान्तरेण...शुद्धात्म स्वरूपं...तदेव परम स्वात्मोपलब्धि लक्षणं सिद्ध स्वरूपं...तदेव निर्मल स्वरूपं तदेव सव संवेदन ज्ञान...तदेव शुद्धात्म स्वरूपं...तदेव परमात्म दर्शनं...तदेव शुद्ध चारित्रं...तदेव शुद्धात्म द्रव्य...स एव शुद्धात्मानुभूति...स एवात्म प्रतीति, स एव आत्म संवित्तिः...स एव परम समाधि...स एव शुद्धात्मपदार्थम अध्ययन रूपं एव निश्चय मोक्षोपायः स एव चैकायचिन्ता निरोधः...स एव सुद्धोपयोगः स एव परम योगः...स एव भूतार्थः...स एव निश्चय पंचाचारः...स एव समयसार...स एव अध्यात्मसारः...तदैव समतादि निश्चय पडावश्यक स्वम्पं,...तदेवाभेद रत्नत्रय खलयं, तदैव वीतराग सामायिक...स एव परमात्व भावना;...स एव शुद्धात्मभावनोत्पन्न सुखानुभूति रूपं परम कला...तदैव परमामृत परम धर्म ध्यानं...तदैव शुक्ल ध्यान...तदैव रागादि विकल्प शून्य ध्यानं...तदैव परम वीतरागत्वं, परम भेद ज्ञातं इत्यादी समस्त रागादि विकल्पोपाधि रहित परमाल्हादैक सुख लक्षण ध्यानरूपस्य निश्चय मोक्ष मार्गस्थ वाचकान्यान्यपि पर्याय नामानि विज्ञेयानी भवद्भि परमात्म तत्त्वविद्भिरिति।

—द्र. सं. टी. 56–पृ. 166–188

हे ज्ञानी जनो! तुम कुछ भी चेष्टा मत करो अर्थात् काय के व्यापार को मत करो, कुछ भी मत बोलो, और कुछ भी मत विचारों जिससे कि तुम्हारा आत्मा अपनी आत्मा में तल्लीन स्थिर होवे; क्यों कि जो आत्मा में तल्लीन होना है वही परम ध्यान है।

नित्य निरंजन और क्रिया रहित, ऐसा जो निजशुद्ध आत्मा का अनुभव है

उसको रोकनेवाला जो शुभ-अशुभ चेष्टा रूप कार्य का व्यापार है उसको उसी प्रकार शुभ अशुभ अन्तरंग तथा बहिरंग वचन के व्यापार को और इसी प्रकार शुभ अशुभ विकल्पों के समूहरूप मन के व्यापार को कुछ भी मत करो जो मन वचन काय रूप तीनों योगों को रोकने से स्थिर होता है वह कौन है? आत्मा! कैसा स्थिर होता है? सहज सुद्ध आत्मज्ञान और दर्शन स्वभाव को धारण करनेवाला जो परमात्मतत्त्व हैं उसके सम्यक् श्रद्धान-ज्ञान तथा आचरण में लाने रूप जो अभेद रत्नत्रय है उस स्वरूप जो परम ध्यान है उससे उत्पन्न और सब प्रदेशों को आनन्द उत्पन्न करनेवाला ऐसा जो सुख उसके आस्वादरूप परिणति सहित निज आत्मा में परिणत तल्लीन, तन्मय तथा तच्चित्त होकर स्थिर होता है। यही जो आत्मा के सुखरूप में परिणमन होना है वह निश्चय से परम अर्थात् उत्कृष्ट ध्यान होता है। उस परम ध्यान में स्थिर हुए जीवों को जो वीतरागपरमानन्द सुख प्रतिभासित है वही निश्चय मोक्षमार्ग स्वरूप है।

वह दूसरे पर्याय नामों से क्या-क्या कहलाता है अर्थात् उसको किन किन नामों से लोग कहते हैं सो कथन किया जाता है। वही शुद्ध आत्मा का स्वरूप है। वही स्वात्मोपलब्धि है। वही निर्मल स्वरूप का धारक है। वही स्वसंवेदन ज्ञान है। वही शुद्धात्म द्रव्य है। वही शुद्ध आत्मा की अनुभूति है। वही शुद्धात्म की प्रतीति है, वही स्वसंवित्ति है, वही परम समाधि है, वही शुद्धात्म पदार्थ है, वही शुद्धात्म पदार्थ का अध्ययन है, वही निश्चय मोक्ष उपाय है, वही एकान्त चिन्ता स्वरूप ध्यान है, वही शुद्धोपयोग है, वही परम योग है, वही भूतार्थ उपादेय है, वही निश्चय पंचाचार है, वही आत्म स्वरूप है, वही आत्म सार है, वही समतादि निश्चय नय से षड्ावश्यक है, वही अभेद रत्नत्रेय है, वही वीतराग परम सामायिक, वही परमात्म भावना है, वही शुद्धात्म के भावना से उत्पन्न सुखानुभूति स्वरूप परम कला है, वही परमामृत स्वरूप परम ध्यान है, वही शुक्ल ध्यान है, वही रागादि विकल्प से रहित ध्यान है, वही परम वीतरागत्व है, वही जो परम भेद ज्ञान है, ऐसे समस्त रागादि विकल्पों से रहित परम

स्वरूप स्तोत्रम् (1)

जिन शुद्ध ज्ञानी सिद्ध आत्म रूपं
सूक्ष्मं परं श्रेष्ठं परमार्थ रूपम्।
अव्यक्तं अव्ययं अनादि अनन्तं
चिदानन्द रूपं नमो स्वस्वरूपम्॥ 1॥
स्वयम्भू: श्रीधर: अच्युतो माधव:
सुगत कामारि निरंजनरूपम्।
पूर्ण शून्यरूपं द्वैताद्वैत रूपं
चिदानन्दरूपं नमो स्वस्वरूपम्॥ 2॥

आनन्द सुख रूप लक्षण का धारक जो ध्यान है उस स्वरूप जो निश्चय मोक्ष मार्ग है उसको कहने वाले अन्य भी बहुत से जीव पर्यायी नाम परमात्म तत्त्व को अर्थात् परमात्मा के स्वरूप को जानने वाले जो भव्य जीव हैं उनको जान लेने चाहिए।

आर्द-रौद्र परित्याग लक्षण निर्विकल्प सामायिक स्थितानां यच्छुद्धात्मरूपस्य दर्शनमनुभवलोकनमुपलब्धिः संवित्तिः प्रतीतिः रूपातिरनुभूति स्तदेव निश्चयनयेन निश्चय चारित्राविनाभावि निश्चय सम्यक्त्व वीतराग सम्यक्त्व भन्यते तदेव च गुणगुण्यभेद रूप निश्चय नयेन सुद्धात्म स्वरूपं भवतीति।

—स. सा. त. वृ.— जीवाधिकार पीठिका

आर्त्त-रौद्र ध्यान का त्याग कर देना है लक्षण जिसका ऐसे निर्विकल्प समाधि में स्थिर रहनेवाले जो जीव हैं उनको जो शुद्धात्मा के स्वरूप का दर्शन है, अनुभव है, अवलोकन है, उपलब्धि है, संवित्ति है, प्रतीति है, ख्याति है, अनुभूति है, वही निश्चय नय से निश्चय सम्यक्त्व या वीतराग सम्यक्त्व कहा जाता है जो निश्चय चारित्र के साथ अविनाभाव रखता है अर्थात् (उसे वीतराग चारित्र को) साथ में लिए हुए रहता है। और वही गुण-गुणी में अभेद जो निश्चय नय है उसे शुद्धात्म का स्वरूप कहा जाता है।

वीतराग चारित्रनुकूल शुद्धात्मानुभूत्य विनाभूतं वीतराग सम्यक्त्व।

(म. प्र. टी. 76)

वीतराग चारित्र के अनुकूल जो शुद्धात्मानुभूति रूप वीतराग सम्यक्त्व है।

संवदेना ज्ञानेन परं परमात्मानं भावय

पं. दौलतरामजी। भाषा टीका (म. प्र. टी. 13)

जो वीतराग संवदेन कर परमात्मा जाना जाता था, वही ध्यान करने योग्य है।

शंका : *जो स्वसंवदेन अर्थात् अपने कर अपने को अनुभवना इसमें वीतरागता विशेष क्यों कहा है?*

समाधान : *विषयों के आस्वादन से भी उन वस्तुओं के स्वरूप का जाननापना होता है, परन्तु राग भाव कर दूषित है इसलिए बीज रस का आस्वादन नहीं है, और वीतराग दशा में स्वरूप का यथार्थ ज्ञान होता है। आकुलता रहित होता है। तथा संवेदन ज्ञान प्रथम अवस्था में चौथे, पाँचवें गुणस्थान वाले हृदय के भी होता है, वहाँ पर सराग देखने में आता है, इसलिए राग सहित अवस्था के निषेध के लिए वीतराग स्वसंवेदन ज्ञान कहा गया है। राग भाव है वह कषाय रूप है। इस कारण जब तक मिथ्यादृष्टी अनन्तानुबन्धी कषाय है तब तक तो बहिरात्मा है, उसके स्वसंवेदन ज्ञान अर्थात् सम्यग्ज्ञान सर्वथा ही नहीं है। चतुर्थ गुणस्थान में सम्यग्दृष्टी के मिथ्यात्व तथा अनन्तानुबन्धी के अभाव से सम्यग्ज्ञान तो हो गया, परन्तु कषाय की तीन चैकड़ी बाकी रहने से द्वितीया के चन्द्रमा के समान विशेष प्रकाश नहीं होता और श्रावक के*

पाँचवे गुणस्थान में दो चैकड़ी का अभाव है, इसलिए राग, भाव कुछ कम हुआ, वीतराग भाव बढ़ गया, इस कारण से भी स्वसंवेदन ज्ञान प्रबल हो गया, परन्तु दो चैकड़ी के रहने से मुनि के समान प्रकाश नहीं हुआ। मुनि के तीन चैकड़ी का अभाव है, इसलिए राग भाव तो निर्बल हो गया। तथा वीतराग भाव प्रबल हो गया। वहाँ पर स्वसंवेदन ज्ञान का अधिक प्रकाश हुआ, परन्तु चौथी चौकड़ी बाकी है, इसलिए छट्ठे गुणस्थानवर्ती मुनि सराग संयमी है! उसका वीतराग संयमी के जैसा प्रकाश नहीं है। सातवें गुणस्थान में चौथी चैकड़ी मन्द हो जाती है। वहाँ पर आहार-विहार आदि क्रिया नहीं होती। ध्यान में आरूढ़ रहते है। सातवें से छट्ठे गुणस्थान में आते हैं तब वहाँ पर आहारादि क्रिया है। इसी प्रकार छठा सातवाँ गुणस्थान करते रहते हैं। वहाँ पर अन्तर्मुहूत काल है। आठवें गुणस्थान में चौथी चैकड़ी अत्यन्त मन्द हो जाती है। वहाँ राग भाव कि अत्यन्त क्षीणता होती है। वीतराग भाव पुष्ट हो जाता है। स्वसंवेदन ज्ञान का विशेष प्रकाश होता है। श्रेणी मांडने से शुक्ल ध्यान उत्पन्न होता है।

श्रेणी के दो भेद है। एक क्षपक दूसरा उपशम, क्षपक श्रेणी वाले तो उसी भव से केवल ज्ञान पाकर मुक्त हो जाते हैं, और उपशम वाले आठवें नवमें-दसवें से ग्यारहवाँ गुणस्थान तक पहुँच नीचे आ जाते है। अर्थात् नीचे के गुणस्थानों में आते हैं क्योंकि उसका काल अन्तर्मुहूर्त है। किन्तु कुछ एक भव भी धारण करते हैं। तथा क्षपक वाले आठवें से नवमें गुणस्थान को प्राप्त होते हैं, वहाँ कषायों का सर्वथा नाश होता है, एक सज्वंलन लोभ रह जाता है इसलिए स्वसंवेदन ज्ञान का बहुत ज्यादा प्रकाश होता है, परन्तु एक संज्वलन लोभ बाकी रहने से वहाँ सराग चारित्र ही कहा जाता है। जब दसवें गुणस्थान में सूक्ष्म लोभ नहीं रहता है तब मोह की अठ्ठावीस प्रकृतियों के नष्ट हो जाने से वीतराग चारित्र की सिद्धि हो जाती है। दसवें से बारहवें में जाते है। ग्यारहवें गुणस्थान का स्पर्श नहीं करते हैं। वहाँ निर्मोह वीतरागी के शुक्ल ध्यान का दूसरा

एकानेक रूप व्यक्ता व्यक्तरूपं
अरूपी स्वरूपी वित्रि स्वरूपम्।
चैतन्याचैतन्य अनेकान्तरूपं
चिदानन्दरूपं नमो स्वस्वरूपम्॥ 3॥
अकर्ता समकर्ता भोक्ताभोक्तंरूपं
अमूर्ति समूर्ति मुक्तामुक्त रूपम्।
ज्ञाताज्ञातरूपं ज्ञान ज्ञेयरूपं
चिदानन्दरूपं नमो स्वरूपम्॥ 4॥

पाया (भेद) प्रकट होता है। यथाख्यात चारित्र हो जाता है। बारहवें के अन्त में ज्ञानावरण-दर्शनावरण अन्तराय इन तीनों का भी विनाश कर डाला, मोह का नाश पहले हो ही चुका था। तब चारों घाति कर्मों के नष्ट हो जाने से तेरहवें गुणस्थान में केवलज्ञान प्रकट होता है। वहाँ पर ही शुद्ध परमात्मा होता है अर्थात् उसके ज्ञान का पूर्ण प्रकाश हो जाता है, निःकषाय है।

वह चौथे गुणस्थान से लेकर बारहवें गुणस्थानतक तो अन्तरात्मा है, उसके गुणस्थान प्रति चढ़ती हुई शुद्धता है, और पूर्ण शुद्धता परमात्मा के है, यह सारांश समझना।

रायादि मल जुदाणं, णियप्परूवं ण दिस्सदे किं पि।
समला दरिसे रूवं ण दिस्सेद जह तहा णेयं॥

(रयणसार-98)

जिस प्रकार मलिन दर्पण में अपना मुख नहीं दिखता है, उसी प्रकार चित्त रागादि भावों से मलिन है, उसे अपने जिन आत्मा का दर्शन नहीं हो सकता।

राग-द्वेषादि कल्लोलैरलोलं यन्मनो जलम्।
स पश्यत्यात्मनस्तत्त्वं, सत्तत्त्वं नेतरो जनः॥ 35॥

(स. श.-पृ. 81)

जैसे समुद्र का जल जब पवन के द्वारा उठनेवाले तरंगों से चंचल होता है तब उसमें पदार्थ निर्मलता के साथ नहीं दिखता है। परन्तु जब वही जल स्थिर होता है तब उस निर्मल जल में अपना मुँह या अन्य कोई साफ पदार्थ साफ-साफ दिखता है। वैसे ही जब यह मन, क्रोध, मान, माया, लोभादि विकारी भावों से चंचल होता है तब उसमें आत्मा का स्वभाव नहीं झलकता है। परन्तु जब उसमें क्रोधादि भाव नहीं होते हैं तब उस निर्मल मन में आत्मा का जो स्वरूप है सो बराबर दिखता है। तात्पर्य

स्वात्मस्थ स्वरूपं विश्व व्यापिरूपं
प्रमाण स्वरूपं अप्रमाण रूपम्।
सर्वात्म स्वरूपं स्याद्वाद स्वरूपं
चिदानन्द रूपं नमो स्वरूप॥ 5॥
ध्यानातीत रूपं ध्यानमय रूपं
ज्ञानमय रूप ज्ञेयातीत रु म्।
सदसदरूपं अस्तिनास्ति रूपं
चिदानन्द रूपं नमो स्वस्वरूपम्॥ 6॥

यह है कि जिसके मन में राग-द्वेषादि विकारी भाव हैं वे आत्मा के स्वरूप को नहीं पा सकते ओर मोह सहित सम्यग्दृष्टी योगी अपने स्वरूप के अनुभव में ऐसे दत्तचित्त होते है।

तमात्मानं कोऽसौ जानाति। योगी कोऽर्थः त्रिगुप्ति निर्विकल्पं समाधिस्थ इति।

(प. प्र. टी. 10-पृ. 85)

शंका : *आत्मा को कौन जानता है*

समाधान : *योगी जानता है।*

शंका : *वह योगी कैसा है?*

समाधान : *त्रिगुप्ति स्वरूप समाधि में लीन होनेवाला योगी आत्मा को जानता है।*

अथ समभावस्थितानां योगिनां परमानन्द जनयन् कोऽपि शुद्धात्मा स्मुरति तमाह—

जो समभाव परिट्ठियहं जोइहं कोई फुरेइ।
परमाणंदु जणंतु फुडु सो परमप्पु हवेइ॥ *(प. प्र. 35)*

समभाव अर्थात् जीवित-मरण, लाभ-अलाभ, सुख-दुःख, शत्रु-मित्र इत्यादि इन सब में समभाव को परिणत हुए परम योगीश्वरों के अर्थात् जिनके शत्रु-मित्रादि सब समान है, और सम्यग्दर्शन-सम्यग्ज्ञान-सम्यग्चारित्र रूप अभेद रत्नत्रय जिसका स्वरूप है, ऐसी वीतराग निर्विकल्प समाधि में तिष्ठे हुए है, उन योगीश्वरों के हृदय में वीतराग परमानन्द उत्पन्न करता हुआ जो स्फुरायमान होता है वही प्रकट परमात्मा है ऐसा जानो। अर्थात् उपरोक्त गुणों से युक्त होनेवाला योगी ही शुद्धात्मा से स्फुरायमान सुखानुभव करता है।

वीतराग निर्विकल्प समाधिस्थो अन्तरात्मा परस्वरूपान् जानतीति।

(प. प्र. 69 टी.)

वीतराग निर्विकल्प समाधि स्थित अन्तरात्मा पर स्वरूप को जानता है। अर्थात् भेदविज्ञान के बल से परद्रव्य से स्वद्रव्य पृथक जानता है।

न कर्मो नो कर्म न रागादि रूपं
न लेश्या न याग न भोगादि रूपम्।
न वर्ण न गन्धं न रसादि रूपं
चिदानन्द रूपं नमो स्वस्वरूपम्॥ 7॥
न पुण्यं न पापं न जन्मं न मृत्युं
न मित्रं नामित्रं न शिष्यं न गुरुम्।
न दीनं न हीनं न वृद्धो न बालो
चिदानन्द रूपं नमो स्वस्वरूपम्॥ 8॥

वीतराग निर्विकल्प समाधि विषयं च परमात्मानं प्रतिपादयंति

वेयहिं सत्थहिं इंदियहिं जो जिय मुणहु ण जाइ।
णिम्मल-झाणहं जो विसउ जो परमप्पु अणाई॥ 23॥
वेदैः शास्त्रेरिंदियैः यो जीवमन्तु न याति।
निर्मलध्यानस्य यो विषयः स परमात्मा अनादि॥ 23॥

अर्थात् : *मिथ्यात्व, अविरति, प्रमाद, कषाय, योग इन पाँच तरह के आस्रवों रहित निर्मल जल शुद्धात्म को जानकर उत्पन्न हुए नित्यानन्द सुखामृत का आस्वाद, उस स्वरूप परिणत निर्विकल्प अपने स्वरूप के ध्यान कर स्वरूप की प्राप्ति है। आत्मा ध्यानगम्य ही है, शास्त्र गम्य नहीं है क्योंकि जिनको शास्त्र सुनने से ध्यान की सिद्धि हो जावे, वे ही आत्मा का अनुभव कर सकते है, जिन्होंने पाया, उन्होंने ध्यान से ही पाया है, और शास्त्र सुनना तो ध्यान का उपाय है ऐसा समझकर अनादि अनन्त चिद्रूप में अपना परिणाम लगाओ। दूसरी जगह भी अन्यथा इत्यादि कहा है। उसका यह भावार्थ है कि, वेद शास्त्र तो अन्य तरह ही है। नय प्रमाणरूप है तथा ज्ञान की पंडिताई कुछ और ही है वह आत्मा निर्विकल्प है नय प्रमाण निक्षेप से रहित है वह परम तत्त्व तो केवल आनन्दरूप है और ये लोग अन्य ही मार्ग में लगे हुए हैं सो वृथा क्लेश कर रहे है। इस जगह अर्थरूप शुद्धात्माही उपादेय है, अन्य सब त्यागने योग्य है। यह सारांश समझना॥*

(परमात्म प्रकाश)

यत्रनेन्द्रिय सुखदुःखानि यत्र न मनोव्यापारः।
तं आत्मनं मन्यस्व जीवत्वं अन्यत्परपहर॥ 27॥

जिथुण इन्द्रिय-सुह-दुहइं जित्थु ण मण वावारु।
सो अप्पा मुणि जीव तुहुं अण्णु परिं अवहारु॥ 28॥

गाथार्थ : *जिस शुद्ध आत्म स्वभाव में आकुलता रहित अतीन्द्रिय सुख से विपरीत जो आकुलता के उत्पन्न करनेवाले इन्द्रिय जनित सुख-दुःख नहीं हैं, जिसमें संकल्प-विकल्परूप मन के व्यापार भी नहीं हैं अर्थात् विकल्प रहित परमात्म से मन के व्यापार जुदे हैं उस पूर्वोक्त लक्षण वालों को हे जीव, तू आत्माराम मान अन्य सब विभाओं को छोड़!*

टीका : *अनाकुलत्व लक्षणपारमार्थिक सौख्य विपरितान्याकुलत्वोत्पादकानीन्द्रिय सुखुदुःखानि यत्र च निर्विकल्प परमात्मनो विलक्षणः संकल्पविकल्परूपो मनोव्यापारो नास्ति। सो अप्पा मुणि जीव तुहुं अण्ण परिं अवहारु तं पूर्वोक्त लक्षणं स्वशुद्धात्मानं मन्यस्व नित्यानन्दैकरूपं वीतराग निर्विकल्प समाधौ स्थित्वा जानीहि, हे जीव त्वम्*

अन्यत्परमात्म स्वभावाद्विपरीतं पन्चेन्द्रियविषयस्वरूपादिविभावसमूहं परस्मिन दूरे सर्वप्रकारेणापहर त्यज। तात्पर्यार्थः। निर्विकल्प समाधौ सर्वत्र वीरतराग विशेषणं किमर्थं कृतम् इति पूर्वपक्षः। परिहारमाह। यतएव हेतोः वीरागस्तत एव निर्विकल्प इति हेतुहेतुमद्भावज्ञापनार्थम्, अथवा ये सरागिणोऽपि सन्तो वयं निर्विकल्प समाधिस्था इति वदंति तन्निषेधार्थम् अथवा श्वेतशंखवत्स्वरूपविशेषणमिदम् इति परिहारत्रयं निर्दोषपरमात्मशब्दादिपूर्वपक्षेऽपि योजनीयम्॥ 28॥

भावार्थ : ज्ञानस्वरूप निज शुद्धात्म को निर्विकल्प समाधि में स्थिर होकर जान, अन्य परमात्म स्वभाव से विपरीत पाँच इन्द्रियों के विषय वगैरह सब विकार परिणामों को दूर से ही त्याग, उनका सर्वथा ही त्याग कर। यहाँ पर किसी शिष्य ने प्रश्न किया कि निर्विकल्प समाधि में सब जगह वीतराग विशेषण क्यों कहा है? उसक उत्तर कहते है— जहाँ पर वीतरागता है, वहीं निर्विकल्प समाधिपना है, इस रहस्य को समझने के लिए अथवा जो रागी हुए कहते है कि हम निर्विकल्प समाधि में स्थित हैं उनके निषेध के लिए वीतरागता सहित निर्विकल्प समाधि का कथन किया गया है। अथवा सफेद शंख की तरह स्वरूप प्रकट करने के लिए कहा गया है अर्थात् जो शंख होगा, वह श्वेत ही होगा उसी प्रकार जो निर्विकल्प समाधि होगी, वह वीतरागतारूप ही होगी॥ 28॥

गृहस्थेनाभेद रत्नत्रयस्वरूपमुपादेयं कृत्वा भेद रत्नत्रयात्मकः श्रावकधर्मकर्तव्यः यतिना तु, निश्चय रत्नत्रये स्थित्वा व्यावहारिकरत्नत्रयबलेन विशिष्टतपश्चरणं कर्तव्यं नो चेत् दुर्लभ परम्परया प्राप्तं मनुष्यजन्म निष्फलमिति।

(अध्याय 2, परमात्म प्रकाश–133)

अर्थ : गृहस्थों को अभेद रत्नत्रयात्मक निश्चय रत्नत्रय को उपादेय करके लक्ष्य में रखकर भेद रत्नत्रयात्मक अर्थात् व्यवहार रत्नत्रयात्मक श्रावक धर्म–दान पूजादि पालन करने योग्य है। तथा यतिओं को निश्चय रत्नत्रयात्मक अभेद रत्नत्रय में स्थित होकर व्यवहार रत्नत्रय के बल से विशेष तपश्चरण करने योग्य है। यदि उपरोक्त

न देवं न नरं न नारकी रूपं
न लिंग नालिंग लिंगातीतरूपम्।
न आद्यं न मध्यं न अन्तं न शून्यं
चिदानन्द रूपं नमो स्वस्वरूपम्॥ 9॥
निर्दण्डं निद्वन्द्वं निर्मम् निर्दोषं
निक्षोभ निष्काम भयातीत रूपम्।
अक्षयं अनन्तं गुणाधीश रूपं
चिदानन्द रूपं नमो स्वस्वरूपम्॥ 10॥

कर्तव्य श्रावक तथा मुनि पालन नहीं करते हैं तो दुर्लभ परम्परा से प्राप्त मनुष्य जन्म निष्फल जाता है।

इसलिए श्रावक व्यवहार मोक्ष मार्गी है, मुनि निश्चय मोक्ष मार्गी हैं

सर्वं धर्ममयं क्वचित् क्वचिदपि प्रायेण पापात्मकं।
क्वाप्येतद् द्वयवत्करोति चरितं प्रज्ञाधनानामपि॥
तस्मादेष तदन्धरज्जुवलनं स्नानं गजस्याथवा।
मत्तोन्मत्तविचेष्टितं न हि हितो गेहाश्रमः सर्वथा॥ 41॥

(आत्मानुशासन)

गृहस्थाश्रम विद्वज्जनों के भी चारित्र को प्रायः किसी सामायिक आदि शुभकायों में पूर्णतया धर्मरूप, किसी विषय भोगादि रूप कार्य में पूर्णतया पाप रूप तथा किसी जिन गृहादि के निर्माणादि रूप कार्य में उभय (पाप-पुण्य) रूप करता है। इसलिए यह गृहस्थारम अन्धे के रस्सी मांजने के समान अथवा हाथी के समान अथवा शराबी या पागल की प्रवृत्ति के समान सर्वथा हितकारक नहीं है।

अनाद्यिविद्या दोषोत्थ चतुःसंज्ञाज्वरातुराः।
शशवत्स्वज्ञान विमुखाः सागारा विषयोन्मुखाः॥

(प. आशाधर-सा. ध. 2)

अनादि कालीन अविद्यारूपी दोषों से उत्पन्न होनेवाली आहार-भय मैथुन परिग्रह रूपी संज्ञा ज्वर से पीड़ित निरन्तर आत्मज्ञान से विमुख एवं विषयों के सुख गृहस्थ को होते हैं अर्थात् विषय भोगों में विशेष रत होने के कारण उनका स्वात्म ज्ञान की ओर लक्ष्य नहीं जाता है।

अनाद्यविद्यानुस्यूतां ग्रन्थसंज्ञामपासितुम्॥
अपरायन्तः सागाराः प्रायोविषयमूर्च्छिताः॥

(पं. आशाधर-सा. ध. 3)

अनादि कालीन अज्ञान के कारण परम्परा से आनेवाली परिग्रह संज्ञा को छोड़ने के लिए असमर्थ प्रायः करके विषय भोगों में मूर्च्छित गृहस्थ होते हैं।

भद्दस्स लक्खणं पुण धम्मं चिन्तेइ भोय परिमुक्को।
चिंतिय धम्मं सेवइ पुणरवि भोए जहिच्छाय॥

(भा. सं.-गा. 365)

भद्र ध्यानी गृहस्थ जब तक धार्मिक शुभ क्रियाएँ करता है तब तक वह भोगोपभोग को त्याग करता है। इसलिए गृहस्थों की धार्मिक क्रियाएँ हस्तिस्नानवत् हैं। अर्थात् धार्मिक क्रियाओं के समय में किंचित संवर और निर्जरा होती है परन्तु भोगोपभोग के समय आश्रव एवं बन्ध हो जाता है।

पंचम गुणस्थानवर्ती गृहस्थों को होने योग्य ध्यान—

अट्ठरउद्दं झाणं भद्दं आत्थित्ति तम्हि गुणठाणे।
बहु आरम्भ परिग्गह जुत्तस्स च णत्थि तं धम्मं॥

(भा. सं.-गा. 357)

इस पंचम गुणस्थान में आर्त-रौद्र ध्यान एवं भद्र ध्यान होता है। श्रावक वहु आरम्भ और परिग्रह से सहित होने के कारण उनको धर्मध्यान नहीं होता हैं।

गिह वावार रयाणं गेहीणं इंदियत्थं परिकलियं।
अट्ठज्झाणं जायइ रूद्दं वा मोह छण्णाणं॥
झाणेहिं तेहिं पाव उप्पण्णं तं खवइ भद्द झाणेण।
जीवो उवसम जुत्तो देसजई णाण संपण्णो॥

(भा. सं.-गा. 363-364)

कृषि वाणिज्यादि व्यापार करनेवाले गृहस्थों को नाना प्रकार के इन्द्रिय मोहक पदार्थ विषयों में आर्त ध्यान उत्पन्न होता है। मोह से युक्त गृहस्थों को रौद्र ध्यान भी होता है। पर दोनों ध्यान से उत्पन्न पाप को उपशमानेवाले एवं ध्यान सम्पन्न देशव्रती श्रावक भद्रध्यान के माध्यम से नाश करता है।

असुह कम्मसस णाणो सुहस्स वा हवेइ केणुवाएण।
इस चिन्तं तस्स हवे अपाय विचयं परं झाणं॥

(भा. सं.-गा. 368)

अशुभ कर्म का नाश होकर शुभ कर्मों की प्राप्ति किन उपायों से होगी ऐसा विचार करनेवाला गृहस्थ अपाय विचय नामक धर्म ध्यान का स्वामी होता है।

मुक्खं धम्मज्झाणं उत्तं तु पमाय विरहिए ठाणे।
देस विरते परमत्ते उवयारेणेव णायव्वं॥

(भा. सं.-गा. 371)

यह चार प्रकार का धर्मध्यान मुख्य रीति से अप्रमत्त गुणस्थान में होता है। एवं देश विरत और प्रमत्त विरत इन दोनों गुणस्थानों में उपचार से धर्म ध्यान होता है ऐसा जानना चाहिए।

सेवो सुद्धो भावो तस्सुवलंभो य होई गुणठाणे।
पणदह पमाद रहिये सयलवि चारित्त जुत्तस्स॥

ज्ञानमय सुखाकरं चैतन्य विभूः सर्वज्ञम्।
मम सर्वस्य गुरु प्रभु पिता माता नमाम्यहम्॥ 11॥

(भा. सं.-गा. 6)

जो शुद्ध भाव सेवन करने योग है। उसकी प्राप्ति पन्द्रह प्रकार के प्रमाद से रहित सकल चारित्र से युक्त अप्रमत्त विरत गुणस्थान में होती है।

इन्दिय विसय विरामे मणस्स णिल्लूरणं हवे जइया।
तइया तं अवियप्प ससरूवे अप्पणो तं तु॥

(तत्त्वसार-गा. 6)

जब इन्द्रिय विषयों से विरक्त हुआ मन स्थिरता को प्राप्त होता है तब निर्विकलप तत्त्व अपने स्व स्वरूप में स्थिरता को प्राप्त होता है।

समणे णिच्चल भूए पट्ठे सव्वे वियप्प संदोहे।
थक्को सुद्ध सहावो अवियप्पो विणच्चलो णिच्चो॥

(तत्त्वसार-गा. 7)

सर्व विकल्प, समूह नाश होने पर एवं मन स्थिर होने पर निर्विक्ल्प स्थिर, निश्चय, नित्य अर्थात् शाश्वत ऐसा शुद्ध स्वभाव प्रगट होता है।

ध्याता का लक्षण

मा मुज्झह मा रज्जह मा दुस्सह इट्ठाणिट्ठ अट्ठेसु।
थिर मिच्छह जदि चित्तं, विचित्त झाणप्प सिद्धीए॥

(द्र. सं.-48)

हे भव्य जनों! यदि तुम नाना प्रकार के ध्यान अथवा विकल्प रहित ध्यान की सिद्धि के लिए चित्त को स्थिर करना चाहते हो तो इष्टानिष्ट रूप जो इन्द्रियों का विषय है उनमें राग-द्वेष और मोह को मत करो।

समस्त राग-द्वेष-मोह से उत्पन्न हुए विकल्पों के समूह से रहित, जो निज परमात्मा के समूह की भावना से उत्पन्न हुआ परमानन्द रूप एक लक्षण सुखामृत रस, उससे उत्पन्न हुई और उसी परमात्मा के सुख के आस्वादन में तत्पर हुए जो मग्न हुई परम कला अर्थात् परम संवित्ति है। उसमें स्थिर होकर हे भव्य जीवो! मोह-राग-द्वेष को मत करो।

शंका : किनमें राग-द्वेष-मोह मत करो?

समाधान माला, स्त्री, चन्दन, ताम्बुल आदिरूप जो इन्द्रियों के विषय में राग-द्वेष-मोह मत करो। यदि तुम परमात्म के अनुभव में निश्चल चित्त को जानना चाहते हो तो नाना प्रकार जो ध्यान है उसकी सिद्धि के लिए चित्त से उत्पन्न होनेवाला शुभाशुभ विकल्पों का समूह जिसमें विचित्त ध्यान, उस विचित्त ध्यान अर्थात् निर्विकल्प ध्यान के लिए राग-द्वेष-मोह मत करो।

इष्ट वियोग-अनिष्ट संयोग रोग को दूर करने तथा भोगोपभोगों के कारणों की इच्छा रखने रूप भेदों से चार प्रकार का आर्त ध्यान है। यह आर्त्त ध्यान न्यूनाधिक भाव से मिथ्यादृष्टी गुणस्थान को आदि लेकर प्रमत्त विरत गुणस्थान पर्यन्त जो छह गुणस्थान हैं उनमें रहनेवाले जीवों के होता है। और यह आर्त्त ध्यान यद्यपि मिथ्यादृष्टी जीवों के तिर्यंच गति के बन्ध के कारण होता है तथापि जिस सम्यग्दृष्टी ने पहले तिर्यंच गति की आयु को बांध लिया है उस सम्यग्दृष्टी जीव को छोड़कर अन्य जो सम्यग्दृष्टी जीव है उनके तिर्यंच गति के बन्ध का कारण नहीं है। क्योंकि सम्यग्दृष्टी जीवों के निज शुद्धात्मा के ग्रहण करने वाली भावना के बल से तिर्यंचगति का कारणरूप जो संक्लेश भाव है उसका अभाव है।

हिंसानन्द, मृषानन्द, चैर्यानन्द और परिग्रहानन्द या विषयसंरक्षणानन्द के भेद से रौद्र ध्यान चार प्रकार का है। यह न्यूनाधिक भाव से मिथ्यात्व गुणस्थान से पंचम गुणस्थान पर्यंत रहनेवाले जीवों के उत्पन्न होता है। यह रौद्र ध्यान मिथ्यादृष्टी जीवों के लिए नरकगति का कारण है तो भी जिस सम्यग्दृष्टी ने नरकायु बन्ध की है उसको छोड़कर अन्य सम्यग्दृष्टियों को नरकगति का कारण नहीं है। क्योंकि सम्यग्दृष्टियों के निज शुद्धात्मा ही उपादेय है। इसलिए विशिष्ट ध्यान के बल से नरक गति का कारणभूत तीव्र संक्लेश नहीं होता है।

आज्ञा विचय-अपाय विचय-विपाक विचय एवं संस्थान विचय इन चार भेदों से भेद को प्राप्त हुआ धर्म ध्यान न्यूनाधिक वृद्धि के क्रम से अवतरित सम्यग्दृष्टी, देशविरत, प्रमत्त संयत और अप्रमत्त संयत गुणस्थानवर्ती जीवों को उत्पन्न होता है। मुख्यवृत्या पुण्यबन्ध कारणमपि परम्परया मुक्ति कारणं चेति धर्मध्यानं। यह धर्मध्यान मुख्यरूप से पुण्य बन्ध का कारण है तो भी परम्परा से मोक्ष का कारण है।

आज्ञाविचय धर्मध्यान

अल्प बुद्धि का धारक विशेष ज्ञान के धारी गुरु के अभाव में शुद्ध जीवादि पदार्थों की सूक्ष्मता को जिनदेव के आज्ञानुसार तत्त्वों को ग्रहण करना है अर्थात् श्रद्धान रखना आज्ञाविचय धर्मध्यान हैं।

सूक्ष्मं जिनोदितं तत्त्वं हेतुभिर्यन्न हन्यते।
आज्ञा सिद्धं तु तद् ग्राह्यं नान्यथा वादिनो जिनाः॥

श्री जिनदेव का कहा हुआ जो सूक्ष्म तत्त्व है वह हेतु अर्थात् तर्क से खंडित नहीं हो सकता। इसलिए जो सूक्ष्म तत्त्व है उसको आज्ञानुसार ग्रहण करना चाहिए क्योंकि जिनेन्द्रदेव अन्यथावादी अर्थात् झूठा उपदेश नहीं देनेवाले हैं। इसलिए भगवान् की वाणी को प्रमाण मानकर जो पदार्थों का निश्चय करता है। इसे आज्ञा विचय नामक

धर्मध्यान कहते हैं

अपाय विचय धर्मध्यान

भेद तथा अभेदरूप रत्नत्रय की भावना के बल से अपने अथवा अन्य जीवों के कर्मों के नाश का विचार करना अर्थात् वर्तमान में इन प्राप्त हुए दुःखों से छुटकारा कब मिलेगा इस प्रकार जो विचार करता है उसको अपाय विचय नामक धर्मध्यान जानना चाहिए।

विपाक विचय धर्मध्यान

शुद्ध निश्चय नय से यह जीव अशुभ कर्मों के उदय से रहित है तो भी अनादि कर्मों के बन्ध के वश से पाप के उदय से नारकादि गतियों में दुःखरूप विपाकरूप फल का अनुभव करता है। और पुण्योदय से देवादि गतियों में सुखरूप विपाक को भोगता है। उस प्रकार कर्म फल-विपाक का विचार करना विपाक विचय धर्मध्यान है।

संस्थान विचय धर्मध्यान

ऊपर कही हुई जो लोकानुप्रेक्षा का चिन्तन करता है वह संस्थान विचय नामक धर्मध्यान हैं

इस प्रकार चार प्रकार का धर्मध्यान होता है।

पृथक्त्ववितर्क वीचार शुक्ल ध्यान

द्रव्य-गुण और पर्याय का जो जुदापना है उसको पृथक्त्व कहते है। निज शुद्धात्मा का अनुभव रूप भावश्रुत अथवा निज शुद्धात्मा को कहनेवाला जो अन्तरंग वचन है उसे वितर्क कहते है। निरीहवृत्ती से अर्थात् बिना इच्छा किए अपने आप ही जो एक अर्थ से दूसरे अर्थ में एक वचन से दूसरे वचन में और मन-वचन-काय इन तीनों योगों में एक योग से दूसरे योग में जो परिणमन है उसको वीचार कहते है। त्याग करनेवाला निज शुद्धात्मा के ज्ञान को छोड़कर बाह्य पदार्थों की चिन्ता नहीं करता अर्थात् निज आत्मा का ध्यान करता है। तथापि जितने अंशों से उसके आत्मा में स्थिरता नहीं है उतने अंशों में अनिहित वृत्ति से विकल्प उत्पन्न होते है इस कारण से इस ध्यान को पृथक्त्ववितर्क वीचार ध्यान कहते हैं

यह प्रथम शुक्ल ध्यान उपशम श्रेणी की विवक्षा में अपूर्वकरण उपशमक, अनिवृत्तिकरण उपशमक, सूक्ष्म सांपराय उपशमक और उपशान्त मोह इन आठवा-नवमा-दसवाँ ग्यारहवाँ पर्यंत जो चार गुणस्थान है उनमें होता है। और क्षपक श्रेणी

की विवक्षा में अपूर्वकरण क्षपक, अनिवृत्तिकरण क्षपक और सूक्ष्म सांपराय क्षपक नाम के धारक जो आठवें से दसवें तक तीन गुणस्थान है! इनमें होता है।

एकत्ववितर्क वीचार शुक्लध्यान

आत्म द्रव्य में अथवा विकार रहित जो आत्मा का सुख है उससे अनुभव पर्याय में अथवा उपाधि रहित निज आत्मा का जो ज्ञान गुण है उसमें उन तीनों में से जिस एक द्रव्य-गुण या पर्याय में ध्यानी प्रवृत्त हो गया उसी में वितर्क नामक जो निजात्मानुभव रूप भावश्रुत का बल है। उससे स्थिर होकर जो वीचार अर्थात् द्रव्य-गुण-पर्याय में परावर्तन करता है वह एकत्व वितर्क विचार क्षीण कषायवर्ती गुणस्थान में होनेवाला शुक्लध्यान हैं

सूक्ष्मक्रिया प्रतिपाति शुक्लध्यान

यह उपचार से सयोग केवली जिन नामक तेरहवें गुणस्थान में होता हैं

व्युपरतक्रिया निवृत्ति-शुक्लध्यान

विशेषता करके उपरत अर्थात् दूर हुई क्रिया जिसमें वह व्युपरत क्रिया है। व्युपरत क्रिया हो या अनिवृत्ति अर्थात् निवर्तक न हो वह व्युपरत क्रिया निवृत्ति नामक शुक्लध्यान है। और अध्यात्म भाषा से सहज शुद्ध परम चैतन्य से शोभायमान तथा निर्भर आनन्द के समूह को धारण करनेवाला जो भगवान् निज आत्मा है उसमें उपादेय बुद्धि करके अर्थात् निज शुद्ध आत्मा ही ग्रहण करने योग्य है ऐसे बुद्धि को करके फिर जो "मैं अनंतज्ञान का धारक हूँ, मैं अनन्त सुख का धारक हूँ" इत्यादि भावना को करता है। इस रूप अन्तरंग धर्मध्यान कहा जाता है और पंचपरमेष्ठीयों की भक्ति को आदि से उसके अनुकूल जो शुभ अनुष्ठान का करना है वह बहिरंग धर्मध्यान है। उसी प्रकार निज शुद्ध आत्मा में विकल्प रहित ध्यान रूप लक्षण का धारक शुक्लध्यान है। अथवा मात्र वाक्य में-

पंचम काल में क्या भावश्रुतकेवली हो सकते हैं?

जो हि सुदेणहिगच्छदि अप्पाणमिणं तु केवलं सुद्धं।
तं सुद केवलिमिसिणो भणंति लोगप्पदीवयरा॥

(स. सा.-गा. 10)

तात्पर्यवृत्ति—*यः कर्ता भावश्रुतेन स्वसंवेदज्ञानेन निर्विकल्पसमाधि ना करणभूतेन, अभिसमन्ताज्जानात्यनुभवति कं? आत्माम् इमं प्रत्यक्षीभूतं पुनः किं विशिष्टं? असहायं। रागादिरहितं पुरुषं निश्चयश्रुत केवलिनं परम ऋषयः कथयंति लोकप्रदीप कराः लोकप्रकाशकः इति। अनया गाथा निश्चयश्रुत केवलि लक्षणं मुक्तं। अथ यः कर्ता*

द्वादशांगद्रव्यश्रुतं सर्व परिपूर्णं जानाति। व्यवहार श्रुतकेवलिनं। तं पुरुषं माहु ब्रुवन्ति के ते? जिना: सर्वज्ञा:।

कस्मादिति चेत यस्मात्कारणात द्रव्यश्रुताधारेणोत्पन्नं भावश्रुत ज्ञानम्। आत्मा भवति। कथम्मूतं सर्वमात्यसम्वित्तिविषयं परपरिच्छित्रिविषयं वा। तस्मात् कारवात्। द्रव्य श्रुत केवली स भवतति। अयमत्रार्थ: यो भाव श्रुत रूपेण स्वसम्वेदन ज्ञानबलेन शुद्धात्मानं जानाति स निश्चय श्रुत केवलि भवति। यस्तु स्वशुद्धात्मानं न सम्वेदति न भावयति बहिर्विषयं द्रव्यश्रुतार्थ जानाति स व्यवहार श्रुतकेवलि भवतीति।

ननु तर्हि स्वसंवेदन ज्ञानबलेनास्मिन् कालेऽपि श्रुतकेलपि भवति? तन्न यादृशं पूर्वपुरुषाणां शुक्लध्यानरूपं स्वसंदेवनज्ञानं तादृशमिदानीं नास्ति किंतु धर्मध्यान योग्यमस्तीत्यर्थ:।

(स. सा. त. पृ. 10)

जो द्वादशांग के द्वारा अपनी शुद्धात्मा को अपने अनुभव में लाता है उसे सर्वज्ञ भगवान् निश्चयश्रुत केवली कहते हैं। और उसी श्रुतज्ञान के द्वारा जो सम्पूर्ण पदार्थों का जानता है उसे जिन भगवान् द्रव्यश्रुत केवली कहते हैं

जो जीव कर्ता (करणता) को प्राप्त हुए निर्विकल्प समाधिरूप स्वसंवेदन ज्ञानात्मक भावश्रुत के द्वारा पूर्णरूप से अपने अनुभव में लाता है, उस प्रत्यक्षीभूत अपने आपकी आत्मा को सहाय रहित अर्थात् निरालम्ब, रागादि रहित अनुभव में लाता है उस पुरुष को निश्चय श्रुत केवली कहते हैं। कौन कहते हैं? लोकालोक के प्रकाशक परम ऋषि कहते हैं। इस प्रकार इस गाथा के द्वारा निश्चय श्रुत केवली का लक्षण कहा गया है।

किन्तु जो पुरुष द्वादशांग द्रव्यश्रुत ज्ञान को परिपूर्ण रूप जानता है उसे जिन भगवान् द्रव्यश्रुत केवली कहते हैं। क्योंकि द्रव्यश्रुत के आधार से उत्पन्न हुआ जो भावश्रुत है वह आत्मा ही है जो कि आत्मा की संवित्ति को विषय करनेवाला और पर की परिच्छित्ति को विषय करने वाला होता है इसलिए वह द्रव्यश्रुत केवली होता है। इसका अभिप्राय यह हुआ कि जो भावश्रुत रूप स्वसंवेदन ज्ञान के द्वारा केवली अपनी शुद्धात्मा को जानता है वह निश्चय श्रुत केवली होता है। किन्तु जो अपनी शुद्धात्मा का अनुभव नहीं कर रहा है न उसकी भावना कर रहा है। केवल बहिर्विषयक द्रव्यश्रुत के विषय पदार्थों को जानता है वह व्यवहार श्रुत केवली होता है।

इस पर शिष्य कहता है कि—

शंका : फिर तो स्वसंवेदनज्ञान के बल से इस काल में भी श्रुत केवली हो सकता है ऐसा समझना चाहिए क्या

समाधान : इसका समाधान यह है कि इस काल में श्रुतकेवली नहीं हो सकता है। क्योंकि जैसा शुक्लध्यानात्मक स्वसंवदेन ज्ञान पूर्व पुरुषों को होता था वैसा इस

समय नहीं होता है। किन्तु इस काल में तो यथायोग्य धर्मध्यान ही हो सकता है।

जोइय अप्पे जाणिएण जगु जाणियउ हवेइ।
अप्पहं केरइ भावडइ बिंबिउ जेण वसेइ।

(म. प्र. अध्या. 2-गा. 99)

जोइय अप्पे जाणिएण हे योगिन् आत्माना ज्ञातेन। किं भवति। जागु जाणियउ हवेइ जगत् त्रिभुवनं ज्ञातं भवति। कस्मात्। अप्पहं केरइ भावडइ बिंबिउ जेण वसेइ आत्मन: सम्बन्धिनि भावे केवलज्ञान पर्याये बिबिम्बतं प्रतिबिम्बितं येन प्रकारेण वसति तिष्ठतीति।

अयमर्थ वीतरागनिर्विकल्पस्वसंवेदनज्ञानेन परमात्म ज्ञाने सति समस्त द्वादशाङ्गगम स्वरूप ज्ञातं भवति। कस्मात्। यस्माद्राघवपाण्डवादयो महापुरुषा जिन दीक्षा गृहीत्वा द्वादशांग पठित्वा द्वादशांगाध्ययन फलभूते निश्चयरत्नत्रयात्मके परमात्मध्याने तिष्ठन्ति तेन कारणेन वीतरागस्वसंवेदन ज्ञानेन निजात्मानि ज्ञाते सति सर्वं ज्ञात भवतीति अथवा निर्विकल्पसमाधि समुत्पन्नपरमानन्दसुखरसास्वादे जाते सति पुरषो जानाति। किं जानाति। वेत्ति मम स्वरूपमन्यदेहरागादिकं परमिति तेन कारणेनात्मनि ज्ञाते सर्व ज्ञातं भवति अथवा आत्मा कर्त्ता श्रुतज्ञानरूपेणप्याप्तिज्ञानेन करणभूतेन सर्व लोकालोकं जानाति तेन कारणेनात्मानि ज्ञाते सर्व ज्ञातं भवति। अथवा वीतरागनिर्विकल्प त्रिगुप्ति समीधे बलने केवलज्ञानोत्पत्ति बीजभूतने केवलज्ञाने जाते सति दर्पणे बिम्बवत् सर्वं लोकालोक स्वरूपं विज्ञायत इति हेतोरात्मनि ज्ञाते सर्व ज्ञानं भवतीति। अत्रेद व्याख्यान चतुष्टयं ज्ञात्वा बाह्याभ्यन्तरपरिग्रहत्यागं कृत्वा सर्वतात्पर्येण निजशुद्धात्मभावना कर्तव्येति तात्पर्यम्।

हे योगी! एक अपने आत्मा को जानने से यह तीन लोक जाना है। क्योंकि आत्मा के भावरूप केवलज्ञान में यह लोक प्रतिबिम्बित हुआ है, बस रहा है।

भावार्थ : वीतराग निर्विकल्प स्वसंवेदन ज्ञान से शुद्धात्म तत्त्व के जानने पर

दुराग्रही एवं सत्याग्रही

आग्रही बत निनीषसति युक्तिं यत्र तत्र मतिरस्य निविष्ट।
पक्षपात रहितस्य तु युक्तिर्यत्र तत्र मतिरेति निवेश॥

दुराग्रही मनुष्यने जो पक्ष निश्चित कर रखा है वह युक्ति को उसी ओर ले जाना चाहता है, किन्तु जो आग्रह से रहित होकर निष्पक्ष दृष्टी से विचार करना चाहता है वह युक्ति का अनुसरण करके उसके ऊपर विचार करता है, और तदनुकूल वस्तुस्वरूप का निश्चय करता है।

दुराग्रही "Mine is Right"मानता है।
सत्याग्रही " Right is Mine"मानता है।

समस्त द्वादशांग शास्त्र जाना जाता है। क्योंकि जैसे रामचन्द्र पांडव, भरत सगर आदि महान् पुरुष भी जिन दीक्षा लेकर फिर द्वादशांग को पढ़कर द्वादशांग पढ़ने का जो फल, निश्चय रत्नत्रय स्वरूप जो शुद्ध परमात्मा उसके ध्यान में लीन हुए तिष्ठ हैं। इसलिए वीतराग स्वसंवेदन जानकर अपने आत्मा का जानना ही सार है। आत्मा के जानने से सबका जानपना सफल होता है। इस कारण जिन्होंने अपनी आत्मा जानी उन्होंने सबको जाना। अथवा निर्विकल्प समाधि से उत्पन्न हुआ जो परमानन्द सुखरस उसके आस्वाद होने पर ज्ञानी पुरुष ऐसा जानता है, कि मेरा स्वरूप जुदा है और देह रागादिक मेरे से दूसरे हैं मेरे नहीं हैं। इसलिए आत्मा के जानने से सब भेद जाने जाते हैं, जिसने अपने को जान लिया उसने अपने से भिन्न सब पदार्थ जाने। अथवा आत्माश्रुतज्ञानरूप सब लोकालोक को जानता है। इसलिए आत्मा के जानने से सब जाना गया। अथवा वीतराग-निर्विकल्प परमसमाधि के बल से केवलज्ञान को उत्पन्न करके जैसे दर्पण में घटपटादि पदर्थ झलकते हैं उसी प्रकार ज्ञान रूपी दर्पण में सब लोकालोक भासते है। इससे यह बात निश्चय हुई कि आत्मा के जानने से सब जाना जाता है।

यहाँ पर सारांश यह है कि इन चारों व्याख्यानों का रहस्य जानकर बाह्य अभ्यन्तर सर्व परिग्रह को त्याग कर सर्व तरह से अपने शुद्धात्मा की भावना करनी चाहिए।

अय केवलज्ञान श्रुतज्ञानिनोरवि शेष दर्शनेन विशेषांक्षा क्षोमंक्ष क्षपयति

अब केवलज्ञानी तथा श्रुतज्ञानी के अविशेष दिखलाते हुए विशेष आकांक्षा के क्षोभ को नष्ट करते है।

जो हि सुदेण विजाणदि अप्पाणं जाणगं सहावेण।
तं सुयकेवलिमिसिणो भणन्ति लोयप्पदीवयरा॥

(प्रवचनासार-33)

जो वास्तव में श्रुतज्ञान से (निर्विकल्प रूप भावश्रुत परिणाम से) स्वभाव से ज्ञायक स्वभावी आत्म द्रव्य को जानता है। लोक के प्रकाशक ऋषीगण उसको श्रुतकेवली कहते है।

या कर्त्ता स्फुटं निर्विकारस्वसवित्तिरूपभावश्रुतपरिणामेन विजानाति विशेषेण

चार चरमोत्कृष्ट-

दानं दुर्गतिनाशाय शीलं सद्गतिकारणं।
तपः कर्मविनाशाय भावना भवनशिनी॥

दान से नरकादिकुगति नाश होता है, शील से सद्गति मिलती है तप से कर्मनाश होता है, भावना से भवनाश होता है।

जानाति। विषयसुखानन्दविलक्षणनिजशुद्धात्मभावनोत्थपरमानन्दैक लक्षण सुखरसास्वादेनानुभवति। कम्। निजात्म द्रव्यं। कथभूतं। ज्ञायक केवलज्ञानस्वरूपं। केन कृत्वा। समस्तविभावरहित स्वस्वभावेन तं महायोगीन्द्रं श्रुतकेवलिनं कथयन्ति। के कर्तार:। ऋषय:। किं विशिष्टा:। लोकप्रदीपकरा लोकप्रकाशका इति। अतो विस्तर:-युगपत्परिणत समस्त चैतन्यशालिन केवलज्ञानेनअनाद्यनन्त नि:कारण-न्यद्रव्यासाधारण स्वसंवेद्यमानपरम चैतन्यसामान्यलक्षणस्य परद्रव्य-रहितत्त्वेन केवलस्यात्मन आत्मनि स्वानुभवनाद्यथा भगवानकेवली भवति, तथायं गणधरदेवादि निश्चय रत्नत्रयाराधकजनोऽपि पूर्वोक्त लक्षणस्यात्मनो भावश्रुतज्ञानेन स्वसंवेदनान्निश्चयाश्रुत केवली भवतीति। किंच यथा कोऽपि देवदत्त आदित्योदयेन दिवसे पश्चति, रात्रौ किमपि प्रदीपेनेति। तथादित्योदयस्थानीयेन केवलज्ञानेन दिवस स्थानीयमोक्षपर्याये भगवानात्मानं पश्यति। संसारी विवेकजन: पुनर्निशास्थानीय संसारपर्याये प्रदीपस्थानीयेन रागादि-विकलप रहित परमसमाधिना निजात्मानं पश्यतीति। अयमत्राभिप्राय: आत्मोपरोक्ष:, कथं ध्यानं क्रियते इति सन्देहं कृत्वा परमात्मभावना न त्यज्येति।

(प्र. सा. ता. वृ. गा. 33 पृ. 78)

जो कोई पुरुष निश्चय से निर्विकार स्वसंवेदन रूप भावश्रुत रूप परिणाम के द्वारा समस्त विभावों से रहित स्वभाव से ही ज्ञायक अर्थात् केवलाज्ञानरूप निज आत्मा को विशेष करके जानता है। अर्थात् विषयों के सुख से विलक्षण अपने निज शुद्धात्मा की भावना के बल से पैदा होने वाले परमानन्द एक लक्षण को रखनेवाले सुख रस के आस्वाद में अनुभव करता है। लोक के प्रकाश ऋषी उस महायोगीन्द्र को श्रुतकेवली कहते हैं।

इसका विस्तार यह है कि एक समय में परिणमन करनेवाले सर्व चैतन्यशाली केवलज्ञान के द्वारा आदि अन्त से रहित अन्य किसी कारण के बिना दूसरे द्रव्यों में न पाए ऐसे असाधारण अपने आपसे अपने में अनुभव आने योग्य परम चैतन्य रूप सामान्य लक्षण को रखनेवाले तथा पर द्रव्य से रहितपने के द्वारा केवल ऐसे आत्मा का आत्मा से स्वानुभव करने से जैसे भगवान् केवली होते हैं वैसे ही यहाँ गणधर आदि निश्चय रत्नत्रय के आराधक पुरुष भी पूर्व में कहे हुए चैतन्य लक्षणधारी श्रुत ज्ञान के द्वारा अनुभव करने से श्रुतकेवली होते है। प्रयोजन यह है कि जैसे कोई एक देवदत्त नाम का पुरुष सूर्य का उदय होने से दिवस में देखता है और रात्रि में भी दीपक के द्वारा कुछ देखता है, वैसे सूर्य के उदय के समान केवलज्ञान के द्वारा दिवस के समान मोक्ष अवस्था के होते हुए भगवान् केवली आत्मा देखते हैं और संसारी विवेकी जीव रात्री के समान संसार अवस्था में दीपक के समान रागादि विकल्पों से रहित परम समाधि के द्वारा अपनी आत्मा को देखते हैं। अभिप्राय यह है कि आत्मा परोक्ष

है उसका ध्यान कैसे किया जाए ऐसा सन्देह करके परमात्म की भावना को नहीं छोड़ देना चाहिए।

सयलागम पार गया सुद केवलिणाम सुप्पसिद्धा जे।
एदाण बुद्धि रिद्धि चोद्दसपुव्वित्ति णामेणा॥

(ति. प. अ. 4 गा. 1001)

जो महर्षि सम्पूर्ण आगम के पारंगत हैं और श्रुत केवली नाम से प्रसिद्ध हैं उनके चैदह पूर्व नामक ऋद्धि बुद्धि होती है।

—णमो चोद्दस पुव्वीपाण॥ 13॥ ध. 4-1-13

''सयलसुदणाण धारिणो चोदसपुव्विणो'' अर्थात् चैदह पूर्व के धारियों को नमस्कार हो। समस्त श्रुत ज्ञान के धारक चैदह पूर्वी कहे जाते है।

जो चैदह पूर्व के धारक महामुनि होते हैं, वे मिथ्यात्व को प्राप्त नहीं होते है और उस भव में असंयम को भी प्राप्त नहीं करते हैं।

श्रुतकेवली भावलिंगी चैदह पूर्व धारी महामुनी ही होते हैं! संयम रहित चौदह पूर्व धारी भी श्रुतकेवली नहीं होते हैं। जैसे कोई देव चैदह पूर्व के धारी क्षायिक सम्यग्दृष्टी होते हुए भी वे श्रुत केवली नहीं हो सकता है। क्योंकि उनके संयम का अभाव है। जो महामुनि भावश्रुत के माध्यम से स्वसंवेदन ज्ञान रूप निर्विकल्प परमसमाधि के बल से आत्मा को सम्पूर्ण रूप से जानता है, अनुभव करता है, भले ही वह सम्पूर्ण द्रव्यश्रुत के ज्ञान का ज्ञाता नहीं होते हुए भी वह भावश्रुत का ज्ञाता होता है। परन्तु साम्प्रतिक पंचम काल में शुक्ल ध्यान रूप निर्विकल्प स्वसंवेदन ज्ञान नहीं है इसलिए वर्तमान में कोई भावश्रुत केवली भी नहीं है। उसी प्रकार द्रव्यश्रुत केवल भी नहीं है। पंचम काल में अन्तिम श्रुतकेवली भद्रबाहु हुए हैं। उसके बाद श्रुतकेवलीरूप सूर्य का अस्त हो गया। शुभोपयोगी रूप श्रुतकेवली नहीं हैं। क्योंकि शुभोपयोगी निर्विकल्प परम समाधि में लीन होकर आत्मा को पूर्ण रूप अनुभव नहीं कर सकता है।

सिद्धान्त कौन सा श्रावक पढ़ सकता है?

सम्यक्त्व व्रतसंयुक्तै। श्रावकैः शीलधारिभिः।
पठनीयं सुसिद्धान्तं रहस्ये न विना हि तत्॥

जो श्रावक सम्यक्त्व सहित है, व्रतों का पालन करनेवाला है शीलसम्पन्न है वह सिद्धान्त शास्त्र रहस्य को पढ़ सकता है। यदि उपरोक्त गुणों से रहित है तो सिद्धान्त शास्त्र को नहीं पढ़ना चाहिए।

शुभ क्रियाओं से कर्म निर्जरा

आपासयाइ कम्मं, विज्जावच्चं च दाण पूजाइं।
जं कुणइ सम्मदिट्ठी, तं सव्वं णिज्जरा णिमित्तं।

देव वन्दनादि सामायिक कर्म मुनियों की सेवादि, दान कर्मादि जो शुभ क्रियाएँ सम्यग्दृष्टी जीव करते हैं उससे कर्म की निर्जरा होती है।

समत्तुप्पत्ती वि य सावय विरये अणंत कम्मंसे।
दंसव मोहक्खवए कसाय उवसामए य उवसते॥
खवये य खीण मोहे जिणे य णियमा हवे असंज्जा।
तविववरिओ कालो संखेज्ज गुणाए सेढीए॥

तीनों कारणों के अन्तिम समय में वर्तमान विशुद्ध मिथ्यादृष्टी जीव के जो गुणश्रेणी निर्जरा का द्रव्य है उसमें प्रथमोपशम सम्यक्त्व की उत्पत्ति होने पर असंयत सम्यग्दृष्टी में प्रति समय होनेवाली गुणश्रेणी निर्जरा का द्रव्य असंख्यात गुणा है। उससे देश विरति के गुणश्रेणी निर्जरा का द्रव्य असंख्यात गुणा है। उससे सकल संयमी के गुणश्रेणी निर्जरा का द्रव्य असंख्यात गुणा है। उससे अनन्तानुबन्धी की विसंयोजना करनेवाले के गुणश्रेणी निर्जरा का द्रव्य असंख्यात गुणा है। उससे दर्शन मोह की क्षपणा करनेवाले जीव के गुणश्रेणी निर्जरा का द्रव्य असंख्यात गुणा है। उससे अपूर्वकरणादि तीन गुणस्थानवर्ती उपशम जीव के गुण श्रेणी निर्जरा का द्रव्य असंख्यात गुणा है। उससे उपशांत कषाय जीव के गुणश्रेणी निर्जरा का द्रव्य असंख्यात गुणा है। उससे अपूर्वकरण आदि तीन गुणस्थानवर्ती क्षपक जीव के गुणश्रेणी निर्जरा का द्रव्य असंख्यात गुणा है। उससे क्षीण मोह जीव के गुणश्रेणी निर्जरा का द्रव्य असंख्यात गुणा है। उससे स्वरस्थान केवली जिन के गुणश्रेणी निर्जरा का द्रव्य असंख्यात गुणा है। उससे समुद्घात केवली जिन के गुणश्रेणी निर्जरा का द्रव्य असंख्यात गुणा है।

परन्तु गुणश्रेणी आयाम का काल इसके विपरीत है अर्थात् समुद्धात केवली से लेकर विशुद्ध मिथ्यादृष्टी तक काल क्रम के असंख्यात गुणा हैं

(भो. जी.-धवल-ज. ध. पु. 1-पृ. 97)

भावार्थ : *इस उपरोक्त सिद्धान्त से सिद्ध होता है कि मिथ्या दृष्टी से सम्यग्दृष्टी असंख्यात गुणी कर्म निर्जरा करता है। और अविरत सम्यग्दृष्टी से देश संयत गुणस्थानवर्ती जीव असंख्यात गुणीत कर्म निर्जरा करता है। और इनसे एक सकलसंयमी असंख्यात गुणी कर्म निर्जरा करता है। मुख्यरूप से चतुर्थ गुणस्थानवर्ती से लेकर सातवाँ गुणस्थान पर्यन्त शुभध्यान है। अतः यदि शुभध्यान से कर्म निर्जरा नहीं होती है ऐसा मानने पर आगम विरोध होगा। आगम त्रिकाल अबाधित सत्य है*

कभी अन्यथा नहीं हो सकता है।

अतः सिद्ध हुआ कि उत्तरोत्तर शुभध्यान (शुभोपयोग) से अधिकाधिक कर्म निर्जरा होती हैं

"परे मोक्ष हेतु"!

(त. सू. अध्याय—9)

आगे के दो धर्म ध्यान और शुक्ल ध्यान मोक्ष के कारण हैं।

उपरोक्त गुणस्थान में शुभ प्रकृतियों का अनुभाग बन्ध उत्तरोत्तर बढ़ती जाती है। यदि पुण्य प्रकृति सर्वथा संसार का कारण हो तो उत्तरोत्तर गुणस्थानवर्ती जीव अधिकाधिक दीर्घ संसारी होगा, अतः पुण्य को संसार का कारण कहना आगम विरोधी है। जिन भगवान् के मुख से निकली हुई द्वादशांग वाणी में मुनियों को मुख्य करके आचारांग का वर्णन है। और यथायोग्य धर्म को धारण करनेवाले गृहस्थों के लिए उपासकाध्ययन अंग का वर्णन है, जो कि शुभ ध्यान स्वरूप है, पुण्य बन्ध का कारण है! यदि शुभ क्रियाओं से सिर्फ पुण्य बन्ध ही होता हो, और संसार का ही कारण हो तो क्या जिन भगवान् के मुख से निकली हुई वाणी संसार का कारण है? क्या जिन भगवान् अनन्त दुःख स्वरूप संसार में परिभ्रमण कराना चाहते हैं? अतः पुण्य संसार का कारण कहकर हेय कहना यह जिन भगवान् के वाणी या श्रुत का अवर्णवाद हैं

पुण्य प्रकृति शुभध्यान से अथवा आदि के तीन शुक्लध्यान से भी नष्ट नहीं होती है। केवल अयोग गुणस्थानवर्ती के चरम समय में नष्ट होती हैं उसके पहले नहीं।

सातावेदनीय उक्कस्साणुभागं बन्धिय खीणकसाय सजोगि-अनोगि गुणट्ठाणाणि उवगयरय वेयणीय उक्कस्साणुभागो एदेसु गुणट्ठाणेसु लब्धदि।

साता वेदनीय के उत्कृष्ट अनुभाग को बांधकर क्षीण कषाय सयोगी और अयोगी गुणस्थान को प्राप्त हुए जीव के इन गुणस्थानों में वेदनीय का उत्कृष्ट अनुभाग पाया जाता है।

(ज. ध. पु. 4 पृ. 17)

सुभाणं कम्माणमणुभाग घादो णत्थि।

शुभ कर्मो का अनुभाग घात नहीं होता है।

(ध. पु. 1 पृ. 272)

गुरु बिन कौन दिखावे वाट-

पुस्तकाधितौ नाधितौ गुरु सन्निधौ।
न शोभते सभामध्ये जारगर्भजया स्त्रीया:॥

जो गुरु से पुस्तक अध्ययन नहीं करता है, वह सभा में उसी प्रकार शोभायमान नहीं होता जैसे पर पुरुष से गर्भ धारण करनेवाली स्त्री॥

शुभोपयोग का स्वरूप

> **दव्वत्थिकाय छप्पण तच्च पयत्थेसु सत्त णवगेसु।**
> **बन्धण मोक्खे तक्कारणरुवे बारसणुवेक्खे॥**
> **रयणत्तय स्सरुवे अज्जाकम्मो दयादि सद्धम्मे।**
> **इच्चेव माइगे जो वट्टदि सो हादि सुहभावो॥**

छह द्रव्य, पाँच अस्तिकाय, सात तत्त्व, नव पदार्थ, संसार और उसके कारणरूप आश्रवबन्ध और मोक्ष के कारण स्वरूप संवर-निर्जरा-बारह अनुप्रेक्षा-सम्यग्दर्शन-सम्यग्ज्ञान-सम्यक् चारि. रूप रत्नत्रय धर्म, आदि कर्म (शुभ कर्म, श्रावक और मुनि के यथायोग्य षडावश्यक दान पूजादि सद्धर्म इत्यादि रूप जो उपयोग है वह शुभभाव है।

(रयणसासर-60-61)

साता पुण्याश्रव वेदनीय आश्रव के कारण

> **दया दानं तपः शीलं सत्य शौच दमः क्षमा।**
> **वैयावृत्यं विनीतिश्च जिन पूजार्जव तथा॥**
> **सराग संयमश्चैव संयमासंयमस्तथा।**
> **भूत व्रत्यनुकंपा च सद्वेद्यासाव हेतवः।**

(गा. 25-26)

दया, दान, तप, शील, सत्य, शौच, इन्द्रिय, दमन, क्षमा, वैयावृत्ति विनयता, जिन पूजा, सरलता तथा सराग संयम, संयमासंयम, जीव, दया आदि साता वेदनीय के कारण हैं। यदि शुभोपयोग को धर्म नहीं मानेंगे तो उपरोक्त समस्त गुणों का

What is the Religion

> *धम्मोवत्थु सहावो उत्तमसमाधि दसविहो धम्मो।*
> *रयणत्तयंच धम्मो जीवाणं रखणं धम्मो॥*
> *धम्मो मंगलंमुक्किट्ठं अहिंसा संयमो तवो।*
> *देवा वि तस्स पणमंति जस्स धम्मे सया मणो॥*
> *पवित्री क्रियते येन येनैव ध्रियते जगत् ।*
> *नमस्तमै दयाद्राय कर्मकल्पांप्रिपाय वै॥*
> *संसार दुःखनः सत्वान् यो धरत्युक्त्तमे सुखे स धर्मः।*
> *इन्द्रियाणां निरोधने रागद्वेषक्षयणे च॥*
> *अहिंसाया च भूतानाममृतसत्वाय कल्पते ण हिन्दु धम्मो दयाविशुद्धो॥*

अभाव हो जाएगा। जिससे व्यवहार तीर्थ का विच्छेद होगा। व्यवहार तीर्थ का विच्छेद होने से धर्म का लोप होगा। धर्म के लोप से इहलोक सुख स्वर्गादि अभ्युदय सुख लोप होगा।

इतना ही नहीं नीति नियम सदाचार का लोप होने से देश, राष्ट्र समाज परिवार में अन्याय, दुराचार चलेगा जिससे बहुत बड़ा विप्लव होगा और सर्वत्र अशान्ति ही फैलेगी। इसलिए शान्ति स्थापना के लिए सम्यक् शुभोपयोग अत्यन्त आवश्यक है। जो कि मात्र स्वर्गादि अभ्युदय सुख में ही कारण नहीं बल्कि परम्परा से मोक्ष का भी कारण है।

अनेक आचार्य भी जिनकी मुक्त कण्ठ से प्रशंसा करते हैं ऐसे पूज्यपादाचार्य अपने वचन को पवित्र करने के लिए जिन भगवान् की स्तुति करते हुए अन्त में यहाँ तक कहते है कि—

तब पादौ मम हृदये मम हृदयं तव पदद्वये लीनम्।
तिष्ठतु जिनेन्द्र! तावद्यावन्निवणि संप्राप्ति॥ 6॥

(समाधि भक्ति-पूज्यपादाचार्य-श्लो. 6)

आपके पुनीत चरण मेरे हृयदय में एवं मेरे हृदय आपके पवित्रम चरणों में है जगज्येष्ठ परमाराध्य त्रिलोकाधिपति जिनेन्द्र! तब तक रहे, जब तक निर्वाण की प्राप्ति न हो। अर्थात् मैं सदा आपके चरणों का उपासक बनके रहूँ।

पुण्य फल

काणि पुण्ण फलाणि?
तित्थयर गणहर रिसि चक्कवट्टि बलदेव वासुदेव सुर-विज्जाहरिद्धिओ।

(ध. 1-1-2 पृ. 105)

शंका-पुण्य के फल कौन से है?

समाधान : *तीर्थंकर, गणधर, ऋषी, चक्रवर्ती देव, बलदेव, वासु देव और विद्याधरों की ऋद्धियाँ पुण्य के फल हैं।*

पाप का स्वरूप

पाति रक्षति आत्मान् शुभादिति पापम्। तदसद्वेद्यादि।
जो आत्मा को शुभ से बचाता है, वह पाप है।

जैसे—असाता वेदनीय

(स. सि. अध्याय 6-सू. 3 पृ. 245)

अपनी चर्या में बहुत प्रमाद होना, मन कलुषित होना, विषयों की लोलुपता, दूसरों को पीड़ा देना और निन्दा करना और अपवाद लगाना, ये सब पाप के आश्रव कारण है।

पापं नाम अनभिमतस्य पापकं।

(भ. आ. वि. 34-134)

अनष्टि पदार्थों की प्राप्ति जिससे होती है ऐसे कर्म को पाप कहते हैं।

पापास्त्रव कारण—

चरिया पमाद बहुला कालुस्सं लोलदा य विसयेसु।
परपरित्ताव पवादो पावस्स य आसवं कुणदि॥

(पंचास्तिकाय-गा. 139)

लोलुपत, परको दुःख देना, निन्दा करना, बुरा बोलना यह सब पाप के आश्रव के कारण है।

पाप बन्ध का कारण

अथ देव शास्त्र मुनीनां योऽसौ निन्दा करोति तस्य पाप बन्धो भवति।

देवहं सत्थहं मुणिवरहं जो विद्देसु करेइ।
णियमँ पाउ हवेइ तसु जें संसारु भमेइ॥ 62॥

(परमात्म प्रकाश द्वितीय अधिकार)

देव-शास्त्र-गुरु की जो निन्दा करता है, उससे महान् पाप का बन्ध होता है, वह पापी के प्रभाव से नरक निगोदादि खोटी गतियों में अनन्त काल तक भटकता है।

वीतराग देव, जिन सूत्र और निर्ग्रन्थ मुनियों से जो जीव द्वेष करता है उसके निश्चय से पाप होता है, उस पाप के कारण से वह जीव संसार में परिभ्रमण करता है। परम्परा से जो मोक्ष के कारण और साक्षात् पुण्य के बन्ध का कारण, जो देव शास्त्र गुरु है इनकी जो निन्दा करता है, उसके नियम से पाप होता है, पाप से

घृति क्षमा दमोऽस्तेयं शौचमिन्द्रियनिग्रहः।
धी विद्यासत्यमक्रोधो दशकं धर्मलक्षणम्॥ (मनुस्मृति)

Religon is the pursuies and justice and abdication of violence

(राधाकृष्णन)

दुर्गतियों में भटकता है।

देवहं इत्यादि। देवहं सत्थहं मुणिवरहं जो विद्देसु करेइ देवशास्त्रमुनीनां साक्षात्पुण्य बन्ध हेतुभूतानांपरम्परया मुक्तिकारणभूतानां च योऽसौ विद्वेषं करोति। तस्य किं भवति। णियमें पाउ हवेई तसु नियमेन पापं भवति तस्य। येन पाप बन्धेन किं भवति। जे संसारु भमेइ ये पापेन संसारं भ्रमतीति। तद्यथा। निजपरमात्म पदार्थोपलम्भरुचि रूपं निश्चय सम्यक्त्वकारणस्य तत्त्वार्थश्रद्धानरूपव्यवहार सम्यक्त्वस्य विषयभूतानां देवशास्त्रयतीनां योऽसौ निन्दां करोति स मिथ्यादृष्टीर्भवति। मिथ्यात्वेन पापं बध्नाति, पापेन चतुर्गति संसारं भ्रमीति भावार्थः॥ 62॥

निज परमात्म द्रव्य की प्राप्ति की रुचित ही निश्चय सम्यक्त्व, उसका कारण तत्त्वार्थ श्रद्धान रूप व्यवहार सम्यक्त्व, उसके मूल अरहंत देव, निर्ग्रन्थ गुरु और दयामयी धर्म इन तीनों की जो निन्दा करता है, वह मिथ्यादृष्टी होता है।

वह मिथ्यात्व का महान् पाप बांधता है, उस पाप से चतुर्गति संसार से भ्रमता है।

सम्यग्दर्शन घातक व्यक्ति

जिनाभिषेके जिनवै प्रतिष्ठा जिनालये जैन सुपात्रतायाम।
सावद्यलेशो वदते स पापो स निन्दको दर्शनघातकश्च॥

(सार-संग्रह)

जो व्यक्ति जिनेन्द्र भगवान् का अभिषेक, चैत्य चैत्यालय निर्वाण प्रतिष्ठा एवं सुपात्र दान में पाप होता है, ऐसा जो प्रतिपादन करता है वह जिन धर्म का निन्दक है, सम्यक् दर्शन का घातक है, उपरोक्त क्रियाओं में कुछ आरम्भिक कारणों से अत्यन्त कम पाप बन्ध होता है— परन्तु उससे अत्यन्त आत्मविशुद्धि होती है, सम्यग्दर्शन की निर्मलता बढ़ती है, सातिशय पुण्य बन्ध होता है, जो कि परम्परा से मोक्ष का कारण है, इस महा फल के आगे जघन्य पाप निष्फल जाता है।

अशुभ भाव

हिंसादिसु कोहदिसु मिच्छा णाणेसु पक्खवाएसु।
मच्छरिदेसु मदेसु दुरहिणिवेसुसु असुहलेस्सेसु॥
विकहाइसु सद्दहज्झाणेसु असुहगेसु दंडेसु।
सल्लेसु गारवेसु य जो वट्ठदि असुह भावो सो।

(रयणसार-गा. 58-69)

हिंसादिक में, क्रोधादि में, मिथ्याज्ञान में, पक्षपात में, मत्सर भाव में, मद में,

मिथ्याभिप्रायमत में, अशुभ लेश्या में, विकथा में, आर्त्त-रौद्र ध्यान में, अशुभकारण दण्ड में, मिथ्यामाया-निदान शल्य में, आठ प्रकार के मद में जो प्रवर्तमान होता है, उसे अशुभ भाव कहते है। इन्हीं अशुभ भावों से पाप का आश्रव होता हैं—

दुःखं शोको वधस्तपः क्रन्दनं परिवेदनं।
परात्म द्वितयस्थानि तथा च परपैशुन॥
छेदनं भेदनं चैव ताडनं दमनं तथा।
तर्जनं भर्त्सन चैव सद्यो विशसनं तथा॥
वसवकर्मोपजीवित्वं वक्रशीलत्वमेव च।
शस्त्रप्रदानं विश्रम्म द्यातनं विष मिश्रणं॥
शृंखला वागुरा पाश रज्जुजालादि (?)।
धर्म विध्वंस धर्मप्रत्यूहकरणं तथ॥
तपस्वी गर्हणं शील व्रतप्रच्यावनं तथा।
इत्थसदवेदनीयस्य भवन्त्यास्त्रव हेतवः॥

(तत्त्वसार-अध्य. 4-श्लो. 20-24)

अर्थ : *दुःख-अनिष्ट संयोग होने पर दुःख करना।*
शोक : *इष्ट वियोग होने पर दुःख करना।*
वध : *लोक निन्दादि प्राणों का वध करना।*
ताप : *लोक निन्दादि के होने पर सन्ताप करना।*
क्रन्दन : *अश्रुपात करते हुए रुदन करनां*
परिवेदन : *दूसरों को दया उत्पन्न हो, ऐसे जोर-जोरे से रोना।*
परपैशुन : *दुर्भावना से दूसरों पर दोषारोपण करना।*
छेदन : *शरीर के अवयवों का छेदन करना। जैसे— बैलों का नाक छेदनादि।*
भेदन : *शरीर के अंगों का अलग करना। जैसे— पैर निकालना, हाथ काटनादि।*

निरर्थक जीवन-

वित्तं हि नष्ट किंचित नष्टं वास्थ्यं हि नष्टं किंचिद्धि नष्टम्।
वत्त हि नष्टं सर्वं विनष्ट तसचच वृत्तं परिरक्षणीयम्॥
धर्माथकाममोक्षाणं यस्यैकोऽपि न विद्यते
अजागलस्तनस्यैव तस्य जन्म निरर्थकम्।
येषां न विद्या न तपो न दानं ज्ञानं न शीलं न गुणो न धर्मः।
ते मर्त्यलोके भूविभारभूता मनुष्यरूपेण मृगाश्चरन्ति॥
आहारनिद्राभयमैथुनानि सामान्यमेतत्पशुभिर्जराणाम्।
धर्मः विशेषः खलुमानवानां धर्मेन हीना पशवो मानवाः॥

ताडन : *लाठी से मारना।*

दमन : *दूसरों को भय दिखाना।*

तर्जन : *दूसरों को दुःख देना।*

भर्त्सना : *कठोर-अभद्र वचनों से दूसरों की निन्दा करना।*

सद्यो विशंसन : *छल-कपटपूर्वक दूसरों को धोखा देना।*

हिंसादि पाप कर्म से आजीविका चलाना, कुटिल भाव-मायाचार में प्रवृत्ति, हिंसाजनक शस्त्र दूसरों को काम में देना, विश्वासघात करना, स्वतः और दूसरों को विषादि सेवन करके कराके मरण को प्राप्त होना, या दूसरों को प्राप्त कराना। पशु-पक्षियों को बन्धन में डालना, धर्मनीति विरुद्ध कार्य करना, धर्मात्माओं के शुभ कर्म में विघ्न डालना, तपस्वी-साधुओं की निन्दा करना, झूठे अपवाद लगाना। व्रत नियमों का भंग करना। और दूसरे धर्मात्मा पुरुषें के भी व्रत, नियम संयमादि शुभ क्रियाओं को करने नहीं देना। इसी प्रकार अनेक धर्मनीति विरुद्ध कार्य करना यह सब असाता वेदनीय कर्म बन्ध के कारण है।

पाप का फल दुःख व कुगतियों की प्राप्ति

हिंसादिष्विहामुत्रापायवद्य दर्शनम्॥ 9॥

दुःखमेव वा॥ 10॥

हिंसादि पाँच दोषों में एहिक और पारलौकिक अपाय और अवद्य का दर्शन भावने योग्य है। अथवा-

हिंसादिक दुःख ही हैं, ऐसी भावना करनी चाहिए।

(स. सि.-अध्या. 7, सू. 9-10 प्र. सा. -मु. 12)

श्रावक की परिभाषा

श्रा- (श्रद्धावान) श्रद्धालुनां श्रद्धति जिनेन्द्र शासने।
व- (विवेकवान) धनाधि पात्रषुवपत्य नीरसम्।
क- (क्रियावान) कृतत्य पुण्यानि सुसाधु सेवनात्।
अतोऽपि ते श्रावकमाहुरुत्तमाः॥

मुनि का परिवार-

धैर्यः यस्यैपिता क्षमाश्च जननि शान्तिश्चिरगृहिणी।
सत्तः सूनुरयं दया च भगिनी भ्रातः मनः संयमः।
शय्या भूमीतलः दिशोऽपि वसनं ज्ञानामृतं भोजनम्।
येते यस्य कुटुम्बिनो वद सो कस्मात् भीतः योगीनः॥

असुहोदयेण आदा कुणरो तिरियो भविय णेरइयो।
दुक्ख सहस्सेहिं सदा अभिंधुदो भमदि अच्चन्ता॥

अशुभ उदय से कुमानुष, तिर्यंच और नारकी होकर हजारों दुःखों से सदा पीड़ित होता हुआ संसार में अत्यन्त भ्रमण करता है।

(ध. 1-1, 1, 2— 105-5)

काणि पावफलाणि। णिरय-तिरिय कुमाणुस जाइ-जरा-मरण-वाहिंवेयणा-दालिद्दादीणि।

शंका : *पाप के फल कौन से हैं?*

समाधान : *नरक, तिर्यंच और कुमानुषकी योनियों में जन्म-मरण व्याधि वेदना और दारिद्रता आदि की प्राप्ति पाप के फल हैं।*

पाप अत्यन्त हेय है—

ततश्चारित्रलवस्याप्यभावादत्यन्त हेय एवायमशुभोपयोग इति।

चारित्र के लेशमात्र का भी अभाव होने में यह अशुभपयोग अत्यंत हेय है।

(स. सि.— आ. 306)

यस्तावदज्ञानिजन साधारणोऽप्रतिक्रणादिः स शुद्धात्म सिद्धयाभाव स्वभावत्वेन स्वयमेवापराधत्वाद्विषकुम्भ एव।

प्रथम तो जो अज्ञानी जन साधारण (अज्ञानी लोगों को साधारण ऐसे) अप्रतिक्रमणादि हैं वे तो शुद्ध आत्मा की सिद्धि के अभावरूप स्वभाव वाले हैं। इसलिए स्वयमेव अपराध स्वरूप होने से विषकुम्भ ही है। क्योंकि वे तो प्रथम ही त्यागने योग्य है।

अशुभ एवं शुभ भावों के फल

असहुआदो णिरयाउ, सुहभावादो दु सग्ग सुहमाओ। दुह-सुहभावं जाणदु, जं ते रुच्चेद णं कुज्जा॥57॥ रयणसार

पंचेन्द्रियादि विषय और कषाय रूप अशुभ भावों से नरकादि दुर्गति का दुःख मिलता है और देव-शास्त्र-गुरु की भक्ति रूपी शुभ-भावनाओं से स्वर्गादिक अभ्युदय सुखों की प्राप्ति होती है। सुख और दुःख अशुभ और शुभ भावों पर आधारित है।

हे भव्य आत्मन्! आपको जो अच्छा लगे सो करो। दुःख चाहिए तो अशुभ भाव करो और सुख चाहिए तो शुभ भाव करो। इतना सदैव ध्यान रखो जो तुम कर्म करोगे वह तुम्हें भोगना ही होगा।

पुण्य त्याग करने योग्य व्यक्ति कौन है

अत्राह प्रभाकर भट्ट–तर्हि ये केचन पुण्य पाप द्वयं समान कृत्वा तिष्ठन्ति तेषां किमिति दूषणं दीयते भवद्भिरिति। भगवानाह। यदि शुद्धात्मानुभूति लक्षणं त्रिगुप्ति गुप्त वीतराग निर्विकल्प परमसमाधि लब्ध्वा तिष्ठन्ति तदा सम्मतमेव। यदि पुनस्तथा विद्यामवस्थामलभमाना अपिसन्तो गृहस्थावस्थायां दानपूजादिकं त्यजंति तपोानवस्थायां षडावश्याकदिक च त्यक्त्वोभय भृष्टाः सन्तः तिष्ठन्ति तदा दूषणमेवेति तात्पर्यं॥

अर्थ : *प्रभाकर भट्ट कहते हैं— यदि जो कोई पुण्य पाप इन दोनों को समान मानकर रहते हैं तो उनके मत में आप दूषण क्यों देते हैं? योगीन्द्र देव कहते हैं— जब शुद्धात्मानुभूति स्वरूप तीन गुप्ति से गुप्त वीतराग निर्विकल्प समाधि को पाकर ध्यान में मग्न हुए पुण्य पाप को समान जानते है तब तो सम्मत ही है। परन्तु जो मूढ़ परमसमाधि को न पाकर भी गृहस्थ अवस्था में दान पूजादिक शुभ क्रियाओं को छोड़ देते है। और मुनि पद में छह आवश्यक क्रियाओं को छोड़ देते हैं वे दोनो तरफ से भ्रष्ट हो जाते हैं इसलिए उनके मत में जो पुण्य और पाप को समान मानते हुए रहते हैं सो ही दूषण है।*

(प. प्रकाश–पा. 182)

अथ हे जीवजिनेश्वर पदे परम भक्तिं कुर्विति शिक्षां दताती—

''अरि जिय जिण-पइ भति करि सुहि सज्जणु अवेहरि।
ति बप्पेण वि कज्जु णवि जो पाडइ संसारी॥ 134॥

हे आत्मन्, अनादि काले दुर्लभे वीतरागसर्वज्ञप्रणीते राग–द्वेष मोह रहिते जीव परिणाम लक्षणे शुद्धोपयोगरूपे निश्चय धर्मे व्यवहार धर्मे च पुनः षडावश्यकादि लक्षणे गृहस्थापेक्षया दान–पूजादि लक्षणे वा शुभोपयोग स्वरूपे रतिं कुरु। इत्थंभूते धर्मे प्रतिकूलो यः तं मनुष्यं स्वगोत्रजमपि त्यज तदनुकूलं परगोत्रमपि स्वीकुर्विति।

अत्रायं भावार्थः विषय सुख निमितं यथानुरागं करोति।
जीवस्तथा जिनधर्मं करोति तर्हि संसारे न पततीति।
विस यहं कारणि सव्वु जणु जिम अणराउ करेइ।
तिम जिणभासिए धम्मि जइ ण उ संसारी पडेइ॥

अर्थ : *हे आत्मन! अनादि काल से दुर्लभ जो वीतराग सर्वज्ञ द्वारा कहा हुआ राग–द्वेष–मोह रहित शुद्धोपयोग रूप निश्चय धर्म और शुद्धोपयोग रूप निश्चय धर्म और शुद्धोपयोग रूप व्यवहार है धर्म, उनमें भी आवश्यक रूप यतीका धर्म, तथा दान पूजादि श्रावक का, यह धर्म शुभाचार रूप दो प्रकार का धर्म उसमें कर। इस धर्म से विमुख जो अपने कुल का मनुष्य उसे छोड़ और उस धर्म के सन्मुख जो पर कुटुम्ब का भी मनुष्य हो उससे प्रीति कर। तात्पर्य यह है कि यह जीव जैसे विषय–*

सुख से प्रीति करता है, वैसे जो जिनधर्म में करे तो संसार में नहीं भटके। ऐसा दूसरी जगह भी कहा है कि विषय कषायों के कारणों में यह जीव बारंबार प्रेम करता है, वैसे जो जिन धर्म में करें तो संसार में भ्रमण न करे॥ 134॥

(परमात्म प्रकाश)

यत्प्राग्जन्मनिं संचितं तनुभृता कर्माशुभं वा शुभं।
तद्दैवं तदुदीरणादनुभवन दुःख सुखं वागतम्।
कुर्याद्यः शुभमेव सोऽप्यभिमतो यस्तूभयोच्छित्तये।
सर्वारम्भ परिग्रह ग्रहपरित्यागी स वन्द्यः स ताम्॥ 262॥

(आत्मानुशासनम्)

अर्थ : *प्राणि ने पूर्व भव में जिस पाप या पुण्य कर्म का संचय किया है वह दैव कहा जाता है। उसकी उदीरणा से प्राप्त हुए दुःख अथवा सुख का अनुभव करता हुआ जो बुद्धिमान शुभ को ही करता है, पाप कार्यों को छोड़कर केवल पुण्य कार्यों को ही करता है— वह भी अभीष्ट है— प्रशंसा के योग्य है किन्तु जो विवेकी जीव उन दोनों (पुण्य-पाप) को ही नष्ट करने के लिए समस्त आरम्भ व परिग्रह को छोड़कर शुद्धोपयोग में स्थित होता है वह तो सज्जन पुरुषों के लिए वंदनीय है, पूज्य है॥ 262॥*

शुभाशुभे पुण्य पापे सुख दुःखे च षट त्रयम।
हितमाद्यमनुष्ठेयं शेष त्रयमथाहितम्॥ 239॥
तत्राप्यद्यं परित्याजयं शेषौ न स्तः स्वतः स्वयम्।
शुभं च शुद्धे त्यक्तवान्ते प्राप्नोति परम पदम्॥ 240॥

अर्थ : *शुभ और अशुभ, पुण्य और पाप, सुख और दुःख इस प्रकार ये छह हुए। इन छहों के तीन युगलों में से आदि के तीन शुभ, पुण्य और सुख-आत्मा के लिए हितकारक होने से आचरण के योग्य हैं। तथा शेष तीन अशुभ-पाप और दुःख अहितकारक होने से छोड़ने के योग्य हैं*

विशेषार्थ : *अभिप्राय यह है की जिन पूजादिक शुभ क्रियाओं के द्वारा पुण्य कर्म का बन्ध होता है। इसके विपरीत हिंसा एवं असत्य भाषणादिरूप अशुभ क्रियाओं के द्वारा पांप का बन्ध होता है और इस पाप कर्म के उदय में प्राप्त होने पर उससे दुःख की प्राप्ति होती है। इसलिए उक्त छह में से शुभ और पुण्य-सुख ये तीन उपादेय तथा अशुभ पाप और दुःख ये तीन हेय है॥ 239॥*

पूर्व श्लोक में जिन तीन को शुभ-पुण्य और सुख को हितकारक बतलाया है उनमें भी प्रथम का (अशुभ का) परित्याग करना चाहिए ऐसा करने से शेष रहे पुण्य और सुख ये दोनों स्वयं ही नहीं रहेंगे, इस प्रकार शुभ को छोड़कर और शुद्ध स्वभाव

में स्थित होकर जीव अन्त में उत्कृष्ट पद (मोक्ष) को प्राप्त हो जाता है।

विशेषार्थ : *उपर जो इस श्लोक का अर्थ लिखा गया है वह संस्कृत टीकाकार श्री प्रभाचन्द्राचार्य के अभिप्रायनुसार लिखा गया है। उपयुक्त श्लोक का अर्थ इस प्रकार किया जा सकता है— श्लोक 239 में जो अशुभ पाप और दुःख ये तीन अतिहकारक बतलाए गए हैं। उनमें भी प्रथम अशुभ का ही त्याग करना चाहिए कारण यह कि ऐसा होने पर शेष दोनों पाप और दुःख स्वयंमेव नहीं रहते हैं क्योंकि इनका मूल कारण अशुभ ही है। इस प्रकार जब मूल कारणभूत वह अशुभ न रहेगा तब उसका साक्षात् कार्यभूत पाप स्वयमेव नष्ट जो जावेगा, और जब पाप ही न रहेगा तो उसके कार्यभूत दुःख को भी कैसे सम्भावना की जा सकती है नहीं की जा सकती है। इस प्रकार उक्त अहितकारक तीन के नष्ट हो जाने पर शेष तीन जो शुभादि हितकारक रहते है वे भी वास्तव में हितकारक नहीं है। (देखिए आगे श्लोक 262)*

उनको जो हितकारक व अनुष्ठय बतलाया गया है वह अतिशय अहितकारी अशुभादिक अपेक्षा ही बतलाया है। यथार्थ में तो वे भी परतंत्रता के ही कारण हैं। भेद इतना ही है कि जहाँ अशुभादिक जीव को नारक एवं तिर्यंच पर्याय को प्राप्त कराकर केवल दुःख का अनुभव कराते है वहाँ वे शुभादिक उसको मनुष्यों और देवों में उत्पन्न कराकर दुःखमिश्रित सुख का अनुभव कराते हैं। इसलिए यहाँ यह बतलाया है की उन अशुभादिक तीन को छोड़ देने के पश्चात शुद्धोपयोग में स्थित होकर उस शुभ को भी छोड़ देना चाहिए। इस प्रकार अन्त में उस शुभ के अविनाभावी पुण्य व सांसारिक सुख के भी नष्ट हो जाने पर जीव उस निर्बाध मोक्ष पद को प्राप्त कर लेता है। जो की अनन्त काल तक स्थिर हरेनवाला है॥ 240॥

आत्मानुशासनम् 239-240)

वरं व्रतैः पदं दैवं नाव्रतैर्वेत नारकम्।
छायातपस्थयोर्भेदः प्रतिपालयतार्महान्॥ 3॥ *(इष्टोपदेश)*

अर्थ : *व्रतों के द्वारा देव-पद प्राप्त करना अच्छा है किन्तु अव्रतों के द्वारा नरक पद प्राप्त करना अच्छा नहीं है। जैसे— छाया और धूप में बैठनेवालों में अन्तर पाया जाता है वैसे ही व्रत और अव्रत के आचरण व पालन करने वाले में फर्क पाया जाता है॥ 3॥*

इष्टोपदेश

व्रतादिक पालने से पाप कर्मों की निर्जरा होती है और पुण्य कर्म का बन्ध होता है। परन्तु पुण्य बन्ध इहलोक व परलोक में सुख का कारण है और परम्परा से मुक्ति का कारण है।

शुभःशुभानुबन्धीति बन्धच्छेदाय जायते।
पारम्पर्येण यो बन्धः स प्रबन्धाद्विधीयते॥ 54॥

अर्थ-शुभ भाव से शुभानुबन्ध होता है और यह शुभानुबन्ध परम्परा से बन्ध छेद के लिए कारण हो जाता है। इसलिए शुभानुबन्ध कर्म को प्रचुर रूप से करना चाहिए।

(धर्मरत्नाकर-दान फल अधिकार)

विशेषार्थ : *शरीर में काँटा घुसने के बाद उसे काँटे को निकाले के लिए एक सुदृढ़ काँटा चाहिए, शरीर स्थित काँटे को जब तक नहीं निकाले तब तक इस सुदृढ़ काँटे की परम आवश्यकता है शरीर स्थिर काँटा निकालने के बाद उस सुदृढ़ काँटे की आवश्यकता स्वयमेव नहीं रहती उसी प्रकार पाप कर्म देह स्थित काँटे के समान है। उस पाप कर्म को निकालने के लिए एक सुदृढ़ काँटा चाहिए, पाप रूपी काँटा निकालने के बाद पुण्यरूपी काँटे की आवश्यकता स्वयमेव हट जाती है। जैसे— मलिन वस्तु के सम्पर्क से वस्त्र अस्वच्छ हो जाता है। उस अस्वच्छ को हटाने के लिए पानी, साबुन, टिनोपाल चाहिए। पानी और साबुन के प्रयोग से जब वस्त्र स्वच्छ हो जाता है तब उस वस्त्र को लगे हुए साबुन को भी स्वच्छ पानी से धोकर निकाल देते हैं। वस्त्र स्वच्छ होने के बाद उसको टिनोपाल में डाल के उसको चमकाते हैं। वस्त्र से साबुन और पानी अलग वस्तु है (पर द्रव्य है) तो भी बिना पानी और साबुन मलिन वस्त्र स्वच्छ नहीं होता है। परन्तु स्वच्छ होने के बाद साबुन और पानी की आवश्यकता नहीं रहती है। मलिन अवस्था में टिनोपाल वस्त्र को लगाने पर उसमें चमक नहीं आ सकती है। इसी प्रकार आत्मा को स्वच्छ करने के लिए शुभभावरूपी पानी और पुण्यरूपी साबुन चाहिए इसके माध्यम से मलिन पापात्मा को पवित्र पुण्यात्मा होने के बाद शुक्ल ध्यानरूपी टिनोपाल से उसको केवलज्ञान रूपी प्रकाश से चमकना चाहिए। जब तक आत्मा को शुभ भाव और पुण्य से स्वच्छ नहीं करते तब तक शुक्लध्यान रूपी टिनोपाल का कोई प्रकार परिणाम नहीं हो सकता है। वस्त्र स्वच्छ होने के बाद उस वस्त्र में स्थित पानी को भी निकाल देते है। इसी प्रकार अयोग केवली 14वें गुणस्थान के आवस्था में व्युपरित क्रिया निवृत्ती रूपी परम शुक्ल ध्यान से पुण्यरूपी कण को भी सुखाकर पृथक करते हैं तब जाकर आत्मा निरंजक निष्कलंक होता है।*

अहो पुण्यवन्ता पुंसा कष्ट चापि सुखायते।
तस्माद्भव्यैः प्रयत्नेन कार्यं पुण्यं जिनोदित॥

अर्थ : *अहो आश्चर्य की बात है कि पुण्यवान के लिए कष्ट भी सुखकर हो जाता है इसलिए हे भव्य जिनेन्द्र भगवान् द्वारा प्रतिपादित पुण्य को तुम प्रयत्नपूर्वक*

करो।

यस्य पुण्यं च पापं च निष्फलं गलति स्वयम्।
स योगी तस्य निर्वाणं न तस्य पुनरास्त्रवः ॥ 246 ॥

टीका : *यस्य च कर्मणां स्वकार्यमकुर्वतामेव विश्लेषो भवति स एस योगीत्याहयस्येत्यादि। यस्य परम वीतरागस्य। निष्फल स्वकर्यम् अकुर्वत सत। गलति उग्र तपःसामर्थ्यदुदयमानीय जीर्यते। न पुनरास्त्रवो न पुनः कर्मणागमनम् सवर एव भवतीत्यर्थः॥ 246 ॥*

अर्थ : *जिनका कर्म उदय में आकार भी बिना फल दिए खिर जाते हैं, वह योगी हैं। वह परम वीतरागी होते हैं। परम वीतरागी मुनी उग्र तप के माध्यम से भविष्य में उदय आने योग्य कर्म को गला देता है। उसी प्रकार मुनीश्वर को नवीन आश्रव या बन्ध नहीं होता हैं उस परम वीतरागी मुनिश्वरों के पाप एवं पुण्य स्वयमेव निष्फल होकर खिर जाते हैं और उनको नवीन कर्मास्त्रव-बन्ध नहीं होता है। उन्हीं को परम निर्वाण की प्राप्ति होती है।*

(आत्मानुशासनम्)

असुहाण पयडींण अणंत भागा रस्सस खंडाणि।
सुह पयडीण णियमा णात्थि ति रसस्स खण्डाणि॥ 80 ॥

अर्थ : *अप्रशस्त अर्थात् पाप प्रकृतियों के अनन्त बहुभाग का घात नियम से नहीं होता है। क्योंकि विशुद्धि के कारण प्रशस्त प्रकृतियों का अनुभाग उत्तरोत्तर वृद्धि को प्राप्त होता है परन्तु घात नहीं होता है तथा विशुद्धि के कारण पाप प्रकृतियों का अनुभाग उत्तरोत्तर हास को प्राप्त होता है परन्तु वृद्धि को प्राप्त नहीं होता है।*

पढमापुव्वरसादो चरिमे समये पसत्थइदराणं।
रससतमणंत गुणं अणंतगुण हीणयं होदि॥ 82 ॥

अर्थ : *अपूर्वकरण में प्रतिसमय अणंतगुणी विशुद्धि होने के कारण प्रशस्त प्रकृतियों का अनंतगुणा बढ़ता अनुभाग सत्व है। तथा विशुद्धि के कारण अनुभाग काण्डक घात के महत्व से अप्रशस्त प्रकृतियों का अनन्तवाँ भाग सत्व चरम समय में होता है। इस कारण अपूर्व करण के प्रथम समय संबन्धी प्रशस्त प्रकृतियों का जो अनुभाव सत्व है उससे अपूर्वकरण के चरम समय में प्रशस्त प्रकृतियों का अनुभाग तो अनंतगुणा बढ़ता हुआ है। तथा अप्रशस्त प्रकृतियों का अनुभाग सत्व अपूर्वकरण के प्रथम समय में जितना है उससे अनंतगुणाहीन अपूर्वकरण के चरम समय में है।*

इससे सिद्ध होता है। आत्म--विशुद्धि से पुण्य कर्म चैदहवें गुणस्थान के नीचे-नीचे नाश नहीं होते हैं परन्तु वृद्धि को प्राप्त होते हैं। तथा पाप कर्म आत्म विशुद्धि से

नाश नहीं होता है, किन्तु वृद्धि को प्राप्त नहीं होते हैं।

(लब्धिसार)

विशेषार्थ : *चतुर्थ गुणस्थान से आगे उत्तरोत्तर पापकर्म के संवर और निर्जरा में वृद्धि को प्राप्त होता है, इस प्रकार क्रिया सकषाय गुणस्थान तक (10वें गुणस्थान तक) चलती रहती है। क्षीणकषाय आदि गुणस्थान में पुण्यास्त्रव होता है फिर भी बन्ध नहीं होता है, परन्तु पुण्य कर्म तेरहवें गुण्स्थान तक नष्ट नहीं होता बढ़ता ही रहता है। परन्तु परम योगी शैलेश अवस्था प्राप्त अयोग केवली गुणस्थान में चरम समय और द्वीचरम समय में सम्पूर्ण पुण्य और पाप कर्मों का समूल विनाश हो जाता है। पाप प्रकृतियों की यथा योग्य द्वितीयादि गुणस्थान में संवर एवं निर्जरा होती है। परन्तु विशिष्ट पुण्य कर्मों का संवर निर्जरा 14वें गुणस्थान के नीचे नीचे होती नहीं है। परन्तु उत्तरोत्तर गुणस्थान में अनुभाग शक्ति बढ़ती जाती है। परन्तु परिनिर्वाण के पूर्ववर्ती सम्पूर्ण कर्म नष्ट हो जाते हैं।*

किनके पुण्य हेय है?

पुण्णेण होइ विहवो विहवेण मओ मएण मइ-मोहो।
मइ मोहेण य पाव ता पुण्णं अम्ह मा होउ॥ 60॥

अर्थ : *पुण्य से घर में धन होता है और धन से अभिमान, मान से बुद्धिभ्रम होता है: बुद्धि के भ्रम होने से (अविवेक से) पाप होता है इसलिए ऐसा पुण्य हमारे न होवे–*

टीका : *पुण्णेण इत्यादि। पुण्णेण होइ विहवो पुण्येण विभवो विभूतिर्भवति, विहवेण मओ विभवेन मदोऽहंकारो गर्वो भवति, मएण मइमोहो विज्ञानाद्यष्टविधमदेन मतिमोहो मतिभ्रंशों विवेकमूढत्वं भवति। मइमोहेण य पावं मति मूढत्वेन पापं भवति ता पुण्यं अम्ह मा तस्मादित्थंभूतं पुण्यं अस्माकंमादिर्ति। तथा च। इदं पूर्वोक्तं पुण्यं भेदाभेद-रत्नत्रयाराधनारहितेन दृष्टश्रुतानुभूतभोगाकांक्षारूपनिदानबन्ध परिणामसहितेन जीवेन यदुपार्जितं पूर्व भवे तदेव मदमहंकार जनयति बुद्धिविनाशं च करोति। न च पुन सम्यक्त्वादिगुणसहितं भरत-सगर राम पांडव आदि पुण्य बन्धवत्। यदि पुनः सर्वेषां मदम्जनयति तर्हि ते कथं पुण्य मा जनाः सन्तो मदाहंकारादिविक्लपं त्यक्त्वा मोक्षं गताः इति भावार्थ। तथा चोक्तं चिरन्तनानां निरहंकारत्वम्–*

''सत्यं वाचि मतौ श्रुतं हृदि दया शौर्यं भुजे विक्रमे।
लक्ष्मीर्दनिमनूनमर्थिनिचये मार्गे गतिर्निर्वृतेः॥

येषां प्रागजनीह तेऽपि निरहंकाराः श्रुतेर्गोचराश्चित्रं संप्रति लेशतोऽपि न गुणास्तेषां तथाप्युद्धताः॥ 60॥

भेदाभेद रत्नत्रय की आराधना से रहित देखे सुने, अनुभवे भोगों की वांछारूप निदान बन्ध के परिणामों से सहित जो मिथ्यादृष्टी संसारी अज्ञान जीव है, उसे पहले उपार्जन किए भोगों की वांछारूप पुण्य, उसके फल से प्राप्त हुई घर में सम्पदा होने से अभिमान (घमंड) होता है, अभिमान से बुद्धिभ्रष्ट होती है, बुद्धि भ्रष्ट कर पाप कमाता है और पाप से भव भव में अनन्त दुःख पाता है। इसलिए मिथ्यादृष्टीयों का पुण्य पापकाही कारण है। जो सम्यक्त्वदि गुण सहित भरत, राम, पाण्डवादिक विवेकी जीव है, उनको पुण्य बन्ध अभिमान उत्पन्न नहीं करता किन्तु परम्परा से मोक्ष का कारण है। जैसे— अज्ञानीयों के पुण्य का फल विभूति गर्व का कारण है, वैसे सम्यग्दृष्टियों के नहीं है। वे सम्यग्दृष्टी पुण्य के पात्र हुए चक्रवर्ती आदि की विभूति पाकर मद अहंकार आदि विकल्पों को छोड़कर मोक्ष को गए अर्थात् सम्यग्दृष्टी जीव चक्रवर्ती बलभद्र पद में भी निरहंकार रहे। ऐसा ही कथन आत्मानुशासन ग्रन्थ में श्री गुणभद्राचार्य ने किया है कि पहले समय में ऐसे सत्पुरुष हो गये हैं, जिनके वचन में सत्य, बुद्धि में शास्त्र, मन में दया, पराक्रम रूप भुजाओं में शूरवीरता, याचकों में पूर्ण लक्ष्मी का दान और मोक्ष मार्ग में गमन है। वे निराभिमानी हुए जिनके किसी गुण का अहंकार नहीं हुआ। उनके नाम शास्त्रों में प्रसिद्ध है। परन्तु अब बड़ा अचम्भा है कि इस पंचम काल में लेश मात्र भी गुण नहीं है तो भी शुद्धतापना है, यानी गुण तो रंच मात्र भी नहीं और अभिमान में बुद्धि रहती है।

(परमात्म प्रकाश)

पाप भी उपादेय है।

अथ येन पापफलेन जीवो दुःखं प्राप्य दुःखविनाशार्थ धर्माभिमुखोभवती तत्पापमपि समीचीनमिति दर्शयति—

वर जिय पावइँ सुन्दरइँ णाणिय ताइँ भणंति।
जीवहँ दूक्खइँ जणिवि लहु सिवमइँ जाइँ कुणंति॥ 56॥

वरं जीव पापानि सुन्दराणि ज्ञानिनः तानि भणन्ति।
जीवानां दुःखानि जनित्वा लघु शिवमर्तिं यानि कुर्वन्ति॥ 56॥

टीका : *वर जिय इत्यादि। वर जिय वरं किंतु हे जीव पावंइ सुंदरइं पापानि सुन्दराणि समीचीनानि भणंति कथयन्ति। के। णणिय ज्ञानिनः तत्त्ववेदिनः। कानि। ताइं तानिपूर्वोक्तानी पापानि। कथंभूतानि। जीवहं दुक्खइं जणिवि लहु सिवमइं जाइ कुणंती जीवानां दुःखानि जनित्वा लघु शीघ्रं शिवमति मुक्तियोग्यमतिं यानि कुर्वन्ति। अयमत्राभिप्रायः। यत्र भेदाभेदारत्नत्रयात्मक श्रीधर्म लभते जीवस्तत्पापजनित दुःखमपि श्रेष्ठमिति कस्मादिति चेत्। ''आर्ता नरा धर्मपरा भवन्ति'' इति वचनात॥ 56॥*

अर्थ : *आगे जिस पाप के फल से यह जीव नरकादि में दुःख पाकर उस दुःख के दूर करने के लिए धर्म सन्मुख होता है, वह पाप का फल भी श्रेष्ठ (प्रशंसा योग्य) है। ऐसा दिखलाते है।*

हे जीव जो पाप के उदय जीव को दुःख देकर शीघ्र ही मोक्ष के जाने योग्य उपायों में बुद्धिकर देवे, तो वे पाप भी बहुत अच्छे हैं, ज्ञानी ऐसा कहते हैं।

कोई जीव पाप करके नरक में गया वहाँ पर महान् दुःख भोगा उससे किसी समय किसी जीव को सम्यक्त्व की प्राप्ती हो जाती है क्योंकि उस जगह सम्यक्त्वी की प्राप्ती के तीन कारण है। पहिला तो यह है कि तीसरे नरक तक देवता उसे संबोधने को (चेतावने को) जाते हैं। सो कभी किसी जीव के धर्म सुनने से सम्यक्त्व उत्पन्न हो जाए, दूसरा कारण–पूर्व भव का स्मरण और तीसरा नरक की पीड़ा से दुःखी हुआ, नरक को महान् दुःख का स्थान जान, नरक के कारण जो हिंसा, झूठ, चोरी, कुशील, परिग्रह और आरम्भादिक है उनको खराब जानके पाप से उदास होवे।

तीसरे नरक तक ये तीन कारण है। आगे के चौथे, पाँचवें, छठवें, सातवें नरक में देवों का गमन न होने से धर्मश्रवण तो है ही नहीं लेकिन जाति स्मरण है। तथा वेदना कर दुःखी होने के पाप से भयभीत होना ये दो ही कारण हैं। इन कारणों को पाकर किसी जीव के सम्यक्त्व उत्पन्न हो सकता है। इस नय से कोई भव्य जीव पाप के उदय से खोटी गति में गया वहाँ जाकर यदि सुलट जावे तथा सम्यक्त्व पावे तो वे कुगति भी बहुत श्रेष्ठ है, यही योगीन्द्राचार्य ने मूल में कहा है कि जो पाप जीवों को दुःख प्राप्त करा करके फिर शीघ्र ही मोक्ष मार्ग में बुद्धि को लगावे, तो वे अशुभ भी अच्छे हैं। तथा जो अज्ञानी जीव किसी समय अज्ञान तप से देव भी हुआ और देव से मरकर एकेन्द्रिय हुआ तो वह देवपना किस काम का। अज्ञानी का देव होना भी वृथा है। जो कभी ज्ञान के प्रसाद से उत्कृष्ट देव होके बहुत काल तक सुख भोग के देव से मनुष्य होकर मुनिव्रत धारण करके मोक्ष को पावे तो वह भी अच्छा है।

ज्ञानी पुरुष उन पापियों को भी श्रेष्ठ कहते हैं, जो पाप के प्रभावों से दुःख भोगकर उस दुःख से डरके दुःख के मूल कारण पाप को जानके उस पाप से उदास होवे, वे प्रशंसा करने योग्य हैं, अन्य पापी जीव प्रशंसा के योग्य नहीं है। क्योंकि पाप क्रिया हमेशा निन्दनीय है। भेदाभेदरत्नत्रय स्वरूप भी वीतराग देव के धर्म को जो धारण करते हैं वे श्रेष्ठ हैं। यदि सुखी धारण करे तो भी ठीक और दुःखी धारण करे तब भी ठीक क्योंकि शास्त्र का वचन है कि कोई महाभाग दुःखी हुए ही धर्म में लवलीन होते हैं॥ 56॥ (परमात्म प्रकाश)

दुःख में सुमरन सब करै, सुख में करे न कोय।
जो सुख में सुमरन करै, दुःख काहे को होय॥

अर्थ : *साधारण संसारी जीव दुःख के समय में धर्म का आचरण करता है। परन्तु धर्म के कारण किंचित सुख प्राप्त होने से धर्म को ही भूल जाता है, पापादिक क्रियाओं में लग जाता है, तब पुनः दुःख प्राप्त होता है। यदि जीव सुख के समय में भी धर्म का आचरण करने लगेगा तो कभी भी दुःख नहीं होगा।*

कृत्वा धर्मविघातं विषसुखान्यनुभवन्ति ये मोहात्॥
आच्छिद्य तरुन् मूलात् फलानि गृह्णितं ते पापाः॥ 24॥

अर्थ : *जो मोही, कामअन्धा, विषयासक्त, जीव अज्ञानता से धर्म को नष्ट करके विषय सुखों का अनुभव करते हैं वे पापी वृक्ष को जड़ से उखाड़कर फल को ग्रहण करना चाहते हैं। अर्थात् पूर्व पुण्य कर्म के उदय से जो कुछ वैभव मिला है उस वैभव में लीन होकर जो केवल भोगासक्त होता है वह पूर्व उपार्जित पुण्य का पूर्ण रूप से भोग करता है। परन्तु नवीन पुण्यार्जन नहीं करता जिससे पाप ही पाप उसके पल्ले में रहता हैं उससे वह नरक निगोद में जाता है। इसलिए पूर्वार्जित पुण्य से जो वैभव मिला उसके बिना त्यागे भोग करने से उस पुण्य से उसकी दुर्गती हुई इस प्रकार से पुण्य हेय है। (आत्मानुशासन)*

मिथ्यादृष्टी को पापानुबन्धी पुण्य से जो वैभव की प्राप्त होती है उस वैभव में मिथ्यादृष्टी लीन होकर आसक्ति पूर्वक भोग करता है किन्तु त्याग नहीं करता उसका वैभव अर्थात् पुण्यफल संसार का कारण है। इसलिए उसका पुण्य कर्म परम्परा से मोक्ष का कारण नहीं होता है। किन्तु संसार का कारण होता है। अर्थात् पुण्य फल रूप वैभव को प्राप्त कर जो आसक्ति पूर्वक भोगता है वह मिथ्यादृष्टी है। रागी बहिरात्मा है। सम्यग्दृष्टी का पुण्य पुण्यानुबन्धी पुण्य है, सम्यग्दृष्टी पुण्य रूप वैभव को प्राप्त कर उसमें आसक्ति पूर्वक लीन नहीं होता है वह सोचता है, जानता है, मानता है कि यह वैभव मेरे आत्म स्वरूप से पृथक है पुण्य कर्म का फल है कुछ चारित्र मोहनीय कर्म के उदय से आत्मिक शक्ति के अभाव से रोगी जैसे तिक्त औषध सेवन करता है अनासक्त पूर्वक उसी प्रकार वह सम्यग्दृष्टी भोग को रोग मानकर निरूपाय होकर अनासक्त पूर्वक भोगता है। वह अनासक्त पूर्वक भोगते हुए कर्म को बांधता ही है परन्तु जितने अंश में अनासक्त भाव है उतने अंश में कर्म बन्ध नहीं होता हैं। परन्तु अन्तरंग में सतत् भोगों की निन्दा ग्रहा करते हुए उन भोगों से छूटने के लिए रास्ता ढूँढ़ता रहता है।

जब तक सम्पूर्ण भोग, आरम्भ, परिग्रहों से विरक्त नहीं हो पाता है तब तक स्वशक्तिनुसार दान, पूजा, गुरुसेवादि करते हुए पूर्व पुण्य का सद्उपयोग करता है और अन्त में समस्त अन्तरंग-बहिरंग परिग्रह को त्याग कर निर्ग्रन्थ होकर व्यवहार-निश्चय रत्नत्रय को साधन कर मोक्ष पदवी को प्राप्त करता है। इसलिए सम्यग्दृष्टी का पुण्य परम्परा से मोक्ष का कारण है तथा मिथ्यादृष्टी का पुण्य परम्परा से संसार

का कारण है।

'आर्ता नरा धर्मरा भवन्ति'– पाप कर्म के उदय से जीव को जब कष्ट उठाना पड़ता है उस समय में वह पाप कर्मों का स्वरूप समझकर पाप से निवृत्त होकर धर्म में लगता है। जैसे नरक में तीव्र वेदना अनुभव कर नारकी भी पाप फलों का चिन्तवन करके सम्यग्दृष्टी हो जाता है, इसी प्रकार जीव पाप कर्म के फल से सन्तप्त होकर पाप से डर कर अधर्म छोड़कर धर्म करने लगता है। इसीलिए संसार में विरक्त होने के लिए एवं धर्म में प्रवृत होने के लिए पाप कर्म भी निमित है। अर्थात् जिस पाप फल से दुःखों से, सन्ताप से, संकटों से जीव भयभीत होकर धर्म में लगते हैं वह पाप भी उपादेय है। इसलिए भव्य जीवों को संबोधन करते हुए आचार्यों ने प्रेरणा दी है–

''सुखितस्य दुःखितस्य च संसारे धर्म एव तव कार्यः।
सुखितस्यतद्भिवृध्दयै दुःख भुजस्तदुपघाताय॥ 18॥

अर्थ : *हे जीव तू चाहे सुख का अनुभव कर रहा हो, चाहे दुःख का अनुभव कर रहा हो, किन्तु संसार में इन दोनों ही अवस्था में एक मात्र कार्य धर्म ही होना चाहिए। कारण यह है कि वह धर्म, यदि तू सुख का अनुभव कर रहा है तो तेरे उस सुख की वृद्धि का कारण होगा, और यदि तू दुःख का अनुभव कर रहा है तो वह धर्म तेरे उस दुःख के विनाश का कारण होगा।*

(आत्मानुशासनम्)

ध्यान अवस्था

अप्रमत्तविरत गुणस्थान-मोक्षमार्ग का पथिक जब मोक्षमार्ग के विपरीत जो अन्तरंग व बहिरंग परिग्रह, उसका त्याग करके मोक्षमार्ग पर अग्रसर होता है, अनादि कालीन संस्कार एवं अनाभ्यास के कारण जो कुछ आत्म ध्यान के लिए बाधक कारणों के प्रमाद से उनको सतत ज्ञान वैराग्यरूपी शस्त्र द्वारा नष्ट करके स्वयं में लीन-स्थिर हो जाता है उसको ध्यान कहते हैं। उस आत्मस्थ अवस्था विशेष को अप्रमत विरत गुणस्थान कहते हैं।

णट्ठा सेस पमाओ वयगुणसीलेहिं मँडिओ णाणी।
अणुव समुओ अखवओ झणणिवीणो हुअप्पभत्तो सो॥ 614॥

(भा. सं. । पृ. 262)

जिस समय में मोक्षमार्ग ज्ञानी समस्त प्रमादों को नष्ट करके व्रत गुण शील से मण्डित होकर ध्यान में लीन होता है, परन्तु उपशम या क्षपक श्रेणी आरोहण नहीं करता है उस समय में अप्रमत्त विरत आत्मावस्था होती है। अनादि कालीन संस्कार

के कारण ज्ञानी मुनि ध्यानावस्था में सतत् स्थिर नहीं होता है, इसलिए वह ध्यानावस्था से च्युत होकर प्रमत्तविरत अवस्था को प्राप्त होता है। पुनः शक्ति को संचय कर अप्रमत्त अवस्था को प्राप्त होकर ध्यान में लीन हो जाता है। इस प्रकार वह हजारों बार छठवें से सातवें गुणस्थान में आता जाता रहता है। उत्तम संहननधारी क्षायिक सम्यग्दृष्टी महामुनि उपशमश्रेणी एवं क्षपक श्रेणी दोनों श्रेणी आरोहण करते है। परन्तु उपशम श्रेणीवाले अन्तर्मुहूर्त काल पूर्ण होने पर एवं क्रोधादि अन्यतर कषायों से उदय से ग्याहरवें गुणस्थान से नीचे गिरकर यथायोग्य गुणस्थान को प्राप्त कर लेते हैं। और व्रजवृषभनाराच संहननधारी क्षायिक सम्यग्दृष्टि तद्भवमोक्षगामी चरमशरीरी महामुनि जब क्षपक श्रेणी आरोहण करते हैं तब सातिशय सातवें गुणस्थान से निरालम्ब शुक्लध्यसान को जाते है।

एवं धम्मज्झाणं कहियं अपमत्तगुण समासेण।
सालम्बमणालम्बं तं मुक्खं इत्थं णायव्वं॥ 639॥
एदम्हि गुणट्ठाणो अत्थि आवासयाण परिहारो।
झाणमणम्मि थिरत्तं णिरन्तरं अत्थि तं जम्हा॥ 640॥

(भा. सं. । पृ. 269)

अप्रमत्त गुणस्थान में धर्म ध्यान होता है यहाँ पर सालम्ब और निरालम्ब धर्मध्यान की मुख्यता है उससे पूर्ववर्ती गुणस्थानों में छटवें, पाँचवें, चौथे में गौणरूप से धर्मध्यान होता है। धर्मध्यान उत्तरवर्ती गुणस्थानों में अर्थात् आठवें नवमें, दसवें, गुणस्थान में होता है। इस गुणस्थानों में महामुनि को समस्त प्रमाद से रहित होकर बाह्य क्रियाओं से विरत होकर निरनतर ध्यान में स्थिर होने के कारण बाह्य आवश्यकादि क्रियाओं का परिहार हो जाता है। इससे पहले-पहले आवश्यक आदि क्रियाओं का पालन करना अनिवार्य हो जाता है।

अपूर्वकरण गुणस्थान

खवएसु उवसमेसु य अपुव्वणामेसु हवइ तिपयारं।
सुक्कज्झाणं णियमा पुहुत्त सवियक्क सवियारं॥ 643॥

(भा. स. । पृ. 263)

क्षपकश्रेणी या उपशमश्रेणी आरोहण करने वाला जीव जब अपूर्वकरण गुणस्थान में पदार्पण करता है तब वहाँ पर पृथक्त्व वितर्क नामक शुक्लध्यान आरम्भ होता है। द्रव्य गुण पर्यायों की संक्रमण अपेक्षा पृथक्त्ववितर्क नामक शुक्लध्यान तीन प्रकार या अनेक प्रकार का होता है।

अनिवृत्ति गुणस्थान

सुक्कं तत्थं पउत्तं जिणेहि पुव्वुत्तलक्खणं झाणं।
णत्थि णियत्ति पुणरवि जम्हा अणियट्टि तं तम्हा॥ 650॥

(भा. सं. 1 पृ. 269)

इस गुणस्थान में पूर्वोक्त प्रथम पृथक्त्वविर्क नामक शुक्ल ध्यान होता है। यहाँ पर जीव के परिणाम विशुद्धि में निवृत्ति नहीं होती है। इसलिए इस गुणस्थान को अनिवृत्तिकरण गुणस्थान कहते हैं।

सूक्ष्मसांपराय गुणस्थान

धुद्कोसुंभयवत्थं, होदि जहा सुहुमरायसंजुत्तं।
एवं सुहुमकसाओ, सुहमसरागोत्ति णादव्वो॥ 58॥

(गो. जी. पृ. 121)

श्रेणी आरोहणकारी जीव आत्मिक विशेष विशुद्धि से राग को कर्षण करता हुआ जिस समय में सूक्ष्म कृष्टि को प्राप्त सूक्ष्मलोभ को वेदन करता है, उस समय में वह सूक्ष्मसांपराय गुणस्थानवर्ती होता है। जैसे कुसुंभ के रंग से रंगा हुआ वस्त्र सम्यक् रूप से बार बार धोने पर बहुत कुछ निकलकर सूक्ष्म लाल वर्ण से युक्त होता है।

उपशान्त मोह गुणस्थान

कदकफल जुदजलं वा सरए सरवाणिय व णिम्मलयं।
सयलो वसन्त मोहो उवसन्त कसायओ होदि॥ 61॥

(गो. जी. । पृ. 126)

जैसे कनकफल के चूर्ण से युक्त जल निर्मल होता है अथवा मेघ पटल से रहित शरद ऋतु में जैसे सरोवर का जल ऊपर से निर्मल रहता है, वैसे ही पूर्ण रूप से मोह को उपशांत करनेवाला उपशांत कषाय होता है। जिसने कषाय नोकषायों को उपशान्त अर्थात् पूर्ण रूप से उदय के अयोग्य कर दिया हैं वह उपशान्त मोह गुणस्थानवर्ती होता है।

क्षीणमोह गुणस्थान

णिस्सेस खीणमोहो, फलिहामल भायणुदय समचितो।
खीण कसाओ भण्णदि णिग्गंथो वीयरायेहिं॥ 62॥

(गो. जी. । पृ. 127)

सूक्ष्मसाम्पराय क्षपक अन्तिम समय में चारित्र मोह की प्रकृति स्थिति, अनुभाग और प्रदेशों का बन्ध, उदय, उदीरणा तथा सत्ता की व्युच्छिति होने पर उसके अन्तर समय में चारित्र मोह का भी पूर्ण रूप से विनाश होने पर जीव क्षीण कषाय होता है। उसका चित्त अर्थात् भावमन विशुद्ध परिणामों से अतिनिर्मल स्फटिक पात्र में भरे निर्मल जल के समान होता है। अर्थात् जैसे वह जल कलुषित नहीं होता है, उसी प्रकार यथाख्यात चरित्र से पवित्र क्षीण कषाय का विशुद्ध परिणाम भी किसी कारण से कलुषित नहीं होता है। वही परमार्थ निग्रन्थ है। क्योंकि उसके कोई भी अन्तरंग और बहिरंग परिग्रह नहीं होता है।

इस गुणस्थान में द्वितीय एकत्व वितर्क वीचार ध्यान होता है।

जीवन मुक्त सकल परमात्मा

केवलणाणदिवायर, किरणकलावव्पणासिय ण्णाणो।
णव केवल लध्दुग्गम सुजणियपरमप्प ववएसो॥ 63॥

(गो. जी. । पृ. 128)

जिसने केवल ज्ञान रूपी सूर्य के किरण समूह रूप जो पदार्थों को प्रकाशित करने में प्रवीण दिव्यध्वनि के विशेष, उनके द्वारा, शिष्य जनों का अज्ञानान्धकार नष्ट कर दिया है। इससे सयोग केवली भगवान् के भव्य जीवों का उपकार करने रूप परमार्थ पदार्थ सम्पदा कही है। तथा क्षायिक सम्यक्त्व, क्षायिक चारित्र, केवलज्ञान दर्शन, दान, लाभ, भोग, उपभोग, वीर्य इन नौ केवल लब्धियों के प्रकट होने से जिन्होंने वास्तव में परमात्मा नाम को प्राप्त किया है। इससे भगवान् अर्हन्त परमेष्ठी के अनन्त ज्ञानादि रूप स्वार्थ सम्पदा दिखाई है।

शैलेश अयोगी जिन

सीलोसिं संपत्तों, णिरूद्ध णिस्सेसआसवो जीवो।
कम्मरायविप्पमुक्को गयजोगी केवली होदि॥ 65॥

जो अठारह हजार शीलों के स्वामीपने को प्राप्त है, समस्त आस्रवों के रूक जाने से जो नवीन बध्यमान कर्म रज से सर्वथा रहित हैं तथा मनोयोग-वचनायोग और काय योग से रहित होने से अयोग जिन है।

इस तरह जिनके योग नहीं है तथा केवली भी हैं वे अयोग केवली भगवान् परमेष्ठी हैं।

अरहंत का विशेष वर्णन

पुण्णफला अरहंता तेसिं किरिया पुणो हि ओदइया।
मोहादाहिं विरहिया तम्हा सा खाइग त्ति मदा॥ 45॥

(प्रवचन सा. । पृ. 104)

पंच महाकल्याण पूजा जनकं त्रैलोक्यविजयकरं यत्तीर्थंकरनाम पुण्य कर्म तत्फलभूता अर्हन्तो भवन्ति। तेषां सा दिव्यध्वनिरूप वचन व्यापारादि क्रिया सा निःक्रियाशुद्धात्मतत्त्व विपरीतकर्मोदय जनितत्त्वात्सर्वाप्यौदयिकी भवति हि स्फुटं। निर्मोहशुद्धात्मतत्त्व प्रच्छादकममकाराहङ्कारोत्पादन समर्थ मोहादि विरहितत्त्वाद्यतः। तस्मात् सा यद्यप्यौदयिकी तथापि निर्विकार शुद्धात्मतत्त्वस्य विक्रियामकुर्वती सती क्षायिकी मता।

(प्र. सार. ना. वृ. । पृष्ठ)

तीर्थंकर अरहंत भगवान् पुण्यफल स्वरूप हैं अर्थात् पंचमहाकल्याण की पूजा को उत्पन्न करनेवाला तथा तीन लोक को जीतनेवाला जो तीर्थंकर नामकर्म पुण्यकर्म उसके फल स्वरूप अरहंत तीर्थंकर होते हैं। तथा उन अरहन्तों की दिव्यध्वनि रूप वचन का व्यापार तथा शरीरादि के व्यापार रूपक्रिया स्पष्ट रूप से औदयिक है। अर्थात् निष्क्रिय निज शुद्धात्म तत्त्व से उसकी क्रिया विपरीत है क्योंकि शुद्धात्मत्व में कर्मोदय जनित किसी भी प्रकार की क्रिया नहीं है। वह क्रिया मोहादि से अर्थात् मोह रहित निज आत्म तत्त्व को रोकनेवाले तथा ममकार अहंकार को पैदा करने को समर्थ मोहादि से रहित है। इसलिए क्षायिक है। वहाँ पर पुण्योदय रूप तीर्थंकर नाम कर्म के अत्युत्कृष्ट उदय से समवशरण में स्थित होकर के उपदेश करना और विहार करने रूप क्रिया होते हुए भी मोहनीय कर्म के अभाव से कर्म बन्ध नहीं होता है। तथा साता वेदनीय कर्म का तीव्र उदय होते हुए भी वहाँ केवलज्ञानादि गुणों का घात नहीं होता है। इससे सिद्ध होता है कि भले पुण्य प्रकृति के सद्भाव से साक्षात् सर्वकर्म विनिर्मुक्त रूप द्रव्य मोक्ष नहीं हैं परन्तु स्वात्मोपलाब्धि रूप भाव-जीवन मुक्त होने में पुण्य प्रकृति बाधक नहीं है। घाति कर्म रूप पाप प्रकृतियों का सद्भाव रहते हुए भाव मुक्त (जीव मुक्त) अवस्था प्राप्त हो नहीं सकती है।

सिद्धावस्था

अट्ठविह कम्मवियला णिट्ठिय कज्जा पण्ट्ठ संसारा।
दिट्ठ सयलत्थ सारा सिद्धा सिद्धिं मम दिसंतु॥ 1॥

(ति. प. । पृ. 1)

जो आठ प्रकार के कर्मों से विकल अर्थात् रहित हैं, करने योग्य कर्मों को कर चुके हैं अर्थात् कृतकृत्य हैं, जिनका जन्म-मरण रूप संसार नष्ट हो चुका है और

जिन्होंने सम्पूर्ण पदार्थों के सार को देख लिया है, अर्थात् जो सर्वज्ञ हैं ऐसे सिद्ध परमेष्ठी मेरे लिए सिद्धि प्रदान करें।

णिरूबमरूवा णिट्ठिय कज्जा णिच्चा णिरंजणा णिरूजा।
णिम्मल बोधा सिद्धा णिरूवं जाणंति हु एक्कसमएणं॥ 17॥

(ति. प. अध्या. 9। पृ. 875)

अनुपम स्वरूप से संयुक्त, कृतकृत्य, नित्य, निरंजन, निरोग, और निर्मल बोध से युक्त सिद्ध एक ही समय में समस्त पदार्थों को सदैव जानते हैं।

आत्मोपादानसिद्ध स्वयमतिशयवद्वीत बाध्यां विशालं।
वृद्धिहारा व्यपेतं विषय विराहितं निःप्रतिद्वन्द्व भावम्।
अन्यद्रव्यानपेक्षं निरूपममिमितं शाश्वतं सर्व कालम्।
उत्कृष्टानन्त सारं परम सुखमतस्य सिद्धस्य जातम्॥ 17॥

(सि. भक्ति। पृष्ठ)

सिद्ध भगवान् का अलौकिक परमसुख आत्मा से ही उत्पन्न, स्वयं अतिशय सहित, सम्पूर्ण बाधाओं से रहित, विशाल, वितीर्ण, वृद्धि हानि से रहित, संसारिक सुख से रहित, प्रतिद्वन्द्व से रहित, परद्रव्य निरपेक्ष उपमातीत अपरिमित, शाश्वतिक सर्वकाल स्थाई, परमोत्कर्ण को प्राप्त अनन्त सार सहित महात्म्य से सहित हैं

उपसंहार

अनादि काल से जीव मिथ्यात्व गुणस्थान में कर्म की तीव्रता से अत्यन्त अशुभ लेश्या-अशुभ भावों में रहते हुए अत्यन्त दारुण दुःखो को देनेवाले आर्त-रौद्र ध्यान करता है। इस अत्यन्त पतनरूप निम्न श्रेणीय अवस्था में यह जीव द्रव्य तत्त्वादि के स्वभाव के बारे में अपरिचित रहता है। उस समय आत्म जागृति नहीं होती है। परन्तु सुप्तावस्था रहती है। परन्तु जब कभी अन्तरंग-बहिरंग समस्त कारणों के सद्भाव होने पर सद्गुरु का उद्बोधन प्राप्त करके चिर मोह निद्रा से जागृत होकर स्वयं का, गुरु का, विश्व का, सत्य का, तत्त्व का दर्शन करता है। (सम्यग्दर्शन प्राप्ति) आनन्दामृत स्वरूप स्वयं के स्वरूप को प्राप्त करने की भावना होने पर भी गमन करने की असमर्थता के कारण आगे गमन अर्थात् चारित्र स्वरूप अपना उत्थान नहीं कर पाता है। जिस प्रकार नवजात शिशु गमन करने की इच्छा होने पर भी आगे गमन नहीं कर पाता है। उससे वह असमर्थ यात्री (असंयत सम्यग्दृष्टि) अन्तरंग में बहुत ही दुःख हो जाता है। जब वह मार्ग के विषय में परिचय प्राप्त करके अल्प शक्ति संचय करता है, तब वह मन्द गति से गमन करना प्रारम्भ करता है। पूर्व अनाभ्यास के कारण, अपरिचित यात्री होने के कारण, शक्ति कम होने के कारण समर्थ मार्ग जानने वाले पथिक-अरिहंतादिओं का आलम्बन लेता है, लेना ही होता है। उनसे

प्रेम-अनुराग रखता है। विशेष मार्ग परिचय प्राप्त करता है। उन्हीं के निर्देशन के अनुसार उन्हीं के पीछे-पीछे धीरे-धीरे चलता है।

''नहि कृतमुपकार साधव विरमरन्ति''

न्याय के अनुसार उन्हीं की सेवा, भक्ति, वन्दना करता है उससे उसकी आत्मा कृतज्ञता के कारण रोमांच हो उठती है। मार्ग पर स्वयं आरूढ़ यती भी उसकी धर्म प्रीति-वात्सल्य को देखकर-जानकर उस भव्यात्मा को आगे बढ़ने का चारित्र पर आरूढ़ होने का प्रोत्साहन देते हैं। आज तक जितने भी अनन्त सुख को आत्मिक सुख को प्राप्त कर चुके वे सभी चारित्र पर आरूढ़ होकर ही हुए हैं। यदि कोई बिना चारित्र के आत्मीक सुख की वांछा करता है, वह स्वयं को धोखा दे रहा है। दीर्घ संसारी है, अनन्त दु:ख को भोगने वाला है, जो वास्तविक संसार के दु:खों से संवेग-वैराग्य को प्राप्त हुआ है, संसार के दु:खों को हेय त्याज्य समझा है, वास्तविक सुख चाहता है, वह निश्चित चारित्र, जो व्यवहार निश्चात्म है उसे धारण करेगा, धारक पुरुषों में अनुराग करेगा, उन्हें प्रोत्साहन देगा, जिससे उस अल्प चारित्रधारी धर्मात्मा की यतीवरों के, सम्मग्दृष्टिवरों के, सान्त्वना, सहाय, मार्गदर्शन पाकर उसकी आत्मिक शक्ति बढ़ती जाती है।

धीरे-धीरे गमन करते हुए जब आत्म शक्ति बढ़ती जाती एवं कुछ अभ्यास के कारण उन यात्रिओं के स्वरूप को धारण करके उनके साथ गमन करने का प्रयास करता है। अर्थात् वह देशवृती-देश चारित्रधारी यथाजात रूप को धारण करनेवाले सकल महाव्रत का परिपालन करने वाले मुनियों के साथ गमन करते हुए अनेक वन, नदी, पर्वत, कान्तार को उपसर्ग-परिषहों को सहते हुए पार करते हुए आगे बढ़ते जाता है। वह जानता है, मानता है कि रास्ता, लक्ष्य नहीं (मोक्ष नहीं) तो भी उन सब साधन के बिना साध्यरूप स्वरूप-मंजिल पर पहुँचा नहीं जा सकता। अतएव उन्हीं का अवलम्बन लेना अनिवार्य है। आज नहीं तो कल इस भव में नहीं तो दूसरे भव में अवलम्बन तो लेना ही होगा। कोई औषधी सेवन किए बिना रोग ठीक होता है ऐसा कहते हुए साधनरूप बाह्य उपचारों का लोप ही करें तो मूर्खता के सिवाय दूसरा क्या कहा जाए? अत: साध्य की सिद्धि के लिए सम्यक् साधन-बाह्य-अभ्यन्तर सामग्री आवश्यक ही नहीं अनिवार्य है। परन्तु वह गमन (साधन) रूप क्रिया भी स्वस्वरूप नहीं है। परन्तु जितना-जितना गमन होगा उतना-उतना लक्ष्य (मंजिल) समीप होगा। गमन करते-करते अर्थात् चारित्र पालन करते हुए आगे बढ़ेंगे तब स्वयं ही पीछे का रास्ता छुटता जाता है। अर्थात् विकल्प अवस्था में करने योग्य क्रियाएँ स्वयं ही गौण हो जाती हैं। जब वह पथिक लक्ष्य भूत स्वस्वरूप में पहुँच जाता है तब वह यात्री ज्ञाननन्द रूप अमृत में लीन होकर गमनागमन, रूप समस्त संकल्प-विकल्प से रहित होकर निर्विकल्प रूप स्वस्वरूप में शाश्वतिक

अवस्थान करता है। शाश्वत धाम को प्राप्त करता है। वहाँ पर न रास्ता हैं, न गमन है, न गमन का कारण है। वह स्वयं अब साध्य-साधक के विचारों से कर्ता-हर्ता पन से परे होकर कृतकृत्य हो जाता है। स्वात्मोत्थ, निराबाध, अतीन्द्रिय सहज ज्ञानामृतपान में सदा के लिए लीन हो जाता है।

उस परम कृतकृत्य, ज्ञानामृतमय, अलौकिक, अनुरागमय पथ के पथिक को अनन्तानन्त त्रिकरण शुद्धिपूर्वक नमोऽतु।

''वन्दे तद् गुण लब्धये''

जयतु अपुनरागमस्य पथः॥
जयतु अपुनरागमस्य पाथिकः॥
जयतु अपुनरागम स्वरूपः॥

मंगलं भगवान् जिनः मंगलं श्री जिनवाणी।
मंगलं आत्मसाधकः मोक्षमार्गस्तु मंगलम्॥ 1॥
मंगलं देवादिवीरः मंगलं कुन्थुसागरः।
मंगलं चिन्मरूपः जीवधर्मस्तु मंगलम्॥ 2॥

जैन धर्मस्तु मंगलम॥
वस्तु धर्मस्तु मंगलम्॥
आत्म धर्मस्तु मंगलम्॥

जीवन परिचय

(परमपूज्य गणधराचार्य श्री 108 कुंथुसागरजी महाराज का संक्षिप्त जीवन परिचय)

परमपूज्य प्रात:स्मरणीय श्रमण रत्न वात्सल्य रत्नाकर गणधराचार्य स्वस्ति श्री 108 कुंथुसागरजी महाराज साहब परमपूज्य प्रात: स्मरणीय समाधिसम्राट तीर्थभक्त शिरोमणि परम्पराचार्य परमेष्ठी स्वस्ति श्री 108 महावीर कीर्तिजी महाराज के परम प्रियाग्र शिष्य हैं।

इस भारतभूमि पर अनेक ऋषि महर्षियों का जन्म हुआ है, इसी श्रवण संस्कृति का संवर्धन करनेवाले प. पू. गणधराचार्य श्री कुंथुसागरजी महाराज का जन्म राजस्थान के मेवाड़ प्रान्त की पावन भूमि उदयपुर जिले के अन्तर्गत बाठेड़ा ग्राम में वि. सं. 2003 ज्येष्ठ शुक्ल 13 रविवार दिनांक 1-6-1947 को पिता पं. रेवाचन्द्र जी एवं माँ सोहनदेवी की कूँख से हुआ पूज्यश्री का जन्म नाम कन्हैयालाल था। इनको एक भाई एवं तीन बहनें है। आपके पूज्य पिता एवं माँ के सुसंस्कार होने से आप बालपन से संस्कारित होते गये। आपका लौकिक एवं धार्मिक शिक्षण किसी शाला कॉलेज में न होकर आपका संपूर्ण शिक्षण पूज्य पिताजी द्वारा घर में ही हुआ। आपके बलिष्ठ संस्कारों के कारण आपकी धार्मिक वृत्ति एवं संसार शरीर भोगों से दिनोंदिन उत्तरोत्तर वैराग्य बढ़ता ही गया।

जिस समय आप उदयपुर में व्यवसाय कर रहे थे उस समय वहाँ पर पूज्य आचार्य सीमन्धर सागर जी महाराज एवं पूज्य सुबाहुसागरजी महाराज के धार्मिक धारावाही प्रवचनों से प्रभावित होकर आजीवन शूद्र जल का त्याग कर व्रतानुष्ठानों को करने लगे। कुछ दिन बाद पावागढ़ में जाकर 1008 श्री पार्श्वनाथ भगवान की साक्षी में आजीवन अखंड ब्रह्मचर्यव्रत को धारण कर मोक्ष मार्ग की ओर अग्रसर हो गये। आ. श्री सीमन्धर, सुबाहुसागरजी के साथ ही ई. सं. 1967 में श्रवणबेलगोला में होनेवाले महामस्तकाभिषेक के लिये पैदल ही बिहार करते हुए श्रवणबेलगोला आ पहुँचे। वहाँ पर परमपूज्य समाधिसम्राट तीर्थ भक्त शिरोमणि परम्पराचार्य परमेष्ठी स्वस्ति श्री 108 महावीर कीर्ति जी महाराज की शान्त छवि के दर्शन कर दीक्षा के

भाव व्यक्त किये। आचार्यश्री ने कुछ समय के बाद दीक्षा देने को कहा। आचार्यश्री के साथ पैदल विहार कर होम्बुज क्षेत्र पर आ गये। पुनः आचार्यश्री अपनी अन्तरंग भावना को व्यक्त कर जैनेन्द्र दीक्षा को प्रदान करने की इच्छा को व्यक्त कर दिया। आचार्यश्री ने शुभ तिथि, वार, नक्षत्र को देखकर एवं आपकी भावनानुसार (क्षुल्लक ऐल्लक आदि दीक्षा के बिना) आपको 2024 आषाढ़ शु. 2 रविवार ई. स. 1967 को जैनेश्वरी निर्ग्रन्थ दीक्षा प्रदान की। एवं आपका दीक्षा नाम मुनि श्री कुंथुसागर श्री प्रसिद्ध किया। दीक्षा के उपरांत आपने आचार्यश्री के साथ मंगल विहार किया। समाधि के अन्त में आचार्य प्रवर श्री महावीर कीर्तिजी महाराज ने आपको दिनांक 6.1.1972 गुरुवार को बेड़की हाल में गणधर पद पर प्रतिष्ठित किया। एवं दिनांक 19.11.1980 में अकलूज में सन्मार्ग दिवाकर निमित्त ज्ञान शिरोमणि आचार्यश्री विमलसागर जी महाराज ने आपको आचार्य पद पर प्रतिष्ठित किया।

हिन्दी भाषा का ज्ञान तो आपको प्रारम्भ से था ही, आपके अध्ययन के फलस्वरूप संस्कृत, प्राकृत, कन्नड़, मराठी, गन की गुजराती आदि अनेक भाषाओं के ज्ञान पर आपका पूर्ण प्रभाव है, आपकी प्रवचन शैली का जन मानस पर जो प्रभाव पड़ता है यह अतुलनीय है। आपका उत्तर भारत से दक्षिण भारत की तरफ बिहार कर श्रमण संस्कृति का संवर्धन करने का प्रयास भी अतुलनीय है। समता वात्सल्यता, निष्परिग्रहता, निर्ग्रन्थता आपके विशेष गुण है। महाराज श्री तप व त्याग की साक्षात् मूर्ति है। जो भी एक बार आचार्य श्री के दर्शन लेता है वह अपने आपको धन्य मान लेता है। एवं उस भगवन स्वरूप वीतराग काया के दर्शन करके अपने आपको अहोभाग्य मानता है। आचार्यश्री के साथ जो भी एक बार बातचीत करता है वह आचार्यश्री को बालनायक कहे बिना नहीं रह सकता वह मुस्कान भी धन्य है जिसकी ओर हजारों निगाहें आचार्य श्री मुस्कान की अपनी सरल-सहज निष्पाप निरोग निर्द्वन्द्वों का परिचय देती है न किसी से राग है न द्वेष है। जो कुछ बोलेंगे बालक की तरह, फिर वह जो चाहे सामने हो, बोलकर ही, छोड़ेंगे, खंडित हो, विक्षन हो, चाहे कोई मुनि को 'एक घाव दो टुकड़ा' की सूक्ति को चरितार्थ करनेवाली आचार्यश्री की वाणी टुकड़े ही करते जाती है, जिसे अध्यात्म भाषा में भेदज्ञान कहते हैं। आचार्यश्री के द्वारा होनेवाला धर्मप्रभावना एवं जनोद्धार सराहनीय है। आचार्यश्री शतायुष्य होकर इस भारत भू पर चिरकाल तक बिहार कर रत्नत्रय की वृद्धि कर पर्य चाणवक्य करते रहें। ऐसी मेरी शुभ भावना है।

आपका चरण सेवक

—प्रज्ञाश्रमण देवनन्दि जी

इद्रध्वज आराधना, अकलूज

1-11-1987 रविवार

संक्षिप्त परिचय

अभोक्ष्ण ज्ञानोपयोगी उपाध्याय 108 श्री कनकनन्दि महाराज

श्री कनकनन्दि महाराज

परम वंदनीय गणधराचार्य 108 श्री कुंथुसागरजी महाराज के परम शिष्य अभीक्ष्ण ज्ञानोपयोगी, उपाध्याय 108 श्री कनकनन्दि महाराजजी का जन्म उड़ीसा राज्य के ब्रह्मपुरी ग्राम में हुआ। उनका जन्मनाम गंगाधर प्रधान था। वे बाल्यावस्था से ही धर्मपरिणामी थे। अध्यात्म के प्रति अत्यन्त आकर्षित थे, साथ-साथ सात्विक एवं शांत स्वभावी होने के कारण सहज ही धर्म प्रेरित थे। अपनी लौकिक शिक्षा के साथ-साथ उनका आकर्षण धर्म तत्त्वज्ञान के प्रति भी रहा।

प्रथमत: उन्होंने श्री क्षेत्रराज सम्मेद शिखरजी में पूज्य श्री गणधराचार्य 108 श्री कुंथुसागर महाराज़जी के संघ में प्रवेश किया। श्री क्षेत्र पपौरा में आचार्य श्री से ही क्षुल्लक दीक्षा स्वीकार की। एवं 1981 में सम्पन्न हुए श्री सहस्राब्द्ध महामस्तकाभिषेक के शुभ प्रसंग पर पू. आ. कुंथुसागर महाराज से ही मुनि दीक्षा ग्रहण की। इनका दीक्षा नाम कनकनन्दि था। अपनी साधु अवस्था में उपाध्याय श्री कनकनन्दि महाराज़जी सदाकाल ज्ञानोपयोग में ही समय व्यतीत करते हैं। धर्मशास्त्र, भारतीय तत्त्वज्ञान, विभिन्न भाषाएँ (अष्ट भाषा) एवं विध ज्ञान-विज्ञान के ज्ञाता के रूप में आज उपाध्यायजी सर्वपरिचित है। आयुर्वेद, भूगोल, गणित आदि विषय में उनकी विद्वता सराहनीय है।

पूज्य श्री की साहित्य साधना

पूज्य उपाध्याय जी ने जैन गणित एवं भूगोलपर आधारित परिकर्म सूत्र विषय में (आ. विमलसागर महाराज अभिनन्दन ग्रन्थ में प्रकाशित) अभ्यास पूर्ण लेख लिखा है जो जैन साहित्य में अत्यन्त उल्लेखनीय माना जाता है 'अपुनरागमनपथ' नामक लेख भी प्रभावी है। उनकी लिखी पुस्तक 'अनेकान्त' अत्यन्त महत्वपूर्ण है।

भाव-संग्रह की प्रस्तावना

भावसंग्रह की प्रस्तावना का विषय जो इस ग्रन्थ में पाया जाता है, वह आज के भ्रमित अवस्था में पाये जानेवाले जैन समाज को निश्चित ही सन्मार्गदर्शक सिद्ध होगा, यह निर्विवाद है। पूज्य उपाध्याय 108 श्री कनकनन्दिजी महाराज ने पूज्य श्री देवसेनजी के विभिन्न ग्रन्थों के आधार पर एवं अन्य जैनागम के अनेक ग्रन्थों का साधार स्पष्टीकरण देकर निश्चय एवं व्यवहार नय के विषय में सांगोपांग विचार प्रकट कर एकान्तवादियों पर धना प्रहार किया है और उनकी आँखें उन्होंने खोल दी है। अपने आप में यह एक अद्वितीय कृति है।

ऐसे परमज्ञान संपन्न, सतत् ज्ञानार्जन में रममाण रहने वाले अभीक्ष्ण ज्ञानोपयोगी उपाध्याय 108 श्री कनकनन्दिजी महाराज श्री के शरण में शतशः प्रणाम।

शुक्रवार चरणसेवक

7-11-87 **सुभाष वर्धमान शास्त्री**

प. पू. श्रमणरत्न वात्सल्य रत्नाकर गणधराचार्य स्वस्ति श्री 108

कुंथुसागरजी महाराज का मंगल आशीर्वचन

वर्तमान समय बहुत ही निकृष्ट आया है, कोई किसी की भी नहीं मानता है जैनागम कुछ कह रहा है, तो जैन लोग कुछ कह रहे हैं, नाना प्रकार के झगड़े, विसंवाद नयी नयी मान्यताएँ उठ खड़ी है। और लोग चौराहें पर खड़े हो गये हैं, कौन-सी दिशा में जायें, किसके कहे अनुसार चलें? नाना प्रकार की शंकाओं के समाधान रूप में यह भावसंग्रह ग्रन्थ आपके हाथ में है, प्रस्तावना के साथ पढ़ो, और निःशंक हो जाओ, यह ग्रन्थ प्रामाणिक है, पठन-पाठन से अवश्य ही शंकाओं का समाधान होगा, हमें किसी की नहीं सुनना है, पूर्वाचार्य कृत आगम का अवलोकन कर सम्यग्दृष्टि बनना है। इस पुस्तक की प्रस्तावना लिखने का कार्य हमारे परम शिष्य सि. च. उपाध्याय मुनि कनकनन्दिजी महाराज ने किया है, यह उत्कृष्ट कार्य हुआ है, सबको ही मेरा आशीर्वाद है, ग्रन्थ व प्रस्तावना का प्रकाशन करने वालों को भी मेरा आशीर्वाद है। इस ग्रन्थ को अवश्य ही एक बार पढ़ना चाहिये। इस ग्रन्थ का अधिक से अधिक प्रचार प्रसार हो ऐसी मेरी शुभकामना है। ग्रन्थ के संपादन करने वालों को भी मेरा शुभाशीर्वाद है।

—ग. आ. कुंथुसागरजी

अकलूज-वर्षायोग

25-10-87

दि. सिद्धान्त चक्रवर्ति उपाध्याय मुनि कनकनन्दिजी लिखित मिताक्षर

श्री देवसेनाचार्य उपभाषा विशारद सुतीक्ष्ण जिनवरम्य नयचक्र के सुसंचालक सम्यग्दर्शन के परमोपासक सत्यशासन के सम्वर्द्धक थे। वे सम्यग्दर्शन कि शुद्धि के लिये ''दर्शनसार'' एवं भावसंग्रह के प्रथम प्रकरण प्रतिपाद थे। केवल सम्यग्दर्शन से स्वात्मोपलब्धि रूप मोक्ष प्राप्त नहीं हो सकता है, उसके साथ सम्यग्ज्ञान भी चाहिये। सम्यग्ज्ञान के लिये अनेकान्त चाहिये। अनेकान्त के लिये सम्यक् नय की नितान्त आवश्यकता होती है। अतः नयचक्र, आलाप पद्धति, श्रुत भवन दीपका नयचक्र का प्रतिपादन किया। जैसे रत्नत्रय की पूर्णता के लिये चारित्ररत्न भी नितान्त अनिवार्य है। सुचारित्र प्राप्ति के लिये पुरुषार्थ साधना अत्यन्त आवश्यक है। इस कारण ''आराधना सार' का प्रतिपादन किया। अलौकिक अभूतपूर्व आत्मिक पुरुषार्थमय तीन रत्न की आराधना से जो सारभूत तत्त्व प्राप्त होता है, उसको तत्त्वसार में निबद्ध किया। त्रिलोक एवं त्रिकाल में जो सारभूत तत्त्व है वह बिना पुरुषार्थ या सम्यक् साधना प्रणाली से प्राप्त नहीं हो सकता है। वही सम्यक् साधना-सोपान ही आध्यात्मिक सोपान या गुणस्थान है।

तत्त्वसार के पिपासु जब आध्यात्मिक सोपान में आरोहण करके समयसार का आपूर्ण पान करके अजर अमर अमृत पद रूपी स्वात्म-स्वरूप को प्राप्त करके चिर तृप्त होकर परम कृतकृत्य हो जाता है। वह अवस्था ही सत्य-शिव-सुन्दर-ब्रह्मा, विष्णु, हर नित्य, निरंजन, अविकार, शुद्ध-बुद्ध-निराकार है। वही परम तत्त्व सम्पूर्ण जीव में निहित हैं। परन्तु सम्यक् अन्तरंग-बहिरंग पुरुषार्थ बिना वह परम शुद्ध तत्त्व जो कि अनन्त सुख सम्यक् अन्तरंग-बहिरंग पुरुषार्थ बिना वह परम शुद्ध तत्त्व जो कि अनन्त सुख स्वरूप है वह संसारी रागी-द्वेषी-मोही-परिग्रही जीव को प्राप्त नहीं हो सकता है।

अतः उस अपूर्व सुख की प्राप्ति किस प्रकार होगी इसका सम्यक् रूप से सांगोपांग वर्णन देवसेनाचार्य ने किया है। जो सम्यक् भव्य मुमुक्षु है वह उस मार्ग पर

दक्षता सहित उपासक होकर शीघ्र परम तत्त्व को प्राप्त करें।

मैं भी इस परम स्व-तत्त्व को शीघ्रातिशीघ्र कब प्राप्त करूँ, इसी शुभ भावना को लेकर परमतत्त्वोपलब्धि को प्राप्त हुए, लोक में मंगल स्वरूप-उत्तम स्वरूप-शरण स्वरूप पंच परमेष्ठिओं के चरण में समर्पित करता हुआ।

णाणं सरणं में दंसणं सरणं चारियं सरणं।
देवसेण गुरुं सरणं सरणं में पंच महागुरु देव ॥1 ॥
वीरं सरणं मे वाणी सरणं में गोयम सरणं।
कुण्डकुण्डायी सरणं सरणं में पण्णं वीरसेणं ॥2 ॥
आदि संतिवीरं सरणं सरणं कुन्थुं आशरियं
कणक पासाण राम मम आदा होउ कणक राम सुद्धं ॥3 ॥

दो शब्द

प्रथम आवृत्ती स्थित

इस ग्रन्थ का नाम भावसंग्रह है। भाव शब्द का अर्थ परिणाम है। यद्यपि जीवों के परिणाम क्षण-क्षण में बदलते रहते हैं, तथापि उन सबका संग्रह चौदह गुणस्थानों में हो जाता है।

आचार्यों ने औपशमिक, क्षायिक, क्षायोपशमिक औदयिक और परिणामिक ये जीवों के पाँच भाव बतलाये हैं। इन्हीं पाँच भावों में कुछ भाव शुभ हैं, कुछ अशुभ है और कुछ शुद्ध हैं। तथा इन्हीं भावों के अनुसार गुणस्थानों की रचना समझ लेनी चाहिये। कर्मों के उदय होने से औदयिक भाव होते हैं। कर्मों के क्षय होने से क्षायिक भाव होते हैं, कर्मों के उपशम होने से औपशमिक भाव होते हैं, कर्मों के क्षयोपशम होने से क्षायोपशमिक भाव होते हैं तथा जीवों के स्वाभाविक परिणाम पारिणामिक भाव कहलाते हैं।

इस ग्रन्थ में इन्हीं भावों का वर्णन है और किस गुणस्थान में कैसे-कैसे भाव होते हैं यही सब बतलाया है।

यह सब कोई जानता है कि मिथ्यात्व गुण स्थान में होने वाले अशुभ परिणाम सर्वथा त्याज्य है। चौथे पाँचवें आदि गुणस्थानों में होने वाले शुभ परिणाम ग्राह्य है। इन्हीं गुणस्थानों में राग द्वेष के निमित्त से होने वाले अशुभ परिणाम त्याज्य हैं, और अन्त में शुभ-अशुभ दोनों प्रकार के परिणामों का त्याग हो जाने पर आत्मा की शुद्ध अवस्था में होने वाले स्वाभाविक शुद्ध भाव सर्वथा ग्राह्य है। यही सब समझने के लिये इस ग्रन्थ की रचना की गयी थी।

इस ग्रन्थ को पढ़कर मिथ्यात्व गुणस्थान में होने वाले अशुभ भावों का सर्वथा त्याग कर देना चाहिये। चतुर्थ आदि गुणस्थानों में होने वाले शुभ परिणामों को ग्रहण करना चाहिये, तथा उन शुभ परिणामों की वृद्धि करते-करते शुद्ध परिणामों के प्राप्त होने का ध्येय रखना चाहिये और अन्त में शुभ अशुभ दोनों प्रकार के परिणामों का त्याग कर आत्मा के स्वाभाविक शुद्ध भावों को धारण करना चाहिये। यही इस ग्रन्थ

के पढ़ने का मनन करने का साक्षात् फल है और यही मोक्ष का कारण है। चतुर्थ आदि गुणस्थानों में होने वाले भाव परम्परा से मोक्ष के कारण हैं और अन्तिम गुणस्थानों के भाव साक्षात् मोक्ष के कारण हैं।

इस प्रकार इस ग्रन्थ का पठन-पाठन मोक्ष का कारण है और वह पठन-पाठन समस्त भव्य जीवों को सफलता पूर्वक प्राप्त हो इसी उद्देश्य से इसकी संक्षिप्त हिदी टीका लिखी गयी है और इसी उद्देश्य को लेकर यह ग्रन्थ प्रकाशित किया गया है। आशा है अनेक भव्य जीव इसका पठन-पाठन कर अपने आत्म का कल्याण करेंगे।

इति भद्रम्

निवेदक

लालाराम जैन शास्त्री

धर्मरत्न, सरस्वती दिवाकर,

मैनपुरी (यू. पी.)

॥श्री वर्धनाय नमः॥

आचार्य श्री देवसेन का परिचय

श्रीमान् उद्भट विद्वान दि. जैन वीतराग महर्षि आचार्य देवसेन भावसंग्रह के कर्ता महोदय का संक्षिप्त परिचय इस प्रकार है--

आचार्य देवसेन ने अपने बनाते हुए ग्रन्थ संग्रह में अपने विषय में यह लिखा है—

सिरि विमलेणगणहर सिस्सो णामेण देवसेणु त्ति।
अहुजणवोहणत्थं तेणेयं विरइनं सुत्तं॥

अर्थात् श्री विमलसेन गणधर (गणी) के शिष्य देवसेन हैं। उन्हीं देवसेन आचार्य ने अज्ञ जनों को बोध कराने के लिये यह भावसंग्रह सूत्र ग्रन्थ रचा है उसमें भी उन्होंने अपना परिचय इस प्रकार दिया है—

पुव्वारिय कथाइं गाहाइं संचिऊ ण एयत्थ।
सिरि देवसेण गणिणा धाराए संवसन्तेण॥49॥
रइओ दंसणसारो हारो भव्वाण णवसए नवए।
सिरि पासणाह गेहे सुविसुद्धे माहसुद्ध दसमीऐ॥50॥

अर्थात् पूर्वाचार्यों की रची हुई गाथाओं को एक स्थान में संग्रह करके श्री देवसेन गणी ने धारा नगरी में निवास करते हुए पार्श्वनाथ भगवान के मंदिर में माघ सुदी दशमी विक्रम सम्वत् 990 में यह दर्शनसार ग्रन्थ रचा।

इस उपर्युक्त कथन से दो बातें सिद्ध हो जाती हैं। एक तो यह कि आचार्य देवसेन स्वयं भी गणी थे अर्थात् गण के नायक थे और विक्रम संवत 990 में ये हुए हैं। इन्होंने अन्य अपने बनाये हुए ग्रन्थों में अपना परचिय नहीं दिया है। और न उन ग्रन्थों की रचना का समय बताया है।

यद्यपि इनके किसी ग्रन्थ में इस विषय का उल्लेख नहीं है कि किस संघ के

आचार्य थे परन्तु दर्शनसार के पढ़ने से यह बात स्पष्ट हो जाती है कि वे मूल संघ के आचार्य थे। दर्शनसार में उन्होंने काष्ठ संघ, द्राविड़ संघ, माथुर संघ और यापनीय संघ आदि सभी दिगम्बर संघों की उत्पत्ति बतलाई है और उन्हें मिथ्यात्वी कहा है। परन्तु मूल संघ के, विषय में कुछ नहीं कहा है अर्थात् उनके विश्वास के अनुसार यही (मूल संघ) मूल से चला आया है और यही वास्तविक संघ है।

श्री देवसेन का आम्नाय

श्री देवसेन गणी ने दर्शनसार की 43वीं गाथा में लिखा है कि—

जइ पउमणंदिणाहो सीमन्धरसामि देव्य णाणेण।
ण विवोहइ तो समणा कहं सुमग्गं पयाणंति॥

अर्थात् यदि आचार्य पद्मनन्दि (कुन्दकुन्द स्वामी) सीमंधर स्वामी द्वारा प्राप्त दिव्यज्ञान के द्वारा बोध नहीं देते तो मुनिजन सच्चे मार्ग को कैसे जानते। इस कथन से यह निश्चय हो जाता है कि आचार्य देवसेनगणी श्री कुन्दकुन्दाचार्य की आम्नाय में थे।

भावसंग्रह में (प्राकृत में) जगह-जगह दर्शनसार की अनेक गाथाएँ उद्धृत की गयी हैं। और उनका उपयोग उन्होंने स्वनिर्मित गाथाओं की भाँति किया है। इससे इस विषय में कोई सन्देह नहीं रहता कि दर्शनसार और भावसंग्रह दोनों के कर्ता एक ही देवसेन है। इनके अतिरिक्त आराधनासार और तत्त्वसार नाम के ग्रन्थ भी इन्हीं देवसेन के लिखे हुए हैं।

पं. शिवलालजी ने इनके 'धर्म संग्रह नामक एक और ग्रन्थ का उल्लेख किया है परन्तु वह अभी तक हमारे देखने में नहीं आया है।

नयचक्र के कर्ता भी श्री आचार्य देवसेन हैं परन्तु इस सम्बन्ध में स्वामी विद्यानन्दि ने श्लोकवार्तिकालंकार में यह लिखा है कि नयों का वर्णन विशेष रूप में जानना हो तो नयचक्र को देखो। इससे यह जाना जाता है कि जिस नयचक्र को आचार्य देवसेन ने बनाया है उससे पहले और कोई नयचक्र था, उसी का उल्लेख स्वामी विद्यानन्दि ने किया है। जैसा कि नीचे लिखी बात से सिद्ध होता है—

माइल्ल धवल के बृहत् नयचक्र के अन्त की एक गाथा जो बम्बई प्रति में पाई जाति है यदि ठीक हो तो उससे इस बात की पुष्टि होती है, वह गाथा इस प्रकार है—

दुसमीरणेण पोयं पेरियंसन्तं जहा तिरं नट्टं।
सिरि देवसेण मुणिणा तह णयचक्कं पुणो रइयं॥425॥

इस गाथा का अभिप्राय यह है कि दुःषमकाल रूपी आंधी से जहाज के समान

जो नयचक्र चिरकाल से नष्ट हो गया था उसे देवसेन मुनि ने फिर से रचा इससे विदित होता है कि देवसेन आचार्य के नयचक्र से पहले कोई नयचक्र था जो नष्ट हो गया था और बहुत सम्भव है कि देवसेन ने दूसरा नयचक्र बनाकर उसी का उद्धार किया हो?

उपलब्ध ग्रन्थों में नयचक्र नाम के तीन ग्रन्थ प्रसिद्ध है और माणिक चन्द ग्रन्थमाला में तीनों ही नयचक्र प्रकाशित हो चुके है। 1. आलाप पद्धति, 2. लघु नयचक्र, 3. बृहत् नयचक्र। इनमें पहला ग्रन्थ-आलाप पद्धति संस्कृत में है और शेष दो प्राकृत में है।

आलाप-पद्धति के कर्ता भी देवसेन आचार्य हैं। डॉ. भांडरकर रिचर्स इंन्स्ट्यूट के पुस्तकालय में इस ग्रन्थ की एक प्रति है उसके अन्त में प्रति के लेखक ने लिखा है कि—

''इति सुख बोधार्थ मालयपद्धति: श्री देवसेन
विरचिता समाप्ता। इति श्री नयचक्रं सम्पूर्णम्''

उक्त पुस्तकालय की सूची में भी यह नयचक्र नाम से ही दर्ज है। इसे नयचक्र भी कहते हैं और आलाप पद्धति भी कहते हैं। आलाप पद्धति के प्रारंभ में लिखा है कि आलाप पद्धति वचन रचनानुक्रमेण नयनचक्रस्योपरि उच्चते। इससे विदित होता है कि नयचक्र से ही आलाप पद्धति को संस्कृत रूप में किया गया है। और ''देवसेन कृता'' लिखा है अत: यह उन्हीं देवसेन का रचा हुआ ग्रन्थ है, यह सिद्ध है।

लघु नयनचक्र

लघु नयनचक्र श्री देवसनाचार्य का बनाया हुआ है इससे पहले के कई नये विवेचक ग्रन्थों को देखकर आचार्य देवसेन ने इसका नाम लघु नयनचक्र रक्खा है ऐसा विदित होता है।

आचार्य देवसेन की महत्ता और पूज्यता

द्रव्य-स्वभाव प्रकाश नाम का एक सुन्दर ग्रन्थ है उसकी गाथा रूप में रचना माइल्ल धवल ने की है। ये माइल्ल धवल भी महा विद्वान प्रतीत होते हैं। उन्होंने उक्त अपने ''दब्बसहाव पयास'' नामक ग्रन्थ में लिखा है कि श्री देवसेन योगी के चरणों के प्रसाद से यह ग्रन्थ बनाया गया। इस से स्पष्ट सिद्ध है कि आचार्य देवसेन मूलसंघ के एक महान योगी और महान विद्वान थे। और मुनिगण तथा आचार्यों द्वारा पूज्य थे। नयचक्र के अन्त में यह गाथा मिलती है—

सियसद्द सुणय दुण्णय दणु देह विदारणेक्क वरवीरं।
तं देवसेण देवं णयचक्कयरं गुरुं णमह॥423॥

अर्थात् स्यात् शब्द सुनय द्वारा दुर्नय शरीरधारी दानव के विदारण करने में महान् वीर जो नयचक्र के कर्ता आचार्य देवसेन देव है उन देवसेन गुरु को नमस्कार करो।

उपर्युक्त सभी कथन से यह बात सिद्ध हो जाती है कि आचार्य देवसेन गणी एक महान उद्भट विद्वान आचार्य हुए हैं वे दशवीं शताब्दी में हुए हैं और आचार्यवर्य कुन्दकुन्द स्वामी की आम्नाय मूलसंघ के आचार्य थे। ये आचार्य विमलसेन गणी के शिष्य थे। और वे स्वयं अनेक मुनियों के नामक गणी हुए हैं। आचार्य देवसेन ने भावसंग्रह महान् ग्रन्थ जो गम्भीर एवं सूक्ष्म तत्त्वों से भरा हुआ है बनाया है इसके सिवा उन्होंने आलाप पद्धति, दर्शनसार, आराधनासार, तत्त्वसार, नयचक्र आदि सिद्धान्त के महान ग्रन्थों की रचना की है। श्लोकवार्तिक में आचार्य विद्यानन्दि ने जिन नयों का वर्णन किया है वह वर्णन पुरातन नयचक्र से मिलता है जिसके नष्ट होने पर आचार्य देवसेन ने लघु नयचक्र रचा है। जैसा कि ऊपर कहा जा चुका है। इससे यह भी सिद्ध होता है कि आचार्य देवसेन आचार्य विद्यानन्दि के पश्चात् हुए ऐसा प्रतीत होता है। इन आचार्य देवसेन की भगवतकुन्दकुन्द आचार्य में दृढ़ श्रद्धा थी इस बात का उल्लेख उन्होंने दर्शनसार में किया है। इन्होंने मालवा प्रान्त को अपने विहार से बहुत काल तक पवित्र किया था।

वर्तमान मुनियों के विषय में स्पष्टीकरण

आजकल दक्षिण उत्तर में अनेक मुनिगण नग्न, दिगम्बर जैन साधु सर्वत्र विहार कर रहे हैं। यह समाज धर्म और देश के लिये कल्याण की बात है। दिगम्बर जैन शास्त्रों में उत्कृष्ट एवं तद्भव मोक्षगामिता की शक्ति रखने वाले तपस्वी साधुओं का स्वरूप और उनकी अचिन्त्य कठिन चर्या का वर्णन पढ़कर अनेक स्वाध्याय शील बन्धु कहने लगते है कि जो गरमी में पहाड़ों पर माध्यमिक समय तपश्चरण करे शीत ऋतु में जो नदियों के किनारे पर ध्यान लगाये बैठे, वर्षा में जो वृक्षों के नीचे टपकते हुए पानी में बाहें लुभायें खड़े हों और जो सिंह व्याघ्र भालू आदि हिंसक जानवरों से भरे हुए जंगलों में रहते हों वे ही साधु हो सकते हैं। आजकल नगरों में मन्दिरों मठों और धर्मशाला आदि में रहने वाले साधु, मुनि नहीं कहलाने योग्य हैं, आदि आक्षेपों और दुर्भावनाओं से अनेक लोग वर्तमान साधुओं को साधु ही नहीं समझते हैं। इस विषय में आचार्य सोमदेव, आचार्य कुन्दकुन्द आदि महान आचार्यो ने स्वरचित शास्त्रों में बहुत अच्छा समाधान किया है, उन्होंने लिखा है—

कालेकलौ चले चित्ते देहे चान्नादि कीटके।
एतच्चित्रं यदद्यापि जिनरूपधरा नराः ॥

अर्थात् आज के इस पतनशील कलिकाल में और चित्त की क्षण क्षण में बदलने वाली चंचलता में, साथ ही शरीर के अन्न का कीड़ा बन जाने पर भी आश्चर्य है कि आज भी जिन रूप को धारण करने वाले साधु गण दीख रहे हैं।

पण्डित प्रवर आशाधरजी ने लिखा है कि वर्तमान मुनिराजों को चतुर्थ काल के मुनिराजों के समान ही समझ कर उनकी श्रद्धापूजा करना चाहिये।

जो लोग मुनिराजों की परीक्षा में ही अपनी बुद्धि का समस्त सन्तुलन खो बैठते हैं और कहते फिरते हैं कि इनकी ईर्या समीति ठीक नहीं है। ये उद्दिष्ट भोजी है आदि। इन तथ्य कुतर्कों का उत्तर देते हुए पूर्वाचार्य कहते है कि—

"भुक्तिमात्रप्रदाने तु का परीक्षा तपस्विनाम्" अर्थात् श्रावक लोगों! वीतराग मुनिराजों को केवल आहार देने मात्र के लिये तुम क्या परीक्षा करते फिरते हो? जब कि पंचम काल के अन्त समय तक साधु गण पाये जाएंगे और वे चतुर्थ कालवत् ही अट्ठावीस मूल गुणधारी परम पवित्र शुद्धात्मा होंगे ऐसा सिद्धान्त चक्रवर्ती आचार्य नेमि चन्द्राचार्य त्रिलोकसार में लिखते हैं। तब आज कल के मुनिराजों पर आक्षेप करना सिवा अशुभ कर्म बन्ध के और कुछ नहीं हैं।

आचार्य देवसेनजी का स्पष्ट वक्तव्य

आजकल के मुनिराजों के विषय में आचार्य देवसेन जी ने अपने द्वारा रचित इस भावसंग्रह में बहुत ही सुन्दर आगमोक्त सिद्धान्त का स्पष्टीकरण किया है वह इस प्रकार है—

दुविहो जिणेहि कहिओ जिणकम्पो तह य थविर कप्पो य।
सो जिणकप्पो उत्तो उत्तमसंहणण धारिस्स ॥119॥

जत्थण कंटय भग्गो पाए णयणम्मि रय पविट्ठम्मि।
फेडंति सयं मुणिणो परावहारे य तुण्हिका ॥120॥

जल वरिसणवा याई गमणे भग्गे य जम्म छम्मासं।
अच्छंति णिराहारा काओसग्गेण छम्मासं ॥121॥

एयारसंग धारी एआई धम्म सुक्क झणीय।
यत्ता सेस कसाय मोणबई कन्दरा वासी ॥122॥

वाहिरन्तर गंथ चवा घिण्णेहा णिप्पिहा च जइवइ गो।
जिण इव विहरति सदा ते जीण कप्पेठिया समणा ॥123॥

थविरकप्पोवि कहिओ अणयाराणं जिणेण सो एसो
पंचच्चेलच्चाओ अकिंचणतं च पडिलिहणं ॥124 ॥

पंच महव्वय धरणं ठिदिभोयण एयभत्त करपत्तो।
भत्ति भरेण य दत्तं काले य अजायणे भिक्खं ॥125 ।।

दुविह तवे उज्जमणं छव्विह आवासएहिं अणवरयं।
खिदिसयणं सिर लोओ जिणवर पडिरुव पडिगहणं ॥126 ॥

संहणणस्स गुणेण य दुस्सम कालस्स तव पहावेण।
पुरणयरगाम वासी थविरे कप्पे ठिया जाया ॥127 ॥

उवयरणं तं गहियं जेण ण भंगो हवेइ चरियप्स।
गहियं पुत्थ य दाणं जोग्गं जस्स तं तेण ॥128 ॥

समुदाएण विहारो धम्मस्स पहावणं ससत्तीए।
भवियाण धम्मसवणं सिस्साण य पालनं गहणं ॥129 ॥

संहण्णं अइणिणच्चं कालो सो दुक्समो मणो चवलो।
तहवि दुधीरा पुरिसा महव्वय भरधरण उच्छहिया ॥130 ॥

बरिससहस्सेणहु पुरा जंकम्मं हणइ तेण काएण।
ते संपइ वरिसेण हु णिज्जरयइदूणि संहणणे ॥131 ॥

भावार्थ : *मुनि दो प्रकार के होते है जिनकल्पी और स्थविरकल्पी जो उत्तम संहनन को धारण करने वाले हैं, जिनके पैर में काँटा लग जाय व आँखों में धूल भर जाय तो स्वयं नहीं निकालते दूसरा निकाले तो मौन धारण कर लें। जो वर्षा आदि ऋतु में 6 महीने तक बिना आहार लिये बैठे व खड़े रहें। जो ग्यारह अंग के पाठी हो धर्म व शुक्ल ध्यान में लीन रहते हों जिनकी कषायें नष्ट हो गयी हों, मौनव्रती हों, कन्दरावासी हो, बाह्याभ्यंतर परिग्रह से रहित हो, वीतराग निस्पृह हों और जिनके समान विहार करें वे मुनि जिनकल्पी कहलाते हैं।*

जो मुनि पाँचों प्रकार के वस्त्रों के त्यागी हों जिनके पास कोई परिग्रह न हो, पीछी हो, जो पाँचों महाव्रतों के धारी हो खड़े होकर दिन में एक बार करपात्र में भोज करते हों, दोनों प्रकार के तपश्चरण में उद्यमी हों, छहों आवश्यकों का पालन करते हों, लोंच करते हों, पृथ्वी पर शयन करते हों, इस प्रकार अट्ठाईस मूल गुणों का पालन करते हों। (मन्दिर व मठ आदि में) रहते हों उनको स्थविरकल्पी कहते है। जिनसे रत्नत्रय का भंग न हो ऐसे उपकरण रखते हैं; अपने योग्य किसी के द्वारा दी हुई पुस्तक रखते हैं; समुदाय से विहार करते हैं, भव्यों को धर्म श्रवण कराते हैं;

शिष्यों को दीक्षा देते हैं और उनकी स्थिति का पालन करते है इस दुःषम काल में हीन संहनन होने पर भी धीर पुरुष महाव्रत धारण करते हैं यह आश्चर्य है। पहले के उत्तम संहनन से जो कर्म हजारों वर्षों में नष्ट होते थे वे कर्म इस समय हीन संहनन के द्वारा एक वर्ष में नष्ट हो जाते हैं।

इस उपर्युक्त कथन से सिद्ध है कि आज कल के मुनिगण स्थविर कल्पी मुनि है वे हिंसक जन्तुओं से भरे हुए जंगलों में रहकर निर्विघ्न धर्म ध्यान करने में सर्वथा असमर्थ है इसलिये वे नगरों में, उद्यानों में मन्दिरों में, मठों, बगीचों आदि में रहते हैं। यह वर्तमान शक्ति हीन संहनन के लिये समुचित शास्त्र मार्ग है। जो लोग वर्तमान मुनियों पर नाना आक्षेप करते हैं उन्हें इन महान पूर्वाचार्यों के शास्त्र विधानों से अपना समाधान कर वर्तमान मुनियों में उसी प्रकार श्रद्धाभक्ति रखना चाहिये जैसी कि चतुर्थ कालवर्ती मुनियों पर रहती है। शरीर सामर्थ्य को छोड़कर बाकी चर्या और भावों की विशुद्धी वर्तमान मुनियों में प्राच्य काल के समान ही रहती है।

इन दिगम्बर वीतराग महर्षि आचार्य देवसेन गणी का संक्षिप्त परिचय भाई नाथूराम जी प्रेमी के द्वारा लिखा हुआ माणिकचन्द ग्रन्थ माला के मुद्रित ग्रन्थ नयचक्र संग्रह के प्राक्कथन का उद्धरण देते हुए हमने लिखा है।

आचार्य देवसेन की रचना का महत्व

आचार्य देवसेन ने अपने बनाए हुए ग्रन्थों में द्रव्य गुण पर्यायों का बहुत ही गम्भीर विवेचन किया है। नयों के गहन एवं सूक्ष्म विवेचन में जिन अपेक्षावादों का निर्देशन किया है उनसे उनकी अगाध विद्वता का परिचय सहज मिल जाता है। गुणस्थानों के स्वरूप के साथ उनका मार्गणाओं में संघटन भी उन्होंने बहुत स्पष्ट रूप से किया है। स्थविर कल्पी जिन कल्पी साधुओं का स्वरूप बताकर तो आचार्य देवसेन ने मुनिराजों के सम्बन्धों में कुछ स्वाध्याय शील भ्रामक लोगों के भ्रम को सर्वथा दूर कर दिया है। इस श्रीमान परमाराध्य श्री आचार्य देवसेन गणी के पुनीत चरणों में नत् मस्तक होकर अपनी श्रद्धा और भक्ति प्रगट करते है। कल्याणमस्तु।

मैनपुरी (यू. पी.) — *आचार्योपासक*
भाद्रपद वि. सं. 2013 — **लालाराम शास्त्री**

श्री वर्धमानाय नमः॥

टीकाकार का परिचय

उत्तर प्रदेशवर्ती आगरा नगर के निकट एक चावली ग्राम है। है छोटा पर है सुन्दर। इसी गाँव की पद्मावती पुरवाल सज्जाति में भूषण स्वरूप श्रीमान् लाला तोताराम जी थे। वे जैसे धर्मात्मा थे वैसे ही अनुभवी निरपेक्ष वैद्य थे। तथा जैसे सज्जन थे वैसे ही परोपकारी थे। यही कारण था कि वह गाँव के शिरोमणि गिने जाते थे। आपने अपने नश्वर शरीर को विक्रम सं. 1965 में छोड़ा था, आपके छह पुत्र हुए जिनमें—

1. लाला रामलाल जी—आप आजन्म ब्रह्मचर्य पालन करते हुए घर पर ही व्यवसाय करते रहे। आपका स्वभाव बहुत ही मिलनसार और अतीव सरल था। आप बहुत धर्मात्मा थे। आपने विक्रम सं. 1970 में अपना शरीर छोड़ा।

2. लाला मिट्ठनलाल जी—आप घर पर हीं रह कर व्यवसाय करते रहे। आपने बाल्यजीवन में कुछ समय अलीगढ़ की पाठशाला में संस्कृत का अध्ययन किया था। आप भी वैसे ही धर्मनिष्ठ थे। आपका स्वर्गवास विक्रम सं. 2007 में हुआ था।

3. इस ग्रन्थ के टीकाकार विद्वत्शिरोमणि धर्मरत्न सरस्वती दिवाकर पंडित लालाराम जी शास्त्री।

4. श्री 108 परम पूज्य आचार्य सुधर्म सागर जी महाराज, । आपका पूर्व नाम पं. नन्दनलाल जी शास्त्री था। वीर निर्वाण संवत 2454 फागुन मास में जब कि श्री सम्मेद शिखर जी पर इतिहास प्रसिद्ध पंच कल्याण महोत्सव हुआ था उस समय आपने शुभ तिथि फाल्गुन शुक्ला 13 त्रयोदशी के दिन परमपूज्य चरित्र चक्रवर्ती सिद्धान्त पारंगत योगीन्द्र चूड़ामणि धर्म साम्राज्य नायक आचार्य श्री 108 शांतिसागरजी महाराज से गृह विरत सप्तम प्रतिमा की दीक्षा ली थी इसके एक वर्ष पीछे श्री कुंडलपुर क्षेत्र पर दशमी अनुमती विरत प्रतिमा ग्रहण की थी फिर अलीगढ़ में क्षुल्लक दीक्षा धारण कर ली। तदनन्तर प्रतापगढ़ में आपने श्री जैनेश्वरी दीक्षा (मुनिपद) धारण की थी।

आप संस्कृत भाषा के उद्भट शास्त्री थे ही। साथ में हिन्दी और गुजराती के भी प्रौढ़ लेखक थे। तथा प्रसिद्ध व्याख्याता भी थे। अपने चौबीस पाठ, दीपावली पूजन, आदि कविता मय ग्रन्थ लिखे हैं। तथा सूर्यप्रकाश पुरुषार्थानुशासन आदि संस्कृत ग्रन्थों की टीकाएँ भी लिखी हैं उत्तमोत्तम उपदेशपूर्ण जीव कर्म विचार, यज्ञोपवीत संस्कार सदृश अनेक ट्रेक्ट भी लिखे हैं। कितनी ही लेखमालाएँ लिखी हैं

और गुजराती भाषा में भी कितने ही ग्रन्थ लिखे हैं। आप वैद्यक भी जानते थे। आप की लिखी एक नीति वाक्य माला नाम की पुस्तक मिली है जो बहुत ही उत्तम उपदेशों से पूर्ण है। उसमें आपने एक सदाचार नामकी पुस्तक का भी उल्लेख किया है। परन्तु वह हमारे देखने में नहीं आ सकी है।

गृहस्थावस्था का अन्तिम जीवन आपने बम्बई में व्यतीत किया। श्री ऐलक पन्नालाल सरस्वती भवन की उन्नति के मूल कारण आप ही थे। श्री आचार्य संघ को उत्तर प्रान्त में लाने का मुख्य प्रयत्न आपका ही था। इसलिये आप संघ के साथ हो लिये थे। और फिर संघ में ही रह गये थे।

श्री जैनेश्वरी दीक्षा लेकर आपने कितने ही बड़े काम किये थे। आपने नीमाड़ गुजरात बागड़ मालवा आदि प्रान्तों में बिहार कर शास्त्रोक्त मार्ग का अनुपम प्रचार किया था। तथा साथ में चतुर्विशंति तीर्थकर महास्तुति, सुधर्म ध्यान प्रदीप और सुधर्म श्रावकाचार ऐसे संस्कृत भाषा में महाग्रन्थों की रचना भी की थी। आपने कुशलगढ़ में मुनि, ऐलक, क्षुल्लक, भट्टारक, ब्रह्मचारियों के मध्य श्रेष्ठ समाधिमरण पूर्वक पौष शुक्ला द्वादशी सोमवार विक्रम सं. 1995 के सन्ध्याकाल में इस नश्वर शरीर का त्याग किया।

आपकी इस यात्रा के समय कुशलगढ़ स्टेट ने अपना बैंड ध्वजा निशान आदि लवाजमा भेज दिया था, उनकी निषद्या बनाने के लिये स्टेट ने नदीं के किनारे एक सुन्दर स्थान भी दिया है। ऑफिसर लोग नागरिक सब शवयात्रा के साथ थे। तथा स्टेट भर में सदा के लिये उस दिन की स्मृत्ति में राज्य छुट्टी रखने और किसी भी जीव की हिंसा नहीं होने देने की घोषणा सरकार ने कर दी थी। वह स्टेट की सराहनीय भक्ति का नमूना है।

निषिद्या स्थान पर कुआँ, बाग धर्मशाला बन गयी है, छतरी बन गयी है और उस छतरी में उनके चरण कमल प्रतिष्ठित होकर स्थापन किये जा चुके हैं। उनके चरण कमलों की स्थापना स्वयं आचार्य श्री 108 कुंथु सागर महाराज ने की थी। आचार्य श्री कंथु सागर जी महाराज आचार्य श्री सुधर्म सागर जी को अपना विद्या गुरु मानते थे। तथा उन्होंने अपने समस्त स्वरचित संस्कृत ग्रन्थों में आचार्य सुधर्म सागर जी को अपने विद्या गुरु के नाम से सर्वत्र उल्लेख किया है। आचार्य सुधर्म सागर जी के गृहस्थावस्था के पुत्र वैद्याराज पं. जयकुमार जी आयुर्वेदाचार्य नागौर (राजस्थान) में सकुटुम्ब रहते हुए अपना स्वतन्त्र वैद्यक व्यवसाय चला रहे हैं।

5. न्यायालंकार पं. मक्खनलालजी शास्त्री–आप संस्कृत के अद्वितीय विद्वान हैं। और हिन्दी भाषा के सम्मान्य लेखक और वक्ता है आपने देहली नगर में आर्य समाज के साथ लगातार छह दिन तक शास्त्रार्थ कर बड़ी शानदार विजय प्राप्त की थी। उसी समय वहाँ के अग्रवाल खण्डेलवान पद्मावती पुरवाल आदि समस्त पंचायत ने तथा प्रान्त और दूर से आये हुए समस्त जैनियों ने मिलकर 'वादिभ

केसरी' यह सुप्रसिद्ध उपाधि आपको प्रदान की थी। इसके सिवा न्यायालंकार विद्यावारिधि की उपाधियाँ भी आपको प्राप्त हैं। भा. दि. जैन महासभा ने आपकी निःस्वार्थ अनुपम सेवा से प्रसन्न होकर धर्मवीर की सम्मान्य उपाधि प्रदान की है।

इस समय आप समस्त दि. जैन समाज में एक अच्छे माननीय विद्वान गिने जाते है। आपने वर्षों तक उक्त महासभा के मुख पत्र साप्ताहिक जैन गजट की सम्पादक का उत्तरदायित्वपूर्ण कार्य बड़ी सुयोग्यता से किया था तथा अधार्मिक वातावरण को हटाते हुए धर्म का उद्योत किया है।

आपने पंचाध्यायी, पुरुषार्थसिध्युपाय तथा उत्तरार्ध राजवार्तिकालंकार की अति विस्तृत स्वतन्त्र टीकाएँ लिखी हैं जिनमें प्रत्येक पदार्थ का विवेचन बड़ी योग्यता और सरलता के साथ किया है। आपने भा. दि. जैन महासभाश्रित परीक्षालय के मंत्रित्व का कार्य भी बड़ी योग्यता के साथ किया है।

इस समय आपने श्री गो. दि. जै सिद्धान्त महाविद्यालय मोरेना का संचालन बहुत योग्यता और उत्तरददायित्व के साथ किया था। साथ में जैन धर्म के प्रौढ़ तत्त्वों को बतानेवाले तथा उनकी रक्षा करने वाले ''जैन दर्शन'' पाक्षिक पत्र का सपादन भी किया है। ग्वालियर स्टेट ने आपको आ. मजिस्ट्रेट भी बनाया था, आप सेकेंड क्लास पावर के अधिकार थे उस कार्य को आपने करीब 20 वर्ष तक प्रभावक एवं न्यायरूप में किया, फलस्वरूप राज्य ने आपको पोशाक और प्रमाण पत्र भेंट किये।

6. बाबू श्रीलालजी जौहरी : आप इस समय करीब 25 वर्षों से जयपुर में जवाहरात का व्यापार करते हैं और सहकुटुम्ब वहीं पर रहते हैं। जवाहरात की परख करने में आपकी जैसी प्रसिद्धी है वैसे ही आप जवाहरात के व्यवसाय में भी एक प्रतिष्ठित प्रामाणिक जौहरी माने जाते हैं। विशेषता यह है कि सभी भाई और पूरा घराना ही दृढ़ धार्मिक है।

इस ग्रन्थ के टीकाकार–श्रीमान् धर्मरत्न, सरस्वती दिवाकर विद्वत्‌शिरोमणि, समाज में प्रसिद्ध एव संस्कृत सिद्धान्त के पूर्ण मर्मज्ञ प्रभावक अनुभवी विद्वान् श्रद्धेय पं. लालराम जी शास्त्री महोदय हैं।

आपने अनेक गम्भीर महान ग्रन्थों की बड़े सरल रूप में हिन्दी टीकाएँ की हैं। तथा ग्रन्थों के मर्मस्थलों को बहुत ही उत्तमता के साथ स्पष्ट और विशद किया है। आपकी टीकाओं में ग्रन्थ का कठिन भाग भी सरलता से समझाया गया है। आपकी बनाई हुई टीकाओं में खास विशेषता यह है कि मूलग्रन्थ के अनुसार ही आशय रहता है। ग्रन्थ के बाहर की कोई भी बात स्वतन्त्र रूप से लिखी हुई आपकी टीकाओं में प्रक्षिप्त नहीं की जाती है।

आपके द्वारा टीका किये हुए बहुत से ग्रन्थ हैं जिनमें कुछ के नाम इस प्रकार है— आदिपुराण, उत्तरपुराण, शान्तिपुराण, धमार्ममृत श्रावकाचार, सुबोधसार, चारित्रसार, आचारसार, बोधा मृतसार, ज्ञानामृतसार, सुधर्मोपदधर्मादेशामृतसार, प्रश्नोत्तर,

श्रावकाचार, समन्तभद्र कृत जिनशतक, पात्र केशरी स्तोत्र संशयि वदन विदारण, गौतम चरित्र, सुभौम चरित्र, सूक्ती मुक्तावली, तत्त्वानुशासन, वैराग्यमुनिमाला, द्वादशानुप्रेक्षा, (यशस्तिलक चम्पू स्थित), बृहत्स्वयंभूस्तोत्र, लघीयस्त्र, चतुर्विंशतितीर्थकर महास्तुती, चतुर्विंशतितीर्थकर स्तोत्र, सुधर्मध्यान प्रदीप, सुधर्म श्रावकाचार, शान्ति सिंधु, मुनिधर्म प्रदीप, दशभक्त्यादि संग्रह, मोक्षशास्त्र, भावसंग्रह, आशाधर सहस्रनाम, जिनसेन सहस्राम मूलाचार प्रदीप, सारसमुच्चय, आलाप पद्धति, दशलाक्षणिक जयमाला आदि।

इनके सिवा षोडश संस्कार, क्रियामंजरी, बालबोध जैनधर्म तीसरा चौथा भाग, जैनधर्म, जैनदर्शन, आदि कितनी ही स्वतत्र पुस्तकें श्रद्धेय धर्मरत्नजी ने लिखी है।

आचार्य शान्तिसागर पूजन, आचार्य शान्तिसागर छाणी पूज्य आचार्य कुंथुसागर पूजन, श्री सम्मेद शिखर पूज्यश्री अकम्पन संघ, पूज्य विष्णु कुमार मुनि पूजन, भक्तासार शतद्वयी, नमस्कारात्मक सहस्रनाम शान्त्यष्टक, आदि संस्कृत पद्य रचनात्मक स्वतन्त्र ग्रन्थों की रचना भी आपने बहुत सुन्दर और प्रासाद गुणयुक्त की है।

आपने आदि पुराण समीक्षा की परीक्षा लिखी थी उसका प्रभाव भी जैन समाज में बहुत अधिक पड़ा था। आपने इन ग्रन्थों को लिखकर तथा अनेक ग्रन्थों की सरल टीकाएँ लिखकर समाज को जो लाभ पहुँचाया है तथा हिन्दी और संस्कृत साहित्य की जो उन्नति की है उसके लिये समाज आपका सदैव ऋणी रहेगा।

आप वर्षों तक भा. दि. जैन महासभा के साप्ताहिक मुखपत्र जैन गजट के सफल सम्पादक रह चुके हैं तथा भा. दि. जैन महासभा के सहायक मन्त्री भी रह चुके है। उक्त महासभा ने आपकी दूरदर्शितापूर्ण निस्पृह सेवा से प्रसन्न होकर आपकी ''धर्मरत्न'' की महत्वशालिनी उपाधि से विभूषित किया है। आप भा. दि. जैन शास्त्री परिषद के सभापति तथा संरक्षक भी रह चुके हैं।

भा. दि. जैन सिद्धान्त संरक्षिणी सभा को जो प्रथम अधिवेशन पैठण (औरंगाबाद निजाम) में हुआ था उसके आप ही सभापति नियत हुए थे तथा आपने उस अधिवेशन का कार्य बड़ी सफलता के साथ किया था। उसी सभा का दूसरा अधिवेशन श्री अन्देश्वर पार्श्वनाथ में (जिला डंगुरपुर कुशलगढ़ के निकट) हुआ था उसमें आपको उक्त सभा ने अपना संरक्षक बनाया है तथा उसी अधिवेशन में उस सभा ने आपको ''सरस्वती दिवाकर'' प्रभावशालिनी उक्त उपाधि प्रदान की है।

श्रीमान् सरस्वती दिवाकरजी की यह साहित्य सेवा जैन साहित्य के प्रचार के लिये पूर्ण सहायक हुई है। जैन समाज हृदय से इन परोपकारी महा विद्वान का अभिनन्दन करेगा। हम भी शास्त्री जी का अभिनन्दन करते हैं।

भाद्रपद शु. 2 वि. सं. 2013

—ब्रह्मचारी चांदमल चूंड़ीवाल
नागौर (मारवाड़)

विषयसूची

ॐ

श्री वीतरागाय नरमः

आचार्यवर्य श्री देवसेन विरचित

भाव-संग्रह

धर्मरत्न, सरस्वती दिवाकर, पं. लाला राम शास्त्री द्वारा निर्मित

हिन्दी भाषा टीका सहित

मंगलाचरण

वन्दे शान्तिजिनेन्द्रं श्रीजिनभक्तं समन्तभद्रं च।
वन्दे शान्तिपयोधिं रत्नत्रयलब्धये भक्त्या॥

मैं लालाराम शास्त्री रत्नत्रय की प्राप्ति के लिए भक्तिपूर्वक श्री शान्तिनाथ जिनेन्द्रदेव की वन्दना करता हूँ, परम जिनभक्त श्री समन्तभद्रस्वामी की वन्दना करता हूँ और आचार्यश्री शान्तिसागर की वन्दना करता हूँ।

आचार्य विरचित-मंगलाचरण और प्रतिज्ञा—

पणमिय सुरसेणणुयं मुणिगणहरवंदियं महावीरं।
वोच्छामि भावसंगहमिणसो भव्वप्पवोहट्ठं॥1॥

प्रणम्य सुरसननुतं मुनिगणधरवन्दितं महावीरम्।
वक्ष्ये भावसंग्रहमेतं भव्यप्रबोधनार्थम्॥1॥

अर्थ : *जो महावीर स्वामी आचार्य श्री देवसेन के द्वारा वन्दनीय हैं तथा मुनि और गणधर देवों के द्वारा वन्दीय हैं ऐसे श्री महावीर स्वामी को नमस्कार कर मैं (आचार्य श्रीदेवसेन) भव्यजीवों को आत्मज्ञान प्राप्त करने के लिये इस भावसंग्रह ग्रन्थ की रचना करता हूँ॥1॥*

जीवस्स होंति भावा जीवा पुण दुविह भेयसंजुत्ता।
मुत्ता पुण संसारी, मुत्ता सिद्धा णिरवलेवा ॥2 ॥

जीवस्य भवन्ति भावा, जीवाः पुनर्द्विविधभेदसंयुक्ताः।
मुक्ता पुनः संसारिणो, मुक्ताः सिद्धा निरवलेपाः ॥2 ॥

अर्थ : *भाव सब जीवों के ही होते हैं अन्य अजीवादिक पदार्थों के भाव नहीं होते। तथा समस्त जीवों के दो भेद हैं : एक मुक्त और दूसरा संसारी। जो जीव राग द्वेष मोह आदि समस्त विकारों से रहित हैं और समस्त कर्मों से रहित हैं ऐसे सिद्ध परमेष्ठी को मुक्त जीव कहते हैं।*

लोयग्गसिहरवासी केवलणाणेण मुणियतइलोया।
असरीरा गइरहिया सुणिच्चला सुद्धभावट्ठा ॥3 ॥

लोकाग्रशिखरवासिनः केवलज्ञानेन मुनितत्रिलोकाः।
अशरीरा गतिरहिताः सुनिश्चलाः शुद्धभावस्थाः ॥3 ॥

अर्थ : *वे सिद्ध परमेष्ठी व मुक्त जीव लोक शिखर पर विराजमान हैं। अपने केवलज्ञान के द्वारा तीनों लोकों को एक ही समय में साक्षात् देखते और जानते हैं। तथा वे सिद्ध परमेष्ठी शरीर रहित हैं, चारों गतियों के परिभ्रमण से रहित हैं, चारों गतियों में से किसी गति में भी नहीं है, अत्यन्त निश्चल हैं और अपने आत्मा के शुद्ध भावों में सदा लीन रहते हैं ॥3 ॥*

जे संसारी जीवा चउगइपज्जायपरिणया णिच्चं।
ते परिणामे गिण्हदि सुहासुहे कम्भसंगहणे ॥4 ॥

ये संसारिणो जीवाश्चतुर्गतिपर्यायपरिणता नित्यम्।
ते परिणामान् गृहन्ति शुभाशुभान् कर्म-संग्रहणे ॥4 ॥

अर्थ : *जो जीव सदा काल चारों गतियों की पर्यायों में परिणत होते रहते हैं ऐसे जीवों को संसारी जीव कहते हैं। तथा ऐसे संसारी जीव कर्मों का संग्रह करने के लिए शुभ-अशुभ दोनों प्रकार के कर्मों को ग्रहण करते रहते हैं।*

भावार्थ : *देवगति, मनुष्यगति, तिर्यंचगति और नरकगति ये चार गतियाँ हैं। जो जीव इन चारों गतियों में परिभ्रमण करते रहते हैं वे जीव संसारी कहलाते हैं और ऐसे जीवों के शुभ परिणाम व अशुभ परिणाम होते ही रहते हैं। उन्हीं शुभ या अशुभ परिणामों से समस्त कर्मों का संग्रह होता रहता है ॥4 ॥*

भावेण कुणइ पावं पुण्णं भावेण तहय मुक्खं वा।
इयमंतर णाऊणं जं सेयं तं समायरहं ॥5 ॥

भावेन करोति पापं पुण्य भावेन तथा च मोक्षं वा।
इत्यन्तरं ज्ञात्वा यच्छेवस्तं समाश्रत ॥5 ॥

अर्थ : *यह जीव अपने ही परिणामों से पाप उपार्जन करता है, अपने ही परिणामों से पुण्य उपार्जन करता है और अपने ही परिणामों से मोक्ष प्राप्त करता है। इस प्रकार अपने ही परिणामों में इतना भारी अन्तर समझकर हे भव्यजीव! आत्मा के जो परिणाम आत्मा का कल्याण करनेवाले हों उन्हीं परिणामों का तू आश्रय ले।*

भावार्थ : *शुभ, अशुभ व शुद्ध भाव अपने अधीन है। यह जीव किसी जीव को मारने के भाव भी कर सकता है और उसके बचाने के भी भाव उत्पन्न कर सकता है। दोनों प्रकार के भाव उत्पन्न करना उसी के अधीन है। तथा आत्मा का कल्याण जीवों की रक्षा करने से होता है और उनके मारने के परिणामों से पाप होता है। यही समझकर जीवों को अशुभ भावों का, पापरूप भावों का त्याग कर देना चाहिये और शुभ भावों को धारण करना चाहिये। देखो-हिंसा, झूठ, चोरी, कुशील और परिग्रह ये पाँच पाप कहलाते हैं। इन्हीं पापों के करने से यह जीव नरक जाता है; परन्तु स्वयंभू रमण समुद्र में उत्पन्न होने वाला तन्दुल मत्स्य इन पाँचों पापों में से कोई पाप नहीं करता परन्तु जीवों के हिंसा करने के भाव करता रहता है। उन भावों के ही कारण वह सातवें नरक जाता है। यही समझकर अपने भाव व परिणाम सदा सम्भालते रहना चाहिए। पाँचों पापों के करने के भाव कभी नहीं करने चाहिए। पाप कर्म व पुण्यकर्मों का बन्ध भावों से ही होता है। इसलिए संसारी जीवों को नरकादि के दुखों से बचने के लिए पाप रूप अशुभ भावों का त्याग करना ही आत्मा का कल्याण करनेवाला है।*

सेवो सुद्धो भावो तस्सुवलंभो य होइ गुणठाणे।
पणदहपमायरहिए सयल वि चारित्तजुतस्स ॥6 ॥

सेव्यः शुद्धो भावः तस्योपलंभश्च, भवति, गुणस्थाने।
पंचदशप्रमादरहिते सकलस्यापि चारित्रयुक्तस्य ॥6 ॥

अर्थ : *इन तीनों प्रकार के भावों में शुद्ध भाव ही सेव्य है, धारण करने योग्य है तथा उस शुद्ध भाव की प्राप्ति सकल चारित्र को धारण करने वाले महामुनियों के पन्द्रह प्रमादों से रहित ऐसे सातवें अप्रमत्त गुणस्थान में होती है।*

भावार्थ : *अशुभ भाव तो त्याग करने योग्य हैं ही परन्तु शुभ भाव भी त्याग करने योग्य हैं। क्योंकि जिस प्रकार अशुभ भावों से नरकादि दुर्गतियों का बन्ध होता है। उसी प्रकार शुभ भावों से देवादि शुभ गतियों का बन्ध होता है। इस प्रकार शुभ-अशुभ दोनों ही कर्म बन्ध करने वाले हैं। केवल शुद्धभाव ही कर्मबन्धन से छुड़ाकर*

मोक्ष की प्राप्त कराने वाला है। इसलिए शुद्धभाव ही उपादेय और आत्मा का कल्याण करनेवाला है। शेष शुभ और अशुभभाव दोनों ही त्याज्य है। वह शुद्ध भाव श्रेणी आरोहण करनेवाले महामुनियों के ही होता है। शुद्ध भावों को धारण करने वाले निर्ग्रन्थ महामुनि ही मोक्ष प्राप्त करते हैं। इसलिये कहना चाहिये कि मोक्ष का कारण निर्ग्रन्थलिंग ही है। अन्य किसी अवस्था से मोक्ष की प्राप्ति नहीं हो सकती है।

सेसा जे वे भावा सुहासुहा पुण्णपावसंजणया।
ते पंचभाव मिस्सा होंति गुणट्ठाणमासेज्ज ॥7॥
शेषौ यौ द्वौ भावौ शुभाशुभै पुण्यपापसंजनकौ।
तौ पंचभावमिश्रौ भवतो गुणस्थानमाश्रित्य ॥7॥

अर्थ : शुद्धभावों को छोड़कर शेष जो शुभ-अशुभ भाव हैं वे दोनों ही पुण्य पापों को उत्पन्न करनेवाले हैं। तथा वे दोनों ही शुभ, अशुभ, भाव, औदयिक आदि पाँचों भावों से मिलकर गुणस्थानों के आश्रय से रहते हैं॥7॥

अउदइउ परिणामिउ खयउवसमिउ तहा उवसमो खइओ।
एए पंच पहाणा भावा जीवाण होंति जियलोए॥8॥
औदयिकः पारिणामिकः क्षायोपशमिकस्तथौपशमिकः क्षायिकः
एते पंच प्रधाना भावा जीवानां भवन्ति जीवलोके॥8॥

अर्थ : औदयिक, पारिणामिक, क्षायोपशमिक, औपशमिक और क्षायिक ये पाँच भाव समस्त जीवों के प्रधान व मुख्य भाव कहलाते हैं।

भावार्थ : ये पाँच भाव मुख्य हैं। इन्हीं पाँचों भावों में जब अशुभ, शुभ, शुद्ध भाव मिल जाते हैं तब गुणस्थानों की रचना बन जाती है॥8॥

ते चिय पज्जायगया चउदहगुणठाणणामगा भणिया।
लहिऊण उदय उवसम खयउवमस खउ हु कम्मस्स॥9॥
ते एव पर्यायगताश्चतुर्दशगुणस्थाननामका भणिताः।
लब्ध्वा उदयमुपशमं क्षयोपशमं क्षयं हि कर्मणः॥9॥

अर्थ : वे शुभ, अशुभ और शुद्धभाव ही कर्मों के उदय होने पर, उपशम होने पर, क्षयोपशम होने पर, व क्षय होने पर अनेक प्रकार की पर्यायों को प्राप्त हो जाते हैं और उन भावों की वे पर्यायें ही चौदह गुण स्थानों के नाम से कही जाती हैं।

भावार्थ : कर्मों के उदय होने से औदयिक भाव होते हैं, कर्मों के उपशम होने से औपशमिकभाव होते हैं, कर्मों के क्षयोपशम होने से क्षायोपशमिकभाव होते हैं,

और कर्मों के क्षय होने से क्षायिक भाव होते हैं। इन्हीं भावों में शुभ, अशुभ, शुद्ध भाव मिलने से चौदह गुणस्थान वन जाते हैं।

मिच्छा सासण मिस्सो अविरियसम्मो य देसविरदो य।
विरओ पमत्तं इयरो अपुव्व अणियट्टि सुहमो य।।10॥
मिथ्यात्वं सासादनं मिश्र अविरतसम्यक्त्वं च देशविरतं च।
विरत प्रमत्तं इतरदपूर्वमनिवृत्ति सुक्ष्मं च॥10॥

उवसन्त खीणमोहो सजोइकेवललिजिणो अजोगी य।
ए चउदस गुणठाणा कमेण सिद्धा य णायव्वा॥11॥
उपशातक्षीणमोहे संयोग केवलि जिनोऽअयोगी च।
एतानि चतुर्दश गुणस्थानानि क्रमेण सिद्धाश्च ज्ञातव्याः॥11॥

अर्थ : *मिथ्यात्व गुणस्थान, 1, सासादन गुणस्थान-2, मिश्रगुण स्थान 3, अविरत सम्यग्दृष्टि गुणस्थान 4, देशविरत अथवा विरताविरत गुणस्थान 5, प्रमत्त विरत 6, इतर अर्थात् अप्रमत्त विरत 7, अपूर्व करण गुणस्थान 8, अनिवृत्तिकरण गुणस्थान 9, सूक्ष्म सांपराय गुणस्थान 10, उपशान्तमोह गुणस्थान 11, क्षीणमोह गुणस्थान 12, संयोग केवल गुणस्थान, 13. अयोग केवली गुणस्थान, 14. ये अनुक्रम से चौदह गुणस्थान कहलाते हैं जो जीव समस्त कर्मों को नष्ट कर इनसे पार हो जाते हैं उनको सिद्ध व मुक्त समझाना चाहिये।*

अब आगे अनुक्रम से इन्हीं गुणस्थानों का स्वरूप कहते है।

मिच्छत्तस्सुदएण य जीवे सम्भवइ उदइयो भावो।
तेण य मिच्छादिट्ठीठाणं पावेइ सो तइया॥12॥
मिथ्यात्वस्योदयेन च जीवे सम्भवति औदयिको भावः।
तेन च मिथ्यादृष्टिस्थानं प्राप्नोति स तत्र॥12॥

अर्थ : *मिथ्यात्व कर्म के उदय से इस जीव के औदयिक भाव प्रगट होते हैं। तथा मिथ्यात्व कर्म के उदय होने से प्रगट हुए औदयिक भावों से इस जीव के मिथ्यादृष्टि गुणस्थान होता है।*

भावार्थ : *आठ कर्मों में एक मोहनीय कर्म है जो सब कर्मों में प्रबल है। उसके अट्ठाईस भेद हैं। मोहनीय कर्म के मूल में दो भेद है— दर्शन मोहनीय और चारित्र मोहनीय। दर्शन मोहनीय के तीन भेद है— मिथ्यात्व, सम्यक् मिथ्यात्व और सम्यक् प्रकृति मिथ्यात्व। इसी प्रकार चारित्र मोहनीय के पच्चीस भेद हैं। अनन्तानुबन्धी*

क्रोध-मान-माया लोभ, अप्रत्याख्यानावरण क्रोध-मान-माया-लोभ, प्रत्याख्यानावरण क्रोध मान-माया-लोभ, संज्वलन क्रोध-मान-माया-लोभ। हास्य, रति, अरति शोक, भय, जुगुप्सा, स्त्रीवेद पुंवेद, नपुंसकवेद। अनादि मिथ्यादृष्टि जीव के दर्शन मोहनीय का एक मिथ्यात्व कर्म का उदय रहता है, तथा सादि मिथ्यादृष्टि के तीनों दर्शन मोहनीय कर्मों का उदय रहता है। इसका भी कारण यह है कि प्रथम औपशमिक सम्यक्त्व होने के समय ही मिथ्यात्व कर्म तीन भागों में बँट जाता है। इसके पहले वह एक मिथ्यात्व रूप ही रहता है। इसलिये अनादि मिथ्यादृष्टि जीव के मिथ्यात्व कर्म का उदय रहता है और उस मिथ्यात्व कर्म के उदय से पहला मिथ्यात्व गुणस्थान होता है।

आगे उस मिथ्यात्व कर्म के उदय से कैसे भाव होते हैं सो दिखलाते हैं—

मिच्छत्तरस पउत्तो जीवो विवरीयदंसणो होई
ण मुणइ हियं च अहियं पित्तज्जुरजुओ जहा पुरिसो ॥13॥

मिथ्यात्वरसप्रंयुक्तो जीवो विपरीतदर्शनो भवति।
न जानाति हितं चाहितं पित्तज्वरयुक्तो यथा पुरुषः ॥13॥

अर्थ : *उस मिथ्यात्व कर्म के उदय होने से यह जीव विपरीत दृष्टि हो जाता है और पित्तज्वर वाले पुरुष के समान अपने हित-अहित को नहीं जान सकता।*

कडुवं मण्णइ महुरं महुरं पि य त्तं भणेइ अइकडुयं।
तह मिच्छत्तपउत्तो उत्तमधम्मं ण रोचेई ॥14॥

कटुकं मन्यते मधुरं मधुरमपि च तद् भणति अतिकटुकम्।
तथा मिथ्यात्वप्रवृत्तः उत्तमधर्मंय न रोचते ॥14॥

अर्थ : *जिस प्रकार पित्तज्वर वाला पुरुष कड़वे पदार्थ को मीठा कहता है और मीठे पदार्थ को कड़वा कहता है, इसी प्रकार मिथ्यात्व में प्रवृत्त हुआ यह जीव उत्तम धर्म में रुचि नहीं कर सकता।*

भावार्थ : *यहाँ पर दर्शन अथवा दृष्टि शब्द का अर्थ श्रद्धान करना है। श्रद्धान दो प्रकार का होता है एक सम्यक् श्रद्धान और दूसरा मिथ्या श्रद्धान। सम्यक् श्रद्धान आत्मा का एक गुण है जो मिथ्यात्व कर्म के उदय से विपरीत हो जाता है। इसी को मिथ्या श्रद्धान कहते हैं। जिस प्रकार पित्तज्वर वाले पुरुष को मीठा पदार्थ भी कड़वा लगता है उसी प्रकार मिथ्यात्व कर्म के उदय से यह जीव यथार्थ धर्म में रुचि व श्रद्धान नहीं करता और इसीलिये ही वह अपने आत्मा का कल्याण नहीं कर सकता।*

यही बात आगे दिखलाते हैं :

जइ कणयमज्जकोद्दवमहुरामोहेण मोहियो सन्तो।
ण मुणय कज्जाकज्जं मिच्छादिट्टी तहा जीवो॥15॥

यथा कनकमद्यकोद्रवमधुरमोहेन मोहितः सन्।
न जानाति कार्याकार्यं मिथ्यादृष्टिस्तथा जीवः॥15॥

अर्थ : *जिस प्रकार धूतरा, मद्य और कोदों की मधुरता के मोह से मोहित हुआ यह जीव कार्य-अकार्य को नहीं जानता, अपना हित नहीं पहचानता उसी प्रकार मिथ्यादृष्टि जीव भी मिथ्यात्व कर्म के उदय से अपना हित-अहित व कार्य अकार्य को नहीं जान सकता। विपरीत श्रद्धान होने के कारण वह अपने आत्मा का स्वरूप अथवा समस्त तत्त्वों का स्वरूप विपरीत ही समझता है और इसीलिये वह अपने आत्मा का अहित ही करता रहता है।*

आगे उसी मिथ्यात्व के भेद बतलाते हैं—

तं पि हु पंचपयारं वियरो एविणयसंजुत्तं।
संसय अण्णाणगयं विवरीओ होइ पुण बंभो॥16॥

तदपि हि पंचप्रकारं विपरीतं एकान्तविनयसंयुक्तम्।
संशयाज्ञानगतं विपरीतो भवति पुनः ब्राह्मणः॥16॥

अर्थ : *वह मिथ्यात्व पाँच प्रकार है—विपरीत मिथ्यात्व, एकान्त मिथ्यात्व, विनय मिथ्यात्व, संशय मिथ्यात्व, अज्ञानगत या अज्ञान मिथ्यात्व। इन पाँचों प्रकार के मिथ्यातों में से बह्म मत विपरीत मिथ्यात्व है।*

मण्णइ जलेण सुद्धि तित्तिं मंसेण पिसरवग्गस्स।
पसुकयवहेण सग्गं धम्मं गोजोणिफासेण॥17॥

मन्यते जलेन शुद्धिं तृप्ति मांसेन पितृवर्गस्य।
पशुकृतवधेन स्वर्गं धर्मं गोयोनिस्पर्शनेन॥17॥

अर्थ : *जो लोग जल स्नान से आत्मा की शुद्धि मानते हैं, मांस भक्षण से पितृवर्ग की तृप्ति मानते हैं, पशुओं का वध करने व पशुओं का होम करने से स्वर्ग की प्राप्ति मानते हैं और गाय की योनि का स्पर्श करने से धर्म की प्राप्ति मानते हैं, इन सब में धर्म की विपरीतता किस प्रकार है वह सब आगे दिखलावेंगे॥17॥*

आगे जल से आत्मा की शुद्धि मानने वालों के लिये कहते हैं—

जइ जलण्हाणपउत्ता जीवा मुच्चेइ णियपावेण।
तो तत्थ वसिय जलयरा सव्वे पावंति दिवलोयं॥18॥

यदि जलस्थानप्रवृत्ता जीवा मुच्यन्ते निजपापेन।
तर्हि तत्र वसन्तो जलचराः सर्वे प्राप्नुवन्ति दिवलोकम् ।18 ॥

अर्थ : यदि जल स्नान करने से ही वे जीव अपने पापों से छूट जाते हों तो जल में ही निवास करने वाले समस्त जलचर जीवों को स्वर्ग की प्राप्ति अवश्य हो जानी चाहिये।

भावार्थ : स्वर्ग की प्राप्ति पापों के नाश हो जाने से होती है। तीर्थ स्नान करने से पापों का नाश नहीं होता, पापों का नाश तो जप तप ध्यान से होता है। जिस तीर्थ स्नान से लोग स्वर्ग प्राप्ति मानते हैं उसी तीर्थ में अरबों खरबों मत्स्य मछली, मगर, कच्छप, आदि जलचर जीव रहते हैं और वे सब एक दूसरे का भक्षण करते रहते हैं और इस प्रकार वे महापाप उपार्जन करते रहते हैं। यदि तीर्थ स्नान से ही पापों को निवृत्ति मानी जाय तो प्रतिक्षण महापाप उपार्जन करने वाले उन समस्त जलचरों को स्वर्ग की प्राप्ति हो जानी चाहिये परन्तु यह असम्भव बात है। इसलिये जल स्नान से पापों की शुद्धि मानना विपरीत श्रद्धान है। हमने फर्रुखाबाद में स्वयं देखा है कि कितने ही लोग गंगा स्नान कर उसी गंगा के किनारे गोमुखी में माला डालकर जप करते हैं और मछली मारने के लिये एक एक वंशी भी डाल देते हैं। इस प्रकार तीर्थ स्नान और जप करते हुए भी मछली मारने का महापाप उत्पन्न करते रहते हैं। यह सब उनका विपरीत धर्म हैं।

आगे-तीर्थ स्नान से पाप नष्ट क्यों नहीं होते यही बात दिखलाते हैं।

जं कम्मं दिढवद्धं जीवपएसेहि तिविहजोएण।
तं जलफासणिमित्ते कह फट्टइ तित्थण्हाणेण ॥19 ॥

यत्कर्म दृढवद्धं जीवप्रदेशैस्त्रिविधयोगेन।

अर्थ : वेद वेदांग को जानने वाला कोई एक ब्राह्मण किसी जल रहित वन में अथवा जल रहित किसी देश में पहुँच गया और वहाँ पर वह बिना जल शुद्धि किंए ही मर गया। अब बतलाइए वह किस गति को प्राप्त होगा। यदि वह बिना शुद्धि के कारण नरक गति को प्राप्त होगा तो उसके सब वेद निरर्थक हो जाते हैं। उसने जो समस्त वेद वेदांग पढ़े हैं उनका पढ़ना जानना सब निष्फल हो जाता है। यदि वह वेद वेदांग पढ़ने के कारण स्वर्ग को जाता है तो फिर जल शुद्धि व्यर्थ हो जाती है। इससे सिद्ध होता है कि आत्मा की शुद्धि जल से भी नहीं हो सकती।

आत्मा नदी संयमतोयपूर्णा सत्यावहा शीतलता दयोर्भिः।
तत्राभिषेकं कुरु पांडुपुत्र! न वारिणा शुद्ध्यति चान्तरात्मा॥

अर्थ : हे अर्जुन यह शुद्ध आत्मा एक नदी है जो संयम रूपी जल से भरी हुई है, सत्य वचन ही इसके प्रवाह हैं, शील पालन करना ही इसके किनारे हैं और दया करना ही इसकी लहरें हैं। हे अर्जुन तू ऐसी शुद्ध आत्मा में लीन हो तभी इस आत्मा की पूर्ण शुद्धि हो सकती है।

तज्जलस्पर्शनिमत्ते कथं स्फुटति तीर्थस्नानेन ॥19॥

अर्थ : *जो कर्म मन, वचन काय के योग से जीव के प्रदेशों के साथ दृढ़ता से बन्धे हुए हैं वे कर्म तीर्थ-स्नान करने मात्र से केवल जल का स्पर्श करने से छूट सकते हैं?*

भावार्थ : *कर्मों का बन्ध योग और कषायों के निमित्त से होता है। इसलिये यह योगों का निग्रह करने से ओर कषायों का त्याग करने से ही छूट सकता है केवल जल के स्पर्श करने मात्र से वे कर्म कभी नहीं छूट सकते। कर्म के प्रदेश और कर्म सहित आत्मा के प्रदेश अति सूक्ष्म हैं। इसलिये जल का स्पर्श वहाँ तक पहुँच ही नहीं सकता। फिर भला उस जल से आत्मा की शुद्धि कैसे हो सकती है? कभी नहीं हो सकती।*

आगे इसी बात को दिखलाते हैं—

मलिणो देहो णिच्चं देही पुण णिम्मलो सयारूबी।
को इह जलेण सुज्झइ तम्हा ण्हाणेण णछु सुद्धी ॥20॥

मलिनो देहो नित्यं देही पुनः निर्मलं सदाऽरूपी।
क इह जलेन शुद्धयति तस्मात् स्नानेन न हि शुद्धिः ॥20॥

अर्थ : *यह शरीर मल मूत्र से भरा हुआ है, रजोवीर्य से उत्पन्न हुआ है और रुधिर माँस आदि घृणित वस्तुमय है। इसलिये वह सदा मलिन ही रहता है। तथा इस शरीर में रहने वाला आत्मा सदा निर्मल रहता है और वह सदा अरूपी ही रहता है। ऐसी अवस्था में विचार करना चाहिये कि इस जल से किसकी शुद्धि होती है। आत्मा अरूपी है, इसलिये उसकी शुद्धि तो हो ही नहीं सकती तथा रुधिर माँस मय यह शरीर सदा अशुद्ध ही रहता है इसलिये वह भी शुद्ध नहीं हो सकता। इस प्रकार स्नान से आत्मा की शुद्धि कभी नहीं हो सकती।*

अर्थ : *जिन जीवों के भाव दुष्ट है वे पुरुष यदि समस्त गंगा के जल से शुद्धि करे तथा अनेक पर्वतों के समान मिट्टी के ढेर से शुद्धि करें, उस मिट्टी को रगड़ रगड़कर गंगाजल से शुद्धि करें तथापि वे दुष्ट परिणामों को धारण करनेवाले पुरुष कभी शुद्ध नहीं हो सकते।*

मनो विशुद्धं पुरुषस्य तीर्थ वाचां यमश्चेन्द्रियनिग्रहस्तपः।
एतानि तीर्थानी शरीरजानि, मोक्षस्य मार्ग परि दर्शयन्ति॥

अर्थ : *पुरुष के लिये मनका विशुद्ध होना तीर्थ है वचनों का संयम धारण करना व मौन धारण करना तीर्थ है, इन्द्रियों का निग्रह करना है।*

आगे आत्मा की शुद्धि किस प्रकार होती है यही बात दिखलाते हैं।

सुज्झइ जीवो तवसा इंदियखलणिग्गहेण परमेण।
रयणतयसंजुत्तो जह कणयं अग्गिजोएण॥21॥

शुद्धयति जीवस्तपसा इन्द्रियखलनिग्रहेन परमेण।
रत्नत्रय संयुक्तौ यथा कनकं अग्नियोगेन॥21॥

अर्थ : *जिस प्रकार अग्नि के संयोग से सोना शुद्ध हो जाता है उसी प्रकार यह रत्नत्रय से सुशोभित होने वाला आत्मा तपश्चरण से तथा इन दृष्ट इंद्रियों का परम निग्रह करने से ही शुद्ध होता है।*

यह अन्तरात्मा जल से कभी शुद्ध नहीं हो सकता।

चित्तं समाधिभिः शुद्धं वदनं सत्यभाषणैः।
ब्रह्मचर्यादिभिः कायाः शुद्धो गंगा विनापि सः॥

समाधि व ध्यान धारण करने से चित्त शुद्ध होता है, सत्य भाषण से मुख शुद्ध होता है और ब्रह्मचर्य आदि से शरीर शुद्ध होता है। इस प्रकार वे सब बिना गंगा स्नान के ही शुद्ध हो जाता है।

कामरागमदोन्मत्ताः स्त्रीणां ये वशवर्तिनः।
न ते जलेन शुद्धयन्ति स्नात्वा तीर्थशतेरपि॥

अर्थ : *जो पुरुष काम के राग से मन्दोन्मत्त है और जो स्त्रियों के वशीभूत है ऐसे पुरुष सैकड़ों तीर्थों में स्नान करने पर भी उस जल से कभी शुद्ध हीं हो सकते।*

गंगातोयेन सर्वेण मृद्धारैः पर्वतोपमैः।
आम्लैरप्याचरन् शौचं भावदुष्टो न शुद्धयति॥

चौरासीलाख योनियाँ

णिच्चदरधादुसत्तय तरुदस वियलिंदियेसु छच्चेवं।
सुरणरयतिरियचउरो चउदस मणुजे सदसहस्सा॥

नित्य निगोद के सात लाख, इतरनिगोद के सात लाख, पृथ्वी कायिक के सात लाख, जल कायिक के सात लाख, अग्नि कायिक के सात लाख, वायु कायिक के सात लाख, वनस्पति कायिक के दस लाख दो इन्द्रिय के दो लाख, नारकियों के चार लाख, पंचेन्द्रिय तिर्यचों के चार लाख और मनुष्यों के चौदह लाख। इस प्रकार समस्त संसारी जीवों की चौरासी लाख योनियाँ है।

भावार्थ : *इस आत्मा की शुद्धि रत्नत्रय से होती है, इन्द्रियों का निग्रह करने से होती है और तपश्चरण से होती है। तीर्थस्नान से आत्मा की शुद्धि कभी नहीं हो सकती। तीर्थ है और तपश्चरण करना तीर्थ है। ये सब शरीर जन्य तीर्थ है जो मोक्षमार्ग की ओर संकेत करते है, मोक्षमार्ग को दिखलते हैं।*

चित्तं रागादिभिर्दुष्टमलीकवचनैर्मुखम्।
जीवघातादिभिः कायस्तस्य गडगा पराडमुखी॥

अर्थ : *जिनका चित्त राग द्वेष से दुष्ट है, जिनका मुख मिथ्या वचनों से दुष्ट है और जिनका शरीर जीवों का वध व हिंसा करने के कारण दुष्ट है ऐसे जीवों से गंगा भी प्रतिकूल रहती है।*

आगे तीर्थस्थान से आत्मा की शुद्धि मानने वालों को कैसा फल मिलता है यही बात दिखलाते हैं।

ण्हाणाओ चिय सुद्धि जीवा इच्छंति जडत्तेण।
भमिहिंति ते वराया चउरासी जोणिलक्खाइ॥22॥
स्नानादेव शुद्धि जीवा इच्छन्ति ये जडत्वेन।
भ्रमिष्यन्ति ते वराकाश्चतुरशीतियोनिलक्षाणि॥22॥

अर्थ : *जो जीव अपनी जड़ बुद्धि के कारण स्नान करने मात्र से ही आत्मा की शुद्धि मानते हैं वे तुच्छ पुरुष चौरासी लाख योनियों में परिभ्रमण करते रहते हैं।*

आगे कैसे जीव कभी शुद्ध नहीं होते सो दिखलाते है—

जे तियरमणासत्ता विसयपमत्ता कसायरसविसिया।
ण्हंता वि ते ण शुद्धा गिहवावारेसु वंदूंता॥23॥

ये स्त्रीरमणासक्ता विषयप्रमत्ता कषायरसवशिताः।
स्नान्त अपि ते न शुद्धा गृहव्यापारेषु वर्तमानाः॥23॥

अर्थ : *जो जीव स्त्रियों के भोगों में सदा आसक्त रहते हैं, विषय भोगों में लगे रहते हैं और जो क्रोध, मान, माया, लोभ इन चारों कषायों के वशीभूत रहते हैं ऐसे घर के व्यापार में लगे रहनेवाले पुरुष स्नान करने मात्र से कभी शुद्ध नहीं हो सकते।*

सव्वस्सेण ण लित्ता मायापउरा य जायणासीला।
कि कुणइ तेसु ण्हाणां अब्भंतरगहियपावाणाम्॥24॥

सर्ववस्तुना न तृप्ता माया प्रचुराश्च याचनाशीलाः।

किं करोति तेषा स्नानामभ्यन्तरगृहीतपापानाम् ॥24॥

अर्थ : *जिनको समस्त पदार्थों का दान दे दिया जाय तो भी जो कभी तृप्त न हो, जो सदा काल अनेक प्रकार की मायाचारी करते रहते हों, जो सदा याचना करते रहते हों और जिन्होंने अपने आत्मा में अनेक पापों का संग्रह कर रक्खा हो ऐसे जीवों की शुद्धि के लिये भला स्नान क्या कर सकता है अर्थात् कुछ भी नहीं।*

भावार्थ : *यद्यपि स्नान करने से अनेक जीवों का घात होता है जल में अनेक सूक्ष्म त्रस जीव रहते हैं बिना छने पानी से स्नान करने से उन समस्त त्रस जीवों का तथा जल में रहनेवाले जल कायिक जीवों का घात हो जाता है। इसके सिवाय जिस फर्श पर वह जल गिरता है वहाँ भी मिट्टी जल के संयोग से अनेक जीव उत्पन्न होकर मर जाते हैं। इस प्रकार स्नान करने से अनेक प्रकार की हिंसा होने पर भी भगवान अरहंत देव की पूजा करने के लिये और सुपात्र व पात्रों को दान देने के लिये छने हुए पानी से स्नान करने का विधान है। गृहस्थ लोगों को समस्त कामों में छना हुआ पानी ही काम में लाना चाहिये। लिखा भी है।*

मनुस्मृति में लिखा है—

द्वौ मासौ मत्स्यमांसेन त्रीन् मासान् हरिणेन तु।
और भ्रेणथ चतुरः शाकुनेनाथ पंच वै॥
षण्मांश्च्छागमांसेन पार्षतेण च सप्त वै।
अष्टावेणस्य मांसेन रौरवेण नवैव तु॥
दशमासांसतु तृप्यन्ति वराहमहिषामिषै।
शश कूर्मेंज मांसेन मासानेकादशैंव तु।
संवत्सर तु गव्येत पयसा पायसेन च॥
वार्धिणसस्य मांसेन तृप्तिर्द्वादशवार्षिकी।
काल शाकं महाशल्काः खड्ग लोहामिषं मधु।
आनन्यौ कल्प्यन्ते मुन्नन्यानि च सर्वशः॥
याज्ञवल्क्य मृति में भी ऐसा ही लिखा है—
यथा—
हविष्यान्नेव वै मासं पायसेन तु वत्सरम्।
मात्स्यहारिणकौरभ्रशाकुनच्छागपार्षतैः॥
ऐणरौरववाराह शाशैर्मासैर्यथाक्रमम्।
मांसवृद्धयाभितृप्यन्ति दत्तैंरिह पितामहैः॥
खड्गामिषं महाशल्कं मधुमुन्यन्नमेंव च।
लोहामिपं महाशाकं मांसं वाधिणसष्य च॥
यद्ददाति गयास्थश्च सर्वमानन्त्यमश्नुते।
तथा वर्षा त्रयोदश्यां मधासु च विशेषतः॥

"यः कुर्यात् सर्वकर्माणि वस्त्रपूतेन वारिणा।
स मुनिः स महासाधुः स योगी स महाव्रती॥

अर्थात—*जो गृहस्थ अपने सब काम छने हुए पानी से करता है वह गृहस्थ मुनि, साधु योगी महाव्रती के समान माना जाता है। इससे यह बात सहज रीति से समझ में आ जाती है कि बिना छनें पानी से स्नान करने से अनेक प्रकार के जीवों की हिंसा होती है और हिंसा होने से महापापों का संग्रह होता है। इसलिये स्नान करने मात्र से पापों की निवृत्ती कभी नहीं हो सकती किन्तु पापों की वृद्धि होती है। इसलिये स्नान करनें मात्र से आत्मा की शुद्धि मानना तो बहुत दूर की बात हैं। वह तो कभी-कमी नहीं हो सकती।*

आगे शुद्धता के कारण बतलाते हैं—

वयणियमसीलजुत्ता णिहयकसाया दयावहा जइणो
ण्हाणरहिया वि पुरिसा वभंचारी सया सुद्धा॥25॥

व्रतनियमशीलयुक्ता निहतकषाया दयापरा यतयः।
स्नानरहिता अपि पुरुषा ब्रह्मचारिणः सदा शुद्धाः॥25॥

अर्थ : *जो मुनि पंचमहाव्रत धारण करते हैं, समिति गुप्ति आदि के समस्त नियम पालन करते हैं पूर्ण शीलव्रतों का पालन करते हैं, जिन्होंने अपने समस्त कषाय नष्ट कर दिये हैं जो सदा काल समस्त जीवों की दया पालन करने में तत्पर रहते हैं और पूर्ण रीति से बिना किसी प्रकार का दोष लगाये पूर्ण ब्रह्मचर्य का पालन करते हैं ऐसे पुरुष बिना स्नान किये ही सदा शुद्ध रहते हैं।*

भावार्थ : *शरीर और आत्मा दोनों की शुद्धि का कारण पूर्ण ब्रह्मचर्य है। यदि उसके साथ व्रत नियम शील पालन किये जाये, आत्मा को अशुद्ध करने वाले समस्त कषायों को नष्ट कर दिया जाय और समस्त जीवों को दया की जाय, कभी किसी जीव की हिंसा न की जाय तो फिर उस जीव के पूर्व संचित कर्म भी नष्ट हो जाते हैं और इस प्रकार उस आत्मा की उत्तरोत्तर शुद्धि होती जाती है।*

इस प्रकार संक्षेप से स्नान के दोष बतलाये। अब आगे मांस भक्षण के दोष बतलाते हैं—

मंसेण पियरवग्गो पीणिज्जइ एरिसी सुई जेंसि।
लेहि मसेसं गोत्रं हणिऊ ण य भक्खियं णियमा॥26॥

माँसेन पितृवर्गः तृप्यते ईदृशी श्रुतिर्येषाम्।
तैरशेषं गोत्रं हत्वा च भक्षितं नियमात्॥26॥

अर्थ : *जिन ब्राह्मणों के वेद और स्मृतियों में मांस भक्षण करने से पितर लोग तृप्त होते हैं ऐसा लिखा है तथा जो लोग उन वेद और स्मृतियों को मानते हैं और उसके अनुसार चलते हैं। उनको समझना चाहिये कि वे लोग नियम से अपने ही घर के , गोत्र के समस्त जीवों को मारकर खा जाते हैं।*

लगभग इनसे मिलते-जुलते श्लोक मत्स्यपुराण अध्याय 1 में श्लोक संख्या तीस से पैंतीस तक में हैं।

संक्षेप से इनका अभिप्राय यह हे कि मत्स्य के मांस से श्राद्ध करना अर्थात् ब्राह्मणों को श्राद्ध में मत्स्य खिलाने से पितर लोक दो महीन तक तृप्त रहते हैं, हिरण के मांस से तीन महीने तक, मेढ़ाके मांस से चार महीने तक, पक्षियों के मांस से पाँच महीने तक, बकरी के माँस से, छह महीने तक, चितेरा मृग के मांस से सात महीने तक, एण जाति के हिरण के मांस से आठ महीने तक, भुंवार के मांस से नौ महीने तक, जंगली सुअर व भैंसा के मांस से दश महीने तक और खरगोश के मांस से ग्यारह महीने तक तृप्त होते हैं। वार्धीणास के मांस से बारह वर्ष तक पितर तृप्त होते हैं। गेंडा, महामत्स्य, कालशाक, लाल वर्ण का बकरा आदि से अनन्त तृप्ति होती है।

इस प्रकार स्मृतियों में मांस खाने खिलाने का वीभत्स वर्णन है। शतपथ ब्राह्मण में भी लिखा है—

"राज्ञे वा ब्राह्मणाय वा महोज्ञं वा महाजं वा पचेत्"

अर्थात् राजा वा ब्राह्मण के लिए बड़ा बैल या बड़ा बकरा पकाना चाहिए। वशिष्ठस्मृति में भी यही बात लिखी है।

आगे इस बात का समर्थन करते हैं।

जे कयकम्मपउत्ता सुयण हिडंत चउगई घोरे।
संसारे गिण्हता सम्बन्धा सयल जीयेहिं ॥27॥

ये कृतकर्मप्रयुक्ताः स्वजनां हिण्डन्ते चतुगतिघोरे।
संसारे गृह्यन्तः सम्बन्धान् सकलजीवैः ॥27

तिरियगई उवण्णा सम्पत्ता मच्छयाइ जे जन्म।
हरिऊण अवरपक्खे तेसि मंसेहिं विविहेहिं ॥28॥

तिर्यंगतावुत्पन्नाः सम्प्राप्ता मत्स्यादि ये जन्म।
हत्वा अपरपज्ञे तेषां मांसैर्विविधैः ॥28॥

कुणइ सराहं कोई पियरे संसारतारणत्थेण।
सो तेसि मंसाणि य तेसि णामेण खावेइ ॥29॥

करोति श्राद्धं कश्चित्पितुः संसारतारणार्थम्।
स तेषां मांसाति च तेषां नाम्ना खादयति॥29॥

अर्थ : *जो अपने माता पिता भाई बन्धु आदि मरकर अपने कर्मों के उदय के अनुसार चारों गतियों में परिभ्रमण करते फिरते हैं और इस प्रकार इस संसार में परिभ्रमण करते हुए समस्त जीवों के साथ यथा योग्य सम्बन्ध ग्रहण करते रहते हैं। उनमें से माता-पिता के जीव निर्यञ्च गति में भी उत्पन्न होते हैं, हिरण, बकरा, मत्स्य आदि योनि में भी उत्पन्न होते हैं तथा पूर्व जन्म की उन्हीं की सन्तान श्राद्ध पक्ष में उन्हीं माता-माताओं के जीव को इस संसार से पार करने के लिए श्राद्ध करते हैं और उस श्राद्ध में उन्हीं के जीवों को जो मारकर बकरा, मत्स्य, हिरण आदि की योनियों में, उत्पन्न हुए हैं। उन्हें मारकर खिलाते हैं और स्वयं खाते है। इस प्रकार श्राद्ध करनेवाले वे लोग अपने माता-पिताओं को स्वर्ग में पहुँचाने के लिये व तारने के लिये श्राद्ध करते हैं उस श्राद्ध में वे लोग उन्हीं माता-पिताओं के जीवों को मारकर उसका मांस उन्हीं के नाम से खाते हैं वह कितने आश्चर्य की बात है?*

आगे इसी बात को उदाहरण देकर बतलाते हैं—

बंकेण जह सताओ हरिणो हणिऊ ण तण्णिमित्तेण।
पइऊ ण सोत्तियाणं दिण्णो खद्धो सयं चैव॥30॥

बकेन तथा स्वतातो हरिणो हत्वा तन्निमित्तेन।
प्रीणयित्वा श्रोत्रियेभ्यो दत्तः भक्षितः स्वयं चैव॥30॥

अर्थ : *जिस प्रकार एक बक ने अपने पिता के श्राद्ध में अपने ही पिता के जीव हरिण को मारकर श्रोत्रियों को खिलाया था और स्वयं भी खाया था।*

भावार्थ : *एक बक नाम का व्यक्ति था उसका पिता मरकर हरिण हुआ था। जब उस बक ने अपने पिता का श्राद्ध किया तो उस श्राद्ध में अपने पिता के जीव हरिण को ही मारकर पकाया और श्रोत्रियों को खिलाकर स्वयं भी खाया था। इस प्रकार उसने अपने पिता को तृप्त करने के लिये व उसे तारने के लिये अपने ही पिता के जीव हरिण को मारा था और उसका मांस श्रोत्रियों को खिलाकर स्वयं ने खाया था। आगे मांस से होने वाले श्राद्ध के दोष बतलाते हैं—*

मंससिणो ण पत्तं मसं ण हु होइ उत्तमं दाणं।
कह सो तिप्पइ पियरो परमुहगसियाइं भुंजन्तो॥31॥

मांसाशिनो न पात्रं मांसं न हि भवति उत्तमं दानम्।
कथं स तृप्यति पिता परमुखग्रसितानि भुंजानः॥31॥

अर्थ : *पहली बात तो यह है कि मांस खाने वाले पुरुष कभी भी दान देने के पात्र नहीं माने जा सकते। दूसरी बात यह है कि मांस का दान देना कभी भी दान नहीं कहला सकता। फिर भला उसको उत्तम दान तो कह ही कैसे सकते हैं? तीसरी बात यह है कि दूसरे के मुख में ग्रास देकर भोजन कराने से पितरों की तृप्ति कैसे हो सकती है? अर्थात् कभी नहीं हो सकती। आगे भी इसी बात को दिखलाते हैं—*

अण्णम्मि भुंजमाणे अण्णो जइ धाइ एत्थ पच्चक्खं।
तो सग्गम्मि वसन्ता पियरा तित्तिं खु पावंति।।32।।

अन्यस्मिन् भुंञ्जानेऽन्यो यदि तृप्यत्यत्र प्रत्यक्षम्।
ततः स्वर्गे बसन्तः पितरस्तृप्तिं खलु प्राप्नुवन्ति।।32।।

अर्थ : *इस लोक में यदि किसी एक को भोजन कराने से दूसरा मनुष्य तृप्त हो जाता हो, तब ही स्वर्ग में रहने वाले पितर लोग भी तृप्त हो सकते हैं।*

भावार्थ : *देवदत्त के भोजन करने से यक्षदत्त का पेट कभी नहीं भरता। फिर भला किसी के खाने से स्वर्ग में रहने वाले पित्तर लोग कैसे तृप्त हो सकते है, कभी नहीं हो सकते। इसलिये श्राद्ध में पितरों को तृप्त करने के लिये किसी को खिलाना विडम्बना मात्र है, इसके सिवाय और कुछ नहीं।*

आगे और भी इस के दोष दिखलाते है—

जइ सुत्तदिण्णदाणे पियरा तिप्पंति चउगइ गया वि।
तो जण्णहोमण्हाणं जब तव वेयाइं अक्रियत्था।।33।।

यदि पुत्रदत्तदानेन पितरः तृप्यन्ति चतुर्गति गता अपि।
तर्हि यज्ञहोमस्नानं जपः तपो वेदादय अकृतार्थाः।।33।।

अर्थ : *जो पितर लोग मरकर अपने-अपने कर्म के अनुसार चारों गतियों में से किसी एक गति को प्राप्त हो चुके हैं वे यदि पुत्र के द्वारा दिये हुए दान से ही तृप्त हो जायें तो फिर यज्ञ, होम, स्नान जप-तप वेद आदि सब व्यर्थ हो जाते हैं।*

भावार्थ : *स्वर्ग-नरक आदि की प्राप्ति अपने आप किये हुए पुण्य पाप से होती है। जो स्वयं जप तप करता है, दान देता है उसे स्वर्ग की प्राप्ति होती है और हिंसा झूठ चोरी आदि के करने से नरकादिक की प्राप्ति होती है। माता पिता भाई बन्धु आदि जीवों ने जैसा कर्म किया होगा उनको वैसे ही नरक स्वर्ग आदि की गति प्राप्ति हुई होगी। फिर भला पुत्र के द्वारा दिये हुए दान से उन पितरों का उद्धार कैसे हो सकता है? यदि फिर भी थोड़ी देर के लिये मान लिया जाय कि पुत्र के दान से ही पितरों का उद्धार हो जाता है तो फिर जो लोग जप करते हैं, तपश्चरण करते हैं*

स्वयं दान देते है व और भी अनेक प्रकार के पुण्य कर्म करते हैं उनका वह जप तप दान आदि सब व्यर्थ हो जाता है। फिर तो स्वर्ग की प्राप्ति पुत्र के द्वारा दिये हुए दान पर ही निर्भर रही। परन्तु ऐसा होना सर्वथा असम्भव है।

कयपावो णरय गओ णिज्जय पुत्तेण पियरु सग्गस्मि।
पिंड दाऊ ण फुडं ण्हाइ य तित्थाइं भणिऊ ण ॥34॥

कृतपापी नरके गतो नीयते पुत्रेण पिता स्वर्गे।
पिंडं दत्वा स्फुटं स्नाति च तीर्थानि भणित्वा ॥34॥

जइ एवं तो पियरो सग्गं पत्तो वि जाइ णिरयम्भि।
पुत्तेण कए दोसे बंभहच्चाइगरुएण ॥35॥

यद्येवं तर्हि पिता स्वर्ग प्राप्तोपि जायते नरके।
पुत्रेण कृतेन दोषेण ब्रह्महत्यादि गुरुकेन ॥35॥

अर्थ : *जो माता पिता अपने अनेक पाप करने के कारण नरक योनि में उत्पन्न हुए थे वे माता पिता के जीव यदि पुत्र के द्वारा पिण्डदान देने से व तीर्थस्नान करने से स्वर्ग में जा सकते हैं तो फिर जो माता पिता पुण्य कर्म करने के कारण स्वर्ग में उत्पन्न हुए थे वे माता पिता के जीव यदि उसके पुत्र के द्वारा कोई ब्रह्महत्या आदि महापाप किये जाते है तो उसे पुत्र के उस दोष से उस पाप से वे स्वर्ग में उत्पन्न हुए माता पिता के जीव नरक में भी जा सकते हैं।*

भावार्थ : *यदि पुत्र के दान आदि से माता पिता के जीव नरक में से स्वर्ग भी जा सकते हैं तो फिर स्वर्ग में भी उत्पन हुए माता पिता के जीव भी पुत्र के पाप से नरक में भी जा सकते हैं। परन्तु ऐसा होना सर्वथा असम्भव है।*

आगे इसी विषय को फिर दिखलाते है।

अण्णकए गुणदोसे अण्णो जइ जाइ सग्गणरयम्मि।
जो कुणइ पुण्णपावं तस्स फलं सो ण वेएइ ॥36॥

अन्यकृताभ्यां गुणदोषाभ्यामन्यो यदिं याति स्वर्गनरके।
यः करोति पुण्यपापं तस्य फलं स न वेदयति ॥36॥

अर्थ : *यदि किसी एक पुरुष के गुण व दोष से कोई दूसरा जीव स्वर्ग नरक जाता है तो फिर कहा ना चाहिये कि जो पुरुष स्वयं पुण्य व पाप करता है उसका फल उसको नहीं मिल सकता। वह भी किसी दूसरे को मिल सकता है।*

ण हु वेयइ तस्स फलं कत्ता पुरिसो हु पुण्णपावस्स।

जइ तो कह ते सिद्धा भूयग्गामा हु चत्तारि॥37॥

न हि वेदयति तस्य फलं कर्ता पुरुषः हि पुण्यपापस्य।
यदि तर्हि कथं ते सिद्धा भूतग्रामा हि चत्वारः॥37॥

अर्थ : *जो पुरुष पुण्य करता है व पाप करता है यदि उसका फल उसको नहीं मिलता तो फिर मनुष्य तिर्यंच देव नारकी इन चार प्रकार के जीवों की सिद्धि कैसे हो सकेगी?*

भावार्थ : *जो पुरुष पुण्य करता है उसे स्वर्ग की प्राप्ति होती है, जो पाप करता है उसको नरक की प्राप्ति होती है। जो पुण्य अधिक करता है साथ में थोड़ा पाप भी करता है उसको मनुष्य गति की प्राप्ति होती है और पाप अधिक करता है और साथ में थोड़ पुण्य भी करता है उसको तिर्यंच गति की प्राप्ति होती है। यह सब तभी सिद्ध हो सकता है जब कि यह जीव स्वयं किये हुए पुण्य पाप का फल स्वयं भोगता है। यदि पुत्र के किये हुए पुण्य-पाप से माता-पिताओं को सुख-दुख भोगना माना जाय तो इन चारों गतियों की सिद्धी कभी नहीं हो सकती। तथा बिना पुत्र वालों को फिर क्या गति होगी? इस प्रकार विचार करने से सिद्ध होता है कि पुत्र के किये दान से माता-पिताओं का उद्धार कभी नहीं हो सकता न पुत्र के पाप से माता-पिता नरक में जा सकते हैं। जो जीव स्वयं जैसा पुण्य या पाप करता है उसका फल उसी को मिलता है। एक के द्वारा किये हुए पुण्य पाप का फल दूसरे को कभी नहीं मिल सकता।*

आगे निश्चित सिद्धान्त बतलाते हैं—

जो कुणइ पुण्णपावं सो चिय भुंजेइ णत्थि संदेहो।
सग्गं वा णरयं व अप्पाणो णेइ अप्पाणं॥38॥

यः करोति पुण्यपापं स एव भुनक्ति नास्ति संदेहः।
स्वर्गं व नरकं व आत्मना नयति आत्मानम्॥38॥

अर्थ : *जो जीव जैसा पुण्य व पाप करता है उसका फल वही भोगता है इसमें किसी प्रकार का संदेह नहीं है। इस प्रकार यह आत्मा अपने आत्मा के द्वारा अपने ही आत्मा को स्वर्ग नरक में ले जाता है।*

भावार्थ : *यह आत्मा पुण्य व पाप अपने ही आत्मा के द्वारा व अपने ही आत्मा के भावों से उपार्जन करता है और फिर उसी पुण्य से वह अपने आत्मा को स्वर्ग में पहुँचाता है। और अपने किये हुए पाप से नरक में पहुँचाता है। किसी अन्य के द्वारा किये हुए दान पुण्य से दूसरा आत्मा न तो स्वर्ग जा सकता है और न किसी दूसरे के द्वारा किये पाप से किसी अन्य जीव का आत्मा नरक में जा सकता है। इसलिये*

पितरों के उद्धार के लिए श्राद्ध करना व्यर्थ है।

एवं भणंति केई जलथल गिरीसिहर अग्गिकुहरेसु।
चडविह भूयग्गामे वसइ हरी णत्थि संदेहो।।39।।

एवं भणन्ति केचिज्जलस्थलगिरिशिखराग्निकुहरेषु।
चतुर्विधभूतग्रामेषु वसति हरिर्नास्ति सन्देहः।।39।।

अर्थ : *कोई-कोई मतवालें ऐसा कहते हैं कि जल में स्थल में पर्वतों के शिखर पर अग्नि में गुफा व छिद्रों में तथा सब प्रकार के जीवों में भगवान हरि रहते हैं इसमें किसी प्रकार का संदेह नहीं है। लिखा भी है—*

जले विष्णुः स्थलै विष्णुविष्णु पर्वतमस्तके।
ज्वालामालाकुले विष्णुः सर्व विष्णुमयं जगञ्च।।

अर्थात् : *जल में भी विष्णु हैं स्थल में भी विष्णु हैं, पर्वत के मस्तक पर भी विष्णु हैं, अग्नि जल आदि सब में विष्णु हैं। कहाँ तक कहा जाय यह समस्त संसार और समस्त जीव विष्णुमय है। ऐसा कोई-कोई मानते हैं। सो मिथ्या है।*

आगे ऐसा मानने वालों के लिये कहते हैं।

सव्वगओ जइ विण्हू णिवसइ देहम्हि सव्वदेहीणं।
तो रुक्खाइहएण सो णिहओ होइ णियमेण।।40।।

सर्वगतो यदि विष्णुः निवसति देहे सर्वदेहिनाम्।
तर्हि वृक्षादिहातेन स निहतो भवति नियमेन।।40।।

अर्थ : *यदि विष्णु समस्त संसार में व्याप्त है तो विष्णु समस्त संसारी जीवों में भी रहता है, और यदि वह विष्णु समस्त संसारी जीवों में रहता है तो फिर किसी वृक्ष को काटने से वह विष्णु भी काटा गया ऐसा समझना चाहिये। लिखा भी है।*

मत्स्यः कूर्मो वराहश्व नरसिंहोऽथ वामनः।
रामो रामश्च कृष्णश्च बुद्धः कल्की च ते दश।।
मत्स्यः कूर्मों वराहश्च विष्णुः संपूज्य भक्तितः।
मत्स्यादीनां कथं मांसं भक्षितुं कल्प्यते बुधैः।।

अर्थात : *मत्स्य, कूर्म व कच्छप, कृष्ण, बुद्ध, कल्की, नरसिंह वामन, राम, परशुराम, वराह व शूकर ये सब दश विष्णु के अवतार माने हैं। इनमें से सबकी मूर्ति बनाकर भक्ति पूर्वक पूजा करते हैं फिर भला बुद्धिमान पंडित लोग इन्हीं मत्स्य आदि के मांस खाने का विधान क्यों करते हैं।*

आगे इसी बात को दिखलाते हैं—

किडिकुम्ममच्छरूवं पडिमंकाऊण विंण्हु भणिऊण।
अच्चेयणम्मि पुज्जइ गन्धक्खयधूवविंदवेंहि।।41।।

किटिकूर्ममत्स्यरूपां प्रतिमां कृत्वां विष्णुं भणित्वा।
अचेतने पूजयन्ति गन्धाक्षतधूपदीपैः।।41।।

जो पुण चेयणवंतो विण्हू पच्चक्ख मच्छकिडिरूवो।
सो हणिऊण य खद्धो दिण्णो पियण्णा पावेंहि।।42।।

यः पुनः चैतन्यवान् विष्णुः प्रत्यक्षं मत्स्यकिटिरूपः।
स हत्वा च भक्षितो दत्तः पितृभ्यः पापैः।।42।।

अर्थ : *सूअर कच्छप मत्स्य इन सबकी प्रतिमा बनाकर और विष्णु मानकर गन्ध, अक्षय, दीप, धूप आदि से उस अचेतन प्रतिमा की पूजा करते हैं। फिर भला मत्स्य, कच्छप, सूअर आदि चैतन्य जीवों में प्रत्यक्ष विष्णु विद्यमान है फिर भी उन मत्स्यादिक को और उनमें रहनेवाले भगवान विष्णु को मारकर वे पापी अपने पितरों को खाने के लिये देते हैं। यह कैसी विपरीत और आश्चर्य की बात है।*

आगे भी यही बात दिखलते हैं—

जइ देवो हणिऊ णं मंसं गणिऊ ण गम्मए सग्गं।
तो णरयं गंतव्वं अवरेहिण केण पावेण।।43।।

यदि देवं हत्वा मासं ग्रसित्वा गच्छति स्वर्गम्।
तर्हि नरकं गन्तव्यं अपरेणेह केन पापेन।।43।।

अर्थ : *यदि अपने देव को ही मारकर और उसका मांस खाकर यह जीव स्वर्ग में जाता है तो फिर अन्य ऐसे कौन से पाप हैं जिनसे यह जीव नरक जायेगा।*

भावार्थ : *अपने साक्षात् देव को मारकर उसका मांस खा जाना सबसे बड़ा पाप है इससे बढ़कर और कोई पाप नहीं हो सकता। यदि ऐसे महापाप से भी यह जीव स्वर्ग में चला जाता है तो फिर नरक में जाने योग्य संसार भर में कोई महापाप नहीं है। इससे सिद्ध होता है कि जीवों को मारने और मांस खाने से स्वर्ग की प्राप्ति कभी नहीं हो सकती। ये दोनों ही काम नरक के कारण हैं। लिखा भी है—*

अल्पायुषो दरिद्राश्च नीचकर्मोपजीविनः।
दुष्कुलेषु प्रसूयन्ते ये नराः मांसभोजिनः।।
योत्ति मनुष्यो मांसं निर्दयचेताः स्वदेहपुष्टयथम्।
याति स नरकं सततं हिंसापरिवृत्तचित्तत्वात्।।

अर्थात् : जो पुरुष मांस भक्षण करते है वे मनुष्य मरकर नीच कुल में उत्पन्न होते हैं। नीच कर्म करने वाले होते हैं, दरिद्री होते हैं और अल्प आयु वाले होते हैं। जो निर्दय मनुष्य अपने शरीर को पुष्ट करने के लिये मांस भक्षण करता है उसका चित्त सदाकाल हिंसा करने में ही लगा रहता है और इसलिये वह जीव बार-बार नरक में ही उत्पन्न होता है।

आगे फिर भी यही बात दिखलाते हैं—

हणिऊ ण पोढछेलं गम्मइ सग्गस्स एस वेयत्थो।
तो सूणारा सव्वे सग्गं णियमेण गच्छंति॥44॥

हत्वा प्रौढ़च्छागं गच्छति स्वर्गं एष वेदार्थः।
तर्हि सूनकाराः सर्वे स्वर्गं नियमेन गच्छन्ति॥44॥

अर्थ : *यदि वेद का अर्थ यही है कि मोटा ताजा बकरा मारकर खा जाने से यह जीव स्वर्ग में चला जाता है तो फिर संसार में जितने पाप कर्म करने वाले हैं वे अवश्य ही स्वर्ग में चले जायेंगे।*

सव्वगओ जइ विण्हू छागसरीरम्मिः किं ण सो अत्थि।
जं णित्ताणो वहियो चडप्फडंतो निरूस्सासो॥45॥

सर्वगतो यदि विष्णुः छागादिशरीरे किं न सोऽति।
यद निस्त्राणः हतः तल्प्यमानो निःश्वासः॥45॥

अर्थ : *यदि विष्णु सर्व व्यापक है तो क्या वह उस मोटे ताजे बकरे के शरीर में नहीं है अवश्य है। फिर भी श्रोत्रिय लोग जिस बकरे का कोई रक्षक नहीं है, जो तड़फरहा है और श्वासें छोड़ रहा है ऐसे उस बकरे को मार ही डालते हैं। यह कितनी विपरीत बात है। लिखा भी है—*

अन्ये चैवं वदन्त्येके यज्ञार्थं यो निहन्यते।
तस्य मांसाशिनः सोऽपि सर्वे यान्ति सुरलयम्॥
तत्किं न क्रियते यज्ञः शास्त्रज्ञैस्तस्य निश्चयात्।
पुत्रवंध्वादिभिः सर्वे प्रगच्छन्ति दिवं यथा॥

अर्थात् : *कोई कोई लोग ऐसा कहते हैं कि यज्ञ में जो पशु मारा जाता है और जो लोग उसका मांस खाते है वे सब और वह पशु सब स्वर्ग में जाकर उत्पन्न होते हैं। परन्तु ऐसा कहने वालों को समझना चाहिये कि यदि उनका ऐसा निश्चय है तो फिर वे लोग अपने पुत्र भाई आदि का होम क्यों नहीं करते जिससे वे सब लोग अनायास ही स्वर्ग में जा पहुँचे। और भी लिखा है—*

नाहं स्वर्गफलोपभोग तृषितो नाभ्यर्थितस्त्वं मया
सन्तुष्टस्तृणभक्षणेन सततं हंतुं न युक्तं तव,
स्वर्गे यान्ति यदि त्वया विनिहता यज्ञे ध्रुवं प्राणिनो
यज्ञं किं न करोषि मातृपितृभिः पुत्रैस्तथा बांधवैः॥

अर्थात् : *जिस पशु को यज्ञ में मारना चाहते हैं वह पशु उन श्रोत्रिय से कहता है कि हे भाई! तू जो मुझे मार कर स्वर्ग पहुँचना चाहता है सो भाई मुझे तो स्वर्ग के फल भोगने की लालसा नहीं है, न मैं आप लोगों से स्वर्ग पहुँचाने की प्रार्थना करता हूँ मैं तो सदा काल तृण भक्षण करने में ही सन्तुष्ट रहता हूँ इसलिये मुझे मारना सर्वथा अनुचित है। यदि यह बात निश्चित है कि इस यज्ञ में मारे हुए प्राणी सब स्वर्ग में चले जायेंगे तो फिर आप लोग अपने माता-पिता पुत्र भाई आदि कुटुंबियों का ही इस यज्ञ में होम क्यों नहीं करते? जो वे सब अनायास ही स्वर्ग में पहुँच जायें? आगे अन्य प्रकार से भी ऐसी हिंसा का निषेध करते हैं।*

अण्णं इय णिसुणिज्जइ सत्थे हरिवंभरुद्दभत्ताणं।
सव्वेसु जीवरासिसु अंगे देवा हु णिवसंति॥46॥

अन्यदितिश्रूयते शास्त्रे हरिब्रह्मरुद्रभक्तानाम्।
सर्वेषां जीव राशीनां अंगे सुवा हि निवसन्ति॥46॥

अर्थ : *इनके मत में यह भी लिखा है कि ब्रह्मा विष्णु, महादेव समस्त जीवों के अंगों में निवास करते है यथा—*

नाभिस्थाने वसेद् ब्रह्मा विष्णु कंठे समाश्रितः।
तालुमध्ये स्थितो रुद्रो ललाटे च महेश्वरः॥
नासाग्रे च शिवं विद्यात्तस्यान्ते च परोपरः।
परात्परतरं नास्ति इति शास्त्रस्य निश्चयः॥

अर्थात् समस्त जीव राशियों की नाभि में ब्रह्मा निवास करते है, विष्णु कंठ में निवास करते हैं, तालु के मध्य भाग में रुद्र निवास करते हैं, ललाट पर महेश्वर रहते हैं, नाक के अग्र भाग पर शिव रहते हैं तथा नासिका के अन्त में अन्य देवता रहते हैं।

आगे किसी भी जीव के मारने से इन ब्रह्मा विष्णु महादेव की भी हिंसा होती है, ऐसा दिखलाते हैं।

सव्वेसु जीवरासिसु ए ए णिवसंति पंचठाणेसु।
जइ तो कि पसु वहणे ण मारिया होंति ते सव्वे॥47॥

सर्वाषु जीवराशिसु एते निवसन्ति पंचस्थानेषु।
यदि तर्हि कि पशुवधेन न मारिता भवन्ति ते सर्वे॥47॥

अर्थ : *इस संसार में रहनेवाले समस्त संसारी जीवों के नाभि कंठ तालु ललाट और नासिका इन पाँचों स्थानों में ब्रह्मा, विष्णु और महेश्वर रहते हैं फिर भला किसी भी प्राणी को मारने से उनकी मान्यतानुसार इन ब्रह्मा विष्णु महेश का भी घात अवश्य हो जाता है। इस प्रकार किसी भी जीव की हिंसा करने से इन देवों की भी हिंसा अवश्य होती है।*

आगे इसी बात को स्पष्ट कहते हैं—

देवे वहिऊण गुण लव्भहि जइइत्थ उत्तमा केई।
तो रुक्ख वंदणया अवरे पारद्धिया सव्वे॥48॥

देवान् वध्वा गुणान् लभन्ते यद्यत्रोत्तमाः केचित्।
तर्हि वृक्षवन्दनया अपरे पारधिकाः सर्वे॥48॥

अर्थ : *इस संसार में यदि उत्तम पुरुष देवों को मारकर ही गुण प्राप्त करना चाहते हैं, स्वर्गादिक की प्राप्ति करना चाहते हैं तो वे सब लोग हत्यारे पारधी हैं जो लोग वृक्षों की वंदना करके भी प्रसन्न होते हैं अर्थात् वृक्ष व पौधों तक को नहीं तोड़ते ऐसे लोगों को छोड़कर शेष जीवों को मारनेवाले सब पारधी हैं। लिखा भी है—*

न हि हिंसाकृते धर्मः सारंभे नास्ति मोक्षता।
स्त्रीसंपर्के कुतः शौचं मांसभक्षे कुतो दया॥

अर्थात् : *हिंसा करने पर कभी धर्म नहीं हो सकता, घर के व व्यापार आदि के आरंभ कार्य करते हुए कभी मोक्ष नहीं प्राप्त कर सकते, स्त्री समागम करने पर कभी पवित्रता नहीं हो सकती और मांस भक्षण करने पर कभी दया नहीं हो सकती।*

तिलसर्षपमात्रं व यो मांस भक्षयेद्द्विजः।
स नरकान्न निवर्तेत यावच्चन्द्र दिवांकरौ॥

अर्थात् : *जो ब्राह्मण तिल व सरसों के समान भी मांस भक्षण करता है वह जीव जब तक सूर्य चन्द्रमा विद्यमान रहेंगे तब तक कभी नरक से नहीं निकल सकता।*

आकाशगामिनो विप्राः पतिता मांसभक्षणात्।
विप्राणां पतनं दृष्टवा तस्मान्मांसं न भक्षयेत्॥

अर्थात् : *ब्राह्मण लोग पहले आकाश गामी थे परन्तु मांस भक्षण करने से वे पतित हो गये और पृथ्वी पर चलने लगे। इस प्रकार उन के पतन को देखकर कभी भी मांस भक्षण नहीं करना चाहिये।*

आगोपादियत्सिद्धं धान्यं मांस पृथक् पृथक्।
मांसमानय इत्युक्तेन कश्चिद्धान्यमानयेत्॥

अर्थात् : *धान्य अथवा अन्न अलग पदार्थ हैं और मांस अलग पदार्थ है। इस बात को बालक वृद्ध आदि सब जानते हैं। क्योंकि मांस लाओ ऐसा कहनें पर कोई भी बालक व वृद्ध अन्न व धान्य नहीं लाता।*

स्थावरा जंगमाश्चैव द्विधा जीवा: प्रकीर्तिता।
जंगमेषु भवेन्मासं फलं तु स्थावरेषु च॥

अर्थात् : संसार में दो प्रकार के जीव हैं। एक स्थावर और जंगम व त्रस। इनमें से त्रस जीवों से मांस उत्पन्न होता है तथा स्थावर वृक्षादिकों पर फल लगते हैं।

मांस तु इन्द्रियं पूर्णं सप्तधातुसमन्वितम्।
यो नरो भक्षते मांसं स भ्रमेत्सागरान्तकम्॥

अर्थात् : मांस समस्त इन्द्रियों से पूर्ण होता है और रुधिर, मज्जा आदि सातों धातुओं से मिला रहता है। इसलिये जो मनुष्य मांस भक्षण करता है वह अनन्त सागरों तक इस संसार में परिभ्रमण करता रहता है।

संस्कर्ता चोपहर्ता च (खाद) कश्चैव घातक:॥
उपदेष्टाऽनुमंता च षडेते समभागिन:॥

मांस को लाने वाला, पकाने वाला, खाने वाला जीव को मारने वाला और उसकी अनुमोदना करने वाला इन छहों जीवों को समान पाप लगता है।

मांसाशनातिसक्ते क्रूरनरे न संतिष्ठते सुदया।
निर्दयमनसि न धर्मों धर्मविहीने च नैव सुखिता स्यात्॥

जो क्रूर मनुष्य मांस भक्षण करने में अति आसक्त रहता है उसके हृदय में कभी भी उत्तम दया नहीं हो सकती तथा जिसका हृदय अति निर्दयी है उस हृदय में कभी भी धर्म नहीं ठहर सकता और धर्म रहित मनुष्य कभी सुखी नहीं रह सकता।

न कर्दमे भवेन्मांसं न काष्ठेषु तृणेषु च।
जीवशरीराद् भवेन्मांसं तस्मान्मांसं न भक्षयेत्॥

न तो कीचड़ में मांस है, न काठ व लकड़ी में मांस है, और न तृणों में घास फूस में मांस है। मांस सदा जीवों के शरीर से ही उत्पन्न होता है। इसलिये मांस भक्षण कभी नहीं करना चाहिये।

सर्व शुक्रं भवेद् ब्रह्म विष्णुर्मांसं प्रवर्तते।
ईश्वरोप्यस्ति संघाते तस्मान्मांस न भक्षयेत्॥

संसार में शुक्र व वीर्य सब उत्पत्ति के कारण होने से ब्रह्मा कहलाते हैं। तथा पुष्टी व पालन करने के कारण मांस की विष्णु संज्ञा है इस प्रकार इन जीवों का घात करने से ईश्वर का भी घात होता है। इसलिये मांस भक्षण नहीं करना चाहिये।

मांसं जीवं शरीरं भवेन्न वा मांसम्।
यद्धन्निम्बो वृक्षो वृक्षस्तु भवेन्नवा निम्बः॥

मांस जितना है वह सब जीवों के शरीर से ही उत्पन्न होता है परन्तु जितने जीवों के शरीर हैं वे सब मांस नहीं होते उनमें से कुछ जीवों के शरीर मांस रूप होते हैं और कुछ जीवों के शरीर मांस रूप नहीं होते। जैसे चलने-फिरने वाले मत्स्य आदि के शरीर मांस रूप होते हैं और वृक्षादिक के शरीर मांस रूप नहीं होते। जैसे नीम का वृक्ष वृक्ष ही होता है परन्तु जितने वृक्ष है वे सब नीम के वृक्ष नहीं होते क्योंकि कोई वृक्ष आम के होते हैं कोई नीबू के होते हैं। इसी प्रकार समझ लेना चाहिये।

कश्चिदाहेति यत्सर्वं धान्यपुष्पफलादिकम्।
मांसात्मकं न तत्किं स्याज्जीवांगत्वप्रसंगतः॥

कोई कोई यह कहते है कि संसार में जितने धान्य फल फूल आदि है वे सब जीव के शरीर के ही अंग हैं इसलिये वे मांस रूप ही क्यों नहीं कहला सकते। परन्तु उनका यह कहना सर्वथा अनुचित है।

क्योंकि—

जीवत्वेन हि तुल्या वै यद्यप्येते भवन्तु ते।
स्त्रीत्वे सत्ति यथा माता अभक्ष्यं यंगमं तथा॥

यद्यपि जीव होने के कारण जंगम और स्थावर दोनों प्रकार के जीव समान हैं परन्तु मांस उत्पन होने के लिये समान नहीं हैं। स्थावर जीवों के शरीर में कभी मांस उत्पन्न नहीं हो सकता है। जिस प्रकार स्त्री पना होने पर भी माता माता है वह स्त्री नहीं हो सकती इसी प्रकार जंगम जीवों का शरीर कभी भी भक्षण करने योग्य नहीं हो सकता।

यद्वद्गरुड: पक्षी पक्षी न तु एव सर्वं गरुडोऽस्ति।
रामैव चास्ति माता माता न तु सार्विका रामा॥

जिस प्रकार गरुड़ तो पक्षी होता है परन्तु जितने पक्षी हैं वे सब गरुड़ नहीं हो सकते। इसी प्रकार स्त्री ही माता है परन्तु माता सब रूप से स्त्री नहीं हो सकती।

शुद्धं दुग्धं न गोमांसं वस्तुवैचित्र्यमीदृशम्।
विषघ्नं रत्नमादेयं विषं च विपदे मम:॥

जिस प्रकार रत्न और विष दोनों ही समुद्र से उत्पन्न होते है तथापि रत्न विषको दूर करनेवाला है इसलिये उपादेय है और विष विपत्ति का कारण है इसलिये त्याज्य है। इसी प्रकार दूध भी गाय से उत्पन्न होता है और मांस भी गाय से उत्पन्न होता है परन्तु दूध शुद्ध है और मांस शुद्ध नहीं है। यह केवल वस्तु की विचित्रता है।

हेयं पलं पय: पेयं समे सत्यपि कारणे।
विषद्रोरायुषे पत्रं मूलं तु मृतये स्मृतम्॥

यद्यपि दूध और मांस दोनों की उत्पत्ति का समान कारण है गाय से ही दोनों उत्पन्न होते है तथापि मांस त्याज्य है और दूध पीने योग्य है। देखो विष वृक्ष के पत्ते आयु बढ़ाते है और उसकी जड़ मृत्यु का कारण है।

पंचगव्यं तु तैरिष्टं गोमांसे कापथ: कृत:।
तत्पित्त जाप्युपादेया प्रतिष्ठादिषु रोचना॥

ब्राह्मण लोग पंचगव्य मानते हैं परन्तु गोमांस उसमें भी वर्जित है तथा उसी गाय के पित्त से उत्पन्न हुआ गोरोचन वे लोग अपने प्रतिष्ठादिक से काम में ले आते हैं।

इति हेतोर्न वक्तव्यं सादृश्यं मांसधान्ययो:।
मांसं निन्द्यं न धान्यं स्यात् प्रसिद्धेयं श्रुतिर्जनै:॥

इन सब कारणों को समझ कर यह कभी नहीं कहना चाहिये कि मांस और धान्य दोनों समान है। मांस और धान्य कभी समान नहीं हो सकते। मांस महा निंद्यय है और धान्य नहीं है। यह बात सब लोग जानते हैं। इसमें किसी प्रकार का संदेह नहीं है।

इस प्रकार संक्षेप से मांस के दोष बतलाये है।

आगे गोयोनि वन्दना के दोष दिखलाते हैं—

वंदइ गोजोणि सया तुण्डं परिहरइ भणिवि अपवित्तं।
विवरीयाभिणिवेसो एसो फुडु होई मिच्छझेवि ॥49॥

वन्दते गोयोनिं सदा तुण्डं परिहरति भणित्वाऽपवित्रम्।
विपरीताभिनिवेष एष स्फुटं भवति मिथ्यात्वमपि ॥49॥

अर्थ : जो लोग गाय के मुख को अपवित्र कहकर छोड़ देते हैं और उनकी योनि की वंदना करते हैं यह उनका विपरीत श्रद्धान् है इसी को प्रगट व साक्षात् मिथ्यात्व कहते हैं।

आगे योनि वन्दना के दोष दिखलाते है—

पावेण तिरियजम्मे उव्वण्णा तिणयरी पसू गावी।
अविवेवा विट्ठासी सा कह देवत्तणं पत्ता ॥50॥

पापेन तिर्यग्जन्मनि उत्पन्ना तृणचारिणी पशुः गौ;।
अविवेकिनी विष्ठाशिनी सा कथं देवत्वं प्राप्ता ॥50॥

अर्थ : *जो गाय अपने कर्म के उदय से तिर्यंच योनि में पशु पर्याय में उत्पन्न हुई है जो पशु कहलाती हैं, घास-फूस खाती है जो विवेक रहित है, हित-अहित का कुछ विचार नहीं कर सकती और विष्ठा भी भक्षण करती है ऐसी गाय भला देवता कैसे हो सकती है अर्थात् कभी नहीं हो सकती।*

अहवा एसो धम्मो विट्ठ भक्खंतया वि णमणीया।
तो किं वज्झइ दुज्झइ ताडिज्जय दीहदंडेन ॥51॥

अथवैष धर्मो विष्ठां भक्षयन्त्यपि नमनीया।
तहि किं वध्यते दुह्यति ताड्यते दीर्धदण्डेन ॥51॥

अर्थ : *यदि आप लोगों ने यही मान लिया है कि गाय चाहे विष्टाभक्षण करती रहे तथापि वह वन्दनीय हैं तो फिर उसे क्यों बाँधते हो, क्यों दुहते हो और बड़ी लकड़ी लेकर क्यों उसे मारते हो।*

भावार्थ : *जो देवता के समान वन्दनीय है तो फिर उसे कभी नहीं बांधना चाहिये, कभी नहीं मारना चाहिये और कभी नहीं दुहना चाहिये।*

आगे और भी दिखलाते है।

सुरही लोयस्सागे वक्खाणइ एस देवि पच्चक्खा।
सव्वे देवा अंगे इमिए णिवसंति णियमेण ॥52॥

सुरभिः लोकस्याग्रे कथ्यते एषा देवी प्रत्यक्षा।
सर्वे देवा अंगे अस्या निवसन्ति नियमेन ॥52॥

पुणरवि गोसवजण्णे मंसं भक्खंति सा वि मारित्ता।
तस्सेव वहेण फुडं ण मारिया होंति ते देवा ॥53॥

पुनरपि गवोत्सवयज्ञे मांसं भक्षयन्ति तामपि मारयित्वा।
तस्या एव वधेन स्फुटं न मारिता भवन्ति ते देवाः ॥53॥

अर्थ : *जो लोग सब लोगों के सामने यह कहते हैं कि यह गाय प्रत्यक्ष देवता है इसके शरीर में नियम रूप से सब देवता निवास करते हैं। ऐसा कहते हुए भी वे लोग गवोत्सव यज्ञ में व गो यज्ञ में उसी गाय को मारकर उसका मांस खा जाते हैं। क्या उस गाय के मारने से समस्त देवों का वध नहीं हो जाता। अवश्य हो जाता है।*

भावार्थ : *गवालमन (गो वध का विषय वेदादि शास्त्रों में प्रायः अनेक स्थल में आता है। कृष्ण यजुर्वेदीय तैत्तिरीय ब्राह्मण अष्टक 3 अध्याय 9 अनुभाग नवम् में लिखा है कि ''अज जातीय अविजातीय और आरण्य ये पशु मुख्य नहीं है किन्तु गो जातीय पशु को ही सर्व पशु के स्थान में प्रयोग करना। इसलिये उत्तम दिन में गो जातीय पशु का आलंमन करना। तथा च तत्पाठः तदाहुः अपशवो व एते यदजावयश्चारण्याश्च एते वै सर्वे पशवः यद्गव्या इति। गव्यान्पशूनुत्तमेऽहन्याल भते। तेनैवा भयान् पशूनवरुन्धे इति।*

इसी का अर्थ सायण भाष्य में इस प्रकार लिखा है--

तत्र पशुः विषये रहस्याभिज्ञा एवमाहुः। अजजातीय। अविजातीया आरण्याश्च ये सन्ति ते मुख्याः पशवो न भवन्ति। किन्तु गो जातीया एत एव सर्वे पशवः सर्वपशुस्थाने प्रयोक्तव्या इति। तस्मादुत्तमेऽहनि गो जातीयान् पशूनालभेत। तेनैव गवांलभनेन ग्रान्यानारण्यांश्चोभयान् प्राप्नोति॥

खदिर गृहासूत्र पटल 3 खण्ड 4 में भी गाय का हवन करना लिखा है।

आगे श्रोत्रिय लोगों के लिए कहते है।

सोत्तिय गव्वुब्वुढा मंसं भक्खंति रमिहि महिलाओ।
अपवित्ताइं अशुद्धा देहच्छिादद्दाइं वंदंति ॥54॥

श्रोत्रिया गर्वोत्कटा मांसं भक्षयन्ति रमन्ते महिलाः।
अपवित्राणि अशुद्धानि देहच्छिद्राणि वन्दन्ते ॥54॥

अर्थ : *अपने अभिमान से मदोन्मत्त हुए ये श्रोत्रिय लोग मांस भक्षण करते हैं, स्त्रियों के साथ सम्भोग करते हैं तथा गोयोनि ऐसे अपवित्र और अशुद्ध ऐसे शरीर के छिद्रों की वंदना करते हैं।*

आगे श्रेत्रिय का यथार्थ लक्षण कहते हैं।

हो सोत्तियो भणिज्जइ णारीकडिसोत्त वज्जिओ जेण।
जो तु रमणासत्तो ण सोत्तिओ सो जडो होई॥55॥

स श्रोत्रियो भण्यते नारीकटिस्रोतो वर्जिन्तं येन।
यस्तु रमणासक्को न श्रोत्रियः स जडो भवति॥55॥

अर्थ : *जिस पुरुष ने स्त्री के कटिभाग के स्रोत का सर्वथा त्याग कर दिया है अर्थात् जो कभी स्त्री सेवन नहीं करता, सदाकाल ब्रह्मचारी रहता है उसको श्रोत्रिय कहते है। जो पुरुष स्त्री सेवन करने में आसक्त रहता है वह कभी श्रोत्रिय नहीं हो सकता उसे जड़ कहना चाहिए।*

श्रोत्रिय का आजकल क्या अर्थ करते हैं।
यह दिखाते हैं—

अहवा पसिद्धिवयणं सोत्त णारीण सेवए जेण।
मुत्तप्पवहणदारं सोत्तियओ तेण सो उत्तो॥56॥

अथवा प्रसिद्धवचनं स्रोतो नारीणां सेव्यते येन।
मूत्रप्रवाहद्वारं श्रोत्रियः तेन स उक्कः॥56॥

अर्थ : *आज कल श्रोत्रियों के लिये प्रसिद्ध बात यह देखी जा रही हैं कि जो पुरुष स्त्रियों के स्त्रोत का सेवन करता है वही श्रोत्रिय माना जाता है।*

भावार्थ : *वास्तविक श्रोत्रिय का लक्षण तो ऊपर लिखा है। श्रोत्रिय सर्वथा ब्रह्मचारी होता है। मद्य मांस आदि निद्यं पदार्थों का सेवन कभी नहीं करता और न कभी किसी जीव की हिंसा करता है। परन्तु जो लोभी है, लालची है ठग है, मद्य मांस भक्षण का अभिलाषी है और स्त्री सेवन में आसक्त है वही पुरुष बनावटी श्रोत्रिय तथा मांस भक्षण के लिये पशुयज्ञ का विधान करना है अथवा श्राद्ध आदि में पशु हत्या का विधान करता है। इस प्रकार वह स्वयं भी नरक जाता है और अन्य यजमानों को भी ले जाता है।*

आगे ऐसे विपरीत मिथ्यात्व का फल दिखलाते हैं।

इय विवरीयं उत्तं मिच्छत्तं पावकारणं विसमं।
तेण पउत्तो जीवो णरय गई जाइ णियमेण॥57॥

इति विपरितं उक्तं मिथ्यात्वं पापकारणं विषमम्।
तेन प्रयुक्तो जीवो नरकगतिं याति नियमेन॥57॥

अर्थ : *इस प्रकार जो मिथ्यात्व महापाप का कारण है और अत्यन्त विषम है ऐसे विपरीत मिथ्यात्व का स्वरूप कहा। जो पुरुष इस विपरीत मिथ्यात्व में प्रवृत्त होता है वह नियम से मरकर नरक में जाता है।*

अवि सहइ तत्थ दुक्खं सक्करपमुहणयविवरेसु।
कह सो सग्गं पावइ णिहय पसू खद्धपलगासो ॥58॥

अपि सहते तत्र दुःखं शर्कराप्रभुखनरकविवरेषु।
कथं स स्वर्गं प्राप्नोति निहत्य पशून् खादितपलग्रासः॥

अर्थ : *नरक में जाकर वह प्राणी रत्न प्रभा, शर्करा प्रभा आदि सातों नरकों की भूमियों में व किसी एक भूमि में अत्यन्त महा दुःख सहन करता है सो ठीक ही है। क्योंकि जो पशुओं को मारता है और उनका मांस भक्षण करता है उसको स्वर्ग की प्राप्ति भला कैसे हो सकती है? अर्थात् कभी नहीं हो सकती। उसको तो नियम से नरक की प्राप्ति होगी।*

जइ कहव तत्थ णिग्गइ उप्पज्जइ पुणु वि तिरियाजोणिसु।
मारियइ सोत्तिएहिं णित्ताणो पुण वि जण्णम्मि ॥59॥

यदि कथमपि ततो निर्गच्छति उत्पद्यते पुनरपि तिर्यग्योनिषु
मार्यते श्रोत्रियैः निस्त्राणः पुनरपि यज्ञे ॥59॥

अर्थ : *यदि किसी प्रकार वहाँ से निकलता भी है तो फिर उसी तिर्यंच योनि में उत्पन्न होता है और अन्य श्रोत्रियों के द्वारा यज्ञ में मारा जाता है वहाँ पर उसकी कोई रक्षा नहीं कर सकता।*

णियभासाए जंपइ में मंतो कहइ आसि मे रइयं।
एवं वेयविहाणे संपत्ता दुग्गई तेण ॥60॥

सुव्ययतित्थे उज्झो खीर कदंवुत्ति सद्ध सम्मत्तो।
सीसो तस्स य दुट्ठो पुत्तोविय पव्वओ वक्को।
विणरीयमयं किच्चा विणसियं सव्व संजयं लोए।
तंत्तो पत्ता सव्वे सत्तम णरयं महाघोरं ॥दर्शनसार॥

भगवान् मुनिसुव्रत नाथ के समय में एक क्षीर कदंब नाम के उपाध्याय शुद्ध सम्यक्त्वी थे। उसका पुत्र पर्वत और उनका शिष्य वसु दोनों ही कुटिल परिणामी थे। इन दोनों ने विपरीत मिथ्यात्व की कल्पना की थी तथा लोगों के समस्त संयम का नाश किया था। इस लिये वे दोनों मरकर महाघोर सातवें नरक में उत्पन्न हुए थे।

निज भाषायां जल्पति मे मे कथयति आसीत् मया रचितम्।
एवं वेदविधानेन सम्प्राप्ता दुर्गतिः तेन॥60॥

अर्थ : *जब वह श्रोत्रियों के द्वारा मारा जाता है तब वह अपनी भाषा में शब्द कहता है अर्थात् वह कहता है कि यह सब मेरा ही बनाया हुआ है मैंने ही पहले किसी यज्ञ में पशुओं को मारा था इसलिये ऐसे ही यज्ञ में अब मैं मारा जाता हूँ। इस प्रकार वेद के कहे अनुसार वह जीव अनेक प्रकार की दुर्गतियों को प्राप्त होता है और फिर मर कर नरक जाता है।*

इस प्रकार वह इस संसार में महा दुःख भोगता रहता है।

इय विलवंतो हम्मइ गलयं मुहनासरंध रुंधित्ता।
भक्खियइ सोत्तियेहिं विहिणा बहुवेयवंतेहिं॥61॥

इति विलपन् हन्यते गलन्तंमुखनासिकारन्ध्रं रुद्ध्वा।
भक्ष्यते श्रोत्रियैः विधिना बहुवेदविद्भिः॥61॥

इस प्रकार अनेक वेदों को जाननेवाले श्रोत्रिय लोग उस पशु के नाक और मुख के छिद्रों को बन्द कर देते हैं और फिर जो पशु विलाप करता है और उसके मुख नाक के छिद्रों से रुधिर निकलता है ऐसे उस पशु को वे लोग कथित विधि के अनुसार मारकर खा जाते हैं।

इय विवरीयं कहियं मिच्छत्तं पावकारणं विसमं।
जो परिहरइ मणुस्सो सो पावइ उत्तमं ठाणं॥62॥

इति विपरितं कथितं मिथ्यात्वं पापकारणं विषमम्।
यः परिहरति मनुष्यः स प्राप्नोति उत्तमं स्थानम्॥62॥

अर्थ : *इस प्रकार जो यह विपरीत मिथ्यात्व महापाप का कारण है और अत्यन्त विषम है उसका स्वरूप कहा। जो मनुष्य इस विपरीत मिथ्यात्व का सर्वथा त्याग कर देता है वही जीव स्वर्गादिक के उत्तम स्थान प्राप्त कर सकता है।*

इस प्रकार विपरीत मिथ्यात्व का स्वरूप कहा—

एयंतमिच्छदिट्ठि वुद्धो सयंतणय वी समालंबो।
एयंतें खणियत्तं मण्णइ जं लोय मज्झम्मि॥63॥

एकान्तमिथ्यादृष्टिर्बुद्ध एकान्तनयसमालम्बी।
एकान्तेन क्षणिकत्वम् मन्यते यल्लोकमध्ये॥63॥

अर्थ : *एकान्तवादी बुद्ध है वह केवल एकान्त नयको मानता है तथा संसार में*

जितने पदार्थ है उन सबको एकान्त नय से क्षणिक मानता है।

भावार्थ : समस्त पदार्थ क्षणिक हैं जो उत्पन्न होकर एक क्षण ठहरते हैं दूसरे क्षण में नष्ट हो जाते हैं। इस प्रकार बौद्ध मानते है।

आगे ऐसा मानने में अनेक दोष दिखलाते हैं—

जइ खणियत्तो जीवो तरिहि भवे कस्स कम्मसंबन्धो।
सम्बन्ध विणा ण घडइ देहग्गहणं पुणो तस्स ॥64॥

यदि क्षणिको जीवस्तर्हि भवेत्कस्य कर्मसम्बन्धः।
सम्बन्धं बिना न घटते देहग्रहणं पुनः तस्य ॥64॥

अर्थ : यदि यह जीव क्षणिक है एक ही क्षण रहकर नष्ट हो जाता है तो फिर कर्म का संबन्ध किसको होगा और कौन उसका फल भोगेगा। तथा बिना कर्मों के संबन्ध के यह जीव आगे के शरीर को किस प्रकार धारण कर सकेगा।

भवार्थ : यह जीव जैसा कर्म बन्ध करता है वैसा ही फल भोगता है, कर्म बन्ध के अनुसार ही नया शरीर धारण करता है। कर्म बन्ध के अनुसार ही नरक-स्वर्ग में जाता है तथा कर्म बन्ध के अनुसार ही अनेक प्रकार के सुख-दुख भोगता है। यदि जीव को क्षणिक माना जायेगा तो फिर वह किस प्रकार कर्म बन्ध कर सकेगा और किस प्रकार उसका फल भोग सकेगा। बिना कर्मबन्ध और उसका फल भोगे नया शरीर भी वह धारण नहीं कर सकता। ऐसी अवस्था में वह कोई पदार्थ नहीं ठहर सकता है।

आगे इस जीव को क्षणिक मानने में और भी दोष बतलाते हैं—

तवयरणं वयधरणं चीवरगहणं च सीसमुंडणयं।
सत्तहडियासु भिक्खा खणियत्ते णेव समवई ॥65॥

तपश्चरणं व्रतधारण चीवरग्रहणं च शिरोण्डनम्।
सप्तहटिकासु भिक्षा क्षणिकत्वे नैव सम्भवति ॥65॥

अर्थ : यदि जीव को क्षणिक माना जायेगा तो फिर तपश्चरण करना कभी सम्भव नहीं हो सकता है, न व्रत धारण करना सम्भव हो सकता है, न वस्त्र धरण करना सम्भव हो सकता है, न मस्तक मुंडाना सम्भव हो सकता है और न सात घरों में भिक्षा माँगना सम्भव हो सकता है।

भावार्थ : जीव को क्षणिक मानने से संसार के कोई भी काम सम्भव नहीं हो सकते। जब यह जीव दूसरे ही क्षण में नष्ट हो जाता है तो वह कोई भी कार्य नहीं कर सकता।

आगे ज्ञान को क्षणिक मानने में दोष दिखलाते हैं—

णाणं जइ खणभंसी कह सो वालत्तववसियं मुणइ।
तह बहिरगओ सन्तो कह आवइ पुणवि णियगेहं ॥66॥

ज्ञानं यदि क्षणध्वंसि कथं तत् बालत्वत्यसितं जानाति।
तथा बहिर्गतः सन् कथमागच्छति पुनरपि निजगृहम् ॥66॥

अर्थ : *यदि ज्ञान को क्षणिक माना जाय, ज्ञान भी दूसरे क्षण में नष्ट हो जाता है ऐसा माना जाय तो वह अपने बालकपने में किये हुए कामों को कैसे जान सकेगा, और यदि उसका ज्ञान दूसरे ही क्षण में नष्ट हो जाता है तो फिर घर से निकल कर बाहर गया हुआ जीव फिर लौटकर अपने घर कैसे आ सकेगा?*

भावार्थ : *स्मरण ज्ञान बना रहने से ही बालकपने की बातें स्मरण रहती हैं और स्मरण ज्ञान से ही बाहर गया हुआ जीव घर लौट आता है।*

आगे चेतना शक्ति को क्षणिक मानने से उत्पन्न हुए दोष दिखलाते है।

जइ चेयणा अणिच्चा तो किं चिरजायवाहि संभरइ।
वहराइ वि मित्ताइ वि कह जाणइ दिट्ठमित्ताइं ॥67॥

यदि चेतना अनित्या तर्हि कथं चिरजातव्याधिं स्मरति।
वैरिणः अपि मित्राण्यपि कथं जानाति दृष्टिमात्रेण ॥67॥

अर्थ : *यदि आत्मा की चैतन्य शक्ति भी अनित्य व क्षणिक है तो यह जीव अपने शरीर में उत्पन्न हुई चिरकाल की व्याधि का स्मरण कैसे कर लेता है तथा देखने मात्र से ही अपने शत्रु व मित्रों को कैसे पहिचान लेता है।*

भावार्थ : *जीवादिक समस्त पदार्थ कभी किसी काल में भी क्षणिक सिद्ध नहीं हो सकते। यह जीव चिरकाल की व्याधि को भी स्मरण कर लेता है और देखते ही शत्रु व मित्र को पहचान लेता है। उस जीव को, चेतना में बिना नित्यता माने, ये दोनों ही काम कभी नहीं हो सकते।*

आगे सर्वथा क्षणिक मानने वाले में और भी दोष दिखलाते हैं।

पत्तपडियं ण दूसइ खाइ पलं पियइ मज्जु णिल्लज्जो।
इच्छइ सग्गग्गमणं मोक्खग्गमणं च पावेण ॥68॥

सिरि पासणहत्थिे सरयू तीरे पलासयरत्थे।
पिहियासवस्स सीसो महासुओ बुद्धकित्ति मुणि॥
तिमिफरणासणोण हि अगहिय पव्वज्जओ परिब्भट्ठो।
रत्तंवरं धरित्ता पबड्ढियं तेण एयतं॥

पात्रपतितं न दूषयति खादति पलं पिबति मद्यं निर्लज्जः।
इच्छति स्वर्गगमनं मोक्षगमनं च पापेनः॥68॥

अर्थ : *क्षणिकवादी लोग अपने पात्र में (बर्तन में) आये हुए भक्ष्य-अभक्ष्य आदि पदार्थों में कोई दोष नहीं मानते। वे लोग निर्लज्ज होकर मांस भी खाते हैं और मद्य भी पीते हैं। तथा इस प्रकार महापाप करते हुए भी उस पाप के फल से स्वर्ग प्राप्त हो जाने की व मोक्ष प्राप्त हो जाने की इच्छा करते हैं। परन्तु ऐसे पापों से स्वर्ग व मोक्ष की प्राप्ति होना सर्वथा असम्भव है।*

आगे इसी बात को दिखलाते है।

असिऊण मंसगासं मज्जं पविऊण गम्मए सग्गं।
जइ एवं तो सुंडय पारद्धिय चेव गच्छन्ति॥69॥

अशित्वा मांसग्रासं मद्यं पीत्वा गम्यते स्वर्गम्।
यद्येवं तर्हि शौण्डाः पारद्धिंकाश्चेव गच्छन्ति॥69॥

मंसस्य णत्थि जीवो जह फले दुद्ध दहियसक्करए।
तम्हा तं वंच्छित्तो तं भक्खंतो ण पाविट्ठी॥
मज्जं ण वज्जिणिज्जं दव दव्वं जह जलं तदा एदं।
इय लोए घोसित्ता पवट्ठियं सव्व सावज्जं॥
अण्णो करेइ कम्मं अण्णे तं भुजईह सिद्धंतं।
परिकप्पिऊ ण णूणं वसिकिच्चाणिरय मुववण्णो॥ (दर्शनसार)

अर्थ : *श्री पार्श्वनाथ के तीर्थ के समय सरयू नदी के किनारे एक पलाश नाम का नगर था। उसमें पिहिताश्रव मुनि का शिष्य बुद्धकीर्ति नाम का मुनि अनेक शास्त्रों का जानकार था। वह बिना दीक्षा लिये ही मुनि हो गया था और मत्स्य का मांस खा खा कर भ्रष्ट हो गया था। भ्रष्ट होकर उसने लाल वस्त्र पहन लिए थे तथा रक्ताम्बर नाम से उसने इस एकान्त मत की वृद्धी की थी। उसने इस संसार में घोषणा की थी कि जिस प्रकार फल, दूध, दही, शक्कर आदि में जीव नहीं है उसी प्रकार मांस में भी जीव नहीं है। इसलिये जो लोग मांस खाने की इच्छा करते हैं व मांस भक्षण करते हैं वे पापी नहीं कहला सकते। इसी प्रकार मद्य का भी त्याग नहीं करना चाहिये क्योंकि जिस प्रकार जल एक तरल द्रव्य है, पतला पदार्थ है। उसी प्रकार मद्य भी तरल द्रव्य है, एक पतला पदार्थ है। इस प्रकार घोषणा कर उसने समस्तपाप कर्मों की प्रवृत्ति की थी। इसके सिवाय उसने यह भी घोषणा की थी कि यह जीव क्षणिक है उत्पन्न होकर दूसरे ही क्षण में नष्ट हो जाता है इसलिये जो जीव पाप करता है व*

अर्थ : *यदि मांस भक्षण करने से व मद्य पीने से ही वे जीव स्वर्ग चले जाते हो तो संसार में मृद्य पीने वाले और मांस भक्षण करने वाले हत्यारे पारधी आदि सबको स्वर्ग की प्राप्ति हो जानी चाहिये। परन्तु ऐसा होना सर्वथा असम्भव है। मांस और मद्य दोनों ही अत्यन्त निन्द्य और घृणति पदार्थ हैं तथा इनका सेवन करने वाले निन्द्य कहे जाते हैं। फिर भला उनको स्वर्ग की प्राप्ति कैसे हो सकती है? कभी नहीं हो सकती।*

इय एयंतविणडीओ वुद्धो ण मुणेइ वत्थुसब्भावं।
अण्णाणी कयपावो सो दुग्गइ जाय णियमेण ॥70॥

इति एकान्तविनटितो बुद्धो न मनुते वस्तुस्वभावम्।
अज्ञानी कृतपापः स दुर्गतिं याति नियमेन ॥70॥

अर्थ : *इस प्रकार एकान्त मिथ्यात्व को मानता हुआ जीव वस्तु का स्वभाव नहीं समझता। वह अत्यन्त अज्ञानी है और इसीलिये अपने किये हुए पापों के कारण नियम से दुर्गति को प्राप्त होता है।*

आगे पदार्थों का यथार्थ स्वभाव दिखलाते हैं।

णिच्चाणिच्चं दव्वं सव्वं इह अत्थि लोयमज्झम्मि।
पज्जएण अणिज्चं णिच्चं फुडु होइ दव्वेण ॥71॥

नित्यमनित्यं द्रव्यं सर्वमिहास्ति लोकमध्ये।
पर्यायेणानित्यं नित्यं स्फुटं भवति द्रव्येण ॥71॥

अर्थ : *इस लोकाकश में जितने द्रव्य भरे हुए हैं वे सब नित्य भी हैं और अनित्य भी हैं। पर्यायार्थिक नय से वे सब द्रव्य अनित्य हैं अर्थात् उनकी पर्यायें सदा बदलती रहती हैं इसलिये अनित्य हैं और द्रव्यार्थिक नय से वे सब द्रव्य नित्य हैं।*

भावार्थ : *एक बालक व एक पौधा प्रतिक्षण बढ़ता रहता है। यह उसका बढ़ना ही पर्याय का बदलना है। इस प्रकार उस बालक को व पौधे को अनित्य भी कह सकते हैं परन्तु उस बालक के माता-पिता व उस पौधों को लगाने वाला कोई पुरुष बड़ा होने पर भी उसको "यह वही बालक है जो पन्द्रह वर्ष पहले उत्पन्न हुआ*

पुण्य करता है उसका फल वह नहीं भोगता वह तो दूसरे ही क्षण में नष्ट हो जाता है इसलिये उस पाप व पुण्य का फल कोई दूसरा ही जीव भोगता है। यही रक्तांबर व एकान्त मत व सिद्धान्त है। इस प्रकार कल्पना कर उसने बहुत से लोगों को वश कर लिया था और फिर अन्त में मरकर वह नरक में उत्पन्न हुआ था।

था'' ऐसा समझता है तथा पौधा लगानेवाला भी ''यह वही वृक्ष है जो मैंने दश वर्ष पहले लगाया था'' ऐसा समझता है और ऐसा ही कहता है। इसलिये वह बालक व पौधा नित्य भी माना जाता है। इस प्रकार वस्तु का स्वभाव नित्य-अनित्य उभय स्वरूप है। वह सर्वथा क्षणिक व सर्वथा नित्य कभी नहीं हो सकता।

आगे इसका उपसंहार कहते हैं।

इय एयंतं कहियं मिच्छत्तं गुरुपापसंजणयं।
एत्तो उड्ढं वोच्छं वेणइयं णाम मिच्छत्तं ॥72॥

इति एकान्तं कथितं मिथ्यात्वं गुरुकपापसंजनकम्।
इत उर्ध्वं वक्ष्ये वैनयिकं नाम मिथ्यात्वम् ॥72॥

अर्थ : *इस प्रकार महापाप उत्पन्न करनेवाले एकान्त मिथ्यात्वका स्वरूप कहा। अब आगे वैनयिक नाम के मिथ्यात्व का स्वरूप कहते हैं।*

इसी प्रकार दूसरे एकान्त मिथ्यात्व का स्वरूप जानना।

आगे वैनयिक मिथ्यात्व का स्वरूप कहते है।

वेणइयमिच्छादिट्ठी हवइ फुडं तापसो हु अण्णाणी।
णिग्गुणजणम्मि विणओ पउं जमाणो हु गयविवेओ ॥73॥

वैनयिकमिथ्यादृष्टिः भवति स्फुटं तापसो ह्यज्ञानी।
निर्गुणजने विनयं प्रयुज्जमानो हि गतविवेकः ॥73॥

अर्थ : *वैनयिक मिथ्यादृष्टि तापसी होते हैं वे अज्ञानी होते हैं और ज्ञान रहित होते हैं तथा निर्गुण लोगों की भी विनय किया करते हैं।*

विणायादो इह मोक्खं किज्जइ पुणु तेण गदहाईणं।
अमुणियगुणागुणेण य विणयं मिच्छत्तणडियेण ॥74॥

विनयतः इह मोक्षः क्रियते पुनस्तेन गर्दभादीनाम्।
अमुनितगुणागुणेन च विनयः मिथ्यात्वनटेन ॥74॥

अर्थ : *जो लोग गुण अवगुण को नहीं जानते ऐसे मिथ्यादृष्टि लोगों को समझना चाहिये कि यदि विनय करने से ही मोक्ष की प्राप्ति होती है तो उनको गधा चांडाल आदि सबकी विनय करनी चाहिये। परन्तु वे लोग उनकी विनय नहीं करते।*

जक्खयणायाईणं दुग्गाखंधाइ अण्णदेवाणं।
जो णवइ धम्महेउं जो विय हेडं च सो मिच्छो ॥75॥

यक्षनागादीन् दुर्गास्कन्धाद्यन्यदेवान्।
यो नमति धर्महेतोः योपि च हेतुश्च स मिथ्यात्वम्॥75॥

अर्थ : *जो लोग धर्म समझकर यक्ष नाग आदि देवों को नमस्कार करते हैं उसका कारण भी मिथ्यात्व ही समझना चाहिए।*

भावार्थ : *मिथ्यात्व कर्म के उदय से ही इनको देव समझ कर पूजा करते हैं।*

पुत्तत्थ माउसत्थं कुणइ जणो देविचण्डियाविणयं।
मारइ छेलयसतर्थं पुज्जइ कुलाइं मज्जेण॥76॥

पुत्रार्थमायुष्याथं करोति जनो देवीचण्डिकाविनयम्।
मारयति छागसार्थं पूजयति कुलानि मद्येन॥76॥

अर्थ : *बहुत से लोग पुत्र उत्पन्न होने के लिये व अपनी आयु बढ़ाने के लिये चण्डी-मुण्डी आदि देवी देवताओं की विनय करते हैं, उनके सामने बकरे आदि का वध करते हैं तथा मद्य से अपने कुल की पूजा करते हैं।*

ण वि हाइ तत्थ पुण्णं किज्जंति णिकिट्ठरुद्द सब्भावा।
ण य पुत्ताइं दाउं सक्का ते सत्तिहीणां जे॥77॥

नापि भवति तत्र पुण्यं कुर्वन्ति निकृष्टरुद्रस्वभावान्।
न च पुत्रादिं दातुं शक्तास्ते शक्तिहीना ये ॥77॥

अर्थ : *चण्डी-मुण्डी आदि देवता आदर्श देवता नहीं हैं और उनके स्वभाव क्रूर हैं इसलिये उनकी विनय करने से व उनकी पूजा करने से पुण्य की प्राप्ति कभी नहीं हो सकती। इसके सिवाय वे सब चण्डी-मुण्डी आदि देवता पुत्र देने के लिए व आयु बढ़ाने के लिये कभी समर्थ नहीं हो सकते। क्योंकि वे सब शक्ति से हीन हैं।*

जइ ते होंति समत्था कत्थ गया पंडवाइया पुरिसा।
कत्थ गया चक्केसा हलहरणारायणा कत्थ॥78॥

यदि ते भवन्ति समर्थाः कुत्र गताः पाण्डवाद्या पुरुषाः।
कुत्र गताश्चक्रेशा हलधरनारायणाः कुत्र॥78॥

अर्थ : *यदि वे चण्डी-मुण्डी आदि देवता पुत्र देने व आयु बढ़ाने के लिये समर्थ होते तो फिर पाण्डव आदि महा पुरुष कहाँ चले गये, चक्रवर्ती कहाँ चले गये तथा नारायण प्रति नारायण हलधर आदि सब कहाँ चले गये।*

भावार्थ : *चक्रवर्ती, नारायण, हलधर आदि महापुरुष होते हैं, अनेक देव इनके अधीन और सेवक होते हैं। फिर भी वे देवता अपने स्वामी की आयु न बढ़ा सके*

और आयु समाप्त होने पर वे लोग स्वर्ग मोक्ष व नरक में चले ही गये। इससे सिद्ध होता है कि उन देवों में कोई इस प्रकार की शक्ति नहीं है। वे इन बातों के लिये सर्वथा असमर्थ हैं। इसलिये इस निमित्त उनकी पूजा व विनय करना सर्वथा व्यर्थ है।

जइ देवयं देइ सुयं तो किं रुद्देण सेविया गउरी।
दिव्वं वरिस सहस्सं पुत्तत्थं तारयभएण॥79॥

यदि देवो ददाति सुतं तहि किं रुद्रेण सेविता गौरी।
दिव्यं वर्षसहस्त्रं पुत्रार्थं तारकभयेन॥79॥

अर्थ : *यदि देव लोग किसी को पुत्र दे सकते होते तो फिर महादेवजी तारक के भय से पुत्र उत्पन्न करने के लिये दिव्य सहस्त्र वर्ष तक पार्वती सम्पर्क क्यों करते रहते।*

भावार्थ : *पुत्र उत्पन्न करने के लिये ही महादेव ने पार्वती के साथ समागम किया था और देवताओं के हजार वर्ष तक किसी एकान्त वन में जाकर समागम करते रहते।*

तह्मा सयमेव सुओ हवेइ मिठणाण रइपउत्ताणं।
अण्णाण मूढलोओ वाहिज्जइ धुत्तमणुएहिं॥80॥

तस्मात्स्वयमेव सुतो भवेत् मिथुनानां रतिप्रवृत्तानाम्।
अज्ञानो मूढलोको बाध्यते धूर्तमनुष्यैः॥80॥

अर्थ : *इससे सिद्ध होता है कि रति कर्म में प्रवृत्त होनेवाले स्त्री पुरुष के अपने आप पुत्र उत्पन्न हो जाता है। तथापि धूर्त लोग अज्ञानी मूर्ख लोगों को चंडी-मुंडी आदि देवताओं का विनय करने के लिये बाधित करते रहते हैं।*

सव्वेसु स तित्थेसु य वेणइयाणं समुव्भवो अत्थि।
सजडा मुंडियसीसा सहिणो णग्गाय केई य॥
दुट्ठे गुणवंते वि य समया भत्तीय सव्व्देवाणं।
णमणं दडुव्व जणे परिकलियं तेहिं मूढेहिं॥

अर्थ : *वैनयिक मिथ्यात्व की उत्पत्ति समस्त तीर्थकरों के समय में होती है। इन वैनयिक मिथ्यादृष्टि लोगों में कोई जटा धारी होते हैं कोई अपने मस्तक को मुंडा लेते है, कोई चोटी रख लेते हैं और कोई नग्न होते हैं। उन लोगों ने यह कल्पना कर रक्खी है कि चाहे दुष्ट हो चाहे गुणी हो सबकी पूजा भक्ति करनी चाहिये। सब देवों को नमस्कार व दंडवत प्रणाम करना चाहिये, सब की पूजा भक्ति करनी चाहिये।*

सन्ते आउसि जीवइ मरणं गलियम्मि णत्थि संदेहो
ण व रक्खइ कोवि तहिं सन्तं सोसेइ ण हु कोई ॥81॥

सति आयुषि जीवति मरणं गलिते नास्ति सन्देहः॥
न च रक्षति कोपि तस्मात् सत् शोषयति न हि कश्चित्॥

अर्थ : *जब तक आयु कर्म बना रहता है तब तक यह जीव जीवित रहता है तथा आयु कर्म पूर्ण हो जाता है, खिर जाता है व नष्ट हो जाता है तब यह जीव मर जाता है। इसमें किसी प्रकार का संदेह नहीं है। जिस समय आयु कर्म पूर्ण हो जाता है उस समय कोई भी देव उस जीव की रक्षा नहीं कर सकता। इसी प्रकार जब तक आयु कर्म रहता है तब तक उस आयु कर्म को कोई भी देव नष्ट नहीं कर सकता।*

भावार्थ : *कोई भी देव आयु पूर्ण होने पर किसी की भी रक्षा नहीं कर सकता तथा आयु रहते हुए किसी को मार नहीं सकता। यह निश्चित सिद्धान्त है।*

इसी बात को उदाहरण देकर बतलाते है।

जइ सव्वदेवयाओ मणुयं रक्खंति पुज्जियाओ य।
तो किं सो दहवयणो ण रक्खिओ विज्जसहस्सेण ॥82॥

यदि सर्वदेवता मनुजं रक्षयन्ति पूजिताश्च।
तर्हि किं स दशवदनो न रक्षतो विद्यासहस्त्रेण ॥82॥

अर्थ : *यदि पूजा व वंदना करने से समस्त देवता मनुष्यों की रक्षा कर सकते हैं तो फिर रावण के पास हजारों विद्याएँ थीं, फिर उन विद्या के अधिपति देवताओं ने उस रावण की रक्षा क्यों नहीं की? रावण के पास जो चक्र था उसकी भी एक हजार देवता रक्षा करते थे, परन्तु आयु पूर्ण होने पर उसी चक्र से वह रावण मारा गया। इससे सिद्ध होता है कि कोई देव न किसी की रक्षा कर सकता है और न किसी को मार सकता है।*

आगे किनकी पूजा विनय करनी चाहिये, सो कहते हैं।

इय णाउं परमप्पा अट्ठारसदोसवज्जिओ देवो।
पणविज्जइ भत्तीए जइ लब्भइ च इच्छियं वत्थुं ॥83॥

इति ज्ञात्वा परमात्मानं अष्टादशदोषवर्जितो देवः।
प्रणम्यते भक्त्या येन लभ्यते इच्छितं वस्तु ॥83॥

अर्थ : *यही समझकर अठारह दोषों से रहित जो अरहंत परमात्मा है, उन्हीं को भक्ति पूर्वक नमस्कार करना चाहिये। भगवान अरहंत देव को नमस्कार करने से समस्त इच्छित पदार्थों की प्राप्ति होती है।*

भावार्थ : *भगवान अरहंत देव वीतराग है। अठारह दोषों से रहित है और सर्वज्ञ है। इसलिये वे ही नमस्कार करने से कुछ देते नहीं है क्योंकि वे तो वीतराग है फिर भी उनकी आत्मा समस्त दोषों से रहित होने के कारण अत्यन्त शुद्ध और निर्मल है। इसलिये उनकी भक्ति करने से, पूजा नमस्कार करने से विशेष पुण्य की प्राप्ति होती है। तथा उस विशेष पुण्य से इच्छित पदार्थों की प्राप्ति होती है। इसके सिवाय शुद्ध निर्मल आत्मा को भक्ति पूजा करने से अपने आत्मा को शुद्ध और निर्मल करने की भावना उत्पन्न होती है तथा उस भावना के अनुसार वह जीव अपने आत्मा को वैसा ही बनाने का प्रयत्न करता है और इस प्रकार अपने आत्मा का कल्याण करता हुआ स्वयं अरहंत अवस्था को प्राप्त कर लेता है।*

वेणइयं मिच्छत्तं कहिये भव्वाण वज्जणट्ठं तु।
एत्तो उड्ढं वोच्छं मिच्छत्तं संसयं णाम॥84॥

वैनयिकं मिथ्यात्वं कथितं भव्यानां वर्जनार्थं तु।
इत ऊर्ध्वं वक्ष्ये मिथ्यात्वं संशयं नाम॥84॥

अर्थ : *इस प्रकार अत्यन्त संक्षेप से वैनयिक मिथ्यात्व का स्वरूप कहा। इन सब मिथ्यात्वों का स्वरूप भव्य जीवों को त्याग करने के लिये कहा है। भव्य जीवों को इन समस्त मिथ्यात्वों का त्याग कर देना चाहिए। अब आगे संशय मिथ्यात्व का स्वरूप कहते है।*

इस प्रकार तीसरे वैनयिक मिथ्यात्व का स्वरूप कहा। अब संशय मिथ्यात्व का स्वरूप कहते हैं।

संसयमिच्छादिट्ठी णियमा सो होई जत्थ सग्गंथो।
णिग्गंथो व सिज्झइ कंवलगहणेण सेवडओ॥85॥

संशयमिथ्यादृष्टिर्नियमात्स भवति यत्र सग्रन्थः।
निर्ग्रन्थो या सिद्धयति कंवलग्रहणेन श्वेतपटः॥85॥

अर्थ : *संशय मिथ्यादृष्टि श्वेतपट होते हैं जिनके मन में यह संशय नियम से बना ही रहता है कि मोक्ष की प्राप्ति निर्ग्रन्थ लिंग से (दिगम्बर अवस्था से) होती है अथवा सग्रन्थलिंग से (परिग्रह सहित अवस्था से) इसलिये ये लोग वस्त्र कंबल आदि बहुत सा परिग्रह रखते हैं।*

आगे यही बात दिखलाते हैं।

दंड दुद्धिय चेलं अण्णं सव्वं पि धम्म उवयरणं।
मण्णइ मोक्खणिमित्तं गंथे लुद्धो समायरइ॥86॥

दण्डं दुग्धिकं चेलं अन्यत्सर्वमपि धर्मोपकरणम्।
मन्यते मोक्षनिमित्तं ग्रन्थे लुब्धः समाचरति॥86॥

इत्थीगिहत्थवग्गे तम्मि भवे चेव अत्थि णिव्वाणं।
कवलाहारं च जिणे णिद्दा तण्हा य संसइओ॥87॥

स्त्रीगृहस्थवर्गे तस्मिन् भवे चैव अस्ति निर्वाणम्।
कवलाहारं च जिने निद्रा तृष्णा च संशायितमः॥87॥

अर्थ : *वे जो लोग परिग्रह में बहुत ममत्व रखते हैं, दंड कुंडी वस्त्र आदि अपने काम आने वाले समस्त पदार्थों को मोक्ष के कारण भूत धर्मोपकरण मानते हैं, इसके सिवाय अपने गृहस्थ धर्म में रहती हुई स्त्री मोक्ष प्राप्त कर लेती है अरहंत भगवान के निद्रा तंद्रा भी होती है। इस प्रकार की मान्यता वास्तविक धर्म के विरुद्ध है।*

आगे अनुक्रम से इन सब में दोष दिखलाते हैं।

जइ सग्गन्थो मुक्खं तित्थयरो किं मुंएहि णियरज्ज।
रयणणिहाणेहि समं किं णिवसइ णिज्जरे रण्णो॥88॥

यदि सग्रन्थो मोक्षः तीर्थकरः किं मुंचति जिराज्यम्।
रत्नविधानैः समं, किं विसति निर्जनेऽरण्ये॥88॥

अर्थ : *यदि परिग्रहों के रखते हुए भी मोक्ष की प्राप्ति हो जाती है तो फिर तीर्थंकरों को अपना राज्य छोड़ने की क्या आवश्यकता थी, अनेक प्रकार के रत्न तथा निधियों के छोड़ने की भी क्या आवश्यकता थी और फिर सबको छोड़कर निर्जन वन में जाने की क्या आवश्यकता थी।*

और भी देखो—

रयणणिहाणं छंडइ सो कि गिण्हेइ कंवली खण्डं
दुद्धिय दंडं च पडं गिहत्थजोग्गं पि जं कि पि॥89॥

रत्ननिधानं त्यजति स किं गृह्णति कम्बलखण्डम्।
दुग्धिकं दण्डं च पटं गृहस्थयोग्यमपि यत् किमपि॥89॥

अर्थ : यदि परिग्रह रखते हुए भी मोक्ष की प्राप्ति हो जाती तो तीर्थंकर रत्न और निधियों को छोड़कर अन्य परिग्रह क्यों ग्रहण करते हैं?

वस्तु स्थिति यह है कि समस्त पदार्थों का त्यागकर निर्ग्रन्थ अवस्था धारण करने से ही मोक्ष की प्राप्ति होती है। सग्रन्थ अवस्था से मोक्ष की प्राप्ति कभी नहीं

हो सकती।

और भी—

गेहे गेहे भिक्खं पत्तं गहिऊण जाइए किं सो।
किं तस्स रयणविट्ठी घरे घरे णिवडिया तत्थ ॥90 ॥

गृहे गृहे भिक्षां पात्रं गृहीत्वा याचते किं सः।
कि तस्य रत्नवृष्टिः गृहे गृहे निपतिता तत्र ॥90॥

अर्थ : *जिन तीर्थकरों ने मोक्ष की प्राप्ति के लिये समस्त राज्य का त्याग कर मुनि अवस्था धारण की वे ही तीर्थकर मुनि होकर भी फिर हाथ में पात्र लेकर क्या घर घर भोजन माँगने के लिये जाते हैं? क्या रत्नवृष्टि भी घर-घर बरसी थी।*

भावार्थ : *जब गृहस्थ अवस्था से ही मोक्ष की प्राप्ति हो जाती है तो फिर राज्य और समस्त परिग्रह के त्याग करने की क्या आवश्यकता थी और यदि त्याग ही किया तो फिर वस्त्र दण्ड आदि क्यों धारण किये और हाथ में पात्र लेकर घर घर भिक्षा क्यों माँगी। इसलिये त्याग कर फिर ग्रहण करना सर्वथा मिथ्यावाद है।*

आगे इस सबका सारांश दिखलाते हैं।

ण हु एवं जं उत्तं संसयमिच्छत्तरसियचित्तेण।
णिग्गंथमोक्खमग्गो किंचणबहिरन्तण चएण ॥91 ॥

न हि एवं यदुक्तं संशयमिथ्यात्वरसिकचितेन।
निर्ग्रन्थमोक्षमार्गः किंचनवाहान्तरत्यक्तेन ॥91॥

चक्रिसुलहभृत् कृष्णप्रब्भृत्कटभूभृताम्।
स्कन्धावारसमूहेषु प्रस्त्रवोच्चार भूमिषु॥
शुक्रसंघाणकश्लेष्मकणदिन्तमलेषु च।
अत्यन्ताशुचि देहेषु सद्यः सम्मूर्च्छयन्ति ये॥
भूत्वा घनांगुलासंख्यभागमात्रशरीरकाः।
आशु सश्यन्त्यपर्याप्तास्ते स्युः सम्मूर्च्छिमा नराः॥

अर्थ : *चक्रवती, हलधर नारायण आदि बड़े-बड़े राजाओं के स्कन्धावार में मल मूत्र के स्थानों में शुक्र (वीर्य) कफ नाक का मल, कर्ण दन्त आदि के मल में तथा अत्यन्त अपवित्र शरीर में शीघ्र ही सम्मूर्च्छन जीव उत्पन्न हो जाते हैं। उन जीवों का शरीर घनांगुल के असंख्यातवें भाग मात्र होता है। वे अपर्याप्त होते हैं तथा सम्मूर्च्छन मनुष्य होते हैं वे उत्पन्न होकर शीघ्रं ही मर जाते हैं।*

अर्थ : *जिसका हृदय संशय मिथ्यात्व के रस से रसिक हो रहा है उसका यह सब ऊपर कहा हुआ मत ठीक नहीं है। क्योंकि मोक्ष का मार्ग निर्ग्रन्थ अवस्था ही है। जिसमें वस्त्र दंड आदि समस्त बाह्य परिग्रहों का भी त्याग हो जाता है। ऐसी वीतराग निर्गन्थ अवस्था ही मोक्ष का मार्ग है। सग्रन्थ अवस्था मोक्ष का मार्ग कभी नहीं है।*

आगे स्त्री मुक्ति का निषेध करते हैं।

जइ तप्पइ उग्गतवं मासे मासे य पारणं कुणइ।
तइ वि ण सिज्झइ इत्थी कुच्छियलिंगस्स दोसेण ॥92॥

यदि तप्यते उग्रतपः मासे मासे च पारणं करोति।
तथापि न सिद्ध्यति स्त्री कुत्सितलिंगस्य दोषेण ॥92॥

अर्थ : *स्त्री लिंग कुत्सित लिंग है अर्थात् स्त्री का शरीर व स्त्री की पर्याय निन्द है। इसलिये चाहे कोई स्त्री उग्र से उग्र तपश्चरण करती रहे और चाहे प्रत्येक महीने का उपवास कर प्रत्येक महीने के अन्त में पारणा करती रहे तथापि स्त्री को मोक्ष की प्राप्ति कभी नहीं हो सकती।*

आगे इसका कारण बतलाते हैं—

मायापमायपउरा पडिमासं तेसु होइ पक्खलणं।
णिच्चं जोणस्साओ पुण दाड़ढंणत्थि चित्तस्स ॥93॥

मायाप्रमादप्रचुराः प्रतिमासं तासु भवति प्रस्खलनम् ॥
नित्यं योनिस्त्रावः पुनः दाढर्यं नास्ति चित्तस्य ॥93॥

अर्थ : *स्त्री को मोक्ष की प्राप्ति क्यों नहीं होती इसका कारण यह है कि स्त्रियों में मायाचार की मात्रा अधिक होती है तथा प्रमाद भी अधिक होता है। इसके सिवाय प्रत्येक महीने में उनके रजका स्खलन होता रहता है, योनि से रजःस्त्राव होता रहता है और इसलिये उनका चित्त कभी भी स्थिर नहीं रह सकता।*

भावार्थ : *चित्त के स्थिर न रहने से उनसे कभी ध्यान नहीं हो सकता। बिना ध्यान के कर्मों का नाश नहीं हो सकता और बिना कर्मों के नाश किये मोक्ष की प्राप्ति नहीं हो सकती। इस प्रकार स्त्रियों को मोक्ष की प्राप्ति नहीं होती।*

आगे स्त्रियों के शरीर के दोष बतलाते हैं—

सुहमापज्जत्ताणं मणुआणं जोणिणा हिकक्खेसु।
उपत्ती होइ सया अण्णे सु य तणुपएसेसु ॥94॥

सूक्ष्मापर्याप्तानां मनुष्याणां योनिनाभिकक्षेषु।
उत्पत्तिर्भवति सदा अन्येषु च तनुप्रदेशेषु ॥94॥

अर्थ : *स्त्रियों की योनि में, नाभि में, कांख में तथा और भी कितने ही शरीर के प्रदेशों में सदा काल सूक्ष्म अपर्याप्तक मनुष्यों की उत्पत्ति होती रहती है।*

भावार्थ : *स्त्रियों की योनि, नाभि, कांख में सम्मूर्छन मनुष्य उत्पन्न होते रहते हैं। वे जीव मनुष्य के आकार के पंचेन्द्रिय होते हैं अत्यन्त सूक्ष्म होते हैं और अपर्याप्तक होते हैं। यही कारण है कि स्त्रियों से जीवों की हिंसा का सर्वथा त्याग कभी नहीं हो सकता। क्योंकि वे जीव उत्पन्न होते रहते हैं और मरते रहते हैं। इसलिये स्त्रियाँ केवल संकल्पी, आरम्भी, उद्यमी आदि हिंसा का त्याग कर सकती हैं। मन, वचन, काय और कृत कारित अनुमोदना से समस्त जीवों की सर्वथा हिंसा का त्याग उनसे नहीं हो सकता। इसलिये वे पूर्ण संयम धारण नहीं कर सकती।*

आगे इसी बात को दिखलते हैं।

ण हु अत्थि तेण तेसिं इत्थणिं दुविहसंजमोद्धरणं।
संजमधरणेण विणा ण हु मोक्खो तेण जम्मेण ॥95॥

न ह्यस्ति तेन तासां स्त्रीणां द्विविधसंयमधारणम्।
संयमधारणेन विना नहीं मोक्षस्तेन जन्मना ॥95॥

अर्थ : *संयम दो प्रकार का होता है एक प्राणी संयम और दूसरा इन्द्रिय संयम। त्रस स्थावर समस्त जीवों की रक्षा करना किसी भी जीव का घात न करना प्राणी संयम है और समस्त इन्द्रियों को वश में रखना इन्द्रिय संयम है। ये दोनों प्रकार के संयम पूर्ण रूप से स्त्रियों के नहीं पल सकते। क्योंकि मन वचन काय, कृत कारित अनुमोदना से समस्त प्राणियों की हिंसा का त्याग होना चाहिये परन्तु उसके शरीर से सस्मूर्च्छन मनुष्यों की हिंसा होती है इसलिये पूर्ण संयम उनसे कभी नहीं पल सकता है। तथा बिना संयम के मोक्ष की प्राप्ति नहीं हो सकती। इसलिये स्त्रियों को उसी जन्म में उसी स्त्री पर्याय में मोक्ष की प्राप्ति नहीं हो सकती। स्त्रियाँ अपने योग्य आर्यिका के व्रत धारण कर स्त्री लिंग को छेदकर देव हो सकती हैं और फिर वहाँ से आकर मनुष्य पर्याय में उत्तम मनुष्य हो सकती हैं और फिर तपश्चरण कर उस मनुष्य पर्याय से मोक्ष जा सकती हैं। सीता का जीव व अन्य कितनी ही स्त्रियों के जीव इसी प्रकार मोक्ष प्राप्त करेंगे।*

आगे इस शंकाकार इस विषय में प्रश्न करते हैं—

अहवा एयं वयणं तेसिं जीवो ण होइ किं जीवो।
किं णत्थि णाणदंसण उवओगो चेयणा तस्स ॥96॥

अथवा एतद्वचनं तासां जीवो न भवति किं जीवः।
किं नास्ति ज्ञानदर्शनम् उपयोगः चेतना तस्य ॥96॥

अर्थ : *कदाचित् कोई यह प्रश्न करते हो कि क्या स्त्रियों का जीव जीव नहीं है? क्या उन स्त्रियों को ज्ञान दर्शन नहीं है? अथवा उनके क्या उपयोग नहीं है अथवा चेतना नहीं है? स्त्रियों के क्या नहीं है जिससे कि वे मोक्ष प्राप्त नहीं कर सकती।*

भावार्थ : *मनुष्यों के समान ही उन स्त्रियों के भी जीव है उनके भी ज्ञान दर्शन है, उपयोग है, चेतना है। इसलिये वे भी मनुष्यों के समान ही मोक्ष जा सकती है।*

आगे इसी का उत्तर देते हैं।

जइ एवं तो इत्थि धीवरिकल्लालिवेसआईणं।
सव्वेसिमत्थि जीवो सयलाओ तरिहि सिज्झंति॥97॥

यद्येवं तर्हि स्त्री धीवरीकल्लारिका वेश्यादीनाम्।
सर्वासामस्ति जीवो सकलास्तर्हि सिद्धयन्ति॥97॥

अर्थ : *यदि शंकाकार इस प्रकार कहते हो तो इसका उत्तर यह है कि यदि मनुष्यों के समान ही स्त्रियों का जीव है तो धीवरी वेश्याएँ आदि महा हिंसा करने वाली स्त्रियों के भी जीव है इसलिये वे समस्त स्त्रियाँ भी मोक्ष प्राप्त कर लेंगी।*

भावार्थ : *यदि जीव होने से ही मोक्ष की प्राप्ति होती है ऐसा मानते हो तो फिर महापाप करने वाले जीव भी मोक्ष प्राप्त कर लेंगे तथा स्त्रियों को भी जीव होने से ही मोक्ष की प्राप्ति मानते हो तो धीवरी वेश्याएँ आदि दिन रात महापाप उत्पन्न करने वाली स्त्रियाँ भी मोक्ष प्राप्त कर लेंगी परन्तु ऐसा होना असम्भव है।*

आगे यही बात दिखलाते हैं।

तम्हा इत्थी पज्जय पडुच्च जीवस्स पयडिदोसेण।
जाओ अभव्वकालो तम्हा तेसिं ण णिव्वाणं॥98॥

तस्मात्स्त्रीपर्यायं प्रतीत्य जीवस्य प्रकृतिदोषेण।
जातः अभव्यकालः तस्मात्तासां न निर्वाणम्॥98॥ [1]

अर्थ : *अतएव स्त्री पर्याय को लेकर प्रकृति के दोष से जीवका अभव्यकाल प्राप्त हो जाता है इसलिये स्त्री को मोक्ष को प्राप्ति नहीं हो सकती।*

भावार्थ : *रत्नत्रय के व्यक्त होने की योग्यता को भव्यकाल कहते है। स्त्रियों के शरीर में अनेक सम्मूर्च्छन मनुष्य प्रति समय उत्पन्न होते और मरते हैं इसीलिये स्त्रियों के पूर्ण संयम की प्राप्ति नहीं होती और इसलिये उनको मोक्ष की प्राप्ति नहीं होती।*

आगे मोक्ष की प्राप्ति किन्हें होती है सो दिखलाते हैं।

अइउत्तमसंहणणो उत्तमपुरिसो कुलग्गओ सन्तो।
मोक्खस्स होइ जुग्गो णिग्गंत्थो धरियजिणालिंगो ॥99॥

अत्युत्तमसंहननः उत्तम पुरुषः कुलगतः सन्।
मोक्षस्य भवति योग्यो निर्ग्रन्थो धृतजिनलिंगः ॥99॥

अर्थ : *जिस पुरुष का उत्तम संहनन हो, जो उत्तम पुरुष हो सत्कुल में उत्पन्न हुआ हो, वह पुरुष जिन लिंग निर्ग्रन्थ अवस्था को धारण कर मोक्ष प्राप्त कर सकता है।*

भावार्थ : *बिना उत्तम संहनन के मोक्ष की प्राप्ति नहीं, स्त्रियों का उत्तम संहनन नहीं होता इसलिये उनको मोक्ष की प्राप्ति भी नहीं होती। इसके सिवाय स्त्रियों का पर्याय निंद्य पर्याय है उत्तम पर्याय नहीं है। स्त्रियों के शरीर में अनेक सम्मूर्च्छन मनुष्य उत्पन्न होते और मरते रहते हैं, प्रतिमास रजःस्राव होता रहता है, इसलिये भी उनको मोक्ष की प्राप्ति नहीं हो सकती। इसके सिवाय जिन लिंग निर्ग्रन्थ अवस्था धारण नहीं कर सकती इसलिये भी वे मोक्ष प्राप्त करने योग्य नहीं है। स्त्रियों को ऋद्धियाँ भी प्राप्त नहीं हो सकती तो फिर भला मोक्ष की प्राप्ति कैसे हो सकती है? अर्थात् कभी नहीं हो सकती। इसलिये मोक्ष की प्राप्ति सज्जाति उत्तम कुल में उत्पन्न हुए चरम शरीरी महा पुरुषों को ही होती है। वह भी निर्ग्रन्थ लिंग धारण करने, उत्तम ध्यान धारण करनेवाले पुरुषों को ही होती हैं।*

आगे गृहस्थ अवस्था में मोक्ष की प्राप्ति नहीं हो सकती, ऐसा दिखलाते हैं।

गिहलिंगे वट्टंतो गिहत्थवावार गहियतियजोओ।
अट्टरउद्दारूढो मोक्खं ण लहेइ कुलजो वि ॥100॥

गृहस्थलिंगे वर्तमानः गृहस्थव्यापारगृहीतत्रियोगः।
आर्तरौद्रारूढः मोक्षं न लभते कुलजोऽपिः ॥100॥

अर्थ : *जो मनुष्य उत्तम कुल में उत्पन्न हुआ है वह भी जब तक गृहस्थ लिंग में रहता है, अर्थात् गृहस्थी में रहता है। गृहस्थी के व्यापार में मन-वचन-काय तीनों योगों को लगता रहता है तथा अर्तध्यान और रौद्रध्यान में लगा रहता है तब तक वह उत्तम पुरुष भी मोक्ष प्राप्त नहीं कर सकता।*

भावार्थ : *ग्रहस्थावस्था में आर्त्तध्यान व रौद्र ध्यान इन दोनों में से कोई न कोई*

---

01 भावेन्द्रिय का अर्थ चेतना है। यह केवल ध्यान का लक्षण है। केवल ज्ञान के पहली अवस्था का है।

ध्यान लगा ही रहता है और गृहस्थी के व्यापार में आरम्भी उद्योगी आदि हिंसा होती ही रहती है, परिग्रह रहता है। ऐसी अवस्था में भला कर्मों का नाश कैसे हो सकता है। ऐसी अवस्था में तो कर्मों का आस्रव ही होता है और वह भी अधिकतर अशुभ कर्मों का आस्रव होता है। इसलिये यह निश्चित सिद्धान्त है कि गृहस्थ लिंग से मोक्ष की प्राप्ति कभी नहीं हो सकती।

आगे फिर भी यही बात दिखलाते हैं—

वज्झब्भंतरगंथे वट्‌ठंतो इंदियत्थपरिकलिओ।
जइ वि हु दंसणवंतो तहा वि ण सिज्झेइ तम्हि भवे॥101॥

बाह्याभ्यन्तरग्रन्थे वर्तमानः इन्द्रियार्थपरिकलितः।
यद्यपि हि दर्शनवान् तथापि न सिद्ध्यति तस्मिन् भवे॥101॥

अर्थ : जो सद्‌गृहस्थ उत्तम पुरुष शुद्ध सम्यगदर्शन सहित हो तथापि वह यदि बाह्य आभ्यन्तर परिग्रहों को धारण करता है और इन्द्रियों के विषयों का सेवन करता है तो वह उस भव में उस अवस्था से कभी मोक्ष की प्राप्ति नहीं कर सकता।

भावार्थ : मिथ्यात्व कषाय आदि अन्तरंग परिग्रहों के धारण करने से चित्त की शुद्धता नहीं हो सकती तथा बिना मन के शुद्ध हुए धर्म-ध्यान की प्राप्ति नहीं हो सकती। फिर भला शुक्ल ध्यान की बात तो बहुत दूर हो जाती है। ऐसी अवस्था में भला मोक्ष की प्राप्ति कैसे हो सकती है। इसी प्रकार वस्त्र आदि बाह्य परिग्रह रखने से अनेक प्रकार के दोष आते हैं। वस्त्र मैले होने पर धोने पड़ते है, वस्त्र धोने में अनेक जीवों की हिंसा होती है, न धोने पर उन में अनेक जीव उत्पन्न हो जाते हैं। यदि वस्त्र फट जाये व उनको कोई ले जाये तो आर्त्तध्यान होता है तथा याचना करनी पड़ती है। इस प्रकार केवल वस्त्र रखने में ही महापाप होता है फिर भला समस्त परिग्रहों के रखने में तो अनेक महापाप होते ही हैं। इसी प्रकार इन्द्रियों के विषयों को सेवन में अनेक महापाप होते ही हैं। इसके सिवाय इन्द्रियों की लंपटता बढ़ती है और इस प्रकार उसके इंद्रिय संयम कभी नहीं हो सकता। इसलिये गृहस्थ अवस्था में व परिग्रह सहित अवस्था में मोक्ष की प्राप्ति कभी नहीं हो सकती।

आगे और भी दिखलाते हैं।

जइ गिहवंतो सिज्झइ अगहियणिग्गंथलिंगसग्गंथो।
तो किं सो तित्थयरो णिस्संगो तवइ एगागी॥102॥

यदि गृहवान् सिद्ध्यति अगृहीतनिर्ग्रन्थलिंगसग्रन्थः।
तर्हि किं स तीर्थकरों निःसंगस्तपति एकाकी॥102॥

अर्थ : यदि गृहस्थ अवस्था में ही बिना निर्ग्रन्थ लिंग धारण किये सग्रन्थ

अवस्था में ही मोक्ष की प्राप्ति हो जाती है तो फिर तीर्थंकर देव समस्त परिग्रहों का त्याग कर अकेले एकान्त स्थान में जाकर तपश्चरण क्यों करते हैं।

भावार्थ : *भगवान ऋषभदेव ने भी समस्त परिग्रहों का त्याग कर निर्जन वन में जाकर तपश्चरण किया था। इससे सिद्ध होता है कि सग्रन्थ अवस्था में कभी भी मोक्ष की प्राप्ति नहीं होती।*

आगे कवलाहार का निषेध करते हैं।

केवलभुत्ती अरुहे कहिया जा सेवडेण तहिं तेण।
सा णत्थि तस्स णूणं णिहयमणोपरमजोईणं ॥103॥

केवलभुक्तिः अर्हति कथिता या श्वेतपटेन तस्मिन् तेन।
सा नास्ति तस्य नूनं निहतमनः परमयोगिनः ॥103॥

अर्थ : *श्वेतपट लोग कहते हैं कि भगवान अरहंत देव समवशरण में विराजमान होते हुए भी कवलाहार करते हैं अर्थात् आहार को हाथ से उठाकर मुँह में देकर भोजन करते हैं। परन्तु ऐसी मान्यता तर्क संगत नहीं है। क्योंकि भगवान अरहंत देव परम योगी हैं। उनका मन भी नष्ट हो गया है, केवल द्रव्य मन है जो बिना भाव मन के कुछ काम नहीं करता। इसके सिवाय यह भी समझने की बात है कि अरहन्त भगवान के मोहनीय कर्म का सर्वथा अभाव हो गया है तथा बिना मोहनीय कर्म के उदय के वेदनीय कर्म कुछ काम नहीं कर सकता। इसलिये भगवान अरहन्त देव के न क्षुधा-पिपासा आदि दोष है और न वे कवलाहार करते हैं।*

आगे अरहन्त अवस्था किस प्रकार प्राप्त होती है यही दिखलाते हैं।

गुत्तित्तजुत्तस्स य इन्द्रियवावाररहियचित्तस्स।
भाविंदियमुक्खस्स[1] य जीवस्स य णिच्चलं झाणं ॥104॥

गुप्तित्रययुक्तस्य च इन्द्रियव्यापाररहितचित्तस्य।
भावेन्द्रियमुख्यस्य च जीवस्य निश्चल ध्यानम् ॥104॥

अर्थ : *जो निर्ग्रन्थ मुनि मन, वचन, काय के समस्त व्यापारों को रोककर मनोगुप्ति वचनगुप्ति काय गुप्ति इन तीनों गुप्तियों का पालन करते हैं तथा जिनका चित्त इन्द्रियों के व्यापार से सर्वथा रहित होता है और जिनके भावेन्द्रियों की मुख्यता रहती है ऐसे योगी पुरुषों के निश्चल ध्यान होता है।*

झाणेण तेण तस्स हु जीवमणस्साणसमरसीयरणं।
समरसभावेण पुणो संवित्ती होइ णियमेण ॥105॥

ध्यानेन तेन तस्य हि जीवमनआणसमरसीकरणम्।
समरसभावेन पुनः संवित्तिः भवति नियमेन॥105॥

अर्थ : *उस ध्यान के द्वारा उन योगी का आत्मा और मन दोनों एक रूप हो जाते हैं, दोनों समान रस रूप परिणत हो जाते हैं तथा उस समरसी भाव से उन योगी के नियम से संवित्ती हो जाती है।*

भावार्थ : *अपने आत्मा का अपने ही आत्मा में लोन हो जाना संवित्ती कहलाती है। वह संवित्ती निश्चल ध्यान से ही होती है।*

आगे फिर भी यही दिखलाते हैं।

संवित्तीए वि तहा तण्हा णिद्दा य छुहा य तस्स णस्संति।
णट्ठेसु तेसु पुरिसो खवयस्सेणिं समारुहइ।106॥

संवित्तावपि तथा तृष्णा निद्रा क्षुधा च तस्य नश्यन्ति।
नष्टेषु तेषु पुरुषः क्षपकश्रेणिं समारोहति॥106॥

अर्थ : *जब यह आत्मा निश्चल ध्यान के द्वारा अपने आत्मा में लीन हो जाता है उस समय उस योगी के तन्द्रा, निद्रा, क्षुधा पिपासा आदि सब नष्ट हो जाते हैं तथा तन्द्रा, निद्रा, क्षुधा आदि के नष्ट होने से फिर वह योगी क्षपक श्रेणी में आरूढ़ हो जाता है।*

भावार्थ : *श्रेणी दो प्रकार की है एक उपशम श्रेणी और दूसरी क्षपक श्रेणी। उपशम श्रेणी चढ़नेवाला योगी अपने चारित्र मोहनीय कर्मों का उपशम करता जाता है परन्तु ग्यारहवें गुणस्थान में जाकर उन कर्मों का उदय होने से नीचे के गुणस्थानों में आ जाता है। क्षपक श्रेणी चढ़नेवाला योगी अपने चारित्र मोहनीय कर्मों का क्षय करता जाता है और फिर दसवें गुणस्थान से बारहवें गुण्स्थान में पहुँच जाता है तथा बारहवें गुणस्थान के अन्त में ज्ञानावरण, दर्शनावरण, अन्तराय कर्मों का नाश कर केवल ज्ञान प्राप्त कर लेता है और इस प्रकार वह तेरहवें गुण स्थान में पहुँच कर अरहन्त अवस्था को प्राप्त हो जाता है।*

यही बात आगे दिखलाते हैं।

खवएसु य आरूढो णिद्दाईकारणं तु जो मोहो।
जाइ खयं णिस्सेसी तक्खीणे केवलं णाणं॥107॥

क्षपकेषु च आरूढो निद्रादिकारणं तु यो मोहः।
याति क्षयं निःशेषः तत्क्षये केवलं ज्ञानम्॥107॥

अर्थ : *जब वह योगी अपने निश्चल ध्यान के द्वारा क्षपक श्रेणी में आरूढ़ हो जाता है तब उसका निद्रा तन्द्रा, क्षुधा आदि का कारण मोहनीय कर्म सर्वथा पूर्ण रूप*

से नष्ट हो जाता है। और उस मोहनीय कर्म के सर्वथा नष्ट होने से उस महा योगी के केवल ज्ञान प्रगट हो जाता है।

तं पुण केवलणाणं दसट्ठदोसाण हवइ णासम्मि।
ते दोसा पुण तस्सहु छुहाइया णत्थि केवलिणो ॥108॥

तत्पुनः केवलज्ञानं दशाष्टदोषाणां भवति नाशे।
ते दोषाः पुनस्तस्य हि क्षुधादिका न सन्ति केवलिनः ॥108॥

अर्थ : *यह केवल ज्ञान क्षुधा पिपासा आदि अठारह दोषों के नाश होने पर ही होता है। इसलिये उन केवली भगवान के वे क्षुधा, तृषा आदि अठारह दोष कभी नहीं होते।*

भावार्थ : *क्षुधा, तृषा, बुढ़ापा, भय, जन्म, मरण, रोग, शोक, रति, अरति विस्मय, स्वेद (पसीना) खेद, मद, निद्रा, राग, द्वेष, मोह ये अठारह दोष कहलाते हैं। जब इनका सर्वथा नाश हो जाता है तभी केवल ज्ञान की प्राप्ति होती है। बिना इनका नाश हुए केवल ज्ञान कभी नहीं हो सकता। इससें सिद्ध होता है कि केवली भगवान के क्षुधा तृषा कोई रोग नहीं है और इसीलिये उन्हें कवलाहार की आवश्यकता भी नहीं हो सकती। यदि केवली भगवान के भी आहार की आवश्यकता मानी जायेगी तो फिर उनके अनन्त शक्ति का भी सर्वथा अभाव मानना पड़ेगा।*

यही बात आगे दिखलाते हैं।

जइ संति तस्स दोसा केत्तियमित्ता छुहाइ जे भणिया।
ण हवइ सो परमप्पा अणंतविरिओ हु सो अहवा ॥109॥

यदि सन्ति तस्य दोषाः कियन्मात्राः क्षुधादिका ये भणिताः।
न भवति स परमात्मा अनन्तवीर्यो हि सोऽथवा ॥109॥

अर्थ : *यदि उन केवली भगवान के क्षुधा तृषा आदि दोष थोड़े से भी माने जायेंगे तो फिर वे भगवान न तो परमात्मा हो सकते हैं और न वे अनन्तवीर्य को धारण करनेवाले कहे जा सकते हैं।*

भावार्थ : *जो लोग क्षुधा-तृषा से पीड़ित रहते हैं वे हम आप लोगों के समान न तो परमात्मा हो सकते हैं और न अनन्तवीर्य व अनन्त शक्ति धारण कर सकते हैं। इसी प्रकार केवली भगवान भी यदि क्षुधा से पीड़ित होते हैं तो वे भी परमात्मा नहीं हो सकते और क्षुधा से पीड़ित होने के कारण अनन्त सुखी व अनन्त वीर्यवान भी नहीं हो सकते। इसलिये केवली भगवान के क्षुधा, तृषा आदि दोष मानना सर्वथा मिथ्या है। परमात्मा होने पर भी यदि उन्हें भूख प्यास लगती है तो फिर उनमें और*

हममें कोई अन्तर ही नहीं रहता है। इसके सिवाय यह भी समझना चाहिये कि जो मनुष्य आहार लेते हैं उनको नींद भी आती है तथा और आकुलताएँ प्रकट होती है। इसलिये परमात्मा भगवान अरहन्त देव के क्षुधादिक दोष मानना और कवलाहार मानना तर्क संगत प्रतीत नहीं है।

आगे भगवान अरहन्त देव के शरीर की स्थिति बिना आहार के किस प्रकार रहती है सो दिखलाते हैं।

णोकम्मकम्महारो कवलाहारो ये लेप्पहारो य।
उज्ज मणो वि यं कमसो आहारो छव्विहो णेओ॥110॥

नोकर्मकर्माहाहौ कवलाहारश्च लेपाहारश्च।
ओजो मनोऽपि च क्रमशः आहारः षड्विधो ज्ञेयः॥110॥

अर्थ : नोकर्म आहार, कर्माहार, कवलाहार, लेपाहार, ओजाहार और मानसिक आहार इस प्रकार आहार के छह भेद हैं।

णोकम्मकम्महारो जीवाणं होइ चउगइगयाणं।
कवलाहारो णरयसु रुक्खेसु ये लेप्पमाहारो॥111॥

नोकर्मकर्माहारौ जीवानां भवतः चतुर्गति गतानाम्।
कवलाहारो नरपशूनां वृक्षेषु च लेपाहारः॥111॥

अर्थ : इन छह प्रकार के आहारों में से नो र्माहार और कर्माहार चारों गतियों में परिभ्रमण करनेवाले समस्त जीवों के होते हैं, कवलाहार मनुष्य तथा पशुओं के होता है और वृक्षों के लेपाहार होता है।

पक्खीणुज्जजाहारो अंडयमज्झेसु वट्टमाणाणं।
देवेसु मणाहारो चउव्विहो णत्थि केवलिणो॥112॥

पक्षिणामोज-आहारः अण्डमध्येषु वर्तमानानाम्।
देवेषु मन आहारः चतुर्विधो नास्ति केवलिनः॥112॥

अर्थ : अंडे के भीतर रहने वाले पक्षियों के ओजाहार होता है और देवों के मानसिक आहार होता है। इस प्रकार छहों प्रकार के आहार की व्यवस्था है। इनमें से चार प्रकार का आहार केवली भगवान के नहीं होता।

भावार्थ : प्रत्येक जीव के जो तीन शरीर और छह पर्याप्ति के योग्य जो पुद्गल वर्गणा आती रहती है उनको नोकर्माहार कहते है। ज्ञानवरण आदि आठों कर्मों के योग्य जो पुद्गल वर्गणा आती है उनको कर्माहार कहते है। मुँह में रखकर जो

खाया जाता है उसको कवलाहार कहते है, लेप कर देना लेपाहार है, अंडों के ऊपर बैठकर जो मुर्गी आदि पक्षी अंडों के भीतर गर्मी पहुँचाती है वह ओजाहार है तथा देवों के जो नियत समय पर क्षुधा लगने पर मन से अमृत झरता है उसको मानसिक आहार कहते हैं। इनमें से कवलाहार, लेपाहार, ओजाहार और मानसिक आहार भगवान केवली के कभी नहीं होते।

णोकम्मकस्महारो उवयारेण तस्स आयमे भणिओ।
ण हू णिच्छएण सो विहू स वीयराओ परो जम्हा ॥113॥

नो कर्मकमहारौ उपचारेण में भणितौ।
न हि निश्चयेन सोपि हि स वीतरागः परो यस्मात् ॥113॥

अर्थ : *यद्यपि केवली भगवान् के नोकर्म आहार और कर्म आहार आगम में बतलाया है परन्तु वह भी उपचार से बतलाया है। निश्चय नय से देखा जाय तो वह भी नहीं है। इसका भी कारण यह है कि केवली भगवान् परम वीतरागी हैं। इसलिये उनके आहार की कल्पना हो ही नहीं सकती है।*

भावार्थ : *यद्यपि केवली भगवान् के प्रत्येक समय में कर्म वर्गणा आती है तथापि वे ठहरती नहीं है, उसी समय खिर जाती है। इसलिये भगवान के उपचार से ही नोकर्म व कर्म आहार माना है तथा उपचार से ही आस्त्रव माना है। इसलिये वास्तव में वह नहीं के समान है। भगवान के कषायों का सर्वथा अभाव है और बिना कषायों के कर्म ठहर नहीं सकते। इसलिये भगवान के कर्म बन्ध का भी सर्वथा अभाव माना है। घातिया कर्मों के नष्ट होने से भगवान के अनन्त चतुष्टय प्रगट हो जाते हैं, अनन्त दर्शन, अनन्त ज्ञान, अनन्त सुख और अनन्त वीर्य प्रगट हो जाते हैं। ऐसी अवस्था में क्षुधा लगने और कवलाहार लेने की कल्पना करना सर्वथा व्यर्थ है और असत् है।*

आगे कवलाहार के दोष बतलाते है।

जो जेमइ सो सोवइ सुत्तो अण्णे विसयमणुहवइ।
विसए अणुहवमाणो स वीयराओ कहं णाणी ॥114॥

यो जेमति स स्वपिनि सुप्तो अन्यानपि विषयानुभवति।
विषयाननुभवमानः स वीतरागः कथं ज्ञानी ॥114॥

अर्थ : *जो पुरुष कवलाहार करता है वह सोता भी है, जो सोता है वह पुरुष अन्य अनेक इन्द्रियों के विषयों का अनुभव करता है तथा जो इन्द्रियों के विषयों का अनुभव करता है वह वीतराग और सर्वज्ञ कैसे हो सकता है?*

भावार्थ : *इन्द्रियों के विषयों का अनुभव करना और वीतराग होना दोनों परस्पर विरोधी हैं। जो इन्द्रियों के विषयों का अनुभव करता है वह कभी वीतराग नहीं हो सकता, क्योंकि विषयों का अनुभव राग से ही होता है, बिना राग के विषयों का अनुभव कभी नहीं हो सकता। यदि केवली भगवान कवलाहार लेकर सोते है और विषयों का अनुभव करते है तो वे कभी वीतराग नहीं हो सकते और जो वीतराग नहीं है वे कभी सर्वज्ञ नहीं हो सकते।*

इसलिये मानना चाहिये कि—

तम्हा कवलाहारो केवलिणो णत्थि दोहिं वि णएहिं।
मण्णंति य आहारं जेते मिच्छायअण्णाणी ॥115॥

तस्मात्कवलाहारः केवलिनो नास्ति द्वाभ्यामपि नयाभ्यां।
मन्यन्ते चाहारं ये ते मिथ्याज्ञानिनः ॥115।

अर्थ : *इसलिये यह सिन्द्धान्त निश्चित रूप से सिद्ध है कि केवली भगवान के निश्चय नय और व्यवहार नय दोनों नयों से कवलाहार नहीं है। फिर भी केवली भगवान के कवलाहार मानना अज्ञानता ही है।*

आगे और कहते हैं—

अण्णं जं इय उत्तं संसयमिच्छत्तकलियभावेण।
अम्हंचि थविरकप्पो कंवलहगहणेण ण हु दोसो ॥116॥

अन्यद्यदित्युक्तं संशयमिथ्यात्वकलितभावेन।
अस्माकं स्थविरकल्पः कम्बलग्रहणेन न हि दोषः ॥116॥

अर्थ : *जिन के परिणाम संशय मिथ्यात्व से भरे हुए है वे कहते है कि हम तो स्थविर कल्पी है, इसलिये हमको कंवल ग्रहण करने में कोई दोष नहीं लगता।*

कंवलि वत्थं दुद्धिय दंडं कणयं च रयणभंडाइं।
सग्गग्गमणणिमित्तं मोक्खस्स य होइ णिब्भत्तं ॥117॥

कम्बलं वस्त्रं पुग्धिकं दण्ड कनकं च रत्नभाण्डादीनि।
स्वर्गगमननिमित्तं मोक्षस्य च भवति निभ्रान्तम् ॥117॥

अर्थ : *ऐसा कहा जाता है कि कंवल, वस्त्र, कुंडी, दंड सोना रत्नों के वर्तन ये सब स्वर्ग मोक्ष के कारण है इसमें किसी प्रकार की भ्रान्ति नहीं है।*

पर ऐसी मान्यता उचित नहीं है क्योंकि—

ण उ होइ थविरकप्पो गिहत्थकप्पो हवेइ फुडु ऐसो।
इय सो धुत्तेहिं कओ थविरक्कप्पस्स भग्गेहिं॥118॥

न हि भवति थविर कल्पो गृहस्थकल्पो भवति स्फुटमेषः॥
इति धूर्तैः कृतः स्थविरकल्पस्य भग्नैः॥118॥

अर्थ : *आचार्य कहते है कि कंबल दंड वस्त्र कुंडी सोना रत्नों के बर्तन रखना आदि स्थविर कल्प नहीं है किन्तु यह तो गृहस्थकल्प को स्थविर कल्प मानने की कल्पना स्थविर कल्प से च्युत लोगों ने की है।*

भावार्थ : *वस्त्र, कंबल, दंड सोना आदि रखना गृहस्थों का काम है। मुनियों के लिये तो इन सबका त्याग बतलाया है। फिर जो लोग मुनि होकर भी वस्त्र दण्ड आदि रखते हैं और उनको मोक्ष का साधन बतलाते हैं यह कैसे? यह परिग्रह तो सर्व पापों का कारण है, स्वर्ग मोक्ष का कारण कभी नहीं हो सकता।*

आगे जिन कल्प और स्थविर कल्प का वास्तविक स्वरूप कहते है।

दुविहो जिणेहिं कहिओ जिणकप्पो तह य थविरकप्पो य।
सो जिणकप्पो उत्तो उत्तमसंहणणधारिस्स॥119॥

द्विविधो जिनैः कथितो जिनकल्पस्तथा च स्थविरकल्पश्च।
स जिनकल्प उक्त उत्तमसंहननधारिणः॥119॥

अर्थ : *भगवान जिनेन्द्रदेव ने जिन कल्प और स्थविर कल्प ऐसे दोनों प्रकार के मार्ग दिखलाये हैं। इनमें से जो उत्तम संहनन को धारण करनेवाले महामुनि हैं वे जिनकल्पी मुनि कहलाते हैं।*

आगे जिनकल्पी का और भी स्वरूप कहते हैं।

अंडजवुंडजरोमज चर्मज वल्कज पंच चेलानि।
यरिह्रत्य तृणजचेलं यो गृहणीयान्न भवेत्स यतिः।
रजसेदाण मगहणं मद्दव सुकुयालदा लहुत्त ज।
जत्थे दे पंच गुणा ते पडिलिहणं पसेसेति॥

अर्थ : *सूत के वस्त्र, रेशम के वस्त्र, ऊन के वस्त्र चर्म के वस्त्र और वृक्षों की छाल के बने वस्त्र ये पाँच प्रकार के वस्त्र कहलाते है। इन सब प्रकार के वस्त्रों का जो त्याग कर देता है तथा तृण से बने वस्त्रों को भी जो ग्रहण नहीं करता वहीं मुनि कहलाता है। जो पींछी मृदु हो कोमल हो, छोटी हो, धूलि मिट्टी को ग्रहण न कर सकती हो ऐसी ही पीछी प्रशंसा करने योग्य है।*

जत्थ ण कंटयभग्गो पाए णयणम्मि रयपविट्ठम्मि।
फेडंति संय मुणिणो परावहारे य तुण्हिक्का॥120॥

यत्र न कंटकलग्नं पादे नयनयो रजः प्रविष्टे।
स्फोटयन्ति स्वयं मुनयः परापहारे च तूष्णीकाः॥120॥

अर्थ : *यदि जिनकल्पी महामुनियों के पैर में काँटा लग जाता है अथवा नेत्रों में धूलि पड़ जाती है तो वे महामुनि अपने हाथ से न काँटा निकालते हैं और न अपने हाथ से नेत्रों से धूलि निकालते हैं। यदि अन्य कोई दूसरा मनुष्य उस काँटे को व धूलि को निकालता है तो वे चुप रहते हैं।*

भावार्थ : *वे महामुनि अपने पैर के काँटे को व नेत्रों की धूलि को न तो स्वयं निकालते हैं और न निकालने के लिये किसी अन्य से कहते हैं। यदि जान लेने पर कोई पुरुष उनको निकालता है तो भी चुप ही रहते हैं। काँटा लगने पर विषाद नहीं करते और निकल जाने पर हर्ष नहीं करते। वे दोनों अवस्थाओं में समान वीतराग रहते है।*

आगे और भी कहते हैं।

जलवरिसणवा याई गमणे भग्गे य जम्म छम्मासं।
अच्छंति णिराहारा काओस्सग्गेण छम्मासं॥121॥

जलवर्षायां जातायां गमने भग्ने च यावत् षण्मासम्।
तिष्ठन्ति निराहाराः कायोत्सर्गेण षण्मासम्॥121॥

अर्थ : *जब वर्षा ऋतु आ जाती है और मुनियों का गमन करना बन्द हो जाता है उस समय वे जिन कल्पी महामुनि छह महीने तक निराहार रहते हैं और छह महीनें तक कायोत्सर्ग धारण कर किसी एक ही स्थान पर खड़े रहते हैं।*

भावार्थ : *उनका उत्तम संहनन होता है। अस्थि आदि सब वज्रमय होती है। इसलिये उनमें इतनी शक्ति होती है।*

एयारसंगधारी एआईं धम्मसुक्कझाणी य।
चतासेस कसाया मोणवई कन्दरावासी॥122॥

एकादशांगधारिणः एते धर्म्यशुक्ल ध्यानिनश्च।
त्यक्ताशेषकषायाः मौनव्रताः कन्दरावासिनः॥122॥

अर्थ : *वे जिन कल्पी महामुनि ग्यारह अंग के पाठी होते हैं, धर्म ध्यान व शुक्लध्यान में लीन रहते हैं, समस्त कषायों के त्यागी होते हैं मौनव्रत को धारण करनेवाले होते हैं और पर्वतों की गुफा कन्दराओं में रहते हैं।*

बहिरन्तरगंथचुवा णिण्णेहा णिप्पिहा य जइवइणो।
जिण इव विहरंति सदा ते जिणकप्पे ठिया सवणा।।123।।

ब्राह्याभ्यन्तरग्रन्थच्युता निःस्नेहा निस्पृहाश्च यतिपतयः।
जिना इव विहरन्ति सदा ते जिनकल्पे स्थिताः श्रमणाः।।123।।

अर्थ : *वे जिन कल्पी महामुनि बाह्य आभ्यान्तर समस्त परिग्रहों के त्यागी होते हैं, स्नेह रहित परम वीतराग होते हैं और समस्त इच्छाओं से सर्वथा रहित होते हैं। ऐसे वे यतीश्वर महामुनि भगवान जिनेन्द्र देव के समान सदाकाल विहार करते रहते हैं। इसलिये वे जिन कल्पी मुनि कहलाते हैं।*

आगे स्थविर कल्पी मुनियों का स्वरूप कहते हैं।

थविरकप्पो वि कहिओ अणयाराणं जिणेण सो एसो।
पंचच्चेलच्चाओ अंकिचणतं च पडिलिहणं।।124।।

स्थविरकल्पोऽपि कथितः अनगाराणां जिनेन स एषः।
पंचचेलत्यागोऽकिंचनत्वं च प्रतिलेखनम्।।124।।

अर्थ : *भगवान जिनेन्द्र देव ने मुनियों के लिये स्थविर कल्पी मुनियों का भी स्वरूप कहा है। जो मुनि पाँचों प्रकार के वस्त्रों का सर्वथा त्याग कर देते हैं अकिंचन व्रत धारण करते हैं और पीछी रखते हैं ऐसे मुनि स्थविर कल्पी कहलाते हैं।*[1]

आगे स्थविर कल्पी मुनियों का स्वरूप और भी कहते हैं।

पंचमहव्वयधरणं ठिदिभोयण एयभत्त करपत्तो।
भत्तिभरेण य दत्तं काले य अजायणे भिक्खं।।125।।

पंचमहाव्रतधारणं स्थितिभोजनं एकभक्तं करपात्रम्।
भक्तिभरेण च दत्तं काले च आयाचना भिक्षाः।।125।।

दुविहतवे उज्जमणं छव्विह आवासएहिं अणवरयं।
खिदिसयणं सिरलोओ जिणवर पडिरूवपडिगहणं।।126।।

द्विविधतपसि उद्यमनं षड्विधावश्यकैः अनवरतम्।
क्षितिशयनं शिरोलोचः जिनवरप्रतिरूपप्रतिग्रहणम्।।126।।

अर्थ : *वे स्थविर कल्पी मुनि पाँचों महाव्रतों को धारण करते हैं, खड़े होकर आहार लेते हैं, दिन में एक ही बार आहार लेते हैं, कर पात्र में ही आहार लेते हैं, तथा बिना याचना किये भक्ति पूर्वक जो कोई समय पर दे देता है वही भिक्षा भोजन कर*

लेते हैं। वे मुनि बाह्य आभ्यान्तर दोनों प्रकार के तपश्चरण करने में सदा उद्यमी रहते हैं, छह आवश्यकों का प्रतिदिन निरन्तर पालन करते हैं, पृथ्वी पर शयन करते हैं मस्तक दाढ़ी मूँछ के बालों का लोच करते हैं और जिनेन्द्रदेव के समान ही माने जाते हैं।

भावार्थ : स्थविर कल्पी मुनि भी अट्ठाईस मूलगुणों का पालन करते हैं, पाँच महाव्रत, पाँच समिति, छह आवश्यक, पंचेन्द्रियों का दमन खड़े होकर आहार लेना, दिन में एक ही बार करपात्र में आहार लेना, भूमिशयन, केशलोच, दन्त धोवन, स्नान, त्याग और समस्त वस्त्रों का व समस्त परिग्रहों का त्याग कर नग्नरूप धारण करना इस प्रकार ये अट्ठाईस मूल गुण हैं। स्थविर कल्पी मुनि इनका पूर्ण रूप से पालन करते हैं तथा यथासम्भव उत्तर गुणों का पालन करते हैं। वे स्थविर कल्पी मुनि बारह अनुप्रेक्षाओं का चिन्तवन करते हैं, दश धर्मों का पालन करते हैं, परिषहों को सहन करते हैं, चरित्र का पालन करते हैं तथा तपश्चरण धारण करते हैं। इस प्रकार वे स्थविर कल्पी मुनि पूर्ण रूप से जिन देव के समान ही मुनि होते हैं।

आगे स्थविर कल्पियों के लिये और भी कहते हैं।

संहणणस्स गुणेण य दुस्समकालस्स तवपहावेण।
पुरणयरगामवासी थविरे कप्पे ठिया जाया॥127॥

संहननस्य गुणेन च दुःषमाकालस्य तपः प्रभावेन।
पुरनगरग्रामवासिनः स्थविरे कल्पे स्थिता जाताः॥127॥

अर्थ : इस दुख काल में शरीर के संहनन बलवान नहीं होते, इसलिये वे मुनि किसी नगर गाँव व किसी पुर में रहते हैं और अपने तपश्चरण के प्रभाव से स्थविर कल्पी कहलाते हैं।

उवयरण तं गहियं जेण ण भंगो हवे चरियस्य।
गहियं पुत्थयदाणम् जोग्गं जस्स तं तेण॥128॥

उपकरणम् तद्गृहीतं येन न भंगो भवति चर्यायाः।
गृहीतं पुस्तकदानं योग्यं यस्य तत्तेन॥128॥

अर्थ : वे मुनि अपने उपकरण भी ऐसे रखते है जिनसे किसी प्रकार के चारित्र का भंग न होता हो। तथा वे मुनि अपनी अपनी योग्यता के अनुसार किसी के द्वारा दिये हुए शास्त्र व पुस्तक भी ग्रहण कर लेते हैं।

समुदाएण विहारो धम्मस्स पहावणं ससत्तीए।
भवियाण धम्मसवणं सिस्साण य पालणं गहणं॥129॥

समुदायेन विहारो धर्मस्य प्रभावनं स्वशक्त्या।
भव्यानां धर्मश्रवणं शिष्यानां च पालनं ग्रहणम् ॥129॥

अर्थ : *इस पंचम काल में वे स्थविर कल्पी मुनि समुदाय रूप से विहार करते हैं, अपनी शक्ति के अनुसार धर्म की प्रभावना करते हैं, भव्य जीवों को धर्म का उपदेश देते हैं तथा शिष्यों को ग्रहण करते हैं और उनका पालन करते हैं।*

भावार्थ : *जो भव्य जिस दीक्षा के योग्य हैं उसको वैसी ही दीक्षा देते हैं, किसी को श्रावकों के योग्य ग्यारह स्थानों में से किसी भी स्थान की (ग्यारह प्रतिमाओं में से किसी प्रतिमा की) दीक्षा देते हैं और किसी परम विरक्त भव्य जीव को मुनि की दीक्षा भी देते हैं। जिनको दीक्षा दी है उनसे यथायोग्य अपने-अपने पद के अनुसार चारित्र का पालन कराते हैं, धर्म श्रवण कराते हैं, धर्म की प्रभावना करते हैं और सबको धर्म में दृढ़ कराते रहते हैं।*

आगे ऐसे स्थविर कल्पी मुनियों की प्रशंसा करते हैं।

संहणणं अइणिणच्चं कालो सो दुस्समो मणो चवलो।
तह वि हु धीरा पुरिसा महव्वयभरधरण-उच्छहिया ॥130॥

संहननमतिनीचं कालः स दुःषमो मनश्चपलम्।
तथापि हि धीराः पुरुषः महाव्रतभारधारणोत्साहा ॥130॥

अर्थ : *यह काल दुःषम है इस काल में शरीर के संहनन अत्यन्त नीच होते हैं और मन अत्यन्त चंचल रहता है तथापि धीर वीर पुरुष महाव्रतों का भार धारण करने में अत्यन्त उत्साहित रहते हैं, यह भी एक आश्चर्य की बात है।*

वरिससहस्सेण हु पुरा जं कम्मं हणइ तेण काएण।
तं संपइ वरिसेण हु णिज्जरयइ हीणसंहणणो ॥131॥

वर्षसहस्रेण पुरा यत्कर्म हन्यते तेन कायेन।
सत्संप्रति वर्षेण हि निर्जरयति हीनसंहननेन ॥131॥

अर्थ : *पहले समय में जिन कर्मों को मुनिलोग अपने शरीर से हजार वर्ष में नष्ट करते थे उन्हीं कर्मों को आज कल के स्थविर कल्पीं मुनि अपने हीन संहनन से एक ही वर्ष में ही क्षय कर सकते हैं।*

एवं दुविहो कप्पो परम जिणंदेहिं अक्खियो णूणं।
अण्णो पासंडिकओ गिहकप्पो गंथपरि कलिओ ॥132॥

एवं द्विविधः कल्पः परिमजिनैः कथितो नूनम्।
अन्यः पाषण्डिकृतो गृहस्थकल्पो ग्रन्थपरिकलितः॥132॥

अर्थ : *इस प्रकार भगवान जिनेन्द्र देव ने जिन कल्प और स्थविर कल्प ऐसे दो प्रकार के मुनि बतलाये हैं। इन दो प्रकार के मुनियों के सिवाय जो वस्त्र आदि परिग्रहों से परिपूर्ण गृहस्थ कल्प की कल्पना की है वह पाखंडियों ने की है, ऐसे गृहस्थ कल्प की कल्पना भगवान जिनेन्द्र देव ने नहीं बतलायी है।*

दुद्धरतवस्स भग्गा परिसहविसएहिं पीडिया जेय।
यो गिहकप्पो लाए स थविरकप्पो कओ तेहिं॥133॥

दुर्धरतपसः भग्नाः परीषविषयैः पीडिता ये च।
यो गृहकल्पो लोके स स्थविरकल्पः कृतः तैः॥133॥

अर्थ : *जो मुनि मुनि होकर भी दुर्धर तपश्चरण धारण करने में असमर्थ हो गये थे और इसलिये जी तपश्चरण से भ्रष्ट हो गये थे तथा जो परीषह सहन करने में दुःख का अनुभव करते थे, दुखी होते थे ऐसे उन लोगों ने गृहस्थ कल्प को ही स्थविरकल्प मान लिया है।*

णिग्गंथो जिणवसहो णिग्गंथं पवयणं कयं तेण।
तस्साणुमग्गलग्गा सब्बे णिग्गंथमहरिसिणो॥134॥

निर्ग्रन्थो जिनवृषभो निर्ग्रन्थं प्रवचनं कृतं तेन।
तस्यानुमार्गलग्नाः सर्वे निर्ग्रन्थमहर्षयः॥134॥

अर्थ : *भगवान ऋषभ देव दीक्षा धारण कर निर्ग्रन्थ मुनि हुए थे तथा केवल ज्ञान प्राप्त करने के अनन्तर उन्होंने मुनियों का स्वरूप निर्ग्रन्थ ही बतलाया था। अपनी दिव्यध्वनि में मुनियों की निर्ग्रन्थ अवस्था ही बतलाई थी जो शास्त्रों में आज तक विद्यमान है। उन्हीं शास्त्रों के अनुसार वर्तमान के निर्ग्रन्थ मुनि भी उसी मार्ग के अनुसार निर्ग्रन्थ होते चले आ रहे हैं।*

जे पुण भूसिय गंथादूसियणिग्गंथलिंगवयभट्टा।
तेहिं सगंथं लिंगं पायडियं तित्थणाहस्स॥135॥

ये पुनर्भूषितग्रन्था दूषितनिर्ग्रन्थलिंग व्रत भ्रष्टाः।
तेः सग्रग्थं लिंगं प्रकटित तीर्थनाथस्य॥135॥

अर्थ : *जो लोग मुनि होकर भी परिग्रह से सुशोभित रहते हैं, जिन्होंने पवित्र निर्ग्रन्थ लिंग को दूषित कर रक्खा है तथा जो निर्ग्रन्थ लिंग से और अपने मुनिव्रत से*

भ्रष्ट हो गये हैं ऐसे लोगों ने तीर्थंकर परम देव के इस निर्ग्रन्थ लिंग को भी सग्रन्थ लिंग प्रगट कर रक्खा है।

भावार्थ : *तीर्थंकर परमदेव का मार्ग तो निर्ग्रन्थ ही है। परन्तु जो लोग अपने व्रतों से भ्रष्ट हो गये हैं कोई प्रकार का कष्ट सहन न करते हुए सब प्रकार से सुखी रहकर ही स्वर्ग मोक्ष प्राप्त करना चाहते हैं ऐसे लोग तीर्थंकर के निर्ग्रन्थ मार्ग को सग्रन्थ बतलाते हैं—*

जं जं सयमादरियं तं तं णिरुआयमेण अलिएण।
लोए वक्खणित्ता अण्णाणी वंचिआ तेहिं॥136॥

यत् यत् स्वयमाचरितम् तत्तत् निरागमे...नालीकेन।
लोके व्याख्याय अज्ञानिनो वंचितास्तैः॥136॥

अर्थ : *ऐसे लोग जिन-जिन आचरणों को स्वयं पालन करते हैं उन्हीं आचरणों को अपने बताये हुए मिथ्या आगमों से निरूपण करते हैं तथा संसार में वे लोग उसी प्रकार व्याख्यान कर अज्ञानी लोगों को ठगते हैं। यह एक दुःख की बात है।*

आगे श्वेतपट मत कब, कहाँ और किस प्रकार उत्पन्न हुआ, यही बात दिखलाते हैं।

छत्तीसे वरिससए विक्कमरायस्स मरणपत्तस्स।
सोरट्ठे उप्पण्णो सेवडसन्धो हु वल्लहीए॥137॥

षट्त्रिंशतिवर्षशते विक्रमराजस्य मरणप्राप्तस्य।
सौराष्ट्रे उत्पन्नः श्वेतपटसंघो हि वल्लभीके॥137॥

अर्थ : *राजा विक्रम के मरने के एकसौ छत्तीस वर्ष बाद देश के वल्लभी नगर में श्वेतपट संघ की उत्पत्ति हुई थी। उसकी कथा इस प्रकार है।*

असि उज्जेणिणयरे आयरिओ भद्दबाहुणामेण।
जाणिय सुणिमित्तधरो भणिओ संधोणिओ तेण॥138॥

आसिदुज्जयिनीनगरे आचार्यः भद्रबाहुः नाम्ना।
ज्ञात्वा सुनिमित्तधरः भणितः संघो निजस्तेन॥138॥

अर्थ : *उज्जयिनी नगरी में भद्रबाहु नाम के आचार्य थे। वे निमित्तशास्त्र को जानते थे। उन्होंने अपने निमित्त शास्त्र से जानकर अपने संघ से कहा था कि—*

होहइ इह दुब्भिक्खं बारहवरणाणि जाम पुण्णाणि।
देसंतराइं गच्छइ णियणिय संघेण संजुत्ता॥139॥

भविष्यतीह दुर्भिक्षं द्वादशवर्षाणि यावत्पूर्णानि।
देशान्तराणि गच्छत निजनिजसंघेन संयुक्ताः ॥139॥

अर्थ : *इस देश में बारह वर्ष तक दुर्भिक्ष पड़ेगा। इसलिये आप लोग अपने-अपने संघों के साथ दूसरे देशों में चले जाओ।*

सोऊण इयं वयणं णाणादेसेहिं गणहरा सव्वे।
णियणियसंघ पउत्ता विहरीआ जत्थ सुब्भिक्खं॥140॥

श्रुत्वेदं वचनं नानादेशेः गणधराः सर्वे।
निजनिजसंघप्रयुक्ता विहृता यत्र सुभिक्षम् ॥140॥

अर्थ : *आचार्य श्री भद्राबाहु से इन वचनों को सुनकर समस्त गणधर व आचार्य अपने अपने संघ को लेकर जहाँ-जहाँ सुभिक्ष था सुकाल था उन-उन देशों के लिये विहार कर गये।*

एक्कं पुण सन्तिणामो संपत्तो वलहिणामणयरीए।
बहुसीससंपउत्तो विसए सोरट्ठए रम्मे॥141॥

एकः पुनः शान्तिनामा संप्राप्तः वल्लभीनामनगर्याम्।
बहुशिष्यसंप्रयुक्तः विषये सौराष्ट्रे रम्ये॥141॥

अर्थ : *उन आचार्यों में एक शांति चन्द्र नाम के आचार्य थे, वे आचार्य अपने अनेक शिष्यों के साथ मनोहर सौराष्ट्र देश के वल्लभी नाम के नगर में विहार करते हुए पहुँचे।*

तत्थ वि गयस्स जायं दुब्भिक्खं दारुणं महाघोरं।
जत्थ वियरिय उयरं खद्धो रंकेहि कूरत्ति॥142॥

तत्रापि गतस्य जातं दुभिक्षं दारुणं महाघोरम्।
यत्र विदार्योदरं भक्षितः रंकैः क्रूर इति॥142॥

अर्थ : *जब वे आचार्य शांति चन्द्र अपने संघ सहित वल्भी नगर में पहुँचे तब वहाँ भी महा भयानक महा दुःखदायी दुर्भिक्ष पड़ा तथा ऐसा दुर्भिक्ष पड़ा कि क्रूर निर्धन भिक्षुक आदि दूसरों के पेट को विदीर्ण कर उसमें का खाया हुआ अन्न खा जाते थे।*

तं लहिऊ ण णिमित्तं गृहीयं सव्वेहि कंवली दंड।
दुद्धियपन्तं च तहा पावरणं सेयवत्थं च॥143॥

तल्लब्ध्वा निमित्तं गृहितं सर्वैः कंबलं दण्डम्।
दुग्धिकपात्रं च तथा प्रावरणं श्वेतवस्त्रं च ॥143॥

अर्थ : *इसी निमित्त को लेकर उन आचार्य शांति चन्द्र के समस्त संघने कंबल दंड कुंडी और ओढ़ने के लिये सफेद वस्त्र धारण कर लिया।*

चत्तं रिसि-आयरणं गहिया भिक्खा य दीणवित्तीए।
उवविसिय जाइऊ णं भुत्त वसहीसु इच्छाए॥144॥

त्यक्तं ऋष्याचरणं गृहीता भिक्षा च दीनवृत्या।
उपविश्व याचयित्वा भुक्तं वसतिष्वच्छया॥144॥

अर्थ : *इस प्रकार उन आचार्य शांति चन्द्र के संघने मुनियों के आचरण सब छोड़ दिये और वे दानवृत्ति से घरघर भिक्षा माँगकर अपनी अपनी वसतिका में लाने लगे तथा अपनी वसतिका में बैठकर इच्छानुसार भोजन करने लगे।*

एवं वट्ठताणं कित्तियकालम्मि चावि परियलिए।
संजायं सुभिक्खं जंपइ ता संतिआंइरिओ॥145॥

एवं वर्तमानानां कियत्काले चापि परिचलिते।
संजातं सुभिक्षं जल्पति तान् शान्त्याचार्यः॥145॥

अर्थ : *इस प्रकार उन शान्तिचन्द्र आचार्य के संघने अपना कितना ही समय व्यतीत किया। कुछ समय के अनन्तर वहाँ पर भी सुभिक्ष हो गया। तब आचार्य शान्तिचन्द्र ने अपने संघ से कहा।*

आवाहिंऊ ण संघं भणियं छंडेय कुत्थियायरणं।
णिंदिय गरहिय गिण्हइ पुणरवि चरियं मुणिंदाणं॥146॥

आहूय संघ भणितं त्यजत कुत्सिताचरणम्।
निन्दत गर्हत गृह्णत पुनरपि चारित्रं मुनिन्द्राणाम्॥146॥

अर्थ : *आचार्य शान्तिचन्द्र ने अपने समस्त संघ को बुलाकर उनसे कहा कि अब इस देश में भी सुभिक्ष हो गया है। इसलिये अब इन कुत्सित आचरणों को छोड़ो। अब तक जो ये कुत्सित आचरण किये हैं उनकी निन्दा करो और फिर से मुनि दीक्षा लेकर मुनियों के शास्त्रोक्त आचरण पालन करो।*

तं वयणं सोऊ णं उत्तं सीसेण तत्थ पढमेण।
को सक्कइ धारेउं एयं अइदुद्धरायरणम्॥147॥

तद्वचनं श्रुत्वा उक्तं शिष्येन तत्र प्रथमेन।
कः शक्नोति धर्तु एतदतिदुर्धराचरणम् ॥147॥

अर्थ : *आचार्य शान्तिचन्द्र के इन वचनों को सुनकर उनके मुख्य शिष्य जिन चन्द्र ने कहा कि अब ऐसे इन अत्यन्त कठिन दुर्धर आचरणों को कौन धारण कर सकता है।*

भावार्थ : *अब इन दुर्धर आचरणों का पालन करना अत्यन्त कठिन है इसलिये अब इन आचरणों को कोई नहीं पाल सकता।*

उववासो य अलाभे अण्णे दुसहाइं अन्तरायाइं।
एयट्ठाणमचेलं अज्जायण बंभचेरं च॥148॥

उपवासं चालाभे अन्यानि दुःसहानि अन्तरायाणि।
एकस्थानमचेलं अयाचनं ब्रह्मचर्य च॥148॥

भूमीसयणं लोचो वे वे मासेहिं असहणिज्जो हु।
वावीसपरीसहाइं असहणिज्जाइं णिच्चं पि॥149॥

भूमिशयनं लोचो द्विद्विमासेन असहनीयो हि।
द्वाविंशतिपरीषहा असहनीया नित्यमपि॥149॥

अर्थ : *यदि चर्या में किसी दिन आहार न मिला तो उस दिन उपवास करना पड़ेगा, इसके सिवाय चर्या के अनेक कठिन कठिन अन्तराय हैं। बिना माँगे किसी भी एक ही स्थान पर आहार लेना पड़ेगा। नग्न व्रत धारण करना पड़ेगा, ब्रह्मचर्य पालन करना पड़ेगा, भूमि पर शयन करना पड़ेगा, दो दो महीने बाद केशों का लोच करना पड़ेगा, यह केशों का लोच अत्यन्त असह्य होता है और अत्यन्त असह्य ऐसी बाईस परिषह सहन करनी पड़ेगी।*

अण्णं च एव माई आयम दुट्ठाइ मिच्छ सत्थाइ।
विरइत्ता अप्पाणां परिणवियं पढमए णरये॥

इस प्रकार उस जिनचन्द्र ने आगम में दुष्ट वा निंद्य कहलाने वाले मिथ्यात्व की रचना की और उस दुष्टता के कारण वह मरकर पहले नरक गया है।

रूदेण ये शिवमंगिगणः प्रयाति,
तद्रूपमेव मनुजैः परिपूज्यते अत्र।
सिद्धिर्यदि प्रभवतीह नितम्विनीनां,
तद्रूपिणः कथममी न मिना भवन्ति॥

जं पुण संपइ गहियं एय अम्हेहि किंपि आयरणं।
इह लोए सुक्खयरं ण छंडिमो हु दुस्समे काले॥150॥

यत्पुनः सम्प्रति गृहीतं एतत् अस्माभिः किमप्याचरणम्।
इह लोके सुखकरं न त्यजामो हि दुःषमे काले॥150॥

अर्थ : *जिन जिनचन्द्र शिष्य ने इतना कहकर फिर उन आचार्य शांतिचन्द्र से कहा कि हम लोगों ने इस समय जो कुछ आचरण ग्रहण कर रक्खा है इस लोक में वहीं सुखकर है। इसलिये हम सब इस दुःषम काल में इन धारण किये हुए आचरणों को छोड़ नहीं सकते।*

ता संतिणां पउत्तं चरियपमभट्ठेहि जीवियं लोए।
एयं ण हु सुन्दरियं दूसणयं जइणमग्गस्स॥151॥

तावत् शान्तिना प्रोक्तं चारित्रभ्रष्टानां जीवितं लोके।
एतन्नहि सुन्दर दूषणकं जैनमार्गस्य॥151॥

अर्थ : *अपने मुख्य शिष्य जिनचन्द्र की बात सुन कर आचार्य शांतिचन्द्र ने फिर भी कहा कि जो लोग अपने चारित्र से भ्रष्ट हो जाते हैं, इस लोक में उनका जीवित रहना निन्दनीय है, सुन्दर व शोभा युक्त नहीं है। ऐसा आचरण जैन मार्ग को दूषित करने वाला है, निन्दनीय है।*

णिग्गंथं पव्वयणं जिणवरणाहेण अक्खियं परमं।
तं छंडिऊण अण्णं पवत्तमाणेण मिच्छत्तं॥152॥

निर्ग्रन्थं प्रवचनं जिनवरनाथेन कथितं परमम्।
तत् त्यक्त्वा अन्यत्प्रवर्तमानेन मिथ्यात्वम्॥152॥

अर्थ– वे मनुष्य जिस रूप से मोक्ष जाते हैं उसके उसी रूप को अन्य मनुष्य पूजा करते हैं। यदि मोक्ष की प्राप्ति स्त्रियों को होती है तो फिर उस रूप में जिनेन्द्र देव क्यों नहीं होते अथवा स्त्री को पर्यायस्वरूप कुच योनि विशिष्ट प्रतिमा क्यों होती। इससे सिद्ध है स्त्रियों को मोक्ष की प्राप्ति कभी नहीं होती है।

णग्गो हरु अरहंतो रत्तो बुद्धो पियंवरो कण्हो।
कच्छोटियाना वंभो को देवो कंवलावरणो॥

भगवान अरहंत देव नग्न हैं रक्तावर बौद्ध है, पीतम्बर कृष्ण है कच्छ पहने हुए वेदांती है परंतु ये कंबल ओढने वाले कौन से देव हैं सो आज तक के समझ नहीं आया है भावार्थ ये कंबल वाले देव किसी गिनती में नहीं है।

अर्थ : *आचार्य शांतिचन्द्र ने उस प्रथम शिष्य जिनचन्द्र से कहा कि भगवान जिनेन्द्र देव ने मोक्ष का सर्वोत्कृष्ट मार्ग निर्ग्रन्थ मार्ग ही बतलाया है। ऐसे इस निर्ग्रन्थ मार्ग को छोड़कर जो अन्य किसी भी मार्ग की प्रवृत्ति करता है तो उसका वह मिथ्यात्व कहलाता है।*

ता रूसिऊण पहओ सीसे सीसेण दीहदंडेण।
थविरो घाएण मुओ जाओ सो विंतरो देवो॥153॥

तावत् रुषित्वा प्रहतः शिरसि शिष्येण दीर्घदण्डेन।
स्थविरो घातेन मृतो जातः स व्यन्तरो देवः॥153॥

अर्थ : *आचार्य शांतिचन्द्र की यह बात सुनकर उनका मुख्य शिष्य जिनचन्द्र बहुत क्रोधित हुआ और क्रोधित होकर उसने आचार्य शांतिचन्द्र के मस्तक पर एक दीर्घ दण्ड मारा। उस दीर्घ दण्ड के घात से वे आचार्य शांतिचन्द्र मर गये और मरकर व्यन्तर देव हुए।*

इयरो संधाइवइ पयडिय पासंड सेवडो जाओ।
अक्खइ लोए धम्मं सग्गंत्थे अत्थि णिव्वाणं॥154॥

इतरः संघातिपतिः प्रकट्य पाखण्डः श्वेतपटो जातः।
कथयति लोके धर्म सग्रंन्थेऽस्ति निर्वाणम्॥154॥

अर्थ : *तदन्तर उस जिनचन्द्र ने अपने को संधाधिपति घोषित किया अर्थात् वह स्वयं संघातिपति वन गया और उसने यह श्वेतांबरों का मत चलाया उसने लोगों से कहा कि परिग्रह सहित होने पर भी मोक्ष मार्ग रूप धर्म की सिद्धी होती है तथा परिग्रह सहित होने पर भी मोक्ष की प्राप्ति हो जाती है।*

सत्थाइं विरइयाइं णियणियपासंडगहियसरिसाइं।
वक्खाणि ऊ ण लोए पवित्तिओ तारिसायरणो॥155॥

शास्त्राणि विरचितानि निजनिजपाषण्डगृहीतसदृशानि।
व्याख्याय लोके प्रवर्तितं तादृशाचरणम्॥155॥

अर्थ : *तदन्तर उस जिनचन्द्र ने अपने-अपने जो पाखण्ड ग्रहण कर लिये थे तथा जिन-जिन आचरणों को उसने धारण कर लिया था। उन्हीं के समान आचरणों को कहने वाले शास्त्रों की रचना कर ली। तथा वैसे ही आचरण पालन करने का वह उपदेश देता था।*

णिग्गंथं दूसित्ता णिंदित्ता अप्पणां पसंसित्ता।
जीवेइ मूढलोए कयमामं गहिह बहुदव्वं ॥156॥

निर्ग्रन्थं दूषयित्वा निन्दित्वा आत्मानं प्रशस्य।
जीवति मूढलोके कृतमायं गृहीत्वा बहु द्रव्यम् ॥156॥

अर्थ : *इस प्रकार उसने निर्ग्रन्थ लिंग को दूषित किया उसकी निन्दा की और अपनी प्रशंसा की। इस प्रकार बहुत से द्रव्यों को ग्रहण करते हुए जीवित रहते हैं।*

इयराविंतरदेवो सन्ती लग्गो उपद्दवं काउं।
जप्पइ मा मिच्छत्तं गच्छह लहिऊण जिणधम्मं ॥157॥

इतरो व्यन्तरदेवः शान्तिः लग्नः उपद्रवं कर्तुम्।
जल्पति मा मिथ्यात्वं गच्छत लब्ध्वा जिनधर्मम् ॥157॥

अर्थ : *इधर आचार्य शान्तिचन्द्रका जीव जो व्यन्तर देव हुआ था वह अनेक प्रकार के उपद्रव करने लगा और कहने लगा कि तुम लोग जिन धर्म को धारण कर मिथ्यात्व को ग्रहण मत करो।*

भावार्थ : *तुम लोग इस मिथ्यात्व को छोड़कर फिर से जिन धर्म धारण करो। इस प्रकार वह व्यन्तर देव कहने लगा।*

भीएहिं तस्स पुआ अट्ठविहा सयलदव्वसंपुण्णा।
जा जिणचन्दे रइया सा अज्जवि दिण्णिया तस्स ॥158॥

भीतेन तस्य पूजा अष्टविधा सकल द्रव्यसम्पूर्णा।
या जिनचन्द्रेण रचिता सा अद्यापि दीयते तस्मै ॥158॥

अर्थ : *व्यन्तरदेव की यह बात सुनकर और उसके किये हुए उपद्रवों को देखकर जिनचन्द्र ने समस्त आठों द्रव्यों से उसकी पूजा की। वह पूजा इन श्वेतांबरों में आज तक की जाती है।*

अज्ज वि सा वलिपूया पढ़मयरं दिति तस्स णामेण।
सो कुलदेवी उत्तो सेवडसंघस्स पूज्जो सो ॥159॥

अद्यापि सा बलिपूजा प्रथमतरं दीयते तस्स नाम्ना।
त कुलदेव उक्तः श्वेतपटसंघस्य पूज्यः सः ॥159॥

अर्थ : *जिनचन्द्र ने जिस प्रकार उस व्यन्तर देव की पूजा की थी उसी प्रकार सबसे पहले आज तक उसी के नाम से पूजा की जाती है। श्वेतांबर संघ आज तक*

उसको कुलदेवता मानकर उसकी पूजा करता है।

भावार्थ : *आठ अंगुल लम्बा चौड़ा चौकोर काठ का टुकड़ा बनाकर उसको शान्तिचन्द्र मानते हैं और उसी के नाम से उसकी पूजा करते है।*

इय उप्पयत्ती कहिया सेवडयाणं च मग्गभट्ठाणं
एतो उड्ढं वोच्छं णिसुय अण्णाणमिच्छत्तं ॥160॥

एषा उत्पत्ति कथिताः श्वेतपटानां च मार्गभ्रष्टानाम्।
इत ऊर्ध्व वक्ष्ये निः श्रुणुत अज्ञानमिथ्यात्वम् ॥160॥

अर्थ : *इस प्रकार निर्ग्रन्थ मार्ग से च्युत श्वेतपट लोगों की उत्पत्ति बतलाई। अब इसके आगे अज्ञान मिथ्यात्व का स्वरूप कहते है उसे सुनो।*

इस प्रकार संशय मिथ्यात्व का स्वरूप निरूपण किया। तथा उसका निराकरण किया।

अब आगे अज्ञान मिथ्यात्व का स्वरूप कहते हैं।

मसयपूरणरिसिणो उप्पणो पासणाह तित्थम्मि।
सिरिवीरसमवसरणे अगहिय झुणिणा णियत्तेण ॥161॥

मस्करिपूरणऋषिरुत्पन्नः पार्श्वनाथतीर्थे।
श्रीवीरसमवसरणे अगृहीतध्वनिना निर्वृत्तेन ॥161॥

अर्थ : *भगवान पार्श्वनाथ के समय में मस्करीपूरण नाम के एक मुनि थे। वे भगवान महावीर स्वामी के समवसरण में आये थे परन्तु गणधर न होने से दिव्य ध्वनि हो नहीं रही थी। जब इन्द्र गौतम को ले आया था तथा आते ही गौतम ने दीक्षा धारण कर ली तथा उसे मनः पर्याय, अवधि ज्ञान हो गया था उसी समय गणधर के सदभाव होने से भगवान की दिव्य ध्वनि खिरने लगी थी। यह सब देखकर वह मस्करी पूरण मुनि बाहर निकल आया था। मस्करी पूरण ने भगवान की दिव्य ध्वनि सुनी नहीं थी। वह पहले ही समवसरण से बाहर निकल आया था।*

वहिणिग्गएण उत्तं मज्झं एयारसंगधारिस्स।
णिग्गइ झुणी ण अरुहो विणिग्गया सा ससिस्सरस ॥162॥

बहिर्निगतेन उक्तं मह्यं एकादशांगधारिणे।
निर्गच्छति ध्वनिं न अर्हन् विनिर्गतः स स्वशिष्याय ॥162॥

अर्थ : *समवशरण के बाहर आकर उस मस्करी पूरण ने लोगों से कहा कि देखो मैं ग्यारह अंगों का पाठी था, मैं समवशरण में बैठा रहा तथापि भगवान महावीर*

स्वामी की दिव्य ध्वनि प्रगट नहीं हुई। जब उनके शिष्य गौतम आ गये तब वह दिव्य ध्वनि प्रगट होने लगी।

ण मुणइ जिणकहियसुंयं संपइ दिक्खा य गहिय गोयमओ।
विप्पो वेयब्भासी तम्हा मोक्खं ण णाणाओ ॥163॥

न जानाति जिनकथितं श्रुतं सम्प्रति दीक्षां च गृहीतवान् गौतमः।
विप्रो वेदाभासी तस्मोन्मोक्षो न ज्ञानतः॥163॥

अर्थ : *वह गौतम ऋषि भगवान जिनेन्द्र देव के कहे हुए शास्त्रों को नहीं जानता। वह तो वेद शास्त्रों का अभ्यास करने वाला है। उसने आकर दीक्षा लेली थी। इसीलिये भगवान की वाणी खिरने लगी थी। इससे सिद्ध होता है कि मोक्ष की प्राप्ति ज्ञान से नहीं होती अज्ञान से ही होती है। यदि ज्ञान से ही मोक्ष की प्राप्ति होती तो ग्यारह अंग के जानकर ऐसे मेरे होते हुए दिव्यध्वनि अवश्य प्रकट होनी चाहिये थी। मेरे होते हुए दिव्यध्वनि प्रगट नहीं हुई। इससे जान पड़ता है कि मोक्ष की प्राप्ति अज्ञान से होती है ज्ञान से नहीं।*

अण्णाणाओ मोक्खं एवं लोयाण पयडमाणो हु।
देवो ण अत्थि कोई सुण्णं झाएह इच्छाए ॥164॥

अज्ञानतो मोक्ष एवं लोकान् प्रकटमानो हि।
देवो नास्ति कश्चिच्छून्यं ध्यायत इच्छया॥164॥

अर्थ : *वह मस्करी पूरण समवशरण के बाहर आकर कहने लगा कि मोक्ष की प्राप्ति अज्ञानता से होती है ज्ञान से नहीं होती। इस संसार में देव कोई नहीं है। प्रत्येक जीव को अपनी इच्छा के अनुसार शून्य का ही ध्यान करना चाहिये इस प्रकार मस्करी पूरण ने अज्ञान मिथ्यात्व को प्रकट किया।*

आगे ऊपर लिखे पाँचों मिथ्यात्वों का त्याग करने के लिये कहते हैं।

एवं पंचपयारं मिच्छत्तं सुग्गइणिवारणयं।
दुक्खसहस्सावासं परिहरियव्वं पयत्तेण ॥165॥

एवं पंचप्रकारं मिथ्यात्वं सुगतिनिवारणकम्।
दुःखसहस्त्रावासं परिहर्तव्यं प्रयत्नेन॥165॥

अर्थ : *इस प्रकार विपरीत मिथ्यात्व, एकान्त मिथ्यात्व, वैनयिक मिथ्यात्व, संशय मिथ्यात्व और अज्ञान मिथ्यात्व ये पाँचों मिथ्यात्व शुभ गति के निवारण करने वाले तथा हजारों प्रकार के दुःख देने वाले हैं। इसलिये भव्य जीवों को प्रयत्न पूर्वक*

इनका त्याग कर देना चाहिये।

आगे मिथ्यात्व से होने वाली हानियाँ दिखलाते हैं।

मिच्छत्तेणाच्छण्णे अणाइकालं चउग्गईभुवणे।
भमिओ दुक्खक्कंतो जीवो देहाइं गिण्हंतो ॥166॥

मिथ्यात्वेनाच्छन्नोऽनादिकालं चतुर्गतिभुवने।
भ्रमितो दुःखाक्रान्तो जीवो देहान् गृहणन् ॥166॥

अर्थ : *मिथ्यात्व से आक्रांत हुआ यह जीव अनादि काल से चारों गतियों में अनेक प्रकार के शरीर धारण करता हुआ और अनेक प्रकार के दुःखों को भोगता हुआ इस संसार में परिभ्रमण कर रहा है।*

एइंदियाइं पहुइ जावय पंचक्खविविहजोणीसु।
भमिहइ भविस्सयाले पुणरवि मिच्छत्तपच्छइयओ ॥167॥

एकेन्द्रिप्रभृतिषु यावत्पंचाक्षविविधयोनिषु।
भ्रमिष्यति भविष्यत्काले पुनरपि मिथ्यात्वप्रच्छदितः ॥167॥

अर्थ : *एकेन्द्रिय से लेकर पंचेद्रियतक चौरासी लाख योनियाँ है। उन सब में यह जीव मिथ्यात्व के कारण ही परिभ्रमण करता रहता है, अनादि काल से आज तक परिभ्रमण करता रहा है और फिर भी मिथ्यात्व का सेवन करता है इसलिये भविष्य काल में अनन्त काल तक परिभ्रमण करता ही रहेगा।*

अट्टरउद्दारूढो विसमे काऊण विविहपावाइं।
अवियाणंतो धम्म उपज्जइ तिरियणरएसु ॥168॥

आर्तरौद्रारूढ़ो विषमानि कृत्वा विविधपापानि।
अज्ञानतः धर्मं उत्पद्यते तिर्यनरकेषु ॥168॥

अर्थ : *मिथ्यात्व कर्म के उदय होने से ये जीव सदाकाल आर्तध्यान और रौद्रध्यान करते रहते हैं और इस प्रकार अनेक प्रकार के महा भयानक पाप उपार्जन करते रहते हैं। ऐसे लोग धर्म का स्वरूप समझते नहीं और इसीलिये वे जीव मरकर नरक गति व तिर्यंच गति में जाकर जन्म लेते हैं।*

अहवा जह कहव पुणो पावइ मणुयत्तणं च संसारे।
जुअसमिला संजोए लहइ णः देसो कुलं आऊ ॥169॥

अथवा यथाकथिमपि पुनः प्राप्नोति मनुष्यत्वं च संसारे।

....संयोगे लभते न देशं कुलं आयुः ॥169॥

अर्थ : *यदि किसी प्रकार इस संसार में परिभ्रमण करते हुए मनुष्य योनि भी प्राप्त हो जाती है तो अशुभ कर्मों के उदय होने से श्रेष्ठ देश, श्रेष्ठ कुल और उत्तम आयु प्राप्त नहीं होती।*

पउरं आरोपत्तं इंदियपुण्णत्तणं जोव्वणियं।
सुन्दररूवं लच्छी अच्छइ दुक्खेण तप्पंतो ॥170॥

प्रचुरमारोग्यत्वं इन्द्रियपूर्णत्वं च यौवनम्।
सुन्दररूपं लक्ष्मीं अर्थ्यते दुःखेन तप्यमानः ॥170॥

अर्थ : *इस प्रकार क्षुद्र मनुष्य होकर भी वह अनेक प्रकार के दुःखों से दुःखी होता हुआ अपनी अधिक आरोग्यता की प्रार्थना करता रहता है, इन्द्रियों की पूर्णता की प्रार्थना करता रहता है, यौवन की प्रार्थना करता रहता है और सुन्दर रूप और लक्ष्मी की प्रार्थना करता रहता है।*

जइ कह वि हु एयाइं पावइं सव्वाइं तो ण पावेई।
धम्मं जिणेण कहियं कुच्छियगुरुमग्गलग्गाओ ॥171॥

यदि कथमपि हि एतानि प्राप्नोति सर्वाणि तर्हि न प्राप्नोति।
धर्मं जिनेन कथितं कुत्सितगुरुमार्गलग्नः ॥171॥

अर्थ : *यदि किसी प्रकार वह जीव उत्तम देश, उत्तम कुल, उत्तम आयु, आरोग्य शरीर इन्द्रियों की पूर्णता, यौवन और सुन्दर रूप भी प्राप्त कर लेता है तो भी कुत्सित व मिथ्यादृष्टियों के मार्ग में लगा हुआ वह जीव भगवान जिनेन्द्र देव के कहे हुए धर्म को प्राप्त नहीं कर सकता है।*

भावार्थ : *इस संसार में रूप यौवन धन लक्ष्मी आदि समस्त पदार्थों की प्राप्ति होना सुलभ है परन्तु यथार्थ धर्म की प्राप्ति होना अत्यन्त कठिन है। इसलिये यदि शुभ कर्मों के उदय से भगवान जिनेन्द्रदेव का कहा हुआ धर्म प्राप्त हो जाय तो उसके पालन करने में कभी प्रमाद नहीं करना चाहिये। मन वचन काय से उसका पालन करना चाहिये।*

इस प्रकार अज्ञान मिथ्यात्व का स्वरूप कहा तथा उसका निराकरण किया। अब आगे चार्वाक मत का निराकरण करते हैं।

कउलायरिओ अक्खइ अत्थि ण जीवो हु कस्स तं पावं।
पुण्णं व कस्स भवे को गच्छइ णरयसग्गं वा ॥172॥

कौलाचार्यः कथयति अस्ति न जीवो हि कस्य तत्पापम्।
पुण्यं व कस्य भवेत् को गच्छति नरकं स्वर्गं वा॥172॥

अर्थ : *कोलाचार्य कहते है कि इस संसार में जीव ही कोई नहीं है। जब जीव कोई है ही नहीं तो फिर किसको पाप लगता है, किसको पुण्य लगता है कौन नरक जाता है और कौन स्वर्ग में जाता है।*

भावार्थ : *जीव कोई है ही नहीं, फिर न किसी को पुण्य लगता है न पाप लगता है, न कोई नरक जाता है और न कोई स्वर्ग में जाता है।*

आगे फिर भी चार्वाक कहते हैं।

जइ गुडधादइ जोए पिठरे जाएइ मज्जिरासत्ती।
तह पंचभूयजोए चेयणसत्ती समुब्भवइ॥173॥

यथा गुडधातकीयोगे पिठरे जायते मदिराशक्तिः।
तथा पंचभूतयोगे चेतनाशक्तिः समुद्भवति॥173॥

अर्थ : *जिस प्रकार किसी थाली व पात्र में गुड़ और धातुरे के फूल मिलाकर रख देने से उसमें मद्य की शक्ति उत्पन्न हो जाती है उसी प्रकार पृथ्वी जल तेज वायु आदि पंच भूत मिल जाने से चैतन्य शक्ति उत्पन्न हो जाती है।*

गब्भाईमरणंतं जीवो अत्थित्ति तं पुणो मरणं।
पंचभूयाणणासे पच्छा जीवत्तणं णत्थि॥174॥

गर्भादिमरणान्तं जीवोऽस्तीति तस्य पुनः मरणम्।
पंचभूतानां नाशे पश्चाज्जीवत्वं नास्ति॥174॥

अर्थ : *इस प्रकार पंचभूतों से मिलकर चैतन्य शक्ति उत्पन्न होने के कारण गर्भ से मरण तक जीव की सत्ता रहती है। तदनन्तर जब वह जीव मर जाता है तब पंचभूतों का भी नाश हो जाता है इसलिये फिर जीव की सत्ता सर्वथा नष्ट हो जाती है। फिर जीव नहीं रहता।*

लिखा भी है—

देहात्मिका देहकार्या देहस्य च गुणो मतिः।
मतत्रयमिहाश्रित्य जीवाभावो विधीयते॥

अर्थात् शरीर का स्वरूप, शरीर के कार्य और शरीर के गुण इन तीनों का आश्रय लेकर जीव का अभाव निरूपण किया जाता है।

भावार्थ : *शरीर पंचभूत है, शरीर के सब कार्य पंच भूतरूप हैं और शरीर के गुण सब पंचभूत रूप है। इसलिये यह चैतन्य शक्ति भी पंचभूत रूप है। वास्तव में चैतन्य शक्ति व जीव पदार्थ कोई अलग नहीं है इस प्रकार जीव का अभाव होता है। ऐसा चार्वाक कहता है।*

इस सम्बन्ध में और कहा जाता है—

तम्हा इंदियसुक्खं भुंज्जिइ अप्पणाइं इच्छाए।
खज्जइ पिच्चइ मज्जं मंसं सेविज्ज परमहिलाए॥175॥

तस्मादिन्द्रियसौख्यं भुज्यतां आत्मनः इच्छया।
खाद्यतां पीयतां मद्यं मांसं सेवं परमहिलाः॥175॥

अर्थ : *जब इस संसार में जीव कोई पदार्थ है ही नहीं और इसलिये स्वर्ग नरक भी नहीं है तो फिर अपनी इच्छानुसार खूब इंद्रियों के सुखों को भोगों, खूब मांस खाओ, खूब मद्य पीओ, और खूब स्त्रियों का सेवन करो। ऐसा करने से कोई किसी को पाप नहीं है।*

जो इंदियाइं दंडइ विसया परिहरइ खवइ णियदेहं।
सो अप्पाणं बंचइ गहिओ भूएहिं दुव्वुद्धी॥176॥

यः इन्द्रियाणि दण्डयति विषयान् परिहरति क्षपयति निजदेहम्।
स आत्मानं वचयति गृहीतो भूतैः दुर्बद्धीः॥176॥

अर्थ : *जीव का अभाव सिद्ध कर वह चार्वाक फिर कहता है कि जो पुरुष अपनी इन्द्रियों का निग्रह करता है, इन्द्रियों के विषयों के सेवन का त्याग करता है और अपने शरीर को व्यर्थ कृश करता है वह दुर्बुद्धि मुर्ख पुरुष अपने आत्मा को ठगता है। समझना चाहिये की ऐसा पुरुष अनेक भूतों द्वारा घेर रक्खा है इसलिये वह सुखों का अनुभव नहीं करता। लिखा भी है।*

यावज्जीवेत् सुखं जीवेत् ऋणं कृत्वा घृतं पिवेत्।
भस्मीभूतस्य कायस्य पुनरागमनं कुतः॥

अर्थात् जब तक जीओ तब तक सुख पूर्वक जीओ। ऋण करके भी प्रतिदिन दूध पीओ। क्योंकि मरने पर यह पंचभूत से बना हुआ शरीर भस्म हो जाता है। जीव कोई पदार्थ है नहीं फिर भला आवागमन कैसे हो सकता है, अर्थात् नहीं। बिना आवागमन के नरक आदि की प्राप्ति भी कभी नहीं हो सकती। ऐसा चार्वाक मानता है। परन्तु उसका यह कहना सर्वथा मिथ्या है। पंचभूत अचेतन है वे जीव के उपादान

कारण नहीं हो सकते। गोबर में उत्पन्न हो जाते हैं परन्तु गोबर उन जीवों का उपादान कारण नहीं है, शरीर का उपादान कारण है। इसके सिवाय मैं सुखी हूँ ऐसा स्वसंवेदन समस्त जीवों को होता है। इससे भी जीव की सिद्धी अवश्य होती है। देखो इस शरीर में जब तक जीव रहता है तब तक ही शरीर की वृद्धि होती रहती है। जीव के निकल जाने पर फिर शरीर कभी नहीं बढ़ता है। इससे भी जीव की सिद्धि माननी पड़ती है। इस शरीर में जब तक जीव रहता है तब तक ही वह गमनागमन करता रहता है, जीव के निकल भ्रष्ट होते हैं क्रोध मान माया लोभ इन चारों कषायों की तीव्रता को धारण करते हैं अत्यन्त मायाचारी होते हैं फिर न मालूम वे दूसरों के लिये धर्म का उपदेश कैसे देते हैं।

भावार्थ : *वे दूसरों लिये भी अपने समान ही उपदेश देते हैं। वे धर्म का उपदेश कभी नहीं दे सकते।*

संखो पुणु मणइ इयं जीवो अत्थित्ति किरियपरिहीणो।
देहम्मि णिवसमाणो ण लिप्पए पुण्णपावेहिं॥177॥

सांख्य पुनः भणति एवं जीवोऽस्तीति क्रियापरिहीनः।
देहे निवसमानो न लिप्यते पुण्यपापैः॥177॥

अर्थ : *सांख्यमत बाला कहता है कि जीव तो है परन्तु वह क्रिया रहित है इसलिये वह शरीर में निवास करता हुआ भी पुण्य व पापों से लिप्त नहीं होता।*

आगे फिर वह कहता है—

छिज्जइ भिज्जइ पयडी पयडी परिभ्रमइ दोहसंसारे॥
पयडी करेइ कम्मं पयडी भुंजेइ सुहदुक्खं॥178॥

छिद्यते भिद्यते प्रकृतिः प्रकृतिः परिभ्रमित दीर्घसंसारे।
प्रकृतिः करोति कर्म प्रकृति भुननक्ति सुखदुःखम्॥78॥

अर्थ : *प्रकृति ही छिन्न भिन्न होती रहती है और प्रकृति ही इस संसार समुद्र में परिभ्रमण करती है। प्रकृति ही पुण्य पाप रूप कर्म उपार्जन करती है और प्रकृति ही सुख-दुख का अनुभव करती है।*

भावार्थ : *सांख्य मत वाले प्रकृति और पुरुष दो पदार्थ मानते है। पुरुष जीव को कहते हैं और प्रकृति उससे भिन्न मानते हैं। पुरुष को और जीव को वे लोग कर्त्ता भोक्ता नहीं मानते यही बात आगे दिखलाते हैं।*

जीवो सया अकत्ता मुत्ता ण हु होइ पुण्ण पावस्स।
इय पयडिऊण लोए गहिया बहिणी सधूया वि॥179॥

जीवः सदा अकर्ता भोक्ता नहि भवति पुण्यपापस्य।
इति प्रकट्य लोके गृहीता भगिनी स्वसुतापि॥179॥

अर्थ : *यह जीव व पुरुष सदाकाल अकर्त्ता रहता है न वह पुण्य करता है और न पाप करता है। इसी प्रकार मान्यतानुसार पाप के फल का भोक्ता भी नहीं है। इस प्रकार प्रकट करता हुआ तो अपनी बहिन और बेटी को भी ग्रहण कर लेता है।*

आगे आचार्य सांख्य मान्यता के प्रति कहते हैं।

एए विसयासत्ता कग्गुम्मुत्ता य जीवदयरहिया।
परतियधणहरणरया अगहिय धम्मा दुरायारा॥180॥

एते विषयासक्ताः कड्गुमत्ताश्च जीवदयारहिताः।
परत्रियधनहरणरता अगृहीतधर्मा दुराचाराः॥180॥

अर्थ : *आचार्य कहते हैं कि ऐसे लोग सदा काल विषयों में आसक्त रहते हैं, काम सेवन के लिए उन्मत्त रहते हैं, जीवों की दया पालन नहीं करते, परस्त्री और पर धन हरण करने में सदा लगे रहते हैं, अत्यन्त दुराचारी हैं और यथार्थ धर्म का स्वरूप कभी स्वीकार नहीं करते।*

ण मुणंति सयं धम्मं अनुणिय तच्चत्थयार पब्भट्टा।
पउरकसाया माई कह अण्णेसिं फुडं विंत्ति॥181॥

न जानन्ति स्वयं धर्म अज्ञाततत्त्वार्थाचार प्रभ्रष्टाः।
प्रचुरकषाया मायाविनः कथं अन्यान् स्फुटं ब्रुवन्ति॥181।

अर्थ : *आचार्य कहते है जो सांख्य लोग स्वयं धर्म का स्वरूप नहीं जानते न तत्त्वों का अर्थ व स्वरूप समझते हैं वे स्वयं सदाचार से भ्रष्ट है।*

रंडा मुंडा थंडी सुंडी दिक्खिवा धम्मदारा।
सीसे कंता कामासत्ता कामिया सा वियारा।
मज्जं मसं मिट्ठं भक्खं भक्खियं जीवसोक्खं च।
कउले धम्मे विसयेरोम्मे तं जिहो सग्गसेक्खं॥182॥

रण्डा मुण्डा स्थंडी शौंडी दीक्षिता धर्मदाराः।
शिष्या कान्ता कामासक्ता कामिता सा विकारा।
मद्यं मांस मिष्टं भक्ष्यं भक्षित जीवसुखं च।
कपिले धर्मे विषये रम्ये तेनैव भवतः स्वर्गमोक्षौ॥182॥

अर्थ : *जो स्त्री विधवा हो, मस्तक मुंडाये हो, चंडी व मद्य पीने वाली हो,*

दीक्षित हो, किसी की धर्मपत्नी हो, शिष्या हो, कान्ता हो, काम सेवन की लालसा रखती हो, कामासक्त हो, अनेक प्रकार के विकार वाली हो, उसका सबको सेवन कर लेना चाहिये, खूब मद्य पीना चाहिये, खूब मांस खाना चाहिये, सब प्रकार से सुख देना चाहिय, ऐसा सांख्य मत वाले कहते हैं। इस प्रकार सांख्य मत विषयों के सेवन से भरपूर है और वे लोग उसी से स्वर्ग मोक्ष की प्राप्ति मानते हैं।

रत्तामत्ता कंत्तासत्ता दूसियाधम्ममग्गा।
दुट्ठा कट्ठाधिट्ठा झुट्ठाणिंदि जोमोक्खमग्गा॥
अक्खे सुक्खे अग्गेदुक्खे णिब्भरं दिण्णचित्ता।
णेरइयाणं दुक्खट्ठाणं तस्स सिस्सा पउत्ता॥183॥

रक्तमत्ता: कान्तासक्ता दूषितधर्ममार्गा:।
दुष्टा कष्टा धृष्टा अनृतवादिन: निन्दिमोक्षमार्गा:॥
आक्षे सुखे अग्रे दुखे निर्भ्रान्तिं दत्तचित्ता:।
नारकाणां दु:खस्थानं तस्य शिष्या: प्रोक्ता:॥183॥

अर्थ : *सांख्य मतवाले रक्त पी पी कर उन्मत्त हो जाते हैं, स्त्रियों में सदा आसक्त रहते हैं, धर्म के समस्त मार्गों को दूषित करते रहते हैं, दुष्ट होते हैं, दु:खदायक होते हैं, धृष्ट होते हैं, मिथ्यावादी होते हैं, मोक्ष मार्ग की निन्दा करते रहते हैं, वे लोग इन्द्रियों को सुखी बनाते रहते हैं। परन्तु आगे के लिये वे लोग बिना किसी संदेह के महा दु:ख भोगने के लिये दत्त चित्त रहते है। तथा इसीलिये उस सांख्य मत को मानने वाले उनके समस्त शिष्य नरक के महा दु:ख के स्थानों को प्राप्त होते हैं।*

आगे फिर भी कहते हैं।

मज्जे धम्मोमंसे धम्मो जीव हिंसाइं धम्मो।
राई देवा दोसी देवो माया सुण्णं पि देवो॥
रत्तामत्ता कंत्तासत्ता जे गुरु ते वि य पुज्जा।
हा हा कट्ठं ण्ट्ठो लोओ अहमहं कुणंतो॥184॥

मद्ये धर्मो मांसे धर्मो जीव हिसायां धर्म:
रागीदेवो दोषीदेवो माया शून्यमपि देव:॥
रक्तमत्ता: कान्तासक्ता ये गुरव स्तोपि च पूज्या:।
हाहा कष्टं नष्टो लोक: अहमहं कुर्वन्॥184॥

अर्थ : *सांख्य लोग कहते हैं कि मद्य पीने में भी धर्म है, मांस खाने में भी धर्म है, जीवों की हिंसा करने में भी धर्म है, राग करनेवाला भी देव है द्वेष करनेवाला भी देव है, माया रहित भी देव है, जो गुरु रक्त मांस आदि के सेवन करने में मदोन्मत्त है*

और स्त्रियों में आसक्त है ऐसे गुरु भी पूज्य माने जाते हैं इस प्रकार सांख्य लोग कहते हैं। इस पर आचार्य कहते है कि यह बड़े दुख की बात है। इन सांख्य मतवालों ने महा अनर्थ करते हुए समस्त लोक को नष्ट कर दिया।

धुयामायरिविहिणी अण्णावि पुसत्थिणि
आयति य बासवयणु पयडे वि विप्पे।
जइ रगिय कामाउरेण वेयगव्वे उप्पण्णदप्पे
वं भणि छिंपिणि डोंवि नडिय-वरुडि रज्जइ-चम्मारि।
कबले समइ समागमेइ तह भुत्ति य परणारि॥185॥

दुहिता मातृभगिन्य अन्या अपि पुत्रार्थिनी
आयाति च व्यासवचनं प्रकटनीयीति विप्रेण।
यथा रमिता कामातुरेण वेदगर्वेणोत्पन्नदर्पेण।
ब्राह्मणी-डोम्वी-नटी-विरुटी रज की चर्मकारी
कपिले समये समागच्छन्ती तथा भुक्ता च परनारी॥185॥

अर्थ : *यदि पुत्र की इच्छा करनेवाली पुत्री माता बहिन आदि कोई भी आवे तो ब्राह्मणों को व्यास के वचन ही प्रगट कर दिखाने चाहिये। जिस प्रकार वेद ज्ञान से उत्पन्न हुए अभिमान से मदोन्मत्त कामसक्त ब्राह्मण ने ब्राह्मणी, भंगिन, गटिनी, धोबिन, चमारिन, कंजरिन आदि सब के साथ रमण किया था उसी प्रकार सांख्य मत में अपने पास आई हुई परस्त्री का सेवन करना चाहिये। ऐसा सांख्य मत है। इसके सिवाय सांख्य मत में यहाँ तक लिखा है कि—*

स्वमेवागतां नारीं यो न कामयते नरः॥
ब्रह्महत्या भवेतस्य पूर्वब्रह्माब्रुवीदिदम्॥

अर्थात् : *जो स्त्री अपने पास स्वयमेव आवे और वह मनुष्य उसके साथ सम्भोग न करे तो उस मनुष्य को ब्रह्म हत्या का महान् महादोष लगता है। ऐसा पूर्व ब्रह्मा ने कहा है।*

आगे सांख्य का यह मत महापाप और महा दुःखों का कारण है ऐसा दिखलाते हैं।

अण्णाण धम्मलग्गो जीवो दुक्खाण पूरिओ होइ।
चउगइ गईहिं णिवडइ संसारे भमिहि हिडंतो॥186॥

अज्ञानधर्मलग्नो जीवो दुःखैः पूरितो भवति।
चतुर्गतौ गतिभिः निपतति संसारे भ्रमति हिण्डन्॥186॥

इस प्रकार सांख्य मत को माननेवाले अज्ञान धर्म में लगे हुए जीव अनेक महा दुःखों से पूरित हो जाते हैं। तथा चारों गतियों में परिभ्रमण करते हुए दीर्घ कालतक संसार में पड़े हुए महा दुःख भोगा करता है—

जह पाहाण नरंदे लग्गो पुरिसो हु तरिणी तोए।
बुड्ड विगयाधारो णिवडेइ महण्णवावत्ते ॥187॥

यथा पाषाणतरएडे लग्नः पुरुषो हि तीर्णातोये।
ब्रुडति विगताधारः निपतति महार्णवावर्ते ॥187॥

अर्थ : *जिस प्रकार पाषाण की नाव में बैठा हुआ पुरुष बिना किसी आधार के नदी के पानी में डूब जाता है उसी प्रकार अज्ञान धर्म में लगे हुए जीव इस संसार रूपी महा समुद्र में पड़कर अनन्त कालतक परिभ्रमण करते रहते हैं।*

कुच्छियगुरुकयसेवा विविहावइपउरदुक्खआवते।
तह यणिमज्जइ पुरिसो संसारमहोवही भीमे ॥188॥

कुत्सित गुरुकृतसेवा विविधातिप्रचुर दुःखावर्ते।
तथा च निमज्जति पुरुषः संसार महोदधौ भीमे ॥188॥

अर्थ : *जिस प्रकार कुत्सित व नीचगुरु की सेवा करने से अनेक प्रकार के दुःखरूपी समुद्र में पड़ जाता है उसी प्रकार कुगुरु की सेवा करने से यह पुरुष भी इस संसार रूपी महा भयानक समुद्र में पड़कर अनन्त काल के लिये डूब जाता है।*

वयभट्ठकुंढरुद्देहिं णिट्ठरणिक्किट्ठदुट्ठचिट्ठेहि।
अप्पाणं णासिभो अण्णे विय णासिओ लोयो ॥189॥

व्रतभ्रष्टकुण्ठरुद्रैः निष्ठुरनिकृष्टदुष्टचेष्टैः।
आत्मानं नाशयित्वा अन्योपि च नाशितो लोकः ॥189॥

अर्थ : *जितने कुगुरु है वे सब व्रतों से भ्रष्ट है अत्यन्त क्रूर परिणामों को धारण करनेवाले हैं अत्यन्त निष्ठुर हैं, निकृष्ट हैं, और दुष्ट चेष्टाओं को करने वाले हैं। इसलिये ऐसे कुगुरु अपने आत्मा का भी नाश करते हैं और अन्य अनेक जीवों का भी नाश करते हैं।*

इय अण्णाणी पुरिसा कुच्छियगुरुकहियमग्गसंलग्गा।
पावंति णरंय तिरयं णाणा दुहसंकंड भीमं ॥190॥

इति अज्ञानिनः पुरुषाः कुत्सितगुरुकथितमार्गसंलग्नाः।
प्राप्नुवंति नरकं तिर्यचं नाना दुःखसंकटं भीमम् ॥190॥

अर्थ : *इस प्रकार जो पुरुष निकृष्ट कुगुरुओं के द्वारा कहे हुए मिथ्या मार्ग में लगे रहते हैं वे पुरुष नरक व तिर्यच योनि में पड़कर अत्यन्त भयानक ऐसे अनेक प्रकार के महा दुःख भोगा करते हैं।*

एवं णाऊण फुडं सेविज्जइ उत्तमो गुरू कोई।
वहिरन्तरगंथचुओ तिरियणवंतो सुणाणी य॥191॥

एवं ज्ञात्वा स्फुटं सेव्यतां उत्तमो गुरुः कश्चित्।
वाह्यभ्यन्तदग्रथच्युतः तरणावान् सुज्ञानी च॥191।

अर्थ : *आचार्य कहते हैं कि इस प्रकार कुगुरुओं के कहे अनुसार महा दुःख भोगने पड़ते हैं। ऐसा समझ कर ऐसे उत्तम गुरु की सेवा करनी चाहिये जो वाह्य आभ्यन्तर दोनों प्रकार के परिग्रहों से रहित हो स्वयं तरनेवाला और भव्य जीवों को तारनेवाला हो, और सम्यग्ज्ञान को धारण करनेवाला हो।*

जहजायलिंगधारी विसयविरतो य णिहयसकसाओ।
पालियदिढवंवओ सो पावइ उत्तमं सोक्खं॥192॥

यथाजातलिंगधारी विषयविरक्तश्च निहतस्वकषायः।
पालितदृढब्रह्मव्रतः स प्राप्नोति उत्तमं सौख्यम्॥192॥

अर्थ : *जो गुरु जात लिंगधारी हो अर्थात् जिस प्रकार उत्पन्न होता है उसी प्रकार समस्त परिग्रहों से रहित नग्न अवस्था को धारण करनेवाला हो, इन्द्रियों के समस्त विषयों से विरक्त हो, जिसने अपनी समस्त कषायें नष्ट कर दी हों और जो ब्रह्मचर्य व्रत को पूर्ण रीति से दृढ़ता के साथ पालन करता हो, ऐसे परमगुरु की सेवा करने से ही यह जीव निराकुल सुख की प्राप्ति कर सकता है।*

तें कहिएधम्म लग्गा पुरिसा डहिऊण सकयपावाइं।
पावंति मोक्खं सोक्ख केई विलसंति सग्गेसु॥193॥

तेन कथितधर्मे लग्नाः पुरुषा दग्ध्वा स्वकृतपापानि।
प्राप्नुवन्ति मोक्षसौख्यं केचिद् विलसन्ति स्वर्गेषु॥193॥

अर्थ : *जो पुरुष ऐसे निर्ग्रन्थ परम गुरु के कहे हुए धर्म का सेवन करते हैं वे पुरुष अपने समस्त पापों को नाश कर मोक्ष के अनन्त सुख प्राप्त करते हैं तथा उनमें से कितने पुरुष स्वर्ग के सुख भोगते हैं।*

एवं मिच्छादिट्ठी ठाणं कहियं मया समासेण।
एत्तो उड्ढं वोच्छ विदियं पुण सासणं णामं॥194॥

एवं मिथ्यादृष्टिस्थानं कथितं मया समासेन।
इत ऊर्ध्वं वक्ष्ये द्वितीय पुनः सासादनं नाम ॥194॥

अर्थ : *इस प्रकार अत्यन्त संक्षेप से मिथ्यात्व गुणस्थान का स्वरूप कहा। अब आगे दूसरे सासादन नाम के गुणस्थान का स्वरूप कहते हैं।*

भावार्थ : *इस प्रकार मिथ्यात्व गुणस्थान का स्वरूप व मिथ्यात्व गुणस्थान में होनेवाले परिणामों का स्वरूप कहा।*

अब आगे सासादन गुणस्थान का स्वरूप कहते हैं।

एयदरस्स उदए अणंतबंधिस्स संयरायस्स।
समयाइ छविलित्ति य एसो कालो समुद्दिट्ठो ॥195॥

एकतरस्योदयेऽनन्तानुबन्धिनः साम्परायस्य।
समयादि षडावलानि च एषः कालः समुद्दिष्टः ॥195॥

अर्थ : *किसी भव्य जीव के काललब्धि के निमित्त से प्रथम उपशम सम्यक्त्व की प्राप्ति होती है। उस उपशम सम्यक्त्व का काल अन्तर्मुहुर्त है। जब उस अन्तर्मुहुर्त काल के समाप्त होने में कम से कम एक समय और अधिक रो अधिक छह आवली शेष रह जाती है तब अनन्तानुबन्धी क्रोध मान माया लोभ में से किसी एक प्रकृति का उदय हो जाता है। उस प्रकृति के उदय होने से सम्यग्दर्शन छूट जाता है परन्तु मिथ्यात्व प्रकृति का उपशम होने से मिथ्यात्व गुणस्थान नहीं होता।*

उपशम सम्यकत्व की स्थिति में जितना काल शेष रहा है उसके समाप्त होने पर मिथ्यात्व का उदय होता है और उस समय वह मिथ्यात्व गुणस्थान में पहुँच जाता है। सम्यग्दर्शन के छूट जाने के अनन्तर से लेकर जब तक मिथ्यात्व गुणस्थान प्राप्त होता है तब तक का इस सासादन गुणस्थान का काल है और वह कम से कम एक समय है और अधिक से अधिक छह आवली है।

एयम्मिगुणट्ठाणे कालो णत्थित्ति तित्तिओ जम्हा।
तम्हा वित्थाणे ण हि संखेओ तेण सो उत्तो ॥196॥

एतस्मिन् गुणस्थाने कालो नास्ति तावन्मात्रः यस्मात्।
तस्माद्विस्तायो नहि संक्षेपेण तेन स उक्तः ॥196॥

अर्थ : *इस दूसरे सासादन गुणस्थान का कुछ समय का काल नहीं है। ऊपर जितना बतलाया है केवल उतना ही काल है इसीलिये इस गुणस्थान का स्वरूप विस्तार से नहीं कहा है अत्यन्त संक्षेप से ही उसका स्वरूप कहा है।*

परिणामिय भावगयं विदियं सासायणं गुणट्ठाणं।
सम्मत्तसिहरपडियं अपत्त मिच्छत्त भूमितलं॥197॥

परिणामिकभावगतं द्वितीयं सासादनं गुणस्थानम्।
सम्यक्त्वशिखरपतितं अप्राप्तमिथ्यात्वभूमितलम्॥197॥

अर्थ : *जिस प्रकार कोई पुरुष किसी पर्वत से गिरता है और जब तक पृथ्वी पर नहीं आ जाता तब तक वह न तो पर्वत पर माना जाता है और न पृथ्वी पर किन्तु मध्य में माना जाता है। इसी प्रकार जिस जीव के उपशम सम्यग्दर्शन छूट गया है और मिथ्यात्व गुण स्थान प्राप्त नहीं हुआ है तब तक उसके सासादन गुणस्थान कहलाता है। इस दूसरे गुणस्थान में पारिणामिक भाव माने जाते हैं।*

भावार्थ : *यद्यपि इस गुणस्थान में मिथ्यात्व प्रकृति का उपशम है और अनन्तानुबन्धी की किसी एक प्रकृति का उदय है इसलिये इसमें क्षायोपशामिक भाव भी कहे जा सकते हैं तथापि इसकी मुख्यता न रखते हुए पारिणामिक भाव बतलाये हैं। यह सासादन गुणस्थान न तो अपर्याप्तिक नारकी जीवों के होता है और न समस्त लब्ध्यपर्यातक जीवों के होता है। सासादन गुणस्थान वाला न तो आहारक प्रकृति का बन्ध करता है, न आहारक मिश्र प्रकृति का बन्ध करता है और न तीर्थंकर प्रकृति का बन्ध करता है। उसका सम्यग्दर्शन नष्ट हो चुका है इसलिये वह ऊपर लिखी प्रकृतियों का बन्ध नहीं कर सकता। सासादन गुणस्थान वाले जीव के एक बार सम्यग्दर्शन प्रगट हो चुका है इसलिये वह भव्य अवश्य है और सम्यक्त्व के प्रगट होने से थोड़े ही काल में मोक्ष प्राप्त कर लेता है। देखो सम्यग्दर्शन का माहात्म्य कैसा है जो थोड़े ही काल के लिये उत्पन्न होकर भी थोड़े ही समय में मोक्ष पहुँचा देता है। इसलिये आचार्य कहते है कि इस सम्यग्दर्शन के प्रकट होने की भावना भव्य जीवों को हर समय करते रहना चाहिये।*

इस प्रकार दूसरे सासादन गुणस्थान का स्वरूप कहा।
अब आगे तीसरे मिश्र गुणस्थान का स्वरूप कहते हैं।

सम्मामिच्छुदएण य सम्मिस्सं णाम होइ गुणठाणं।
खयउवसमभावगयं अन्तरजाई समुदिट्ठं॥198॥

सम्यक्त्व मिथ्यात्वोदयेन च संमिश्रं नाम भवति गुणस्थानम्।
क्षयोपशम भावगतं अन्जाॅन्ति समुद्दिष्टं॥198॥

अर्थ : *दर्शन मोहनीय की तीन प्रकृतियाँ हैं: मिथ्यात्व, सम्यग्मिथ्यात्व और सम्यक् प्रकृति। इनमें से सम्यग्मिथ्यात्व प्रकृति के उदय से मिश्रगुण स्थान होता है। इसमें क्षायोपाशमिक भाव होते हैं। तथा वे परिणाम सम्यक्त्व और मिथ्यात्व इन दोनों*

से सम्मिलित रूप होते हैं।

भावार्थ : *इस गुणस्थान में रहने वाले जीवों के भाव न तो सम्यक्त्व रूप होते हैं न मिथ्यात्व रूप होते हैं किन्तु इन दोनों से मिले हुए और इन दोनों से भिन्न तीसरे ही प्रकार के परिणाम होते हैं।*

आगे इसी बात को उदाहरण देकर बतलाते हैं—

वडवाए उप्पण्णो खरेण जइ हवइ इत्थ वेसरओ।
तह तं सम्मिस्सगुणं अगहियगिहसयलसंजमणं ॥199॥

वडवायां उत्पन्नः खरेण यथा भवति अन्न वेसरः।
तथा च सम्मिश्रगुण अगृहीतगृहिसकलसंयमः ॥199॥

अर्थ : *जिस प्रकार खच्चर जाति का गधा–घोड़ी से उत्पन्न होता है परन्तु गधे से होता है घोड़े से नहीं होता। घोड़ी गधा दोनों से उत्पन होने वाला एक तीसरी जाति का जीव है। इसी प्रकार इस तीसरे मिश्रगुणस्थान में सम्यकत्व और मिथ्यात्व दोनों से मिले हुए एक तीसरी जाति के परिणाम होते हैं। इस तीसरे गुणस्थान में रहने वाले जीव न तो गृहस्थों का एक देश संयम धारण कर सकते हैं और न सकल संयम धारण कर सकते हैं।*

तत्थ ण बन्धइ आउं कुणइ ण कालो हु तेण भावेण।
सम्मं व मिच्छं व पडिवज्जिय मरइ णियमेण ॥200॥

तत्र न बध्वनाति आयुः करोति न कालो हि तेन भावेन।
सम्यक्त्वं व मिथ्यात्वं व प्रतिपद्य म्रियते नियमेन ॥200॥

अर्थ : *इस तीसरे गुणस्थान में रहने वाला जीव न तो आयु का बन्ध कर सकता है और न मर सकता है। तीसरे गुणस्थान के भावों से ये दोनों बातें नहीं कर सकता। वह जीव या तो सम्यग्दर्शन धारण कर मर सकता हैं अथवा मिथ्यात्व गुणस्थान में जाकर मर सकता है।*

आगे इस गुणस्थान में कैसे परिणाम होते हैं सो दिखलाते हैं—

अट्टरउद्दं झायइ देवा सव्वे वि हुंति णमणीया।
धम्मा सव्वे पवरा गुणाणं किं पि ण विणिए इ ॥201॥

आर्तरौद्रं ध्यायति देशाः सर्वेपि भवन्ति नमनीयाः।
धर्माः सर्वे प्रवरा गुणागुणौ किमपि विजानाति ॥201॥

अर्थ : *इस तीसरे गुणस्थान में रहनेवाले जीव के आर्त्तध्यान और रौद्रध्या न*

होता है अर्थात् वह इन्हीं दोनों का चिंतवन करता रहता है। इसके सिवाय वह समझता है कि संसार में जितने देव हैं वे सब नमस्कार करने योग्य हैं और जितने धर्म हैं वे सब उत्तम हैं। इस प्रकार समझता हुआ वह जीव गुण व अवगुण किसी को नहीं जानता, इस देव में अवगुण है इसमें गुण है इस बात को वह नहीं समझता वह सब को समान समझता है।

आगे उसके भाव और कैसे होते हैं सो दिखलाते हैं।

अत्थि जिणायमि कहियं वेए कहियं च हरिपुराणे य।
सइवागमेण कहियं तच्चं कविलेण कहियं च ॥202॥

अस्ति जिनागमे कथितं वेदे कथितं च हरिपुराणो वा।
शैवागमेन कथित तत्त्वं कपिलेन कथितं च ॥202॥

बंभो करेई तिजयं किण्हो पालेइ उपरि छुहिऊण।
रुद्दो संहरइ पुणो पलयं काऊ ण णिस्सेसं ॥203॥

ब्रह्मा करोति त्रिजगत् कृष्णाः पालयति उपरि स्पृशित्वा।
रुद्रः संहरति पुनः प्रलयं कृत्वा निःशेषम् ॥203॥

अर्थ : वह तीसरे गुणस्थान वाला जीव जिनेन्द्रदेव ने भी कहा है, शैवो के आगम में भी कहा है और कपिल ने भी कहा है। इन सबके कहे हुए तत्त्व ठीक हैं, ऐसा समझकर वह सबको मानता है। इसके सिवाय वह समझता है कि ब्रह्मा तीनों लोकों को उत्पन्न करता है, कृष्ण ऊपर से ही स्पर्शकर उन तीनों लोकों का पालन करता है और महादेव उन समस्त तीनों लोकों का प्रलय कर सबका संहारा व नाश कर देता है। इसके सिवाय वह चंडी-मुंडी महालक्ष्मी आदि सब देव-देवियों की पूजा करता है, पितरो को तृप्त करने के लिये श्राद्ध करता है, अपनी इच्छाओं को पूर्ण करने के लिये अन्य प्रकार के ढोंग करता है। ऐसे ऐसे अनेक प्रकार के भाव इस तीसरे गुणस्थान में होते हैं।

आगे ब्रह्मा विष्णु महेश के इन कार्यों का निराकरण करते हैं।

जइ बंभो कुणइ जयं तो किं सग्गिन्दरज्ज किज्जेण।
चइऊण वंभलोयं उग्गतवं तवइ णरलोए ॥204॥

यदि ब्रह्मा करोति जगत्तर्हिं किं स्वर्गेन्द्राज्यकार्येण।
च्युत्वा ब्रह्मलोकं उग्रतपः तप्यते नरलोके ॥204॥

अर्थ : *यदि ब्रह्मा तीनों लोकों को उत्पन्न करता है तो फिर वह स्वर्ग के इन्द्र का राज्य लेने के लिये ब्रह्म लोक को छोड़कर और मनुष्य लोक में आकर घोर तपश्चरण क्यों करता है?*

भावार्थ : *जब वह तीनों लोकों को उत्पन्न कर सकता है तो वह दूसरा स्वर्ग भी बना सकता है और उसका राज्य स्वयं कर सकता है तो फिर उसे स्वर्ग के राज्य के लिये तपश्चरण करने की क्या आवश्यकता थी?*

आगे और भी कहते है।

जरउद्दसेय अंडय सव्वे एयाइं भूयगामाइं।
णारयणरतिरियसुरा णिवंदियं वणिसुद्दपहुईया ॥205॥

जरायुजोद्भित्स्वेदाण्डजान सर्वान् एतान् भूतग्रामान्।
नारकनरतिर्यक् सुरान् वंदिनः वणिक्छूद्रप्रभृतीन् ॥205॥

चंडालडूंबधीविरावबरुडाकल्लालछिंप्पिया चेव।
हयगयगोमहिसिखरा वग्घकिडीसीहहरिणाइं ॥206॥

चाण्डालडोम्बधीवरव्रुट किलवारछिपकांश्चैव।
हयगजगोमहिषीखरान् व्याघ्रकिटिसिंहहरिणान् ॥206॥

णाणाकुलाइं जाई णाणाजोणी य आउविहवाइं।
णाणादेहगवाइं वण्णा रूवाइं विविहाइं ॥207॥

नानाकुलानि जाती; नाना योनींश्च आयुविभवादीनि।
नाना देहगतान् वर्णान् रूपाणि विविधानि ॥207॥

गिरिसरिसायर दीवो गामारामाइं धरणि आयासं।
जो कुणइ खण्द्धेणं चित्तियमित्तेण सव्वाइं ॥208॥

गिरिसरित्सागरद्वीपान् ग्रामारामान् धरणीमाकाशम्।
यः करोति क्षणार्धेन चिन्तितमात्रेण सर्वान् ॥208॥

किं सो रज्जणिमित्तं तवसा तावेइ णिच्च णियदेहं।
तिहुवण करण समत्थो किं ण कुणइ अप्पणो रज्जं ॥209॥

किं साः राज्यनिमित्तं तपसा तापयति नित्यं जिदेहम्।
त्रिभुवनकरणसमर्थः किं न करोति आत्मनो राज्यम् ॥209॥

अर्थ : *मनुष्य, पशु के शरीर पर जो मांस की जाली आती है उसको जरायु*

कहते हैं, ऐसी जरायुसहित जो उत्पन्न होते हैं उनकी जरायुज कहते हैं। पृथ्वी पर जो घास आदि उत्पन्न होते हैं उनको उद्रिभज्ज कहते है अंडों से उत्पन्न होने वाले अंडज कहलाते हैं जो ब्रह्मा इन सब जीवों को उत्पन्न करता है। नारकी मनुष्य, पशु पक्षी, देव, ब्राह्मण, क्षत्रिय, वैश्य, शूद्रों की उत्पन्न करता है, चांडाल, डोंब, धीवर, धोबी, कलार, छीपी, हाथी, घोड़ा, गाय, भैंस, गधा, व्याघ्र, सुअर, सिंह, हरिण आदि समस्त जीवों को उत्पन्न करता है, अनेक कुलों को उत्पन्न करता है, अनेक जातियों को उत्पन्न करता है, अनेक योनियों को उत्पन्न करता है, समस्त जीवों के आयु वैभव आदि उत्पन्न करता है, अनेक प्रकार के रूप उत्पन्न करता है। वह पर्वत नदी सागर द्वीप गाँव नगर बाग-बगीचा पृथ्वी आकाश आदि समस्त पदार्थों को समस्त जीवों को चिंतवन करने मात्र से आधे ही क्षण में ही सबको उत्पन्न कर लेता है ऐसा वह ब्रह्मा केवल स्वर्ग का राज्य लेने के लिये घोर तपश्चरण क्यों करता है? व्यर्थ ही अपने शरीर को क्यों सन्तप्त करता है? वह तो तीनों लोकों के उत्पन्न करने में समर्थ है फिर भला वह अपने लिये राज्य उत्पन्न क्यों नहीं कर लेता है। जिस प्रकार उसने तीनों लोक उत्पन्न किये हैं उसी प्रकार उसको स्वर्ग उत्पन्न कर लेना चाहिये और स्वयं उसका राज्य करना चाहिये। उत्पन्न करने की सामर्थ्य रखते हुए भी दूसरे के राज्य को छीनने के लिये तपश्चरण करना कितने आश्चर्य और विडंबना की बात है। इससे सिद्ध होता है कि यह जगत ब्रह्मा व अन्य किसी का बनाया हुआ नहीं अनादि काल से चला आ रहा है। इसका कर्ता कोई नहीं है।

आगे और भी कहते हैं।

अच्छरतिलोत्तमाए णट्टं दट्ठण रायरसरसिओ।
तवभट्ठो चउवयणो जाओ सो मयणवसचित्तो ॥210॥

अप्सरसित्लोत्तमाया नृत्यं दृष्ट्वा रागरसरसिकः।
तपोभ्रष्टः चतुर्वदनः जातः स मदनवंशचित्तः॥210॥

अर्थ : जब वह ब्रह्म स्वर्ग का राज्य लेने के लिये घोर तपश्चरण कर रहा था तब इन्द्र को भी अपने राज्य की चिंता हुई और उसका तपश्चरण भ्रष्ट करने के लिये तिलोत्तमा नाम की अप्सरा भेजी। वह तिलोत्तमा उस ब्रह्मा के सामने आकर नृत्य करने लगी; जिसका मन कामसेवन के लिये आसक्त हो रहा है और राग के रससे रसिक हो रहा है ऐसा वह ब्रह्मा उस नृत्य को देखता-देखता अपने तपश्चरण से भ्रष्ट हो गया और नृत्य देखने के लिये उसने अपने चार मुख बना लिये।

भावार्थ : वह अप्सरा बहुत देर तक तो ब्रह्मा के सामने नृत्य करती रही। और ब्रह्मा उसे देखता रहा। ब्रह्मा को आसक्त देखकर वह तिलोत्तमा उसके बगल में नृत्य करने लगी। तब उस नृत्य को देखने के लिये बगल में भी एक मुख बना लिया। जब

वह तिलोत्तमा पीठ पीछे नृत्य करने लगी। तब ब्रह्मा ने उधर भी एक मुख बना लिया। जब वह दूसरे बगल में नृत्य करने लगी तब उधर भी चौथा मुख बना लिया। इस प्रकार ब्रह्मा ने चार मुख बनाये। परन्तु जब वह तिलोत्तमा ऊपर आकाश में नृत्य करने लगी तब ब्रह्मा ने ऊपर भी एक मुख बना लिया।

छंडिय णियवड्डुत्तं पहुत्तणं देववत्तणं तवोचरियं।
कामाउरो अलज्जो लग्गो मग्गेण सो तिस्स॥211॥

त्यक्त्वा निजबृहत्वं प्रभुत्वं देवत्वं तपश्चर्यम्।
कामातुरः अलज्जः लग्नः मार्गेण स तस्याः॥211॥

अर्थ : *इस प्रकार उस ब्रह्मा ने अपना बड़प्पन छोड़ दिया, अपना प्रभुत्व छोड़ दिया, अपना देवपना छोड़ दिया और अपना तपश्चरण छोड़ दिया, कामासक्त होकर जिस मार्ग से वह तिलोत्तमा चलने लगी उसी मार्ग से उसके पीछे-पीछे चलने लगा।*

हसिओ सुरेहिं कुद्दो(ड्डो) खरसीसो भक्खिउं पउत्तो सो।
संकरकरखुडियसिरो विरहपलित्तो णियत्तो य॥212॥

हसितः सुरैः क्रुद्ध: खरशीर्षे भक्षितु प्रवृत्तः सः॥
शंकरकरखण्डितशिरः विरहोपलिप्तो निवृत्तश्च॥212॥

अर्थ : *ब्रह्मा की इस कामासक्ति को देखकर देवलोग सब हँसने लगे तब ब्रह्मा ने क्रोधित होकर अपने गधे वाले मुख से उन देवों को भक्षण करने का उद्यम किया। यह देखकर देव लोग सब महादेव की शरण में गये तब महादेव ने अपने हाथ से उस ब्रह्मा का ऊपर का गधे का मस्तक काट डाला। इस प्रकार जब उस ब्रह्मा का ऊपर का मस्तक कट गया तब वह ब्रह्मा उस तिलोत्तमा के विरह से सन्तप्त होकर पीछे लौट आया।*

पविसेवि णिज्जणवणं पिछि रिछी विरहिगओ तत्थ।
सेवइ कामासत्तो तिलोत्तमा चित्ति धरिऊणं॥213॥

प्रविश्य निजनवनं दृष्टवा ऋषीं विरहगतः तन्न।
सेवते कामासक्तः तिलोत्तमां चेतसि धृत्वा॥213॥

अर्थ : *तदनन्तर वह ब्रह्मा तिलोत्तमा के विरह से सन्तप्त होकर एक निर्जन वन में चला गया। यहाँ पर उसने एक रीछिनी देखी। और उस रीछिनी को अपने मन में तिलोत्तमा मानकर कामदेव के वशीभूत होकर उस रीछिनी के साथ सम्भोग करने लगा।*

तस्सुप्पणो पुत्तो जंवउ णामेण लोयविक्खाओ।
रिछाण पई जाओ भिच्चो सो रामएवस्स ॥214॥

तस्योत्पन्नः पुत्रः जम्बूः नाम्ना लोकविख्यातः।
ऋक्षाणां पतिः जातः भृत्यः स रामदेवस्य ॥214॥

अर्थ : *जब ब्रह्मा ने उस रीछिनी के साथ सम्भोग किया तब उस रीछिनी से एक पुत्र हुआ उसका नाम जंबू था। जो जंबू के नाम से संसार में प्रसिद्ध है। वह जंबू समस्त रीछों का अधिपति था और रामचन्द्र का सेवक था।*

जो कुणइ जयमसेसं सो किं एक्का वि तारिसी महिला।
सक्कइण विरइऊ णं सेवइ णिग्धिणो रिच्छी ॥215॥

यः करोति जगदशेषं स किं एकापि तादृशीं महिलाम्।
शक्नोति न विरचयितुं किं सेवते निर्धृणा ऋक्षीम् ॥215॥

अर्थ : *आचार्य कहते है कि देखो जो ब्रह्मा समस्त जगत को उत्पन्न कर सकता है वह क्या एक तिलोत्तमा जैसी स्त्री नहीं बना सकता था। फिर क्यों उसने अत्यन्त घृणित रीछिनी का सेवन किया?*

जो तिलोत्तम जो तिलोत्तम णियबि णच्चंति,
वम्मह सरजरजरिउ चत्तणियमु चउवयणु जायउ।
वणि णिवसइ परिभट्ठतउ रमइ रिच्छि सुरयाण रायउ॥
सो विरंचि कह सम्भवइ सयलोयउ कत्तारु।
जो अप्पाण उत्तरइ फेडउ विरहवियारु ॥216॥

यः तिलोत्तमां यः तिलोत्तमां दृष्टवा नृत्यन्तीम्।
ब्रह्मा स्मरजर्जरितः त्यक्तनिपमः चतुर्वदनः जातः।
वने विसति परिभ्रष्टतपाः रमते ऋक्षीं सुराणां राजा।
स विरंचिः कथं सम्भवति त्रिलोकस्य कर्ता।
यः आत्मानं न हि तारयति स्फोटयति विरहविकारम् ।216॥

अर्थ : *जो ब्रह्मा नृत्य करती हुई तिलोत्तमा को देखकर काम के वशीभूत होकर जर्जरित हो गया था। उसने अपने सब नियम व तपश्चरणों को त्याग कर दिया था और उस तिलोत्तमा में आसक्त होकर अपने चार मुख बना लिये थे अपने तपश्चरण से भ्रष्ट होकर तथा वन में जाकर रीछिनी से सम्भोग करने लगा था वह ब्रह्मा तीनों लोकों को उत्पन्न करने वाला कैसे कहा जा सकता है। जो ब्रह्मा अपने आत्मा का भी उद्धार नहीं कर सकता और इस प्रकार विरह अवस्था को प्रकट करता है यह ब्रह्मा*

कभी देव नहीं हो सकता।

आगे और भी दिखलाते हैं।

णत्थि धरा आपसं पवणाणलतोयजोयससिसूरा।
जइ तो कत्थ ठिदेणं वंभो रइयं तिलोओत्ति ॥217॥

न सन्ति धरा आकाशं पवनानलतोयज्योतिः शशिसूर्याः।
यदि तर्हि कुत्र स्थितेन ब्रह्मणा रचितः त्रिलोक इति ॥217॥

अर्थ : यदि ब्रह्मा ने इन तीनों को बनाया तो उसके पहले न पृथ्वी थी, न आकाश था, न वायु थी, न अग्नि थी, न जल था, न प्रकाश था न चन्द्रमा था न सूर्य था तो फिर यह भी तो बतलाना चाहिये कि उस ब्रह्मा ने कहाँ बैठकर यह तीनों लोक बनाये।

कत्तिंत्तं पुण दुविहं वत्थुअ कत्तित्त तह य विक्किरियं।
घडपड गिहाइं पढमं विक्किरियं देवयारइयं ॥218॥

कर्तृत्वं पुनः द्विविध वस्तुनः कर्तृत्वं तथा च वैक्रियिकम्।
घटपटगृहादि प्रथमं वैक्रियिकं देवता रचितम् ॥218॥

अर्थ : कर्तापन दो प्रकार है एक तो यथार्थ कर्तापन और दूसरा वैक्रियिक। घट पट घर को बनाना यथार्थ कर्तापन है और जो देवों के द्वारा बनाया जाता है वह वैक्रियिक कहलाता है।

जइ तो वत्थुब्भूओ रइओ लोओ विरंचिणा तिविहो।
तो तस्स कारणाइं कत्थुवलद्धाइं दव्वाइं ॥219॥

यदि स वस्तुभूतो रचितो लोको विरंचिना त्रिविधः।
तहि तस्य कारणानि कुत्र लब्धानि द्रव्याणि ॥219॥

अर्थ : यदि उस ब्रह्मा ने यथार्थ रूप से तीनों लोकों को बनाया है तो यह बताना चाहिये कि ब्रह्मा ने तीनों लोकों को बनाने के कारण भूत द्रव्य कहाँ से प्राप्त किये।

भावार्थ : जिस प्रकार घर बनाने के लिये ईंट, चूना, रेत आदि कारण सामग्री की आवश्यकता होती है, तब घर बन सकता है उसी प्रकार तीनों लोक बनाने के लिये सब सामग्री कहाँ थी। क्योंकि बिना सामग्री के तो लोक बन ही नहीं सकता था।

जइ विक्किरिओ रइओ विज्जाथामेण तेण बंभेण।
कइ थाइ दीहकालं अवत्थुभूओ अणिच्चेत्ति ॥220॥

अथ विक्रिया रचितो विद्यास्थाम्ना तेन ब्रह्मणा।
कथं तिष्ठति दीर्घकालं अवस्तुभूतोऽनित्य इति ॥220॥

अर्थ : *यदि उस ब्रह्मा ने अपनी विद्या से वैक्रियिक रूप तीनों लोक बनाया है तो वह तीनों लोक अधिक काल तक नहीं ठहर सकते। क्योंकि जो पदार्थ विक्रिया से बने हुए होते हैं वे अवस्तु भूत होते हैं और अनित्य होते हैं इसलिये वे अधिक काल तक कभी नहीं ठहर सकते।*

तम्हा ण होइ कत्त बंभो सिरछेपविनडणं पत्तो।
छलिओ तिलोत्तमाए सामण्णपुरिसुव्व असमत्थो ॥221॥

तस्मान्न् भवति कर्ता ब्रह्मा शिरश्च्छेदविनटनं प्राप्तः।
छलितस्तिलोत्तमया सामान्य पुरुष इवासमर्थः ।221॥

अर्थ : *इसलिये कहना चाहिये कि इस लोक का कर्ता ब्रह्मा कभी नहीं हो सकता। भला विचार करने की बात है कि जिसका मस्तक छेदा गया जिसको तिलोमत्ता ने ठग लिया ऐसा वह ब्रह्मा सामान्य पुरुष के समान तीनों लोकों के बनाने में असमर्थ है। जिस प्रकार सामान्य पुरुष बिना सामग्री आदि के कोई कार्य नहीं कर सकता।*

जो परमहिला कज्जे छंडइ बहुत्तणं तओ णियमं।
स ण हवइ परमप्पा कह देवो हवइ पुज्जो य ॥222॥

यः परमहिलकार्येण यजति बृहत्तवं तपो नियमम्।
स न भवति परमात्मा कथं देवो भवति पूज्यश्च ॥222॥

अर्थ : *विचार करने की बात है कि जिसने एक पर स्त्री के लिये अपना बड़प्पन छोड़ दिया, अपना तपश्चरण छोड़ दिया, और अपने सब नियम छोड़ दिये वह परमात्मा कैसे हो सकता है अर्थात् कभी नहीं हो सकता तथा जब वह परमात्मा ही नहीं हो सकता है तब वह पूज्य देव भी किस प्रकार हो सकता है, अर्थात् कभी नहीं हो सकता।*

सुपरिक्खिऊ ण तम्हा सुगवेसहं को वि परमबंभाणो।
दह अट्ठदोस रहिओ वीयराओ परोणाणी ॥223॥

सुपरीक्ष्य तस्मात् सुगवेषय कमपि परमब्रह्माणम्।
दशाष्टदोषरहितं वीतरागं परं ज्ञानिनम् ॥223॥

अर्थ : *इसलिये अच्छी तरह परीक्षा कर किसी ऐसे परमब्रह्म ब्रह्मा को ढूँढ़ना*

चाहिये जो अठारह दोषों से रहित हो, वीतराग हो और सर्वोत्कृष्ट ज्ञानी सर्वज्ञ हो।

भावार्थ : *जो वीतराग सर्वज्ञ हो और अठारह दोषों से रहित हो वही ब्रह्मा या परमात्मा हो सकता है।*

इस प्रकार इन लोगों के मानें हुए ब्रह्मा का निराकरण कर यथार्थ ब्रह्मा का स्वरूप बतलाया।

अब आगे कृष्ण के विषय में कहते हैं।

किण्हो जइ धरइ जयं सुवररूवेण दाढअग्गेण।
ता सो कहिं ठवइ पए कुम्मे कुम्मो वि कहिं ठाई ॥224॥

कृष्णो यदि धारयति जगत शूकररूपेण दंष्ट्राग्रेण।
तहि स कुत्र तिष्ठति पदे कूर्मे कूर्मो अपि कुत्र तिष्ठति ॥224॥

अर्थ : *यदि कृष्ण इन तीन लोकों को धारण करते हैं तथा सूअर का रूप धारण कर अपनी दाढ़ के अग्रभाग पर रखकर इस जगत को उठाये हुए हैं तो फिर बताना चाहिये कि वे सूअर का रूप धारण किये हुए कृष्ण स्वयं कहाँ ठहरे हैं? यदि कहो कि वे कछ्वा के ऊपर ठहरे हुए हैं तो फिर यह बताना चाहिये कि वह कच्छप कहाँ ठहरा हुआ है।*

अह छुहिऊ ण तउअरो तिजयं पालेइ महुमहो णिच्चं।
किं सो तिजय बहित्थो तिजयबहित्थेण किं जाओ ॥225॥

अथ स्पर्शित्वशूकरं त्रिगगत् पालयति मधुमदः नित्यम्।
किं स त्रिजगद्वहिस्थः त्रिजगद्वहिःस्थेन किं जातम् ॥225॥

अर्थ : *यदि कृष्ण उस सूअर को छूकर सदाकाल इस तीनों लोकों का पालन करता है तो क्या वह कृष्ण तीनों लोकों से बाहर है? अथवा क्या वह तीनों लोक तीनों लोकों के बाहर बनाया गया है?*

जइया दहरइपुत्तो रामो णिवसेइ दंडरइणम्मि।
लंकाहिवेण छलिओ हरिया भज्जा पवंचेण ॥226॥

यत्र च दशरथ पुत्रो रामो निवसति दण्डकारण्ये।
लंकाधिपतिना छलितः हता भार्या प्रपंचेन ॥226॥

अर्थ : *और भी देखो राजा दशरथ के पुत्र रामचन्द्र जब दंडकारण्य (दंडकवन) में निवास करते थे तब लंका के अधिपति रावण ने अपनी मायाचारी कर रामचन्द्र को ठग लिया था और उनकी स्त्री सीता को हर ले गया था।*

विरहेण रुवइ विलवइ पडेइ उट्ठ इ णियइ सोएह।
णउ पुणइ केण णाया पुच्छइ वणसावया मूढो ॥227॥

विरहेण रोदिति विलपति पतति उत्तिष्ठति पश्यति स्वपिति।
न हि मनुते तेन ज्ञातः पृच्छति वनशावकान् मूढः ॥227॥

अर्थ : *उस समय वे रामचन्द्र सीता के विरह से रोते थे, तड़फते थे, गिर पड़ते थे फिर उठते थे, चारों ओर देखते थे, सोते थे, तथा ज्ञान रहित वे रामचन्द्र वन के पशुओं के बच्चों से पूछते थे कि क्या तुमने कहीं सीता देखी है। इस प्रकार ईश्वर होकर भी रामचन्द्र को सीता की कुछ खबर नहीं थी।*

जइ उवरत्थं तिजयं ता सो किं तत्थ वाणरा रिच्छा।
मेलाविऊ ण उवहि वंधइ सेलेहिं सेउत्ति ॥228॥

यदि उपरि स्थितः त्रिजगतः तर्हि किं तत्र वानरान् ऋक्षान्।
मेलापयित्वा उदधे बध्नाति शैलैः सेतुमिति ॥228॥

अर्थ : *यदि वे विष्णु व रामचन्द्र तीनों जगत के ऊपर विराजमान है, सब के ईश्वर है तो फिर उन्होंने रीछ और बन्दरों को इकट्ठाकर पत्थरों से समुद्र का पुल क्यों बनवाया था?*

किं पट्ठवेइ दूवं जंपइ किं सामभेयदंडाइं।
अलहंतो किं जुज्जइ कोवं काऊ ण सत्थेहिं ॥229॥

किं प्रस्थापयति दूतं जल्पति किं सामभेददण्डानि।
अलभमानः किं युद्धति कोपं कृत्वा शस्त्रैः ॥229॥

अर्थ : *इसके सिवाय उसने रावण के पास दूत क्यों भेजा? साम दाम दंड भेद*

भो भो भुजंगतरुपल्लव लोलजिहव,।
वंधूकपुष्पदलसन्निभ लोहिताक्ष॥
पृच्छामि ते पवनभोजिन् कोमलांगो।
काचित्त्वया शरदचन्द्र मुखी न दृष्टा?॥

अर्थ : *रामचन्द्र वन में किसी सर्प से पूछते हैं कि हे सर्प तुम्हारी चंचल जिह्वा वृक्ष के पत्ते के समान चंचल है। तुम्हारे लाल नेत्र वंधूक के पुष्प के दल के समान बहुत ही लाल है तथा तुम सदाकाल वायु का ही भक्षण करते रहते हो, ऐसे हे सर्प! क्या तुमने शरद ऋतु के चन्द्रमा के समान सुन्दर मुख को धारण करने वाली और अत्यन्त कोमल शरीर धारण करने वाली ऐसी कोई स्त्री देखी है?*

के अनुसार बातचीत क्यों की? तथा इस प्रकार भी जब सीता नहीं मिली तो फिर क्रोध कर शस्त्रों के द्वारा रावण से क्यों लड़े।

किं दहवयणो सीया गहिऊणं उवरबाहिरे थक्को।
जं हेलाइं ण तरइ रिउ हणिउं आणिउं भज्जा ॥230॥

किं दशवदनः सीतां गृहीत्वा उपरि बहिः स्थितः।
तत् हेलया न शक्नोति रिपुं हत्वा आनेतुं भार्याम् ॥230॥

अर्थ : *क्या सीता को लेकर रावण कहीं तीनों लोकों के बाहर जाकर ठहरा था जो ईश्वर और तीनों लोकों के पालन करने वाले होकर भी सहज रीति से रावण को न मार सका और अपनी स्त्री सीता को न ला सका।*

जइ तिजयपालणत्थे संजाया तस्स एरिसी सत्ती।
तो किं तिजयं दड्ढं हरो(रे)ण सं पिच्छमाणस्स ॥231॥

यदि त्रिजगत्पालनार्थे संजाता तस्यैतादृशी शक्तिः।
तर्हि किं जगद्दग्धं हरेण संप्रेक्षमाणस्य ॥231॥

अर्थ : *यदि विष्णु भगवान में तीनों लोकों को पालन करने की शक्ति है तो फिर उनके देखते-देखते ही महादेव ने तीनों लोकों को क्यों जला डाला?*

जो ण जाणइ जो ण जाणइ हरिय णियभज्ज।
पुच्छइ वणसावयइं अह मुणेइ आणउं ण सक्कइ।
वंधेइ सायरु गिरिहिं पेसिऊ ण तर्हि पवरभिच्चइं।
तासु उवीर णारायणहो किमु तिहुवणु णिवसेइं।
जो वारवइ विणासियहो रक्खहु णा हिं तरेइ ॥232॥[1]

यो न जानाति यो न जानाति हर्तारं निणभार्यायाः।
प्रच्छति वनशावकान् अथ जानाति आनेतुं न शक्नोति।
बध्नाति सागरं गिरिभिः प्रेषयित्वा तत्र प्रवर भृत्यान्।
तस्योपरि नारायणस्य(?) किं त्रिभुवनं निवसति।
यो रिपुं विनाश्य रक्षितुं नहिं शक्नोति ॥232॥

अर्थ : *जो रामचन्द्र ईश्वर होकर भी अपनी स्त्री के हरण करने वाले को भी नहीं जानते और वन में रहने वाले पशुओं के बच्चों से पूछते हैं तदनन्तर यदि वे जान भी लेते हैं तो भी वे अपनी स्त्री को ला नहीं सकते। तथा पत्थरों से समुद्र का पुल बनवाते हैं और अनेक सेवकों को भेजते हैं। क्या ऐसे नारायण के ऊपर ही यह तीनों*

लोक ठहरे हुए हैं जो अपने शत्रु को भी नहीं मार सकते और अपनी स्त्री की रक्षा नहीं कर सकते। नारायण भला तीनों लोकों की रक्षा कैसे कर सकते हैं। अर्थात् कभी नहीं कर सकते।

जो देओ होऊ णं माणुसमत्तेहिं पंडुपुत्तेहिं।
सारइ वोलाइत्तो जुज्झे जेउं कओतेहिं ॥233॥

यो देवो भूत्वा मनुष्यमात्रैः पाण्डुपुत्रैः।
सारथिं कथयित्वां कथयित्वां युद्धे जेतुं कथितः तैः ॥233॥

अर्थ : *जो नारायण ईश्वर होकर भी साधारण मनुष्य पांडवों के सारथी बने और इस प्रकार उन्होंने युद्ध में पांडवों को जिताया।*

तम्हा ण होइ कत्ता किण्हो लोयस्स तिविहभेयस्स।
मरिऊण वारं वारं दहावयारेहिं अवयरइ ॥234॥

तस्मान्न भवति कर्ता कृष्णो लोकस्य त्रिविधभेदस्य।
मृत्वा पुनः पुनः दशावतारैः; अवतरति ॥234॥

अर्थ : *इन सब बातों से यह सिद्ध होता है कि कृष्ण न तो तीनों लोकों के कर्ता हैं न उसके पालन करने वाले हैं। वे तो बार-बार मरकर अवतार धारण किया करते हैं तथा अनुक्रम से दशअवतार धारण करते हैं।*

एवं भणंति केई असरींरो णिक्कलो हरीं सिद्धो।
अवयरइ यच्चलोए देसं गिण्हेइ इच्छाए ॥235॥

एवं भणन्ति केचित् अशरीरो निष्कलो हरिः सिद्धः।
अवतरति मर्त्यलोके देहं गृहणातीच्छया ॥235॥

अर्थ : *इस विषय में कोई कोई लोग यह कहते हैं कि विष्णु व कृष्ण शरीर रहित हैं, सब दोषों से रहित हैं और सिद्ध हैं ऐसे वे कृष्ण मनुष्य लोक में आकर अपनी इच्छानुसार शरीर को ग्रहण करते हैं।*

आगे इसी बात का निराकरण करते हैं।

जइ तुप्पं णवणीयं णवणीयं पुणवि होइजइ दुद्धं।
तो सिद्धिगओ जीवो पुणरवि देहाइं गिण्हेइ ॥236॥

यदि घृतं नवनीतं नवनीतं पुनरपि भवेद्यदि दुग्धम्।
तर्हि सिद्धगतो जीवः पुनरपि देहादिकं गृह्णाति ॥236॥

अर्थ : *यदि घी बदल कर फिर घी मक्खन बन जाय और मक्खन बदल कर फिर दूध बन जाय तो समझना चाहिये कि सिद्ध अवस्था को प्राप्त हुए जीव भी फिर से शरीर धारण कर सकते हैं।*

भावार्थ : *जब समस्त कर्मों का नाश हो जाता है तब सिद्ध अवस्था प्राप्त होती है तथा कर्मों के नाश होने पर उन कर्मों से बना हुआ शरीर भी नष्ट हो जाता है। ऐसी अवस्था में सिद्ध जीव फिर कभी भी शरीर धारण नहीं कर सकते। जिस दूध का दही बन गया व मक्खन घी बन गया वो घी, मक्खन व दही फिर कभी भी दूध नहीं बन सकते।*

रद्धो कूरो पुणरवि खित्ते खित्तो य होइ अंकूरो।
जइ तो मोक्खं पत्ता जीवा पुण इंति संसारे ॥237॥

रद्धः क्रूरः पुनरपि क्षेत्रे क्षिप्तश्च भवेदंकुरः।
यदि तर्हि मोक्षं प्राप्ताः जीवाः पुनरायान्ति संसारे ॥237॥

अर्थ : *यदि रंधा हुआ धान्य खेत में बोने से अंकुर वृक्ष रूप हो सकता है तो समझना चाहिये कि मोक्ष में प्राप्त हुए जीव भी फिर संसार में आ सकते हैं।*

भावार्थ : *जिस प्रकार रंधा हुआ धान्य खेत में बो देने पर भी नहीं उगता उसी प्रकार मोक्ष को प्राप्त हुए जीव फिर कभी भी संसार में नहीं आ सकते।*

आगे और भी दिखलाते हैं।

जइ णिक्कलो महप्पा विण्हू णिस्सेकम्ममलचत्तो।
किं कारणमप्पाणं संसारे पुणो विं पाडेइ ॥238॥

यदि निष्कलो महात्मा विष्णुः निःशेषस्वकर्ममलच्युतः।
किं कारणमात्मानं संसारे पुनरपि पातयति ॥238॥

अर्थ : *यदि वे विष्णु वास्तव में शरीर रहित हैं, महात्मा हैं और समस्त कर्मफल कलंक से रहित हैं तो फिर किस कारण से अपने आत्मा को फिर से संसार में गिराते हैं व संसार में परिभ्रमण कराते हैं।*

भावार्थ : *संसार में तो दुःख ही दुःख हैं। रामचन्द्र भी संसारी थे इसीलिये उनको सीता के वियोग का दुःख सहना पड़ा। यदि विष्णु वास्तव में सिद्ध हैं तो फिर कोई ऐसा कारण नहीं है कि वे दुःख भोगने के लिये फिर संसार में आवें। सिद्ध अवस्था में तो अनन्त सुख रहता है फिर ऐसा कौन बुद्धिमान है जो अनन्त सुख को छोड़कर अनेक प्रकार के दुःखों से भरे हुए इस संसार में जन्म मरण धारण करता फिरे, अर्थात् कोई नहीं।*

अहवा जइ कलसहिओ लोइयब्वावारदिण्णणियचित्तो।
तो संसारी णियमा परमप्पा हवइ ण हु विण्हू॥239॥

अथवा यदि कलसहितो लोकव्यापारदत्तनिजचित्तः।
तर्हि संसारी नियमात् परमात्मा भवति न हि विष्णुः॥239॥

अर्थ : *अथवा यदि विष्णु वास्तव में शरीर सहित हैं और उनका चित्त लोक के व्यापार में लगा रहता है तो फिर कहना चाहिये कि वह विष्णु नियम से संसारी है वह परमात्मा कभी नहीं हो सकता।*

इय जाणिऊण णूणं णवणवदोसेहिं वज्जिओ विण्हू।
सो अक्खइ परमप्पा अणंतणाणी अराई य॥240॥

इति ज्ञात्वा नूनं नवनवदोषैर्वर्जितो विष्णुः।
स कथ्यते परमात्मा अनन्तज्ञानी अरागी च॥240॥

अर्थ : *ये ऊपर लिखी सब बातें समझ कर कहना चाहिये कि जो विष्णु अठारह दोषों से रहित हैं अनन्त ज्ञानी हैं और वीतराग हैं वही परमात्मा हो सकता है। इन गुणों के बिना कोई भी परमात्मा नहीं हो सकता।*

आगे महादेव के लिये कहते हैं।

एवं भणंति केई रुद्दो संहरइ तिहुवणं सयलं।
चिंत्तामित्तेण फुडं णरणारयरतिरियसुरसहियं॥241॥

एवं भणन्ति केचित् रुद्रः संहरति त्रिभुवनं सकलम्।
चिन्तामात्रेण स्फुटं नरनारकतिर्यक्सुरसहितम्॥241॥

अर्थ : *कोई कोई लोग ऐसा कहते हैं कि महादेव मनुष्य, तिर्यंच, देव और नारकी आदि समस्त जीवों सहित इन समस्त तीनों लोकों को चिंतवन करने मात्र से ही क्षण भर में संहार कर डालते हैं।*

भावार्थ : *क्षण भर में समस्त जीवों का संहार कर डालते हैं।*

णट्ठे असेसलोए पच्छा सो कत्थ चिट्ठदे रुद्दो।
इक्को तमन्धयारो गोरी गंगा गया कत्थ॥242॥

नष्टेऽशेष लोके पश्चात् कुत्र तिष्ठति रुद्रः।
एकस्तमोऽधकारः(?) गौरी गंगा गता कुत्रः॥242॥

अर्थ : *जब महादेव समस्त लोक का संहार कर डालते हैं तो फिर समस्त*

लोक के नष्ट हो जाने पर वे महादेव स्वयं कहाँ ठहरते हैं? फिर तो एक महा अन्धकार ही रह जाता होगा तथा उस समय गौरी और गंगा कहाँ चली गयी होगी। कुछ तो समझना चाहिये।

जो डहइ एयगामं पावी लोएहिं वुच्चदे सो हु।
जो पुण डहइ तिलोयं सो कह देवत्तणं पत्तो ॥243॥

यो दहति एकग्रामं पापी लोकैरुच्यते स हि।
यः पुनः दहति त्रिलोकं स कथं देवत्वं प्राप्तः ॥243॥

अर्थ : *इस संसार में जो कोई पुरुष किसी एक छोटे से गाँव को भी जला देता है वह इस संसार में महापापी कहलाता है। फिर भला जो तीनों लोकों को जला डालता है वह महादेव देव कैसे हो सकता है उसे तो महापापियों से भी बढ़कर महापापी समझना चाहिये।*

जो हणइ एय गावी विप्पो व सोवि इत्थ लोएहिं।
गो बंभहच्चयारी पभणिज्जइ पावकारी सो ॥244॥

यः हन्ति एकां गा विप्र व सोऽपि अत्र लोकैः॥
गोब्रह्महत्याकारी प्रभण्यते पापकारी सः ॥244॥

अर्थ : *देखो इस संसार में जो पुरुष किसी एक गाय को मार डालता है अथवा किसी एक ब्राह्मण को मार डालता है वह गाय की हत्या करनेवाला और ब्रह्महत्या करनेवाला तो महापापी गिना जाता है*

जो पुण गोणारिपमुहे वाले बुड्ढे असंखलोयत्थे।
संहारेइ असेसं तस्सेव हि किं भणिस्सामो ॥245॥

यः पुनः गोनारी प्रमुखान् बालान् वृद्धान् असंख्यलोकस्थान्।
संहरति अशेषान् तमेव हि किं भणिष्यामः ॥245॥

अर्थ : *फिर भला जो महादेव देव कहलाकर भी असंख्यात लोकों में रहनेवाले गायें, स्त्रियाँ, बालक, वृद्ध आदि समस्त जीवों का संहार कर डालता है उसे क्या कहना चाहिये? वह तो महा पापियों से भी बढ़कर महापापी हो सकता है।*

आगे और भी कहते है।

अहवा जइ भणइ इयं सो देवो तस्स ण हु पावं।
तो बंभसीसछेए बंभहच्चा कहं जाया ॥246॥

अथवा यदि भणतीदं स देवः तस्य भवति न हिं पापम्।
तर्हि ब्रह्मशिरशच्छेदे ब्रह्महत्या कथं जाता ॥246॥

अर्थ : *यदि कदाचित् कोई यह कहे कि महादेव देव हैं सब से बड़े देव हैं इसलिये तीनों लोकों का नाश करने पर भी उनको हत्या का पाप नहीं लगता। परन्तु ऐसा कहना भी सर्वथा मिथ्या है। क्योंकि जब महादेवजी को इतनी प्रबल हत्या करने पर भी पाप नहीं लगता तो फिर जब उन्होंने ब्रह्मा के मस्तक पर का गधे का मस्तक काट डाला था उस समय उसको ब्रह्म हत्या का पाप कैसे लग गया था?*

भावार्थ : *ब्रह्मा का मस्तक काटने पर महादेव को ब्रह्म हत्या का महापाप लगा था। तदनन्तरः*

किं हट्ठ मुंडमाला कंधे परिवहइ धूलिधूसरिओ।
परिभमिओ तित्थाइं णरह कवालम्मि भुंजंतो ॥247॥

किं अस्थिमुंडमालां स्कन्धे परिवहति धूलिधूसरितः॥
परिभ्रमित स्तीर्थानि नरस्य कपाले भुंजानः ॥247॥

अर्थ : *उस ब्रह्म हत्या के पाप को नाश करने के लिये उसने अपने गले में हड्डियों की माला और मुंडमाला डाली थी, अपना शरीर धूलि से धूसरित कर लिया था और मनुष्य के कपाल में भोजन करता हुआ समस्त तीर्थों में परिभ्रमण करने लगा था।*

तह वि ण सा बंभहच्चा फिट्टइ रुद्दस्स जामता गामे।
वसिओ पलासणणामे ता विप्पो णियवलद्देण ॥248॥

तथापि न सा ब्रह्महत्या स्फिटति रुद्रस्य यावत् ग्रामे।
उषितः पलाशनाम्नि तत्र विप्रः निजवलत्वेन ॥248॥

णिहओ सिंगेण मुओ वसहो सेओ विकसणु संजाओ।
वाणारसिं च पत्तो रुद्दो वि य तस्स मग्गेण ॥249॥

निहतः श्रृंगेन मृतः वृषभः श्वेतः कृष्णः संजातः।
वाराणसीं प्राप्तः रुद्रोऽपि च तस्य मार्गेण ॥249॥

गंगाजलं पविट्ठा चत्ता ते दोवि बंभहच्चाए।
रुद्दस्स करय लग्गो तइयं पडियं कवालोत्ति ॥250॥

गंगां जले प्रविष्टौ त्यक्तौ तौ द्वावपि ब्रह्महत्यया।
न रुद्रस्य करे लग्नं तत्र पतितं कपालमिति ॥250॥

अर्थ : *इस प्रकार उस महादेव ने अनेक तीर्थों में परिभ्रमण किया तथापि उस महादेव की ब्रह्म हत्या छूट नहीं सकी थी। जब वह महादेव इस प्रकार परिभ्रमण करता हुआ पलाश नाम के एक गाँव में पहुँचा तब उस गाँव में उपवास किये हुए एक ब्राह्मण को उसी के एक बैल ने अपने सीगों से मार डाला था। इस ब्रह्म हत्या के पाप से वह सफेद बैल उसी समय काला हो गया था। तदनन्तर वह बैल अपना ब्रह्म हत्या का पाप दूर करने के लिये बनारस नगरी में पहुँचा। वह बैल भी पलाश गाँव का था और वहीं पर महादेव पहुँच गया था। इसलिये उस कृत्य को देखकर महादेव भी उस बैल के पीछे पीछे बनारस में जा पहुँचा था। बनारस जाकर उन दोनों ने गंगा जल में प्रवेश किया तब कहीं जाकर वे दोनों ही ब्रह्म हत्या से मुक्त हुए। तथा ब्रह्म हत्या के कारण महादेव के हाथ में कपाल लग गया, जो चिपक गया था वह भी उस समय गंगा जल में गिर पड़ा।*

आगे आचार्य समझा कर कहते हैं।

जस्स गुरू सुरहिसुओ गंग तोएण फिट्टए हच्चा।
सो देवो अण्णस्स य फेडइ कह संचियं पावं ॥251॥

यस्य गुरुः सुरभिसुतः गंगातोयेन स्फिट्यते हत्या।
स देवोऽन्यस्य च स्फोटयति कथं संचितं पापम् ॥251॥

अर्थ : *आचार्य कहते हैं कि देखो जिस महादेव ने अपनी ब्रह्म हत्या दूर करने के लिये बैल को तो गुरु बनाया और गंगा के जल से उसकी ब्रह्म हत्या दूर हुई वह महादेव अन्य संसारी जीवों के चिर काल से संचित हुए पापों को कैसे दूर कर सकते हैं? अर्थात् कभी दूर नहीं कर सकते।*

आगे आचार्य इसी बात को और दिखलाते हैं।

ब्रह्मा अल्पायुषोऽयं हरिर्विधि वशाद्गोपतिर्गर्भवासे,
चन्द्रा, क्षीणः प्रतापी भ्रमति दिनकरो देवमिथ्याभिमानी।
काम कायेनहीनश्चलयति पवनो विश्वकर्मा दरिद्री,
इन्द्राद्या दुःख पूर्णा सुखनिधि सुभगः पातुनः पार्श्वनाथः॥

अर्थ : *ब्रह्मा का आयुष्य थोड़ा है, कर्मों के उदय से कृष्ण ग्वाल के यहाँ हुए, चन्द्रमा का प्रताप क्षीण, जो देव पने का मिथ्या अभिमान करता हुआ सदा परिभ्रमण किया करता है। कामदेव शरीर रहित है वायु की गति सदा चंचल रहती है, विश्वकर्मा दरिद्री कहलाता है और इन्द्रादिक देव सब दुःखों से भरे हुए हैं। अतएव अनन्त सुख से सुशोभित होने वाले भगवान पार्श्वनाथ हम लोगों की सदा रक्षा करें।*

जो ण तरइ णियपावं गहियवओ अप्पणस्स फेडेउं।
असमत्थो सो णूणं कत्तित्तविणासणे रुद्दी ॥252 ॥

यो न शक्नोति निजपापं गृहीतव्रतः आत्मनः स्फोटयितुं।
असमर्थः स नूनं कर्तृत्वविनाशने रुद्रः ॥252 ॥

अर्थ : *जो महादेव व्रतों को ग्रहण करके भी अपनी आत्मा के, अपने पापों का नाश नहीं कर सकता वह महादेव इस ब्रह्मा के बनाये हुए लोक का विनाश भी नहीं कर सकता।*

इसलिये निश्चित सिद्धान्त यह है कि—

णो वंभा कुणइ जयं किण्हो ण धरेइ हरइ णउ रुद्दो।
एसो सहावसिद्धो णिच्चो दव्वेहिं संछण्णो ॥253 ॥

न ब्रह्मा करोति जगत् कृष्णः न धरति हरति न च रुद्रः।
एषः स्वभावसिद्धः नित्यः द्रव्यैः संछन्नः ॥253 ॥

अर्थ : *न तो इस जगत् को ब्रह्म ने बनाया है, न कृष्ण व विष्णु इसको धारण करते हैं और न महादेव इसका संहार करते हैं। यह जगत स्वभाव से ही सिद्ध है, अनादि है, और अनिधन है तथा जीवादिक द्रव्यों से भरा हुआ है।*

भमइ णग्गउ भमइ णग्गउ वसइ सुमसाणि।
णररुंडसिरमंडयउ णरकवालि भिक्खाइं भुंजेइ।
सहयारिउ गउरियहिंदुक्खभारु अप्पहो णिउंज्जइ।
जो बंभणेहं सिर कमले खुडिए न फेडइ दोसु।
सो इसरु कह अवहरइ तिहुवणु करइ असेसु ॥254 ॥

भ्रमति नगे भ्रमति नगे वसति श्मशाने।
नररुण्डशिरोमण्डितः नरकपाले भिक्षां भुनक्ति ॥
सहकृतः गौरिभिः दुःखभारे आत्मानं नियुक्ते।
यो ब्रह्मणः शिरःकमले खण्डिते न स्फोटयति दोषम्।
स ईश्वरः कथमपहरति त्रिभुवनं करोति अशेषम् ॥254 ॥

अर्थ : *जो महादेव नग्न होकर पर्वतों पर घूमता फिरता है, श्मशान में रहता है, मनुष्यों के रुंड मुंडों से अपने मस्तक की शोभा बढ़ाता है। मनुष्य के कपाल में भिक्षा भोजन करता है, पार्वती को सदा साथ रखता है, अपने आत्मा को सदाकाल अनेक दुःखों के समूह में डालता रहता है, जिसने ब्रह्मा का मस्तक काट डाला और फिर*

उस हत्या से लगी हुई ब्रह्महत्या के महापाप को दूर नहीं कर सका वह महादेव भला ईश्वर कैसे हो सकता है और किस प्रकार इन समस्त तीनों लोकों का नाश कर सकता है। अर्थात् कभी नहीं कर सकता।

उत्तरंतउ उत्तरंतउ पवर सुरसरिहिं।
पारासुर चलिउ मणु मुएलज्जकेवट्ट णदिणि।
आलिंकिय तपहेउ वरिवासजाउ तावसु महामुणि।
भारहु पुणु हुउ दो वहिं केसग्गह पव्वेण।
जिणु मल्लिवि के केण जगिं णिवडय चवलमणेण ॥255॥

अर्थ : *पाराशर मुनि गंगा के पार होने के लिये गंगा नदी के किनारे पहुँचे वहाँ पर मल्लाह की लड़की नाव चला रही थी इसलिये वे पाराशर ऋषि उसी को आलिंगन करने लगे।*

अण्णाणि य रइयाइं एत्थ पुराणाइं अघडमाणाइं।
सिद्धंतेहिं अजुत्तं पुव्वावरदोससंकिण्णं ॥256॥

अन्यानि च रचितान्यत्र पुराणानि अघटमानानि।
सिद्धान्तैरयुक्तं पूर्वापरदोषसंकीर्णम् ॥256॥

अर्थ : *और भी ऐसे बहुत से पुराण बने हुए है जो कभी सम्भव नहीं हो सकते, तथा जो सिद्धान्त के सर्वथा विरुद्ध हैं, और पूर्वापर अनेक दोषों से भरे हुए हैं।*

एए उत्ते देवो सव्वे सद्दहइ जो पुराणेहिं।
अरिहंता परिचाए सम्मा मिच्छोत्ति णायव्वो ॥257॥

एतानुक्तान् देवान् सर्वान् श्रद्दधाति यः पुराणैः।
अर्हतः परित्यज सम्यग्मिथ्यात्वं इति ज्ञातव्यम् ॥257॥

अर्थ : *जो पुरुष वीतराग सर्वज्ञ भगवान अरहंत देव को छोड़कर ऊपर लिखे इन समस्त देवों का श्रद्धान करता है तथा पुराणों में कहे हुए अन्य समस्त देवों का श्रद्धान करता है उसे सम्यग्मिथ्या दृष्टि तीसरे गुण स्थान वाला समझना चाहिये।*

एसो सम्मामिच्छो परिहरियव्वो हवेइ णियमेणः।
एत्तो अविरइ सम्मो कहिज्जमाणो णिसामेह ॥258॥

एतत्सम्यग्मिथ्यात्वं परिहर्तव्यं भवति नियमेन।
इतः अविरतसम्यक्त्वं कथयिष्यमाणं निश्रृणुत ॥258॥

अर्थ : *इस प्रकार जो तीसरे सम्यग्मिथ्यादृष्टि गुणस्थान का स्वरूप कहा है उसका सर्वथा त्याग नियमपूर्वक कर देना चाहिये। अब इसके आगे चौथे अविरत सम्यग्दृष्टि नाम के गुणस्थान का स्वरूप कहते है, उसे सुनो।*

इस प्रकार तीसरे गुणस्थान का स्वरूप कहा।

आगे अविरत सम्यग्दृष्टि नाम के चौथे गुणस्थान का स्वरूप कहते हैं।

हवइ चउत्थं ठाण अविरइसम्मेत्ति णामयं भणियं।
तत्थ हु खइओ भावो खयउवसमिओ समो चेव ॥259॥

भवति चतुर्थं स्थानमविरतसम्यक्त्वमिति नामकं भणितत।
तत्र हि क्षायिको भावः क्षायोपशमिकः शमश्चैव ॥259॥

अर्थ : *चौथे गुणस्थान का नाम अविरत सम्यग्दृष्टि है। इस गुण स्थान में क्षायिक भाव होते हैं, क्षायोपशामिक भाव होते हैं और औशमिक भाव होते हैं।*

एए तिण्णि वि भावा दंसणमोहं पडुच्च भणिआ हु।
चारित्तं णत्थि जदो अविरिय अन्तेसु ठाणेसु ॥260॥

एते त्रयोऽपि भावा दर्शनमोहं प्रतीत्य भणिता हि।
चारित्रं नास्ति यतः अविरतान्तेषु स्थानेषु ॥260॥

अर्थ : *इस गुणस्थान में जो तीनों प्रकार के भाव बतलाये हैं वे दर्शन मोहनीय के क्षय, क्षयोपशम और उपशम को लेकर बतलाये हैं। इसका भी कारण यह है कि पहले गुणस्थान से लेकर चौथे गुणस्थान तक चारित्र का सर्वथा अभाव रहता है।*

भावार्थ : *यद्यपि इस चौथे गुणस्थान में चारित्र मोहनीय का उदय है इसलिये चौथे गुणस्थान वाले औदयिक भाव भी कहे जा सकते हैं परन्तु चौथे गुणस्थान तक चारित्र होता ही नहीं है इसलिये यहाँ पर चारित्र मोहनीय की अपेक्षा ही नहीं रक्खी है। दर्शन मोहनीय और चारित्र मोहनीय की अनन्तानुबन्धी क्रोध मान माया लोभ इन प्रकृतियों का उपशम होने से उपशम सम्यक्त्व इस गुण गुणस्थान में होता है। इन्हीं प्रकृतियों का क्षय होने से क्षायिक सम्यक्त्व होता है और इन्हीं प्रकृतियों का क्षयोपक्षम होने से क्षायोपशमिक सम्यग्दर्शन होता है। इस गुणस्थान में ये तीनों प्रकार के सम्यग्दर्शन हो सकते हैं इसलिये दर्शन मोहनीय के क्षय क्षयोपशम या उपशम की मुख्यता को लेकर तीनों प्रकार के भाव बतलाये है। अनन्तानुबन्धी कषायों का क्षयोपशमादिक दर्शन मोहनीय के साथ हो जाता है परन्तु चारित्र मोहनीय की शेष प्रकृतियों का उदय ही रहता है इसलिये इस गुणस्थान में चारित्र मोहनीय की मुख्यता नहीं रक्खी है। केवल दर्शन मोहनीय की अपेक्षा से ही तीनों प्रकार के भाव बतलाये है।*

आगे इस गुणस्थान का स्वरूप अथवा इस गुणस्थान में रहने वाले जीवों के

भाव बतलाते हैं—

णो इंदिएसु विरओ णो जीवे थावरे तसे वा वि।
जो सद्दहइ जिणुत्तं अविरइ सम्मोत्ति णायव्वो ॥261॥

नो इन्द्रियेषु विरतो नो जीवे स्थावरे त्रसे वापि।
यो श्रद्दधाति जिनोक्तं अविरतसम्यक्त्वं इति ज्ञातव्यम्: ॥261॥

अर्थ : *इस गुणस्थान में रहने वाला जीव न तो इन्द्रियों से विरक्त रहता है न त्रस स्थावर जीवों की हिंसा का त्याग करता है। वह भगवान जिनेन्द्र देव के कहे हुए वचनों पर गाढ़ श्रद्धान करता है। इस प्रकार उसके यथार्थ देव शास्त्र गुरु के श्रद्धान करने को अथवा जीवादिक तत्त्वों के यथार्थ श्रद्धान करने को चौथा अविरत सम्यग्दृष्टि गुणस्थान कहते हैं।*

भावार्थ : *यद्यपि अविरत सम्यग्दृष्टि जीव इंद्रियों से विरक्त नहीं होता और न त्रस स्थावर जीवों की रक्षा करने का नियम लेता है तथापि सम्यग्दर्शन के प्रगट होने से उसके संवेग वैराग्य अनुकम्पा आदि आगे लिखे हुए गुण प्रगट हो जाते हैं इसलिये त्याग न होने पर भी चित्त में वैराग्य उत्पन्न होने के कारण वह अभक्ष्य-भक्षण नहीं करता और अनुकम्पा होने के कारण जीवों की हिंसा नहीं करता। यदि वह अभक्ष्य-भक्षण करता है और जीवों की हिंसा करता है तो उसके संवेग वैराग्य और अनुकम्पा आदि गुण नहीं हो सकते। तथा बिना इन गुणों के उसके सम्यग्दर्शन नहीं रह सकता। और बिना सम्यग्दर्शन के यह चौथा गुणस्थान नहीं हो सकता। इसके सिवाय यह भी समझ लेना चाहिये कि अविरत सम्यग्दृष्टि पुरुष देव शास्त्र गुरु का यथार्थ श्रद्धान करता है भगवान अरहंत देव के कहे हुए वचनों पर अर्थात् जैन शास्त्रों पर पूर्ण विश्वास करता है। शास्त्रों में अभक्ष्य-भक्षण का त्याग और हिंसा का निषेध लिखा ही है यदि वह शास्त्रों का श्रद्धान करता है तो भी वह अभक्ष्य भक्षण नहीं कर सकता तथा जीवों की हिंसा नहीं कर सकता।*

वर्तमान समय में बहुत से विद्धान व विद्वान् त्यागी शास्त्रों के विरुद्ध उपदेश देते हैं, अयोगों को जिन मंदिर में जाने का उपदेश देते हैं, मुनि होकर भी दस्साओं के यहाँ आहार लेते हैं शास्त्रों में कही हुई भगवान् जिनेन्द्रदेव की पूजा की विधि का निषेध करते हैं अपनी इच्छानुसार ही शास्त्रों में कही हुई पूजा की विधि के प्रतिकूल मन मानी विधि का प्रतिपादन करते हैं, वर्ण व्यवस्था जाति व्यवस्था को मानते नहीं, वर्णसंकर व जातिसंकर अथवा वीर्यसंकर सन्तान उत्पन्न करने का उपदेश देते हैं वे सब सम्यग्दृष्टि नहीं कहला सकते, क्योंकि वे भगवान् जिनेन्द्रदेव के कहे हुए वचनों पर श्रद्धान नहीं करते किन्तु उसके विपरीत श्रद्धान करते है।

आगे फिर भी सम्यग्दर्शन का लक्षण कहते हैं।

हिंसारहिए धम्मे अट्ठारह दोसवज्जिए देवे।
णिग्गंथे पव्वयणो सद्दहणं होइ सम्मत्तं ॥262॥

हिंसा रहिते धर्मे अष्टादश दोषवर्जिते देवे।
निर्ग्रन्थे प्रवचने श्रद्धानं भवति सम्यक्त्वम् ॥262॥

अर्थ : *धर्म वही है जो हिंसा से सर्वथा रहित हो, देव वही है जो अठारह दोषों से रहित हो, और गुरु व मुनि वे ही हैं जो बाह्य अभ्यान्तर परिग्रहों से रहित सर्वथा निर्ग्रन्थ हों। इस प्रकार देव शास्त्र गुरु का यथार्थ श्रद्धान करना सम्यग्दर्शन कहलाता है।*

आगे सम्यग्दर्शन के गुण कहते हैं।

संवेओ णिव्वेओ णिंद्दा गरुहाइं उवसमो भत्ती।
वच्छल्लं अणुकंपा अट्ठगुणा होंति सम्मत्ते ॥263॥

संवेगो निर्वेगो निन्दां गर्हा उपशमो भक्तिः
वात्सल्यं अनुकम्पा अष्टौ गुणा भवन्ति सम्यक्त्वे ॥263॥

अर्थ : *संवेग निर्वेद निन्दा गर्हा उपशम भक्ति वात्सल्य अनुकम्पा ये सम्यग्दर्शन के आठ गुण होते है। संसार के दुःखों से भयभीत होने तथा धर्म में अनुराग होना संवेग है, संसार शरीर और भोगों से विरक्तता धारण करना निर्वेद है, अपने किये हुए पापों की निन्दा अपने आप करना निन्दा है, गुरु के समीप जाकर अपने दोषों का निराकरण करना गर्हा है। क्रोधादिक पच्चीसों कषायों का त्याग करना उपशम है, दर्शन ज्ञान चारित्र और तप का व इनको धारण करनेवालों का विनय करना भक्ति है, व्रतों के धारण करने में अनुराग धारण करना व व्रतियों में अनुराग धारण करना वात्सल्य है, त्रस स्थावर इन छहों प्रकार के जीवों की रक्षा करना उन पर दया धारण करना अनुकम्पा है। सम्यग्दर्शन के ये आठ गुण कहलाते हैं। सम्यग्दर्शन के उत्पन्न होने पर ये आठ गुण अवश्य प्रगट हो जाते हैं। जिसके ये गुण प्रगट न हो, समझना चाहिये उसके सम्यग्दर्शन भी नहीं है।*

आगे सम्यग्दर्शन के भेद बतलाते हैं।

दुविहं तं पुण भणियं अहवा तिविहं कहंति आयरिया।
अण्णाय अधिगमे व सद्दहणं जं पयत्थाणं ॥264॥

द्विविधं तत्पुनः भणितं अथवा त्रिविधं कथयन्त्याचार्याः।
आज्ञया अधिगमेन व श्रद्धानं यत् पदार्थानाम् ॥264॥

अर्थ : *आचार्यों उस सम्यग्दर्शन के दो भेद बतलाते हैं अथवा तीन भेद*

बतलाते हैं— भगवान जिनेन्द्र देव के कहे हुए पदार्थों का जो श्रद्धान भगवान की आज्ञा प्रमाण कर लिया जाता है उसको आज्ञा सम्यक्त्व कहते हैं और किसी के उपदेश द्वारा जो पदार्थों का श्रद्धान किया जाता है उसको अधिगमज सम्यग्दर्शन कहते है। इसके सिवाय सम्यग्दर्शन के निसर्गज और अधिगमज ये भी दो भेद है। जो सम्यग्दर्शन बिना किसी उपदेश के प्रगट हो जाता है उसको निसर्गज सम्यग्दर्शन कहते हैं और जो सम्यग्दर्शन किसी के उपदेश से प्रगट होता है उसे अधिगमज कहते हैं। इस प्रकार निमित्त कारण के भेद से दो भेद हो जाते हैं।

आगे सम्यग्दर्शन के तीन भेद दिखलाते हैं।

खयउवसमं च खइयं उबस मसम्मतपुणु च उद्दिट्ठ।
अविरइ विरयाणं पि य विरयाविरयाण ते हुंति ॥265॥

क्षयोपशमं च क्षायिकं उपशमं सम्यक्त्वं पुनश्चोद्दिष्टम्।
अविरतानां विरतानामपि च विरताविरतानां तानि भवन्ति ॥265॥

अर्थ : *क्षायिक, क्षायोपशमिक और औपशामिक ये तीन सम्यग्दर्शन के भेद है। ये तीनों प्रकार के सम्यग्दर्शन अविरत सम्यग्दृष्टि विरताविरत और विरत इन सबके होते हैं।*

आगे सम्यग्दर्शन किस प्रकार प्रगट होता है, सो दिखलाते हैं।

कोहचउक्कं पढमं अणंतबंधीणिणामयं भणियं
सम्मतं मिच्छत्तं सम्मामिच्छत्तयं तिण्णि ॥266॥

क्रोधचतुष्कं प्रथमं अनन्तानुबन्धिनामकं भणितम्।
सम्यक्त्वं मिथ्यात्वं सम्यग्मिथ्यात्वं त्रीणि ॥266॥

एएसिं सत्तएहं उवसमकरणेण उवसमं भणियं।
खयओ खइयं जायं अचलत्तं णिम्मलं सुद्धं ॥267॥

एतेषां सप्तानामुपशमकरणेन उपशमं भणितम्।
क्षयतः क्षायिकं जातं अचलत्वं निर्मलं शुद्धम् ॥267॥

अर्थ : *अनन्तानुबन्धी क्रोध माना माया लोभ ये चारित्र मोहनीय की चार प्रकृतियाँ तथा मिथ्यात्व सम्यग्मिथ्यात्व और सम्यक् प्रकृति मिथ्यात्व ये तीन दर्शन मोहनीय की प्रकृतियाँ ये सात प्रकृतियाँ सम्यग्दर्शन् को घात करने वाली हैं। इन सातों प्रकृतियों के उपशम होने से उपशम सम्यग्दर्शन होता है तथा इन्हीं सातों प्रकृतियों के अत्यन्त क्षय होने से क्षायिक सम्यग्दर्शन प्रगट होता है। यह क्षायिक सम्यग्दर्शन अचल है अर्थात् फिर कभी नष्ट नहीं होता सदा अनन्तानन्त कालतक*

विद्यमान रहता है तथा अत्यन्त निर्मल है और अत्यन्त शुद्ध है।

आगे क्षायोपशमिक सम्यग्दर्शन को कहते हैं।

उदयाभाओ जत्थ य पयडीणं ताण सव्वघादीणं।
छण्णाण उवसमो विय उदओ सम्मत्तं पयडीए।।268।।

उदयाभावो यत्र च प्रकृतीनां तासां सर्वधातिनीनाम्।
षण्णां उपशमोऽपि च उदयः सम्यक्त्वप्रकृतेः।।268।।

खयउवसमं पउत्तं सम्मत्तं परमवीयराएहिं।
उवसमिय पंक सरिसं णिच्चं कम्मक्खवण हेउं।।269।।

क्षयोपशमं प्रोक्तं सम्यक्त्वं परमवीतरागैः।
उपशमितपंकसदृशं नित्यं कर्म क्षपण हेतुः।।269।।

अर्थ : *सम्यग्दर्शन को घात करने वाली सात प्रकृतियाँ जो ऊपर बतलाई है उनमें से अनन्तानुबन्धी क्रोध मान माया लोभ और मिथ्यात्व सम्यग्मिथ्यात्व ये छह प्रकृतियाँ सर्वघाती हैं और सम्यक् प्रकृति मिथ्यात्व नाम की एक प्रकृति देश घाती है। ऊपर लिखी छह प्रकृतियाँ सम्यग्दर्शन को घात करने वाली है इसलिये वे सर्वघाती कहलाती हैं और सम्यक् प्रकृति नाम की प्रकृति सम्यग्दर्शन का घात नहीं करती किन्तु उसमें चल मलिन और अगाढ़ इन दोषों को उत्पन्न कर देती है। परिणामों में चंचलता होने को चल दोष कहते हैं, मलिनता होने को मलिन कहते हैं और अगाढ़ श्रद्धान नहीं होना अगाढ़ दोष है। जब ऊपर लिखी हुई सर्वघाती छह प्रकृतियों का उदयाभावी क्षय हो जाता है अर्थात् छहों प्रकृतियों के उपशम होने से और देश घाती सम्यक् प्रकृति का उदय होने से क्षायोपशमिक सम्यग्दर्शन होता है। ऐसा भगवान वीतराग सर्वज्ञ देव ने कहा है। जिस प्रकार किसी वर्तन में मिट्टी मिला पानी रक्खा हो तथा उसमें फिटकरी डाल दी जाय तो उसकी मिट्टी नीचे बैठ जाती है पानी निर्मल हो जाता है। इसी प्रकार जिस जीव के ऊपर लिखी हुई सातों प्रकृतियों का उपशम हो जाता है उसके औपशमिक सम्यग्दर्शन हो जाता है परन्तु जिस प्रकार हवा चलने पर वह निर्मल पानी फिर गदला हो जाता है उसी प्रकार अन्तर्मुहूर्त के अनन्तर ही उन सातों प्रकृतियों का उदय हो जाता है और वह औपशमिक सम्यग्दर्शन नष्ट हो जाता है। इसी प्रकार जिस बर्तन का पानी निर्मल हो गया है मिट्टी पूर्ण रूप से नीचे बैठ गयी है उसका पानी यदि किसी दूसरे बर्तन में ले लिया जाय तो उस निर्मल पानी में थोड़ा-सा भी गदलापन नहीं रहता वह पानी पूर्ण रूप से निर्मल हो जाता है इसी प्रकार क्षायिक सम्यग्दर्शन पूर्ण रूप से निर्मल होता है। उसमें फिर कभी भी गदलापन या अशुद्धता नहीं आती। जिस गन्दे पानी की अधिकतर मिट्टी नीचे बैठ*

गयी है और थोड़ा-सा गदलापन उस पानी में रह गया है उसी पानी को दूसरे बर्तन में ले लिया जाय तो उसमें थोड़ा गदलापन रहता ही हैं इसी प्रकार क्षायोपशमिक सम्यग्दर्शन अत्यन्त निर्मल और शुद्ध नहीं होता किन्तु उसमें चल, मलिन अगाढ़ दोष रहते है। सम्यक् प्रकृति का उदय होने से ये दोष हो जाते है। तथापि इस क्षायोपशमिक सम्यग्दर्शन के प्रगट हो जाने पर सदाकाल कर्मों का क्षय होता ही रहता है। अन्य सम्यग्दर्शन के समान यह सम्यग्दर्शन भी कर्मों के क्षय होने का कारण है।

आगे जो इस क्षायोपशमिक सम्यग्दर्शन को नहीं मानता वह अज्ञानी है ऐसा दिखलाते हैं।

जो ण हि मण्णइ एवं खयउवसमभावजो य सम्मत्तं।
सो अण्णाणी मूढो तेण ण णायं समयसारं ॥270॥

यो न हि मन्यते एतत् क्षयोपशमभावजं च सम्यक्त्वम्।
स अज्ञानी मूढस्तेन न ज्ञातं समयसारम् ॥270॥

जम्हा पंचपहाणा भावा अत्थित्ति सुत्त णिदिट्ठा।
तम्हा खय उवसमिए भावे जायं तु तं जाणे ॥271॥

यस्मात् पंचप्रधाना भावाः सन्तीति सूत्र निर्दिष्टाः।
तस्मात् क्षयोपशमेन भावेन जातं तु तत् ज्ञातव्यम् ॥271॥

अर्थ : जो पुरुष इस क्षायोपशमिक सम्यग्दर्शन से उत्पन्न होने वाले परिणामों को नहीं मानता, समझना चाहिये कि वह अज्ञानी और मूर्ख है, तथा वह पुरुष आत्मा के स्वरूप को भी नहीं जानता। इसका भी कारण यह है कि सिद्धान्त सूत्रों में अथवा उमास्वामी कृत तत्त्वार्थ सूत्र में व उसकी समस्त टीकाओं में जीवों के प्रधान भाव पाँच प्रकार के बतलाये हैं। औपशमिक, क्षायिक, क्षायोपशमिक औदयिक और पारिणामिक ये पाँच भाव बतलाये हैं। इसलिये क्षायोपशमिक सम्यग्दर्शन के बिना पाँचों भावों की पूर्ति ही नहीं हो सकती। इसलिये क्षायोपशमिक भाव और क्षायोपशमिक सम्यग्दर्शन मानना अत्यावश्यक है।

आगे सम्यग्दर्शन का स्वरूप बतलाते हैं—

तं सम्मत्तं उत्तं जत्थ पयत्थाण होइ सद्दहणं।
परमप्पह कहियाणं परमप्पा दोसपरिचित्तो ॥272॥

तत्सम्यक्त्वमुक्तं यत्र पदार्थानां भवति श्रद्धानम्।
परमात्मकथितानां परमात्मा दोष परित्यक्तः ॥272॥

अर्थ : परम परमात्मा वीतराग सर्वज्ञ देव श्री जिनेन्द्र देव हैं उनके कहे हुए

समस्त तत्त्वों का श्रद्धान करना सम्यग्दर्शन कहलाता है। वह परमात्मा व श्री जिनेन्द्रदेव समस्त दोषों से रहित ही होते हैं।

दोसा छुहाइ भणिया अट्ठारस होंति तिविह लोयम्मि।
सामण्णा सयलजणे तेसिअहावेण परमप्पा ॥273॥

दोषा क्षुधादयो भणिता अष्टादश भवन्ति त्तिविलोके।
सामान्या सकलजने तेषामभावेन परमात्मा ॥273॥

अर्थ : *ये कहे हुए क्षुधादिक अठारह दोष सामान्य रीति से तीनों लोकों के समस्त जीवों में रहते हैं। जब इन समस्त दोषों का नाश हो जाता है तभी यह जीव परमात्मा हो सकता है।*

भावार्थ : *परमात्मा वही हो सकता है जो वीतराग और सर्वज्ञ हो, तथा वीतराग वही हो सकता है जो अठारह दोषों से रहित हो और बिना वीतराग हुए सर्वज्ञ नहीं हो सकता। इसलिये जो अठारह दोषों से रहित होता है वही परमात्मा होता है।*

आगे परमात्मा के भेद बतलाते हैं—

सो पुण दुविहो भणिओ सयलो तह णिक्कलोत्ति णायव्वो।
सयलो अरुहसरूवो सिद्धो पुण णिक्कलो भणिओ ॥274॥

स एषः द्विविधः भणितः सकलः तथा निष्कलः ज्ञातव्यः।
सकलः अर्हत्स्वरूपः सिद्धः पुनः निष्कलः भणितः ॥274॥

अर्थ : *वह परमात्मा दो प्रकार का है। एक सकल परमात्मा और दूसरा निकल परमात्मा। यहाँ पर कल शब्द का अर्थ शरीर है जो शरीर सहित हो ऐसे अरहंत भगवान को सकल परमात्मा कहते हैं तथा शरीर रहित सिद्ध भगवान को निकल परमात्मा कहते हैं।*

जस्स ण गोरी गंगा कावालं णेव विसहरो कंठे।
ण य दप्पो कंदप्पो सो अरुहो भण्णए रुद्दो ॥275॥

यस्य न गौरी गंगा कपालं नैव विषधरः कण्ठे।
न च दर्पः कन्दर्पः सोऽर्हन् भव्यते रुद्रः ॥275॥

अर्थ : *जिसके साथ न गौरी, गंगा, पार्वती हैं न डंडा है न हाथ में कपाल है, न कण्ठ में सर्प है, न जिनको अभिमान है और न जो कामासक्त है ऐसे भगवान अरहंत देव को ही महादेव कहना चाहिये।*

जस्स ण गया ण चक्कं णो संखो णेय गोविसंघाओ।
णावयरइ दहवयारे सो अरुहो भण्णए विण्हू ॥276॥

यस्य न गदा न चक्रं न शंखः नैव गोपीसंघातः।
नावतरति दशावतारे सोऽर्हन् भण्यते विष्णुः ॥276॥

अर्थ : *जिनके हाथ में न गदा है, न चक्र है, न शंख है, न जिनके साथ न अनेक गोपियों का समुदाय है और न जो दश अवतार लेते हैं ऐसे भगवान अरहंत देव को ही विष्णु समझना चाहिये।*

ण तिलोत्तमाए छलिओ ण य वयभट्ठो ण चउमुहो जादो।
ण य रिच्छीए रत्तो सो अरुहो वुच्चए वंभो ॥277॥

न तिलोत्तमया छलितोः न च व्रतभ्रष्टो न चतुर्मुखो जातः।
न ऋक्ष्यां रक्तः सोऽर्हन् उच्यते ब्रह्मा ॥277॥

अर्थ : *जो भगवान न तो तिलोत्तमा के द्वारा ठगे जाते हैं, न अपने तपश्चरण से कभी भ्रष्ट होते है न कामसक्त होकर चार मुख बनाते हैं और न रीछिनी के साथ कामासक्त होते हैं ऐसे वे अरहंत देव ही ब्रह्मा कहलाते है।*

भावार्थ : *भगवान अरहंत देव ही ब्रह्मा, विष्णु, महेश कहलाते हैं वे भगवान मोक्ष मार्ग का उपदेश देते है इसलिये ब्रह्मा कहलाते हैं, अपने केवल ज्ञान के द्वारा लोक अलोक सब में व्याप्त रहते हैं अपने ज्ञान के द्वारा सबको जानते हैं इसलिये विष्णु कहलाते हैं और वे सर्वोत्कृष्ट देव है इन्द्रादिक देव भी आकर उनको नमस्कार करते हैं इसलिये वे महादेव कहलाते हैं। अरहंत देव के सिवाय और कोई भी ब्रह्मा, विष्णु, महादेव नहीं है।*

आगे अरहंत देव के कहे हुए पदार्थों को कहते हैं।

तेणुत्तणवपयत्था अण्णे पंचत्थिकायछद्दव्वा।
आणाए अधिगमेण य सद्दहमाणस्स सम्मत्तं ॥278॥

तेनोक्तनवपदार्थान् अन्याति पंचास्तिकायषड्द्रव्याणि।
आज्ञयाधिगमेन च श्रद्दधानस्य सम्यक्त्वम् ॥278॥

अर्थ : *भगवान जिनेन्द्र देव ने नौ पदार्थ बतलाये हैं, पाँच अस्तिकाय बतलाये हैं और छह द्रव्य बतलाये हैं इन समस्त पदार्थों को जो भगवान की आज्ञा को प्रमाण मानकर श्रद्धान करता है अथवा इन सबका स्वरूप जानकर श्रद्धान करता हैं उस श्रद्धान को सम्यग्दर्शन कहते हैं।*

भावार्थ : *ये सब पदार्थ भगवान जिनेन्द्र देव ने कहे हैं। तथा इनका स्वरूप भी*

भगवान जिनेन्द्र देव ने कहा है भगवान जिनेन्द्र देव वीतराग सर्वज्ञ हैं। जो वीतराग सर्वज्ञ होता है वह कभी मिथ्या उपदेश नहीं देता। इस प्रकार भगवान की आज्ञा, को प्रमाण समझकर जो तत्त्वों का श्रद्धान करता है उसको आज्ञा सम्यक्त्व कहते हैं तथा तत्त्वों का यथार्थ स्वरूप समझकर श्रद्धान करता है वह अधिगम सम्यक्त्व है।

आगे सम्यग्दर्शन का और भी स्वरूप कहते हैं।

संकाइदोसरहियं णिस्संकाईगुणज्जुअं परमं।
कम्मणिज्जरणहेउं तं सुद्धं होइ सम्मत्तं॥279॥

शंकादि दोषरहितं निःशंकादिगुणयुतं परमम्।
कर्मनिर्जराहेतु तच्छुद्धं भवति सम्यक्त्वम्॥279॥

अर्थ : जो सम्यग्दर्शन शंका आदि आठ दोषों में रहित होता है और निःशंकित आदि आठ गुणों से सुशोभित होता है उसको परम शुद्ध सम्यग्दर्शन कहते हैं। ऐसा परम शुद्ध सम्यग्दर्शन कर्मों की निर्जरा का कारण होता है।

भावार्थ : शंका, आकांक्षा, विचिकित्सा, मूढ़ दृष्टि, अनुपगूहन अस्थिति कारण अवात्सल्य और अप्रभावना ये आठ दोष हैं तथा इनके विपरीत व इनका त्याग करने से निःशंकित, निकांक्षित, निर्विचिकित्सा अमूढ़दृष्टि, उपगूहन, स्थिति करण, वात्सल्य और प्रभावना ये आठ गुण प्रगट होते हैं। भगवान जिनेन्द्र देव के कहे हुए मोक्षमार्ग में व देव गुरु शास्त्र के स्वरूप में व तत्त्वों में ''यह सत्य है या नहीं'' इस प्रकार की शंका करना दोष है। तथा ऐसी शंका कभी नहीं करना, उस पर अटल श्रद्धान रखना निःशंकित गुण है इसको निःशंकित अंग कहते है। धर्म सेवन कर व भगवान की पूजा कर, व दान देकर किसी प्रकार की इच्छा करना आकांक्षा दोष है तथा ऐसी आकांक्षा न करना निःकांक्षित गुण है। किसी मुनि के मलिन शरीर को देखकर ग्लानि करना विचिकित्सा दोष है और ग्लानि न करना किन्तु उनके गुणों में अनुराग रखना निर्विचिकित्सा गुण है। सब देवों को व सब साधुओं को मानना मूढ़दृष्टि दोष है और भगवान जिनेन्द्र देव के सिवाय किसी को देव नहीं मानना, निर्ग्रंन्थ गुरु के सिवाय अन्य किसी को गुरु नहीं मानना, भगवान जिनेन्द्र देव के वचनों को ही शास्त्र मानना अमूढ़ दृष्टि गुण है। किसी बालक व अशक्त पुरुष के द्वारा धर्म कार्य में कोई दोष भी आ जाय तो उसको प्रगट कर देना अपनुपगूहन दोष है और प्रगट न करना उपगूहन अंग व गुण है। यदि कोई धर्मात्मा अपने कार्यो से श्रद्धान व चारित्र से गिरता हो, उसे छोड़ता हो तो उसे गिरने देना अस्थिति करण दोष है और उसको धर्म में लगा देना चारित्र व श्रद्धान से भ्रष्ट न होने देना स्थिति करण गुण व अंग है। धर्मात्मा पुरुषों में रत्नत्रय धारण करनेवाले पुरुषों में अनुराग न रखना दोष है और अनुराग रखना वात्सल्य नाम का गुण व अंग है। धर्म की प्रभावना नहीं

करना दोष है और धर्म की प्रभावना करना प्रभावना गुण है। इस प्रकार संक्षेप से आठ दोष और आठ गुण बतलाये। येही आठ गुण सम्यग्दर्शन के आठ अंग कहलाते हैं।

इसके सिवाय सम्यग्दर्शन में आठ मद, तीन मूढ़ता और छह अनायतन ये सत्रह दोष और हैं तथा इनका त्याग सत्रह गुण हो जाते है इस प्रकार सम्यग्दर्शन के पच्चीस दोष और पच्चीस गुण कहलाते हैं। संक्षेप से इनका स्वरूप इस प्रकार है। ज्ञान का अभिमान करना, अपने बड़प्पन का मद करना, कुल का मद, जाति का मद, बल का मद, ऋद्धि व विभूतियों का मद करना, तपश्चरण का मद करना, और अपने शरीर का मद करना ये मद दोष हैं तथा इन आठों का मद न करना आठ गुण हो जाते हैं। देव मूढ़ता, गुरु मूढ़ता और लोक मूढ़ता ये तीन मूढ़ता है। कुदेवों की सेवा करना बालू पत्थर के ढेर लगाकर पूजना देव मूढ़ता है, निर्ग्रन्थ मुनियों को छोड़कर अन्य रागी द्वेषी गुरुओं को मानना गुरु मूढ़ता है और नदी समुद्र में नहाना, पर्वत से गिरकर नदी में डूबकर मर जाना सती होना आदि सब लोक मूढ़ता है।

इन तीनों मूढ़ताओं का त्याग कर देना तीन गुण हो जाते हैं। कुदेव, कुशास्त्र और कुगुरुओं को मानना तथा उनकी सेवा करने वालों को मानना छह अनायतन हैं और इन छहों का त्याग कर देना छह आयतन सम्यग्दर्शन के गुण हो जाते हैं। इस प्रकार सम्यग्दर्शन के पच्चीस दोष और पच्चीस गुण बतलाये।

आगे सम्यग्दर्शन के आठ अंगों में प्रसिद्ध होने वाले पुरुषों के नाम कहते हैं।

रामगिहे णिस्संको चोरो णामेण अंजणो भणिओ।
चंपाए णिक्कंखा वणिधूवा णंतमइ णामा ॥280॥

राजगृहे निःशंकश्चौरो नाम्ना अंजनो भणितः॥
चम्पायां निष्कांक्षा वणिक्सुताननन्तमती नाम्नी ॥280॥

अर्थ : *राजगृह नगर में एक अंजन नाम का चोर था वह निशंकित अंग में प्रसिद्ध हुआ है। तथा चंपापुर नगर में एक सेठ की पुत्री अनन्तमती थी वह निःकांक्षित अंग में प्रसिद्ध हुई है।*

णिव्विदिगिंछो राया उद्दायणो णाम रउरवे णयरे।
रेवइ महुराणयरे अमूढदिट्ठी मुणेयव्वा ॥281॥

निविर्चिकित्से राजा उद्दायनो नाम रौरवे नगरे।
रेवती मथुरा नगरे अमूढदष्टिर्मन्तव्या ॥281॥

अर्थ : *रोरव व रुद्रवर नगर का उद्दायन नाम का राजा निर्विचिकित्सा अंग में प्रसिद्ध हुआ है और मथुरा नगर में रेवती रानी अमूढ़दृष्टि अंग में प्रसिद्ध हुई है।*

ठिदिकरणगुणपउत्तो मगहाणयरम्मि वारिसेणो हु।
हत्थिणिपुरम्मिणयरे वच्छल्लं विण्हुणा रइयं॥282॥

स्थितिकरणगुणप्रयुक्तो मगधानगरे वारिषेणो हि।
हस्तिापुरे नगरे वात्सल्यं विष्णुना रचितम्॥2882॥

अर्थ : *मगध नगर में वारिषेण नाम का राजपुत्र स्थिति करण अंग में प्रसिद्धि हुआ है। हस्तिनापुर नगर में विष्णुकुमार मुनि वात्सल्य अंग में प्रसिद्ध हुए हैं।*

उवगूहणगुणजुत्तो जिणदत्तो णाम तामलित्तिणयरीए।
वज्जकुमारेणकथा पहावणा चेव महुराए॥283॥

उपगूहन गुणयुक्तो जिनदत्तो नाम ताम्रलिप्तिनगर्याम्।
वज्रकुमारेण कृता प्रभावना चैव मथुरायाम्॥283॥

अर्थ : *ताम्रलिप्त नगर का रहने वाला सेठ जिनदत्त उपगूहन अंग में प्रसिद्ध हुआ है और मथुरा नगर में वज्रकुमार मुनि ने जैन धर्म की प्रभावना कराकर प्रभावना अंग में प्रसिद्धि पाई थी इन सब महापुरुषों की सुन्दर कथाएँ अन्य शास्त्रों से जान लेनी चाहिये।*

एरिसगुण अट्ठजुयं सम्मत्तं जो धरेइ दिढचित्तो।
सो हवइ सम्मदिट्ठी सद्दहवाणो पयत्थाणं॥284॥

एतादृशाष्टगुणयुक्तं सम्पक्त्वं यो धारयति दृढ़चित्तः।
स भवति सम्यग्दृष्टिः श्रद्दधानः पदार्थानाम्॥284॥

अर्थ : *इस प्रकार ऊपर जो सम्यग्दर्शन के आठ गुण बतलाये हैं उनके साथ चित्त की दृढ़ता पूर्वक सम्यग्दर्शन धारण करता हुआ, भगवान जिनेन्द्र देव के कहे हुए पदार्थों का श्रद्धान करता है, वह जीव सम्यग्दृष्टि कहलाता है। आगे नौ पदार्थों के नाम कहते हैं।*

ते पुण जीवाजीवा पुण्णं पावो य आसवो य तहा।
संवर णिज्जरणां पि य बन्धो मोक्खो य णव होंति॥285॥

ते पुणः जीवाजीवौ पुण्यं पापश्च आस्रवश्च तथा।
संवरो निर्जराऽपि च बन्धो मोक्षश्च नव भवन्ति॥285॥

अर्थ : *जीव, अजीव, आस्रव, बन्ध, संवर, निर्जरा मोक्ष पुण्य पाप ये नौ पदार्थ है।*

आगे जीव का स्वरूप कहते है।

जीवो अणाइ णिच्चो उवओगसंजुदो देहमित्तो य।
कत्ता भोत्ता चेत्ता ण हु मुत्तो सहावउड्ढगई ॥286 ॥

जीवोऽनादिः नित्यः उपयोगसंयुतो देहमात्रश्च।
कर्ता भोक्ता चेतयता न तु मूर्तः स्वभावोर्ध्वगतिः ॥286 ॥

अर्थ : *यह जीव अनादि है, अनिधन है, उपयोग स्वरूप है, शरीर के प्रमाण के समान है, कर्त्ता है, भोक्ता है, चेतना सहित है, अमूर्त है और स्वभाव से ही ऊर्ध्व गमन करने वाला है।*

पाणचउक्कपउत्तो जीवस्सइ जो हु जीविओ पुव्वं।
जीवेइ वट्टमाणं जीवत्तगुण समावण्णे ॥287 ॥

प्राणचतुष्कप्रयुक्तः जीविष्यति यो हि जीवितः पूर्वम्।
जीवति वर्तमाने जीवत्वगुणसमापन्नः ॥287 ॥

अर्थ : *इन्द्रिय, बल, आयु और श्वासोच्छ्वास ये चार प्राण कहलाते है ये चारों प्राण बाह्य प्राण है और इस संसारी जीव के चारों प्राण रहते हैं। जो जीव पहले जीवित था, अब जीवित है और आगे जीवित रहेगा वह जीव कहलाता है। इस प्रकार जो ऊपर लिखे चारों प्राणों से जीवित रहता है वह जीवत्वगुण सहित जीव कहलाता है।*

पज्जाएणवि तस्स हु विट्ठा आवत्ति देहगहणम्मि।
अधुवत्तं पुण विट्ठं देहस्स विणासणे तस्म ॥288 ॥

पर्यायेनापि तस्य हि दृष्टा आवृत्तिः देहग्रहणे।
अध्रुवत्वं पुनः दृष्टं देहस्य विनाशने तस्य ॥288 ॥

अर्थ : *यह संसारी जीव अनेक पर्यायें धारणा करता रहता है उसी के समान उसका आकार हो जाता है। इस जीव में संकोच विस्तार होने की शक्ति है। जैसे दीपक घड़े में रख दिया जाय तो उसका प्रकाश उतना ही रहेगा उसे ही कमरे में रखने पर बढ़ कर उस कमरे के समान हो जाता है। इसी प्रकार जीव छोटा शरीर धारण करता है तब संकुचित होकर छोटे आकार वाला उसी छोटे शरीर के समान हो जाता है और जब बड़ा शरीर धारण करता है तो विस्तृत होकर उस बड़े शरीर के समान हो जाता है। यद्यपि जीव नित्य है कभी नष्ट नहीं होता तथापि शरीर के नाश होने से तथा दूसरा शरीर धारण कर लेने से वह अनित्य कहा जाता है इसके सिवाय इतना और*

समझ लेना चाहिये कि ऊपर जो चार प्राण बतलाये हैं उनके दस भेद हो जाते हैं क्योंकि स्पर्शन रसना घ्राण चक्षु और कर्ण ये पाँच इन्द्रियों के भेद हैं तथा आयु और श्वासोच्छ्वास और तीन बल को मिला कर दश भेद हो जाते हैं। इनमें से एकेन्द्रिय जीव के स्पर्शन इन्द्रिय कायबल आयु और श्वासोच्छ्वास ये चार प्राण होते हैं। दो इन्द्रिय जीव के स्पर्शन रसना ये दो इन्द्रियाँ तथा कायबल वचनबल और आयु श्वासोच्छ्वास ये छह प्राण होते हैं। तेइन्द्रिय जीव के स्पर्शन रसना घ्राण ये तीन इन्द्रियाँ कायबल वचनबल आयु श्वासोच्छ्वास ये सात प्राण होते हैं चौइन्द्रिय जीव के एक चक्षु इन्द्रिय और अधिक होती है इसलिये आठ प्राण होते हैं। असैनी पंचेन्द्रिय जीव के पाँचों इन्द्रियाँ कायबल वचनबल आयु श्वासोच्छ्वास ये नौ प्राण होते हैं तथा सैनी पंचेन्द्रिय जीव के दशों प्राण होते हैं। मन सहित जीवों को सैनी कहते हैं और मन रहित जीवों को असैनी कहते हैं। यह सब जीवों का स्वरूप व्यवहार नय से बतलाया है। निश्चय नय से जिसके ज्ञानदर्शनरूप चेतना गुण हो उसको जीव कहते है। यह चेतना गुण संसारी और मुक्त दोनों प्रकार के जीवों में रहता है।

आगे जीव के उपयोग गुण की कहते हैं।

सायारो अणयारो उवओगो दुविहभेयसंजुत्तो।
सायारो अट्ठविहो चउप्पयारो अणायारो ॥289॥

साकारोऽनाकार उपयोगो द्विविध भेदसंयुक्तः।
साकारोऽष्टविधः चतुः प्रकारोऽनाकारः ॥289॥

अर्थ : आत्मा के ज्ञान दर्शन रूप भावों को उपयोग कहते हैं। उस उपयोग के दो भेद है एक साकार उपयोग दूसरा अनाकार उपयोग। साकार उपयोग के आठ भेद है और अनाकार उपयोग के चार भेद है।

आगे साकार उपयोग को कहते हैं।

मइसुइउवहिविहंगा अण्णाणजुत्ताणि तिण्ण णाणाणि।
सम्मण्णाणाणि पुणो केवल दट्ठाणि पंचेव ॥290।

मतिश्रुतावधिविभंगानि अज्ञानयुक्तानि त्रीणि ज्ञानानि।
सम्यग्ज्ञानानि पुनः केवलदृष्टानि पंचैव ॥290॥

अर्थ : कुमति ज्ञान कुश्रुत ज्ञान और कुअवधि ज्ञान या विभंगावधि ज्ञान ये तीनों ज्ञान मिथ्या ज्ञान कहलाते हैं। तथा भगवान जिनेन्द्र देव ने सम्यग्ज्ञान के पाँच भेद बतलाये हैं।

आगे सम्यग्ज्ञान के पाँच भेद बतलाते हैं—

मइणाणं सुयणाणं उवही मणपज्जयं च केवलयं।
तिण्णिसया छत्तीसा मई सुयं पुण वारसंगगयं॥291॥

मतिज्ञानं श्रुतज्ञानमवधिः मनः पर्ययं च केवलम्।
त्रीणि शतानि षट्त्रिंशत् मतिः श्रुतं पुनः द्वादशांगगतम्।।291।

अर्थ : *मति ज्ञान श्रुत ज्ञान अवधि ज्ञान मनः पर्यय ज्ञान और केवल ज्ञान ये पाँच ज्ञान सम्यग्ज्ञान कहलाते हैं इनमें से मति ज्ञान के तीन सौ छत्तीस भेद हैं तथा श्रुत ज्ञान के बारह अंग कहलाते हैं।*

भावार्थ : *मति ज्ञान के अवग्रह ईहा अवाय धारणा ये चार भेद है। किसी पदार्थ को जानने के लिये सबसे पहले किसी भी इन्द्रिय से उसका दर्शन होता है उस दर्शन के अनन्तर जो प्रथम ज्ञान होता है उसको अवग्रह कहते हैं। जैसे दूर से देखकर यह पुरुष है ऐसा ज्ञान होना अवग्रह है, अवग्रह होने के अनन्तर उसके विशेष जानने की इच्छा को ईहा ज्ञान कहते है जैसे यह पुरुष दक्षिणी होना चाहिये। यह ईहा ज्ञान है। फिर यह दक्षिणी ही है ऐसे निश्चय रूप ज्ञान को अवाय कहते है और फिर उसको न भूलना धारणा है। यह चारों प्रकार का ज्ञान बहुत से पदार्थों का होता है, बहुत प्रकार के पदार्थों का ज्ञान होता है, एक पदार्थ का होता है, अनेक प्रकार के पदार्थों का होता है, देखने मात्र से शीघ्र हो जाता है, देर से होता है, किसी एक भाग को जानकर शेष छिपे पदार्थ का ज्ञान होता है। प्रगट पदार्थ का होता है बिना कहे हुए (बिना सुने) पदार्थ का ज्ञान होता है कहे हुए का ज्ञान होता है ध्रुव स्वरूप ज्ञान होता है और अध्रुवरूप ज्ञान होता है। इस प्रकार बारह प्रकार से होता है और इस प्रकार मतिज्ञान के अड़तालिस भेद हो जाते है। ये अड़तालिस भेद पाँचों इन्द्रियों से तथा मन से होते है इस प्रकार दो सौ अठासी भेद हो जाते हैं। अवग्रह के अर्थावग्रह और व्यंजनाग्रह ये दो भेद है। पदार्थों के स्पष्ट ज्ञान को अर्थावग्रह कहते है और स्पष्टता रहित ज्ञान को व्यंजनावग्रह कहते है। किसी मिट्टी के सकोरे में एक दो तीन बूँदे डालने से स्पष्ट नहीं होती उनका ज्ञान होना व्यंजनावग्रह है और चौथी व पाँचवीं बूँद के स्पष्ट होने पर अर्थावग्रह है। ऊपर दो सौ अठासी भेद अर्थावग्रह के है। ऊपर व्यंजनावग्रह के ईहा अवाय धारणा नहीं होते तथा बहुत पदार्थों का व एक पदार्थ का ज्ञान आदि बारह प्रकार का ज्ञान होता है और वह ज्ञान नेत्र और मन से नहीं होता केवल चार इन्द्रियों से होता है। इसलिये उसके अड़तालिस भेद होते हैं। इस प्रकार दो सौ अट्ठासी अर्थावग्रह के भेद और अड़तालिस व्यंजनावग्रह के भेद मिल कर तीन सौ छत्तीस भेद होते हैं।*

श्रुतज्ञान के बारह अंग इस प्रकार है।

आचारांग, सूत्र कृतांग, स्थानांग, समवायांग, व्याख्या प्रज्ञप्ति अंग, ज्ञातृधर्मकथांग,

उपासकाध्ययनांग, अन्तकृद्दशांग, अंगोत्तरोपेपादिक दशांग, प्रश्न व्याकरणांग, विपाक सूत्रांग और दृष्टिवादांग। ये बारह अंग कहलाते है।

आगे अवधिज्ञान के भेद बतलाते हैं—

देसावहि परमावहि सव्वावहि अवहि होइ तिब्भेया।
भवगुण कारणभूया णायव्वा होइ णियमेण ॥292॥

देशावधिः परमावधिः सर्वावधिः अवधिः भवतिः त्रिभेदः।
भवगुणकारणभूतः ज्ञातव्यो भवति नियमेन ॥292॥

अर्थ : *देशावधि, परमावधि और सर्वावधि इस प्रकार तीन प्रकार का अवधिज्ञान होता है। इनमें उत्तरोत्तर जानने की शक्ति अधिक होती है। देशावधि ज्ञान के दो भेद हैं। भव प्रत्यय एवं गुण प्रत्यय। गुण प्रत्यय देशावधि ज्ञान वर्धमान-हीयमान, अवस्थित अनवस्थित अनुगामी-अननुगामी, प्रतिपाति एवं अप्रतिपाति के भेद से छः प्रकार का है। देशावधि एवं परमावधि ज्ञान जघन्य, मध्यम एवं उत्कृष्ट के भेद से तीन प्रकार के हैं। सर्वाधिक भेद रहित हैं।*

आगे मनः पर्यय ज्ञान को कहते हैं।

मणपज्जयं च दुविहं रिउविउलमई तहेव णायव्वं।
केवलणाणां एक्कं सव्वत्थ पयासयंणिच्चं ॥293॥

मनः पर्ययश्च द्विविधः ऋजुविपुलमती तथैव ज्ञातव्यः।
केवलज्ञानं एकं सर्वत्र प्रकाशकं नित्यम् ॥293॥

अर्थ : *मनः पर्ययज्ञान के दो भेद है। एक ऋजुमति और दूसरा विपुलमति। जो दूसरे के मन में ठहरे हुए सूक्ष्म व स्थूल पदार्थों को प्रत्यक्ष जाने उसको मनः पर्याय ज्ञान कहते है। जो सरल मन में ठहरे हुए पदार्थों को जाने व ऋजुमति हैं और जो कुटिल मन में ठहरे हुए पदार्थों को भी जान ले वह विपुलमति है।*

भावार्थ : *ऋजुमति से विपुलमति अधिक और अधिक शुद्ध है। केवल ज्ञान एक है। वह नित्य है अनन्त काल तक रहता है और लोक अलोक सब को प्रकाशित करता है सब को जो जानता है।*

एसो अट्ठपयारो णाणुवओगो हु होइ सायारो।
चक्खु अचक्खू ओही केवलसहिओ अणयारो। 294॥

एषोऽष्टप्रकारो ज्ञानोपयोगो हि भवति साकारः।
चक्षुरचक्षुरवधिः केवल सहितोऽनाकारः ॥294॥

भावार्थ : *इस प्रकार ज्ञानोपयोग के आठ भेद हैं और वह ज्ञानोपयोग साकार है। अनाकार अथवा आकार रहित उपयोग के चार भेद हैं अनाकार उपयोग दर्शन को कहते हैं। दर्शन के चार भेद हैं। चक्षुदर्शन अचक्षुदर्शन, अवधि दर्शन और केवल दर्शन। किसी पदार्थ को चक्षुओं से देखने को चक्षुदर्शन कहते हैं। चक्षु के सिवाय अन्य इन्द्रियों से देखना अचक्षुदर्शन है अवधि ज्ञान के साथ अवधि ज्ञान से पहले होने वाले दर्शन को अवधि दर्शन कहते हैं और केवल ज्ञान के साथ होने वाले दर्शन को केवल दर्शन कहते हैं। इस प्रकार उपयोग के बारह भेद बतलाये।*

आगे आत्मा का आकार बतलाते हैं—

जम्मि भवे जे देहं तम्मि भवे तप्पमाणओ अप्पा।
संहारवित्थरगुणो केवलणाणीहि उद्दिटठो॥ 295॥

यस्मिन् भवे यो देहः तस्मिन् भवे तत्प्रमाण आत्मा।
संहार विसतारगुणः केवलज्ञानिनभिः उदि्ष्टः॥295॥

अर्थ : *इस संसार में परिभ्रमण करता हुआ यह आत्मा अनेक योनियों में अनेक प्रकार के छोटे बड़े शरीर धारण करता है। जिस भाव में जैसा छोटा या बड़ा शरीर धारण करता है उस शरीर के प्रमाण के समान ही आत्मा का आकार हो जाता है। इसका कारण यह है कि इस आत्मा में संकोच और विस्तार होने की शक्ति है। इसलिये छोटे शरीर में जाता है तो संकुचित होकर छोटा आकार हो जाता है और बड़े शरीर में बड़ा हो जाता है।*

आगे यह जीव कर्ता भोक्ता है यह दिखलाते हैं।

जो कत्ता सो भुत्ता ववहारगुणेण सोइ कम्मस्स।
ण हु णिच्छएण भणिओ कत्ता भोत्ता य कम्माणं॥296॥

यः कर्त्ता सभोक्ता व्यवहारगुणेन भवति कर्मणः।
न तु निश्चयेन भणितः कर्त्ता भोक्ता च कर्मणाम्॥296॥

अर्थ : यह जीव व्यवहार नय से ज्ञानावरणादि कर्मों का कर्त्ता है और यही आत्मा अपने आप किये हुए उन कर्मों के फलका भोक्ता है। निश्चय नय से न तो वह कर्मों का कर्ता है और न उनके फलका भोक्ता है। निश्चय नय से वह अपने शुद्ध स्वभावों का कर्ता है और उन्हीं शुद्ध स्वाभावों का भोक्ता है।

आगे और भी कहते हैं।

कम्ममलछाइओ वि य ण मुयइ सो चेयणगुणं किं पि।
जोणीलक्खगओ वि य जह कणयं कद्दमे खित्तं॥297॥

कर्म न लच्छादतोऽपि न जानाति चेतनगुण किमपि।
योनिलक्षगतोपि च यथा कनकं कर्दमे क्षिप्तम् ॥297॥

अर्थ : *यह संसारी आत्मा चौरासी लाख योनियों में परिभ्रमण करता हुआ कर्म रूपी मल से आच्छादित हो रहा है इसलिये जिस प्रकार कीचड़ में पड़ा हुआ सोना जाना नहीं जा सकता उसी प्रकार यह संसारी आत्मा अपने शुद्ध चेतन के स्वरूप को भी नहीं जानता है।*

आगे और भी कहते हैं।

सुहमो अमुत्तिवंत्तो वण्णग्गन्धाइफासपरिहीणो।
पुग्गलमज्झिगओ वि य ण य मिल्लइ णियसव्भावं॥298॥

सूक्ष्मोऽमूर्तिमान् वर्णगन्धादिस्पर्शपरिहीनः।
पुद्गलमध्यगतोऽपि च न च मुंचति निजकस्वभावम् ॥298॥

अर्थ : *यह आत्मा अत्यन्त सूक्ष्म है अमूर्त है, वर्ण, रसगन्ध, स्पर्श इन पुद्गलों के चारों गुणों से रहित है। यद्यपि वह पुद्गलमय शरीर में रहता है पुद्गलमय ज्ञानावरणादि कर्मों से मिला हुआ है तथापि वह अपने स्वभाव को कभी नहीं छोड़ता है।*

भावार्थ : *आत्मा का स्वभाव शुद्ध ज्ञान दर्शन स्वरूप है यद्यपि वह ज्ञान दर्शन स्वभाव कर्मों से ढका हुआ है। यद्यपि वह नष्ट नहीं होता, बना ही रहता है। अथवा आत्मा काजो शुद्ध स्वरूप है वह भी आत्मा में बना रहता है। कर्मों के उदय से उसको विभाव परिणति हो जाति है तथापि वास्तविक शुद्धता बनी ही रहती है।*

आगे और भी कहते हैं।

सब्भावेणुड्ढगयी विदिसं परिहरिय गइ चउक्केण।
गच्छेइ कम्मजुत्तो सुद्धो पुण रिज्जुगइ जाई॥299॥

स्वभावेनोर्ध्वगतिः विदिशां परिहृत्य गतिचतुष्केन।
गच्छति कर्मयुक्ताः शुद्धः पुनः ऋजुगतिं याति॥299॥

अर्थ : *इस जीव का स्वभाव, स्वभाव से ही ऊर्ध्व गमन का है। परन्तु जो कर्म सहित जीव है वे विग्रह गति में चारों विदिशाओं को छोड़कर शेष छहों दिशाओं में गमन करते हैं। तथा जो शुद्ध जीव है वे ऋजुगति से ऊर्ध्व गमन ही करते हैं।*

भावार्थ : *आकाश के प्रदेशों की पंक्ति ऊपर से नीचे पूर्व से पश्चिम और उत्तर से दक्षिण इस प्रकार छहों दिशाओं में है तथा विग्रह गति में जीवों की गति आकाश के प्रदेशों की श्रेणी के अनुसार होती है इसलिये वह छह दिशाओं में ही*

होती है विदिशाओं में नहीं होती।

आगे विग्रह गति में होनेवाली गति को दिखलाते हैं।

पाणिविमुत्ता लंगलि वंकगई होइ तह य पुण तइया।
कम्मइयकाय जुत्तो दो तण्णि य कुणइ वंकाई ॥300॥

पाणिविमुक्ता लांगलिका वक्रगतिः भवति तथा च पुनः तृतीया।
कार्मणकापयुक्ताः द्वित्रीणि करोति वक्राणि ॥300॥

अर्थ : पाणिमुक्ता, लांगलिका और गोमूत्रिका इस प्रकार विग्रह गति के तीन भेद है। विग्रह गति में इस जीव के कार्मण शरीर रहता है केवल कार्मण शरीर को धारण करनेवाले जीव एक, दो व तीन मोड़ लेते हैं।

भावार्थ : एक शरीर को छोड़कर जब यह जीव दूसरा शरीर धारण करने के लिये जाता है तब उसकी उस गति को विग्रह गति कहते हैं। उस समय जो वाण के समान सीधी गति होती है उसको इषु गति व ऋजुगति कहते हैं। हाथ से फेंके हुए पत्थर के समान जिसमें एक मोड़ लेनी पड़ती है, उसको पाणिमुक्ता गति कहते हैं हलके मोड़ के समान जिसमें दो मोड़ लेनी पड़ती है उसको लांगलिका गति कहते हैं और चलते हुए बैल के मूत्र के समान जिसमें तीन मोड़ लेनी पड़े उसको गोमूत्रिका गति कहते है। ऋजुगति वाला जीव जिस समय में निकलता है उसी समय में दूसरा शरीर प्राप्त कर लेता है। पाणिमुक्ता गति वाला एक समय निराहार रहता है। चौथे समय में पहुँच कर आहार वर्गणाएँ ग्रहण कर लेता है।

तइए समए गिण्हइ चिरकयकम्मोदएण सो देहं।
सुरणरणारदयाणं तिरियाणं चेव लेसवसो ॥301॥

तृतीये समये गृह्णाति चिरकृतकर्मोदयेन स देहम्
सुरनरनारकाणां तिरश्चां चैव लेश्यावशः ॥301॥

अर्थ : अपनी अपनी लेश्याओं के निमित्त से देव, मनुष्य, तिर्यंच, देव आदि गतियों में अपने चिरकाल से उपार्जित किये कर्मों के उदय से जैसा शरीर धारण करना है वह शरीर पहले ही समय में व दूसरे समय में व तीसरे समय में अथवा चौथे समय में धारण कर लेता है।

सुहदुक्खं भुंजन्तो हिंडइ जोणीसु सयसहस्सेसु।
एयंदियवियलिंदियसयलिंदियपज्जपज्जत्तो ॥302॥

सुखदुःखं भुजानः हिण्डते योनिषु शतसहस्रोषु।
एकेन्द्रिय विकलेन्द्रियसकलेन्द्रियपर्याप्तापर्याप्तः ॥302॥

अर्थ : *यह संसारी जीव इस प्रकार एकेन्द्रिय, दोइन्द्रिय, तेइन्द्रिय चौइन्द्रिय, पंचेन्द्रिय पर्याप्तक, अपर्याप्तक आदि चौरासी लाख योनियों में परिभ्रमण करता हुआ अनेक प्रकार के सुख और दुःख भोगता रहता है।*

इस प्रकार अत्यन्त संक्षेप से जीव तत्त्व का निरूपण किया।

आगे अजीव पदार्थों को कहते हैं।

होंति अजीव दुविहा रूवारूवा य रूवि चउभेया।
खंधं च तहा देसो खंधपदेसो य परमाणु ॥303॥

भवन्ति अजीवा द्विविधा रूपारूपाश्च रूपिणश्चतुर्भेदः।
स्कन्धश्च तथादेशः स्कन्ध प्रदेशाश्च परमाणुः ॥303॥

अर्थ : *अजीव पदार्थों के दो भेद हैं एक रूपी और दूसरा अरूपी उनमें रूपी पदार्थ एक पुद्गल है शेष सब अरूपी है। रूपी पुद्गल द्रव्य के भी दो भेद हैं एक परमाणु और दूसरा स्कन्ध। स्कन्ध के फिर तीन भेद होते हैं। स्कन्ध, स्कन्ध देश और स्कन्ध प्रदेश। पुद्गल का सबसे छोटा भाग परमाणु कहलाता है, उसके फिर टुकड़े नहीं हो सकते। वह इन्द्रियों से नहीं जाना जा सकता है। वह एक प्रदेशी ही कहलाता है उसमें और प्रदेश नहीं होते। वही एक प्रदेश, आदि है वही मध्य है और वही अन्त है। उसमें एक रस रहता है एक गन्ध रहता है एक वर्ण रहता है और दो स्पर्श रहते हैं। वह अत्यन्त सूक्ष्म होता है और अन्य स्कन्धादिकों का कारण भूत होता है। अनन्तानन्त परमाणु मिलकर जब बन्धरूप परिणत हो जाते हैं तब उसको स्कन्ध कहते हैं। स्कन्ध के आधे भाग को देश कहते है और देश के आधे भाग को प्रदेश कहते हैं। जिसको पकड़ सके कहीं रख सके, फेंक सके, इस प्रकार काम में आने वाले पृथ्वी, जल, वायु अग्नि आदि सब स्कन्ध पुद्गल हैं बहुत से ऐसे भी स्कन्ध है जो सूक्ष्म होते है पकड़ने में नहीं आते परन्तु अनन्त परमाणुओं के समूह से बने होते हैं।*

यही बात आगे दिखलाते हैं।

णिहिलावपं च खंधा तस्स य अद्धं च वुच्चदे देसो।
अद्धद्धं च पदेसो अविभागीहोद परमाणु ॥304॥

निखिलावयवश्च स्कन्धः तस्यचार्धं उच्यते देशः।
अर्धार्धं च प्रदेशोऽविभागी भवति परमाणुः ॥304॥

अर्थ : *समस्त परमाणुओं का पिंड स्कन्ध कहलाता है, उसका आधा देश कहलाता है, उसका भी आधा प्रदेश कहलता है और फिर विभाग न हो सके ऐसे सबसे छोटे भाग को परमाणु कहते हैं।*

आगे अन्य अजीव पदार्थों को कहते हैं।

धम्माधम्मागासा अरूविणो होंति तह य पुण कालो।
गइठाणकारणावि य उग्गाहण वत्तणा कमसो॥305॥

धर्माधर्माकाशाः अरूपा भवन्ति तथा च पुनः कालः।
गतिस्थानकारणमपि चावगाहनस्य वर्तनायाः क्रमशः॥305॥

अर्थ : *धर्म, अधर्म, आकाश और काल ये पदार्थ अरूपी हैं और इसीलिये ये अमूर्त्त हैं। इनमें से धर्म-द्रव्य जीव पुद्गलों की गति में कारण है, अधर्म द्रव्य जीव पुद्गलों की स्थिति में कारण है, आकाश द्रव्य समस्त द्रव्यों को अवकाश देने में कारण है और काल द्रव्य द्रव्यों की पर्यय बदलने में कारण है।*

आगे इसी बात को विशेष रूप से दिखलाते हैं।

जीवाण पुग्गलाणं गइप्पवत्ताण कारणं धम्मो।
जह मच्छाणं तोयं थिरभूया णेव सो णेई॥306॥

जीवानां पुद्गलानां गतिप्रवृत्तानां कारणं धर्मः।
यथा मत्स्यानां तोयं स्थिरीभूतान् नैव स नयति॥306॥

अर्थ : *गमन करने की शक्ति जीव और पुद्गल इन दोनों पदार्थों में है। जिस प्रकार गमन करने की शक्ति मछली में है तथापि वह बिना पानी के गमन नहीं कर सकती। उसकी गति में पानी सहायक है उसी प्रकार गमन करने में प्रवृत्त होने वाले जीव पुद्गलों को धर्म द्रव्य सहायक होता है धर्म द्रव्य एक अमूर्त पदार्थ है और वह समस्त लोकाकाश में व्याप्त होकर भरा हुआ है। वह आकाश के समान एक अखंड द्रव्य है और मछलियों को पानी के समान जीव पुद्गलों को गमन करने में सहायक होता है। परन्तु जो जीव पुद्गल ठहरे हुए हैं उनको न तो चलाता है न चलने की प्रेरणा करता है। यदि वे चलते हैं तो सहायक हो जाता है।*

आगे अधर्म द्रव्य को कहते हैं।

ठिदीकारणं अधम्मो विसामठामं च होइ नइ छाया।
पहियाणं रुक्खस्य य गच्छंतं णेव सो धरई॥307॥

स्थितिकारणं अधर्मः विश्रामस्थानं च भवति यथा छाया।
पथिकानां वृक्षस्य च गच्छतः नैव स धरति॥307॥

अर्थ : *धर्म द्रव्य के समान ही अधर्म द्रव्य है अरूपी और समस्त लोकाकाश में व्याप्त है। वह जीव व पुद्गलों को ठहरने में सहायक होता है। जिस प्रकार गमन*

करते हुए पथिकों के लिए विश्राम स्थान में ठहरने के लिए वृक्ष की छाया सहायक होती है उसी प्रकार जो जीव पुद्गल गमन करते हुए ठहर जाते हैं। व ठहरे हुए हैं उनको ठहरने में अधर्म द्रव्य सहायक हो जाता है। जिस प्रकार छाया गमन करने वाले पथिक को रोकती नहीं उसी प्रकार अधर्म द्रव्य भी गमन करने वाले जीव पुद्गलों को रोकता नहीं है।

सव्वेसिं दव्वाणं अवयासं देइ तं तु आयासं।
तं पुणु दुविहं भणिय लोयालोयं च जिणसमए।।308।।

सर्वेषां द्रव्यानामवकाशं ददाति तत्त्वावकाशम्।
तत्पुनः द्विविधं भणितं लोकालोकं च जिनसमये।।308।।

अर्थ : जो जीव अजीव आदि समस्त पदार्थों को अवकाश देने में समर्थ है उसको आकाश कहते हैं। भगवान श्री जिनेन्द्र देव ने उसके दो भेद बतलाये हैं एक लोकाकाश और दूसरा अलोकाकाश।

भावार्थ : आकाश एक अखंड, अरूपी द्रव्य है तथा वह सर्वत्र व्याप्त है। उसमें से आकाश के मध्यभाग में लोकाकाश है। जितने आकाश में धर्म-अधर्म द्रव्य भरे हुए है उतने आकाश को लोकाकाश कहते हैं। लोकाकाश और अलोकाकाश का विभाग करने वाला धर्म द्रव्य ही है। जितने आकाश में द्रव्य हैं उतना ही आकाश लोकाकाश है। उसी लोकाकाश में जीव पुदुगल धर्म, अधर्म, काल आदि समस्त द्रव्य भरे हुए हैं। जितने आकाश में जीवादिक पदार्थ दिखाई पड़े उतने आकाश को लोकाकाश कहते हैं।

आगे काल द्रव्य को कहते हैं।

वत्तणगुणजुत्ताणं द्रव्वाणं होइ कारणं कालो।
सो दुविह भेय भिण्णो परमत्थो होइ ववहारो।।309।।

वर्तनागुणयुक्ताना द्रव्याणां भवति कारणं कालः।
स द्विविधभेदभिन्नः परमार्थो भवति व्यवहारः।।309।।

अर्थ : जो जीवादिक द्रव्य प्रति समय परिवर्तन स्वरूप होते हैं उनके उस परिवर्तन में काल द्रव्य कारण है। उस काल के दो भेद हैं एक परमार्थ काल और दूसरा व्यवहार काल।

आगे परमार्थ काल को कहते हैं।

परमत्थो कालाणू लोयपदेसे हि संठिया णिच्चं।
एक्केके एक्केक्का अपएसा रयणरासिव्व।।310।।

परमार्थः कालाणवः लोकप्रदेशे हि संस्थिता नित्यम्।
एकैकस्मिन् एकैका अप्रदेशा रत्नानां राशिरिव ॥310॥

अर्थ : *काल के जो अणु हैं उनको परमार्थ काल कहते हैं। लोकाकाश के एक एक प्रदेश पर एक एक कालाणु ठहरा हुआ है। इसलिये लोकाकाश के जितने प्रदेश हैं उतने ही कालाणु हैं वे आपस में मिलते नहीं है किन्तु रत्नों की राशि के समान अलग-अलग ही रहते हैं। इन्हीं कालाणुओं को परमार्थ काल कहते हैं। इन्हीं कालागुणों से व्ययहार काल प्रगट होता है। पुद्गल का एक परमाणु जितने समय में एक प्रदेश से दूसरे प्रदेश तक पहुँचता है उतनी देर को एक समय कहते है।*

यही बात आगे कहते हैं।

वट्ठणकालो समओ पुग्गलपरमाणुवाण संजाओ।
ववहारस्स य मुक्खो उप्पणो तीद भावी स ॥311॥

वर्तनाकालः समयः पुद्गलपरमाणूनां संजातः।
व्यवहारस्य च मुख्यः उत्पद्यमानोऽतीतो भावी ॥311॥

अर्थ : *वर्तना काल जो मुख्य काल है। उससे व्यवहार काल उत्पन्न हो जाता है। कालाणु अणु रूप है इसलिये उससे उत्पन्न हुआ व्यवहार काल भी सबसे छोटा समय रूप ही होता है। तथा वह व्यवहार काल पुद्गल का परमाणुओं के निमित्त से होता है। अर्थात् एक पुद्गल का परमाणु जितनी देर में आकाश तक के एक प्रदेश से दूसरे प्रदेश मन्द गति से जाता है तब एक समय होता है। ऐसे समय अनन्तानन्त बीत गये और आगे अनन्तानन्त समय होंगे। इस प्रकार भूत वर्तमान और भविष्य के भेद से उस व्यवहार काल के तीन भेद हो जाते हैं।*

आगे व्यवहार काल के और भी भेद कहते हैं।

तेसिं पि य समयाणं संखारहियाण आवली होई।
संखेज्जावलिगुणिओ उस्सासो होइ जिणदिट्ठो ॥312॥

तेषामपि च समयानां संख्यारहितानां आवली भवति।
संख्यातावली गुणित उच्छ्वासो भवति जिनदृष्टः ॥312॥

अर्थ : *असंख्यात समयों की एक आवली होती है तथा असंख्यात आवलियों का एक उच्छ्वास होता है ऐसा भगवान जिनेन्द्रदेव ने कहा है।*

सत्तुस्सासे थोओ सत्तथोएहि होइ लओ इक्को।
अट्ठत्तीसद्धलवा णाली वेणालिया मुहुत्तं तु ॥313॥

सप्तोच्छ्वासेन स्तोक: सप्तस्तोकै: भवति लव एक:।
अष्ट त्रिशदर्धलवा नाली द्विनालिका मुहूर्तस्तु ॥313॥

अर्थ : *सात उच्छ्वासों का एक स्तोक होता है। सात स्तोकों का एक लव होता है। साढ़े अड़तीस लवों की एक नाली है और दो नालियों का एक मुहूर्त होता है।*

तीस मुहुत्तो दिवसो पणदह दिवसेहि होइ पक्खं तु।
विहि पक्खेहि य मासो रिउ एक्का वेसि मासेहिं ॥314॥

त्रिंशन्मुहूर्तं दिवस पंच दशदिवसै: भवति पक्षस्तु।
द्वाभ्यां पक्षाभ्यां च मास: ऋतुरेको द्वाभ्यां मासाभ्याम् ॥314॥

अर्थ : *तीस मुहुर्त का एक दिन होता है, पंद्रह दिन का एक पक्ष होता है दो पक्ष का एक महीना होता है और दो महीने की एक ऋतु होती है।*

रिउतियभयूं अयणं अयणजुवलेण होइ वरिसेक्को।
इय ववहारो उत्तो कमेण विद्धिंगओ विविहो।॥315॥

ऋतुत्रिभूतमयनं अयन युगलेन भवति वर्ष एक:।
एष व्यवहार उक्त: क्रमेण वृद्धिंगतो विविध: ॥315॥

अर्थ : *तीन ऋतु का एक अयन होता है और दो अयनों का एक वर्ष होता है। इस प्रकार अनुक्रम से वृद्धि को प्राप्त हुआ अनेक प्रकार का व्यवहार काल कहा है।*

एवं तु दव्वछक्कं जिणेहि पंचत्थिकाइयं मणियं।
वज्जिय कायं कालो कालस्स पएसयं णत्थि ॥316॥

एतत्तु द्रव्यषट्कं जिनै: पंचास्तिकायिकं भणितम्।
वर्जयितवा कार्यं कालं कालस्य प्रदेशो नास्ति ॥316॥

अर्थ : *इस प्रकार भगवान जिनेद्रदेव ने छह द्रव्यों का स्वरूप कहा है। इन छहों द्रव्यों में से काल को छोड़कर शेष पाँच द्रव्य अस्तिकाय कहलाते हैं। जिनकी सत्ता हो उनको अस्ति कहते हैं और जो काय या शरीर के समान अनेक प्रदेश वाले हों उसको काय कहते हैं। जीव पुद्गल, धर्म, अधर्म, आकाश ये पाँचों द्रव्य बहु प्रदेशी हैं इसलिये अस्तिकाय कहलाते हैं। काल के प्रदेश नहीं है वह एक ही प्रदेश है इसलिये उसको अस्तिकाय नहीं कहते हैं।*

जं पुण रूवी दव्वं गन्धरसफासवण्णं संजुत्तं।
लहि ऊण जीवचिट्ठा कारणयं कम्मबन्धस्स ॥317॥

यत्पुनाः रूपि द्रव्यं गन्धरसस्पर्शवर्णसंयुक्तम्।
लब्ध्वा जीवस्थितं कारणं कर्मवंधस्स ॥317॥

अर्थ : *स्पर्श, रस, गन्ध, वर्ण इन चारों गुणों सहित जो रूपी पुद्गल द्रव्य है वह जीव में रहनेवाले शुभ अशुभ भावों को पाकर कर्म बन्ध का कारण हो जाता है।*

भावार्थ : *पुद्गल का एक भेद कार्मण वर्गणायें हैं। वे समस्त संसार में फैली हुई हैं। जब यह जीव अनेक शुभ अशुभ भाव करता है तभी वे वर्गणाएँ उन शुभ अशुभ भावों को निमित्त पाकर कर्म रूप परिणत हो जाती है और इस प्रकार वे ही कर्म वर्गणाएँ कर्म वंध का कारण बन जाती हैं। इस प्रकार अजीव पदार्थ का निरूपण किया।*

अब आगे पुण्य पाप को कहते हैं।

सम्मत्तसुदवएहि य कसायउवसमणगुणसमाउत्तो।
जो जीवो सो पुण्णं पावं वीवरीयदोसाओ ॥318॥

सम्यक्त्वश्रुतव्रतैः कषायोपशमनगुणसमायुक्तः।
यो जीवा स पुण्यं पापः विपरीतदोषतः ॥318॥

अर्थ : *जब वह जीव सम्यग्दर्शन को धारण कर लेता है, भगवान जिनेन्द्र देव के कहे हुए शास्त्रों को जान लेता है, व्रतों को धारण कर लेता है और उसकी जब कषाये मन्द हो जाती हैं उस समय वह जीव पुण्यरूप कहलाता है अर्थात् ऊपर लिखे सब कारणों से पुण्य कर्म की प्राप्ति होती है तथा उसके विपरीत हिंसा आदि पाप करना मिथ्यात्व धारण करना, मिथ्या शास्त्रों का अध्ययन करना आदि पाप कहलाते हैं आठ कर्मों में से असाता वेदनीय, अशुभ नाम, अशुभ आयु और नीच गोत्र ये पाप कर्म हैं। इस प्रकार संक्षेप से पुण्य पाप का स्वरूप कहा।*

आगे आस्रव संवर का स्वरूप कहते हैं।

गिरिणिग्गउणइवाहो पविसइ सरम्मि जहाणपरयं।
लहिऊ ण जीव चिट्ठा तह कम्मं भावि आवसई ॥319॥

गिरिनिर्गतनदीप्रवाहः प्रविशति सरसि यथानवरतम्।
लब्ध्वा जीवस्थितं तथा कर्म भावि आस्रवति ॥319॥

अर्थ : *जिस प्रकार किसी नदी का प्रवाह किसी पर्वत से निकलता है और वह किसी सरोवर में निरन्तर प्रवेश करता रहता है, उसी प्रकार जीव के शुभ-अशुभ परिणामों को पाकर आगामी काल के लिये कर्मों का आस्रव होता रहता है।*

आसवइ सुहेण सुहं असुहं आसवइ असुह असुहजोएण।
जइ णइजलं तलाए समलं व णिम्मलं विसई ॥320॥

आस्रवति शुभेन शुभं अशुभमास्रवति अशुभयोगेन।
यथा नदी जलं तडागे समलं वा निर्मलं विशति ॥320॥

अर्थ : *कर्मों का आस्रव मन वचन, काय इन तीनों योगों से होता है। अशुभ योगों से अशुभ कर्मों का आस्रव होता है और शुभ योगों से शुभ कर्मों का आस्रव होता है। मन वचन काय की प्रवृत्ति को योग कहते हैं। जो प्रवृत्ति सम्यकृत्व रूप होती है, व्रत चारित्र रूप होती है वह शुभ प्रवृत्ति कहलाती है इसी को शुभ योग कहते हैं। शुभ योगों से पुण्य कर्मों का आस्रव होता है तथा जो प्रवृत्ति हिंसा झूठ चोरी कुशील परिग्रह रूप होती है, राग द्वेष मोह रूप होती है वह अशुभ प्रवृत्ति कहलाती है इसी को अशुभ योग कहते हैं, और ऐसे अशुभ योगों से पाप कर्मों का आस्रव होता है।*

आगे संवर को कहते हैं।

आसवइ जं तु कम्मं मण वयकाएहि रायदोसेहिं।
ते संवरइ णिरुत्तं तिगुत्तिगुत्तो णिरालंवो ॥321॥

आंस्रवति यत्तु कर्म मनोवचनकायै रागद्वेषैः।
तत्संवृणोति निरुक्तं त्रिगुप्ति गुप्तो निरालम्बः ॥321॥

अर्थ : *रागद्वेष पूर्वक होने वाली मन वचन काय की क्रियाओं से जिन कर्मों का आस्रव होता है वे कर्म उन मन वचन काय की क्रियाओं को रोक देने से फिर नहीं आते। इसका भी कारण यह है कि कर्मों के आने के लिये मन वचन काय की क्रियाएँ ही कारण होती हैं यदि वे क्रियाएँ सर्वथा रोक दी जायें तो फिर उन कर्मों के आने के लिये कारण व आलंबन ही नहीं रहता है। बिना आलंबन व कारण के वे कर्म आही नहीं सकते। इसी को संवर कहते हैं। वह संवर तीनों प्रकार की गुप्तियों से होता है। मन की क्रिया को सर्वथा रोक देना मनो गुप्ति, वचन को रोकना वचन गुप्ति और काय की क्रिया को सर्वथा रोक देना काय गुप्ति है।*

जा संकप्पवियप्पो ता कम्मं असुहसुहयदायारं।
लद्धे सुद्ध सहावे सुसंवरो उहयकम्मस्स ॥322॥

यावत्संकल्पविकल्पः तावत्कर्म अशुभशुभदातृ।
लब्धे शुद्धस्वभावे सुसंवरः उभयकर्मणः ॥322॥

अर्थ : *इस जीव को जब तक संकल्प विकल्प होता है तब तक शुभ कर्म व*

अशुभ कर्म आते ही रहते हैं। शुभ संकल्पों से शुभ कर्म आते हैं और अशुभ संकल्पों से अशुभ कर्म आते हैं। जब दोनों प्रकार के संकल्प विकल्प नष्ट हो जाते हैं तब शुभ अशुभ दोनों प्रकार के कर्मों का संवर हो जाता है।

णट्ठे मणसंकप्पे इंदियवावारवज्जिए जीवे।
लद्धे सुद्धसहावे उभयस्स य संवरो होई ॥323॥

नष्टे मनः संकल्पे इन्द्रियव्यापारवर्जिते जीवे।
लब्धे शुद्ध स्वभावे उभयस्स संवरो भवति ॥323॥

अर्थ : *जिस जीव के मन के समस्त संकल्प विकल्प नष्ट हो जाते है, समस्त इंद्रियों के व्यापार नष्ट हो जाते हैं तथा आत्मा का शुद्ध स्वभाव प्रगट हो जाता है तब दोनों प्रकार के शुभ अशुभ कर्मों का संवर हो जाता है। इस प्रकार संक्षेप से संवर का स्वरूप कहा।*

आगे बन्ध का स्वरूप कहते हैं।

जीवकम्माण उहयं अण्णोण्णं जो पएसपवेसो हु।
सो जिणवरेहिं बन्धो भणिओ इय विगयमोहेहिं ॥324॥

जीवकर्मणोरुभयोर न्योन्यः यः प्रदेशप्रवेशस्तु।
स जिनवरैः बन्धो भणित इति विगत मोहः ॥324॥

अर्थ : *जीव के प्रदेश और कर्म के प्रदेश दोनों ही जब एक दूसरे के साथ परस्पर मिल जाते हैं उसको मोह रहित भगवान जिनेन्द्रदेव बन्ध कहते हैं।*

जीवपए सेक्केक्के कम्मपएसा हु अन्तपरिहीणा।
होंति घणा णिविभूया सो बन्धो होइ णायव्वो ॥325॥

जीवप्रदेशे एकैकस्मिन् कर्मप्रदेशा हि अन्तपरिहीनाः।
भवन्ति घना निविडभूताः स बन्धो भवति ज्ञातव्यः ॥325॥

अर्थ : *जीव के एक एक प्रदेश के साथ अनन्तानन्त कर्मवर्गणाएँ बन्धी हुई हैं और वे सब वर्गणाएँ घनीभूत अंधकार के समान इकट्ठी होकर आत्मा के प्रदेशों के साथ बन्धी हैं। इस प्रकार जो आत्मा और कर्मों के प्रदेश परस्पर मिले हुए हैं उसको बन्ध समझना चाहिये।*

आगे यह कर्म बन्ध इस जीव के साथ कब से है और कैसे होता है सो कहते हैं।

अत्थि हु अणाइभूवो बंधो जीवस्स विविहकम्मेण।
तस्सोदएण जायइ भावो पुण रायदोसमओ ॥326॥

अस्त्यनादि भूतो बन्धो जीवस्य विविधकर्मणः।
तस्योदयेन जायते भावः पुना रागद्वेषमयः ॥326॥

भावेण तेण पुणरवि अण्णे बहु पुग्गला हु लग्गंति।
जह तुप्पियपत्तस्स प णिविडा रेणुव्व लग्गंति ॥327॥

भावेन तेन पुनरपि अन्ये वहवः पुद्गला हि लगन्ति।
यथा घृतपात्रस्य च निविडा रेणवो लगन्ति ॥327॥

अर्थ : *इस सांरी जीव के साथ अनेक प्रकार के कर्मों का बन्ध अनादि काल से लगा हुआ है जब उन कर्मों का उदय होता है तब इस जीव के परिणाम राग द्वेष रूप हो जाते हैं। तब राग द्वेष परिणामों के निमित्त से फिर अनेक अन्य पुद्गल कर्म वर्गणाएँ जीव के साथ कर्म बन्ध रूप परिणत हो जाती है। जिस प्रकार घी के चिकने वर्तन पर धूल आकर चिपक जाती है उसी प्रकार राग द्वेष परिणामों के होते ही मन वचन काय की क्रियाओं के द्वारा अनेक प्रकार के कर्मों का बन्ध हो जाता है। इस प्रकार पूर्व संचित कर्मों के उदय से राग द्वेष रूप परिणाम होते हैं और राग द्वेष रूप परिणामों से फिर कर्मों का बन्ध होता है। यह परंपरा मोक्ष प्राप्त होने तक बराबर चलती रहती है।*

एक्कसमएण बद्धं कम्मं जीवेण सत्तभेयेहिं।
परिणवइ आयु कम्मं भूयाउसेसेण ॥328॥

एक समयेन बद्धं कर्म जीवेण सप्तभेदैः।
परिणति आयुः कर्मबद्धं भूतायुः शेषेण ॥328॥

अर्थ : *जीव के साथ प्रत्येक समय में बन्धे हुए कर्म सात भेदों में बँट जाते हैं। ज्ञानावरण, दर्शनावरण, वेदनीय मोहनीय, नाम, गोत्र, अन्तराय इन सातों कर्मों में बँट जाते हैं। आयु कर्म का बन्ध त्रिभाग में अर्थात् आयु के दो भाग बीत जाने पर होता है तथा उस समय भी आयु कर्म का बन्ध हो अथवा और भी आगे हो व अन्त समय में हो। जब आयु कर्म का बन्ध होता है तब उसको भी भाग मिलता है। इस प्रकार कर्मों का बँटवारा होता है।*

आगे बन्ध के भेद बतलाते हैं—

सो बन्धो चउभेओ णायव्वो होइ सुत्तणिद्दिट्ठो।
पयडि ट्ठिदि अणुभागो पएसबन्धो पुरा कहिओ॥ 329॥

स बधश्चतुर्भेदो ज्ञातव्यो भवति सुत्रनिर्दिष्टः।
प्रकृतिस्थित्यनुभागप्रदेश बन्धः पुरा कथितः ॥329॥

अर्थ : *भगवान जिनेद्रदेव के द्वारा कहे सिद्धान्त शास्त्रों में वह बन्ध चार प्रकार का कहा है। प्रकृतिबन्ध, स्थितिबन्ध, अनुभाग बन्ध और प्रदेश बन्ध ये बन्ध के चार भेद हैं।*

णाणाण दंसणाण आवरणं वेयणीय मोहिणयं।
आउग्ग णाम गोदं अन्तरायाणि पयडीओ॥330॥

ज्ञानानां दर्शानां आवरणं वेदनीयं मोहनीयम्।
आयुष्कं नाम गोत्रं अन्तरायः प्रकृतयः॥330॥

अर्थ : *ज्ञानावरण, दर्शनावरण, वेदनीय, मोहनीय, आयु, नाम, गोत्र और अन्तराय ये आठ प्रकृतिबन्ध के भेद है।*

आगे इनके भेद कहते हैं।

णाणावरणं कम्मं पंचविहं होइ सुत्तणिद्दिट्ठ।
जह पडिमोवरि खित्तं छायणयं होइ कप्पडयं॥331॥

ज्ञानावरणं कर्म पंचविधं भवति सूत्रनिन्दिष्टम्।
यथा प्रतिमोपरि क्षिप्तं छादनकं भवति कर्पटकम्॥331॥

अर्थ : *जिस प्रकार किसी प्रतिमा के ऊपर कपड़े का आच्छादन डाल देने से प्रतिमा ढक जाती है उसी प्रकार जो आत्मा के ज्ञान गुण को ढक लेता है उसको ज्ञानावरण कर्म कहते हैं। उस ज्ञानावरण कर्म के पाँच भेद हैं। मतिज्ञानावरण, श्रुतज्ञानावरण, अवधि ज्ञानावरण, मनः पर्यय ज्ञानावरण, और केवल ज्ञानावरण। ऐसा सिद्धान्त सूत्र में कहा है।*

दंसण आवरणं पुण जइ पडिहारो विणिवइ वारम्मि।
तं णवविहं पउत्तं फुडत्थवाएहिं सुत्तम्मि॥332॥

दर्शनावरणं पुनः यथा प्रतिहारो वारयति द्वारे।
तन्नवविधं प्रोक्तं स्फुटवादिभिः सूत्रे॥332॥

अर्थ : *जिस प्रकार प्रतिहार व द्वारपाल द्वारपर बैठा रहता है और राजा के दर्शन नहीं होने देता। जाने वालों को द्वार पर रोक देता है उसी प्रकार जो आत्मा के दर्शन गुण को प्रकट न होने दे, उसको ढकले, उसको दर्शनावरण कर्म कहते हैं। उस दर्शनावरण कर्म के नौ भेद हैं। इस प्रकार स्पष्टवादी भगवान जिनेन्द्रदेव ने अपने सिद्धान्त सूत्रों में कहा है। चक्षुदर्शनावरण, अचक्षुदर्शनावरण, अवधिदर्शनावरण, केवल दर्शनावरण, निद्रा, निद्रानिद्रा, प्रचला, प्रचलाप्रचला, और स्त्यान गृद्धि ये नौ*

भेद दर्शनावरण के हैं।

मोहेइ मोहणीयं जह मइरा अहव कोद्दमा पुरिसं ।
तह अडवीस विभिण्णं णायव्वं जिणुवएसेण ॥333 ॥

मोहयति मोहनीयं यथा मदिरा अथवा कोद्रवं पुरुषम्।
तथा अष्टाविंशति विभिन्नं ज्ञातव्यं जिनोपदेशेन ॥333 ॥

अर्थ : *जिस प्रकार मद्य पुरुषों को मोहित कर देता है अथवा कोदों का धान पुरुषों को मोहित कर देता है उसी प्रकार जीवों को जो मोहित कर देता है उसको मोहनीय कर्म कहते हैं। उस मोहनीय कर्म के अट्ठाईस भेद भगवान जिनेन्द्रदेव ने कहे हैं। मोहनीय के दो भेद हैं दर्शन मोहनीय और चरित्र मोहनीय। दर्शन मोहनीय के तीन भेद हैं। मिथ्यात्व सम्यग्मिथ्यात्व और सम्यक्प्रकृति मिथ्यात्व। चरित्र मोहनीय के पच्चीस भेद हैं। अनन्तानुबन्धी क्रोध, मान, माया, लोभ, अप्रत्याख्यानावरण क्रोध मान, माया, लोभ, अप्रत्याख्यानावरण क्रोध मान, माया, लोभ, संज्वलन क्रोध मान, माया, लोभ। हास्य, रति, अरति, शोक, भय, जुगुप्सा, स्त्रीवेद, पुंवेद, नपुंसक वेद। इस प्रकार मोहनीय कर्म के अट्ठाईस भेद हैं।*

महुलित्तखग्गसरिसं दुविहं पुण होइ वेयणीयं तु।
सायासायविभिण्णं सुहदुक्खं देइ जीवस्स ॥334 ॥

मधुलिप्तखगसदृशं द्विविधं पुनः भवति वेदनीयं तु।
सातासातविभिन्नं सुखदुःखे ददाति जीवाय ॥334 ॥

अर्थ : *जिस प्रकार शहदलपेटी तलवार की धार चाट लेने पर मीठी लगती है परन्तु जीभ कट जाने से दुःख अधिक होता है उसी प्रकार जो कर्म जीवों को सुख-दुःख देता है उसको वेदनीय कर्म कहते हैं। उसके दो भेद हैं साता वेदनीय और असाता वेदनीय। साता वेदनीय जीवों को सुख देता है और असाता वेदनीय दुःख देता है।*

आऊ चउप्पयारं सुरणारय मणुयतिरियगईवद्धं।
हडिखित्त पुरिस तुल्लं जीवे भवधारणसमत्थं ॥335 ॥

आयुः चतुष्प्रकारं सुरनारकमनुष्यतिर्यग्गतिवद्धम्।
हलिक्षिप्तपुरुष तुल्यं जीवे भवधारणम् समर्थम् ॥335 ॥

अर्थ : *जिस प्रकार जिसका पाँव (पैर) काठ में फँसा हुआ है वह काठ उस पुरुष को कहीं जाने नहीं देता, वहीं रोक रखता है उसी प्रकार जो कर्म एक ही शरीर में रोक*

रक्खे उसको आयु कर्म कहते हैं उसके चार भेद हैं देवायु, नरकायु, मनुष्य आयु और तिर्यंय आयु। यह आयु कर्म ही भव धारणा कराता रहता है।

चित्तपडं व विचित्तं णाणाणामेहिं वत्तणं णामं।
तेणवइ संखगुणियं गइजाइसरीरआईहिं॥ 336॥

चित्रपटवत् विचित्रं नानानामभिः वर्तनं नामम्।
त्रिनवतिः संख्यगुणितं गतिजातिशरीरादिभिः॥ 336॥

अर्थ : *जिस प्रकार किसी वस्त्र पर अनेक प्रकार के चित्र बनाते हैं उसी प्रकार जो गति, जाति, शरीर आदि अनेक नामों को जो बनावे उसको नाम कर्म कहते हैं। उसके तिरानवें भेद हैं। देवगति, नरक, गति, मनुष्यगति, तिर्यंचगति, एकेन्द्रिय जाति, दोइन्द्रिय जाति, तेइन्द्रिय जाति, चौइन्द्रिय जाति, पंचेन्द्रिय जाति, औदारिक शरीर, वैक्रियिक शरीर, आहारक शरीर, तैजस शरीर, कार्मण शरीर, औदारिक शरीरागोपांग, वैक्रियक शरीरागोपांग, आहारक शरीरागोपांग, स्थान निर्माण प्रमाण निर्माण, आहारक शरीर बन्धन आदि पाँचों शरीरों के पाँच बन्धन, औदारिक शरीर संघात आदि पाँचों शरीरों के पाँचसंघात, समचतुरस्त्रसंस्थान, न्यग्रोध परिमंडल संस्थान, स्वाति संस्थान, कुब्जक्र संस्थान, वामन संस्थान, हुँडक संस्थान, वज्रवृषभ नाराच संहनन, वजऊ नाराच संहनन, नाराच संहनन, अर्द्ध नाराच संहनन, कीलक संहनन, असम्प्राप्तसृपटिक संहनन, कर्कश, मृदु, गृरू, लघु स्निग्ध, रूक्ष, शीत, उष्ण ये आठ स्पर्श, तिक्त, कटुक कषाय, अम्ल, मधुर ये पाँच रस, सुरभि, असुरभि, दो गंध कृष्ण, नील, रक्त, पीत, शुल्क ये पाँच वर्ण नरक गत्यानु पूर्वी तिर्यग्गत्यानुपूर्वी मनुष्यगत्यानुपूर्वी देव गत्यानूपूर्वी, अगुरूलघु, उपघात, परघात, आतप, उद्योत, उच्छ्वास, विहायोगति, प्रत्येक शरीर, साधारण, त्रस, स्थावर, सुभग, दुर्भग, सुस्वर, दुःस्वर शुभ, अशुभ, सूक्ष्म, बादर, पर्याप्तिक, अपर्याप्तिक, स्थिर, अस्थिर, आदेय, अनादेय यशस्कीर्ति, अयशस्कीर्ति तीर्थकरत्व ये तिरानवें प्रकृतियाँ नाम कर्म की हैं।*

गोदं कुलालसरिसं णिच्चुच्चकुलेसु पायणे दच्छं।
घडरंजणाइकरणे कुंभयकारो जहा णिउणो॥337॥

गोत्रं कुलाल सदृशं नीचोच्चकुलेषु प्रापणे दक्षम्।
घटरंजनादिकरणे कुम्भकारो यथा निपुणः॥337॥

अर्थ : *जिस प्रकार कुंभार छोटे व बड़े घड़े बनाने में निपुण होता है उसी प्रकार जो ऊँच गोत्र में उत्पन्न करे वह ऊँच गोत्र है और नीच कुल में उत्पन्न करे वह नीच गोत्र है। गोत्र कर्म के ये दो भेद हैं।*

जह भंडयारिपुरिसी धणं णिवारेइ राइणा दिण्णं।
तह अन्तरायकम्मं णिवारणं कुणइ लद्धीणं ॥338॥

यथा भाण्डागारिपुरुषः धनं निवारयति राज्ञा दत्तम्।
तथान्तरायकर्म निवारणं करोति लब्धीनाम् ॥338॥

तं पंचभेद उत्तं दाणे लाभे य भोगे उपभोग।
तह वीरिएण भणियं अन्तरायं जिणिंदेहिं ॥339॥

तत्पंचभेद युक्तं दाने लाभे च भोगे उपभोगे।
तथा वीर्येण भणितं अन्तरायं जिनेन्द्रः ॥339॥

अर्थ : *जिस प्रकार राजा के दिये हुए धन को भंडारी (खजांची) पुरुष देने नहीं देता उसी प्रकार अन्तराय कर्म पाँचों लब्धियों को प्राप्त नहीं होने देता, देने से निवारण कर देता है। उस अन्तराय कर्म के पाँच भेद हैं। दानान्तराय लाभान्तराय भोगान्तराय उपभोगान्तराय और वीर्यान्तराय। इस प्रकार भगवान जिनेन्द्रदेव ने अन्तराय कर्म के पाँच भेद बतलाये हैं। इस प्रकार आठ कर्मों के एक सौ अड़तालीस भेद होते हैं।*

आगे अनुभाग बन्ध को कहते हैं।

एसो पयडीबंधो अणुभागो होइ तस्स सत्तीए।
अणुभवणं चं तीवे तिव्वं मन्दे मन्दाणुरूवेण ॥340॥

एषः प्रकृतिबन्धोऽनुभागो भवति तस्य शक्त्याः।
अनुभवनं यत्तीव्रे तीव्रं मन्दे मन्दानुरूपेण ॥340॥

अर्थ : *इस प्रकार प्रकृति बन्ध का स्वरूप कहा। इन प्रकृति बन्ध कर्मों में जो फल देने की शक्ति है उसको अनुभाग बन्ध कहते हैं। यदि उन कर्मों में तीव्र फल देने की शक्ति है तो उसका अनुभव अथवा उदय तीव्रता के साथ होता है और यदि मन्द फल देने की शक्ति है तो उसका अनुभव अथवा फल मन्दता के साथ होता है।*

आगे स्थितिबन्ध बतलाते हैं—

तिण्हं खलु पढमाणं उक्कस्सं अन्तराइयस्सेव।
तीसं कोडाकोडीसायरणामाणमेव ठिदी ॥341॥

तिसृणां खलु प्रथमानामुत्कृष्ट मन्तरायस्य च।
त्रिंशत्कोटाकोटिसागरनाम्नामेव स्थितिः ॥341॥

मोहस्स सत्तरी खलु वीसं पुण होइ णामगोत्तस्स।
तेतीससागराणां उवमावो आउसस्सेव ॥342॥

मोहस्य सप्ततिः खलु विंशतिः पुनर्भवति नामगोत्रयोः।
त्रयस्त्रिंशत्सागराणां उपमा आयुष एव ॥342॥

अर्थ : *ज्ञानावरण, दर्शनावरण, वेदनीय और अन्तराय इन चार कर्मों की उत्कृष्ट स्थिति तीस कोड़ाकोड़ी सागर प्रमाण है, मोहनीय कर्म की स्थिति सत्तर कोड़ाकोड़ी सागर प्रमाण है, नाम, गोत्र कर्म की उत्कृष्ट स्थिति बीस कोड़ाकोड़ी सागर है और आयु कर्म की उत्कृष्ट स्थिति तेंतींस सागर है।*

आगे जघन्य स्थिति बतलाते हैं।

वारसय वेयणीए णामागोदे य अट्ठ य मुहुत्ता।
भिण्णमुहुत्तं तु ठिदी सेसाणां सावि पंचण्ह ॥343॥

द्वादश वेदनीये नाम गोत्रयोश्च अष्टौ मुहूर्ताः।
भिन्न मुहूर्तस्तु स्थितिः शेषाणां सापि पंचानाम् ॥343॥

अर्थ : *वेदनीय कर्म की जघन्य स्थिति बारह मुहूर्त है, नाम और गोत्र की जघन्य स्थिति आठ मुहूर्त है और शेष पाँचों कर्मों की जघन्य स्थिति अन्तर्मुहुर्त है। इस प्रकार स्थिति बन्ध का स्वरूप कहा।*

आगे निर्जरा का स्वरूप कहते हैं।

पुव्व कयकम्मसडणं णिज्जरा सा पुणो हवे दुविहा।
पढमा विवायाया विदिया अविवायजाया य ॥344॥

पूर्वकृतकर्मसटनं निर्जरा सा पुनः भवति द्विविधा।
प्रथमा विपाकजाता द्वितीया अविपाकजाता च ॥344॥

अर्थ : *पहले संचित हुए कर्मों का सड़ना है, छूटना है, आत्मा से उनका सम्बन्ध हट जाना है उसको निर्जरा कहते हैं। उस निर्जरा के दो भेद हैं। एक सविपाकज और दूसरी अविपाकज।*

आगे दोनों निर्जराओं का स्वरूप कहते हैं।

कालेण उवाएण पच्चंति जहा वणस्सुई फिलाइं।
तह कालेण तवेण य पच्चंति कयाइ कम्माइ ॥345॥

कालेनोपायेन च पयन्ति यथा वनस्पतिफलानि।
तथा कालेन तपसा च पचन्ति कृतानि कर्माणि ॥345॥

अर्थ : *जिस प्रकार वनस्पति के आम आदि फल एक तो अपने समय के अनुसार पकते हैं और दूसरे पाल में रखकर व अन्य किसी उपाय से पका लिये जाते हैं उसी प्रकार जो कर्म अपने समय के अनुसार स्थितिबन्ध पूर्ण होने पर अपना फल देकर खिर जाते है नष्ट हो जाते हैं उसको सविपाकज निर्जरा कहते हैं। विपाक का अर्थ फल देना है। फल देकर जो कर्म खिरते हैं उसको सविपाक निर्जरा कहते हैं। तथा जो कर्म समय से पहले तपश्चरण के द्वारा, फल देकर या बिना फल दिये नष्ट कर दिये जाते हैं वह अविपाक निर्जरा कहलाती है। इस प्रकार निर्जरा के दो भेद हैं।*

इस प्रकार निर्जरा का स्वरूप कहा।

अब आगे मोक्ष का स्वरूप कहते हैं।

णिस्सेस कम्ममुक्को सो मुक्खो जिणवरेहिं पण्णत्तो।
रायद्दोसाभावो सहावथक्कस्स जीवस्स ॥346॥

निःशेषकर्ममोक्षः स मोक्षः जिनवरैः प्रज्ञप्तः।
रागद्वेषाभावे स्वभावस्थितस्य जीवस्य ॥346॥

अर्थ : *जो जीव राग द्वेष का सर्वथा नाश कर देता है और अपने शुद्ध स्वभाव में स्थिर हो जाता है उस समय जो समस्त कर्मों का सर्वथा नाश हो जाता है उसको भगवान जिनेन्द्रदेव मोक्ष कहते हैं। मोक्ष शब्द का अर्थ छूटना है। यह आत्मा जो अनादि काल से कर्मों से बन्धा हुआ है वह जब राग द्वेष के अभाव होने पर और शुद्ध स्वभाव में लीन होने पर समस्त कर्मों से छूट जाता है तब उसको मुक्त जीव कहते हैं। मुक्त होने पर कर्मों के साथ-साथ शरीर भी नष्ट हो जाता है।*

सो पुण दुविहो भणिओ एक्कदेसो य सव्वमोक्खो य।
देसो चउघाइखए सव्वो णिस्सेस णासम्मि ॥347॥

स पुनः द्विविधो भणितः एकदेशश्च सर्वमोक्षश्चं।
देशः चतुर्घातिक्षये सर्वः निःशेषनाशे ॥347॥

अर्थ : *वह मोक्ष दो प्रकार का होता है। एक देश और सर्वदेश। चारों घातिया कर्मों का नाश हो जाना एक देश मोक्ष है और समस्त कर्मों का नाश हो जाना सर्वदेश मोक्ष है।*

भावार्थ : *इन समस्त कर्मों में घतिया कर्म सब से प्रबल हैं। इनका जब नाश हो जाता है तब शेष कर्मों का नाश अवश्य ही होता है। इनमें किसी प्रकार का संदेह नहीं हैं। तथा घातिया कर्मों के नाश होने पर यह जीव वीतराग सर्वज्ञ हो जाता है। अनन्त दर्शन, अनन्त ज्ञान, अनन्त सुख और अनन्त वीर्य ये चार अनन्त चतुष्ट्य प्रगट हो जाते हैं और फिर वे अनन्त चतुष्ट्य अनन्तानन्त काल तक रहते हैं। इन्हीं कारण*

से वे भगवान एक देशमुक्त कहलाते हैं। जब तक आयु कर्म रहता है तब तक वे उस अवस्था में रहते हैं आयु कर्म पूर्ण होने पर वे अवश्य मुक्त हो जाते हैं।

इस प्रकार मोक्ष का स्वरूप कहा।

अब आगे अन्त में फिर सम्यग्दर्शन का स्वरूप कहते हैं।

एए सत्तपयारा जिणदिट्ठा भासिया मए तच्चां।
सद्दहइ जो हु जीवो सम्मादिट्ठी हवे सो हु।।348।।

एतानि सप्त प्रकाराणि जिन दृष्टानि भणितानि मया तत्त्वानि।
श्रद्धाति यस्तु जीवः सम्यग्दृष्टिः भवेत् स तु।।348।।

अर्थ : *इस प्रकार भगवान जिनेन्द्रदेव के कहे हुए सात तत्त्वों का स्वरूप अत्यन्त संक्षेप से मैंने कहा। जो जीव इन सातों तत्त्वों का श्रद्धान् करता है वही सम्यग्दृष्टि पुरुष है।*

अविरयसम्मादिट्ठी एसो उत्तो मया समासेण।
एत्तो उड्ढं वोच्छं समासदो देसविरदो य।।349।।

अविरत सम्यग्दृष्टिः एष उक्तः मया समासेण।
इत ऊर्ध्वं वक्ष्ये समासतो देशविरतं च।।349।।

आगे—इस प्रकार मैंने अत्यन्त संक्षेप में अविरत सम्यग्दृष्टि नाम के चौथे गुणस्थान का स्वरूप कहा। अब इससे आगे संक्षेप से ही देश विरत अथवा विरताविरत नाम के पाँचवें गुणस्थान का स्वरूप कहते हैं।

इस प्रकार अविरत गुणस्थान का स्वरूप समाप्त हुआ।

आगे पाँचवें विरताविरत गुणस्थान का स्वरूप कहते हैं।

पंचमयं गुणठाणं विरयाविरउत्ति णामयं भणियं।
तत्थ वि खयउवसमिओ खाइओ उवसमो चेव।।350।।

पंचमकं गुणस्थानं विरताविरत इति नामकं भणितम्।
तत्रापि क्षायोपशमिकः क्षायिकः औपशमिकश्च।।350।।

---

1. *मित्र कलत्रे विभवे तनूजे सौख्ये गृहे यत्र विहाय मोहं।*
स्मर्यते पंचपदं स्वचित्ते सल्लेखना सा विहिता मुनीन्द्रैः।।

अर्थ : मित्र-स्त्री विभूति पुत्र सुख गृह आदि सबसे मोह का त्याग कर अपने हृदय में पंचपरमेष्ठी का स्मरण करना सल्लेखना है। ऐसा भगवान जिनेन्द्रदेव ने कहा है।

अर्थ : *भगवान जिनेन्द्रदेव ने पाँचवें गुणस्थान का नाम विरताविरत बतलाया है तथा उसमें औपशमिक क्षायिक और क्षायोपशमिक भाव होते हैं।*

आगे विरताविरत का अर्थ बतलाते हैं।

जो तसवहाउविरओ णो विरओ तह य थावरवहाओ।
एक्कसमयम्मि जीवो विरयाविरउत्ति जिणु कहई ॥351॥

यस्त्रसवधाद्विरतो णो विरतस्तथा च स्थावरवधात्।
एकसमये जीवो विरताविरत इति जिनः कथयति ॥351॥

अर्थ : *जो जीव त्रस जीवों की हिंसा का त्याग कर देता है और स्थावर जीवों की हिंसा का त्याग नहीं करता वह जीव एक ही समय में विरत और अविरत अथवा विरताविरत कहलाता है ऐसा भगवान जिनेंद्रदेव ने कहा है।*

इलयाइथावराणं अत्थि पवित्तित्ति विरदि इयराणं।
मूलगुणट्ठ पउत्तो वारह वयभूसिओ हु देसजई ॥352॥

इलादिस्थावराणामस्ति प्रवृत्तिरिति विरतिरितरेषाम्।
मूलगुणाष्टप्रयुक्तो द्वादशव्रतभूषितो हि देशयतिः ॥352॥

अर्थ : *पाँचवें गुण स्थान में रहने वाले विरताविरत जीवों की प्रवृत्ति पृथ्वी, जल, अग्नि, वायु, वनस्पति आदि स्थावर जीवों के घात करने में होती है इसलिये वह इन स्थावर जीवों के घात का त्याग नहीं कर सकता, शेष त्रस जीवों के घात का त्याग कर देता है इसलिये एक देश यति अथवा विरताविरत श्रावक कहलाता है वह श्रावक आठों मूलगुणों को धारण करता है और बारह व्रतों से विभूषित रहता है। मद्य का त्याग, मांस का त्याग, शहद का त्याग, रात्रिभोजन का त्याग, बड़फल, पीपलफल, गूलर, पाकर फल, अंजीर फल इन पाँचों उदंबरो का त्याग, प्रतिदिन प्रातः काल पंचपरमेष्ठी को नमस्कार करना, जीवों की दया पालन करना और पानी छान कर पीना ये आठ मूल गुण कहलाते हैं। श्रावकों के लिये इनका पालन करना अत्यावश्यक है।*

आगे अनुक्रम से बारह व्रतों का स्वरूप कहते हैं।

---

01 जिनेज्या पात्रदानादिस्तत्र कालोचितो विधिः।
भद्रध्यानं स्म्तं तद्धि गृहधर्माश्रयात् बुधैः॥

अर्थ– भगवान जिनेन्द्रदेव की पूजा करना, पात्रदान देना, तथा समयानुसार पूजा और दान की विधि करना भद्रध्यान कहलाना है। ऐसा ध्यान यथोचित गृहस्थ धर्म में ही होता है। इसीलिए विद्वान लोग इस धर्मध्यान कहते हैं।

हिंसाविरई सच्चं अद्दत्तपरिवज्जणं च थूलवयं।
परमहिलापरिहारो परिमाणं परिग्गहस्सेव ॥353 ॥

हिंसाविरतिः सत्यं अदत्तपरिवर्जनं च स्थूलव्रतम्।
पर महिलापरिहारः परिमाणं परिग्रहस्यैव ॥353 ॥

अर्थ : *त्रस जीवों की हिंसा का त्याग करना, सत्य बोलना, बिना दिये हुए पदार्थ को कभी ग्रहण न करना, परस्त्री सेवन त्याग और परिग्रह का परिमाण करना ये पाँच अणुव्रत कहलाते हैं।*

दिसिविदिसिपच्चखाणं अणत्थदंडाण होइ परिहारो।
भोओपभोयसंखा एए ह गुणव्वया तिण्णि ॥354 ॥

दिग्विदिक् प्रत्याख्यानं अनर्थदण्डानां भवति परिहारः।
भोगोपभोगे संख्या एतानि हि गुणव्रतानि त्रीणि ॥354 ॥

अर्थ : *दिशा विदिशाओं में अपने जाने-आने का नियम धारण कर उनकी सीमा नियत कर शेष दिशा विदिशा में आने जाने का त्याग करना, पाँचों प्रकार के अनर्थ दंडों का त्याग करना, भोगोपभोग पदार्थों की संख्या नियत कर शेष भोगोपभोग पदार्थों का त्याग कर देना ये तीन गुण व्रत कहलाते हैं।*

भावार्थ : *चार दिशाएँ, चार विदिशाएँ, ऊपर नीचे ये दश दिशाएँ कहलाती हैं इनकी सीमा की मर्यादा नियतकर उसके बाहर नहीं जाना चाहिए। पाप रूप कार्यों का उपदेश देना, हिंसा करने के उपकरणों का दान देना, दूसरे का बुरा चिन्तन करना, मिथ्या-शास्त्रों का पढ़ना-सुनना और पंच स्थावरों की व्यर्थ हिँसा करना ये पाँच अनर्थ दंड कहलाते हैं, इनमें पाप तो अधिक लगता है परन्तु लाभ कुछ नहीं होता ऐसे इन अनर्थ दंडों का त्याग कर देना चाहिए। जो एक बार काम में आवे ऐसे भोजनादिक भोग हैं। और जो बार-बार काम में आवें ऐसे वस्त्रादिक उपभोग है। इन सबकी संख्या नियत कर लेनी चाहिए। ये तीन गुणव्रत कहलाते हैं। इनसे अणुव्रतों के गुण बढ़ते है इसलिये इनको गुणव्रत कहते हैं।*

देवे थुवइ तियाले पव्वे पव्वे सुपोसहोवासं।
अतिहीण संविभागो मरणंते कुणइ सल्लिहणं ॥355 ॥

देवान् स्तौति त्रिकाले पर्वणि सुप्रोषधोपवासः।
अतिथीना संविभागः मरणान्ते करोति सल्लेखनाम् ॥355 ॥

अर्थ : *प्राप्तः काल, मध्य काल, संध्याकाल इन तीनों समय में परमेष्ठी की स्तुति करना, प्रत्येक महीने की दो अष्टमी, दो चतुर्दशी इन चारों पर्वों में प्रोषधपवास*

करना, प्रति दिन अतिथियों को दान देना और सल्लेखना धारण करना ये चार शिक्षाव्रत कहलाते हैं। इस प्रकार पाँच अणुव्रत तीन गुणव्रत और चार शिक्षाव्रत ये बारह अणुव्रत कहलाते हैं। देशव्रती श्रावक को आठ मूलगुण और ये बारह व्रत अवश्य धारण करने चाहिए। इन बारह व्रतों को उत्तर गुण भी कहते हैं।

आगे मूलगुण बतलाते हैं।

महुमज्जमंसविरई चाओ पुण उयंवराण पंचण्हं।
अट्ठेदे मूलगुणा हवंति फुडु देश विरयम्मि ॥356॥

मधुमद्यमांसविरतिः त्यागः पुनः उदम्बराणां पंचानाम् ।
अष्टावेते मूलगुणा भवन्ति स्फुटं देशविरते ॥356॥

अर्थ : मद्य मांस मधु का त्याग और पाँच उदंबरों का त्याग ये देशविरतियों के आठ मूलगुण कहलाते हैं।

आगे इस गुणस्थान में होने वाले ध्यान बतलाते हैं।

अट्टरउद्दं झाणं भद्दं अत्थित्ति तम्हि गुणठाणे।
बहु आरंभपरिग्गहजुत्तस्स य णत्थि तं धम्मं ॥357॥

आर्त्त रौद्रं ध्यानं भद्रं अस्तीति तस्मिन् गुणस्थाने।
बह्वारम्भ परिग्रह युक्तस्य च नास्ति तद्धर्म्यम् ॥357॥

अर्थ : *इस पाँचवें गुणस्थान में आर्त्तध्यान, रौद्रध्यान और भद्रध्यान ये तीन प्रकार में ध्यान होते हैं। इस गुणस्थान वाले जीव के बहुत-सा आरम्भ होता है और बहुत सा ही परिग्रह होता है इसलिये इस गुणस्थान में धर्मध्यान नहीं होता।*

धम्मोदएण जीवो असुहं परिचयइ सुहगई लेई।
कालेण सुक्ख मिल्लइ इंदियवलकारणं जाणि ॥358॥

धर्मोदयेन जीवोऽशुभं परित्यजति शुभगतिं प्राप्नोति।
कालेन सुखं मिलति इन्द्रियबलकारणं जानीहि ॥358॥

अर्थ : *धर्म सेवन करने से इस जीव के अशुभ परिणाम और अशुभ गतियाँ आदि नष्ट हो जाती है। और शुभ गति प्राप्त होती है। तथा समयानुसार इन्द्रियों को बल देने वाला सुख प्राप्त होता है।*

आगे आर्त्तध्यान को बतलाते हैं।

इट्ठ विओए अट्टं उप्पजइ तह अणिट्ठसंजोए ।
रोय पकोवे तइयं णियाणकरणे चउत्थं तु ॥359॥

इष्टवियोगे आर्तं उत्पद्यते तथा अनिष्टसंयोगे।
रोगप्रकोप तृतीयं निदानकरणे चतुर्थं तु ॥359॥

अर्थ : *किसी इष्ट पदार्थ के वियोग होने पर उसके संयोग का चिन्तवन करना पहला आर्त्तध्यान है। किसी अनिष्ट पदार्थ के संयोग होने पर उसके वियोग होने का बार-बार चिन्तवन करना दूसरा आर्तध्यान है। किसी रोग के प्रकोप होने पर उसको दूर करने के लिये बार-बार चिन्तवन करना तीसरा आर्त्तध्यान है और निदान करना चौथा आर्त्तध्यान कहलाता है।*

अट्टज्झाणपउत्तो बंधइ पावं णिरन्तरं जीवो।
मरिऊण य तिरियगई को वि णरो जाइ तज्झाणे॥ 360॥

आर्तध्यान युक्तो बध्नाति पापं निरन्तरं जीवः।
मृत्वा च तिर्यग्गतिं कोऽपि नरो यातितद्ध्याने॥ 360॥

अर्थ : *इस आर्त्तध्यान के करने से यह जीव निरन्तर पाप कर्मों का बन्ध करता रहता है। तथा कोई-कोई मनुष्य इस आर्त्तध्यान के करने से तिर्यंच गति को प्राप्त होता है।*

रुद्दं कसायसहियं जीवो सम्भवइ हिंसयाणंदं।
मोसाणंदं विदियं तेयाणंदं पुणो तइयं॥361॥

रुद्रं कषायसहितं जीवः सम्भवति हिंसानन्दम्।
मृषानन्दं द्वितीयं स्तेयानन्दं पुनस्तृतीयम्॥361॥

हवइ चउत्थं झाणं रुद्दं णामेण रक्खणाणंदं।
जस्स य माहप्पेणा य णरयगईभायणो जीवो॥362॥

भवति चतुर्थं ध्यानं रौद्रं नाम्ना रक्षणानन्दम्।
यस्यय माहात्म्येन नरकगतिभाजनो जीवः॥362॥

अर्थ : *जिनजीव की कषायें अत्यन्त तीव्र होती हैं उसके रौद्रध्यान होता है। उस रोद्रध्यान के चार भेद हैं। हिँसा में आनन्द मानना हिंसानन्द रौद्रध्यान है। झूठ बोलने में आनन्द मानना मृषानन्द रौद्रध्यान है। चोरी में आनन्द मानना स्तेयानन्द नामक तीसरा रौद्रध्यान है। तथा बहुत से परिग्रह की रक्षा में आनन्द मानना रक्षणानन्द या परिग्रहानन्द नाम का चौथा रौद्रध्यान है। इस रौद्रध्यान का चिन्तवन करने से यह जीव नरक का पात्र होता है।*

पूजा और दान की विधि करना भद्रध्यान कहलाना है। ऐसा ध्यान यथोचित

गृहस्थ धर्म में ही होता है। इसीलिये विद्वान लोग इसे धर्मध्यान कहते हैं।

गिहवावाररयाणं गेहीणं इंदियत्थपरिकलियं।
अट्टज्झाणं जायइ रुद्दं वा मोहछण्णाणं ॥363॥

गृहव्यापारतानां गेहिनामिन्द्रियार्थपरिकलितम्।
आर्तध्यानं जायते रौद्रं वा मोहच्छन्नानाम् ॥363॥

अर्थ : *जो गृहस्थ घर के व्यापार में लगे रहते हैं और इन्द्रियों के विषयभूतपदार्थों में संकल्प विकल्प करते रहते हैं उनके आर्त्तध्यान होता है तथा जिनके मोहनीय कर्म का तीव्र उदय होता है उनके रौद्रध्यान होता है।*

झाणेहिं तेहिं पावं उप्पण्णं तं खवइ भद्दझाणेण।
जीवो उवसमजुत्तो देस जई णाणसम्पण्णो ॥364॥

ध्यानैस्तैः पापं उत्पन्नं तत्क्षपयति भद्रध्यानेन।
जीवः उपशम युक्तो देशयतिः ज्ञानसम्पन्नः ॥364॥

अर्थ : *इन आर्त्तध्यान और रौद्रध्यान से जो पाप उत्पन्न होता है उसको यह उपशम परिणामों को धारण करने वाला और सम्यग्ज्ञान का धारण करने वाला देश व्रती श्रावक अपने भद्रध्यान से नाश कर देता है।*

आगे भद्रध्यान को कहते हैं।

भद्दस्स लक्खणं पुण धम्मं चिंतेइ भोयपरिमुक्को।
चिंतिय धम्मं सेवइ पुणरवि भोए जहिच्छाए ॥365॥

भद्रस्स लक्षणं पुनः धर्मं चिन्तयति भोग परिमुक्तः।
चिन्तयित्वा धर्मं सेवते पुनरपि भोगान् यथेच्छया ॥365॥

अर्थ : *जो जीव भोगों का त्याग करता हुआ धर्म का चिन्तवन करता है, और धर्म का चिन्तवन करता हुआ भी अपनी इच्छानुसार भोगों का सेवन करता है, उसके भद्रध्यान समझना चाहिए।*

भावार्थ : *भोगों का सेवन करता हुआ भी जो धर्मध्यान धारण करता है उसे भद्रध्यान समझना चाहिए।*

आगे धर्मध्यान के भेद बतलाते हैं।

धम्मज्झाणं भणियं आणापापाविवायविचयं च ।
संठाणं विचयं तह कहियं झाणं समासेण ॥366॥

धर्म्यध्यानं भणितं आज्ञापायविपाकविचयं च।
संस्थानविचयं तथा कथितं ध्यानं समासेन ॥366॥

अर्थ : *आज्ञा विचय, अपाय विचय, विपाक विचय और संस्थान विचय ये चार अत्यन्त संक्षेप से धर्मध्यान के भेद हैं।*

आगे आज्ञाविचय धर्मध्यान का स्वरूप कहते हैं।

छद्दव्वणवपयत्था सत्त वि तच्चाइं जिणवराणाए।
चिथइ विसय विरत्तो आणाविचयं तु तं भणियं ॥367॥

षड्द्रव्यनवपदार्थान् सप्तापि तत्त्वानि जिनवराज्ञया।
चिन्तयति विषयविरक्तः आज्ञाविचयं तु तद् भणितम् ॥367॥

---

1. बारह तप, दश धर्म, पाँच आचार, छह आवश्यक, तीन गुप्ति ये छत्तीस गुण आचार्य परमेष्ठी के हैं।

अथवा आचार्य परमेष्टी के ये भी छत्तीस गुण हैं।

1 पंचाचार का पालन करना 2 आधारकत्व 3 व्यवहारित्व 4 प्रकारकत्व 5 अपायोपायोपदेशकत्व 6 उत्पीलक 7 अपरिश्राविता 8 निर्यापक 9 नग्नत्व 10 उद्देशिकाहारत्यागत्व 11 शय्याधराशनविवर्जितवृत्तिता 12 राजपिंडग्रहणवर्जितवृत्तिता 13 कृतिकर्मनिरतत्त्व 14 व्रतारोपणयोग्यत्व 15 सर्वज्येष्ठता 16 प्रतिक्रमणपडिंताचार्यता 17 मासैकवासिता 18 वार्षिकयोगयुक्तत्त्व 19 अनशनतपो: युक्तत्त्व 20 अवमौदर्यतपोयुक्तता 21 वृत्तिपरिसंख्यानसहितत्त्व 22 रसपरित्यागपरिपुष्टता 23 विविक्तशय्यासनतपोयुक्तता 24 कायक्लेश तपोयुक्तता 25 प्रायश्चित्ताचार्यता 26 विनयनिरतत्त्व 27 वैयावृत्तिसंयुक्ता 28 स्वाध्यायधारकता 29 व्युत्सर्गसहितता 30 ध्याननिष्ठता 31 सामयिकसहितत्त्व 32 स्तवननिरतता 33 वन्दनानिरतता 34 प्रतिक्रमणनिरतता 35 प्रत्याख्याननिरतता 36 कायोत्सर्गसंगत्त्व।

आचार्य परमेष्ठी के छत्तीस गुण

1 *पंचाचार गुण : जो दर्शना चार, ज्ञाना चार, चरित्रा चार, तप आचार, और वीर्याचार इन पाँचों आचारों को स्वयं पालन करें और अन्य मुनियों से पालन करावें।*

2 *आधारकत्व गुण : जो ग्यारह अंग नौ पूर्व अथवा दश पूर्व अथवा चौदह पूर्व श्रुतज्ञान को जानने वाले व धारण करने वाले हों।*

3 *व्यवहारित्व गुण : जो सामायिक, छेदोपस्थापना, परिहार विशुद्धि, सूक्ष्म*

अर्थ : जो मनुष्य इन्द्रियों के विषयों से विरक्त होकर भगवान् की आज्ञा प्रमाण छह द्रव्य, नौ पदार्थ और सात तत्त्वों का चिन्तवन करता है उसकी आज्ञा विचय नाम का पहला धर्म्यध्यान कहते हैं।

आगे अपाय विचय को कहते हैं।

असुहकम्मस्स णाणो सुहस्स वा हवेइ केणुवाएण।
इय चिन्तंतस्स हवे अपायविचयं परं झाणं ॥368॥

अशुभकर्मणः नाशः शुभस्य वा भवति केनोपायेन।
एतच्चिन्तयतः भवेदपायविचयं परं ध्यानम् ॥368॥

सांपराय और यथाख्यात इन पाँच प्रकार के चारित्र को पालन करें तथा अन्य मुनियों से पालन करावें।

4 प्रकारकत्व गुण : समाधि मरण धारण करने वाले क्षपक साधु के लिये परिवार का काम करना उनकी परिचर्या करना प्रकारक गुण है।

5 आपायापायोपदेकत्व गुण : आलोचना करने वाले मुनियों के चित्त में यदि कुछ कुटिलता भी हो तो भी उनके गुण दोष दोनों को प्रकट कर दोषों को स्पष्ट कर लेना।

6 उत्पीलक गुण : जिन मुनियों के हृदय में कुछ कुटिलता हो और उन्होंने अपने अतिचारों को अपने मन में छिपा रक्खा हो उन अतिचारों को भी अपनी कुशलता से बाहर प्रकट करा लेना।

7 अपरिस्राविता गुण : जिस प्रकार पिया हुआ रस बाहर नहीं निकलता उसी प्रकार किसी क्षपक मुनि ने अपनी आलोचना में जो दोष कहे हैं उनको कभी प्रकट नहीं करना।

8 निर्यापक गुण : जो समाधिमरण धारण करने क्षपक साधु, क्षुधा तृषा आदि परीषहों से दुःखी हो रहे हो उनके उस दुःख को अनेक प्रकार की कथा सुनाकर दूर करना और इनको समाधिमरण में दृढ़ करना।

9 नग्नत्व गुण : सूती ऊनी रेशमी वृक्ष के पत्ते छाल आदि सब प्रकार के वस्त्रों का त्याग कर नग्न व दिगम्बर अवस्था धारण करना।

10 उद्देशिकाहारत्याग गुण : जो उद्देशयुत्त आहार के त्यागी हो एवं अन्य श्रमणों के लिये किये हुए आहार के भी त्यागी हों।

11 शय्याधरासन विवर्जित गुण : जो शय्या पृथ्वी आसन सबके त्यागी हों उनका संस्कार आदि भी न करते हों।

12 राज पिंड ग्रहण विवर्जित गुण : जो राजा मन्त्री सेनापति कोतवाल आदि का आहार न ग्रहण करते हों।

अर्थ : *अपाय शब्द का अर्थ नाश है। इन अशुभ कर्मों का नाश किस उपाय से होगा अथवा शुभ कर्मों का आस्रव किस उपाय से होगा इस प्रकार जो जीव चिन्तवन करता है उसका वह ध्यान अपाय विचय नाम का दूसरा उत्तम धर्म्यध्यान कहलाता है।*

आगे विपाक विचय को कहते हैं।

---

13 कृति कर्म निरत गुण : जो छहों आवश्यकों को स्वयं पालन करते हो तथा अन्य मुनियों से कराते हों।

14 व्रतारोपण योग्य गुण : उद्देशयुक्त आहार का त्याग करने वाले दिगम्बर अवस्था धारण करने वाले और पंचपरमेष्ठी की भक्ति करने वाले आचार्य स्वयं व्रत पालन करने और अन्य मुनियों की दीक्षा देकर महाव्रतों को धारण कराने की योग्यता रखना।

15 सर्व श्रेष्ठत्व गुण : जो आर्यिका क्षुल्लक साधु उपाध्याय आदि सब से अधिक श्रेष्ठता धारण करने हों।

16 प्रतिक्रमण पंडितत्त्व गुण : जो आचार्य मन वचनकाय से किसी भी प्रकार का अपराध हो जाने पर उसकी शुद्धि के लिये प्रतिक्रमण करने की दक्षता धारण करने वाले हों।

17 मासैकवासित्त्व गुण : जो मोह और सुख का त्याग करने के लिये किसी भी स्थान पर एक महीने से अधिक न रहते हों।

18 वार्षिक योग युक्तत्त्व गुण : जीवों की रक्षा के लिये वर्षा ऋतु में चार महीने तक एक ही स्थान पर रहना।

19 अनशन तपोयुक्तता गुण : इन्द्रियों को जीतने के लिये चारों प्रकार के आहार का त्याग कर उपवास धारण करना।

20 अवमौदर्य तपोयुक्तता गुण : प्रमाद दूर करने के लिये बत्तीस ग्रास न लेकर दो चार दश आदि ग्रास ही लेकर अल्प आहार लेना।

21 वृत्ति परिसंख्यान गुण : आशा का त्याग करने के लिये किसी घर का अन्न आदि का संकल्प कर (यदि ऐसा घर होगा या ऐसा दाता होगा या ऐसा अन्न होगा तो आहार लूँगा नहीं तो नहीं ऐसा संकल्प कर आहार के लिये निकलना)।

22 रसपरित्याग : दूध दही घी मीठा आदि रसों का त्याग करना।

23 विविक्तशय्यासन तप-जन्तुओं से रहित, स्त्रियों से रहित मन में विकार उत्पन्न करने वाले कारणों से रहित गुफा सूना घर आदि एकान्त स्थान में शय्या आसन आदि धारण करना।

असुहसुहस्स विवाओ चिन्तइ जीवाण चउगइगयाणं।
विवायविचयं झाणं भणियं तं जिणवरिंदेहिं॥369॥

अशुभशुभस्य विपाकः चिन्तयति जीवानां चतुर्गति गतानाम्।
विपाक विचयं ध्यानं भणितं तज्जिनवरेन्द्रैः॥369॥

अर्थ : *चारों गतियों में परिभ्रमण करने वाले जीवों के शुभ कर्मों के उदय का*

---

24 काय क्लेशत्व गुण : ग्रीष्म ऋतु में पर्वत पर, जाड़े के दिनों में वन में व नदी के किनारे, वर्षा में वृक्ष के नीचे ध्यान धारण कर सुख की मात्रा दूर करने के लिये शरीर को कष्ट पहुँचाना।

25 प्रायश्चित्ताचारत्व गुण : लगे हुए दोषों को शोधन करने के लिये प्रायश्चित्त लेना और व्रतों को शुद्ध रखना।

26 विनय निरतत्त्व गुण : सम्यग्दर्शन ज्ञान चारित्र को धारण कर उनका विनय करना उपचार विनय करना रत्नत्रय को धारण करने वालों का विनय करना।

27 वैयावृत्तित्व गुण : आचार्य उपाध्याय साधु आदि दश प्रकार के मुनियों की शरीर जन्य पीड़ा को दूर करने के लिये उनकी सेवा शुश्रुषा करना।

28 स्वाध्याय धारकत्वगुण : वाचना, पृच्छना; अनुप्रेक्षा, आम्नाय और धर्मोंपदेश के द्वारा जिनागमका स्वाध्याय करना।

29 व्युत्सर्गत्व गुण : बाह्याभ्यन्तर परिग्रहों का त्याग करना गुप्तियों का पालन करना।

30 ध्यान निष्ठत्व गुण : आर्त्त रौद्र दोनों ध्यानों का त्याग कर धर्म्यध्यान व शुक्लध्यान को धारण करना।

31 सामायिकत्व गुण : रागद्वेष को दूर करने के लिये छह प्रकार का सामायिक करना।

32 स्तव निरतत्त्व गुण : प्रतिदिन चौबीस तीर्थंकरों की स्तुति करना।

33 वन्दना निरतत्त्व गुण : किसी एक तीर्थ की स्तुति करना

34 प्रतिक्रमण निरतत्त्व गुण–ईयापथ शुद्धि के लिये प्रतिक्रमण करना। दैवसिक प्रतिक्रमण करना पाक्षिक मासिक चातुर्मासिक वार्षिक प्रतिक्रमण करना।

35 प्रत्याख्यान निरतत्त्व गुण : पूर्वोपार्जित कर्मों को नाश करने को, उदय में आये हुए कर्मों का नाश करने के लिये समस्त विकारों का त्याग करना।

36 कायोत्सर्ग संगतत्त्व गुण : निद्रा, तन्द्रा आदि दूर करने के लिये खड्गासन से योगधारण कर शरीर से ममत्व का त्याग करना।

तथा अशुभ कर्मों के उदय का जो चिन्तवन करता है उसका वह ध्यान विपाकविचय कहलाता है। ये जीव अपने अपने शुभ-अशुभ कर्मों के उदय से ही सुख दुःख भोगते हैं ऐसा चिन्तवन करना और इन दुखी जीवों का दुःख किस प्रकार दूर हो, ये श्रेष्ठ मार्ग में किस प्रकार लगें इस प्रकार का चिन्तवन करना विपाक विचय नाम का तीसरा धर्मध्यान है।

आगे संस्थान विचय को कहते हैं।

अह उड्ढतिरियलोए चिन्तेइ सपज्जयं ससंठाणं।
विचयं संठाणस्स य भणियं झाणं समासेण ॥370॥

अधऊर्ध्वंतिर्यग्लोकं चित्तयन्ति सपर्ययं ससंस्थानम्।
विचयं संस्थानस्य च भणितं ध्यानं समासेन ॥370॥

अर्थ : संस्थान आकार को कहते हैं। लोक के तीन भाग हैं अधो लोक, मध्य लोक, या तिर्यग्लोक और ऊर्ध्वलोक इनका चिन्तवन करना तथा इनमें भरे हुए पदार्थों का उनकी पर्यायों का उन सबके आकारों का चिन्तवन करना अत्यन्त संक्षेप से संस्थान विचय नाम का चौथा धर्मध्यान कहलाता है।

आगे यह धर्मध्यान कहाँ होता है सो कहते हैं।

मुक्खं धम्मज्झाणं उत्तं तु पमायविरहिए ठाणे।
देसविरए पमत्ते उवयारेणेव णायव्वं ॥371॥

मुख्यं धर्मध्यानमुक्तं तु प्रमादविरहिते स्थाने।
देश विरते प्रमत्ते उपचारेणैव ज्ञातव्यम् ॥371॥

अर्थ : यह धर्मध्यान मुख्यता से प्रमादरहित सातवें गुणस्थान में होता है तथा देश विरत पाँचवें गुणस्थान में और प्रमत्त संयत छठे गुण स्थान में भी यह धर्मध्यान उपचार से होता है। ऐसा समझना चाहिए।

आगे दूसरे प्रकार से धर्मध्यान का स्वरूप कहते हैं।

दहलक्खणसंजुत्तो अहवा धम्मोति वण्णिओ सुत्ते।
चिन्ता जा तस्स हवे भणियं तं धम्मझाणुत्ति ॥372॥

दशलक्षणसंयुक्तोऽथवा धर्म इति वर्णितः सूत्रे।
चिन्ता या तस्य भवेत् भणितं तद्धर्मध्यानमिति ॥372॥

अर्थ : अथवा सिद्धांत सूत्रों में उत्तमक्षमा आदि दश प्रकार का धर्म बतलाया है उन दशों प्रकार के धर्मों का चिन्तवन करना भी धर्म-ध्यान कहलाता है।

अहवा वत्थुसहावो धम्मं वत्थू पुणो न सो अप्पा।
झायन्ताणं कहियं धम्मज्झाणं मुणिंदेहिं॥373॥

अथवा वस्तुस्वभावो धर्मः वस्तु पुनश्च स आत्मा।
ध्यायमानाना तत्कथितं धर्म्यध्यानं मुनीन्द्रैः॥373॥

अर्थ : *वस्तु के स्वभाव को धर्म कहते हैं तथा वस्तुओं में व पदार्थों में मुख्य वस्तु या मुख्य पदार्थ आत्मा है। इसलिये उस आत्मा का ध्यान करना तथा उसके शुद्ध स्वरूप का ध्यान करना धर्म्यध्यान है। ऐसा जिनेन्द्रदेव ने कहा है।*

आगे इस धर्म्यध्यान के दूसरे प्रकार के भेद बतलाते हैं।

तं फुडु दुविहं भणियं सालम्बं तह पुणो अणालम्बं।
सालंवं पंचण्हं परमेंट्ठीणं सरूवं तु॥374॥

तत्स्फुटं द्विविधं भणितं सालम्वं तथा पुनः अनालम्बम्।
सालम्बं पंचानां परमेंष्ठिनां स्वरूपं तु॥374॥

अर्थ : *धर्म्यध्यान दो प्रकार है एक आलम्बन सहित और दूसरा आलम्बन रहित इन दोनों में से पंचपरमेष्ठी के स्वरूप का चिन्तवन करना है उसको सावलंव ध्यान कहते हैं।*

आगे अनुक्रम से पंच परमेष्ठियों का स्वरूप कहते हैं।

हरिरइयसमवसरणो अट्ठमहापाडिहेरसंजुत्तो।
सियकिरणविप्फुरन्तो झायव्वो अरुहपरमेइठी॥375॥

हरिरचितसमवशरणाऽष्टमहाप्रातिहार्यसंयुक्तः।
सितकरणेन विस्फुरन् ध्यातव्योऽर्हत्परमेष्ठी॥375॥

अर्थ : *जो इन्द्र के द्वारा बनाये हुए समवशरण में विराजमान हैं तथा आठ महा प्रातिहार्यों से सुशोभित हैं और जो अपनी प्रभा की श्वेत किरणों से देदीप्यपान हो रहे हैं ऐसे भगवान जिनेन्द्रदेव को अरहंत परमेष्ठी का ध्यान करना चाहिए।*

णट्ठट्ठ कम्मबंधो अट्ठगुणट्ठो य लोयसिहरत्थो।
सुद्धो णिच्चो सुहमो झायव्वो सिद्ध परमेष्ठी॥376॥

नष्टाष्टकर्मबन्धोऽष्टगुणस्थश्च लोक शिखरस्थः।
शुद्धो नित्यः सूक्ष्मः ध्यातव्यः सिद्धपरमेष्ठी॥376॥

अर्थ : *जिन के आठों कर्म सर्वथा नष्ट हो गये हैं, जो सम्यक्त्व आदि आठ गुणों से सुशोभित हैं, लोक के शिखर पर विराजमान हैं, जिनका आत्मा अत्यन्त शुद्ध*

है, नित्य है, और सूक्ष्म है ऐसे सिद्ध परमेष्ठी का ध्यान करना चाहिए।

छत्तीस गुणसमग्गो णिच्चं आयरइ पंच आयारो।
सिस्साणुग्गहकुसलो भणिओ सो सूरिपरमेट्ठी॥377॥

षट्त्रिंशद्गुणसमग्रः नित्यं आचरति पंचाचारम्।
शिष्यानुग्रहकुशलो भणितः स सूरिपरमेष्ठी॥377॥

अर्थ : *जो छत्तीस गुणों से सुशोभित हों जो ज्ञानाचार, दर्शनाचार, चारित्राचार, वीर्याचार, तप आचार इन पाँचों आचारों का प्रतिदिन पालन करते हैं तथा जो शिष्यों के अनुग्रह करने में अत्यन्त कुशल होते हैं उनको आचार्य परमेष्ठी कहते हैं।*

अज्झावयगुणजुत्तो धम्मोवदेसयारि चरियट्ठो।
णिस्सेसागमकुसलो परमेट्ठी पाठओ झाओ॥378॥

अध्यापनगुणयुक्तो धर्मोपदेशकारी चर्यास्थः।
निःशेषागमकुशलः परमेष्ठी पाठको ध्येयः॥378॥

अर्थ : *जो मुनि अध्यापन कार्य में शिष्यों को पढ़ाने में अत्यन्त निपुण हैं जो सदा काल धर्मोपदेश देते रहते हैं जो अपने चारित्र में स्थिर रहते हैं और जो समस्त आगम में कुशल होते हैं अथवा जो द्वादशांग के पाठी होते हैं उनको उपाध्याय परमेष्ठी कहते हैं, ऐसे उपाध्याय परमेष्ठी का ध्यान करना चाहिए।*

उग्गतवतवियगत्तो तियालजोएण गमियअहरत्तो।
साहियमोक्खस्सपओ झाओ सो साहुपरमेट्ठी॥379॥

उग्रतपस्तपितगात्रः त्रिकालयोगेन गमिताहोरात्रः।
साधितमोक्षपदः ध्येयः स साधुपरमेष्ठी॥379॥

अर्थ : *जो प्रतिदिन तीव्र तपश्चरण करते हैं प्रतिदिन त्रिकाल योग धारण करते हैं और सदा काल मोक्ष मार्ग को सिद्ध करते रहते हैं उनको साधु परमेष्ठी कहते हैं। ऐसे साधु परमेष्ठी ध्यान करने योग्य हैं।*

आगे इन के ध्यान करने का फल कहते हैं।

आचार्य परमेष्ठी अपने शिष्यों को प्रायश्चित देकर उनके व्रतों को निर्दोष करते हैं यह शिष्यों का सबसे बड़ा उपकार है।

एवं तं सालम्बं धम्मज्झाणं हवेइ णियमेण।
झायन्ताणं जायइ विणिज्जरा असुहकम्माणं॥380॥

एवं तत्सालम्बं धर्मध्यानं भवति नियमेनं
ध्यायमानानां जायते विनिर्जरा अशुभकर्मणाम् ॥380 ॥

अर्थ : *ऊपर लिखे इन पाँचों परमेष्ठियों का ध्यान करना नियमपूर्वक आलम्बन सहित धर्म्यध्यान कहलाता है। इन पाँचों परमेष्ठियों का ध्यान करने से अशुभ कर्मों की विशेष निर्जरा होती है।*

आगे निरालम्ब ध्यान के लिये कहते हैं।

जं पुणु वि णिरालंवं तं झाणं गयपमायगुणठाणे।
चत्तगेहस्स जायइ धरियंजिणजिंगरूवस्स ॥381 ॥

यत्पुनरपि निरालम्बं तद्ध्यानं गतप्रमादगुणस्थाने।
त्यक्तगृहस्य जायते धृतजिनलिंगपुरुषस्य ॥381 ॥

अर्थ : *जो गृहस्थ अवस्था को छोड़कर जिनलिंग धारण कर लेता है। अर्थात् दीक्षा लेकर निर्ग्रंथ मुनि हो जाता है और जो मुनि होकर भी अप्रमत्त नाम के सातवें गुणस्थान में पहुँच जाता है तब उसी के निरालम्ब ध्यान होता है। गृहस्थ अवस्था में निरालम्ब ध्यान कभी नहीं हो सकता।*

जो भणइ को वि एवं अत्थि गिहत्थाण णिच्चलं झाणं।
सुद्धं य णिरालंवं ण मुणइ सो आयमो जइणो ॥382 ॥

यो भणति कोप्येवं अस्ति गृहस्थानां निश्चलं ध्यानम्।
शुद्धं च निरालम्वं न मुनते स आगमं यतीनाम् ॥382 ॥

अर्थ : *यदि कोई पुरुष यह कहे कि गृहस्थों के भी निश्चल, निरावलम्ब और शुद्ध ध्यान होता है तो समझना चाहिए कि इस प्रकार कहने वाला पुरुष मुनियों के शास्त्रों को ही नहीं मानता है।*

कहियाणि दिट्ठिवाए पडुच्च गुणठाण जाणि झाणाणिं।
तह्मा स देस विरओ मुक्खं धम्मं ण झाएई ॥383 ॥

कथितानि दृष्टिवादे प्रतीत्य गुणस्थानानि जानीहि ध्यानानि।
तस्मात् स देशविरतो मुख्य धर्म्यं न ध्यायति ॥383 ॥

अर्थ : *दृष्टिवाद नाम के बारहवें अंग में गुणस्थान को लेकर ही ध्यान का स्वरूप बतलाया है जिससे सिद्ध होता है कि देशविरती गृहस्थ मुख्य धर्म्यध्यान का ध्यान नहीं कर सकता।*

आगे इसका कारण बतलाते हैं।

किं जं सो गिहवन्तो वहिरन्तरगंथपरिमिओ णिच्चं।
बहु आरंभपउत्तो कह झायइ सुद्धमप्पाणं ॥384॥

किं यत् स गृहवान् बाह्याभ्यन्तरग्रन्थपरिमितो नित्यम्।
बह्वारम्भप्रयुक्तः कथं ध्यायति शुद्धमात्मानम् ॥384॥

अर्थ : *गृहस्थों के मुख्य धर्म्यध्यान न होने का कारण यह है कि गृहस्थों के सदाकाल बाह्य-आभ्यन्तर परिग्रह परिमित रूप से रहते हैं तथा आरंभ भी अनेक प्रकार के बहुत से होते हैं इसलिये वह शुद्ध आत्मा का ध्यान कभी नहीं कर सकता।*

धरवावारा केई करणीया अत्थि ते ण ते सव्वे।
झाणट्ठियस्स पुरओ चिट्ठंति णिमीलियच्छिस्स ॥385॥

गृहव्यापाराणि कियन्ति करणीयानि सन्ति तेन तानि सर्वाणि।
ध्यान स्थितस्य पुरतः तिष्ठन्ति निमीलिताक्ष्णः ॥385॥

अर्थ : *गृहस्थों को घर के कितने ही व्यापार करने पड़ते हैं। जब वह गृहस्थ अपने नेत्रों को बन्द कर ध्यान करने बैठता है तब उसके सामने घर के करने योग्य सब व्यापार आ जाते हैं।*

अह ढिंकुलिया झाणं झायइ अहवा स सोवए झाणी।
सोवन्तो झायव्वं ण ठाइ चित्तम्मि वियलम्मि ॥386॥

अथ ढिकुलिकं ध्यानं ध्यायति अथवा स स्वपिति ध्यानी।
स्वपतः ध्यातव्यं न तिष्ठति चित्ते विकले ॥386॥

अर्थ : *जो कोई गृहस्थ शुद्ध आत्मा का ध्यान करना चाहता है तो उसका वह ध्यान ढेकी के समान होता है। जिस प्रकार ढेकी धान कूटने में लगी रहती है परन्तु उससे उसका कोई लाभ नहीं होता उसको तो परिश्रम मात्र ही होता है इसी प्रकार गृहस्थों का निरालम्ब ध्यान, शुद्ध आत्मा का ध्यान परिश्रम मात्र होता है। अथवा शुद्ध आत्मा का ध्यान करने वाला वह गृहस्थ उस ध्यान के बहाने सो जाता है। जब वह सो जाता है तब उसके व्याकुल चित्त में वह ध्यान करने योग्य शुद्ध आत्मा कभी नहीं ठहर सकता। इस प्रकार किसी भी गृहस्थ के शुद्ध आत्मा का निश्चल ध्यान कभी नहीं हो सकता।*

झाणाणं सन्ताणं अहवा जाएइ तस्स झाणस्स।
आलंवण रहियस्स य ण ठाइ चित्तं थिरं जम्हा ॥387॥

ध्यानानां सन्तानं अथवा जायते तस्य ध्यानस्य।
आलम्बन रहितस्य च न तिष्ठति चित्तं स्थिरं यस्मात् ॥387॥

अर्थ : *अथवा यदि वह सोता नहीं तो उसके ध्यानों की सन्तानरूप परम्परा चलती रहती है। इसका भी कारण यह है कि निरालम्ब ध्यान करने वाले गृहस्थ का चित्त स्थिर नहीं रहता इसलिये उसके निरालम्ब ध्यान कभी नहीं हो सकता। यदि वह गृहस्थ निरालम्ब ध्यान करने का प्रयत्न करता है तो निरालम्ब ध्यान तो नहीं होता परन्तु किसी भी ध्यान की सन्तान परम्परा चलती रहती है।*

अब आगे गृहस्थों के करने योग्य ध्यान बतलाते हैं।

तम्हा सो सालंवं झायउ झाणं पि गिहवई णिच्चं।
पंच परमेट्ठिरूवं अहवा मंतक्खरं तेसि ॥388॥

तस्मात् स सालम्बं ध्यायतु ध्यानमपि गृहपतिर्नित्यम्।
पंच परमेष्ठिरूवमथवा मन्त्राक्षरं तेषाम् ॥388॥

अर्थ : *इसलिये गृहस्थों को सदा काल आलम्बन सहित ध्यान धारण करना चाहिए। या तो उसे पंचपरमेष्ठी का ध्यान करना चाहिए अथवा पंचपरमेष्ठी के वाचक मन्त्रों का ध्यान करना चाहिए।*

जइ भणइ को वि एवं गिहवावारेसु वट्टमाणो वि।
पुण्णे अम्ह ण कज्जं जं संसारे सुवाडेई ॥389॥

यदि भणति कोप्येवं गृहव्यापारेषु वर्तमानोऽपि।
पुण्येनास्माकं न कार्यं यत्संसारे सुपातयति ॥389॥

अर्थ : *कदाचित् कोई गृहस्थ यह कहे कि यद्यपि हम गृहस्थ व्यापारों में लगे रहते हैं तथापि हमें सावलम्ब ध्यान कर पुण्य उपार्जन करने की आवश्यकता नहीं क्योंकि पुण्य उपार्जन करने से भी तो इस जीव को संसार में ही पड़ना पड़ेगा।*

ऐसा कहने वाले के लिये आचार्य उत्तर देते हैं।

मेहुणसण्णरूढो मारइ णवलक्खसुहुमजीवाई।
इय जिणवरेहिं भणियं बज्झंतरणिग्गंथरूवेहिं ॥390॥

मैथुनसंज्ञारूढो मारयति अनवलक्षयसूक्ष्म जीवान्।
एतज्जिनवरैः भणितं बाह्याभ्यन्तरनिर्ग्रन्थरूपैः ॥390॥

अर्थ : *आचार्य कहते हैं कि देखो जो पुरुष मैथुन संज्ञा को धारण करता है अपनी स्त्री का सेवन करता है वह गृहस्थ नौ लाख सूक्ष्म जीवों का घात करता है।*

ऐसा बाह्याभ्यन्तर परिग्रह रहित भगवान् जिनेन्द्रदेव ने कहा है। इसके सिवाय-

गेहे वट्टंतस्स य वावारसयाइंसया कुणंतस्स।
आसवइ कम्म मसुहं अट्टरउद्दे पवत्तस्स ॥391॥

गेहे वर्तमानस्य च व्यापारशतानि सदा कुर्वतः।
आस्रवति कर्माशुभं आर्तरौद्रप्रवृत्तस्य ॥391॥

अर्थ : *जो पुरुष घर में रहता है और सदाकाल गृहस्थी के सैकड़ों व्यापार करता रहता है वह आर्त्तध्यान और रौद्रध्यान में भी अपनी प्रवृत्ति करता रहता है इसलिये उसके सदा काल अशुभ कर्मों का ही आस्रव होता रहता है।*

जइ गिरिणई तलाइ अणवरयं पविसए सलिल परिपुण्णं।
मण वयतणुजोएहिं पविसइ असुहेहिं तह पावं ॥392॥

यथा गिरिनदी तडागेऽनवरतं प्रविशति सलिलपरिपूर्णे।
मनवचनतनुयोगैः प्रविशति अशुभैः तथा पापम् ॥392॥

अर्थ : *जिस प्रकार किसी पर्वत से निकलती हुई नदी का पानी किसी जल से भरे हुए तालाब में निरन्तर पड़ता रहता है उसी प्रकार गृहस्थी के व्यापार में लगे हुए पुरुष के अशुभ मन-वचन-काय इन तीनों अशुभ योगों द्वारा निरन्तर पाप कार्यों का आस्रव होता है।*

इसलिये ऐसे गृहस्थों के लिये आचार्य उपदेश देते हैं—

जाम ण छंडइ गेहं ताम ण परिहरइ इंतयं पावं।
पावं अपरिहरन्तो हेओ पुण्णस्स मा चयउ ॥393॥

यावन्न त्यजति गृहं तावन्न परिहरति एतत्पापम्।
पापं अपरिहरन् हेतुं पुण्यस्य मा त्यजतु ॥393॥

अर्थ : *इस प्रकार ये गृहस्थ लोग जब तक घर का त्याग नहीं करते गृहस्थ धर्म को छोड़ कर मुनि धर्म धारण नहीं करते तब तक उनसे ये पाप छूट नहीं सकते। इसलिये जो गृहस्थ पापों को नहीं छोड़ना चाहते उनको कम से कम पुण्य के कारणों को तो नहीं छोड़ना चाहिए। भावार्थ : गृहस्थों को सदा काल पाप कर्मों में ही नहीं लगे रहना चाहिए किन्तु साथ में जितना कर सके उतना पुण्य कर्मों का भी उपार्जन करते रहना चाहिए। तथा पुण्य उपार्जन करने के लिये सावलम्बन ध्यान व भगवान जिनेन्द्रदेव की पूजा अथवा सुपात्र दान देते रहना चाहिए।*

आगे आचार्य फिर भी कहते हैं—

आ (मा) मुक्क पुण्णहेउं पावस्सासवं अपरिहंरतो य।
वज्झइ पावेण णरो सो दुग्गइ जाइ मरिउणं ॥394॥

मा त्यज पापुण्यहेतुं पापस्यास्रवमपरिहरंश्च।
बध्यते पापेन नरः स दुर्गति याति मृत्वा ॥394॥

अर्थ : *जो गृहस्थ पाप रूप आस्रवों का त्याग नहीं कर सकते अर्थात् गृहस्थ धर्म को छोड़ नहीं सकते उनको पुण्य के कारणों का त्याग कभी नहीं करना चाहिए। क्योंकि जो मनुष्य सदाकाल पापों का बन्ध करता रहता है वह मनुष्य मर कर नरकादिक दुर्गति को ही प्राप्त होता है।*

आगे कैसा पुरुष पुण्य के कारणों का त्याग कर सकता है सो कहते हैं।

पुण्णस्स कारणाइं पुरिसो परिहरउ जेण णियचितं।
विसयकसाय पउत्तं णिग्गहियं हयपमाएण ॥395॥

पुण्यस्य कारणानि पुरुषः परिहरतु येन निजचितम्।
विषयकषायप्रयुक्तं निगृहीतं हतप्रमादेन ॥395॥

अर्थ : *जिस पुरुष ने अपने समस्त प्रमाद नष्ट कर दिये हैं तथा इन्द्रियों के विषय और कषायों में लगे हुए अपने चित्त को जिसने सर्वथा अपने वश में कर लिया है ऐसा पुरुष अपने पुण्य के कारणों का त्याग कर सकता है।*

भावार्थ : *पुण्य के कारणों का त्याग सातवें गुणस्थान में होता है। इससे पहले नहीं होता इसलिये गृहस्थों को तो पुण्य के कारण कभी नहीं छोड़ने चाहिए।*

आगे यही बात दिखलाते हैं।

गिहवावारविरत्तो गहियं जिणलिंग रहियपसपाओ।
पुण्णस्स कारणाइं परिहरउ सया वि सो पुरिसो ॥396॥

गृहव्यापारविरक्तो गृहीतजिनलिंगः रहितस्वप्रमादः।
पुण्यस्य कारणानि परिहरतु सदापि स पुरुषः ॥396॥

अर्थ : *जिस पुरुष ने गृहस्थ के समस्त व्यापारों का त्याग कर दिया है जिसने भगवान जिनेन्द्रदेव का निर्ग्रंथ लिंग धारण कर लिया है तथा निर्ग्रंथ लिंग धारण करने के अनन्तर जिसने अपने समस्त प्रमादों का त्याग कर दिया है। ऐसे पुरुष को ही सदा के लिये पुण्य के कारणों का त्याग करना उचित है, अन्यथा नहीं।*

भावार्थ : *प्रमादों का त्याग सातवें गुणस्थान में होता है। सातवें गुणस्थान में ही वे मुनि उपशम श्रेणी में अथवा क्षपक चढ़ते हैं। उपशम श्रेणी में कर्मों का उपशम होता रहता है। और क्षपक श्रेणी में कर्मों का क्षय होता रहता है। इसलिये वहाँ पर*

पुण्य के कारण अपने आप छूट जाते हैं। गृहस्थों को पुण्य के कारण कभी नहीं छोड़ने चाहिए।

असुहस्स कारणेहिं य कम्म छक्केहि णिच्च वट्टंतो।
पुण्णस्स कारणाइं वंधस्स भयेण णिच्छंतो ॥397॥

अशुभस्य कारणे च कर्मषट्के नित्यं वर्तन्तः।
पुण्यस्य कारणानि बंधस्य भयेन नेच्छन् ॥397॥

ण मुणइ इय जो पुरसो जिण कहियपयत्थणवसरूवं तु।
अप्पाणं सुयणमज्झे हासस्स य ठाणयं कुणइ ॥398॥

न मनुते एतत् यः पुरुषो जिनकथितपदार्थनवस्वरूपं तु।
आत्मानं सुजनमध्ये हास्यस्य य स्थानकं करोति ॥398॥

अर्थ : *यह गृहस्थ अशुभ कर्मों के आने के कारण ऐसे असि मसि कृषि वाणिज्य आदि छहों कर्मों में लगा रहता है अर्थात् इन छहों कर्मों के द्वारा सदा काल अशुभ कर्मों का आस्रव करता रहता है तथापि जो केवल कर्मबन्ध के भय से पुण्य के कारणों को करने की इच्छा नहीं करता, कहना चाहिए कि वह पुरुष भगवान जिनेन्द्रदेव के कहे हुए नौ पदार्थों के स्वरूप को भी नहीं मानता, तथा वह पुरुष अपने को सज्जन पुरुषों के मध्य में हँसी का स्थान बनाता है।*

भावार्थ : *वह हँसी का पात्र होता है। इसलिये किसी भी गृहस्थ को पुण्य के कारणों का त्याग कभी नहीं करना चाहिए।*

आगे पुण्य के भेद बतलाते हैं—

पुण्णं पुव्वायरिया दुहिवं अक्खंति सुत्तउत्तीए।
मिच्छ पउत्तेण कयं विवरियं सम्म जुत्तेण ॥399॥

पुण्यं पूर्वाचार्या द्विविधं कथयन्ति सूत्रोक्त्या।
मिथ्यात्व प्रयुक्तेन कृतं विपरीतं सम्यक्त्वयुक्तेन ॥399॥

अर्थ : *पूर्वाचार्यों ने अपने सिद्धांत सूत्रों के अनुसार उस पुण्य के दो भेद बतलाये हैं। एक तो मिथ्यादृष्टि पुरुष के द्वारा किया हुआ पुण्य और दूसरा इसके विपरीत सम्यग्दृष्टि के द्वारा किया हुआ पुण्य।*

आगे मिथ्यादृष्टि के द्वारा किये हुए पुण्य को और उसके फल को बतलाते हैं।

मिच्छादिट्ठीपुण्णं फलइ कुदेवेसु कुणरतिरिएसु।
कुच्छियभोगधरासु य कुच्छिय पत्तस्स दाणेण ॥400॥

मिथ्यादृष्टिपुण्यं फलति कुदेवेसु कुनरतिर्यक्षु।
कुत्सित भोगधरासु च कुत्सितपात्रस्य दानेन ॥400॥

अर्थ : *मिथ्यादृष्टि पुरुष प्रायः कुत्सित पात्रों को दान देता है इसलिये वह पुरुष उस कुत्सित दान के फल से कुदेवों में उत्पन्न होता है, कुमनुष्यों में उत्पन्न होता है, नीचे तिर्यंचों में उत्पन्न होता है, और कुभोग भूमियों में उत्पन्न होता है।*

जइ वि सुजायं वीयं ववसायपउत्तओ विजइ कसओ।
कुच्छियखेत्ते ण फलइ तं वीर्यं जह तहा दाणं ॥401॥

यद्यपि सुजातं बीजं व्यवसायप्रयुक्तो वपति कृषकः।
कुत्सितक्षेत्रे न फलति तद्बीजं यता तथा दानम् ॥401॥

अर्थ : *यद्यपि किसान किसी उत्तम जाति के बीज को विधिपूर्वक (भूमि को अच्छी तरह जोत कर) बोता है तथापि कुत्सित खेत में बोने से उस पर फल नहीं लगते इसी प्रकार कुत्सित पात्रों को दान देने से उसका कुछ भी फल नहीं मिलता है।*

जइ फलइ कह वि दाणं कुच्छियजाईहिं कुच्छियसरीरं।
कुच्छियभोए दाउं पुणरवि पाडेइ संसारे ॥402॥

यदि फलति कथमपि दानं कुत्सितजातिषु कुत्सितशरीरम्।
कुत्सित भोगान् दत्वा पुनरपि पातयति संसारे ॥402॥

अर्थ : *यदि किसी प्रकार कुत्सित पात्रों को दिये हुए दान का फल मिलता भी है तो कुत्सित जाति में उत्पन्न होना, कुत्सित शरीर धारण करना और कुत्सित भोगोपभोगों का प्राप्त होना आदि कुत्सित रूप ही फल मिलता है तथा कुत्सित पात्रों को दिया हुआ वह दान जीव को चतुर्गति रूप इस संसार में ही परिभ्रमण कराता रहता है।*

संसार चक्कवाले परिब्भमंतो हु जोणिलक्खाइं।
पावइ विवहे दुक्खे विरयन्तो विविहकम्माइं ॥403॥

संसार चक्रवाले परिभ्रमन् हि योनिलक्षाणि।
प्राप्नोति विविधान दुःखान् विरचयन् विविधकर्माणि ॥403॥

अर्थ : *कुपात्रों को दान देने वाला पुरुष चौरासी लाख योनियों से भरे हुए इस संसार चक्र में ,परिभ्रमण करता हुआ अनेक प्रकार के कर्मों का उपार्जन करता रहता है और उन अशुभ कर्मों के फल से अनेक प्रकार के दुःखों को भोगता रहता है। इस प्रकार मिथ्य दृष्टियों के द्वारा किये हुए पुण्य का स्वरूप और उसका फल कहा।*

अब आगे सम्यग्दृष्टि के द्वारा किये हुए पुण्य का फल बतलाते हैं।

सम्मादिट्ठी पुण्णं ण होइ संसारकारणं णियमा।
मोक्खस्स होइ हेउं जइ वि णियाणं ण सो कुणइ ॥404 ॥

सम्यग्दृष्टिपुण्यं न भवति संसारकारणं नियमात्।
मोक्षस्य भवति हेतुः यदि य निदानं न स करोति ॥404 ॥

अर्थ : *सम्यग्दृष्टि के द्वारा किया हुआ पुण्य संसार का कारण कभी नहीं होता यह नियम है। यदि सम्यग्दृष्टि पुरुष के द्वारा किये हुए पुण्य में निदान न किया जाय तो वह पुण्य नियम से मोक्ष का ही कारण होता है।*

भावार्थ : *कोई भी पुण्य कार्य कर उससे आगामी काल के भोगों की इच्छा करना या और कुछ चाहना निदान है, निदान नरक का कारण है। इसलिये उत्तम पुरुषों को निदान कभी नहीं करना चाहिए।*

अकइयणियाणसम्मो पुण्णं काऊण णाणचरणट्ठो।
उप्पज्जइ दिवलोए सुहपरिणामो सुलेसो वि ॥405 ॥

अकृतनिदानसम्यग्दृष्टिः पुण्यं कृत्वा ज्ञानचरणस्थः।
उत्पद्यते दिवि लोके शुभपरिणामः सुलेश्योऽपि ॥405 ॥

अर्थ : *जिस सम्यग्दृष्टि पुरुष के शुभ परिणाम है, शुभ लेश्याएँ है तथा जो सम्यग्ज्ञान और सम्यक् चारित्र को धारण करता है, ऐसा सम्यग्दृष्टि पुरुष यदि निदान नहीं करता है तो वह पुरुष मरकर स्वर्ग लोक में ही उत्पन्न होता है।*

अन्तरमुहुत्तमज्झे देहं चइऊण माणुसं कुणिमं।
गिण्हइ उत्तमदेहं सुचरिय कम्माणु भावेण ॥406 ॥

अन्तर्मुहुर्तमध्ये देह त्यक्त्वा मानुषं कुणिमम्।
गृह्याति उत्तमं देहं सुचरितकर्मानुभावेन ॥406 ॥

अर्थ : *ऊपर लिखा हुआ सम्यग्दृष्टि पुरुष अपने पुण्य कार्य के प्रभाव से इस घृणित मनुष्य शरीर का त्याग कर अन्तर्मुहूर्त में ही स्वर्ग में जाकर उत्तम शरीर प्राप्त कर लेता है।*

चम्मं रुहिरं मंसं मेज्जा अट्ठिं च तह वसा सुक्कं।
सिंम्मं पित्तं अन्तं मुत्तपुरीसं च रोमाणि ॥407 ॥

चर्म रुधिरं मांसं मेदोऽस्थि च तथा वसा शुक्रम्।
श्लेष्म पित्तं अंत्रं मत्रं पुरीषं च रोमाणि ॥407 ॥

णहदंतसिरण्हारुलालां सेउयं च णिमिस आलस्सं।
णिद्दा तण्हा य जरा अंगे देवाण ण हि अत्थि ॥408 ॥

नखदंतशिरानारुलाला: स्वेदकं च निमेषं आलस्यम्।
निद्रा तृष्णा च जरा अंगे देवानां न हि सन्ति ॥408 ॥

अर्थ : *चर्म (चमड़ा) रुधिर, मांस, मेदा, हड्डी, चर्बी, शुक्र, (वीर्य) कफ पित्त, आँतें, मल, मूत्र, रोम, नख, दाँत, शिरा, (नाड़ी, नसें)। नारु, लार, पसीना, नेत्रों की टिमिकार, आलस्य, निन्द्रा, तन्द्रा और बुढ़ापा ये सब देवों के शरीर में कभी नहीं होते।*

सुइ अमलो वरवण्णो देहो सुहफासगंधसम्पण्णो।
वालरवितेयसरिसो चारुसरुवो सदा तरुणो ॥409 ॥

शुचि: अमलो वरवर्ण: देह: शुभस्पर्शगंधसम्पन्न:।
बालरवितेज: सदृश: चारुस्वरूप: सदा तरुण: ॥409 ॥

अणिमा महिमा लहिमा पावइ पागम्म तइ य ईसत्तं।
वसयत्त कामरूवं एत्तियाई गुणो हि संजुत्तो ॥410 ॥

अणिमा महिमा लघिमा प्राप्ति: प्राकाम्यं तथा चेशित्वम्।
वशित्वं कामरूपं एतै: गुणै: संयुक्त: ॥410 ॥

देवाण होइ देहो अइउत्तमेण पुग्गलेण सम्पुण्णो।
सहजाहरणणिउत्तो अइरम्मो होइ पुण्णेण ॥411 ॥

देवानां भवति देहोऽत्युत्तमेन पुद्गलेन सम्पूर्ण:।
सहजाहरणनियुक्तोऽतिरम्यो भवति पुण्येन ॥411 ॥

अर्थ : *देवों का शरीर पुण्य कर्म के उदय से अत्यन्त पवित्र होता है, अत्यन्त निर्मल होता है, अत्यन्त सुन्दर वर्ण होता है, उनके शरीर का स्पर्श गंध अत्यन्त शुभ होता है, उगते हुए सूर्य के तेज के समान उनका तेज होता है, उनका शरीर अत्यन्त सुन्दर और सदा काल तरुण अवस्था को धारण करता है, अणिमा, महिमा, लघिमा प्राप्ति, प्राकाम्य, ईशत्व, वशित्व कामरूप इन आठों गुणों से सुशोभित रहता है। अत्यन्त उत्तम पुद्गलों से बना होता है। सब प्रकार से पूर्ण होता है। अत्यन्त मनोहर होता है और अपनी स्थिति के अनुसार नियत समय पर हृदय से उत्पन्न हुए अमृत से परिपुष्ट होता है। देवों को ऐसा उत्तम शरीर पुण्य कर्म के उदय से ही प्राप्त होता है। ऊपर जो अणिमा महिमा आदि देवों के, शरीर के गुण बतलाये हैं उनका अर्थ इस*

प्रकार है। छोटे से छोटे शरीर को बना लेने की शक्ति होना अणिमा है, मेरु पर्वत से भी बड़ा शरीर बनाने की शक्ति होना महिमा है, वायु से भी हल्का शरीर बनाने की शक्ति होना लघिमा है, पृथ्वी पर ठहर कर भी अपनी उँगली के अग्रभाग से मेरु पर्वत के शिखर को भी स्पर्श करने की शक्ति होना प्राप्ति है, जल में भूमि के समान गमन करने की शक्ति होना प्राकाम्य है, तीनों लोको की प्रभुता प्राप्त कर लेने की शक्ति होना ईशत्व है, समस्त जीवों को वश करने की शक्ति होना वशित्व है, तथा एक साथ अनेक रूप धारण कर लेने की अनेक शरीर बना लेने की शक्ति होना कामरूपत्व है। इस प्रकार देवों के शरीर में आठ ऋद्धियाँ होती हैं।

उप्पण्णो कणयमए कायक्कंतिहिं भासियं भवणे।
पेच्छंत्तो रयणमयं पासायं कणय दित्तिल्लं ॥412॥

उत्पन्नः कनकमये कायकान्तिभिः भासिते भवने।
पश्यन् रत्नमयं प्रासादं कनकदीप्तिम् ॥412॥

अर्थ : *इस प्रकार अपने पुण्य कर्म के उदय से वह जीव स्वर्ग में अपने शरीर की कांति से सुशोभित होने वाले सुवर्णमय भवन में देव उत्पन्न होता है। वहाँ पर वह सुवर्ण की कांति से सुशोभित ऐसे रत्नमय भवनों को देखता है।*

अणुकूलं परियणयं तरलियणयणं च अच्छराणिवहं।
पिच्छंतो णमिय सिरं सिरकइयकरंजली देवे ॥413॥

अनुकूलं परिजनकं तरलितनयनं च अप्सरोनिवहम्।
पश्यन् नमितशीर्षान् शिरः कृतकरांजलीन् देवान् ॥413॥

अर्थ : *वहाँ पर वह अपने परिजनों को अपने अनुकूल देखता है, जिनके सुन्दर नेत्र अत्यन्त चंचल है, ऐसी अप्सराओं के समूह को देखता है तथा जिनके मस्तक नम्रीभूत हो रहे हैं और जिन्होंने अपने हाथ जोड़ कर अपने मस्तक पर रख लिये हैं, ऐसे देवों को देखता है।*

णिसुणंतो थोत्तसए सुरवरसत्थेणविरइए ललिए।
तुंवुरु गाइयगीए वीणासद्देण सुइसुहए ॥414॥

निःसृण्वन् स्तोत्रशतान् सुरवरसार्थेन विरचितान् ललितान्।
तुम्वुरु गीतगीतान् वीणाशद्धेन श्रुतिसुखदान् ॥414॥

अर्थ : इसके सिवाय वह उत्पन्न हुआ देव अनेक उत्तम देवों के द्वारा बनाये हुए सैकड़ों सुन्दर स्तोत्रों को सुनता है तथा कानों को सुख देने वाले और तुंवर जाति के

देवों के द्वारा वीणा के साथ गाये हुए गीतों को सुनता है।

चिन्तइ किं एवड्ढं मज्झ पहुत्तं इमं पि किं जायं।
किं ओ लग्गइ एसो अमरगणो विणयसम्पण्णो ॥415॥

चिन्तयति किमेतावन् मम प्रभुत्वं इदमपि किं जातम्।
किमुत लगति एषः अमरगणः विनयसम्पन्नः ॥415॥

अर्थ : *तदनन्तर वह उत्पन्न हुआ देव अपने मन में चिन्तवन करता है कि क्या यह सब मेरा प्रभुत्व है अथवा यह सब क्या है? अथवा ऐसा मालूम होता है कि विनय को धारण करने वाले ये सब देव गण हैं।*

को हं इह कस्सावोकेण विहाणेण इयं गहं पत्तो।
तविओ को उग्गतवो केरिसियं संजमं विहियं ॥416॥

कोऽहं कथमागतः केन विधानेन इदं गृहं प्राप्तः
तपितं किमुग्रतपः कीदृशं संयमं विहितम् ॥416॥

अर्थ : *तदनन्तर वह देव फिर चिन्तवन करता है कि मैं कौन हूँ? मैं इस भवन*

---

1. *पद्मासनसमासीनो नासाग्रन्यस्तलोचनः।*
मौनी वस्त्रावृतास्योऽयं पूजां कुर्याज्जिनेशिनः॥
अर्थात् : पूजा करने वाला पद्मासन से बैठकर पूजा करे अपनी दृष्टि नासिक पर रक्खे, मौन धारण करे, और वस्त्र से अपना मुख ढक लेवे।

2. *ऊँ ह्रीं अमृते अमृतोद्भवे अमृत वार्षिणि अमृतं स्रावय स्रावय स. सं क्लीं क्लीं ब्लूं ब्लूं द्रां द्रां द्रीं द्रीं द्रावय हं झं झवीं क्ष्वीं हं सः असि आ उ साअहँ नमः स्वाहा। यह अमृत स्नान मन्त्र हैं ऊँ ह्रीं झ्वीं क्ष्वीं वं मं हं सं तं पं द्रां द्रीं ह सः स्वाहा यह आचमन मन्त्र है।*
सबसे पहले अग्निमंडल का चिन्तवन करना चाहिए एक त्रिकोण आकार का यन्त्र बनाना चाहिए उसके तीनों ओर सौ रेफ या रकार बनाना चाहिए। उन रकारों के ऊपर आधे रकार का आकार और बनाना चाहिए। इसको अर्द्ध रेफ की ज्वाला कहते हैं। ऐसे रेफों से व्याप्त अग्निमंडल के मध्य में अपने शरीर को स्थापन करना चाहिए तथा ध्यान कर अपने शरीर के मल को दग्ध करना अर्थात्— जलाना चाहिए। उसकी विधि इस प्रकार है ''ऊँ ह्रीं अर्हं भगवते जिनभास्कराय बोधसहस्त्र किरणैर्मम किरणेन्धनस्य द्रव्यं शोषयामि घे घे स्वाहा।'' दाभ के छोटे पूले को दीपक से सेक लेना चाहिए और फिर उस दाभ को अग्निमंडल में भस्म कर देना चाहिए। सो ही लिखा है—
अग्नि मंडलमध्यस्थै रेफैर्ज्वालाशताकुलैः।
सर्वांगदेशजैर्ध्यात्वा ध्यान दग्धं वपुर्मलम्॥
अर्थात् : अग्निमंडल के मध्य में बैठकर सौ रेफज्वालाओं से व्याप्त होकर तथा सब शरीर से ध्यान के द्वारा शरीर के मल को जलाना चाहिए।

में क्यों आ गया और किस प्रकार आ गया। मैंने ऐसा कौन-सा उग्र तपश्चरण धारण किया था अथवा कौन सा संयम पालन किया था जिससे कि मै यहाँ आकर उत्पन्न हुआ हूँ।

किं दाणं मे दिण्णो केरिसपत्ताण काय सुभत्तीए।
जेणाहं कयपुरण्णो उप्पण्णो देवलोयम्मि ॥417॥

किं दानं मया दत्तं कीदृश पात्राणं कया सुभक्त्या।
येनाहं कृतपुण्य उत्पन्नो देवलोके ॥417॥

अर्थ : *वह देव फिर भी चिन्तवन करता है कि क्या मैंने पहले भव में दान दिया था और दान भी दिया था तो कैसे पात्र को दिया था और किस उत्तम भक्ति से दिया था। जिससे मैं पुण्य उपार्जन कर इस देव लोक में आकर उत्पन्न हुआ हूँ।*

इय चिन्ततो पसरइ ओहीणाणं तु भवसहावेण।
जाणइ सो आइयभव विहियं धम्मप्पहावं च ॥418॥

इति चिन्तयन् प्रसारयति अवधिज्ञानं तु भवस्वभावेन।
जानाति स अतीत भवं विहितं धर्मप्रभावं च ॥418॥

अर्थ : *इस प्रकार चिन्तवन करता हुआ वह देव अपने साथ उत्पन्न हुए भवप्रत्यय अवधि ज्ञान को फैलाता है और उस अवधि ज्ञान से वह अपने पहले भव को जान लेता है तथा पहले भव में उसने जो धर्म प्रभावना की थी जिससे कि वह देव हुआ था, उसको भी जान लेता है।*

पुणरवि तमेव धम्मं मणसा सद्दहइ सम्मदिट्ठी सो।
वन्देइ जिणावराणं णंदिसरपहुइसव्वाइं ॥419॥

पुनरपि तमेव धर्मं मनसा श्रद्दधाति सम्यग्दृष्टिः सः।
वन्दते जिनवरान् नन्दीश्वरप्रभृतिसर्वान् ॥419॥

अर्थ : *तदनन्तर वह सम्यग्दृष्टि देव फिर भी अपने मन में उसी धर्म का श्रद्धान् करता है और पंच मेरु नन्दीश्वरद्वीप आदि के अकृत्रिम चैत्यालयों की वन्दना करता है, उनमें विराजमान जिन प्रतिमाऊँ की वन्दना करना है और विदेह क्षेत्र के जिनेन्द्रदेव की भी वन्दना करता है।*

इह बहुकालं सग्गे भोगं भुंजंतु विविहरमणीयं।
चइऊण आउस खाए उप्पज्जइ मच्चलोयम्मि ॥420॥

इति बहुकालं स्वर्गे भोगं भुंजानः विविधरमणीयम्।
च्युत्वा आयुः क्षये उत्पद्यते मर्त्यलोके:॥420॥

अर्थ : *इस प्रकार वह जीव स्वर्ग से जाकर बहुत काल तक अनेक प्रकार के सुन्दर भोगों का अनुभव करता है। तदनन्तर आयु पूर्ण होने पर वहाँ से च्युत होता है और इस मनुष्य लोक में आकर जन्म लेता है।*

उत्तमकुले महंतो वहुजण णमणीय सम्पयापउरे।
होऊण अहियरूवो बलजोव्वणरिद्धिसम्पुण्णो॥421॥

उत्तमकुले महति वहुजननमनीये सम्पदाप्रचुरे।
भूत्वा अधिकरूपः बलयौवनर्धिसम्पूर्णः॥421॥

अर्थ : *मनुष्य लोक में भी आकर वह बहुत महत्वशाली उत्तम कुल में उत्पन्न होता है तथा ऐसे कुल में उत्पन्न होता है जिसको बहुत से लोग मानते हैं नमस्कार करते हैं और जिसमें बहुतसी सम्पदा होती हैं। इसके सिवाय उसका बहुत सुन्दर रूप होता है और वह बल ऋद्धि यौवन आदि से परिपूर्ण होता है।*

तत्थ वि विविहे भोए णरखेत्तभवे अणोवमे परमे।
भुंजित्ता णिविण्णो संजमयं तेव गिण्हेई॥422॥

तत्रापि विविधान् भोगान् नरक्षेत्रभवाननुपमान् परमान्।
भुक्त्वा निर्विण्णः संयमं चैव गृह्यति॥422॥

अर्थ : *उस मनुष्य लोक में भी उत्पन्न होकर वह जीव मनुष्य क्षेत्र में उत्पन्न होने वाले सर्वोत्कृष्ट अनुभव तथा अनेक प्रकार के भोगों का अनुभव करता है और फिर संसार शरीर भोगों से विरक्त होकर संयम धारण कर लेता है।*

लद्धं जइ चरमतणु चिरकयपुण्णेण सिज्झए णियमा।
पाविय केवल णाणं जह खाइय संजम सुद्धं॥423॥

लब्धं यदि चरमतनं चिरकृतपुण्येन सिद्धयति नियमात्।
प्राप्य केवलज्ञानं यथाख्यात संयमं शुद्धम्॥423॥

अर्थ : *यदि वह जीव अपने चिर काल के संचित किये हुए पुण्य कर्म के उदय से चरम शरीरी हुआ तो वह जीव यथाख्यात नाम के शुद्ध चारित्र को धारण कर तथा केवल ज्ञान को पाकर नियम से सिद्ध अवस्था प्राप्त कर लेता है।*

तम्हा सम्मादिट्ठी पुण्णं मोक्खस्स कारणं हवई।
इय णाऊण गिहत्थो पुण्णं चायरउ जत्तेण॥424॥

तस्मात्सम्यग्दृष्टेः पुण्यं मोक्षस्य कारणं भवति।
इति ज्ञात्वा गृहस्थः पुण्यं चार्जयतु यत्नेन ॥424 ॥

अर्थ : *इस प्रकार ऊपर लिखे कथन से यह सिद्ध होता है कि सम्यग्दृष्टि का पुण्य मोक्ष कारण होता है यही समझ कर गृहस्थों को यत्नपूर्वक पुण्य का उपार्जन करते रहना चाहिए।*

आगे पुण्य के कारण बतलाते हैं।

पुण्णस्स कारणं फुडु पढमं ता हवइ देवपूया य।
कायव्वा भत्तीए सावयवग्गेण परमाय ॥425 ॥

पुण्यस्य कारणं स्फुटं प्रथम सा भवति देवपूजा च।
कर्तव्या भक्त्या श्रावकवर्गेण परमया ॥425 ॥

अर्थ : *पुण्य के कारणों में सबसे प्रथम भगवान् जिनेन्द्रदेव की पूजा करना है, इसलिये समस्त श्रावकों को परम भक्ति पूर्वक भगवान् जिनेन्द्रदेव की पूजा करना चाहिए।*

अब आगे पूजा की विधि कहते हैं—

फासुयजलेण ण्हाइय णिवसिय वत्थाइ गंपि तं ठाणं।
इरियावहं च सोहिय उवविसियं पडिमआसेण ॥426 ॥

प्रासुक जलेन स्नात्वा निवेश्य वस्त्राणि गन्तव्यं तत्स्थानम्।
इर्यापथं च शोधयित्वा उपविश्व प्रतिमासनेन ॥426 ॥

अर्थ : *पूजा करने वाले गृहस्थ को सबसे पहले प्रासुक जल से स्नान करना चाहिए शुद्ध वस्त्र पहनाना चाहिए फिर पूजा करने के स्थान पर जाना चाहिए तथा जाते समय ईर्यापथ शुद्धि से जाना चाहिए और वहाँ जाकर पद्मासन से बैठना चाहिए।*

पुज्जाउवयरणाइ य पासे सण्णिहिय मंतपुव्वेण।
ण्हाणेणं ण्हाइत्ता आचमणं कुणउ मंतेण ॥427 ॥

पूजोपकरणानि च पार्श्वे सन्निधायं मन्त्रपूर्वेण।
स्नानेन स्नात्वा आचमनं करोतु मन्त्रेण ॥427 ॥

अर्थ : *तदनन्तर पूजा के समस्त उपकरण अपने पास रखना चाहिए फिर मन्त्र स्नान करना चाहिए और फिर मन्त्र पूर्वक आचमन करना चाहिए।*

आसणठाणं किच्चा सम्मत्तपुव्व तु झाइए अप्पा।
सिहिमंडलमज्झत्थं जालासयजलियणियदेहं ॥428 ॥

आसनस्थानं कृत्वा सम्यक्त्वपूर्वं तु ध्यायतु आत्मानम्।
शिखिमण्डलमध्यस्थं ज्वालाशतज्वलितनिजदेहम् ॥428॥

अर्थ : *अग्नि मंडल के मध्य में अपना आसन लगाकर बैठे और फिर सम्यक् रीति से परमात्मा का ध्यान करें। उस ध्यान में अग्निमंडल से निकलती हुई सौ ज्वालाओं से अपना शरीर जल रहा है ऐसा चिन्तवन करना चाहिए।*

पूजा करने वाले को दर्भासन पर बैठकर ऊपर लिखा मन्त्र पढ़ कर अपने पाप सम्बन्धी पाप मल को जलाने के लिये दाभ को दीपक से जलाकर अग्नि मंडल पर रखना चाहिए। फिर ॐ ह्रीं अर्ह श्रीजिनप्रभजिनायकर्मभस्मविधूननं कुरु कुरु स्वाहा'' इस मन्त्र को पढ़कर उस जली हुई दाभ की भस्म पर जल धारा देकर उसको बुझा देना चाहिए फिर पंच परम गुरु मुद्रा धारण करनी चाहिएं फिर असि आ उ सा इनका न्यास करना चाहिए अर्थात् इनको स्थापन करना चाहिए। फिर जल मंडल यन्त्र बनाकर उसके ऊपर झं वं हवः पः इन अमृत बीजों को स्थापन कर अपने मस्तक पर जल छोड़ना चाहिए। उसकी विधि इस प्रकार है— किसी ताँबे के पात्र में (गोल कटोरा आदि में) जल भर कर उसमें अनामिका (तीसरी उँगली) उँगली से जल मंडल यन्त्र लिखना चाहिए। सो हि लिखा है— ''झ ठं स्वरावृतं तोयं मंडल द्वयवेष्टितम्।''

फिर उस जल मंडल में आचमनी (छोटी चमची) रखकर ''ॐ ह्रीं अमृते अमृतोद्भवे अमृतं स्रावय स्रावय सं सं क्लीं क्लीं ब्लूं ब्लूं द्रां द्रां द्रीं द्रीं द्रावय द्रावय हं झं इ्वीं क्ष्वीं हं सः अ सि आ उ सा अर्हं नमः स्वाहा'' यह मन्त्र पढ़ कर आचमनी से जल लेकर मस्तक पर डालना चाहिए और इस प्रकार तीन बार करना चाहिए। यह अमृत स्नान है। फिर अपने दोनों हाथों की कनिष्ठा (सबसे छोटी) अंगुली से लेकर अनुक्रम से अँगूठे पर्यन्त मूल की रेखा से ऊपर की रेखा तक पंच नमस्कार का न्यास करना अर्थात्— स्थापन करना चाहिए। उसकी विधि उस प्रकार है— ॐ ह्रीं णमो अरहंताणं कनिष्ठिकाभ्यां नमः, ॐ ह्रीं णमो सिद्धाणं अनामिकाभ्यां नमः, ॐ ह्रीं णमो आइरिआणं मध्यमाभ्यां नमः, ॐ ह्रीं णमो उवज्झायाणं तर्जिनीभ्यां नमः, ॐ ह्रीं णमो लोए सव्वसाहूणं अंगुठाभ्यां नमः, इस प्रकार अलग अलग मन्त्र पढ़ कर दोनों ही हाथों की उँगलियों की मूल रेखा से लेकर ऊपर के पर्वतक अँगूठा लगाकर अलग अलग नमस्कार करना चाहिए। इसको कर न्यास कहते हैं।

फिर ''ॐ ह्रीं अर्हं वं मं सं तं पं असि आ उ सा हस्त सम्पुटं करोमि स्वाहा'' यह मन्त्र पढ़कर दोनों हाथ मिलाकर कमल की कर्णिका के समान सम्पुट रूप करना चाहिए अर्थात् हाथ जोड़ना चाहिए तथा दोनों हाथों के अँगूठों को ऊँचा खड़ा रखना चाहिए। फिर नीचे लिखे मन्त्र पढ़कर अंग न्यास करना चाहिए उसकी विधि इस प्रकार है। 'ॐ ह्रीं णमो अरहंताणं स्वाहा हृदि, यह मन्त्र पढ़कर उन जुड़े हुए हाथों के

खड़े अँगूठो को हृदय से लगाना चाहिए। ॐ ह्रीं णमो सिद्धाणं स्वाहा ललाटे, ॐ ह्रीं णमो आयरियाणं स्वाहा शिरसी, ॐ ह्रीं णमो उवज्झायाणं स्वाहा शिरोदक्षिण भागे, ॐ ह्रीं णमो लोए सव्व साहूणं स्वाहा शिरोपश्चिमदेशे, इन मन्त्रों को पढ़कर दोनों हाथों के अँगूठों को अनुक्रम से हृदय, ललाट, मस्तक, दाईं और बाईं ओर नमस्कार पूर्वक स्पर्श करना चाहिए, उस समय हाथ जुड़े ही रखने चाहिए। यह अंग न्यास है, अर्थात् अपने शरीर और हाथों में मन्त्रपूर्वक पंचपरमेष्ठी का स्थापन करना है। इसके बाद इस विधि से और इन्हीं ऊपर लिखे मन्त्रों से दूसरा अंग न्यास करना चाहिए। उसके स्थान ये हैं— ॐ ह्रीं णमो अरहंताणं स्वाहा शिरो मध्ये, ॐ ह्रीं णमो सिद्धाणं स्वाहा शिरो अग्रभागे, ॐ ह्रीं णमो आइरीयाणं स्वाहा शिरो नैऋत्यां, ॐ ह्रीं णमो उपज्झायाणं स्वाहा शिरो वायव्याम्, ॐ ह्रीं णमो लोए सव्व साहूणं शिरो ईशानो। इस प्रकार शिर के मध्य में, शिर के आगे, शिर की नैऋत्य दिशा में, शिर की वायव्य दिशा में और शिर की ईशान दिशा में अंगन्यास करे। फिर तीसरा अंगन्यास ऊपर लिखे मन्त्र पढ़कर अनुक्रम से दाहिनी भुजा, नाभि, दाई कांख और बाईं कांख में करे। यथा ॐ ह्रीं णमो अरहंताणं स्वाहा दक्षिण भुजायाम्,ॐ ह्रीं णमो सिद्धाणं वाम भुजायाँ, ॐ ह्रीं णमो आइरीयाणं नाभौ, ॐ ह्रीं णमो उवज्झायाणं दक्षिण कुक्षौ, ॐ ह्रीं णमो लोए सब साहूणं वामकुक्षौ। तदनन्तर बायें हाथ की तर्जनी अंगुली में पंच मन्त्र को स्थापन कर पूर्व दिशा को आदि लेकर दशों दिशाओं में नीचे लिखे मन्त्र पढ़कर सरसों क्षेपण करनी चाहिए। ॐ क्षों स्वाहा पूर्वस्यां, ॐ क्षीं स्वाहा आग्नेये, ॐ क्षुं स्वाहा दक्षिणे, ॐ क्षें स्वाहा नैऋत्ये, ॐ क्षों स्वाहा पश्चिमे, ॐ क्षों स्वाहा वायव्ये, ॐ क्षों उत्तरे, ॐ क्षं स्वाहा ईशाने, ॐ क्षं स्वाहा ईशाने, ॐ क्ष स्वाहा अध: ॐ क्ष। स्वाहा ऊर्ध्वं। इस प्रकार दशों दिशाओं में सरसों स्थापन करनी चाहिए। फिर ॐ, हाँ, रहीं, ह, हैं, हौं, हें, हं, हः स्वाहा' इस मन्त्र को पढ़कर दशों दिशाऊँ में सरसों क्षेपण करनी चाहिए यह शून्य बीज है इस प्रकार दशों दिशाओ का बन्धन करना चाहिए। फिर मन्त्र को जानने वाले श्रावक को मन्त्र पूर्वक कवच और कर न्यास करना चाहिए। इसकी विधि इस प्रकार है— ॐ ह्रीं दपाय नमः शिरसि, ॐ ह्रीं शिखायै वषट् कवचाय रहूँ अस्त्राय फट् यह मन्त्र पढ़ कर पृथक् पृथक् मन्त्रों से मस्तक का स्पर्श करना चाहिए। चोटी का स्पर्श कर चोटी में गाँठ बाँधनी चाहिए। फिर कंधे से लेकर समस्त शरीर को दोनों हाथों से स्पर्श कर फिर दोनों हाथों से ताली बजाकर शब्द करना चाहिए। फिर परमात्मा का ध्यान करना चाहिए। ध्यान के मन्त्र ये हैं— ॐ ह्रीं णमो अरहंताणं अर्हद्भयो नमः इसको इकईस बार जपना चाहिए। ॐ ह्रीं णमो सिद्धाणं सिद्धेभ्यो नमः स्वाहा इसको भी इकईस बार जपना चाहिए। इन मन्त्रों के द्वारा पद्मासन से कायोत्सर्ग पूर्वक ध्यान करना चाहिए। इस प्रकार सकली करण विधान के द्वारा अपना मन शुद्ध करना चाहिए। शौच दो प्रकार है एक बाह्य और दूसरा आभ्यन्तर। जल मिट्टी आदि से तो

बाह्य शौच करना चाहिए और मन्त्र से आभ्यन्तर शौच करना चाहिए यह सकली करण विधि है।

पावेण सह संदेह झाणे डज्झंतयं खु चिन्ततो।
बंधउ सन्तीमुद्दा पंच परमेट्ठिणामाय ।।429 ।।

पापेन सह स्वदेहं ध्याने दह्यमानं खलु चिन्तयन्।
बध्नातु शान्तिमुद्रां पंचपरमेष्ठिना नामानम् ।।429 ।।

अर्थ : *उस ध्यान में ''मेरा शरीर मेरे पापों के साथ जल रहा है'' ऐसा चिन्तवन करना चाहिए और फिर पाँचों परमेष्ठियों की वाचक ऐसी शान्त मुद्रा बनानी चाहिए।*

अमयक्खरे णिवेसउ पंचसु ठाणेसु सिरसि धरिऊण।
सा मुद्दा पुणु चिन्तउ धाराहिं सवदयं अमयं ।।430 ।।

अमृताक्षरं निवेशयतु पंचसु स्थानेषु शिरसि धृत्वा।
ता मुद्रां पुनः चिन्तयतु धाराभिः स्रवदमृतम् ।।430 ।।

अर्थ : *उस गुरु मुद्रा को मस्तक पर रख कर पाँचों स्थानों में अमृताक्षरों का निवेश करो। जिसकी धारा से अमृत झर रहा है इस प्रकार उस गुरु मुद्रा को फिर चिन्तवन करो।*

पावेण सह सरीरं दड्ढं जं आसि झाणजलणेण।
तं जायं जं छारं पक्खालउ तेण मंतेण ।।431 ।।

पापेन सह शरीरं दग्धुं यत् आसीत् ध्यानज्वलनेन।
तज्जातं यत्क्षारं प्रक्षालयतु तेन मन्त्रेण ।।431 ।।

अर्थ : *उस ध्यान की ज्वाला से जो पापों के साथ शरीर जल गया था और उससे जो क्षार व राख उत्पन्न हुई थी उसको उसी मन्त्र से धो डालो।*

पडिदिवसं जं पावं पुरिसो आसवइ तिविह जोएण।
तं णिद्दहइ णिरुत्तं तेण ज्झाणेण संजुत्तो ।।432 ।।

प्रति दिवसं यन्पापं पुरुषः आस्रवति त्रिविधयोगेन।
तन्निर्दहति निःशेष तेन ध्यानेन संयुक्तः ।।432 ।।

अर्थ : *यह पुरुष अपने मन वचन काय तीनों योगों से जो प्रति दिन पाप कर्मों को करता है वह पुरुष ऊपर लिखे अनुसार ध्यान धारण कर शीघ्र ही नाश कर देता है।*

जं सुद्धो तं अप्पा सकायरहिओ य कुणइ ण हु किं पि।
तेण पुणो णियदेहं पुण्णाण्णवं चिन्तए झाणी ॥433॥

यः शुद्धः आत्मा स्वकायरहितश्च करोति न हि किमपि।
तेन पुनर्निजदेहं पुण्यार्णवं चिन्तयेत् ध्यानी ॥433॥

अर्थ : *इस प्रकार जो अपनी आत्मा अपने शरीर से रहित होकर अत्यन्त शुद्ध हो चुका है वह कुछ भी कार्य नहीं कर सकता इसलिये उस ध्यान करने वाले पुरुष को अपना शरीर एक पुण्य के समुद्र रूप चिन्तवन करना चाहिए।*

भावार्थ : *उस ध्यान करने वाले पुरुष ने जो अपने शरीर को पाप सहित दग्ध करने रूप चिन्तवन किया था उससे शरीर और पाप नष्ट हो जाने पर वह आत्मा शुद्ध और शरीर रहित चिन्तवन में आ गया। तथा शरीर रहित शुद्ध आत्मा कुछ कर नहीं सकता। इसलिये वह फिर अपने शरीर को एक पुण्यके सागर के समान चिन्तवन करता है।*

उट्ठाविऊण देहं सम्पुण्णं कोडिचंदसंकासं।
पच्छा सयलीकरणं कुणओ परमेट्ठिमंतेण ॥434॥

उत्थाय देहं सम्पूर्णं कोटिचन्द्रसंकाशम्।
पश्चाच्छकलीकरणं करोतु परमेष्ठिमन्त्रेण ॥434॥

अर्थ : *तदनन्तर करोड़ों चन्द्रमाओं के समान निर्मल और दैदीप्यमान अपने शरीर को चिन्तवन करता हुआ तथा शरीर को पूर्ण रूप से चिन्तवन करता हुआ उस ध्यान से उठ बैठना चाहिए और फिर पंचपरमेष्ठी वाचक मन्त्रों से उस पुरुष को सकली करण करना चाहिए। सकली करण की विधि पहले लिख चुके हैं।*

अहवा खिप्पउ साहा णिस्सेउ करंगुलीहिं वामेहिं।
पाए णाही हियए मुहे य सीसे य ठविऊणं ॥435॥

अथवा क्षिपतु शेषां निवेशयतु करांगुलैः वामैः।
पादे नाभ्यां हृदये मुखे च शिरसि च स्थापयित्वा ॥435॥

अर्थ : *अथवा दशों दिशाओं में सरसों स्थापन करना चाहिए तथा बायें हाथ की उंगुलियों से करन्यास करना चाहिए अर्थात् पैरों में नाभि में, हृदय में, मुख में, और मस्तक पर बाँये हाथ की उँगलियों को रख कर पाँचों स्थानों में पंचपरमेष्ठी की स्थापना करना चाहिए। यदि साहा के स्थान में सेहा पाठ है तो सरसों के स्थान में शेषाक्षत लेना चाहिए। यह सब विधि तथा आगे लिखा अंग न्यास सब पीछे सकली करण में लिखा है।*

अंगे णासं किच्चा इंदो हं कप्पिऊण णियकाए।
कंकण सेहर मुद्दो कुणओ जण्णोपवीयं च॥436॥

अंगे न्यासं कृत्वा इन्द्रोऽहं कल्पयित्वा निजकाये।
कंकणं शेखरं मुद्रिकां कुर्यात् यज्ञोपवीतं च॥436॥

अर्थ : *तदनन्तर अंगन्यास करना चाहिए। फिर अपने शरीर में 'मैं इन्द्र हूँ' ऐसी कल्पना करनी चाहिए और कंकण मुकुट मुद्रिका और यज्ञोपवीत पहनना चाहिए।*

पीढं मेरुं कप्पिय तस्सोवरि ठाविऊण जिणपडिमा।
पच्चक्खं अरहंत चित्ते भावेउ भावेण॥437॥

सिद्ध चक्र का विधान पूजा में इस प्रकार लिखा है—

ऊर्ध्वोधोरयुतं सविन्दुसपरं ब्रह्मस्वरावेष्टितं।
वर्गापूरितदिग्गताम्वुजदलं तत्संधितत्त्वान्वितम्॥
अन्तःपत्र त्रटेष्वनाहियुतं रहीं कार सवेष्टितं।
देवं ध्यायति यः स मुक्ति सुभगो वैरीभकंठीरवः॥

अर्थात् जिसके ऊपर और नीचे दोनों स्थानों में 'र' कार है तथा जो बिन्दु अर्थात् अर्धचन्द्राकार कला सहित ऐसा 'स' से आगे का अक्षर 'ह' कार मध्य में लिखना। जिस ह कार के ऊपर र कार हो नीचे र कार हो और अर्द्ध चन्द्र व अर्ध विन्दु ऊपर हो ऐसा ह्रीं मध्य में लिखना चाहिए। उस ह्रीं के चारों ओर ब्रह्न स्वर अर्थात् सोलह स्वर लिखना चाहिए। इतना सब तो बीच की कर्णिका में लिखना चाहिए। फिर उस कर्णिका के चारों दिशाओं में और चारों विदिशाओं में आठ संधियाँ बनाकर उन संधियों के मध्य में अष्ट दल आकार की कमल बनाना चाहिए। उन अष्ट दलों में अनुक्रम से अ आ इ ई उ ऊ ऋ ॠ ऌ ॡ ए ऐ ओ औ अं अः क ख ग घ ङ च छ ज झ ं ट ठ ड ढ ण त थ ध न प फब भ म य र ल व श ष स ह ल्ल क्षः इस क्रम से लिखना चाहिए। तथा इन्हीं दलों में सोलह स्वरों में से प्रत्येक दल में दो स्वर लिखना चाहिए तथा इन्हीं दलों के अन्त भाग में अनाहत मन्त्र लिखना चाहिए। तथा उन आठ दलों के मध्य में जो आठ संधियाँ है उनको तत्त्व से सुशोभित करना चाहिए। ''णमो अरहंताणं'' इस मन्त्र को तत्त्व कहते हैं। अर्थात् आठो संधियों में णमो अरहंताणं लिखना चाहिए। फिर तीन वलय देकर भूमंडल से वेष्टित करना चाहिए फिर क्षिति बीज और इन्द्रायुध लिखना चाहिए। इस प्रकार यन्त्र रचना कर सिद्धचक्र का ध्यान करना चाहिए।

1. *जो जीव इस सिद्ध चक्र का ध्यान करता है वह श्रेष्ठ मोक्ष पद को प्राप्त होता है। यह सिद्ध चक्रदेव शत्रुरूपी हाथियों को जीतने के लिये सिंह के समान है।*
   अनाहत का लक्षण–
2. *विन्द्राकार हरीर्ध्व रेफ विन्द्रानवाक्षरं। मालाधः स्पन्दिपीयूष विन्दुं विदुरनाहतम्॥ उ, अनुस्वार, ईकार, ऊर्ध्व रकार, हकार, हकार, निम्न रकार अनुस्वार ईकार इन नौ अक्षरों से अनाहत मन्त्र बनता है।*

पीठं मेरुं कल्पयित्वा तस्योपरि स्थापयित्वा जिनप्रतिमाम्।
प्रत्यक्षं अर्हन्तं चित्ते भावयेत् भावेन ॥437॥

अर्थ : *तदनन्तर स्थापन किये हुए सिंहासन में मेरु पर्वत की कल्पना करनी चाहिए, उस सिंहासन पर भगवान जिनेन्द्रदेव की प्रतिमा विराजमान करना चाहिए और फिर अपने चित्त में अपने निर्मल भावों से ये साक्षात् भगवान् अरहंत देव हैं ऐसी भावना करनी चाहिए।*

कलसचउक्कं ठाविय चउसुः वि कोणेसु णीरपरिपुण्णं।
घयदुद्धदहियभरियं णवसयलछण्णमुहकमलं ॥438॥

कलश चतुष्कं स्थापयित्वा चतुर्ष्वपि कोणेषु नीरपरिपूर्णं।
घृतदुग्धदधिभृतं नवशतदलच्छन्नमुखकमलम् ॥438॥

अर्थ : *तदनन्तर चारों कोनों में जल से भरे हुए चार कलश करने चाहिए तथा मध्य में पूर्ण कलश स्थापन करना चाहिए। इनके सिवाय घी, दूध, दही, इनसे भरे हुए कलश भी स्थापन करने चाहिए। इन सब कलशों के मुख पर नवीन सौ दल वाले कमल रखने चाहिए।*

आवाहिऊण देवे सुरवइ सिहिकालणेरिए वरुणे।
पवणे जखे ससूली सपियसवाहणे ससत्थे य ॥439॥

आहूय देवान् सुरपतिशिखिकालनैर्ऋत्यान् वरुणान्।
पवनान् यक्षान् सशूलिनः सप्रियसवाहनान् सशस्त्रांश्च ॥439॥

अर्थ : *तदनन्तर इन्द्र अग्नि यम नैऋत, वरुण, पवन, कुबेर, ईशान, धरणीन्द्र और चन्द्र इन दश दिक्पालों की स्थापना कर अर्घ्य चढ़ाना चाहिए। इन दशों दिक्पालों को उनकी पत्नी वाहन और शस्त्रों सहित स्थापना करनी चाहिए।*

दाऊण पुज्जदव्व बलि चरुयं तह य जण्णभायं च।
सव्वेसिं मंते हि य वीयक्खरणामजुत्तेहिं ॥440॥

दत्वा पूजाद्रव्यं वलिचरुकं तथा च यज्ञभागं च।
सर्वेषां मन्त्रैश्च बीजाक्षरनामयुक्तैः ॥440॥

अर्थ : *इन सब दिक्पालों को पूजा द्रव्य बलि नैवेद्य यज्ञभाग देना चाहिए। सबका बीजाक्षर सहित अलग-अलग नाम लेकर मन्त्र पूर्वक आह्वानन स्थापन सन्निधिकरण कर यज्ञ भाग पूजा द्रव्य और नैवेद्य देना चाहिए। इनके स्थापन करने आदि के मन्त्र ये है। ऊँ ह्रीं आं क्रौं प्रशस्त वर्ण सर्व लक्षण सम्पूर्ण स्वायुध वाहन*

युवती सचिह्न सहित इन्द्र देव अत्र आगच्छ आगच्छ संवौषटं, अत्र तिष्ठ तिष्ठ ठः ठः, अत्र मम सन्निहितो भव भव वषट् ॐ आं क्रौं ह्रीं इन्द्र देवाय इन्द्र अर्ध्यं पाद्यं गंधं पुष्पं दीपं धूपं चरुं वलिं स्वस्तिकं अक्षतं यज्ञभागं य यजामहे यजामहे प्रतिगृह्यतां प्रतिगृह्यतामिति स्वाहा। यह मन्त्र पढ़ कर अलग-अलग देवों की स्थापन करनी चाहिए। इन्द्र को पूर्व दिशा में स्थापन कर बाईं ओर से आठों दिशाओं में आठ देव अधो दिशा में धरणीन्द्र ऊर्ध्व दिशा में चन्द्र को स्थापन करना चाहिए। शेष विधि अभिषेक पाठ में से कर लेनी चाहिए।

उच्चारिऊण मंते अहिसेयं कुणउ देवदेवस्स।
णीरघयखीर दहियं खिवउ अणुक्कमेण जिणसीसे ॥441॥

उच्चार्य मन्त्रान् अभिषेकं कुर्यात् देवदेवस्य।
नीरघृतक्षीरदधिकं क्षिपेत् अनुक्रमेण जिनशीर्षे ॥441॥

अर्थ : तदनन्तर देवाधिदेव भगवान अरहंत देव का अभिषेक करना चाहिए। वह अभिषेक अनुक्रम से जल, घी, दूध, दही आदि पदार्थों से मन्त्रों का उच्चारण करते हुए भगवान् के मस्तक पर से करना चाहिए।

ण्हवणं काऊण पुणो अमलं गंधोदयं च वंदिता।
सवलहणं च जिणिंदे कुणऊ कस्सीर मलएहिं ॥442॥

स्नपनं कारयित्वा पुनः अमलं गन्धोदकं च वन्दित्वा।
उद्वर्तनं च जिनेन्द्रे कुर्यात् काश्मीरमलयैः ॥442॥

अर्थ : इस प्रकार अभिषेक कर निर्मल गंधोदक की वन्दना करनी चाहिए और फिर काश्मीर केसर तथा चंदन आदि से भगवान् का उद्वर्तन करना चाहिए। अभिषेक के अनन्तर चंदन केसर आदि द्रव्यों की धूप बना कर उससे प्रतिमा का उबटन करना चाहिए। फिर कोण कलशों से तथा पूर्ण कलश से अभिषेक करना चाहिए। यह विधि अत्यन्त संक्षेप से कही है। इसकी पूर्ण विधि अभिषेक पाठ से जान लेनी चाहिए।

आलिहउ सिद्धचक्कं पट्टे दव्वेहिं णिसुगंधेहिं।
गुरु उवएसेण फुडं सम्पएणं सव्वमंतेहिं ॥443॥

आलिखेत् सिद्धचक्रं पट्टेद्रव्यैः निसुगन्धैः।
गुरूपदेशेन स्फुटं सम्पन्नं सर्वमन्त्रैः ॥443॥

अर्थ : तदनन्तर किसी वस्त्र पर या किसी थाली में या किसी पाट पर अत्यन्त सुगंधित द्रव्यों से सिद्ध चक्र का मन्त्र लिखना चाहिए। तथा गुरु के उपदेश के

अनुसार उसे स्पष्ट रीति से सर्व मन्त्रों से पूर्ण रूप देकर लिखना चाहिए।

आगे उसमें बनाने की विधि बतलाते हैं।

सोलदलकमलमज्झे अरिहं विलिहेइ बिन्दुकलसहियं।
वंभेण वेढइत्ता उवरिं पुणु मायबीएण ॥444 ॥

षोडशदलकमलमध्ये अर्हं विलिखेत् बिन्दुकलसहितम्।
ब्रह्मणा वेष्टयित्वा उपरि पुनः मायावीजेन ॥444 ॥

सोलससरेहि वेढउ देहवियप्पेण अट्ठ वग्गा वि।
अट्ठेहि दलेहिं सुपयं अरिहंताणं णमो सहियं ॥445 ॥

षोडशस्वरैः वेष्टय देहविकल्पेन अष्टवर्गानिमि।
अष्टभिर्दलैः सुपदं अर्हद्भयो नमः सहितम् ॥445 ॥

मायाए तं सव्वं तिउणं वेढेह अंकुसारूढं।
कुणह धरामंडलयं बाहिरयं सिद्धचक्कस्स ॥446 ॥

मायया तत्सर्वं त्रिगुणं वेष्टयेत् अंकुशारुद्धम्।
कुर्यात् धरामण्डलकं बाह्यं सिद्धचक्रस्य ॥446 ॥

अर्थ : *एक सोलह दल का कमल बनाना चाहिए इसके मध्य में कर्णिका पर बिन्दु और कला सहित लिखना चाहिए। फिर उसको ब्रह्न स्वरों से वेष्टित करना चाहिए।*

अर्थात् उससे चारों ओर सोलह स्वर लिखना चाहिए। फिर उन सबको माया बीज से वेष्टित करना चाहिए अर्थात् तीन रेखाओं से वेष्टित करना चाहिए। तदनन्तर सोलह दल का कमल बनाना चाहिए जिसमें आठ दल हों और आठ वर्ग हों। आठों वर्गों में सोलह स्वर तथा कवर्ग चवर्ग आदि अक्षर हों तथा आठों दलों में 'अर्हद्भयो नमः' लिखना चाहिए। इन सबको तीन माया रेखाओं से वेष्टित करना चाहिए। ऊपर की ओर अंकुश से आरुद्ध करना चाहिए तथा फिर चारों ओर बाहर धरा मंडल बना देना चाहिए।

इय संखेवं कहियं जो पूयइ गंधदीवधूवेहिं।
कुसुमेहि जवइ णिच्चं सो हणइ पुराणयं पावं ॥447 ॥

इति संक्षेपण कथितं यः पूजयति गन्धदीपधूपैः।
कुसुमैः जपति नित्यं स हन्ति पुराणकं पापम् ॥447 ॥

अर्थ : *इस प्रकार संक्षेप में सिद्ध चक्र का विधान कहा। जो पुरुष गंध दीप*

धूप और फूलों से इस यन्त्र की पूजा करता है तथा नित्य इसका जप करता है वह पुरुष अपने संचित किये हुए समस्त पापों का नाश कर देता है।

जो पुणु वड्डद्धारो सव्वो भणिओ हु सिद्धचक्कस्स।
सो एइ ण उद्धिरिओ इण्हि सामग्गि ण हु तस्स ॥448 ॥

यः पुनः वृहदुद्धारो सर्वो भणितो हि सिद्धचक्रस्य।
सोऽत्र न उद्धर्त्तव्यः इदानीं सामग्री न च तस्य ॥448 ॥

अर्थ : *इसके सिवाय एक सिद्ध चक्र का वृहत् उद्धार और भी है। महा उद्धार व महा पूजा है जो अन्य शास्त्रों में कही है परन्तु उसका उद्धार व महा सिद्ध चक्र पूजा इस समय नहीं करना चाहिए। क्योंकि इस समय उसकी पूर्ण सामग्री प्राप्त नहीं होती।*

आगे शान्ति चक्र विधान कहते हैं।

जइ पुज्जइ को वि णरो उद्धारित्ता गुरूवएसेण।
अट्ठदलविउणतिउणं चउग्गुणं बाहिरे कंजे ॥449 ॥

यदि पूजयति कोऽपि नर उद्धार्य गुरूपदेशेन।
अष्ट दल द्विगुण त्रिगुणं चतुर्गुणं बाह्ये कंजे ॥449 ॥

मज्झे अरिहं देवं पंचपरमेट्ठिमंतसंजुत्तं।
लहिऊण कण्णियाए अट्ठदले अट्ठदेवीओ ॥450 ॥

मध्ये अर्हं देवं पंचपरमेष्ठिमन्त्रयुक्तम्।
लिखित्वा कर्णिकायां अष्टदले अष्टदेवीः ॥450 ॥

सोलहदलेसु सोलहविज्जादेवीउ मंतसहियाओ।
चउवीसं पत्ते सु य जक्खा जक्खी य चउवीसं ॥451 ॥

षोडशदलेषु षोडशविद्यादेवीः मन्त्रसहिताः।
चतुर्विंशतौ पत्रेषु य यक्षान् यक्षींश्च चतुर्विंशम् ॥451 ॥

बत्तीसा अमरिंदा लिहेह बत्तीस कंज पत्तेसु।
णियणियमंतपउत्ता गणहरवलयेण वेढेइ ॥452 ॥

द्वात्रिंशत् अमरेन्द्रान् लिखेत् द्वात्रिंशत्कंजपत्रेषु।
निज निज मन्त्र प्रयुक्तान् गणधर वलयेन वेष्टयेत् ॥452 ॥

सत्तप्पयारेहा सत्त वि विलिहेह वज्जसंजुता।
चउरंसो चउद्दारा कुणह पयत्तेण जुलीए॥453॥

सप्तप्रकारा: रेखा: सप्तापि विलिखेत् वज्रसंयुक्ता:।
चतुरंशांश्चतुर्द्वारान् कुर्यात् प्रयत्नेन युक्त्या॥453॥

अर्थ : *इसके सिवाय गुरु के उपदेश से शान्ति चक्र का उद्धार कर उसकी भी पूजा करनी चाहिए। जो इस प्रकार है— बीच में कर्णि का रखकर वलय देकर सोलह दल का कमल बनायें फिर वलय देकर उसके बाहर चौबीस दल का कमल बनावें फिर वलय देकर बत्तीस दल का कमल बनावें। उसके मध्य में कर्णिका पर मन्त्र सहित अरहंत परमेष्ठी लिखें। चारों दिशाओं में अन्य परमेष्ठियों को लिखें विदिशाओं में सम्यग्दर्शन ज्ञान चारित्र तप लिखे। बाहर आठ दलों में जया आदि*

शान्ति चक्र यन्त्रोद्धार:

मध्य में कर्णि का लिखना चाहिए फिर वलय देकर उसके बाहर चार दिशा और चारों विदिशाओं में अष्टदलाकार कमल बनाना चाहिए। फिर उसके बाहर वलय देकर सोलह दल का कमल बनाना चाहिए। फिर उसके बाहर वलय देकर चौवीस दल का कमल बनाना चाहिए। फिर उसके बाहर वलय देकर बत्तीस दल का कमल बनाना चाहिए। उसके बाहर वलय देकर पूर्व दक्षिण पश्चिम उत्तर इन चारों दिशाओं में भद्र के आकार चार द्वार या दरवाजे बनाने चाहिए। फिर एक-एक द्वार के दोनों ओर तीन तीन त्रिशूलाकार वज्र लिखना चाहिए। इस प्रकार चारों ओर के उन आठ त्रिशूलों के चौबीस क्षोभ (यक्षों के स्थान) करने चाहिए। फिर चारों विदिशाओं के खल के बाहर दो-दो अलग-अलग क्षिति मंडल के लिये त्रिशूलाकार वज्र बनाना चाहिए और उसके आठ वज्र लिखना चाहिए। इस प्रकार क्षिति मंडल सहित शान्ति चक्र यन्त्र का उद्धार करना चाहिए।

सबसे पहले कर्णिका के मध्य भाग से'' ऊँ ह्रीं अर्हद्भयो नम:''लिखना चाहिए। फिर उसी कर्णिका में इस मन्त्र के पूर्व की ओर' ऊँ ह्रीं सिद्धभ्यो नम:' यह मन्त्र लिखना चाहिए। फिर उसकी दक्षिण दिशा में 'ऊँ ह्रीं सूरिभ्यो नम:' लिखना चाहिए। पश्चिम की ओर 'ऊँ ह्रीं पाठकेभ्यो नम:' लिखना चाहिए। उत्तर की ओर के दल में 'ऊँ ह्रीं साधुभ्यो नम: लिखना चाहिए। तदनन्तर उसी कर्णिका में चार विदिशाओं के चार दलों में से अग्नि कोण के दल में ''ऊँ ह्रीं सम्यग्दर्शनाय नम:'' नैर्ऋत कोण में ''ऊँ ह्रीं सम्यग्ज्ञानाय नम:'' वायव्य कोण में 'ऊँ ह्रीं सम्यक्चारित्राय नम:' और ईशान कोण में ''ऊँ ह्रीं सम्यक्तपसे नम:'' लिखना चाहिए। यह कर्णिका में बने हुए नौ कोठों का उद्धार है।

इस कर्णिका के बाहर जो अष्ट दलाकार कमल है उसमें से पूर्व के दल में ' ऊँ ह्रीं जयायै स्वाहा' दक्षिण के दल में 'ऊँ ह्रीं विजयायै स्वाहा' पश्चिम के दल में 'ऊँ ह्रीं अजितायै स्वाहा' उत्तर के दल में ऊँ ह्रीं अपराजितायै स्वाहा' लिखना चाहिए। फिर अग्नि कोण में 'ऊँ ह्रीं जंभायै

स्वाहा, नैऋ त कोण में 'ॐ ह्रीं मोहायै स्वाहा' वायव्य कोण में 'ॐ ह्रीं स्तम्भायै स्वाहा' तथा ईशान कोण में 'ॐ ह्रीं स्तंभिनयै स्वाहा' लिखना चाहिए, इस सब मन्त्रों को प्रणव माया बीज पूर्वक होमांत लिखना चाहिए।

उसके बाहर वलय के बाहर सोलह दल का कमल है उसमें पूर्व दिशा से प्रारंभ कर अनुक्रम से सोलह विद्या देवियों के नाम लिखना चाहिए। यथा— ॐ ह्रीं रोहिण्यै स्वाहा 1 ॐ ह्रीं प्रज्ञप्त्यै स्वाहा 2 ॐ ह्रीं वज्रशृंखलायै स्वाहा 3 ॐ ह्रीं वज्रांकुशायै स्वाहा 4 ॐ ह्रीं अप्रतिचक्रायै स्वाहा 5 ॐ ह्रीं पुरुषदक्षायै स्वाहा 6 ॐ ह्रीं काल्यै स्वाहा 7 ॐ ह्रीं महाकाल्यै स्वाहा 8 ॐ ह्रीं गांधाथै स्वाहा 9 ॐ ह्रीं गौर्यै स्वाहा 10 ॐ ह्रीं ज्वालामालिन्यै स्वाहा 11 ॐ ह्रीं बैरा-डय स्वाहा 12 ॐ ह्रीं अच्युतायै स्वाहा 13 ॐ ह्रीं अपरा जितायै स्वाहा 14 ॐ ह्रीं मानसी देव्यै स्वाहा 15 ॐ ह्रीं महा मानसी देव्यै स्वाहा 16 इस प्रकार सोलह कमल दल भर देने चाहिए।

तदनन्तर सोलह दल कमल के बाहर चौबीस दल का कमल है उसमें पूर्व दिशा से प्रारंभ कर अनुक्रम से चौबीस शासन देवियों का स्थापना करना चाहिए। यथा- ॐ ह्रीं चक्रैश्वरी दैव्यै स्वाहा 1 ॐ ह्रीं रोहिण्यै स्वाहा 2 ॐ ह्रीं प्रज्ञप्त्यै स्वाहा 3 ॐ ह्रीं वज्रशृंखलायै स्वाहा 4 ॐ ह्रीं पुरुषदत्तायै स्वाहा 5 ॐ ह्रीं मनोवेगायै स्वाहा 6 ॐ ह्रीं काल्यै स्वाहा 7 ॐ ह्रीं महाकाल्यैं स्वाहा 8 ॐ ह्रीं ज्वाला मालिन्यै स्वाहा 9 ॐ ह्रीं मानव्यै स्वाहा 10 ॐ ह्रीं गौर्ये स्वाहा 11 ॐ ह्रीं 12 ॐ ह्रीं वैराट्यै स्वाहा 13 ॐ ह्रीं अनन्त मत्यै स्वाहा 14 ॐ ह्रीं मानसी देव्यै स्वाहा 15 ॐ ह्रीं महा मानसी देव्यै स्वाहा 16 ॐ ह्रीं जयायै स्वाहा 17 ॐ ह्रीं विजयायै स्वाहा 18 ॐ ह्रीं अपराजितायै स्वाहा 19 ॐ ह्रीं बहुरुपिण्यै स्वाहा 20 ॐ ह्रीं चामुंडायै स्वाहा 21 ॐ ह्रीं कूष्मांडिन्यै स्वाहा 22 ॐ ह्रीं पऽा-वत्यै स्वाहा 23 ॐ ह्रीं सिद्धायिन्यै स्वाहा 24 इस प्रकार चौवीस दल कमल को भर देना चाहिए।

चौबीस दल कमल के बाहर वलय के बाद बत्तीस दल कमल है। उसमें भी पूर्व दिशा से प्रारम्भ कर अनुक्रम से बत्तीस इन्द्रों को ब्रह्म माया बीज से प्रारंभ कर होमांत लिखना चाहिए अर्थात् जिसके आदि में ॐ ह्रीं यह ब्रह्म और माया बीज हो तथा मध्य में चतुर्थी विभक्ति सहित देवी व इन्द्र का नाम हो और अन्त में होमांत अर्थात् होम के अन्त में कहे जाने वाला स्वाहा शब्द हो इस प्रकार सब देव देवियों की स्थापना करना चाहिए। यथा ॐ ह्रीं असुरेन्द्राय स्वाहा 1 ॐ ह्रीं नागेन्द्राय स्वाहा 2 ॐ ह्रीं विद्युदिन्द्राय स्वाहा 3 ॐ ह्रीं सुपर्णेन्द्राय स्वाहा 4 ॐ ह्रीं अग्नीन्द्राय स्वाहा 5 ॐ ह्रीं वातेन्द्राय स्वाहा 6 ॐ ह्रीं स्तनितेन्द्राय स्वाहा 7 ॐ ह्रीं उदधीन्द्राय स्वाहा 8 ॐ ह्रीं द्वीपेन्द्राय स्वाहा 9 ॐ ह्रीं दिगिन्द्राय स्वाहा 10 ॐ ह्रीं किन्नरेंद्राय स्वाहा 11 ॐ ह्रीं किंपुरुषेंन्द्राय स्वाहा 12 ॐ ह्रीं महोरगेन्द्राय स्वाहा 13 ॐ ह्रीं गंधर्वेन्द्राय स्वाहा 14 ॐ ह्रीं यक्षेन्द्राय स्वाहा 15 ॐ ह्रीं राक्षसेन्द्राय स्वाहा 16 ॐ ह्रीं भूतेन्द्राय स्वाहा 17 ॐ ह्रीं पिशाच्चेन्द्राय स्वाहा 18 ॐ ह्रीं चन्द्रेन्द्राय

फिर सबके बाहर ॐ ह्रीं आं क्रों अनावृताय स्वाहा' यह मन्त्र लिखकर अनावृत यक्ष को स्थापन करना चाहिए तदनतर भूमंडल देकर अष्ट वज्र सहित क्षिति बीज और अष्ट इन्द्रायुध के बीजकर सहित लिखना चाहिए। इस प्रकार यह यन्त्र विधि है।

स्वाहा 19 ऊँ ह्रीं आदित्येन्द्राय स्वाहा 20 ऊँ ह्रीं सौधर्मेन्द्राय स्वाहा 21 ऊँ ह्रीं ईशानेन्द्राय स्वाहा 22 ऊँ ह्रीं सानत्कुमारेन्द्राय स्वाहा 23 ऊँ ह्रीं माहेन्द्राय स्वाहा 24 ऊँ ह्रीं ब्रह्मेन्द्राय स्वाहा 25 ऊँ ह्रीं लांतवेन्द्राय स्वाहा 26 ऊँ ह्रीं शुक्रेन्द्राय स्वाहा 27 ऊँ ह्रीं शतारेन्द्राय स्वाहा 28 ऊँ ह्रीं आनतेन्द्राय स्वाहा 29 ऊँ ह्रीं प्राणतेन्द्राय स्वाहा 30 ऊँ ह्रीं आरणेन्द्राय स्वाहा।

आठ देवियों को लिखें। सोलह कमलों में मन्त्र सहित सोलह विद्या देवियों को लिखे, चौबीस कमलों में चौबीस यक्षियों को लिखें, बत्तीस कमलों में बत्तीस इन्द्रों को लिखें। इन सबको अपने अपने मन्त्र सहित लिखना चाहिए। इस प्रकार सात रेखाओं से वेष्टित करना चाहिए तथा सातों ही रेखाएँ वज्र सहित होनी चाहिए। चारों ओर चार द्वार करना चाहिए। बाहर प्रत्येक दिशा में छह-छह यक्षों का निवेश करना चाहिए। इस प्रकार इस यन्त्र का उद्धार करना चाहिए।

31 ऊँ ह्रीं अच्युतेन्द्राय स्वाहा 32 इस प्रकार बत्तीस दल कमल को भर देना चाहिए।

तदनन्तर चारों दिशाओं के चारों द्वारों के ओर लिखे हुए चौबीस वज्रों में गोमुख आदि चौबीसों यक्षों को वेद शक्ति बीज सहित होमांत लिखना चाहिए। इन सबकों पूर्व दिशा से प्रारंभ कर पश्चिम की ओर होते हुए अनुक्रम से लिखना चाहिए। इस प्रकार एक एक दिशा में छह छह यक्ष लिखना चाहिए। यथाओं ह्रीं गोमुखाय स्वाहा 1 ऊँ ह्रीं महायज्ञाय स्वाहा 2 ऊँ रही त्रिमुखाय स्वाहा 3 ऊँ ह्रीं यज्ञेश्वराय स्वाहा 4 ऊँ ह्रीं तुंवुरवे स्वाहा 5 ऊँ ह्रीं कुसुमाय स्वाहा 6 ऊँ ह्रीं वरंनंदिने स्वाहा 7 ऊँ ह्रीं विजयाय स्वाहा 8 ऊँ ह्रीं अजिताय स्वाहा 9 ऊँ ह्रीं ब्रह्मेश्वराय स्वाहा 10 ऊँ ह्रीं कुमाराय स्वाहा 11 ऊँ ह्रीं षण्मुखाय स्वाहा 12 ओ रहीं पातालाय स्वाहा 13 ऊँ ह्रीं किन्नराय स्वाहा 14 ऊँ ह्रीं किं पुरुषाय स्वाहा 15 ऊँ ह्रीं गरुड़ाय स्वाहा 16 ओ रहीं गंधर्वाय स्वाहा 17 ऊँ ह्रीं महेन्द्राय स्वाहा 18 ऊँ ह्रीं कुवेराय स्वाहा 19 ऊँ ह्रीं वरुणेन्द्राय स्वाहा 20 ऊँ ह्रीं विद्युत्प्रभाय स्वाहा 21 ओ रहीं सर्वाल्हाय स्वाहा 22 ऊँ ह्रीं धरणेन्द्राय स्वाहा 23 ऊँ ह्रीं मातंगाय स्वाहा 24 इस प्रकार चारों दिशाओं में चौबीस यक्षों को लिखना चाहिए।

तदनन्तर पूर्वादिक चारों दिशाओं में तथा चारों विदिशाओं में तथा पूर्व और पश्चिम में प्रणव माया बीज आदि होमांतयुक्त इन्द्रादिक दश दिक्पालों को स्थापना करना चाहिए। तथा ऊँ ह्रीं इन्द्राय स्वाहा 1 पूर्वे, ऊँ ह्रीं अग्नीन्द्राय स्वाहा 2 आग्नेय्याम्, ऊँ ह्रीं यमाय स्वाहा 3 दक्षिणे, ऊँ ह्रीं नैऋत्याय स्वाहा 4 नैऋत्य दिशाया, ऊँ ह्रीं वरुणाय स्वाहा 5 पश्चिमे, ऊँ ह्रीं पवनाय स्वाहा 6 वायव्याम्, ऊँ ह्रीं कुबेराय स्वाहा 7 उत्तरे, ऊँ ह्रीं ईशानाय स्वाहा 8 ईशाने, ऊँ ह्रीं धरणीन्द्राय स्वाहा 9 पूर्वे, ऊँ ह्रीं सोमाय स्वाहा 10 पश्चिमे।

तदनन्तर-पूर्वादिक चारों दिशाओं यथा चारों विदिशाओं में और दुबारा पूर्व दिशाओं में इस प्रकार नौ स्थानों में प्रणवपूर्वक स्वाहा पर्यन्त आदित्यादिक नव ग्रहों को लिखना चाहिए और उनको पूर्व दिशा से प्रारम्भ कर अनुक्रम से पश्चिम की ओर घूमते हुए पूर्व दिशा तक लिखना

---

1. बहुत तलाश करने पर भी दक्षिण उत्तर में कही भी इसका यन्त्र नहीं मिला तथा बिना यन्त्र के इन पद्यों का अर्थ नहीं लग सका इसके लिये हम क्षमा प्रार्थी है।

चाहिए। यथा ऊँ ह्रीं आदित्याय स्वाहा 1 ऊँ ह्रीं सोमाय स्वाहा, ऊँ ह्रीं भौमाय स्वाहा, ऊँ ह्रीं बुधाय स्वाहा, ऊँ ह्रीं बृहस्पतये स्वाहा, ऊँ ह्रीं शुक्राय स्वाहा ऊँ ह्रीं शनैश्चराय स्वाहा ऊँ ह्रीं राहवे स्वाहा, ऊँ ह्रीं केतवे स्वाहा।

एवं जंतुद्धारं इत्थं मइ अक्खियं समासेण।
सेसं किं पि विहाणं णायव्वं गुरुपसाएण।।454।।

एवं यन्त्रोद्धारं इत्थं मया कथितं समासेन।
शेषं किमपि विधानं ज्ञातव्यं गुरु प्रसादेन।।454।।

अर्थ : *इस प्रकार मैंने यह यन्त्रोद्धार का स्वरूप अत्यन्त संक्षेप से कहा है। इसका शेष विधान व विस्तार गुरुओं के प्रसाद से जान लेना चाहिए।*

अट्ठविह अच्चणाए पुज्जेयव्वं इमं खु णियमेण।
दव्वेहिं सुअंधेहि य लिहियव्वं अइपवित्तेहिं।।455।।

अष्टविधार्चनया पूजितव्यं इदं खलु नियमेन।
द्रव्यैः सुगन्धैश्च लिखितव्यं अति पवित्रैः।।455।।

अर्थ : *इन यन्त्रों को पवित्र धातुओं पर अत्यन्त पवित्र और सुगंधित द्रव्यों से लिखना चाहिए। तदनन्तर नियमपूर्वक आठों द्रव्यों से प्रतिदिन पूजा करना चाहिए। आगे इसका फल बतलाते हैं।*

जो पुज्जइ अणवरयं पावं णिद्दहइ आसिभव वद्धं।
पडिदिणकयं च विहुणइ बन्धइ पउराई पुण्णाइं।।456।।

यः पूजयति अनवरतं पापं निर्दहति पूर्वभवबद्धम्।
प्रतिदिनकृतं च विहन्ति बध्नाति प्रचुराणि पुण्यानि।।456।।

अर्थ : *जो पुरुष इन यन्त्रों की प्रतिदिन पूजा करता है वह अपने पूर्व भवों में संचित किये हुए समस्त पापों को जला देता है नष्ट कर देता है। तथा प्रतिदिन के पापों को भी नष्ट कर देता है। इसके साथ ही वह बहुत अधिक मात्रा में पुण्य कर्मों का संचय करता है।*

इह लोए पुण मंता सव्वे सिज्झंति पढियमित्तेण।
विज्जाओ सव्वाओ हवंति फुडु साणुकूलाओ।।457।।

इहलोके पुनर्मंत्राः सर्वे सिद्ध्यन्ति पठितमात्रेण।
विद्याः सर्वा भवन्ति स्फुटं सानुकूला।।457।।

अर्थ : *इसके पठन करने मात्र से पाठ करने में इस लोक में भी समस्त मन्त्र सिद्ध हो जाता है तथा जितनी विद्याएँ है वे सब स्पष्ट रीति से अपने अनुकूल हो जाती हैं।*

गहभूयडायणीओ सव्वे णस्संति तस्स णामेण।
णिव्विसियरंण पयडइ सुसिद्ध चक्कप्पहावेण ॥458॥

ग्रहभूतपिशाचिन्यः सर्वा नश्यन्ति तस्य नाम्ना।
निर्विषीकरणं प्रकटयति सुसिद्धचक्रप्रभावेन ॥458॥

अर्थ : *ग्रहभूत डाकिनी पिशाच आदि सिद्ध चक्र का नाम लेने से ही सब नष्ट हो जाते हैं। तथा इसी सिद्ध चक्र के प्रभाव से समस्त प्रकार के विष दूर हो जाते हैं। निर्विषीकरण प्रकट हो जाता है।*

वसियरणं आइट्ठी थं भं णेहं च संतिकम्माणि।
नानाजराणां हरणं कुणेइ तं झाणजोएण ॥459॥

वशीकरणं आकृष्टिं स्तम्भनं स्नेहं शान्ति कर्म।
नानाजराणां हरणं करोति तद्ध्यानयोगेन ॥459॥

अर्थ : *इन यन्त्र मन्त्रों का ध्यान करने से वशीकरण आकर्षण स्तम्भन शान्ति कर्म स्नेह आदि सब मन्त्र सिद्ध हो जाते हैं। इन्हीं मन्त्रों का ध्यान करने से वशीकरण हो जाता है जिसको आकर्षण करना चाहो वह आकर्षित हो जाता है जिसका स्तम्भन करना चाहो उसका स्तम्भन हो जाता है, रुक जाता है, जिसको शान्त करना चाहो वह शान्त हो जाता है, बुढ़ापा दूर हो जाता है तथा और भी अनेक प्रकार के लाभ हो जाते हैं।*

पहरंति ण तस्स रिउणा सत्तू मित्तत्तणं च उवयादि।
पुज्जा हवेह लोए सुवल्लहो णरवरिंदाणं ॥460॥

प्रहरन्ति न तस्य रिपवः शुत्रः मित्रत्वं च उपयाति।
पूजा भवति लोके सुवल्लभो नरवरेन्द्राणाम् ॥460॥

अर्थ : *इस यन्त्र मन्त्र का ध्यान करने वाले पुरुष को उसका कोई भी शत्रु मार नहीं सकता, उसके सब शत्रु मित्र के समान हो जाते हैं, संसार में उसकी पूजा प्रतिष्ठा होती है और वह पुरुष राजा महाराजाओं का तथा इन्द्रों का भी प्रिय व वल्लभ होता है।*

किं वहुणा उत्तेण य मोक्खं सोक्खं च लब्भई जेण।
केत्तियमेत्तं एयं सुसाहियं सिद्धचक्केण ॥461॥

किं बहुना उक्तेन च मोक्षः सौख्यं च लभ्यते येन।
कियन्मात्रमेतत् सुसाधितं सिद्धचक्रेण ॥461॥

अर्थ : *अथवा बहुत कहने से क्या? जिस सिद्ध चक्र के प्रताप से इस मनुष्य को मोक्ष के अनन्त सुख प्राप्त होते हैं फिर भला ये संसारिक लाभ उसके सामने क्या पदार्थ हैं अर्थात् कुछ भी नहीं।*

आगे पंचपरमेष्ठी चक्र को कहते हैं।

अहवा जइ असमत्थो पुज्जइ परमेट्ठिपंचकं चक्कम्।
तं पायडं खु लोए इच्छियफलदायगं परमं ॥462॥

अथवा यद्यसमर्थः पूजयेत्परमेष्ठिपंचकं चक्रम्।
तत्प्रकटं खलु लोके इच्छितफलदायकं परमम् ॥462॥

अर्थ : *अथवा जो कोई पुरुष इन मन्त्रों के बनाने में व पूजा अर्चा करने में असमर्थ हो तो उसको पंचपरमेष्ठी चक्र की पूजा करनी चाहिए। वह पंचपरमेष्ठी चक्र भी इस लोक में सर्वोत्कृष्ट इच्छानुसार फलको देने वाला है।*

आगे पंचपरमेष्ठी चक्र का यन्त्रोद्धार बतलाते हैं।

सिररेहभिण्ण सुण्णं चंदकलाबिन्दुएण संजुत्तं।
मत्ताहिय उवरगयं सुवेढियं कामबीएण ॥463॥

शिरोरफभिन्नशून्यं चन्द्रकलाबिन्दुकेन संयुक्तम्।
मात्राधिकोपरिगतं सुवेष्टितं कामबीजेन ॥463॥

वामदिसाइ णयारं मयार सविसग्गदाहिणे भाए।
बहि अट्ठपत्रकमलं तिउणं वेढइ मायाए ॥464॥

वामदिशायां नकारं मकार सविसर्गदक्षिणे भागे।
बहिरष्टपत्रकमलं त्रिगुणं वेष्टयेत् मायया ॥464॥

पणमंति मुत्तिमेगे अरहंतपयं दलेसु सेसेसु।
धरणीमंडलमज्झे झाएह सुरच्चियं चक्कं ॥465॥

प्रणव इति? मूर्तिमेकस्मिन् अर्हत्पदं? दलेषु शेषेषु।
धरणीमंडलमध्ये ध्यायेत्सुरार्चितं चक्रम् ॥465॥

अह एउणवण्णासे कोहे काऊण विउलरेहाहिं।
अइरोइ अक्खराइं कमेण विण्णिसहं सव्वाइं ॥466॥

अथवा एकोनपंचाशान् कोष्ठान् कृत्वा विपुलरेखाभिः।
अतिरोच्यक्षराणि क्रमेण विनिवेशय सर्वाणि ॥466॥

ता णिसदं जहयारं मज्झिम ठाणेसु ठाइ जुत्तीए।
वेढइ वीएण पुणो दलमंडल उयरमज्झत्थं ॥467॥

तावत् निवेशय यथाकारं मध्यमस्थानेषु स्थापत्य युक्त्या।
वेष्टय बीजेन पुनः दलमण्डलोदरमध्यस्थम् ॥467॥

अथवा अनेक रेखाओं से एक उनचास कोठे का यन्त्र बनाना चाहिए। मध्य में पंचपरमेष्ठी का नाम देना चाहिए। तथा फिर अनुक्रम से? अम्ल वर्यू आम्ल वर्यू इस प्रकार समस्त अक्षरों के मन्त्र लिखना चाहिए। जैसा कि यन्त्र में लिखा है। फिर तीन रेखाओं से धरा मण्डल लिखना चाहिए। इस प्रकार यन्त्र बनता है।

एए जंतुद्धारे पुज्जइ परमेट्ठिपंच अहिहाणे।
इच्छइ फलदायारो पावघवपडलहंतारो ॥468॥

एतान् यन्त्रोद्धारान् पूजयेत् परमेष्ठिपंचाभिधानान्।
इच्छित फलदातृन् पापधनपटलहन्तृन् ॥468॥

अर्थ : *ये यन्त्रोद्धार पंचपरमेष्ठी वाचक है इनकी पूजा करने से इच्छानुसार फल की प्राप्ति होती है, तथा पापरूपी घने बादलों के समूह सब नष्ट हो जाते हैं। इसलिये इन यन्त्रों के द्वारा पंचपरमेष्ठी की पूजा प्रति दिन करनी चाहिए।*

अट्ठविहच्चण काउं पुव्व पउत्तम्मि ठावियं पडिमा।
पुज्जेह तग्गयमणो विविहहि पुज्जाहिं भत्तीए ॥469॥

अष्टविधार्चनां कृत्वा पूर्वप्रोक्ते स्थापितां प्रतिमाम्।
पूजयेत् तद्गतमनाः विविधाभिः पूजाभिः भक्त्या ॥469॥

अर्थ : *इस प्रकार अष्ट द्रव्य से यन्त्रों के द्वारा पंचपरमेष्ठी की पूजा करके पहले अभिषेक के लिये विराजमान की हुई प्रतिमा में अपना मन लगाकर भक्ति पूर्वक अनेक प्रकार के द्रव्यों से अभिषेक बाद उन प्रतिमाओं की पूजा करनी चाहिए।*

आगे अष्ट द्रव्यों के नाम और उनसे होनेवाली पूजा का फल बतलाते हैं।

पसमइ रयं असेसं जिणपसकमलेसु दिण्ण जलधारा।
भिंगारणालणिग्गय भमंतभिंगेहिं कव्वुरिया ॥470॥

प्रशमति रजः अशेषं जिनपद कमलेषु दत्तजलधारा।
भंगारनालनिर्गता भ्रमद् भृंगैः कर्बुरिता ॥470॥

अर्थ : *सब पहले जल की धारा देकर भगवान की पूजा करनी चाहिए। वह जल की धारा शृंगार (झारी) की नाल से निकलनी चाहिए तथा वह जल इतना सुगंधित होना चाहिए कि उस पर भ्रमर आजाएँ और जल धारा के चारों ओर घूमते हुए उन भ्रमरों से वह जल की धारा अनेक रंग की दिखाई देने लगे ऐसी जल की धारा भगवान के चरण कमलों पर पड़नी चाहिए। इस प्रकार जल की धारा से भगवान की पूजा करने से समस्त पाप नष्ट हो जाते है अथवा ज्ञानावरण दर्शनावरण कर्म शान्त हो जाते हैं।*

चंदणसुअन्धलेओ जिणवर चरणेसु जो कुणइ भविओ।
लहइ तणू विक्किरिय सहावसुयंधयं अमलं ॥471॥

चन्दनसुगंधलेपं जिणवर चरणेषु यः करोति भव्यः।
लभते तनुं वैक्रियिकं स्वभावसुगन्धकं अमलम् ॥471॥

अर्थ : *जो भव्य पुरुष भगवान जिनेन्द्र देव के चरण कमलों पर (जिन प्रतिमा के चरण कमलों पर) सुगंधित चन्दन का लेप करता है उसको स्वर्ग में जाकर अत्यन्त निर्मल और स्वभाव से ही सुगंधित वैक्रियिक शरीर प्राप्त होता है।*

भावार्थ : *चन्दन से पूजा करने वाला भव्य जीव स्वर्ग में जाकर उत्तम देव होता है।*

पुण्णाण पुज्जेहि य अक्खएपुंजेहि देवपयपुरओ।
लब्भंति णावणिहाणे सुअक्खए चक्कवट्टित्तं ॥472॥

पूर्णैः पूजयेच्च अक्षतपूंजैः देवपद पुरतः।
लभ्यन्ते नव निधानानि सु अक्षयानि चक्रवर्तित्वम् ॥472॥

अर्थ : *जो भव्य जीव भगवान जिनेंद्रदेव के सामने पूर्ण अक्षतों के पुंज चढ़ाता है, अक्षतों से भगवान की पूजा करता है वह पुरुष चक्रवर्ती का पद पाकर अक्षय रूप नव-निधियों को प्राप्त करता है। चक्रवर्ती को जो निधियाँ प्राप्त होती हैं उनमें से चाहे जितना सामान निकाला जाय निकलता ही जाता है कम नहीं होता।*

अलिचुंबिएहिं पुज्जइ जिणपयकमलं च जाइमल्लीहिं।
सो हवइ सुरवरिंदो रमेइ सुरतरुवर वणेहिं ॥473॥

अलिचुम्बितैः पूजयति जिनपद कमलं च जातिमल्लिकैः।
स भवति सुरवरेन्द्रः रमते सुरतरुवरवनेषु ॥473॥

अर्थ : *जो भव्य पुरुष भगवान जिनेन्द्रदेव के चरण कमलों की जिन पर भ्रमर घूम रहे है ऐसे चमेली मोगरा आदि उत्तम पुष्पों से पूजा करता है वह स्वर्ग में जाकर*

अनेक देवों का इन्द्र होता है और वह वहाँ पर चिरकाल तक स्वर्ग में होने वाले कल्प वृक्षों के वनों में (बगीचों में) क्रीड़ा किया करता है।

दहिखीरसप्पिसम्भवउत्तमचरुएहि पुज्जए जो हु।
जिणवरपायपओरुह सो पावइ उत्तमे भोए ।।474 ।।

दधिक्षीरसर्पिः सम्भवोत्तमचरुकैः पूजयेत् यो हि।
जिनवर पादपयोरुहं स प्राप्नोति उत्तमान् भोगान् ।।474 ।।

अर्थ : *जो भव्य पुरुष दही दूध घी आदि में बने हुए उत्तम नैवेद्य से भगवान जिनेन्द्रदेव के चरण कमलों की पूजा करता है उसे उत्तमोत्तप भागों की प्राप्ति होती है।*

कप्पूरतेल्लपयलिय मन्दमरुपहयणडिदीवेहिं।
पुज्जइ जिणपयपोमं ससिसूरविसमतणुं लहई ।।475 ।।

कर्पूरतेलप्रज्वलित मन्दमरुत्प्रहतनटितदीपैः।
पूजयति जिन पद्मं शशिसूर्यसमतनुं लभते ।।475 ।।

अर्थ : *जो दीपक कपूर घी तेल आदि से प्रज्वलित हो रहा है और मन्द-मन्द वायु से नाच सा रहा है ऐसे दीपक से जो भव्य पुरुष भगवान जिनेन्द्र देव के चरण कमलों की पूजा करता है वह पुरुष सूर्य चन्द्रमा के समान तेजस्वी शरीर को धारण करता है।*

सिल्लारस अयरु मीसियणिग्गयधूवेहिं वहलधूमेहिं।
धूवइ जो जिणचरणेसु लहई सुहवत्तणं तिजए ।।476 ।।

सिलारसागुरुमिश्रितनिर्गतधूपैः बहलधूम्रैः।
धूपयेद्यः जिनचरणेषु बुलभते शुभवर्तनं त्रिजगति ।।476 ।।

अर्थ : *जिससे बहुत भारी धुआँ निकल रहा है और जो शिलारस (शिलाजीत) अगुरू चंदन आदि सुगंधित द्रव्यों से बनी हुई है ऐसी धूप अग्नि में खेकर भगवान जिनेन्द्रदेव के चरण कमलों को धूपित करता है वह तीनों लोकों में उत्तम पद को प्राप्त होता है। धूप को अग्नि में खेना चाहिए और उससे निकला हु धुआँ दायें हाथ से भगवान की ओर करना चाहिए।*

पक्केहिं रसड्ढ सुमुज्जलेहिं जिणचरणपुरओ।
णाणाफलेहिं पावइ पुरिसो हियइच्छियं सुफलं ।।477 ।।

पक्वैः रसाढयैः समुज्वलैः जिनवरचरणपुरतः उपयुक्तेन।
नानाफलैः प्राप्नोति पुरुषः हृदयेप्सितं सुफलम् ॥477॥

अर्थ : *जो भव्य पुरुष अत्यन्त उज्वल रस से भरपूर ऐसे अनेक प्रकार के पके फलों से भगवान जिनेन्द्र देव के चरण कमलों के सामने समर्पण कर पूजा करता है वह अपने हृदय अनुकूल उत्तम फलों को प्राप्त होता है।*

इति अट्ठभेय अच्चण काऊं पुण जवइ मूलविज्जा य।
जा जत्थ जहा उत्ता सयं च अट्ठोत्तरं जावा ॥478॥

इत्यष्टभेदार्चनं कृत्वा पुनः जपेत् मूलविद्यां च।
यां यत्र यथोक्तां शतं चाष्टोत्तरं जाप्यम् ॥478॥

अर्थ : *इस प्रकार अष्ट द्रव्यों से भगवान जिनेन्द्रदेव की पूजा करनी चाहिए तदनन्तर मूल मन्त्र का जप करना चाहिए। जिस पूजा में जो मूल मन्त्र बतलाया है उसी मन्त्र को एक सौ आठ बार जपना चाहिए।*

आगे किस रूप से भगवान का ध्यान करना चाहिए सो बतलाते हैं।

किच्चा काउस्सग्गं देव झाएह समवसरणत्थं।
लद्धेपाडिहेरं णवकेवललद्धिसम्पुण्णं ॥479॥

कृत्वा कायोत्सर्गं देवं ध्यायेत् समवसरणस्थम्।
लब्धाष्टप्रातिहार्यं नवकेवललब्धिसम्पूर्णम् ॥479॥

अर्थ : *तदनन्तर कायोत्सर्गं कर भगवान जिनेन्द्र देव का ध्यान करना चाहिए। आगे किस रूप से ध्यान करना चाहिए सो बतलाते है। भगवान समवसरण में विराजमान हैं आठों प्रातिहार्यों से सुशोभित हैं तथा नौ केवल लब्धियों से परिपूर्ण हैं। अशोक वृक्ष का होना देवों के द्वारा पुष्प वृष्टी का होना, देवों के द्वारा बाजे बजना, सिंहासन, चमर, छत्र, भामंडल का होना दिव्य ध्वनि का होना ये आठ प्राति हार्य कहलाते हैं। अनन्त दर्शन, अनन्त ज्ञान, क्षायिक वीर्य, क्षायिक लाभ क्षायिक भोग क्षायिक उपभोग क्षायिक वीर्य क्षायिक सम्यक्त्व और क्षायिक चारित्र ये नौं लब्धियाँ कहलाती है।*

आगे और भी बतलाते हैं।

णट्ठचउघाइकम्मं केवलणाणेण मुणियतियलोयं।
परमेट्ठी अरिहंतं परमत्थं परम झाणत्थं ॥480॥

नष्टचतुर्घातिकर्माणं केवल ज्ञानेन ज्ञातत्रिलोकम्।
परमेष्ठिनमर्हन्तं परमात्मानं परमध्यानस्थम् ॥480॥

अर्थ : *जिनके चारों घातिया कर्म नष्ट हो गये हैं जो अपने केवल ज्ञान से तीनों लोकों को प्रत्यक्ष जानते हैं जो अरहंत पद में विराजमान हैं, परम परमेष्ठी हैं, परमात्मा हैं और परम व सर्वोत्कृष्ट ध्यान में लीन हैं। ऐसे भगवान अरहंत देव का ध्यान करना चाहिए।*

झाणं झाऊण पुणो मज्झाणियवन्दणत्थ काऊणं।
उवसंहरिय विसज्जे जे पुव्वावाहिया देवा ॥481॥

ध्याने ध्वात्वा पुनः माध्यान्हिकवन्दनामत्र कृत्वा।
उपसंहृत्य विसर्जयेत् यान् पूर्वमाहूतान् देवान् ॥481॥

अर्थ : *इस प्रकार अरहंत भगवान का ध्यान कर माध्यान्हिक वन्दना करनी चाहिए। तदनन्तर उपसंहार कर पहले आह्वान किये हुए देवों का विसर्जन करना चाहिए।*

आगे पूजा का फल कहते हैं।

एणविहाणेण फुडं पुज्जा जो कुणइ भत्ति संजुत्तो।
सो डहइ णियं पाव वंधइ पुण्णं तिजय खोहं ॥482॥

एतद् विधानेन स्फुटं पूजां यः करोति भक्तिसंयुक्तः।
सदहति निजं पापं बध्नाति पुण्यं त्रिजगत्क्षोभम् ॥482॥

अर्थ : *इस प्रकार जो भव्य पुरुष भक्ति सहित ऊपर लिखी विधि के अनुसार भगवान जिनेन्द्र देव की पूजा करता है वह अपने समस्त पापों को नाश कर देता है तथा तीनों लोकों को क्षोभ उत्पन्न करने वाले पुण्य का बन्ध करता है।*

उववज्जइ दिवलोए भुंजइ भोए मणिच्छिए इट्ठे।
बहुकालं चविय पुणो उत्तममणुयत्तणं लहई ॥483॥

उत्पद्यते स्वर्गलोके भुंक्ते भोगान् मन इच्छितान् इष्टान्।
बहुकालं च्युत्वा पुनः उत्तममनुष्यत्वं लभते ॥483॥

अर्थ : *तदनन्तर आयु पूर्ण होने पर वह स्वर्गलोक में उत्पन्न होता है, वहाँ पर*

ज्ञानवान् ज्ञानदानेन, निर्भयोऽभयदानतः।
अन्नदानात्सुखी नित्यं, निर्व्याधिर्भेषजाद्भवेत् ॥

अर्थ : *यह जीव ज्ञान दान से ज्ञानी होता है, अभयदान से निर्भय होता है अन्नदान से सुखी होता है और औषधदान से निरोग होता है।*

अपने मन की इच्छानुसार अनेक प्रकार के इष्ट भोगों का अनुभव करता है तथा चिरकाल तक उन भोगों का अनुभव करता रहता है। आयु पूर्ण होनेपर वहाँ से च्युत होता है और मनुष्य लोक में आकर उत्तम मनुष्य का शरीर प्राप्त करता है।

होऊण चक्कवट्टी चउदहरयणेहि णवणिहाणेहिं।
पालिय छक्खंडधरा भुंजिय भोए णिरुगरिट्ठा ॥484॥

भूत्वा चक्रवर्ती चतुर्दशरत्नैर्नवनिधानैः।
पालयित्वा षट्खण्डधरां भुक्त्वा भोगान् निर्गरिष्ठान् ॥484॥

अर्थ : *उत्तम मनुष्य शरीर को पाकर वह चक्रवर्ती पद प्राप्त करता है चौदह रत्न और नौ निधियों को प्राप्त करता है छहों खंड पृथ्वी का पालन करता है और उत्तमोत्तम भोगों का अनुभव करता है।*

सम्पत्त बोहिलाहो रज्जं परिहरिय भविय णिग्गंथो।
लहिऊण सयलसंजम धरिऊण महव्वया पंच ॥485॥

सम्प्राप्तबोधिलाभः राज्यं परिहृत्य भूत्वा निर्ग्रथः।
लब्ध्वा सकलसंयमं धृत्वा महाव्रतानि पंच ॥485॥

अर्थ : *तदनन्तर वह संसार शरीर और भोगों से विरक्त होकर रत्नत्रय को धारण करता है, राज्य का त्याग कर दीक्षा लेकर निर्ग्रन्थ अवस्था धारण करता है सकल संयम को धारण करता है और पंच महाव्रतों को धारण करता है।*

लहिऊण सुक्कझाणं उप्पाइय केवलं वरं णाणं।
सिज्झेइ णेकम्मो अहिसेयं लहिय मेरुम्मि ॥486॥

लब्ध्वा शुक्लध्यानं उत्पाद्य केवलं वरं ज्ञानम्।
सिद्ध्यति नष्टकर्मा अभिषेक लब्ध्वा मेरौ ॥486॥

अर्थ : *पंच महाव्रत धारण कर वह शुक्ल ध्यान को धारण करता है चारों घातिया कर्मों को नाश कर मोक्ष प्राप्त करता है। यदि वह फिर स्वर्ग में उत्पन्न हुआ तो वहाँ से आकर तीर्थंकर होकर मेरु पर्वत पर अपना अभिषेक कराता है और फिर तपश्चरण कर केवल ज्ञान प्राप्त कर अनेक जीवों को मोक्षमार्ग में लगाकर मोक्ष प्राप्त करता है।*

इय णाऊण विसेसं पुण्णं आयरइ कारणं तस्स।
पावहणं जाम सयलं संजमयं अप्पमत्तं च ॥487॥

इति ज्ञात्वा विशेषं पुण्यं अर्जयेत् कारणं तस्य।
पापघ्नं यावत् सकलं संयमं अप्रमत्तं च ॥487॥

अर्थ : *यह सब पुण्य की विशेष महिमा समझकर जबतक सकल संयम प्राप्त न हो जाय तब तक समस्त पापों को नाश करने वाले और मोक्ष के कारण भूत ऐसे विशेष पुण्य का उपार्जन करते रहना चाहिए।*

आगे विशेष पुण्य के लिये और क्या क्या करना चाहिए सो कहते है।

भावह अणुव्वयाइं पालह सीलं च कुणह उववासं।
पव्वे पव्वे णियमं दिज्जह अणवरय दाणाइं ॥488॥

भावयेत् अणुव्रतानि पालयेत् शीलं च कुर्यादुपवासम्।
पर्वे पर्वे नियमं दद्यात् अनवरतं दानानि ॥488॥

अर्थ : *ऐसे विशेष पुण्य को उपार्जन करने के लिये अणुव्रतों को पालन करना चाहिए, गुणव्रत, शिक्षाव्रत रूप शीलों का पालन करना चाहिए। प्रत्येक पर्व के दिन उपवास करना चाहिए और नियमपूर्वक निरन्तर दान देना चाहिए।*

अभयपयाणं पढमं विदियं तह होइ सत्थदाणं च।
तइयं ओसह दाणं आहारदाणं चउत्थं च ॥489॥

अभयप्रदानं प्रथमं द्वितीयं भवति शास्त्रदानं च।
तृतीय औषधदानं, आहारदानं चतुर्थं च ॥489॥

अर्थ : *दान के चार भेद है पहला अभयदान, दूसरा शास्त्रदान, तीसरा औषधदान और चौथा आहार दान।*

आगे इन दानों का फल बतलाते हैं।

सव्वेसिं जीवाणं अभयं जो देह मरणभीरूणं।
सो णिब्भओ तिलोए उत्तस्सो होइ सव्वेसिं ॥490॥

सर्वेषां जीवानां अभयं यो ददाति मरण भीरूणाम्।
स निर्भयः त्रिलोके उत्कृष्टो भवति सर्वेषाम् ॥490॥

अर्थ : *जो जीव अपने मरने से भयभीत हो रहे हैं ऐसे समस्त जीवों को जो अभयदान देता है वह पुरुष तीनों लोकों में निर्भय होता है और सब मनुष्यों में उत्कृष्ट होता है।*

सुयदाणेण य लब्भइ मइसुइणाणं च ओहिमणणाणं।
बुद्धितवेणय सहियं पच्छा वर केवलं णाणं ॥491॥

श्रुतदानेन च लभते मतिश्रुतज्ञानं च अवधिमनोज्ञानम्।
बुद्धितपोभ्यां च सहितं पश्चाद्वरकेवलं ज्ञानम् ॥491॥

अर्थ : *जो पुरुष शास्त्रदान देता है, जिनागम को पढ़ाता है वह पुरुष मतिज्ञान, श्रुतज्ञान दोनों को पूर्ण रूप से प्राप्त करता है, बुद्धि और तत्पश्चरण के साथ-साथ अवधि ज्ञान और मनः पर्यय ज्ञान को प्राप्त करता है।*

ओसहदाणेण णरो अतुलिय वलपरक्कमोमहासत्तो।
वाहिविमुक्कसरीरो चिराउ सो होइ तेयट्ठो ॥492॥

औषधदानेन नरोऽतुलितबलपराक्रमो महासत्वः।
व्याधिविमुक्तशरीरश्चिरायुः स भवति तेजस्थः ॥492॥

अर्थ : *जो पुरुष औषध दान देता है वह अतुलित व सर्वोत्कृष्ट बल और पराक्रम को धारण करता है महाशक्ति को धारण करता है, वह चिरायु होता है, तेजस्वी होता है और उसका शरीर समस्त रोग व्याधियों से रहित होता है।*

दाणस्साहारं फलं को सक्कइ वण्णिऊण भुवणयले।
दिण्णेण जेण भोओ लब्भंति मणिच्छियासव्वे ॥493॥

दानस्य आहारस्य फलं कः शक्नोति वर्णयितुं भुवनतले।
दत्तेन येन भोगा लभ्यन्ते मन इच्छिताः सर्वे ॥493॥

अर्थ : *इन तीनों लोकों में आहार दान के फल को वर्णन करने के लिये भला कौन समर्थ है।*

भावार्थ : *आहार दान के फल को कोई कह ही नहीं सकता क्योंकि आहार दान के देने से अपने मन की इच्छानुसार समस्त उत्तम भोगों की प्राप्ति होती है।*

दायारो वि य पत्तं दाणविसेसो तहा विहाणं च।
एए चउ अहियारा णायव्वा होंति भव्वेण ॥494॥

दातापि च पात्रं दानविशेषस्तथा विधानं च।
एते चतुरधिकारा ज्ञातव्या भवन्ति भव्येन ॥494॥

अर्थ : *भव्य जीवों को सबसे पहले दान देने के चार अधिकार समझ लेने चाहिए। दाता, पात्र, दान, देने योग्य द्रव्य और देने की विधि ये चार अधिकार है।*

दान देने वाले को दाता कहते है जिसको दान दिया जाता है वह पात्र कहलाता है, दान में जो द्रव्य दिया जाता है वह दान विशेष है और दान देने के नियमों की विधि कहते हैं।

दायारो उवसन्तो मणवयकाएण संजुओ दच्छो।
दाणे कयउच्छाहो पयडियवरछग्गुणो अमयो ॥495॥

दाता उपशान्तो मनोवचलकायेन संयुक्तो दक्षः।
दाने कृतोत्साहः प्रकटित वरषड्गुणः अमयः ॥495॥

अर्थ : *जो भव्य जीव शान्त परिणामों को धारण करता है, जो मन वचन काय से दान देने में लगा हो अत्यन्त चतुर हो, दान देने में जिसका उत्साह हो, जो मद वा अभिमान रहित हो और दाता के छह गुणों से सुशोभित हो ऐसा भव्य जीव दाता गिना जाता है।*

भत्ती तुट्ठी य खमा सद्धा सत्तं च लोहपरिचाओ।
विण्णाणं तक्काले सत्तगुणा होंति दायारे ॥496॥

भक्तिः तुष्टिः क्षमाश्रद्धा सत्त्वं च लोभपरित्यागः।
विज्ञानं तत्काले सप्तगुणाः भवन्ति दातरि ॥496॥

अर्थ : *जिनको दान देना है उनमें जिसकी भक्ति हो, दान देने में जिसको सन्तोष हो, क्षमा को धारण करने वाला हो, देव शास्त्र गुरु में व पात्र में श्रद्धा रखता हो, दान देने की शक्ति रखता हो, जिसके लोभ का त्याग हो और दान देने में क्या-क्या करना चाहिए इस बात का जिसको पूरा ज्ञान हो वही उत्तम दाता कहलाता है।*

भावार्थ : *दाता में ये सात गुण अवश्य होने चाहिए।*

आगे पात्रों के भेद बतलाते हैं।

तिवहं भणंति पत्तं मज्झिम तह उत्तमं जहण्णं च।
उत्तंमपत्तंयसहू मज्झिमपत्तं च सावया भणिया ॥497॥

त्रिविधं भणन्ति पात्रं मध्यमं तथोत्तमं जघन्यं च।
उत्तमपात्रं साधुः मध्यमपात्र च श्रावका भणिताः ॥497॥

अविरइसम्मादिट्ठी जहण्णपत्तं तु अक्खियं समये।
णाउं पत्तविसेसं दिज्जइ दाणाइ भत्तीए ॥498॥

अविरतसम्यग्दृष्टिः जघन्यपात्रं तु कथितं समये।
ज्ञात्वा पात्रविशेषं दद्यात् दानानि भक्त्या ॥498॥

अर्थ : *पात्र तीन प्रकार के है उत्तम पात्र मध्यम पात्र और जघन्य पात्र। इनमें उत्तम पात्र रत्नत्रय को धारण करने वाले निर्ग्रंन्थ मुनि हैं, मध्यम पात्र अणुव्रती श्रावक हैं, और जघन्य पात्र अविरत सम्यग्दृष्टि पुरुष हैं। ऐसा शास्त्रों में निरूपण किया है।*

इसलिये भव्य जीवों को इन पात्रों के भेद और विशेषता समझकर भक्ति पूर्वक दान देना चाहिए।

आगे जैसा पुरुष जैसे पात्र को दान देता है उसको वैसा ही उत्तम फल मिलता है यही दिखलाते हैं।

मिच्छादिट्ठी पुरिसो दाणं जो देह उत्तमे पत्ते।
सो पावइ वरभोए फुड उत्तमभोयभूमीसु ॥499॥

मिथ्यादृष्टिः पुरुषो दानं यो ददाति उत्तमे पात्रे।
स प्राप्नोति वर भोगान् स्फुटं उत्तमभोगभूमीषु ॥499॥

अर्थ : *यदि कोई मिथ्यादृष्टि पुरुष किसी उत्तमपात्र को दान देता है तो वह पुरुष उत्तम भोगभूमि के उत्तम भोगों को प्राप्त होता है।*

मज्झिम पत्ते मकिझमभोयभूमीसु पावए भोए।
पावइ जहण्णभोए जहण्णपत्तस्स दाणेण ॥500॥

मध्यमपात्रे मध्यमभोगभूमिषु प्राप्नोति भोगान्।
प्राप्नोति जघन्यभोगान् जघन्यपात्रस्य दानेन ॥500॥

अर्थ : *यदि मिथ्या दृष्टि पुरुष किसी मध्यम पात्र को दान देता है तो वह मध्यम भोग भूमि के भोगों को प्राप्त होता है और यदि वही मिथ्या दृष्टि पुरुष किसी जघन्य पात्र को दान देता है तो वह जघन्य भोग भूमि में जन्म लेकर वहाँ के भोगों का अनुभव करता है।*

आगे फलों में यह न्यूनाधिकता क्यों होती है सो बतलाते हैं।

उत्तमछित्ते वीयं फलइ जहा लक्खकोडिगुण्णेहिं।
दाणं उत्तभ पत्ते फलइ तहा किमिच्छ भणिएण ॥501॥

उत्तम क्षिते बीजं फलति यथा लक्षकोटि गुणैः।
दानं उत्तमपात्रे फलति तथा किमिच्छभणितेन ॥501॥

अर्थ : *जिस प्रकार उत्तम पृथ्वी पर बोया हुआ बीज लाखों गुणा या करोड़ों गुणा फलता है उसी प्रकार उत्तम पात्र को दिया हुआ दान इच्छानुसार फल को देता है।*

समादिट्ठी पुरिसो उत्तम पुरिसस्य दिण्णदाणेण।
उववज्जइ दिव लोए हवइ स महद्धिडओ देओ ॥502॥

सम्यग्दृष्टिः पुरुषः उत्तमपुरुषस्य दत्तदानेन।

उत्पद्यते स्वर्गलोके भवति स महर्द्धिको देव: ॥502॥

अर्थ : *यदि कोई सम्यग्दृष्टि पुरुष उत्तम पात्र को दान देता है तो वह स्वर्ग लोक में जाकर महा ऋद्धियों को महाविभूतियों को धारण करने वाला उत्तम देव होता है।*

जहणीरं इच्छुगयं कालं परिणवइ अमियरूवेण।
तह दाणं वर पत्ते फलेइ भोएहिं विविहेहिं॥503॥

यथा नीमिक्षुगतं काले परिणमति अमृतरूपेण।
तथा दानं वरपात्रे फलति भोगै: विविधै: ॥503॥

अर्थ : *जिस प्रकार ईख के खेत में दिया हुआ पानी अपने समय पर अमृतरूप (मीठे रसरूप) परिणत हो जाता है उसी प्रकार उत्तम पात्र को दिया हुआ दान अपने समय पर अनेक प्रकार के भोगों से फलित होता है।*

उत्तमरयणं खु जहा उत्तम पुरिसासियं च बहुमुल्लं।
तह उत्तमपत्तगयं दाणं णिउणेहि णायव्वं॥504॥

उत्तमरत्नं खलु यथा उत्तमपुरुषाश्रितं च बहुमूल्यम्।
तथोत्तमपात्रगतं दानं निपुणै: ज्ञातव्यम् ॥504॥

अर्थ : *जिस प्रकार कोई उत्तम रत्न किसी उत्तम पुरुष के आश्रय से बहूमुल्य माना जाता है उसी प्रकार किसी उत्तम पात्र को दिया हुआ दान विद्वान लोगों के द्वारा सर्वोत्तम माना जाता है ऐसा समझना चाहिए।*

किंचि वि वेयमयं पत्त किंचि वि पत्तं तवोभयं परमं।
तं पत्तं संसारे तारकयं होइ णियमेण॥505॥

किं किंचिदपि वेदमयं किंचिदपि पात्रं तपोमयं परमम्।
तत्पात्रं संसारे तारणयं भवति नियमेन॥505॥

अर्थ : *अन्य प्रकार से पात्रों के और भी दो भेद हैं। एक तो थोड़े व बहुत वेद को जानने वाले को वेदमय पात्र और दूसरे थोड़ा बहुत परमोत्कृष्ट तपश्चरण करने वाले को तपोमय पात्र ऐसे पात्र के दो भेद है, ये दोनों प्रकार के पात्र नियमपूर्वक संसार से पार कर देने वाले होते है।*

आगे वेद क्या है और वेदमय पात्र कैसे होते हैं सो दिखलाते है।

वेओ किल सिद्धंतो तस्सट्ठा णवपयत्थ छद्दव्वं।

गुणमग्गणठाणा वि य जीवट्ठाणाणि सव्वाणि ॥506॥

वेदः किल सिद्धान्तः तस्यार्थानः नव पदार्थ षड् द्रव्याणि।
गुणमार्गणास्थानात्यापि च जीवस्थानानि सर्वाणि ॥506॥

परमप्पयस्स रूवं जीवकम्माण उहयसब्भावं।
जो जाणइ सविसेसं वेयमयं होइ तं पत्तं ॥507॥

परमात्मनो रूपं जीवकर्मणोरुभयोः स्वभावम्।
यो जानाति सविशेषं वेदमयं भवति तत्पात्रम् ॥507॥

अर्थ : *वेद शब्द का अर्थ सिद्धांत शास्त्र है, जो पुरुष सिद्धांत शास्त्रों को तथा उसके अर्थ को जानता है, नौ पदार्थों के स्वरूप को, छहों द्रव्यों के स्वरूप को जानता है, समस्त गुणस्थान, मार्गणा स्थान और जीवस्थानों को जानता है, परमात्मा के स्वरूप को जानता है, जीवों का स्वभाव कर्मों का स्वभाव और कर्म विशिष्ट जीवों का स्वभाव जानता है तथा इन सबका स्वरूप विशेष रीति से जानता है उसको वेदमय पात्र कहते हैं।*

बहिरब्भंतरतवसा कालो परिखवइ जिवोवएसेण।
दिढ बंभचेर णाणी पत्तं तु तवोमयं भणियं ॥508॥

बाह्याभ्यन्तरतपसा कालं परिक्षिपति जिनोपदेशेन।
दृढब्रह्मचर्यो ज्ञानी पात्रं तु तपोमयं भणितम् ॥508॥

अर्थ : *जो पुरुष भगवान जिनेन्द्र देव के कहे हुए बाह्य और अभ्यन्तर तपश्चरण के द्वारा अपना समय व्यतीत करता है तथा जो अपने ब्रह्मचर्य व्रत को दृढ़ता के साथ पालन करता है और सम्यग्ज्ञान को धारण करता है उसको तपोमय पात्र कहते हैं। इस प्रकार वेदमय और तपोमय दो प्रकार के पात्र बतलाये। आगे उदाहरण देकर पात्र दान का फल बतलाते हैं*

जह णावा णिच्छिद्दा गुणमइया विविहरयणपरिपुण्णा।
तारइ पारावारे वहुजलयर संकडे भीमे ॥509॥

यथा नौः निश्च्छिद्रा गुणमया त्रिविधरत्न परिपूर्णा।
तारयति पारावारे बहुजलचर संकटे भीमे ॥509॥

तह संसार समुद्दे जाइ जरामरण जलयरा इण्णे।
दुक्ख सहस्सावत्ते तारेइ गुणाहियं पत्तं ॥510॥

तथा संसार समुद्रे जातिजरामरणजलचराकीर्णे।
दुःखसहस्रावर्ते तारयति गुणाधिकं पात्रम् ॥510॥

अर्थ : *जिस प्रकार अनेक प्रकार के रत्नों से भरी हुई और नाव में होने वाले अनेक गुणों को धारण करने वाली बिना छिद्रवाली नाव अनेक जलचर जीवों से भरे हुए और अत्यन्त भयानक ऐसे समुद्र से पार कर देती है उसी प्रकार अधिक-अधिक गुणों से सुशोभित होने वाला पात्र, जो जन्म जरा-मरण रूपी विकट जलचर जीवों से भरा हुआ है और जिसमें हजारों दुःखरूपी भंवर पड़ रहे है, ऐसे इस संसार समुद्र से भव्य जीवों को पार कर देता है। इस प्रकार संक्षेप से पात्रों का स्वरूप बतलाया।*

आगे दान में देने योग्य द्रव्य को बतलाते है।

कुच्छिगयं जस्सउणं जीरइ तवझाणबंभचरिएहिं।
सो पत्तो णित्थारइ अप्पाणं चेव दायारं ॥511॥

कुक्षिगतं यस्यान्नं जीर्यति तपो ध्यान ब्रह्मचर्यैः।
तत्पात्रं निस्तारयति आत्मानं चैव दातारम् ॥511॥

अर्थ : *जिसका जो अन्न पेट में पहुँचने पर तपश्चरण ध्यान और ब्रह्मचर्य आदि के द्वारा सुखपूर्वक जीर्ण हो जाय पच जाय वही अन्न पात्र को भीं संसार से पार कर देता है और दान देने वाले दाता को भी संसार से पार कर देता है।*

एरिस पत्तम्मि वरे दिज्जइ आहारदाणमणवज्जं।
पासुयसुद्धं अमलं जोग्गं मणदेह सुक्खयरं ॥512॥

एतादृश पात्रे वरे दद्यात् आहारदानमनवद्यम्।
प्रासुकं शुद्धं अमलं योग्यं मनोदेहसुखकरम् ॥512॥

अर्थ : *इस प्रकार कहे हुए उत्तम पात्रों को निरन्तर आहार दान देना चाहिए। वह आहार निर्दोष हो प्रासुक हो, शुद्ध हो, निर्मल हो, योग्य हो और मन तथा शरीर को सुख देने वाला हो।*

कालस्स य अणुरूवं रोयारोयत्तणं च णाऊणं।
दायव्वं जह जोग्गं आहारं गेहवंत्तेण ॥513॥

कालस्य चानुरूपं रोगारोगत्वं व ज्ञात्वा।
दातव्यं यथायोग्य आहारं गेहवता ॥513॥

अर्थ : *गृहस्थों को यथा योग्य ऐसा आहार दान देना चाहिए जो समय वा ऋतुओं के अनुकूल हो, तथा जिसमें रोग व नीरोगता का भी विचार हो।*

पत्तस्सेस सहावो जं दिण्णं दायगेण भत्तीए।
तं करपत्ते सोहिय गहियव्व विगइराएण ॥514॥

पात्रस्यैष स्वभावो यद्दत्तं दायकेन भक्त्या।
तत्कर पात्रे शोधयित्वा गृहीतव्यं विगतरागेण ॥514॥

अर्थ : *पात्र का भी यह स्वभाव होना चाहिए कि दाता ने जो भक्तिपूर्वक दान दिया है। उसको कर पात्र में लेना चाहिए और उसको शोध कर बिना किसी राग द्वेष के ग्रहण कर लेना चाहिए।*

आगे दाता का भी स्वभाव बतलाते हैं।

दायारेण पुणो वि य अप्पाणो सुक्खमिच्छमाणेण।
देयं उत्तमदाणं विहिणा वरणीयसत्तीए ॥515॥

दात्रा पुनरपि च आत्मनः सुखमिच्छता।
देयं उत्तमदानं विधिना वर्णितशक्त्या ॥515॥

अर्थ : *जो दान देने वाला दाता अपने आत्मा को सुख पहुँचाना चाहता है उसको विधिपूर्वक ऊपर कही हुई शक्ति के अनुसार उत्तम दान देना चाहिए।*

आगे लोभी दाता के लिये कहते हैं।

जो पुण हुंतइ धण कणइ मुणिहिं कुभोयणु देइ।
जम्मि जम्मिदालिददहण पुट्ठिं ण तहो छंडेइ ॥516॥

यः पुनः सतिधन कनके मुनिभ्यः कुभोजनं ददासि।
जन्मनि जन्मनि दारिद्रय पृष्ठिं न तस्य त्यजति ॥516॥

अर्थ : *जो पुरुष अन्न-धन आदि के होते हुए भी मुनियों को कुभोजन देता है उसकी पीठ को दरिद्रता अनेक जन्मों तक भी नहीं छोड़ती अर्थात् वह अनेक जन्म तक दरिद्री बना रहता है।*

आगे आहार दान के लाभ बतलाते हैं।

देहो पाणा रुवं विज्जा धम्मं तवो सुहं मोक्खं।
सव्वं दिंण्णं णियमा हवेइ आहारदाणेण ॥517॥

देहः प्राणाः रूपं विद्या धर्मः तपः सुखं मोक्षः।
सर्वे दत्तं नियमात् भवेत् आहारदानेन ॥517॥

अर्थ : *शरीर, प्राण, रूप, विद्या, धर्म, तप, सुख और मोक्ष ये सब आहार के ऊपर निर्भर है। इसलिये जो भव्य पुरुष यतियों को आहार दान देता है वह नियम से*

शरीर, प्राण, रूप, विद्या, धर्म, तप, सुख मोक्ष आदि सबका दान देता है ऐसा समझना चाहिए।

भुक्खसमा ण हु वाही अण्णसमाणं य ओसहं णत्थि।
तम्हा आहारदाणे आरोयत्तं हवे दिण्णं॥518॥

वुभुक्षासमो नहि व्याधिः अन्नसमाण च औषधं नास्ति।
तस्मादाहारदानेन आरोग्यत्वं भवेद्दत्तम्॥518॥

अर्थ : *इस संसार में भूख के समान अन्य कोई व्याधि नहीं है और अन्न के समान कोई औषधि नहीं है। इसलिये जो भव्य आहार दान देता है वह पुरुष आरोग्य दान भी देता है ऐसा अवश्य समझना चाहिए।*

आहारमओ देहो आहारेण विणा पडेइ णियमेण।
तम्हा जेणाहारो दिण्णो देहो हवे तेण॥519॥

आहार मयो देहः आहारे बिना पतति नियमेन।
तस्मात्येताऽऽहारो दत्तो देहो भवेत्तेन॥519॥

अर्थ : *यह शरीर आहारमय है अन्न का कीड़ा है। यदि इसको आहार न मिले तो नियम से शिथिल होकर गिर पड़ता है। इसलिये जिसने ऐसे शरीर के लिये आहार दिया उसने उस शरीर को ही दिया ऐसा समझना चाहिए।*

ता देहो ता पाणा ता रुवं ताम णाण विण्णाणं।
जामाहारो पविसइ देहे जीवाण सुक्खयरो॥520॥

तावद्देस्तावत्प्राणं स्तावद्रूपं तावज्ज्ञान-विज्ञानम्।
यावदाहारो प्रविशति देहे जीवानां सुखकरः॥520॥

अर्थ : *इस संसार में जब तक जीवों को सुख देने वाला आहार इस शरीर में रहता है तब तक ही यह शरीर है तब तक ही प्राण रहते है तब तक ही रूप रहता है, तब तक ही ज्ञान रहता है और तब तक ही विज्ञान रहता है। बिना आहार के ये सब नष्ट हो जाते है।*

आहारसणे देहो देहेण तवो तवेण रयसडणं।
रयणासेण यणाणं णाणे मुक्खो जिणोभणई॥521॥

आहाराशने देहो देहन तपस्तपसा रजः सटनम्।
रजोनाशेन च ज्ञानं ज्ञाने मोक्षो जिनो भणति॥521॥

अर्थ : *आहार ग्रहण करने से शरीर की स्थिति रहती है, शरीर की स्थिति रहने से तपश्चरण होता है, तपश्चरण से ज्ञानावरण दर्शनावरण कर्मों का नाश होता है, ज्ञानावरण दर्शनावरण कर्मों के नाश होने से ज्ञान की प्राप्ति होती है और ज्ञान की प्राप्ति होने से मोक्ष की प्राप्ति होती है ऐसा भगवान जिनेन्द्रदेव ने कहा है।*

आगे आहारदान से चारों दानों का फल मिलता है ऐसा कहते है।

चउविहदाणं उत्तं जं तं सयलमवि होइ इह दिण्णं।
सविसेसं दिण्णेणय इक्केणाहारदाणेण ॥522॥

चतुर्विधदानं उक्तं यत् तत् सकलमपि भवति इह दत्तम्।
सविशेषं दत्तेन च एकेनाहार दानेन ॥522॥

अर्थ : *जो पुरुष विशेष रीति से एक आहार दान को ही देता है वह उस एक आहार दान से ही समस्त चारों दान दिये, ऐसा समझा जाता है।*

आगे यही बात दिखलाते हैं।

भुक्खाकयमरणभयं णासइ जीवाण तेण तं अभयं।
सो एव हणइ वाही उसहं तेण आहारो ॥523॥

बुभुक्षाकृत मरण भयं नाशयति जीवानां तेन तदभयम्।
स एव हन्ति व्याधिं औषधं स्फुटमस्ति तेनाहारः ॥523॥

अर्थ : *देखो भूख की पीड़ा अधिक होने से मरने का भय होता है इसलिये आहार दान देने से अभयदान की भी प्राप्ति होती है। तथा भूख ही सबसे प्रबल व्याधि है। और वह आहार दान से नष्ट होती है। इसलिए आहार दान देने से ही औषध दान समझना चाहिए।*

आयाराईसत्थं आहारवलेण पढइ णिस्सेसं।
तम्हा तं सुयदाणं दिण्णं आहारदाणेण ॥524॥

आचारादि शास्त्रं आहारबलेन पठति निःशेषम् ॥
तस्मात् तच्छुतदानं दत्तं आहारदानेन ॥524॥

अर्थ : *इस आहार के ही बल से आचार आदि समस्त शास्त्रों का पठन-पाठन होता है इसलिये एक आहार दान देने से ही शास्त्र दान का भी फल मिल जाता है। इस प्रकार एक आहार दान से चारों के फल मिल जाते हैं।*

आगे आहार दान का और भी महत्व बतलाते हैं।

हयगयगोदाणाइं धरणीरयकणयजाणदाणाइं।
तित्तिं ण कुणंति सया जह तित्तिं कुणइ आहारो ॥525॥

हयगजगोदानानि धरणीरत्नकनकयानदानानि।
तृप्तिं न कुर्वन्ति सदा यथा तृप्तिं करोति आहारः ॥525॥

अर्थ : *घोड़ा हाथी और गायों का दान, पृथ्वी, रत्न, अन्न और वाहन आदि का दान देने से दान लेने वालों को उतनी तृप्ति नहीं होती जितनी तृप्ति सदाकाल आहार दान देने से होती है।*

आगे और भी कहते हैं।

जह रइणाणं वइरं सेलेसु य उत्तमो जहा मेरू।
तह दाणाणं पवरो आहारो होइ णायव्वो ॥526॥

यथा रत्नानां वज्रं शैलेषु च उत्तमो यथा मेरुः।
तथा दानानां प्रवर आहारो भवति ज्ञातव्यः ॥526॥

अर्थ : *जिस प्रकार समस्त रत्नों में वज्र रत्न उत्तम है, और समस्त पर्वतों में मेरु पर्वत उत्तम है उसी प्रकार समस्त दानों में आहार दान सबसे उत्तम है ऐसा समझना चाहिए।*

आगे आहार दान देने की विधि बतलाते हैं।

सो दायव्वो पत्ते विहाणजुत्तेण सा विही एसा।
पडिगह मुच्चट्ठाणं पादोदय अंचणं पणमं च ॥527॥

तत् दातव्यः पात्रे विधानयुक्तेन स विधिरेषः।
प्रतिग्रहमुच्चस्थानं पादोदकमर्चनं प्रणामं च ॥527॥

मणवयणकायसुद्धी एसणसुद्धी य परम कायव्वा।
होइ फुडं आयरणं णवव्विहं पुव्वकम्मेण ॥528॥

मनवचनकायशुद्धिरेषणशुद्धिश्च परमा कर्तव्या।
भवति स्फुटमाचरणं नवविधं पूर्वकर्मणा ॥528॥

अर्थ : *वह आहार दान पात्र को ही देना चाहिए और विधिपूर्वक ही देना चाहिए। उसकी विधि इस प्रकार है! प्रतिग्रह, उच्च स्थान, पादोदक, अर्चन, प्रणाम, मन शुद्धि, बचन शुद्धि काय और आहार शुद्धि इस प्रकार नवधा (नौ प्रकार) भक्ति पूर्वक आहार देना चाहिए।*

जब मुनि अपने समय पर व श्रावकों के घर भोजन बन जाने के समय पर चर्या

के लिये निकलते हैं तब वे प्राय: श्रावकों के घर के सामने होकर निकलते हैं। जिस समय मुनि अपने घर के सामने आवें उस समय श्रावक को कहना चाहिए कि हे स्वामिन् नमोस्तु, नमोस्तु नमोस्तु तिष्ठ, तिष्ठ

आहार जलं शुद्धं वर्तते अर्थात् हे स्वामिन् नमोस्तु नमोस्तु नमोस्तु इस प्रकार तीन बार हाथ जोड़कर मस्तक झुकाकर नमस्कार करना चाहिए कि महाराज यहाँ ठहरिये ठहरिये आहार जल शुद्ध है। इतना कहने पर जब वे खड़े हो जायें तो तीन प्रदक्षिणा देनी चाहिए और फिर कहना चाहिए कि महाराज घर पधारिये। इतना कहकर उस श्रावक को आगे चलना चाहिए। इसको प्रतिग्रह कहते हैं। घर जाकर उनको किसी ऊँचे स्थान पर पाटा या कुर्सी पर बिठाना चाहिए। महाराज इस पर विराजो ऐसा कहकर बिठाना चाहिए। इसको उच्चस्थान कहते हैं। तदनन्तर प्रासुक गर्म जल से किसी थाली में उनके पैर धोने चाहिए और चरणोदक को मस्तक पर लगाना चाहिए एक अर्घ्य देकर उन मुनि की पूजा करनी चाहिए इसको अर्चन कहते हैं। इसके अनन्तर कहना चाहिए कि महाराज मेरा मन शुद्ध है, वचन शुद्ध है, शरीर शुद्ध है और आहार शुद्ध है। आप चौका में पधारिये। इतने कहने पर वे चौका में चले जाते है। मुनि खड़े होकर आहार लेते हैं इसलिये उनको खड़े होने के लिए एक पाटा बिछा रखना चाहिए जो हिले नहीं तथा उसके सामने किसी छोटी-सी ऊँची चौकी पर या छोटी मेज पर एक बड़ा भगोना या तसला रखना चाहिए जिसमें थोड़ी सुखी घास रखी हो यदि आहार लेते समय हाथ से पानी गिरे तो उसी में गिरे और घास रखने से इधर उधर छींटे नहीं जाते यह नवधा भक्ति है और यथा योग्य सब ही पात्रों के लिये होती है।

एवं विहिणा जुत्तं देयं दाणं तिसुद्धभत्तीए।
वज्जिय कुच्छियपत्तं तह य अपत्तं च णिस्सारं ॥529॥

एवं विधिना युक्तं देयं दानं त्रिशुद्धि भक्त्या।
वर्जयित्वा कुत्सितपात्रं तथा चापात्रं च निसारम् ॥529॥

अर्थ : इस प्रकार नवधा भक्ति पूर्वक तथा मन वचन काय की शुद्धता पूर्वक पात्रों को दान देना चाहिए, तथा कुत्सित पात्र व कुपात्र और अपात्र इन दोनों को कभी दान नहीं देना चाहिए। क्योंकि इन दोनों को दान देना निःसार है।

आगे कुत्सित पात्रों को कहते हैं।

जं रयणत्तयरहियं मिच्छमयकहियधम्मअणुलग्गं।
जइ वि हु तवइ सुघोरं तहावितं कुच्छियं पत्तं ॥530॥

यद्रत्नत्रयरहितं मिथ्यामतकथितधर्मानुलग्नम्।
यद्यपि हि तप्यते सुघोरं तथापि तत् कुत्सितं पात्रम् ॥530॥

अर्थ : *जो पुरुष रत्नत्रय से रहित हैं और मिथ्या मत में कहे हुए धर्म में लीन रहता हैं ऐसा पुरुष चाहे जितना घोर तपश्चरण करे तथापि वह कुत्सित पात्र या कुपात्र ही कहलाता है।*

आगे अपात्र को कहते हैं।

जस्स ण तवो ण चरणं ण चावि जस्सत्थि वरगुणो कोई।
तं जाणेह अपत्तं अफलं दाणं कयं तस्स॥531॥

यस्य न तपो न चरणं न चापि यस्यास्ति वरगुणः कोऽपि।
तज्जानीयादपात्रमफलं दानं कृतं तस्य॥531॥

अर्थ : *जो न तो तपश्चरण करता है, न किसी प्रकार का चारित्र पालन करता है और न उसमें कोई अन्य श्रेष्ठ गुण है ऐसा पुरुष अपात्र कहलाता है ऐसे अपात्र को दान देना सर्वथा व्यर्थ है। उसका कोई फल नहीं होता है।*

ऊसरखित्ते वीयं सुक्खे रुक्खे य णीरअहिसेओ।
जह तह दाणमपत्ते दिण्णं खु णिरत्थयं होई॥532॥

ऊसर क्षेत्रे बीजं शष्के वृक्षे च नीराभिषेकः।
यथा तथा दानमपात्रे दत्तं खलु निरर्थकं भवति॥532॥

अर्थ : *जिस प्रकार ऊसर पृथ्वी पर बोया हुआ बीज व्यर्थ जाता है और सुखे हुए वृक्ष में पानी देना व्यर्थ जाता है उसी प्रकार अपात्र को दिया हुआ दान सर्वथा व्यर्थ जाता है।*

आगे कुपात्रों को दिये हुए दान का फल बतलाते हैं।

कुच्छियपत्ते किंचि वि फलइ कुदेवेसु कुणरतिरिएसु।
कुच्छियभोयधरासु य लवणंवुहि कालउवहीसु॥533॥

कुत्सिजपात्रे किंचिदपि फलति कुदेवेषु कुनरतिर्यक्षु।
कुत्सितभोगधरासु च लवणाम्बुधिकालोदधिषु॥533॥

अर्थ : *कुत्सित पात्रों को दिये हुए दान का कुत्सित ही फल मिलता है और वह उस कुपात्र दान के फल से कुदेवों में उत्पन्न होता है, कुमनुष्यों में उत्पन्न होता है। खोटे तिर्यंचों में उत्पन्न होता है। और लवणोदधि तथा कालोदधि समुद्र में होने वाली कुभोग भूमियों में उत्पन्न होता है।*

आगे उन कुभोग भूमियों को और उनमें उत्पन्न होने वाले मनुष्यों को कहते हैं।

लवणे अडयालीसा काल समुद्दे य तित्तिया चेव।
अन्तरदीवा भणिया कुभोगभूमीय विक्खाया॥534॥

लवणे अष्टचत्वारिंशत् कालसमुद्रे च तावन्त एव।
अन्तर्द्वीपा भणिता., कुभोग भूम्याः विख्याताः॥534॥

अर्थ : *लवणोदधि समुद्र में अड़तालीस अन्तर्द्वीप है और कालोदधि समुद्र में भी अड़तालीस अन्तर्द्वीप है। इस प्रकार इन छियानवें अन्तर्द्वीपों में कुभोग भूमियाँ है।*

उप्पज्जंति मणुस्सा कुपत्तदाणेण तत्थभूमीसु।
जुवलेण गेहरहिया णग्गा तरुमूलिणिवसंति॥535॥

उत्पद्यन्ते मनुष्याः कुपात्रदानेन तत्र भूमिषु।
युगलेन गृहरहिया नग्नाः तरुमूले निवसन्ति॥535॥

अर्थ : *जो मनुष्य कुपात्रों को दान देता है वह मनुष्य इन कुभोग भूमियों में मनुष्य होकर उत्पन्न होता है। वहाँ पर सब मनुष्य युगलिया (स्त्री पुरुष दोनों साथ-साथ) उत्पन्न होते हैं, उनके रहने के लिये घर नहीं होते वृक्षों के नीचे रहा करते हैं और नग्न रहते हैं।*

पल्लोवम आउस्सा वत्थहरणेहि वज्जिया णिच्चं।
तरुपल्लव पुप्फरसं फलाण रसं चेव भक्खंति॥536॥

पल्योपमायुषः वस्त्राभरणेन वर्जिता नित्यम्।
तरुपल्लव पुष्परसं फलानां रसं चैव भक्षयन्ति॥536॥

अर्थ : *इन मनुष्यों की आयु एक पल्य की होती है तथा ये लोग सदा काल वस्त्राभरण से रहित होते हैं और वृक्षों के पत्ते, फूलों का रस और फलों का रस भक्षण करते रहते हैं।*

दीवे कहिं पि मणुया सक्करगुडखंड सण्णिहा भूमो।
भक्खंति पुट्ठिजणया अइसरसापुव्वकम्मेण॥537॥

द्वीपे कुवापि मनुजाः शर्करागुडखण्डसन्निभां भूमिम्।
भक्षयन्ति पुष्टिजनकां अतिसरसां पूर्वकर्मणा॥537॥

अर्थ : *किसी-किसी द्वीप की भूमि गुड़ शक्कर और खांड के समान मीठी होती है, पौष्टिक होती है और अत्यन्त सरस होती है। इसलिये उन द्वीपों में उत्पन्न होने वाले मनुष्य अपने पूर्व कर्म के उदय से उसी भूमि की मिट्टी को खाकर रहते हैं।*

केई गयसीहमुहा केई हरि महिसकविकोलमुहा।
केई आदरिसमुहा केई पुण एयपाया य ॥538॥

केचित् गजसिंहमुखाः केचिद्धरिमहिषकेपिकोलूकमुखाः।
केचिदादर्शमुखाः केचित्पुनः एकपादाश्च ॥538॥

अर्थ : *उन द्वीपों में रहने वाले मनुष्यों में कितने ही मनुष्यों के मुख हाथी के मुख के समान होते हैं कितने मनुष्यों के मुख सिंह के मुख के समान होते हैं, कितने ही भैंसा के से मुख वाले होते हैं कितने ही सूअर के से मुख वाले होते हैं और कितने ही मनुष्य बन्दर के से मुख वाले होते हैं और कितने ही मनुष्य दर्पण के समान मुख वाले होते हैं। इसके सिवाय कितने ही मनुष्य एक पैर वाले होते है। तथा–*

सससुक्कलिकण्णा वि य कण्णप्पावरण दीह कण्णा य।
लांगूलधरा अपरे अपरे मणुया अभासा य ॥539॥

शशशस्कुलिकर्णा अविच कर्णप्रवरर्णादीर्घकर्णाश्च।
लांगूलधरा अपरे अपरे मनुष्या अभाषकाश्च ॥539॥

अर्थ : *उन मनुष्यों में से कितने ही मनुष्य खरगोश कैसे कान वाले होते हैं, कितने ही पूरी के से कान वाले होते हैं, कितने ही मनुष्यों के चौड़े कान होते है और कितने ही मनुष्यों के लम्बे कान होते हैं। इनके सिवाय कितने ही मनुष्यों के पूँछ होती है और कितने मनुष्य किसी भी प्रकार की भाषा नहीं बोलते।*

एए णरा पसिद्धा तिरिया वि हवंति कुभोयभूमीसु।
मणुसुत्तरबाहिरेसु अ असंखदीवेसु ते होंति ॥540॥

एते नराः प्रसिद्धाः तिर्यंचोपि भवन्ति कुभोग भूमिषु।
मानुषोत्तर बाह्येषुच असंख्य द्वीपेषु ते भवन्ति ॥540॥

अर्थ : *इन सब कुभोग भूमियों में मनुष्य ही होते है, तथा इनके सिवाय मानुषोत्तर पर्वत के बाहर असंख्यात द्वीपों में होने वाली कुभोग भूमियों में तिर्यंच ही होते है।*

सव्वे मन्दकसाया सव्वे णिस्सेसवाहिपरिहीणा।
मरिऊण विन्तरा वि हु जोइसुभवणेसु जायंति ॥541॥

सर्वे मन्दकषायाः सर्वे निःशेषव्याधिपरिहीनाः।
मृत्वा व्यन्तरेष्वपि हि ज्योतिर्भवनेषु जायन्ते ॥541॥

अर्थ : *ये सब मनुष्य और तिर्यंच मन्द कषायी होते हैं और सब सम्पूर्ण व्याधियों से रहित होते हैं। वे सब मरकर कितने व्यन्तर देवों में उत्पन्न होते हैं, और कितने ही ज्योतिषी और भवनवासी देवों में उत्पन्न होते हैं।*

तत्थ चुया पुण सन्ता तिरियणरा पुण हवंति ते सव्वे।
काऊण तत्थ पावं पुणो वि णिरयापहा होंति॥542॥

ततश्च्युताः पुनः सन्तः तिर्यग्नराः पुनः भवन्ति ते सर्वे।
कृत्वा तत्र पापं पुनरपि नरकपथा भवन्ति॥542॥

अर्थ : *कुपात्र दान देने वाले मनुष्य जो मरकर कुभोग भूमि में उत्पन्न होते है और वहाँ से आकर भवनवासी व्यन्तर ज्योतिषियों में उत्पन्न होते है वहाँ की भी आयु पूर्णकर वे फिर मनुष्य व तिर्यच होते है और वहाँ भी अनेक प्रकार के पापकर नरक में जाकर पड़ते हैं।*

चंडालभिल्लछिंपियडोंवय कल्लाल एव माईणि।
दीसंति रिद्धि पत्ता कुच्छिय पत्तस्स दाणेण॥543॥

चांडालभिल्लछिंपक डोम्बकलवारा एवमादिकाः।
दृश्यन्ते ऋद्धिप्राप्ताः कुत्सितपात्रस्य दानेन॥543॥

अर्थ : *वर्तमान में जो चांडाल, भील, छीपी, डोम कलाल आदि निम्न श्रेणी के लोग धन और विभूति आदि से परिपूर्ण दिखाई देते हैं वे सब कुत्सित पात्रों को दान देने से ही धनी होते हैं।*

भावार्थ : *निम्न श्रेणी के लोगों में धन विभूति का होना कुपात्र दान का ही फल है।*

केई पुण गयतुरया गेहे रायाण उण्णई पत्ता।
दिस्संति मच्च लोए कुच्छिय पत्तस्स दाणेण॥544॥

केचित्पुनः गजतुरगा गृहे राज्ञां उन्नतिं प्राप्ताः।
दृश्यन्ते मर्त्यलोके कुत्सित पात्रस्य दानेन॥544॥

अर्थ : *इस मनुष्य लोक में राजाओं के घर जो कितने ही हाथी घोड़े आदि उन्नति को प्राप्त हुए दिखाई देते हैं बहुत सुखी दिखाई देते है वह सब कुपात्र दान देने का फल समझना चाहिए।*

केई पुण दिवलोए उववण्णा वाहणत्तणेण ते मणुया।
सोसंति जाइ दुक्खं पिच्छिय रिद्धी सुदेवाणं॥545॥

केचित्पुनः स्वर्गलोके उत्पन्ना वाहनत्वेन ते मनुजाः।
शोचन्ति जाति दुःख प्रेक्ष्य ऋद्धिं सुदेवानाम् ॥545॥

अर्थ : *कुपात्रों को दान देने वालों में से कितने ही मनुष्य स्वर्ग लोक में भी उत्पन्न होते हैं परन्तु वहाँ पर वे वाहन रूप से उत्पन्न होते है अन्य बड़े देवों के वाहन बनकर रहते हैं। इसलिये वे बड़े देवों की ऋद्धियों को देखकर अपनी वाहन रूप जाति के दुःख का शोक करते रहते हैं।*

णाऊण तस्स दोसं सम्माणह मा कया वि सिविणम्मि।
परिहरह सया दूरं वुहियाण वि सविससप्पं व॥546॥

ज्ञात्वा तस्य दोषं सम्मानयेन्मा कदादिपि स्वप्ने।
परिहरेत्सदा दूरं ज्ञात्वा सविषसर्पवत् ॥546॥

अर्थ : *कुपात्रों को दान देने में अनेक प्रकार के दोष होते हैं उन सबको समझकर स्वप्न में भी उनका सन्मान नहीं करना चाहिए, तथा कभी किसी अवस्था में भी उनका सन्मान नहीं करना चाहिए। विषधर सर्प के समान कुपात्रों का त्याग तो दूर से ही कर देना चाहिए।*

पत्थरमया वि द्रोणी पत्थरमप्पाणयं च वोलेई।
जह तह कुच्छियपत्तं संसारे चेव वोलेई॥547॥

प्रस्तरमय्यपि द्रोणी प्रस्तरमात्मानं च निमज्जयति।
यथा तथा कुत्सितपात्र संसारे एव निमज्जयति॥547॥

अर्थ : *जिस प्रकार पत्थर की बनी हुई और पत्थरों से भरी हुई नाव उन पत्थरों को भी डूबो देती है और स्वयं भी डूब जाती है उसी प्रकार कुपात्र भी संसार समुद्र में डूब जाता है और दूसरों को भी डूबा देता है।*

णावा जइ सच्छिद्दा परमप्पाणं च उवहिसलिलम्मि।
वोलेइ तह कुपत्तं संसारमहोवही भीमे॥548॥

नौर्यथा सछिद्रा परमात्मानं चोदधिसलिले।
निमज्जयति तथा कुपात्रं संसारमहोदधौ भीमे॥548॥

अर्थ : *जिस प्रकार छिद्र सहित नाव समुद्र के जल में अपने आप डूब जाती है उसी प्रकार कुपात्र भी इस संसार रूपी भयानक महा समुद्र में अपने आप डूब जाता है।*

लोहमए कुतरंडे लग्गो पुरिसो हु तारिणीवाहे।
वुड्डइ जह तह वुड्डइ कुपत्त सम्माणओ पुरिसो ॥549॥

लोहमये कुतरण्डे लग्नः पुरुषो हि तारिणीवाहे।
मज्जति यथा तथा मज्जति कुपात्रसम्मानकः पुरुषः ॥549॥

अर्थ : *जिस प्रकार लोहे की बनी नाव समुद्र में अवश्य डूब जाती है उसी प्रकार कुपात्रों का सन्मान करने वाला पुरुष भी इस संसार रूपी समुद्र में अवश्य डूबता है।*

ण लहंति फलं गरुयं कुच्छिय पहुवित्त सेविया पुरिसा।
जह तह कुच्छिय पत्ते दिण्णा दाणा मुणेयव्वा ॥550॥

न लभन्ते फलं गुरुकं कुत्सितप्रभुत्व सेवकाः पुरुषाः।
यथा तथा कुत्सितपात्रे दत्तानि दानानि मन्तव्यानि ॥550॥

अर्थ : *जिस प्रकार किसी कुत्सित स्वामी के आश्रित रहने वाले सेवक पुरुष को उसकी सेवा का अच्छा श्रेष्ठ फल नहीं मिलता उसी प्रकार कुत्सित पात्रों को दिया हुआ दान समझना चाहिए।*

भावार्थ : *कुत्सित पात्रों को दिये हुए दान का भी श्रेष्ठ फल कभी नहीं मिल सकता।*

णत्थि वय सील संजम झाणं तव णियमबंभचेरं च।
एमेव भणइ पत्तं अप्पाणं लोयमज्झम्मि ॥551॥

नास्ति व्रतशीलसंयम ध्यानं तपोनियमब्रह्मचर्यं च।
एवमेव भणंति पात्र आत्मानं लोकमध्ये ॥551॥

अर्थ : *जो न तो व्रतों को पालन करते हैं न शीलों को पालन करते हैं, जिनके न संयम हैं, न ध्यान है, जो न किसी प्रकार का तपश्चरण करते हैं, न किसी नियम का पालन करते हैं और न ब्रह्मचर्य का पालन करते हैं ऐसे लोग भी इस लोक में अपने को पात्र कहते हैं।*

आगे और भी कहते हैं।

मयकोहलोह गहिओ उड्डिय हत्थोय जायणासीलो।
गिहवावारासत्तो जो सो पत्तो कहं हवइ ॥552॥

मदक्रोध लोभगर्भित उत्थितहस्तश्च याचनाशीलः।
गृहव्यापारासक्तः यः स पात्रं कथं भवति ॥552॥

अर्थ : *भला विचार करने की बात है कि जो झूठमूठ ही अपने बड़प्पन का अभिमान करते हैं जो क्रोधी हैं, लोभी है, हाथ उठाकर सर्वत्र माँगते फिरते हैं और जो गृहस्थी के व्यापार में सदा लगे रहते हैं ऐसे लोग पात्र कैसे हो सकते हैं अर्थात् कभी नहीं हो सकते।*

हिंसाइदोस जुत्तो अट्टरउद्देहिं गमिय अहरत्तो।
क्रयविक्किय वदृंतो इंदियविसएसु लोहिल्लो ॥553॥

हिंसादिदोषयुक्त आर्तरौद्रे: गमिताहोरात्र:।
क्रयविक्रयवर्तमान: इन्द्रिय विषयेषु लुब्ध: ॥553॥

उत्तमपत्तं णिंदिय गुरुठाणे अप्पयं पकुव्वन्तो।
होउ पावेण गुरू वुड्डइ पुण कुगइउवहिम्मि ॥554॥

उत्तमपात्रं निन्दित्वा गुरुस्थाने आत्मानं प्रकुर्वन्।
भूत्वा पापेन गुरु: ब्रुडति पुन: कुगत्युदधौ ॥554॥

अर्थ : *जो पुरुष हिंसा झूठ चोरी आदि पापों में लगा रहता है, रातदिन आर्तध्यान अथवा रौद्र ध्यान में लगा रहता है, संसार भर के सामानों को खरीदने और बेचने में लगा रहता है, और इन्द्रियों के विषयों में अत्यन्त लोलुपता धारण करता है, इसके सिवाय जो उत्तम पात्रों की सदा निन्दा करता रहता है और गुरुओं के स्थान में अपनी आत्मा को नियुक्त करता है अर्थात् अपने आप स्वयं गुरु बन बैठता है। इस प्रकार जो अपने ही पापों से अपने को गुरु मानता है वह मनुष्य नरक निगोद रूपी कुगतियों के समुद्र में अवश्य डूब जाता है।*

जो वोलइ अप्पाणं संसार महण्णवम्मि गरुयम्मि।
सो अण्णं कह तारइ तस्सणुमग्गे जणे लग्गं ॥555॥

य: निमज्जयति आत्मानं संसारमहार्णवे गुरुके।
स अन्यं कथ तारयति यस्यानुमार्गे जनलग्नम् ॥555॥

अर्थ : *इस प्रकार अपने को गुरु मानने वाला पुरुष इस संसार रूपी महा भयानक समुद्र में अपने आत्मा को डुबा देता है। वह मिथ्या गुरु उस मिथ्या गुरु के पीछे-पीछे लगे हुए मनुष्य को भला पार कैसे कर सकता है अर्थात् ऐसे गुरु के पीछे जो मनुष्य लगता है वह भी उसके साथ-साथ अवश्य डूबता है।*

एवं पत्तविसेसं णाऊणं देह दाणमणवरयं।
णियजीवसग्गमोक्खं इच्छयमाणोपयत्तेण ॥556॥

एवं पात्र विशेषं ज्ञात्वा देहि दानमनवरतम्।
निजजीवस्वर्गमोक्षाविच्चन् प्रयत्नेन ॥556॥

अर्थ : *जो पुरुष अपने आत्मा को स्वर्ग मोक्ष में पहुँचाना चाहते हैं उनको चाहिए कि वे ऊपर लिखे अनुसार पात्र-अपात्रों के भेदों को अच्छी तरह समझ कर प्रयत्नपूर्वक सदाकाल उत्तम पात्रों को दान देते रहे।*

आगे समर्थ होकर भी जो दान नहीं देता उसके लिये कहते हैं।

लहिऊण सम्पया जो देइ ण दाणाइं मोह संछण्णो।
सो अप्पाणं अप्पे बंचेइ य णत्थि संदेहो॥557॥

लब्ध्या सम्पत् यो ददाति न दानादि मोहसंच्छन्नः।
स आत्मानं आत्मना वंचयति च नास्ति सन्देहः॥557॥

अर्थ : *जो पुरुष धन सम्पदा पाकर भी उसमें अत्यन्त मोह करता है और पात्रों को भी दान नहीं देता वह अपने ही आत्मा के द्वारा अपने ही आत्मा को ठगता है इसमें किसी प्रकार का संदेह नहीं है।*

ण य देइ णेय भुंजइ अत्थं णिखणेइ लोहसंछण्णो।
सो तणकय पुरिसो इव रक्खइ सस्सं परस्सत्थे॥558॥

न च ददाति नैव भुंक्तेऽर्थं निक्षिपति लोभसंच्छन्नः।
स तणकृत पुरुषः इव रक्षति सस्यं परस्यार्थे॥558॥

अर्थ : *जो धनी पुरुष न तो किसी को दान देता है न अपने भोगोपभोगों में धन को लगाता है केवल तीव्र लोभ में पड़कर उसकी रक्षा करता रहता है वह पुरुष घास-फूँस के बने हुए पुरुषाकार पुतले के समान केवल दूसरों के लिये खेतों की रक्षा करता हैं।*

भावार्थ : *बहुत से लोग घास-फूँस का पुतला बनाकर खेतों में गाड़ देते हैं उसको देखकर तथा उसको मनुष्य समझकर उस खेत में जानवर आकर नहीं खाते। इस प्रकार वह पुतला न तो दूसरों को खाने देता है और न स्वयं खाता-पीता है वह पुरुष फूँस के पुतले के समान दूसरों के लिये धन की रक्षा करता रहता है।*

किविणेण संचयधणं ण होइ उवयारियं जहा तस्स।
महुयरि इव संचियमहु हरंति अण्णे सपाणेहिं॥559॥

कृपणेन संचित धनं न भवति उपकारकं यथा तस्य।
मधुकरेण इव संचितमधु हरन्ति अन्ये सपाणयः॥559॥

अर्थ : *जिस प्रकार मधुमक्खी अपने छत्ते में मधु या शहद को इकट्ठा करती है परन्तु वह स्वयं उसका उपभोग नहीं करती। इसलिये दूसरे मनुष्य आकर उस छत्ते को तोड़कर उसका इकट्ठा किया हुआ शहद भी ले जाते हैं और सैकड़ों हजारों मधुमक्खियों को मार भी जाते हैं इसी प्रकार जो कृपण मनुष्य केवल धन को इकट्ठा करता है उसका धन उसके काम में कभी नहीं आता। वह दूसरे के ही काम आता है।*

आगे कृपण के लिये और भी कहते हैं।

कस्स थिरा इह लच्छि कस्स थिरं जुव्वणं धणं जीवं।
इय मुणिऊण सुपुरिसा दिंति सुपत्तेसु दाणाइं ॥560॥

कस्य स्थिरेह लक्ष्मीः कस्य स्थिरं यौवनं धनं जीवितम्।
इति ज्ञात्वा सुपुरुषा ददति सुपात्रेषु दानानि ॥560॥

अर्थ : *इस संसार में लक्ष्मी किसके यहाँ स्थिर रही है, यौवन किसका स्थिर रहा है, धन किसका स्थिर रहा है और अर्थात् लक्ष्मी यौवन, धन, जीवन कभी किसी का स्थिर नहीं रहता। यही समझकर श्रेष्ठ पुरुषों को श्रेष्ठ पात्रों को सदा काल दान देते रहना चाहिए।*

आगे इसका कारण बतलाते हैं।

दुक्खेण लहइ वित्तं वित्ते लद्धे वि दुल्लहं चित्तं।
लद्धे चित्ते वित्ते सुदुल्लहो पत्तलंभो व ॥561॥

दुःखेन लभते वित्तं वित्ते लब्धेऽपि दुर्लभं चित्तम्।
लब्धे चित्ते वित्ते सुदुर्लभः पात्रलाभश्च ॥561॥

अर्थ : *इस संसार में धन की प्राप्ति बड़े दुःख से होती है यदि कदाचित् किसी भाग्य विशेष से धन की प्राप्ति हो भी जाय तो चित्त में दान देने की उत्सुकता होना अत्यन्त कठिन है। कदाचित् चित्त में दान देने की उत्सुकता भी प्राप्त हो जाय और धन भी प्राप्त हो जाय तो दान देने के लिये किसी पात्र का लाभ होना अत्यन्त कठिन है।*

चित्त वित्तं पत्तं तिण्णि वि पावेइ कहवि जइ पुरिसो।
तोण लहइ अनुकूलं सयत्तं पुत्तं कलणं च ॥562॥

चित्तं वित्तं पात्रं त्रीण्यपि प्राप्नोति कथमपि यदि पुरुषः।
तर्हि न लभतेऽनुकूलं स्वजनं पुत्रं कलत्रं च ॥562॥

अर्थ : *यदि किसी शुभ कर्म के उदय से धन भी मिल जाय, चित्त में दान देने की*

उत्सुकता भी प्राप्त हो जाय और पात्र मिलने का भी संयोग प्राप्त हो जाय तो दान देने के लिये अपने स्वजन-परिजन पुत्र, स्त्री आदि अपने अपने अनुकूल नहीं होते हैं।

पडिकूलमाइ काऊं विग्घं कुव्वन्ति धम्मदाणस्स।
उवएसंति दुबुद्धिं दुग्गइगम कारया असुहा॥563॥

प्रतिकूलमादि कृत्वा विघ्नं कुर्वन्ति धर्मदानस्य।
उपदिशन्ति दुर्बुद्दि्ंध दुर्गतिगमनकारकामशुभाम् ॥563॥

अर्थ : *यदि स्त्री, पुत्र, स्वजन आदि अपने प्रतिकूल हो जाते हैं तो फिर वे लोग धर्मस्थानों में दान देने में विघ्न करते हैं। तथा नरकादिक दुर्गतियों के कारण भूत और अत्यन्त अशुभ दुर्बुद्धि का उपदेश देते हैं।*

भावार्थ : *प्रतिकूल होने से पुत्रादिक धर्मस्थानों में तो दान का निषेध कर देते हैं और नरकादिक, दुर्गतियों में ले जाने वाले दान का व ऐसे कार्यों का उपदेश देते हैं।*

आगे और भी कहते हैं।

सो कह सयणो भण्णइ विग्घं जो कुणइ धम्मदाणस्स।
दाऊण पाववुद्धी हाडइ दुक्खायरे णरए॥564॥

स कथं स्वजनो भण्यते विघ्नं यः करोति धर्मदानाय।
दत्वा पापबुद्धिं पातयति दुःखाकरे नरके॥564॥

अर्थ : *विचार करने की बात है कि स्वजन होकर भी जो धर्म कार्यों में दिये हुए दान का निषेध करता है और पाप रूप बुद्धि का उपदेश देकर अनेक दुःखों से भरे हुए नरक में डालना चाहता है वह अपना स्वजन कैसे हो सकता है।*

भावार्थ : *उसे तो पूर्ण शत्रु समझना चाहिए।*

सो सयणो सो बन्धू सो मित्तो जो सहिज्जओ धम्मे।
जो धम्मविग्घयारी सो सत्तू णत्थि संदेहो॥565॥

स स्वजनः स बन्धुः स मित्र यः सहायकः धर्मे।
यो धर्म विघ्नकारी स शत्रुः नास्ति सन्देहः॥565॥

अर्थ : *इस संसार में जो पुरुष अपने धर्म का पालन करने में सहायक होता है उसी को स्वजन समझना चाहिए उसी को बन्धु समझना चाहिए और उसी को मित्र समझना चाहिए। जो पुरुष धर्म कार्यों में विधन करता है धर्म पालन करने में विघ्न करता है वह पुरुष शत्रु ही है इसमें किसी प्रकार का संदेह नहीं है।*

ते धण्णा लोयतए तेहि णिरुद्धाइं कुगयी गमणाणि।

वित्तं पत्तं चित्तं पाविवि जहिं दिण्णदाणाइं ॥566 ॥

ते धन्या लोक त्रये तैः निरुद्धानि कुगतिगमनानि।
वित्तं पात्रं चित्तं प्राप्यापि: दत्तदानानि ॥566 ॥

अर्थ : *जिन पुरुषों को यथेष्ट धन की प्राप्ति हुई है चित्त में दान देने की बुद्धि प्राप्त हुई है और सुपात्रों का लाभ भी प्राप्त हुआ है। इन तीनों संयोगों को पाकर जो सुपात्रों को दान देते रहते हैं वे पुरुष तीनों लोकों में धन्य समझे जाते हैं और ऐसे ही नरकादिक दुर्गतियों को सदा के लिये रोक देते हैं।*

मुणिभोयणेण दव्वं जस्स गयं जुव्वणं च तवयरणे।
सण्णासेण य जीवं जस्स गयं किं गयं तस्स ॥567 ॥

मुनिभोजनेन द्रव्यं यस्य गतं यौवन च तपश्चरणे।
संन्यासेन तु जीवितं यस्य गतं किं गतं तस्य ॥567 ॥

अर्थ : *जिस महापुरुष का धन मुनियों के भोजन कराने में चला गया जिसकी युवावस्था तपश्चरण करने में चली गयी और जिसका जीव संन्यास (समाधिमरण) धारण कर चला गया उसका क्या गया? अर्थात् उसका तो कुछ भी नहीं गया।*

भावार्थ : *जिसने अपना धन पात्र दान में लगा दिया उसने आगे के जन्म के लिये अनन्त गुणीं सम्पत्ति व स्वर्ग सम्पदा प्राप्त करने का साधन बना लिया। तपश्चरण करते हुए जिसकी युवावस्था चली गयी उसने उत्तम सुगन्धित देवों के शरीर को प्राप्त करने का या मोक्ष प्राप्त करने का साधन बना लिया तथा जिसने समाधि मरणपूर्वक मरण किया उसने अजर अमर पद प्राप्त करने का साधन बना लिया। इस प्रकार ऐसे जीवों को थोड़ी सी विभूति के बदले अतुल विभूति प्राप्त होती है।*

आगे और भी दान देने की प्रेरणा करते हैं।

जह जह वड्ढइ लच्छी तह तह दाणाइं देह पत्तेसु।
अहवा हीयइ जह जह देह विसेसेण तह तह य ॥568 ॥

यथा यथा वर्द्धते लक्ष्मीः तथा तथा दानानि देहि पात्रेषु।
अथवा हीयते यथा यथा देहि विशेषेण तथा तथाएव ॥568 ॥

अर्थ : *इसलिये श्रावकों को उचित है कि यह धन जितना जितना बढ़ता जाय उतना उतना ही सुपात्रों को अधिक दान देता जाय। यदि कदाचित् धन घटता जाय तो जितना जितना घटता जाय उतना उतना ही विशेष रूप से अधिक दान देता जाय। भावार्थ : लक्ष्मी के बढ़ने पर तो अधिक दान देना स्वाभाविक ही है। परन्तु जब लक्ष्मी*

घटने लगे तब समझना चाहिए कि यह लक्ष्मी अब तो जा रही है और चली ही जायेगी इसलिये इसको और कामों में क्यों जाने दिया जाय इसको तो सुपात्र दान में ही दे देना चाहिए। यही समझकर लक्ष्मी के घटने पर भी विशेष रीति से सुपात्रों को अधिक दान देना चाहिए।

आगे जिनपूजा और पात्रदान न देने वालों की दुर्गतियों का वर्णन करते हैं।

जेहिं ण दिण्णं दाणं ण चावि पुज्जा किया जिणिंदस्स।
ते हीणदीणदुग्गय भिक्खं ण लहंति जायन्ता ॥569॥

यैर्न दत्तं दानं न चापि पूजा कृतां जिनेन्द्रस्य।
ते हीन, दनि, दुर्गता, भिक्षां न लभन्ते याचमानाः ॥569॥

अर्थ : जो पुरुष न तो कभी भगवान जिनेन्द्रदेव की पूजा करते हैं और न कभी सुपात्रों को दान देते हैं वे पुरुष अत्यन्त दीन-दीन हो जाते हैं उनकी अवस्था अत्यन्त दुर्गति रूप में परिणत हो जाती है और माँगने पर भी उनको भीख नहीं मिलती।

परपेसणाइ णिच्चं करंति भत्तीए तह य णिय देहं।
पूरंति ण णिययघरे परवस गासेण जीवंति ॥570॥

परपेषणादिकं नित्यं कुर्वन्ति भक्त्या तथा च निजीदरम्।
पूरयन्ति न निजगृहे पर वशग्रासेन जीवन्ति ॥570॥

अर्थ : जिन जीवों ने कभी जिनेन्द्रदेव की पूजन नहीं की है और न कभी पात्रों को दान दिया है ऐसे जीव भक्तिपूर्वक दूसरों का अन्न पीस-पीस कर अपना पेट भरते हैं। तो भी उनको पेट भरने योग्य अन्न अपने घर में नहीं मिलता है। वे पर वश होकर दूसरों के अन्न के टुकड़ों से ही जीवित रहते हैं।

खंधेण वहंति णरं गासत्थं दीहपंथसमसन्ता।
तं चेव विणवन्ता मुहकयकरविणयसंजुत्ता ॥571॥

स्कंधेन वहन्ति नर ग्रासार्थं दीर्घ पथ समासक्ताः।
तमेव विनमन्तः मुखकृतकरविनयसंयुक्ताः ॥571॥

अर्थ : जो पुरुष जिन पूजा और पात्र दान नहीं करते वे जीव परलोक में जाकर अन्न के टुकड़ों के लिए मनुष्यों को अपने कंधों पर रखकर (पालकी डोली पीनस आदि में बिठाकर) बहुत दूर-दूर तक ले जाते हैं तथा अपने मुख की दीन आकृति बनाकर और हाथ जोड़कर उसकी बहुत बड़ी विनय करते जाते हैं।

पहु तुम्ह समं जायं कोमल अंगाइ सुट्ठुसुहियाइं।

इय मुहपियाइं काऊं मलंति पाया सहत्थेहिं ॥572॥

प्रभो! युष्माकं: समं जातानि कोमलांगानि सुष्टुसुंभगानि।
इति मुखप्रियाणि कृत्वा संवहन्ते पादान् स्वहस्ताभ्याम् ॥572॥

अर्थ : *जिन पूजन और पात्र दान न करने वाले पुरुष परलोक में अपने हाथ से दूसरों के पैर दाबते फिरते हैं और मुँह से बड़े मधुर शब्दों के द्वारा, प्रिय शब्दों के द्वारा कहते जाते हैं कि हे प्रभो आपके शरीर के अंग बड़े ही कोमल हैं, बड़े ही श्रेष्ठ हैं और बहुत ही सुन्दर हैं।*

रक्खंति गोगवाइं छेलयखरतुरयछेत्तखलिहाणं।
तूणंति कप्पडाइं घडंति पिडउल्लयाइं च ॥573॥

रक्षन्ति गोगवादिकं अजाखरतुरगक्षेत्रखलिनान्।
तुणन्ति कर्पटादिकं घटंते पिढरादिकानि ॥573॥

अर्थ : *दान पूजा न करने वाले पुरुष परभव में गाय, भैंस, बकरी, गधा, घोड़ा, खेत, खलिहान आदि की रखवाली करते रहते हैं और कितने ही लोग खाट पीढी आदि बढ़ई के छोटे-छोटे काम किया करते हैं।*

धावति सत्थहत्था उण्हं च गणंति तह य सीयाइं।
तुरय मुह फेण सित्ता रयलित्ता गलियपायेसा ॥574॥

धावन्ति शस्त्र हस्ता उष्णं न गणयन्ति तथा च शीतादि।
तुरगमुखफेनसिक्ता रजोलिप्ता गलितप्रस्वेदा: ॥574॥

अर्थ : *दान पूजा न करने वाले कितने ही जीव हाथ में शस्त्र लेकर दौड़ते हैं राजा-महाराजाओं की सवारी के आगे-आगे दौड़ते हैं उस समय न तो वे धूप व गर्मी को गिनते हैं और न शीत वा ठंडक को गिनते हैं। उस समय उनका शरीर घोड़ों के मुख से निकलते हुए फेन से भर जाता है, धूल उनके शरीर पर लिपट जाती है और पसीने की धार बन्ध जाती है।*

पिच्छिय परमहिलाओ घणथणमयणयणचंदवयणाइं।
ताडेइ णियं सीसं झूरइ हिययम्मि दीणमुहो ॥575॥

प्रेक्ष्य परमहिला: धनस्तनमदनयनचन्द्रवदनानि।
ताडयति निजं शीर्षं झूरयति हरये दीनमुख: ॥575॥

परसम्पया णिएऊं पमणइ हा! किं मया ण दिण्णाइं।

दाणाइं पवरपत्ते उत्तमभत्तीय जुत्तेण॥576॥

पर सम्पदः दृष्टवा प्रणमति हा किं मया न दत्तानि।
दानानि प्रवरपात्रे उत्तमभक्त्यायुक्तेन॥576॥

अर्थ : *जिन पूजन और पात्र दान न देने वाले पुरुष परभव में जाकर इनते दीन दुःखी होते हैं कि वे लोग जिनके स्तन अत्यन्त कठिन है जिनके नेत्रों में मद छाया हुआ है और चन्द्रमा के समान जिनका सुन्दर मुख है ऐसी पर स्त्रियों को देखकर अपने मस्तक को धुना करते हैं और दीन मुख होकर अपने हृदय में रोया करते हैं। इसके सिवाय दूसरों की सम्पत्ति को देखकर वे लोग रो-रो कर कहते हैं कि हाय-हाय क्या हमने पहले भव में उत्तम भक्ति पूर्वक उत्तम पात्रों को दान नहीं दिया था। यदि पहले भव में हमने भी पात्र दान दिया होता तो हमें भी ऐसी सम्पत्तियाँ अवश्य प्राप्त होतीं।*

एवं णाऊण फुडं लोहो उवसाभिऊण णियचित्ते।
णियवित्ताणुस्सारं दिज्जइ दाणं सुपत्तेसु॥577॥

एवं ज्ञात्वा स्फुटं उपशम्य निजचित्ते।
निज वित्तानुसारं देहि दानं सुपात्रेषु॥577॥

अर्थ : *इस प्रकार पात्र दान के फल को जानकर और पात्र दान न देने के फल को जानकर अपने हृदय में लोभ को दबाना चाहिए, लोभ नहीं करना चाहिए और अपने धन सम्पत्ति के अनुसार सुपात्रों को अवश्य दान देना चाहिए।*

आगे कमाये हुए द्रव्य को किस प्रकार खर्च करना चाहिए सो कहते हैं।

जं उप्पज्जइ दव्वं तं कायव्वं च बुद्धिवंतेण।
छहभायगयं सव्वं पढमो भायो हि धम्मस्स॥578॥

यदुत्पाद्यते द्रव्यं तत्कर्तव्यं च बुद्धिमता।
षड्भागगतं सर्वं प्रथमो भागो हि धर्मस्य॥578॥

अर्थ : *बुद्धिमान गृहस्थों को उचित है कि वे जितना धन उत्पन्न करें उसके छह भाग करें। उसमें से पहला भाग धर्म के लिये निकाल दें।*

वीओ भावो गेहे दायव्वो कुडंव पोसणत्थेण।
तइओ भावो भोए चउत्थओ सयण वग्गम्मि॥579॥

द्वितीयो भागो गृहे दातव्यः कुटुम्बपोषणार्थम्।

तृतीयो भागोः भोगे चतुर्थः स्वजणवर्गे ॥579॥

अर्थ : *दूसरा भाग अपने कुटुम्ब के भरण पोषण के लिये अपने घर वालों को देना चाहिए। तीसरा भाग अपने भोगों के लिये रखना चाहिए और चौथा भाग अपने स्वजन-परिवार आदि के लिये रखना चाहिए।*

सेसा जे वे भावा ठायव्वा होंति ते वि पुरिसेण।
पूज्जा महिमा कज्जे अहवा कालावकालस्स ॥580॥

शेषौ यौ द्वौ भागौ स्थापनीयौ भवतः तावपि पुरुषेण।
पूजामहिमाकार्ये अथवा कालापकालाय ॥580॥

अर्थ : *इस प्रकार ऊपर लिखे अनुसार चार भाग तो काम में लाने चाहिए। और शेष बचे हुए दो भाग उस पुरुष को जमा रखना चाहिए। वे बचे हुए दोनों भाग भगवान जिनेन्द्रदेव की विशेष पूजा करने में लगाना चाहिए अथवा किसी प्रभावना के कार्य में धर्म की महिमा बढ़ाने के कार्य में लगाना चाहिए। अथवा वे बचे हुए दोनों भाग किसी आपत्ति काल के लिये रख छोड़ना चाहिए।*

आगे लोभी पुरुषों के लिये आचार्य फिर समझाते हैं।

अहवा णियं विढत्तं कस्स वि मा देहि होहि लोहिल्लो।
सो को थि कुणउवाऊ जह तं दव्वं समं जाइ ॥581॥

अथवा निजं वित्तं? कस्यापि मा देहि भव लुब्धः।
स कमपि कुरु उपायं तथा तदद्रव्यं समं याति ॥581॥

अर्थ : *अथवा प्रत्येक गृहस्थ को अपना द्रव्य किसी को भी नहीं देना चाहिए और अत्यन्त लोभी बनकर कोई भी ऐसा उपाय करना चाहिए जिससे कि वह द्रव्य मरने के बाद भी अपने साथ चला चले।*

आगे कौनसा द्रव्य अपने साथ जाता है और कौनसा नष्ट हो जाता है सो कहते हैं।

तं दव्वं जाइ समं जं खीणं पुज्जमहिमदाणेहिं।
जं पुण धराणिहते णठ्टे तं जाणि णियमेण ॥582॥

तद्द्रव्यं याति समं यत्क्षीणं पूजा महिम दानैः।
यत्पुनः धरानिचितं नष्टं तज्जानीहि नियमेन ॥582॥

अर्थ : *जो द्रव्य भगवान जिनेन्द्रदेव की पूजा में खर्च होता है, जो द्रव्य धर्म की महिमा बढ़ाने में, धर्म की प्रभावना करने में खर्च होता है, और जो द्रव्य पात्र-*

दान में खर्च होता है, वही द्रव्य परलोक में अपने साथ जाता है। तथा जो द्रव्य पृथ्वी में गाड़ कर रख दिया जाता है। उसको नियमपूर्वक नष्ट हुआ समझो।

आगे पृथ्वी में गड़ा धन कैसे नष्ट होता है सो कहते हैं।

सइ ठाणाओ भुल्लह अहवा मूसेहि णिज्जए तं पि।
अह भाओ अह पुत्तो चोरो तं लेइ अह राओ ॥583॥

स्वयं स्थानं विस्मरति अथवा मूषकैः नीयते तदापि।
अथ भ्राता अथ पुत्रः चोरस्तत् गृह्णाति अथ राजा ॥583॥

अर्थ : *जो पुरुष पृथ्वी में धन गाड़ कर रखता है वह या तो स्वयं उस स्थान को भूल जाता है अथवा चूहे उस द्रव्य को लेकर दूसरे स्थान पर रख देते हैं, अथवा उसे भाई बन्धु ले जाते हैं अथवा पुत्र ले जाता है व चोर ले जाते हैं और इनसे भी बच रहता है तो उसे राजा ले लेता है।*

अथवा—

अहवा तरुणी महिला जाएइ अण्णेण जारपुरिसेण।
सह तं गिण्हिय दव्वं अण्णं देसन्तरं दुठ्ठा ॥584॥

अथवा तरुणी महिला याति अन्येन जारपुरुषेण।
सह तद् गृहीत्वा द्रव्यं अनन्यदेशान्तरं दुष्टा ॥584॥

अर्थ : *अथवा अपनी दुष्ट तरुण स्त्री उस समस्त द्रव्य को लेकर किसी अन्य जार पुरुष के साथ दूर देशान्तर को भाग जाती है। इस प्रकार अनेक प्रकार से वह गड़ा हुआ धन नष्ट हो जाता है।*

आगे द्रव्य का सदुपयोग बतलाते हैं।

इय जाणिऊण णूणं देह सुपत्तेसु चहुविहं दाणं।
जह कयपावेण सया मुच्चह लिथेद् सुपुण्णेण ॥585॥

इति ज्ञात्वा नूनं देहिं सुपात्रेषु चतुर्विधं दानम्।
यथाकृतपापेन सदा मुच्जत लिप्येत सुपुण्येन ॥585॥

अर्थ : *इस प्रकार निश्चय रीति से समझ कर सुपात्रों के लिये चारों प्रकार का दान देना चाहिए। जिससे कि किये हुए पापों का नाश हो जाय और श्रेष्ठ पुण्य का उपार्जन हो।*

आगे दान से उत्पन्न होने वाले पुण्य का फल बतलाते हैं।

पुण्णेण कुलं विउलं कित्ती पुण्णेण भमइ तियलोए।

पुण्णेण रूपमतुलं सोहागं जोवणं तेयं ॥586 ॥

पुण्येन कुलं विपुलं कीर्तिः पुण्येन भ्रमति त्रिलोके:।
पुण्येन रूपवतुलं सौभाग्यं यौवनं तेजः ॥586 ॥

अर्थ : *इस संसार में पुण्य के उदय से उत्तम कुल की और बहुत से कुटुम्ब की प्राप्ति होती है, पुण्य के ही उदय से इस मनुष्य की कीर्ति तीनों लोकों में फैल जाती है। पुण्य से ही सर्वोत्तम उपमा रहित रूप की प्राप्ति होती है, पुण्य से ही सुहाग की प्राप्ति होती है, पुण्य से ही युवावस्था प्राप्त होती है और पुण्य से ही तेज की प्राप्ति होती है।*

पुण्णवलेणुववज्जइ कहयवि पुरिसो य भोयभूमीसु।
भुंजेइ तत्थभोए दह कप्पतरुब्भवे दिव्वे ॥587 ॥

पुण्यबलेनोत्पद्यते कथमपि पुरुषश्च भोगभूमिषु।
भुंक्ते तत्र भोगान् दशकल्पतरुद्भवान् दिव्यान् ॥587 ॥

अर्थ : *पुण्य कर्म के उदय से ही यह जीव किसी प्रकार भोग भूमि में भी उत्तम पुरुष उत्पन्न होता है और वहाँ पर दश प्रकार के कल्प-वृक्षों से उत्पन्न हुए दिव्य भोगों का अनुभव करता है।*

गिहतरुवर वरगेहे भोयणरुक्खाय भोयणे सरिसे।
कणयमयभायणाणि य भायणरुक्खा पयच्छन्ति ॥588 ॥

गृहतरुवरा वरगृहानपि भोजनवृक्षाश्च भोजनानि सरसानि।
कनकमयभाजनानि च भाजनवृक्षा प्रयच्छन्ति ॥588 ॥

अर्थ : *वहाँ पर दश प्रकार के कल्पवृक्ष हैं। उनमें से गृह जाति के कल्पवृक्ष उत्तम-उत्तम घर देते हैं भोजन जाति के वृक्ष सरस भोजन देते हैं और भाजन जाति के वृक्ष सुवर्णमय पात्र व वर्तन देते हैं।*

वत्थंगा वर वेत्थे कुसुमंगा दिंति कुसुममालाये।
दिंति सुयंध विलेवण विलेवणंगा महारुक्खा ॥589 ॥

वस्त्रांगा वरवस्त्राणि कुसुमांगा ददाति कुसुममाला:।
ददाति सुगंध विलेपनं विलेपनांगा महावृक्षाः ॥589 ॥

अर्थ : *वस्त्रांग जाति के वृक्ष अनेक प्रकार के सुन्दर वस्त्र देते हैं पुष्पांग जाति के वृक्ष पुष्प वा पुष्पों की मालाएँ देते हैं और विलेपनांग जाति के वृक्ष सुगंधित विलेपन उबटन आदि देते हैं।*

तूरंगा वरतूरे मज्जंगा दिंति सरसमज्जाइं।
आहरणंगा दिंतिय आहरणे कणयमणि जडिए॥590॥

तूंर्यागा वरतौर्याणि मद्यांगा ददाति सरसमद्यानि।
आभरणांगा ददति च आभरणानि कनकमणिजटितानि॥590॥

अर्थ : *वाद्यांग जाति के वृक्ष तुरई आदि अनेक प्रकार के बाजे देते हैं, मद्यांग जाति के वृक्ष सरस पौष्टिक मद्य (एक प्रकार का रस जो केवल पौष्टिक होता है) देते हैं और आभरणांग जाति के वृक्ष अनेक प्रकार के मणियों से जड़े हुए सुवर्णमय आभूषण देते हैं।*

रयणिदिणं ससि सूरा जह तह दीवन्ति जोइसारुक्खा।
पायव दसप्पयारा चिंतिययं दिंति मणुयाणं॥591॥

रजनीदिनयोः शशिसूरा तथा तथा दीयन्ति ज्योतिर्वृक्षाः।
पादपा दशप्रकाराः चिन्तितं ददति मनुष्येभ्यः॥591॥

अर्थ : *ज्योतिष जाति के वृक्ष सूर्य चन्द्रमा के समान रात दिन प्रकाश करते रहते हैं। इस प्रकार भोगभूमियों में दश प्रकार के कल्पवृक्ष होते हैं जो मनुष्यों को चिन्तवन करने मात्र से अपनी इच्छानुसार पदार्थ देते हैं।*

जरसो य वाहिवेअणकासं सासं च जिंभणं छिक्का।
ए ए अण्णे दोसा णहवंति हु भोयभूमीसु॥592॥

जरा च व्याधिवेदनाकासं श्वसनं जृम्भणं क्षुतम्।
एते अन्ये दोषा न भवन्ति हि भोगभूमिषु॥592॥

अर्थ : *बुढ़ापा, व्याधि, वेदना, काम, श्वास, जंभाई, छींक आदि कितने ही दोष भोग भूमियों में नहीं होते हैं।*

सव्वे भोए दिव्वे भुंजित्ता आउसावसाणम्मि।
सम्मादिट्ठी मणुया कप्पावासेसु जायन्ति॥593॥

सर्वान् भोगान् दिव्यान् भुक्त्वा आयुरवसाने।
सम्यग्दृष्टिमनुजाः कल्पवासिषुजायन्ते॥593॥

अर्थ : *इन भोग भूमियों में जो सम्यग्दृष्टि पुरुष उत्पन्न होते हैं वे सब दीर्घ काल तक वहाँ के दिव्य भोगों को भोगते रहते हैं और फिर आयु पूर्ण होने पर वे लोग मर कर कल्प वासी देव होते हैं।*

जे पुणु मिच्छादिट्ठी विन्तर भवने सुजोइसाहोंति।
जम्हा मन्दकसाया तम्हा देवेसु जायंति ॥594॥

ये पुनमिथ्यादृष्टयः व्यन्तर भावनाः सुज्योतिष्का भवन्ति।
यस्माद् मन्दकषायास्तस्माद्देवेषु जायन्ते ॥594॥

अर्थ : *जो इन भोग भूमियों में मिथ्या दृष्टि पुरुष उत्पन्न होते हैं वे वहाँ के भोगों को भोग कर आयु के अन्त में भवन वासी व्यन्तर वा ज्योतिष्क देवों में उत्पन्न होते हैं। भोग भूमियों में उत्पन्न होने वाले जीव सब मन्द कषाय वाले होते हैं इसलिये वे मर कर देव ही होते हैं।*

केई समवसरणगया जोइसमावेण सुविन्तरा देवा।
कहिऊण सम्मदंसण तत्थ चुया हुंति वा पुरिसा ॥595॥

केचित्सभवसरणागता ज्योतिष्कभावनाः सुव्यन्तरा देवाः।
गृहीत्वा सम्यग्दर्शन ततश्च्युता भवन्ति वर पुरुषाः ॥595॥

अर्थ : *उन भवनवासी व्यन्तर ज्योतिषी देवों में से कितने ही देव भगवान के समवसरण में जाकर सम्यग्दर्शन को ग्रहण कर लेते हैं और फिर वहाँ से आयु पूर्ण होने पर उत्तम मनुष्य होते हैं।*

लहिऊण देससंजम सयलं वा होइ सुरोत्तमो सरगे।
भोत्तूण सुहे रम्मे पुणोवि अवयरइ मणुयत्ते ॥596॥

लब्ध्वा देशसंयमं सकलं वा भवति सुरोत्तमः स्वर्गे।
भुक्त्वा शुभान् रम्यान् पुनरपि अवतरति मनुजत्वे ॥596॥

अर्थ : *मनुष्य होकर वे जीव देश संयम धारण करते हैं अथवा सकल संयम धारण कर स्वर्गों में उत्तम देव होते हैं। वहाँ पर वे मनोहर सुखों का अनुभव कर आयु के अन्त में फिर मनुष्य भव धारण करते हैं।*

तत्थ वि सुहाइं भुत्तं दिक्खा गहिऊण भविय णिग्गंथो।
सुक्कज्झाणं पाविय कम्म हणिऊण सिज्झेई ॥597॥

तत्रापि शुभान् भुक्त्वा दीक्षा गृहीत्वा भूत्वा निर्ग्रंथः।

समता वन्दना स्तोत्रं प्रत्याख्यानं प्रतिक्रिया।
व्युत्सर्गश्चेति कर्माणि भवन्त्यावश्यकानि षट् ॥

समता धारण करना, वन्दना करना, स्तुति करना, प्रत्याख्यान त्याग करना, प्रतिक्रमण करना और व्युत्सर्ग करना । ये छह आवश्यक कहलाते हैं।

शुल्लध्यानं प्राप्य कर्म हत्वा सिद्धयन्ति ॥597॥

अर्थ : *उस मनुष्य भव में भी अनेक प्रकार के सुखों का अनुभव करता है। तदनन्तर दीक्षा धारण कर निर्ग्रंथ अवस्था धारण करता है तथा शुक्ल ध्यान को धारण कर समस्त कर्मों का नाश करता है और अन्त में सिद्ध पद प्राप्त कर लेता है।*

सिद्धं सरूवरूवं कम्म रहियंय होइ झाणेण।
सिद्धावासी य णरो ण हवइ संसारिओ जीवो ॥598॥

सिद्धं स्वरूपरूपं कर्म रहितं च भवति ध्यानेन।
सिद्धावासी च नरो न भवति संसारी जीवः ॥598॥

अर्थ : *सिद्धों का स्वरूप शुद्ध आत्मस्वरूप होता है तथा शुक्ल ध्यान के द्वारा समस्त कर्मों से रहित हो जाता है। सिद्धस्थान में रहने वाले समस्त सिद्ध परमेष्ठी जीव फिर कभी भी संसार में नहीं आते हैं।*

पंचमयं गुणठाणं एयं कहियं मया समासेण।
एत्तो उड्ढं वोच्छं पमत्तविरयं तु छट्ठमयं ॥599॥

पंचमं गुणस्थानं एतत्कथितं मया समासेन।
इत ऊर्ध्वं वक्ष्ये प्रमत्तविरतं तु षष्ठमकम् ॥599॥

अर्थ : *इस प्रकार मैंने अत्यन्त संक्षेप से पाँचवें गुण स्थान का स्वरूप कहा। अब इस के आगे प्रमत्तविरत नाम के छठे गुणस्थान का स्वरूप कहता हूँ।*

इस प्रकार विरता विरत नाम के पाँचवें गुण स्थान का स्वरूप समाप्त हुआ। आगे छठे प्रमत्त संयत गुण स्थान का लक्षण कहते हैं।

इत्थेव तिण्णि भावा खयउवसमाइ होंति गुणठाणे।
पणदह हुंति पमाया पमत्तविरओ हवे तम्हा ॥600॥

अत्रैव त्रयो भावाः क्षयोपशमादयः भवन्ति गुणस्थाने।
पंचमदश भवन्ति प्रमादा प्रमत्तविरतो भवेत्तस्मात् ॥600॥

अर्थ : *इस प्रमत्त विरत नाम के गुण स्थान में औपशमिक, क्षायिक और क्षायोपशमिक तीनों प्रकार के भाव होते हैं, तथा पन्द्रह प्रमाद भी इसी गुण स्थान तक होते हैं इसलिये इस गुण स्थान को प्रमत्त विरत कहते हैं।*

भावार्थ : *यद्यपि प्रमाद सब नीचे के गुण स्थानों में भी रहते हैं परन्तु नीचे के गुण स्थानों में पापों का सर्वथा त्याग नहीं है इसलिये उन पापों के साथ प्रमाद भी रहते ही हैं। परन्तु इस छठे गुण स्थान में पापों का सर्वथा त्याग हो जाता है पंच*

महाव्रत धारण किये जाते हैं तथा उनके साथ प्रमाद भी रहते हैं पापों का त्याग होने पर भी प्रमादों का त्याग नहीं होता इसलिये इस गुण स्थान को प्रमत्त विरत कहते हैं।

आगे इस गुण स्थान का लक्षण कहते हैं।

वत्ताबत्तपमाए जो णिवसइ पमत्तसंजदो होइ।
सयलगुणसील कलिओ महव्वई चित्तलायरणो ॥601॥

व्यक्ताव्यक्त प्रमादे यो निवसति प्रमत्त संयतो भवति।
सकलगुणशीलकलितो महाव्रती चित्रलाचरण: ॥601॥

अर्थ : जो मुनि अट्ठाईस मूल गुणों को पालन करते हैं, शील वा उत्तर गुणों को पालन करते हैं, महाव्रतों का पालन करते हैं ऐसे मुनि व्यक्त या अव्यक्त रूप प्रमाद में निवास करते हैं तब वे प्रमत्त संयत या प्रमत्त संयमी मुनि कहलाते हैं। ऐसे मुनियों का चारित्र अत्यन्त शुद्ध नहीं होता किन्तु अनेक रंगों से बने हुए चित्र के समान होता है।

भावार्थ : प्रमाद के होने से कुछ ना कुछ दोष उसमें लगे ही रहते हैं।

आगे प्रमाद को कहते हैं।

विकहा तह य कसाया इंदियणिद्दा तहय पणओ य।
चउ चउ पणमेगेगे हुंति पमाया हु पण्णरसा ॥602॥

विकथास्तता च कषाया इंदियाणि निद्रा तथा च प्रणयश्च।
चतस्र: चत्वार: पंच एका एक: भवन्ति प्रमादा: तु पंचदशा ॥602॥

अर्थ : चार विकथा चार कषाय पाँच इन्द्रियाँ निद्रा और प्रणय (स्नेह) ये पन्द्रह प्रमाद कहलाते हैं।

भावार्थ : राजकथा, भोजन कथा, देश कथा, और चोर कथा ये चार विकथाएँ कहलाती है। इन कथाओं के सुनने से व कहने से पाप का बन्ध होता है इसलिये इनको विकथा कहते हैं।

क्रोध मान माया लोभ ये चार कषाय हैं। ये भी पाप बन्ध के कारण हैं। पाँचों इंन्द्रियों के विषय भी पाप बँध के कारण हैं निद्रा पाप बन्ध का कारण है ही। तथा स्नेह या प्रणय भी पाप बन्ध का कारण है इसलिये इन सब को प्रमाद कहते हैं तथा इन्हीं प्रमादों के कारण चारित्र की अत्यन्त शुद्धता नहीं होती। प्रमादों के कारण उनमें दोष व अशुद्धी उत्पन्न हो ही जाती है।

आगे इस गुण स्थान में कौन सा ध्यान होता है सो बतलाते हैं।

झायइ धम्मज्झाणं अट्टं पि य णोकसायउदयाओ।

सज्झायभावणाए उवसामइ पुणु वि झाणम्मि ॥603॥

ध्यायति धर्म्यध्यानं आर्तमपि नोकषायोदयात्।
स्वाध्यायभावनाभ्यां उपशाम्यति पुनरपि ध्याने ॥603॥

अर्थ : *छठे गुण स्थान में रहने वाले मुनि धर्मध्यान का चिन्तवन करते हैं। तथा नो कषाय के उदय होने से उनके आर्त्तध्यान भी हो जाता है। तथापि स्वाध्याय और रत्नत्रय की भावना के कारण उसी ध्यान में वे उस आर्त्तध्यान का उपशम कर देते हैं।*

भावार्थ : *मुनियों के आर्त्तध्यान कभी-कभी होता है तथा तीन ही प्रकार का आर्त्तध्यान होता है निदान नाम का आर्त्तध्यान नहीं होता। यदि किसी मुनि के निदान नाम का आर्त्तध्यान हो जाय तो फिर उस मुनि का छठा गुण स्थान ही छूट जाता है।*

तज्झाणजाय कम्मं खवेइ आवासएहिं परिपुण्णो।
णिंदणगरहणजुत्तो पडिकमणकिरियाहिं ॥604॥

तद्ध्यान जातकर्म क्षिपति आवश्यकैः परिपूर्णः।
निन्दनगर्हण युक्तो युक्तः प्रतिक्रमण क्रियाभिः ॥604॥

अर्थ : *छठे गुण स्थान में रहने वाले वे मुनि अपने छहों आवश्यकों को पूर्ण रीति से पालन करते हैं। तथा उन्हीं आवश्यकों के द्वारा उस स्वल्प आर्त्तध्यान से उत्पन्न हुए कर्मों को नाश कर देते हैं। इसके सिवाय वे मुनि उस अर्त्तध्यान के कारण अपनी निन्दा करते रहते हैं और अपनी गर्हा करते रहते हैं प्रतिक्रमण करते रहते हैं और अपनी समस्त क्रियाओं का पालन करते रहते हैं।*

जाव पामए वट्टइ जा ण थिरं थाइ णिच्चलं झाणं।
णिंदणगरहणजुत्तो आवसइ कुणइ ता भिक्खू ॥605॥

यावत्प्रमादे वर्तते यावन्न स्थिरं तिष्ठति निश्चल ध्यानम्।
निन्दनगर्हणयुक्तः आवश्यकानिः करोति तावद् भिक्षुः ॥605॥

अर्थ : *वे छठे गुणस्थान में रहने वाले मुनि जब तक प्रमाद सहित रहते हैं, जब तक उनका निश्चल ध्यान अत्यन्त स्थिर नहीं होता है तब तक वे मुनि अपनी निन्दा करते रहते हैं, गर्हा करते रहते हैं।*

छट्ठ मए गुणठाणे वट्टंतो परिहरेइ छावासं।
जो साहु सो ण मुणई परमायमसारसंदोहं ॥606॥

षष्ठमके गुणस्थाने वर्तमानः परिहरसि षडावश्यकानि।

यः साधुः स न जानाति परमागमसारसन्दोहम् ॥606॥

अर्थ : *जो साधु छठे गुणस्थान में रहकर भी छहों आवश्यकों को नहीं करता वह साधु परमागम के सार को नहीं समझता ऐसा समझना चाहिए।*

भावार्थ : *छठे गुणस्थान में रहने वाले मुनियों को छहों आवश्यक अवश्य करने चाहिए और प्रतिदिन ही करने चाहिए। इनको कभी नहीं छोड़ना चाहिए।*

आगे जो साधु आवश्यक नहीं करता उसके लिये कहते हैं।

अहवा मुणंतो छंडइ सव्वावासाइं सुत्तबद्धाइं।
तो तेण होइ चत्तो सुआयमो जिणवरिंदस्स॥607॥

अथवा जानन् त्यजति सर्वावश्यकानि सुत्रबद्धानि।
तर्हि तेन भवति त्यक्तः स्वागमो जिनवरेन्द्रयस्य॥607॥

आयमचाए चत्तो परमप्पा होइ तेण पुरिसेण।
परमप्पय चायेण य मिच्छत्तं पोसियं होइ॥608॥

आगमेत्यक्ते त्यक्तः परमात्मा भवति तेन पुरुषेण।
परमात्मनः त्यागेन मिथ्यात्वं पोषितं भवति॥608॥

अर्थ : *अथवा जो साधु जान बूझ कर सिद्धांत सूत्रों में कहे हुए आवश्यकों का त्याग कर देता है। छह आवश्यकों को नहीं करता वह साधु भगवान जिनेन्द्रदेव के कहे हुए आगम का ही त्याग कर देता है ऐसा समझना चाहिए तथा यह बात भी निश्चित है कि जिसने आगम का त्याग कर दिया उसने परमात्मा का भी त्याग कर दिया और परमात्मा का त्याग करने से वह पुरुष मिथ्यात्व की ही पुष्टि करता है इसमें किसी प्रकार का संदेह नहीं है।*

भावार्थ : *आगम भगवान जिनेन्द्र देव का कहा हुआ है इसलिये जो पुरुष आगम को नहीं मानता वह पुरुष भगवान जिनेन्द्र देव को भी नहीं मानता वह पुरुष मिथ्या दृष्टि ही समझा जाता है। इसलिये आगम की अवहेलना करना महापाप माना जाना है।*

एवं णाऊण सया जाम ण पावेहि णिच्चलं झाणं।
मणसंकप्पविमुक्कं तावासय कुणह वयसहियं॥609॥

---

1. 'खेत, धन, घर धान्य सोना चाँदी दासी, दास बर्तन कुप्य (वस्त्रादिक) दश बाह्य परिग्रह हैं। हास्य, रति, अरति, शोक, भय, जुगुप्सा मिथ्यात्व, स्त्रीवेद, पुंवेद, नपुंसक, वेद, क्रोध, मान, माया, लोभ ये चौदह अन्तरंग परिग्रह हैं।

एवं ज्ञात्वा सदा यावन्न प्राप्नोति निश्चलं ध्यानम्।
मनः संकल्पविमुक्तं तावदावश्यकं कुर्यात् व्रतसहितम् ॥609॥

अर्थ : *यही समझ कर मुनियों को उचित है कि जब तक मन के संकल्प-विकल्पों से रहित होकर निश्चल ध्यान की प्राप्ति नहीं होती तब तक उनको छहों आवश्यक प्रतिदिन अवश्य करते रहना चाहिए तथा अपने अन्य समस्त व्रतों का पालन करते रहना चाहिए।*

आगे आवश्यक आदि कार्यों का फल बताते हैं।

आवासयाइं कम्मं विज्जावच्चं च दाणपूजाइं।
जं कणइ समदिट्ठी सं सब्बं णिज्जर णिमित्तं ॥610॥

आवश्यकादि कर्म वैयावृत्यं च दानपूजादि।
यत्करोति सम्यग्दृष्टिस्तत्त्वसर्वं निर्जरा निमित्तम् ॥610॥

जो सम्यग्दृष्टि पुरुष प्रतिदिन अपने आवश्यकों का पालन करता है, व्रत-नियम आदि का पालन करता है, वैयावृत्य करता है, पात्र दान देता है और भगवान जिनेन्द्र देव की पूजा करता है उस पुरुष का वह सब कार्य कर्मों की निर्जरा का कारण माना जाता है।

जस्स ण णहगामित्तं पायविलेवो ण ओसहीलेवो।
सो नावाइ समुद्दं तारेइ किमिच्छभणीएण ॥611॥

यस्य न नभोगामित्वं पादविलेपो न औषधिलेपः।
स नौरिव? समुद्रं तारयति किमिच्छ भणितेन ॥611॥

अर्थ : *जिनके न तो आकाश गामिनी ऋद्धि है, न पैरों को स्थिर कर आकाश में चलने की ऋद्धि है और न औषधि लेप ऋद्धि है तथापि वह नाव के समान भव्य जीवों को संसार समुद्र से पार कर देता है।*

भावार्थ : *जिन मुनियों के कोई किसी प्रकार की ऋद्धि नहीं है ऐसे साधारण मुनि भी अपने रत्नत्रय स्वरूप शरीर से अपने धर्मोपदेश से अनेक भव्य जीवों को संसार समुद्र से पार कर देते हैं मुनियों की महिमा अपार, वचनातीत है।*

जा संकप्पो चित्ते सुहासुहो भोयणाइ किरियाओ।
ता कुणउ सोवि किरियं पडीकमणाई य णिस्सेसं ॥612॥

यावत्सकल्पश्चित्ते शुभाशुभः भोजनादि क्रियातः।
तावत्करोतु तामपि क्रियां प्रतिक्रमणादिकां च निःशेषाम्। 612।

अर्थ : *इस छठे गुणस्थान में रहने वाले मुनियों के हृदय में जब तक शुभ संकल्प व अशुभ संकल्प विकल्प होते रहते हैं और जब तक भोजनादिक क्रियाओं की प्रवृत्ति होती रहती है, तब तक उन मुनियों को प्रतिक्रमण आदि समस्त क्रियाएँ करते रहना चाहिए।*

एसो पमत्तविरओ साहु मए कहिउ समासेण।
एत्तो उड्ढं वोच्छं अप्पमत्तो णिसामेह॥613॥

एषः प्रमत्त विरतः साधुमया कथितः समासेन।
इतः ऊर्ध्वं वक्ष्येऽप्रमत्तं निशाय्यत॥613॥

अर्थ : *इस प्रकार मैंने प्रमत्त विरत नाम के छठे गुण स्थान का स्वरूप अत्यन्त संक्षेप से कहा। अब इसके आगे अप्रमत्त विरत नाम के सातवें गुणस्थान का स्वरूप कहता हूँ, उसे सुनो।*

इस प्रकार प्रमत्त गुण स्थान का स्वरूप समाप्त हुआ।

णट्ठासेसपमाओ वय गुणसीलेहिं मंडिओ णाणी।
अणुवसमओ अखवओ झाणणिवीणोहु अप्पमत्तो सो॥614॥

नष्टाशेषप्रमादो व्रतगुणशीलैर्मण्डितो ज्ञानी।
अनुपशमकोऽक्षपको ध्याननिलीनोहि अप्रमत्तः॥614॥

अर्थ : *जिनके ऊपर लिखे प्रमाद सब नष्ट हो गये हैं, जो व्रत शील गुणों से सुशोभित हैं, जो सम्यग्ज्ञानी है, और ध्यान में सदा लीन रहते हैं तथा जो न तो उपशम श्रेणी में चढ़ रहे हैं और न क्षपक श्रेणी में चढ़ रहे है ऐसे मुनि अप्रमत्त कहलाते हैं।*

भावार्थ : *सातवें गुण स्थान वर्ती मुनि पाँचों महाव्रतों को पालन करते हैं अट्ठाईस मूल गुणों को पालन करते हैं उपशम श्रेणी व क्षपक श्रेणी में चढ़ने के लिये सन्मुख रहते हैं तथा ध्यान में ही लीन रहते हैं।*

पुव्वुत्ता जे भावा हवंति तिण्णेव तत्थ णायव्वा।
मुक्खं धम्मज्झाणं हवेइ णियमेण इत्थेव॥

पूर्वोक्ता ये भावा भवन्ति त्रय एव तत्र ज्ञातव्याः।
मुख्यं धर्म्यध्यानं भवेत् नियमेन अत्रैव॥615॥

अर्थ : *इस सातवें गुण स्थान में पहले कहे हुए औपशमिक भाव क्षायिक भाव और क्षायोपशमिक भाव तीनों भाव होते हैं। तथा इस गुणस्थान में नियमपूर्वक मुख्य*

रीति से धर्मध्यान होता है।

झायारो पुण झाणं झेयं तह हवइ फलं च तस्सेव।
ए ए चउ अहियारा णायव्वा होंति णियमेण॥616॥

ध्याता पुनर्ध्यानं ध्येयं तथा वा फलं च तस्यैव।
एते चतुरधिकारा ज्ञातव्या भवन्ति नियमेन॥616॥

अर्थ : *इस गुण स्थान में चार अधिकार बतलाये हैं ध्यान करने वाला ध्याता, चिन्तवन करने रूप ध्यान, जिसका चिन्तवन किया जाय ऐसा आत्मा, ध्येय और उस ध्यान का फल। ये चार अधिकार नियमपूर्वक इस गुण स्थान में होते हैं।*

आगे ध्यान का लक्षण कहते हैं।

आहारासणणिद्दा विजओ तह इंदियाण पंचण्हं।
बावीसपरिसहाणं कोहाईणं कसायाणं॥617॥

आहारासननिद्राणां विजयस्तथा इन्द्रियाणां पंचानाम्।
द्वाविंशति परिषहानां क्रोधादिनां कषायाणाम्॥617॥

णिस्संगो णिम्मोहो णिग्गयवावारकरणसुत्तड्ढो।
दिढकाओ थिरचित्तो एरिसओ होइ झायारो॥618॥

निःसंगो निर्मोही निर्गतव्यापारकरणसूत्राढ्यः।
दृढकायः स्थिरचित्तः एतादृशो भवति ध्याता॥618॥

अर्थ : *जिन्होंने आहार को विजय कर लिया है, निद्रा को विजय कर लिया है, पाँचों इन्द्रियों को विजय कर लिया है, जो बाईस परिषहों के विजय करने में समर्थ हैं, जिसने क्रोधादिक समस्त कषायों का विजय कर लिया है,[1] दश प्रकार के बाह्य परिग्रह और चौदह प्रकार के अन्तरंग परिग्रहों का सर्वथा त्याग कर दिया है, मोह का सर्वथा त्याग कर दिया है, जिसने अपने समस्त इन्द्रियों के व्यापार का त्याग कर दिया है, जो सिद्धांत सूत्रों के जानकार है, जिसका शरीर अत्यन्त दृढ़[2] है और जिसका चित्त अत्यन्त स्थिर है, ऐसा साधु ध्यान करने योग्य ध्याता कहलाता है।*

आगे ध्यान का स्वरूप कहते हैं।

चित्तणिरोहे झाणं चउवियभेयं च तं मुणेयव्वं।
पिण्डत्थं च पयत्थं रूवत्थं रूववज्जियं चेव॥619॥

चित्त निरोधे ध्यानं चतुर्विध भेद च तन्मन्तव्यम्।
पिण्डस्थं च पदस्थं रूपस्थं रूपवर्जितं चैव॥619॥

अर्थ : *चित्त का निरोध करना ध्यान है अर्थात् चित्त में अन्य समस्त चिन्तवनों का त्याग कर किसी एक ही पदार्थ का चिन्तवन करना, उस एक पदार्थ के सिवाय अन्य किसी पदार्थ का चिन्तवन न करना ध्यान कहलाता है। उस ध्यान के चार भेद हैं पिंडस्थ, पदस्थ, रूपस्थ, रूपातीत।*

आगे पिंडस्थ ध्यान को कहते हैं।

पिंडो वुच्चइ देहो तस्स मज्झट्ठिओ हु णियअप्पा।
झाइज्जइ अइसुद्धो विप्फुरिओ सेयकिरणट्ठो ॥620॥

पिण्ड उच्यते देहस्तस्य मध्यस्थितो हि निजात्मा।
ध्यायते अति शुद्धो विस्फुरितः सितकिरणस्थः ॥620॥

अर्थ : *यहाँ पर पिंड शब्द का अर्थ शरीर है, उस शरीर के मध्य में विराजमान अपने आत्मा का ध्यान करना चाहिए। तथा वह अपना आत्मा अत्यन्त शुद्ध है, उसमें से सफेद किरणें निकल रही हैं और वह अत्यन्त दैदीप्यमान हो रहा है ऐसे अपने आत्मा का चिन्तवन करना चाहिए।*

देहत्थो झाइज्जइ देहस्सम्बन्धविरहिओ णिच्चं।
णिम्मलतेय फुरन्तो गयणतले सूरविंवेव ॥621॥

देहस्थो ध्यायते देहसम्बन्धविरहितो नित्यम्।
निर्मलतेजसा स्फुरन् गगनतले सूर्यबिम्ब इव ॥621॥

जीवप्पदेसपचयं पुरिसायारं हि णिययदेहत्थं।
अमलगुणं झायन्तं झाणं पिंडत्थ अभिदाणं ॥622॥

जीवप्रदेश प्रचयं पुरुषाकारं हि निज देहस्थम्।
अमल गुणं ध्यानम् ध्यानं पिण्डस्थाभिधानम् ॥622॥

अर्थ : *वह अपना शुद्ध आत्मा अपने शरीर में विराजमान है तथापि उसका*

इन्द्रियाणि विलीयन्ते मनो यत्र लयं ब्रजेत्।
ध्यानं ध्येय विकल्पेन तद्ध्यानं रूपवर्जितम् ॥
अमूर्तमजमव्यक्तं निर्विकल्पं चिदात्मकम्।
स्मरेद्यत्रात्मनात्मान रूपातीतं च तद्विदुः ॥

अर्थ : *जहाँ पर इन्द्रियों की प्रवृत्ति नष्ट हो जाय, मन की प्रवृत्ति नष्ट हो जाय, जहाँ पर ध्यान और ध्येय का अलग-अलग विकल्प न हो, जो ध्यान अमूर्त आत्मा का किया जाय, जो ध्यान अव्यक्त हो, विकल्प रहित हो शुद्ध चैतन्य स्वरूप हो। इस प्रकार जो अपने आत्मा के द्वारा अपने ही शुद्ध आत्मा का चिन्तवन करना रूपातीत ध्यान है।*

शरीर से कोई सम्बन्ध नहीं है, वह आत्मा अत्यन्त निर्मल है और जिस प्रकार आकाश में सूर्य दैदीप्यमान होता है उसी प्रकार वह आत्मा भी अपने तेज से दैदीप्यमान हो रहा है उस आत्मा के प्रदेशों का प्रचय व समूह पुरुषाकार है वह प्रदेशों का समूह अपने ही शरीर में ठहरा हुआ है और उसमें अनेक निर्मल गुण भरे हुए हैं। इस प्रकार जो शरीर में स्थित अपने आत्मा का ध्यान किया जाता है उसको पिंडस्थ ध्यान कहते हैं।

आगे रूपस्थ ध्यान का स्वरूप कहते हैं।

जारिसओ देहत्थो झाइज्जइ देहबाहिरे तह य।
अप्पा सुद्ध सहावो तं रूवत्थं फुडं झाणं ॥623॥

यादृशो देहस्थो ध्यायते देहबाह्ये तथा च।
आत्मा शुद्धस्वभावस्तद् रूपस्थं स्फुटं ध्यानम् ॥623॥

अर्थ : ऊपर लिखे पिंडस्थ ध्यान में अपने ही शरीर में स्थित अपने ही शुद्ध निर्मल और अत्यन्त दैदीप्यमान आत्मा का ध्यान करना बतलाया है उसी प्रकार शरीर के बाहर अपने ही शुद्ध निर्मल अत्यन्त दैदीप्यमान और शुद्ध स्वभाव आत्मा का ध्यान करना रूपस्थ ध्यान कहलाता है।

रूवत्थं पुण दुविहं सगयं तह परगयं य णायव्वं।
तं परगयं भणिज्जइ झाइज्जइ जत्थ पंच परमेट्ठी ॥624॥

रूपस्थं पुनः द्विविधं स्वागतं तथा परगतं च ज्ञातव्यम्।
तत्परगतं भण्यते ध्यायते यत्र पंचपरमेष्ठी ॥624॥

अर्थ : इस रूपस्थ ध्यान के दो भेद हैं एक स्वगत आत्मा का ध्यान और दूसरा परगत आत्मा का ध्यान। जहाँ पर पंचपरमेष्ठी का ध्यान किया जाता है उस ध्यान को परगत रूपस्थ ध्यान कहते हैं। पंचपरमेष्ठी का आत्मा अत्यन्त शुद्ध है परन्तु वह अपने आत्मा से भिन्न है इसलिये उसको परगत रूपस्थ ध्यान कहते हैं।

सगयं तं रूवत्थं झाइज्जइ जत्थ अप्पणो अप्पा।
णियदेहस्स बहित्थो फुरंत रवितेय संकासो ॥625॥

स्वगतं तु रूपस्थं ध्यायते यत्र आत्मना आत्मा।
निज देहाद्बहिःस्थः स्फुरद् रवितेजः संकाशः ॥625॥

अर्थ : जो अपना आत्मा सूर्य के तेज के समान अत्यन्त दैदीप्यमान है अत्यन्त शुद्ध है, निर्मल है ऐसा अपना आत्मा अपने ही आत्मा के द्वारा अपने शरीर के बाहर ध्यान किया जाता है उसको स्वगत रूपस्थ ध्यान कहते हैं। इस प्रकार रूपस्थ ध्यान का

स्वगत स्वरूप कहा।

अब आगे पदस्थ ध्यान को कहते हैं।

देवच्चणाविहाणं जं कहियं तं देसविरयठाणम्मि।
होइ पयत्थं झाणं कहियं तं वरजिणिंदेहिं॥626॥

देवार्चनाविधानं यत्कथितं देशविरतस्थाने।
भवति पदस्थं ध्यानं कथितं तद्वरजिनेन्द्रैः॥626॥

अर्थ : *पहले देश विरत व विरताविरत गुण स्थान के स्वरूप में जो भावना जिनेन्द्रदेव की पूजन करना समवसरण में विराजमान अष्ट प्रतिहार्य सहित, अनन्त चतुष्टय, सहित, भगवान अरहंत परमेष्ठी का ध्यान करना आदि बतलाया है वह सब पदस्थ ध्यान है ऐसा भगवान जिनेन्द्रदेव ने कहा है।*

एयपयमक्खरं वा जवियइ जं पंचगुरुवसबन्ध।
तं पिय होइ पयत्थं झाणं कम्माण णिद्दहणं॥627॥

एकपदमक्षरं वा जाप्यते यत्पंच गुरुसम्बन्धम्।
तदपि च भवति पदस्थं ध्यानं कर्मणां निर्दहनम्॥627॥

अर्थ : *पंचपरमेष्ठी के वाचक एक पद के मन्त्र का जप करना, व एक अक्षर मन्त्र का जप करना, व अधिक अक्षरों के मन्त्र का जप करना भी पदस्थ ध्यान कहलाता है। यह पदस्थ ध्यान कर्मों के नाश करने का साधन है।*

भावार्थ : *पणतीस सोल छप्पण चदु दुग मेगं च जवह झाएह। परमेट्ठि वाचयाणं अण्णं च गुरु वएसेण। अर्थात्— णमो अरहंताणं णमो सिद्धाणं णमो आइरियाणं णमो उवज्झायाणं णमो लोए सव्वसाहूणं यह पेंतीस अक्षर का मन्त्र है। अर्हत्सिद्धाचार्योपाध्यायसर्व साधुभ्योनमः यह सोलह अक्षर का मन्त्र है। अ सि आ उ सा यह पाँच अक्षर का मन्त्र है। अरहंत यह चार अक्षर का मन्त्र है। सिद्ध यह दो अक्षर का मन्त्र है। ॠ यह एक अक्षर का मन्त्र है। अ- अरहंत का पहला अक्षर है, सि-सिद्ध का पहला अक्षर है, आ-आचार्य का पहला अक्षर है उ-उपाध्याय का पहला अक्षर है और सा- साधु का पहला अक्षर है। इसी प्रकार ॠ भी पंचपरमेष्ठी का वाचक है।*

अरहंसा असरीरा आइरिया तह उवज्झया मुणिणो।
पढमक्खर णिप्पणो ओंकारो पंचपरमेष्ठी॥

अर्थ : *अरहंत अशरीरा अर्थात् सिद्ध आचार्य उपाध्याय और मुनि इन पाँचों परमेष्ठियों का पहला अक्षर लेकर संधि करने से पंचपरमेष्ठी का वाचक ॠ सिद्ध हो*

जाता है। यथा अ- अ = आ, आ - आ = आ। आ. उ ओ। ओ- म् ओम्। इस प्रकार ऊँ पंचपरमेष्ठी का वाचक है।

इस प्रकार पदस्थ ध्यान का स्वरूप कहा।
अब आगे रूपातीत ध्यान का स्वरूप कहते हैं।

ण य चिन्तइ देहत्थं देहबहित्थं ण चिन्तए किं पि।
ण सगयपरगयरूवं तं गयरूवं णिरालंवं॥628॥

न च चिन्तयति देहस्थं देहबाह्यस्थं न चिन्तयेत् किमपि।
न स्वागतपरगतरूपं तद्गतरूपं निरालम्बम्॥628॥

अर्थ : *जो न तो शरीर में स्थित शुद्ध आत्मा का चिन्तवन करता है, न शरीर के बाहर शुद्ध आत्मा का ध्यान करता है, न स्वगत आत्मा का ध्यान करता है और न परगत पंचपरमेष्ठी का ध्यान करता है किन्तु बिना आलम्बन के किसी पदार्थ का ध्यान करता है अपने चित्त को अन्य समस्त चिन्तवनों से हटाकर किसी एक पदार्थ में लगाता है वह रूपातीत ध्यान कहलाता है।*

जत्थ ण करणं चिन्ता अक्खररूवं ण धारणा धेयं।
ण य वावारो कोई चित्तस्सय तं णिरालेवं॥629॥

यत्र न करणं चिन्ता अक्षररूपं न धारणा ध्येयम्।
न च व्यापार: कश्चिच्चितस्य च तन्निरालम्बम्॥629॥

अर्थ : *जिस ध्यान में किसी विशेष पदार्थ का चिन्तवन नहीं करना पड़ता न किसी शब्द व अक्षर का चिन्तवन करना पड़ता है, जिसमें न धारणा है, न ध्येय है, और न जिसमें मन का का कोई व्यापार होता है। ऐसे ध्यान को निरावलम्ब ध्यान कहते हैं।*

भावार्थ : *निरालम्ब ध्यान करने वाला योगी अपने आत्मा को अपने ही आत्मा में लीन कर लेता है। अपने आत्मा के द्वारा अपने शुद्ध आत्मा का अनुभव करता है। वही निरालम्ब ध्यान कहलाता है।*

इंदियविसयवियारा जत्थ खयं जंति रायदोसं च।
मण वावारा सव्वे तं गयरूवं मुणेयव्वं॥630॥

इन्द्रिय विषय विकारा यत्र क्षयं यान्ति रागद्वेषौ च।
मनोव्यापारा: सर्वे तद्गतरूपं मन्तव्यम्॥630॥

अर्थ : *जिस ध्यान में इन्द्रियों के समस्त विकार नाश हो जाते हैं जिसमें राग-द्वेष*

सब नष्ट हो जाते हैं और मन के व्यापार सब नष्ट हो जाते हैं उसको रूपातीत ध्यान कहते हैं। इस प्रकार रूपातीत ध्यान का स्वरूप है।

आगे ध्येय व ध्यान करने योग्य पदार्थ को कहते हैं।

झेयं तिविहपयारं अक्खररूवं तह अरूवं च।
रूवं परमेट्ठिगयं अक्खरयं तेसिमुच्चारं ।।631 ।।

ध्येय त्रिविध प्रकारं अक्षर रूपं तथाऽरूपं च।
रूपं परमेष्ठिगत अक्षरकं तेषामुच्चारणम् ।।631 ।।

गयरूवं जं झेयं जिणेहिं भणियं पि तं णिरालम्बं।
सुण्णं पि तं सुण्णं जम्हा रयणत्तयाइण्णं ।।632 ।।

गतरूपं यद्धयेयं जिनैर्भणितमपि तन्निरालम्बम्
शून्यमपि तन्न शून्य यस्माद् रत्नत्रयाकीर्णम् ।।632 ।।

अर्थ : जिसका ध्यान किया जाता है उसको ध्येय कहते हैं वह ध्येय तीन प्रकार का है। अक्षर, रूप और अरूपी जो पंचपरमेष्ठी का ध्यान करना तथा उन परमेष्ठी के वाचक अक्षरों का उच्चारण करना है वह अक्षर रूप ध्यान कहलाता है तथा जो रत्नत्रयस्वरूप निरालम्ब ध्यान किया जाता है जो रत्नत्रय से ओतप्रोत भरा हुआ है और

श्रुते चिन्ता वितर्कः स्याद्वीचारः संक्रमो मतः।
पृथक्त्वं स्यादनेकत्वं भवेत् तत् क्रियात्मकम्॥

अर्थात्—श्रुत ज्ञान का चिन्तवन करना वितर्क है संक्रमण होना विचार है और अनेकत्व होना पृथक्त्व है इस प्रकार पहला शुक्ल ध्यान तीन प्रकार का होता है।

द्रव्याद्द्रव्यान्तरं यति गुणाद्गुणांतरं व्रजेत्।
पर्यायादन्यपर्यायं सपृथक्त्वं भवत्यतः॥
सुशुद्धात्मानुभूत्यात्मा भावश्रुतावलम्बनात्।
अन्तर्जल्पो वितर्कः स्याद्यस्मिंस्तु सवितर्कजम्॥
अर्थदर्थान्तरे शद्वाच्छब्दान्तरे च संक्रमः।
योगाद्योगान्तरे यत्र सवीचारं ततुच्यते।

अर्थात् : एक द्रव्य को छोड़कर दूसरे द्रव्य का चिन्तवन करना, एक गुण को छोड़कर दूसरे गुण का चिन्तवन करना और एक पर्याय छोड़कर दूसरे पर्याय का चिन्तवन करना सपृथक्त्व कहलाता है। जिस ध्यान में भाव-श्रुतज्ञान के आलम्बन से अत्यन्त शुद्ध आत्मा अथवा शुद्ध अनुभूति स्वरूप आत्मा का स्वरूप आत्मा के ही भीतर प्रतिभासमान होता हो उसको सवितर्क ध्यान कहते है। वितर्क शब्द का अर्थ श्रुतज्ञान है जो ध्यान श्रुतज्ञान सहित हो उसको सवितर्क ध्यान कहते है जो ध्यान एक पदार्थ से दूसरे पदार्थ को बदल जाय एक शब्द से होने वाला चिन्तवन दूसरे योग से होने लगे उसको संक्रम या वीचार कहते हैं। पहले शुक्ल ध्यान में ये तीनों बातें होती हैं इसलिये वह शुक्ल ध्यान पृथक्त्व सविर्तक सवीचार कहलाता है।

इसीलिये जो शून्य होकर भी शून्य नहीं कहलाता उस ध्यान को भगवान जिनेन्द्र देव ने रूपातीत ध्येय बतलाया है।

आगे ध्यान का फल बतलाते है।

झाणस्स फलं तिविहं कहंति वरजोइणो विगयमोहा।
इहभवपरलोयभवं सव्वं कम्मक्खए तइयं ॥633॥

ध्यानस्य फलं त्रिविधं कथयन्ति वर योगिनो विगतमोहाः।
इह भवपरलोकभवं सर्वकर्मक्षये तृतीयम् ॥633॥

अर्थ : *राग द्वेष और मोह रहित परम योगी पुरूषों ने ध्यान का फल तीन प्रकार बतलाया है। पहला इसी भव में होने वाला फल, दूसरा परलोक में होने वाला फल और तीसरा समस्त कर्मों का नाश होना। इस प्रकार ध्यान के फल तीन प्रकार के होते हैं।*

झाणस्स य सत्तीए जायंति अइसयाणि विविहाणी।
दूरालोयण पहुई झाणे आएसकरणं च ॥634॥

ध्यानस्य च शक्त्या जायन्ते अतिशयानि विविधानि।
दूरालोकन प्रभुतीनि ध्याने आदेशकरणं च ॥634॥

अर्थ : *ध्यान की शक्ति से अनेक प्रकार के अतिशय प्राप्त हो जाते हैं, हजारों कोस दूर के पदार्थ देख लेना, दूर के शब्द सुन लेना आदि रूप से इन्द्रिय ज्ञान की वृद्धी हो जाती है तथा आदेश करने की शक्ति प्रगट हो ज़ाती है।*

[illegible]ई ओहीणाणं मणपज्जय केवलं तहा णाणं।
[illegible]ओ सव्वाओ जइपूजा इह फलं झाणे ॥635॥

मतिश्रुतावधि ज्ञानं मनः पर्ययः केवलं तथा ज्ञानम्।
ऋद्धयः सर्वाः यतिपूजा इह फलं ध्याने ॥635॥

अर्थ : *मति ज्ञान, श्रुत ज्ञान की वृद्धि व पूर्णता हो जाती है, अवधि ज्ञान मनः पर्यय ज्ञान प्रगट हो जाता है, तथा केवल ज्ञान प्रगट हो जाता है, समस्त ऋद्धियाँ प्राप्त हो जाती हैं और यति पूजा भी होने लगती है अथवा केवल ज्ञान उत्पन्न होने पर जिन पूजा भी होने लगती है। यह इतना फल तो इसी लोक में मिल जाता है।*

आगे परलोक सम्बन्धी फल बतलाते हैं।

सक्काई इंदत्तं अहमिन्दत्त च सग्गलोयम्मि।

लोयंति य देवत्तं तं परभवगयफलं झाणे ॥636॥

शक्रादीन्द्रत्वं अहमिन्द्रत्वं च स्वर्गलोके।
लौकान्तिकदेवत्वं तत्परभवगत फलं ध्याने ॥636॥

अर्थ : *स्वर्गों में जाकर इन्द्र पद की प्राप्ति, अहमिन्द्र पद की प्राप्ति होना, और लौकान्तिक पद की प्राप्ति होना आदि ध्यान का परलोक सम्बन्धी फल समझना चाहिए।*

आगे ध्यान का तीसरा फल बतलाते हैं।

तणुपंचस्स य णामो सिद्धसरुवस्स चेव उप्पत्ती।
तिहुयणपहुत्तलाहो य अणंतविरियस्स ॥637॥

तनुपंचानां नाशः सिद्धस्वरूपस्य चैवोत्पत्तिः।
त्रिभुवन प्रभुत्वलाभो लाभश्चानन्त वीर्यस्य ॥637॥

अट्ठगुणाणं लद्धी लोयं सिहरग्गखेत्तसंवासो।
तइयफलं कहियमिणं जिणवरचंदेहि झाणस्स ॥638॥

अष्टगुणानां लब्धिः लोकशिखराग्रक्षेत्रसंवासः।
तृतीयफलं कथितमिदं जिनवरचन्द्रैध्यानस्य ॥638॥

अर्थ : *औदारिक आदि पाँचों शरीरों का नाश हो जाना, सिद्ध स्वरूप की प्राप्ति हो जाना, तीनों लोकों का प्रभुत्व प्राप्त हो जाना अनन्त वीर्य की प्राप्ति हो जाना सम्यक्त्व, ज्ञान, वीर्य, सूक्ष्मत्व अगुरूलघुत्व अव्याबाध दर्शन अवगाह्नत्व इन आठ गुणों की प्राप्ति हो जाना और लोक शिखर के अग्रभाग पर जाकर स्थिर हो जाना यह सब ध्यान का तीसरा फल भगवान जिनेन्द्रदेव ने कहा है।*

आगे इस गुण स्थान के स्वरूप का उपसंहार करते हैं।

एवं धम्मज्झाणं कहियं अपमत्तगुण समासेण।
सालम्बमणालंबं तं मुक्खं इत्थं णायव्वं ॥639॥

एवं धर्म्यध्यानं कथितं अप्रमत्तगुणे समासेन।
सालम्वमनालम्बं तन्मुख्य अत्र ज्ञातव्यम् ॥639॥

अर्थ : *इस प्रकार इस सातवें अप्रमत्त गुण स्थान में होने वाले धर्म ध्यान व स्वरूप अत्यन्त संक्षेप से कहा। इस गुण स्थान में अवलम्बन सहित धर्म ध्यान भी होता है तथा इस गुण स्थान में दोनों ही ध्यानों की मुख्यता रहती है। ऐसा समझना चाहिए।*

एदम्हि गुणट्ठाणो अत्थि आवासयाण परिहारो।
झाणमणम्मि थिरत्तं णिरन्तरं अत्थि तं जम्हा॥640॥

एतस्मिन् गुणस्थाने अस्ति आवश्यकानां परिहारः।
ध्यान मनसि स्थिरत्वं निरन्तरं अस्ति तद् यस्मात्॥640॥

अर्थ : *इस सातवें गुण स्थान में छहों आवश्यकों की आवश्यकता नहीं होती और इसलिये ध्यान में लगा हुआ मन निरन्तर अत्यन्त स्थिर हो जाता है।*

सत्तमयं गुणठाणं कहियं अपमत्तणामसंजुत्तं।
एत्तो अप्पुव्वणामं वुच्छामि जहाणुपुव्वीए॥641॥

सप्तकं गुणस्थानं कथितं अप्रमत्तनामसंयुक्तम्।
इतोऽपूर्वनाम वक्ष्यामि यथानुपूर्व्या॥641॥

अर्थ : *इस प्रकार अप्रमत्त संयत नाम के सातवें गुण स्थान का स्वरूप कहा। अब इसके आगे अनुक्रम से होने वाले अपूर्व करण नाम के आठवें गुण स्थान का स्वरूप कहते हैं।*

इस प्रकार अप्रमत्त संयत नाम के सातवें गुण स्थान का स्वरूप कहा।
आगे अपूर्व करण नाम के आठवें गुण स्थान का स्वरूप कहते हैं।

तं दुब्भेयपऊत्तं खवयं उवसामियं च णायव्वं।
खवए खवओ भावो उवसमए होइ उवसमओ॥642॥

तद्दि्वभेद प्रोक्तं क्षपकमुपशमकं च ज्ञातव्यम्।
क्षपके क्षपको भावः उपशमके भवति उपशमकः॥642॥

अर्थ : *इस आठवें गुण स्थान के दो भेद हैं एक औपशमिक और दूसरा क्षायिक। क्षायिक अपूर्व करण में क्षायिक भाव होते हैं औपशमिक अपूर्व करण में औपशमिक भाव होते हैं।*

भावार्थ : *सातवें गुण स्थान में ध्यान करने वाले मुनि सातवें गुण स्थान के अन्त में दो प्रकार के मार्गों का अवलम्बन करते हैं। एक क्षपक श्रेणी और दूसरा उपशम श्रेणी। जो क्षपक श्रेणी में चढ़ते है वे अपने कर्मों का क्षय करते जाते हैं और बारहवें गुण स्थान के अन्त होने पर केवल ज्ञान प्राप्त करते है। उपशम श्रेणी चढ़ने वाले मुनि अपने ध्यान में कर्मों का क्षय नहीं करते किन्तु कर्मों का उपशम करते जाते हैं तथा ग्यारहवें गुण स्थान में पहुँच कर उन कर्मों के उदय हो आने पर नीचे के गुण स्थानों में आ जाते हैं उपशम श्रेणी वालों के औपशमिक भाव ही होते हैं और क्षपक श्रेणी वालों के क्षायिक भाव ही होते हैं।*

आगे इस गुण में होने वाले ध्यान के भेद कहते हैं।

खवएसु उवसमेसु य अउव्वणामेसु हवइ तिपयारं।
सुक्कज्झाणं णियमा पुहुत्त सवियक्क सवियारं।।643।।

क्षपकेषु उपशमेषु चापूर्वनामसु भवति त्रिप्रकारम्।
शुक्लध्यानं नियमात् पृथक्त्वसवितर्कसविचारम्।।643।।

अर्थ : *इस अपूर्व करण नाम के आठवें गुण स्थान में पहला शुक्ल ध्यान होता है तथा उपशम श्रेणी वाले के और क्षपक श्रेणी वाले के दोनों के ही पहला शुक्ल ध्यान होता है। वह शुक्ल ध्यान नियम से तीन प्रकार होता है। पृथक्त्व, सवितर्क और सवीचार।*[1]

आगे पृथक्त्व का लक्षण कहते हैं।

पज्जायं च गुणं वा जम्हा दव्वाण मुणइ भेएण।
तम्हा पुहुत्तणामं भणियं झाणं मुणिदेहिं।।644।।

पर्यायं च गुणं वा यस्माद् द्रव्याणां जानाति भेदेन।
तस्मात्पृथक्त्वनाम भणितं ध्यानं मुनीन्द्रैः।।644।।

अर्थ : *ध्यान करने वाले मुनि जिस ध्यान में द्रव्य के पर्यायों को और द्रव्यों के गुणों को पृथक पृथक जानते हैं उस ध्यान को मुनि राज सर्वज्ञ देव पृथक्त्व नाम का ध्यान कहते है।*

आगे वितर्क काल लक्षण कहते हैं।

भणियं सुयं वियक्कं वट्टइ सह तेण तं खु अणवरयं।
तम्हा तस्स वियक्कं सवियारं पुण भणिस्सामो।।645।।

भणितं श्रुतं वितर्कं वर्तते सहते तेन तत्खलु अनवरतम्।
तस्मात्तस्य वितर्क सवीचार पुनर्भणिष्यामः।।645।।

अर्थ : *वितर्क शब्द का अर्थ श्रुतज्ञान है जो ध्यान सदा काल श्रुत ज्ञान के ही साथ रहे उस ध्यान को सवितर्क ध्यान कहते हैं।*

आगे सवीचार का लक्षण कहते हैं।

जोएहिं तीहिं वियरइ अक्खर अत्थेसु तेण सवियारं।
पढमं सुक्कज्झाण अतिक्ख परसोवमं भणियं।।646।।

योगैत्रिभिः विचरति अक्षरार्थेषु तेन सविचारम्।
प्रथमं शुक्लध्यानं अतीक्ष्णपरशूपमं भणितम्।।646।।

अर्थ : जिस ध्यान में चिन्तवन किये हुए पदार्थ व उनको करने वाले शब्दों का चिन्तवन मन से वचन से काया से व क्रम से अदल बदल कर किया जाता हो कभी काय से चिन्तवन किया जाता हो तथा काय को छोड़कर मन से व वचन से चिन्तवन किया जाता हो इस प्रकार जिसमें योग बदलते रहते हो तथा पदार्थ और उनके वाचक शब्द भी बदलते रहते हों उसको सवीचार ध्यान कहते हैं। योग पदार्थ और शब्दों का बदलना वीचार कहलाता है। तथा विचार सहित ध्यान को सविचार ध्यान कहते हैं। यह ध्यान कर्म रूपी वृक्ष को काटने के लिये बिना धार वाले अतीक्ष्ण कुल्हाड़े के समान है जो देर से कर्मों का नाश करता है।

जह चिरकालो लग्गइ अतिक्खपरसेण रुक्खविच्छेए।
तह कम्माण य हणणे चिरकालो पढम सुक्कम्मि ॥647 ॥

यथा चिरकालो लगति अतीक्ष्ण परशूना वृक्षविच्छेदे।
तथा कर्मणां च हनने चिरकालः प्रथम शुक्ले ॥647 ॥

अर्थ : *जिस प्रकार किसी वृक्ष के काटने के लिये कुल्हाड़ी तीक्ष्ण न हो पत्थरी कुल्हाड़ी हो तो उस वृक्ष के काटने में बहुत देर लगती है उसी प्रकार इस प्रथम शुक्ल ध्यान में कर्मों का नाश करने में बहुत देर लगा करती है।*

खइएण उवसमेण य कम्माणं जं अउव्वपरिणामो।
तम्हा तं गुणठाणं अउव्वणामं तु तं भणियं ॥648 ॥

क्षयेणोपशमेन च कर्मणाः यदपूर्वपरिणामः।
तस्मात्तद्गुणस्थानं अपूर्वनाम तु तद्-भणितम् ॥648 ॥

अर्थ : *इस गुण स्थान में कर्मों का क्षय होने पर अथवा कर्मों का उपशम होने पर अपूर्व परिणाम होते रहते हैं। जैसे शुद्ध परिणाम पहले भी नहीं हुए थे वैसे अपूर्व शुद्ध परिणाम होते रहते हैं इसलिये आचार्यों ने इस गुण स्थान का नाम अपूर्व करण गुणस्थान रखा।*

इस प्रकार अपूर्व करण गुण स्थान का स्वरूप कहा।

आगे अनिवृत्ति करण नाम के नौवें गुण स्थान का स्वरूप कहते हैं।

जह तं अउव्वणामं अणियट्टी तह य होई णायव्वं।
उवसमखाइयभावं हवेइ फुडु तम्हि ठाणम्मि ॥649 ॥

यथा तदपूर्वनाम अनिवृत्ति तथा च भवति ज्ञातव्यम्।
औपशमिकक्षायिकभावौ भक्तः स्फुटं तस्मिन् गुणस्थाने ॥649 ॥

अर्थ : *जिस प्रकार उत्तरोत्तर अपूर्व-अपूर्व परिणाम होने के कारण आठवें गुण स्थान का नाम अपूर्व करण गुण स्थान है उसी प्रकार अनिर्वृत्ति करण नाम का नौवाँ गुण स्थान समझना चाहिए। इस गुण स्थान में उत्तरोत्तर जो परिणामों की शुद्धता होती जाती है वह शुद्धता बढ़ती ही जाती है फिर कम नहीं होती। इसलिये इसको अनिर्वृत्ति करण कहते हैं जिसमें परिणाम की शुद्धता निर्वृत्त न हो सके, और बढ़ती ही चल जाये उसको अनिर्वृत्ति करण कहते हैं इस गुण स्थान में भी औपशमिक भाव और क्षायिक भाव दोनों ही होते हैं। उपशम श्रेणी वाले के उपशम भाव होते हैं और क्षपक श्रेणी वाले के परिणाम क्षायिक होते हैं।*

सुक्कं तत्थ पउत्तं जिणेहिं पुव्वुत्तलक्खणं झाणं।
णत्थि णियत्ती पुनरवि जम्हा अणियद्धि तं तम्हा ॥650॥

शुक्लं तत्र प्रोक्तं जिनैः पूर्वोक्तलक्षणं ध्यानम्।
नास्ति निवृत्तिः पुनरपि यस्मात् अनिवृत्ति तत्तस्मात् ॥650॥

अर्थ : *भगवान जिनेन्द्र देव ने इस नौवें गुण स्थान में भी पहले के अपूर्व करण गुण स्थान में कहा हुआ पहला शुक्ल ध्यान पृथक्त्व वितर्क विचार नाम का शुक्ल ध्यान कहा है। इस गुण स्थान में शुद्ध परिणामों की निवृत्ति नहीं होती इसलिये इस गुण स्थान का नाम अनिर्वृत्ति करण कहा गया है।*

हुंति अणियट्टिणो ते पडिसमयं जस्स एक्कपरिणामं।
विमलयरझाण हुअवह सिहाहिं णिद्दड्ढ कम्म वण ॥651॥

भवन्ति अनिवर्तिनस्ते प्रतिसमयं येषां एकपरिणामः।
विमलतरध्यानहुतवहशिखाभिः निर्दग्धकर्मवनाः ॥651॥

अर्थ : *इस गुण स्थान में एक समय में जितने जीव होंगे उन सब के एक समान परिणाम होंगें और वे परिणाम परस्पर निर्वृत्ति रूप नहीं होते। इस गुण स्थान में रहने वाले मुनियों का ध्यान अत्यन्त निर्मल होता है तथा इसलिये उस निर्मल ध्यान रूपी अग्नि की शिखा से कर्म रूपी वन अवश्य जल जाते हैं। इस गुण स्थान के समय असंख्यात होते हैं। उनमें वे ध्यानी मुनि उत्तरोत्तर समयों में बढ़ते रहते हैं। इस गुण स्थान के पहले समय में जितने जीव होंगे उन सबके परिणाम एक से होंगे। दूसरे समय में भी जितने जीव होंगे उन सबके परिणाम एक से होंगे। इसी प्रकार तीसरे चौथे पाँचवें आदि असंख्यात समयों में समझ लेना चाहिए। इस प्रकार नौवें गुण स्थान का स्वरूप कहा।*

अब आगे सूक्ष्म सांपराय नाम के दशवें गुण स्थान का स्वरूप कहते हैं।

जह अणियद्दि पउत्तं खाइयउवसमियसेढिसंजुत्तं।
तह सुहुमसंपरायं दुब्भेयं होइ जिण कहियं ॥652॥

यथा अनिवृत्ति प्रोक्तं क्षायिकौपशमिकश्रेणी संयुक्तम्।
तथा सूक्ष्मसांपरायं द्विभेद भवति जिनकथितम् ॥652॥

अर्थ : *जिस प्रकार अनिर्वृत्ति करण में क्षपक श्रेणी और उपशम श्रेणी दो प्रकार की श्रेणियाँ बतलाई हैं उसी प्रकार इस सूक्ष्म सांपराय नाम के दसवें गुण स्थान में भी उपशम श्रेणी और क्षपक श्रेणी दोनों ही श्रेणियाँ होती हैं ऐसा भगवान जिनेन्द्र देव ने कहा है।*

तत्थेव हि दो भावा झाणं पुणु तिविहभेय तं सुक्कं।
लोहकसाए सेसे समलत्तं होइ चित्तस्स ॥653॥

तत्रैव हि द्वौ भावौ ध्यानं पुनः त्रिविधभेदं तच्छुक्लम्।
लोभकषाये शेषे समलत्वं भवति चित्तस्य ॥653॥

अर्थ : *इस गुण स्थान में भी औपशमिक और क्षायिक दो ही भाव होते हैं। उपशम श्रेणी वाले के औपशमिक भाव होते हैं और क्षपक श्रेणी वाले क्षायिक भाव होते हैं। इसी प्रकार इस गुण स्थान में पहले कहा हुआ पृथक्त्व सवितर्क सविचार नाम का तीनों भेद वाला प्रथम शुक्ल ध्यान ही होता है इस गुण स्थान में केवल सूक्ष्म लोभ कषाय होती है इसलिये उनका चित्त कुछ थोड़ा-सा समल या मल सहित (अत्यन्त सूक्ष्म अशुद्धता सहित) होता है।*

जह कोसुंभयवत्थं होइ सया सुहुमरागसंजुत्तं।
एवं सुहुमकसाओ सुहमसरावोत्ति णिद्दिट्ठो ॥654॥

यथा कौसुम्बं वस्त्रं भवति सदा सूक्ष्म राग संयुक्तम्।
एवं सूक्ष्म कषायः सूक्ष्म सराग इति निर्दिष्टः ॥654॥

अर्थ : *जिस प्रकार कसुमल में रंगे हुए वस्त्रों में (कसुमा के फूलों के रंग में*

अपृथक्तवमवीचारं सवितर्कगुणान्वितम्।
सन्ध्यायत्येकयोगेन शुक्लध्यानं द्वितीयकम् ॥

अर्थ : दूसरे एकत्व वितर्क शुक्ल ध्यान में किसी एक ही पदार्थ का ध्यान होता है। वह किसी भी एक योग से धारण किया जाता है श्रुत ज्ञान सहित होता है तथा वीचार रहित होता है।

निजात्मद्रव्यमेकं वा पर्यायमथवा गुणम्।
निश्चलं चिन्त्यते यत्र तदेकत्वं विदुर्बुधाः ॥

रंगे हुए वस्त्र में) लाली अत्यन्त सूक्ष्म होती है इसी प्रकार इस दशवें गुण स्थान में लोभ रूपी कषाय अत्यन्त सूक्ष्म होती है इसलिये इस गुण स्थान का नाम सूक्ष्म सांपराय कहा गया है।

इस प्रकार सूक्ष्म सांपराय नाम के दशवें गुण स्थान का स्वरूप कहा।

अब आगे उपशांत कषाय नाम के ग्यारहवें गुण स्थान का स्वरूप कहते हैं।

जो उवसमइ कसाए मोहस्संवंधिपयडिवूहं च।
उवसामओत्ति भणिओ खवओ णाम ण सो लहइ॥655॥

यः उपश्याम्यति कषायान् मोहस्य सम्बन्धिप्रकृतिव्यूहं च।
उपशामक इति भणितः क्षपकं नाम न लभते॥655॥

अर्थ : जो मुनि मोह की समस्त प्रकृतियों का उपशम कर देते हैं वे उपशांत कषाय नाम के ग्यारहवें गुणस्थान वर्ती मुनि कहलाते हैं। ग्यारहवें गुण स्थान वर्ती मुनि क्षपक कभी भी नहीं कहला सकते। क्योंकि जो उपशम श्रेणी में चढ़ते हैं और कर्मों का उपशम करते-करते ग्यारहवें गुण स्थान तक आ जाते हैं। वे कर्मों का क्षय नहीं करते। इसलिये वे क्षपक नहीं कहला सकते। क्षपक वे ही कहलाते हैं जो क्षपक श्रेणी चढ़कर कर्मों का क्षय करते जाते हैं।

आगे और भी कहते हैं।

अर्थ : दूसरे शुक्ल ध्यान में वे मुनि अपने एक आत्म द्रव्य का चिन्तवन करते हैं अथवा उसकी किसी एक पर्याय का चिन्तवन करते हैं, अथवा उसके किसी एक गुण का चिन्तवन करते हैं। उनका वह ध्यान निश्चल होता है। इसको एकत्व वितर्क कहते हैं।

तद्द्रव्य गुण पर्यायपरावर्तविर्जितम्।
चिन्तनं तदवीचारं स्मृतं सद्ध्यानकोविदैः॥

अर्थ : इस दूसरे शुक्ल ध्यान में द्रव्य गुण पर्यायों का परिवर्तन नहीं होता यदि द्रव्य का ध्यान करता है तो द्रव्य का ही करता रहेगा। यदि गुणों का ध्यान करता है तो उस एक गुण का ही चिन्तवन करता रहेगा, यदि पर्याय का ध्यान करता है तो पर्याय का ही ध्यान करता रहेगा, उसे बदलेगा नहीं। क्योंकि उसका वह ध्यान निश्चल होता है इस ऐसे निश्चल ध्यान को ध्याने की अत्यन्त चतुर गणधर देव अविचार ध्यान कहते हैं।

निजशुद्धात्मनिष्ठत्वाद् भावश्रुतावलम्बनात्।
चितनं क्रियते यत्र सवितर्कं तदुच्यते॥

अर्थ : इस ध्यान में वे मुनि अपने शुद्ध आत्मा में लीन रहते हैं और भाव श्रुतज्ञान का अवलम्बन होता है इस प्रकार जो शुद्ध आत्मा का चिन्तवन करना है उसको सवितर्क ध्यान कहते हैं।

सुक्कज्झाणं पढमं भाओ पुण तत्थ उवसमो भणिओ।
मोहोदयाउ कोई पडिऊण य जाइ मिच्छत्तं ॥656॥

शुक्लध्यानं प्रथमं भावः पुनः तत्रोपशमः भणितः।
मोहोदयात्कश्चित् प्रतिपत्य च याति मिथ्यात्वम् ॥656॥

अर्थ : *इस गुण स्थान में पहला पृथक्त्व वितर्क विचार नाम का शुक्ल ध्यान होता है तथा इस गुण स्थान में औपशमिक भाव ही होते हैं। इस गुण स्थान के अन्त में मोहनीय कर्म की जो समस्त प्रकृतियाँ उपशांत हो गयी थीं वे सब प्रकृतियाँ उदय में आ जाती हैं और फिर वे मुनि इस ग्यारहवें गुण स्थान से गिर जाते हैं। ग्यारहवें गुण स्थान से गिरने वाले कितने ही मुनि मिथ्यात्व प्रकृति का उदय हो जाने से मिथ्यात्व गुण स्थान में भी आ जाते हैं।*

कोई पमायरहियं ठाणं आसिज्ज पुण वि आरुहइ।
चरमसरीरो जीवो खवयसेढीं च रयहरणे ॥657॥

कश्चित्प्रमादरहितं स्थानमाश्रित्य पुनरप्यारोहयति।
चरमशरीरो जीवः क्षपक-श्रेणिं च रजोहरनने ॥657॥

अर्थ : *ग्यारहवें गुण स्थान से गिर कर कितने ही मुनि सातवें अप्रमत्त गुण स्थान में आ जाते हैं और सातवें गुण स्थान में आकर फिर से श्रेणी चढ़ते हैं। यदि उन मुनियों में कोई मुनि चरम शरीरी हुए तो वे मुनि क्षपक श्रेणी में चढ़ जाते हैं तथा क्षपक श्रेणी में चढ़ कर वे ज्ञानावरण दर्शना वरण कर्मों का नाश करने के लिये उद्यम करते हैं।*

कालं काउं कोई तत्थ य उवसामगे गुणट्ठाणे।
सुकज्झाणं झाइय उववज्जइ सव्वसिद्धीए ॥658॥

कालं कृत्वा कश्चित्तत्रोपशमके गुणस्थ।
शुक्लध्यानं ध्यात्वोत्पद्यते सर्वार्थसिद्धो ॥658॥

अर्थ : *इसी उपशांत मोह नाम के ग्यारहवें गुण स्थान में रहने वाले मुनि की यदि आयु पूर्ण हो जाय तो वे शुक्ल ध्यान का ध्यान करते हुए शरीर को छोड़ देते हैं और मर कर वे मुनि नियम से सर्वार्थ सिद्धि में उत्पन्न होते हैं।*

हेट्ठट्ठिओ हु चट्टइ पंको सरपाणियम्मि जह सरइ।
तह मोहो तम्मि गुणे हेउं लहिऊण उल्ललइ ॥659॥

अध: स्थितो हि चेष्टते पंक: सर: पानीये यथा शरदि।
तथा मोहस्तस्मिन् गुणे हेतुं लब्ध्वा उद्गच्छति॥659॥

अर्थ : *जिस प्रकार शरद् ऋतु में सब कीचड़ तालाब के पानी में नीचे बैठ जाती है तथापि वह वायु आदि का कारण पाकर फिर ऊपर आ जाती है उसी प्रकार आठवें, नौंवे, दशवें, ग्यारहवें गुण स्थानों में जिस मोहनीय कर्म का उपशम किया था तथा ग्यारहवें गुण स्थान में आकर समस्त मोहनीय कर्म का उपशम कर दिया था वही मोहनीय कर्म इस ग्यारहवें गुण स्थान के अन्त समय में कारण पाकर उदय में आ जाता है। जब मोहनीय कर्म का उदय आ जाता है तब वे मुनि ग्यारहवें से गिर कर सातवें गुण स्थान में आ जाते हैं यदि उसी समय मिथ्यात्व का उदय हो जाय तो वे मुनि पहले मिथ्यात्व गुण स्थान में आ जाते है।*

जो खवयसेढिरूढो ण होइ उवसामिओत्ति सो जीवो।
मोहक्खयंत्कुणंतो उत्तो खवओ जिणिदेहिं॥660॥

य: क्षपक श्रेण्यारूढो न भवति उपशामक: इति स जीव:।
मोह क्षयं कुर्वन् उक्त: क्षपको जिनेन्द्रै:॥660॥

अर्थ : *जो मुनि प्रारम्भ से ही क्षपक श्रेणी में चढ़ते हैं वे मुनि कर्मों का उपशम नहीं करते किन्तु मोहनीय कर्म का क्षय करते जाते हैं इसलिये वे दशवें गुण स्थान से ग्यारहवें गुण स्थान में नहीं आते किन्तु दशवें गुण स्थान से बारहवें गुण स्थान में पहुँच जाते हैं। इसलिये वे मुनि नीचे के गुण स्थानों में फिर कभी नहीं आते हैं। फिर तो बारहवें गुण स्थान के अन्त में घातिया कर्मों का नाश कर केवल ज्ञान ही प्राप्त करते हैं।*

इस प्रकार उपशांत कषाय गुण स्थान का स्वरूप कहा।

आगे क्षीण मोह या क्षीण कषाय नाम के बारहवें गुण स्थान का स्वरूप कहते हैं।

णिस्सेसमोह खीणे खीणकसायं तु णामगुणठाणं।
पावइ जीवो णूणं खाइयभावेण संजुत्तो॥661॥

नि:शेषमोहक्षीणे क्षीणकषायं तु नाम गुणस्थानम्।
प्राप्नोति जीवो नूनं क्षायिक भावेन संयुक्त:॥661॥

अर्थ : *जिस समय उन ध्यानी मुनि के समस्त मोहनीय कर्म का क्षय हो जाता है उस समय उन मुनि के क्षीण कषाय नाम का बारहवाँ गुण स्थान होता है। बारहवें गुण स्थान में उन मुनियों के क्षायिक भाव ही होते हैं।*

जह सुद्धफलियभायणि खित्तं णीरं खु णिम्मलं सुद्धं।
तह णिम्मल परिणामो खीणकसाओ मुणेयव्वो ॥662॥

यथा शुद्धस्फटिकभाजने क्षिप्तं नीरं खलु निर्मलं शुद्धम्।
तथा निर्मल परिणामः क्षीण कषायो मन्तव्यः ॥662॥

अर्थ : *जिस प्रकार शुद्ध स्फटिक मणि के बर्तन में रखा हुआ शुद्ध निर्मल जल सदा शुद्ध निर्मल ही रहता है उसी प्रकार जिसके सब कषाय नष्ट हो चुकी हैं ऐसे क्षीण कषाय गुण स्थान में रहने वाले मुनि के परिणाम सदाकाल निर्मल ही रहते हैं।*

आगे बारहवें गुण स्थान में कौन सा ध्यान होता है सो कहते हैं।

सुक्कज्झाणं बीयं भणियं सवियक्कएक्कअवियारं।
माणिक्कसिहाचवलम् अत्थि तहिं णत्थि संदेहो ॥663॥[1]

शुक्लध्यानं द्वितीयं भवितं सवितर्कैकत्वाविचारम्।
माणिक्यशिखाचपलं अस्ति तत्र नास्ति सन्देहः ॥663॥

अर्थ : *इस गुण स्थान में एकत्व वितर्क नाम का दूसरा शुक्ल ध्यान होता है वह ध्यान वितर्क अर्थात् श्रुत ज्ञान सहित होता है किसी एक ही योग से होता है और उसमें वीचार या संक्रमण नहीं होता विचार रहित होता है। जिस प्रकार माणिक रत्न की शिखा निश्चल रहती है उसी प्रकार उन मुनि का ध्यान विचार रहित निश्चल होता है इसमें किसी प्रकार का सन्देह नहीं है।*

होऊण खीण मोहो हणिऊण य मोह विडविवित्थारं।
घाइत्तयं च छाइय दुचरिम समएसु झाणेण ॥664॥

भूत्वा क्षीण मोहो हत्वा च मोहविटपिविस्तारम्।
घातित्रिकं च घातयित्वा द्विचरं समयेषु ध्यानेन ॥664॥

अर्थ : *जिस समय वे ध्यानी मुनि मोहनीय कर्म की समस्त प्रकृतियों का नाश का बारहवें गुण स्थान में पहुँच जाते हैं तब वे मुनि बारहवें गुण स्थान के उपान्त्य समय में अपने प्रज्वलित ध्यान के द्वारा ज्ञानावरण दर्शनावरण और अन्तराय कर्म इन तीनों घातियाँ कर्मों का नाश कर डालते हैं।*[1]

घाइचउक्कविणासे उप्पज्जइ सयलविमलकेवलयं।
लोयालोयपयासं णाणं णिरूपद्दवं णिच्चं ॥665॥

घातिचतुष्कविनाशे उत्पद्यते सकलविमलकेवलकम्।
लोकालोकप्रकाशं ज्ञानं निरुपद्रवं नित्यम् ॥665॥

अर्थ : *जिस समय घातिया कर्मों का नाश हो जाता है उसी समय उन भगवान के पूर्ण निर्मल केवल-ज्ञान प्रगट हो जाता है। वह केवल ज्ञान लोक अलोक सबको एक साथ प्रकाशित करने वाला होता है उसमें फिर किसी प्रकार का उपद्रव नहीं होता और वह ज्ञान फिर कभी भी नष्ट नहीं होता अनन्तानन्त काल तक बना रहता है।*

आवरणाण विणासे दंसणणाणाणि अन्तरहियाणि।
पावइ मोहविणासे अणंतसुक्खं च परमप्पा ॥666॥

आवरणयोः विनाशे दर्शन ज्ञाने अन्तरहिते।
प्राप्नोति मोह विनाशे अनन्तसुखं च परमात्मा ॥666॥

विग्घ विणासे पावइ अंतरहियं च वीरियं परमं।
उच्चइ सजोइकेवलि तइयज्झाणेण सो तइया ॥667॥

विघ्न विनाशे प्राप्नोति अन्त रहितं च वीर्यं परमम्।
उच्यते सयोगि केवली तृतीय ध्यानेन स तत्र ॥667॥

अर्थ : *ज्ञानावरण कर्म के नाश होने से उन परमात्मा स्वरूप भगवान के अनन्त ज्ञान प्रगट हो जाता है, दर्शनावरण कर्म के नाश होने से अनन्त दर्शन प्रगट हो जाता है, मोहनीय कर्म के अत्यन्त नाश होने से अनन्त सुख प्राप्त हो जाता है, अन्तराय कर्म का अत्यन्त नाश होने से अनन्त वीर्य प्रगट हो जाता है। इस प्रकार वे भगवान अनन्त चतुष्टय को धारण कर सयोग केवली कहलाते हैं। उन सयोग केवली भगवान के सूक्ष्म क्रिया प्रतिपाति नाम का तीसरा शुक्ल ध्यान होता है। इस प्रकार बारहवें गुण स्थान का स्वरूप कहा।*

आगे तेरहवें सयोग केवली गुण स्थान का स्वरूप कहते हैं।

सुद्धोखाइयभावो अवियप्पो णिच्चलो जिणिंदस्स।
अत्थि तया तं झाणं सुहमकिरिया अपडिवाई ॥668॥

शुद्धः क्षायिको भावोऽविकल्पो निश्चलो जिनेन्द्रस्य।
अस्ति तत्र तद्ध्यानं सूक्ष्म क्रिया प्रतिपाति ॥668॥

अर्थ : *तेरहवें गुण स्थान वर्ती केवली भगवान जिनेन्द्र देव के शुद्ध क्षायिक भाव होते हैं तथा वे भाव विकल्प रहित होते हैं और निश्चल होते हैं। इस तेरहवें गुण स्थान में सूक्ष्म क्रिया अप्रतिपाति नाम का तीसरा शुक्ल ध्यान होता है।*

परिफन्दो अइसुहमो जीव पसायेण अत्थि तक्काले।
तेणाणू आइदा आसविय पुणो विविहडंति ॥669॥

परिस्पन्दोऽति सूक्ष्मो जीवप्रदेशानामस्ति तत्काले।
तेन अणवः आगत्य च पुनरपि विघटन्ते॥669॥

अर्थ : *इस तेरहवें गुण स्थान में रहने वाले भगवान जिनेन्द्र देव के जीव के प्रदेशों का परिस्पन्दन अत्यन्त सूक्ष्म होता है इसीलिये शुभ कर्मों की वर्गणाएँ आती हैं और उसी समय चली जाती हैं। उनके आत्मा के प्रदेशों में वे कर्म वर्गणाएँ ठहरती नहीं हैं।*

आगे इसका कारण बतलाते हैं।

जे णत्थि रायदोसो तेण ण बंधोहु अत्थि केवलिणो।
जह सुक्क कुड्ड लग्गा वालूया झडियंति तह कम्मं॥670॥

यन्नास्ति राग द्वैषौ तेन न वन्धो तु अस्ति केवलिनः।
यथा शुष्क कुड्य लग्गाः वालुका निपतन्ति तथा कर्म॥670॥

अर्थ : *उन केवली भगवान के राग द्वेष कर्म का सर्वथा अभाव हो जाता है इसलिये उनके कर्मों का बन्ध कभी नहीं होता। जिस प्रकार सूखी दीवाल पर लगी हुई बालू उसी समय झड़ जाती है। सूखी दीवाल पर बालू ठहरती नहीं उसी प्रकार बिना राग द्वेष के आत्मा के प्रदेशों में कर्म भी नहीं ठहरते हैं।*

भावार्थ : *स्थिति बन्ध और अनुभाग बन्ध दोनों कषायों से होते हैं। केवली भगवान के राग द्वेष का सर्वथा अभाव है इसलिये वहाँ पर स्थिति बन्ध और अनुभाग बन्ध भी कभी नहीं होते हैं। अत्यन्त सूक्ष्म काय योग होने से शुभ कर्म आते हैं परन्तु वे उसी समय झड़ जाते हैं। ठहरते नहीं।*

ईहारहिया किरिया गुणा वि सव्वे वि खाइया तस्स।
सुक्खं सहावजायं कमकरण विवज्जियं णाणं॥671॥

ईहारहिता क्रिया गुणा अपि सर्वेऽपि क्षायिकास्तस्य।
सुखं स्वभावजातं क्रमकरणविवर्जितं ज्ञानम्॥671॥

अर्थ : *भगवान जिनेन्द्र देव की विहार, दिव्य ध्वनी आदि क्रियाएँ सब ईहा रहित व इच्छा रहित होती हैं। इसका भी कारण यह है कि राग द्वेष के साथ ही उनकी इच्छाएँ सब नष्ट हो जाती हैं। इसीलिये उनकी समस्त क्रियाएँ इच्छा रहित होती हैं, उनके समस्त गुण क्षायिक ही होते हैं उनका सुख स्वात्मा जन्य स्वाभाविक ही होता है और उनका ज्ञान इन्द्रियों से रहित और अनुक्रम से रहित होता है।*

भावार्थ : *जिस प्रकार इन्द्रियों से होने वाला ज्ञान अनुक्रम से होता है उस प्रकार भगवान का ज्ञान न तो इन्द्रियों से होता है और न अनुक्रम से होता है। वे तो*

एक ही समय समस्त पदार्थ और उनकी समस्त पर्यायों को जान लेते हैं।

यही बात आगे दिखलाते हैं।

णाणेण तेण जाणइ कालत्तयवट्टिए तिहुवणत्थे।
भावे समे य विसमे सच्चेयणाचेयणे सव्वे ॥672॥

ज्ञानेन तेन जानाति कालत्रय वर्तमान् त्रिभुवनार्थान्।
भावान् समांश्च विषमान् सचेतना चेतनान् सर्वान् ॥672॥

अर्थ : *वे भगवान उस अपने केवल ज्ञान से तीनों लोकों में रहने वाले समस्त चेतन-अचेतन पदार्थों को तथा सम या विषम पदार्थों को और भूत-भविष्यत् वर्तमान सम्बन्धी उन समस्त पदार्थों की अनन्तानन्त पर्यायों को एक समय में ही जान लेते हैं।*

एक्कं एक्कम्मि खणे अणंतपज्जायगुण समाइण्णं।
जाणइ जह तह जाणइ सव्वइं दव्वाइं समयम्मि ॥673॥

एकमेकस्मिन् क्षणे अनन्तपर्यायगुणसमाकीर्णम्।
जानाति यथा तथा जानाति सर्वाणि द्रव्याणि समये ॥673॥

अर्थ : *जिस प्रकार वे भगवान किसी एक पदार्थ को उसकी अनन्तानन्त पर्याय और उसके समस्त गुणों को एक ही समय में जान लेते हैं उसी प्रकार वे भगवान एक ही समय में समस्त द्रव्य उनकी समस्त पर्यायें और उनके समस्त गुण एक ही समय में जान लेते हैं।*

जाणंतो पिच्छंतो कालत्तयवट्टियाइं दव्वाइं।
उत्तो सो सव्वण्हू परमप्पा परम जोइहि ॥674॥

जानन् पश्यन् कालत्रयवर्तमानानि द्रव्याणि।
उक्तः स सर्वज्ञः परमात्मा परमयोगिभिः ॥674॥

अर्थ : *वे केवली भगवान सदा काल भूत, भविष्यत् और वर्तमान तीनों कालों में हुए व होने वाले समस्त पदार्थों को व पदार्थों की पर्यायों को एक साथ देखते हैं और एक साथ जानते हैं। इसलिये परम योगी गणधर देव उनको सर्वज्ञ और परमात्मा कहते हैं।*

तित्थयरत्तं पत्ता जे ते पावंति समवसरणाइं।
सक्केण कयविहूई पंचक्कल्लाणपुज्जा य ॥675॥

तीर्थकरत्वं प्राप्ता ये ते प्राप्नुवन्ति समवसरणादिकम्।
शक्रेण कृतविभूतिं पंचकल्याण पूजां च॥675॥

अर्थ : *उन केवलियों में से जिनके तीर्थंकर प्रकृति का उदय होता है वे इन्द्रों के द्वारा की हुई समवसरण आदि की महा विभूति को प्राप्त होते हैं तथा गर्भ कल्याणक, जन्म कल्याणक, दीक्षा कल्याणक, ज्ञान कल्याणक और मोक्ष कल्याणक इन पाँचों कल्याणकों में होने वाली परमोत्कृष्ट पूजा को प्राप्त होते हैं।*

सम्मुग्घाईकिरिया णाणं तह देसणं च सुक्खं च।
सव्वेसिं सामण्णं अरहंताणं च इयराणं॥676॥

समुद्घातक्रिया ज्ञानं तथा दर्शनं च सुखं च।
सर्वेषां सामान्यं अर्हता चेतराणां च॥676॥

अर्थ : *जिनके तीर्थंकर प्रकृति का उदय है ऐसे अरहंत केवली तथा जिनके तीर्थंकर प्रकृति उदय नहीं है ऐसे सामान्य केवली इन दोनों प्रकार के केवली भगवान के समुद्घात क्रिया, अनन्त ज्ञान, अनन्त दर्शन, अनन्त सुख और अनन्त वीर्य ये सब समान होते हैं इसमें किसी प्रकार का अन्तर नहीं होता।*

जेंसि आउसमाणं णामं गोदं च वेयणीयं च।
ते अकयसमुग्घाया सेसा य कयंति समुग्घायं॥677॥

येषां आयुः समानं नाम गोत्रं च वेदनीयं च।
ते अकृत समुद्धताः शेषाश्च कुर्वन्ति समुद्घातम्॥677॥

अर्थ : *जिन केवली भगवान के नाम कर्म, गोत्र कर्म और वेदनीय कर्म की स्थिति आयु कर्म के समान होती है वे केवली समुद्घात नहीं करते तथा जिनके नाम गोत्र वेदनीय की स्थिति आयु कर्म से अधिक होती है वे केवली भगवान नाम, गोत्र वेदनीय कर्मों की स्थिति को आयु कर्म की स्थिति के समान करने के लिये समुद्घात करते हैं।*[1]

---

1. *मूलसरीरमछंडिय उत्तरदेहस्स जीव पिंडस्स।*
णिग्गमणं देहादो हवइ समुग्धाइयं णाम॥
अर्थ : मूल शरीर को न छोड़ कर जो जीव के प्रदेश बाहर निकलते हैं उसको समुद्घात कहते है। समुद्घात करते समय केवली भगवान पहले समय में आत्मा के प्रदेशों को दंडाकार लोक पर्यन्त फैलाते है, दूसरे समय में कपाट रूप चौड़ाई में लोक पर्यन्त फैलाते हैं, तीसरे समय में प्रतर रूप लम्बाई में लोक पर्यन्त फैलाते हैं, चौथे समय में लोक पूरण कर लेते हैं, पाँचवें समय में संकुचित कर प्रतर रूप छठे समय में कपाट रूप, सातवें समय में दंड रूप और आठवें समय में शरीर मात्र प्रदेश कर लेते हैं। प्रदेशों के फैलाव से नाम, गोत्र वेदनीय कर्मों की स्थिति आयु की स्थिति के समान हो जाती है। जिन मुनियों को छह महीने की आयु शेष रहने पर केवल ज्ञान होता है उनको समुद्घात अवश्य करना पड़ता है।

अन्तरमुहुत्तकालो हवइ जहण्णो वि उत्तमो तेसिं।
गयवरिसूणा कोडी पुव्वाणं हवइ णियमेण ॥678॥

अन्तर्मुहूर्तकालो भवति जघन्योऽपि उत्तमः तेषाम्।
गतवर्षोना कोटिः पूर्वाणां भवति नियमेन ॥678॥

अर्थ : *इस तेरहवें गुण स्थान की स्थिति जघन्य अन्तर्मुहूर्त है और उत्कृष्ट स्थिति जितने वर्ष की आयु में केवल ज्ञान हुआ है उतने वर्ष कम एक करोड़ पूर्व है।*

इस प्रकार तेरहवें गुण स्थान का स्वरूप कहा

आगे अयोग केवली नाम के चौदहवें गुण स्थान का स्वरूप कहते है।

पच्छा अजोइकेवलि हवइ जिणो अघाइकम्महणमाणो।
लहुपंचक्खर कालो हवइ फुडं तम्मि गुण ठाणे ॥679॥

पश्चादयोगकेवली भवति जिनः अघातिकर्मणां हन्ता।
लघुपंचाक्षरकालो भवति स्फुटं तस्मिन् गुणस्थाने ॥679॥

अर्थ : *तेरहवें गुण स्थान के अनन्तर चौदहवाँ गुण स्थान होता है। चौदहवें गुण स्थान का नाम अयोग केवली है। घातिया कर्मों का नाश कर भगवान तेरहवें सयोग केवली गुण स्थान में आते हैं और चौदहवें गुण स्थान में आकर अन्त में अघातिय कर्मों का नाश कर सिद्ध अवस्था प्राप्त करते हैं। इस गुण स्थान का काल लघु पंचाक्षर उच्चारण मात्र है अर्थात् जितनी देर में अ, इ, उ, ऋ, लृ, इन पाँचों व्हस्व अक्षरों का उच्चारण होता है उतना काल इस चौदहवें गुण स्थान का काल है।*

परमोरालियकायं सिढिलं होऊण गलइ तक्काले।
थक्कइ सुद्धसुहावो घणणिविडपएसपरमप्पा ॥680॥

परमौदारिककायः शिथिलो भूत्वा गलति तत्काले।
तिष्ठति शुद्धस्वभावः धननिबिडप्रदेश परमात्मा ॥680॥

अर्थ : *इस गुण स्थान के अन्त में उनका वह परमौदारिक शरीर शिथिल होकर गल जाता है। तथा उनके घनीभूत निविड़ आत्मा के प्रदेश शुद्ध स्वभाव रूप होकर रह जाते हैं और इस प्रकार वे भगवान परमात्मा हो जाते हैं।*

णट्ठाकिरिय पवित्ती सुक्कज्झाणं च तत्थ णिद्दिट्ठं।
खाइय भावो सुद्धो णिरंजणो वीयराओ य ॥681॥

नष्टाक्रियाप्रवृत्तिः शुक्ल ध्यानं च तत्र निर्दिष्टम्।
क्षायिको भावः शुद्धो निरंजनो वीतरागश्च ॥681॥

अर्थ : *इस गुण स्थान में समस्त क्रियाओं की प्रवृत्ति नष्ट हो जाती है, तथा चौथा व्युपरत क्रिया निर्वृत्ति नाम का शुक्ल ध्यान होता इस गुण स्थान में क्षायिक और शुद्ध भाव होते हैं और इसीलिये वे भगवान निरंजन और परम वीतराग हो जाते हैं।*

झाणं सजोइकेवलि जह तह अझोइस्स णत्थिं परमत्थे।
उवयारेण पउत्तं भूयत्थणयविवक्खाए ॥682॥

ध्यानं सयोग केवलिनो यथा तथाऽयोगिनः नास्ति परमार्थेन।
उपचारेण प्रोक्तं भूतार्थनयविवक्षया ॥682॥

अर्थ : *जिस प्रकार सयोग केवली भगवान के ध्यान होता है उस प्रकार का ध्यान भी इस गुण स्थान में नहीं होता। इस गुण स्थान में वास्तव में ध्यान होता ही नहीं है। इस गुण स्थान में भूतार्थ नय की अपेक्षा से (पूर्वकाल नय की अपेक्षा से) उपचार से ध्यान माना जाता है। कर्मों का नाश बिना ध्यान के नहीं होता और चौदहवें गुण स्थान में अघातिया कर्मों का नाश होता है। इसलिये उपचार से ध्यान माना जाता है वास्तविक नहीं।*

आगे इसका कारण बतलाते हैं।

झाणं तह झायारो झेयवियप्पा य होंति मणसहिए।
तं णत्थि केवलि दुगे तह्मा झाणं ण सम्भवइ ॥683॥

ध्यानं तथा ध्याता ध्येयविकल्पाश्च भवन्ति मनः सहिते।
तन्नास्ति केवलिद्विके तस्माद् ध्यानं न सम्भवति ॥683॥

अर्थ : *ध्यान, ध्यान करने वाला ध्याता और ध्यान करने योग्य ध्येय पदार्थों के विकल्प, ये सब मन सहित जीवों के होते हैं। परन्तु वह मन सयोग केवली तथा अयोग केवली दोनों गुण स्थान वालों के नहीं हैं। इसलिये इन तेरहवें और चौदहवें गुण स्थानों में ध्यान नहीं है।*

मणसहियाणं झाणं मणो वि कम्माण कायजोयाओ।
तत्थ वियप्पो जायइ सुहासुहो कम्म उदएण ॥684॥

मनः सहितानां ध्यानं मनोऽपि कार्मणकाययोगात्।
तत्र विकल्पो जायते शुभाशुभो कर्मोदयेन ॥684॥

अर्थ : *जो जीव मन सहित है उन्हीं के ध्यान होता है। तथा मन की प्रवृत्ति कार्मण काय योग से होती है। तथा जहाँ पर कार्मण काय योग के निमित्त से मन की प्रवृत्ति होती है वहाँ पर कर्म का उदय होने से शुभ व अशुभ विकल्प भी उत्पन्न होते हैं।*

असुहे असुहं झाणं सुहझाणं होइ सुहपओगेण।
सुद्धे सुद्धं कहियं सासवाणासवं दुविहं ॥685॥

अशुभोऽशुभं ध्यानं शुभं ध्यानं भवति शुभोपयोगेन।
शुद्धेशुद्धं कथितं सास्त्रवानास्त्रवं द्विविधम् ॥685॥

अर्थ : *जहाँ पर अशुभ विकल्प व अशुभोपयोग होता है वहाँ पर अशुभ ध्यान होता है, जहाँ पर शुभ विकल्प व शुभोपयोग होता है वहाँ पर शुभ ध्यान होता है। तथा जहाँ पर शुभ-अशुभ कोई विकल्प नहीं होता केवल शुद्ध उपयोग होता है वहाँ पर शुद्ध ध्यान होता है। यह शुद्ध ध्यान दो प्रकार का होता है, जिसमें आस्त्रव होता रहे ऐसा आस्त्रव सहित शुक्ल ध्यान और जिसमें आस्त्रव न हो ऐसा आस्त्रव रहित शुद्ध ध्यान व शुक्ल ध्यान।*

पढमं वीयं तइयं सासवयं होइ इय जिणो भणइ।
विगयासवं चउत्थं झाणं कहियं सभासेण ॥686॥

प्रथमं द्वितीयं तृतीयं सास्त्रवं भवति एवं जिनो भणति।
विगतास्त्रवं चतुर्थ ध्यानं कथितं समासेन ॥686॥

अर्थ : *शुक्ल ध्यान के चार भेद हैं उनमें से पहला शुक्ल ध्यान, दूसरा शुक्ल और तीसरा शुक्ल ध्यान ये तीनों शुक्ल ध्यान आस्त्रव सहित होते हैं अर्थात् इनमें कर्मों का आस्त्रव होता रहता है और चौथा शुक्ल ध्यान निरास्त्रव है आस्त्रव रहित, उसमें किसी कर्म का आस्त्रव नहीं होता ऐसा भगवान जिनेन्द्र देव ने कहा है। इस प्रकार संक्षेप से इन ध्यानों का स्वरूप है।*

आगे चौदहवें गुण स्थान के अनन्तर होने वाली सिद्ध अवस्था का स्वरूप कहते हैं।

णट्ठे पयडिवंधो चरमसरीरेण होइ किंचूणो।
उड्ढ गमणसहावो समएणिक्केण पावेइ ॥687॥

नष्टाष्टप्रकृति बन्धश्चरम शरीरेण भवति किंचूनः।
ऊर्ध्व गमनस्वभावः समयेनैकेन प्राप्नोति ॥687॥

अर्थ : चौदहवें *गुण स्थान के अन्तिम समय में जब आठों प्रकार का प्रकृतिबन्ध नष्ट हो जाता है अर्थात् समस्त कर्म नष्ट हो जाते है तब उनको सिद्ध अवस्था प्राप्त हो जाती है। उस सिद्ध अवस्था में आत्मा का आकार चरम पूर्व शरीर से कुछ कम होता है। अर्थात् उस आत्मा के आकार का घनफल शरीर के आकार के घनफल से कुछ*

कम होता है शरीर में जहाँ–जहाँ आत्मा के प्रदेश नहीं है ऐसे पेट नासिका के छिद्र, कान के छिद्र आदि इसलिये सिद्धों के आत्मा के आकार के घनफल में उतने स्थान का घनफल कम हो जाता है। इसलिये चरम शरीर के आकार के घनफल से सिद्धों का आकार चरम शरीर से कुछ कम बतलाया है। आत्मा स्वभाव से ही ऊर्ध्व गमन करता है इसलिय कर्म नष्ट होने के अनन्तर एक ही समय में सिद्ध स्थान पर जाकर बिराजमान हो जाता है।

आगे सिद्ध स्थान कहाँ है सो बतलाते हैं।

लोयग्गसिहरखित्ते जावं तणुपवणउवरियं भायं।
गच्छइ ताम अथक्को धम्मत्थित्तेण आयासो ॥688॥

लोकशिखरक्षेत्र यावत्तनु पवनोपरिमं भागम्।
गच्छति तावत् अस्ति धर्मास्तित्त्वेन आकाश: ॥688॥

अर्थ : *इस लोक शिखर के ऊपर के क्षेत्र में तनुवातवलय के ऊपरी भाग पर जहाँ तक के वे सिद्ध परमेष्ठी एक ही समय में पहुँच जाते है।*

तत्तो परं ण गच्छइ अच्छइ कालं तु अन्तपरिहीणं।
जह्मा अलोय खित्ते धम्मद्दव्वं णं तं अत्थि ॥689॥

तत: परं न गच्छति तिष्ठति कालं तु अन्तपरिहीनम्।
यस्माद् अलोकक्षेत्रे धर्मद्रव्यं न तदस्ति ॥689॥

अर्थ : *अलोकाकाश में द्रव्य नहीं हैं। धर्म द्रव्य लोकाकाश में ही है। लोकाकाश और अलोकाकाश का विभाग करने वाले धर्म द्रव्य व अधर्म द्रव्य ही हैं। जहाँ तक धर्म द्रव्य है वही तक जीव व पुद्गल गमन कर सकते हैं तथा जहाँ तक अधर्म द्रव्य हैं वही तक ठहर सकते हैं, बिना धर्म द्रव्य के ठहर सकते है। इसलिये वे सिद्ध परमेष्ठी जहाँ तक धर्म द्रव्य है वही लोक शिखर के ऊपर भाग तक जाकर ठहर जाते हैं और फिर वे भगवान वहाँ पर अनन्तानन्त काल तक विराजमान रहते हैं।*

आगे सिद्धों के स्वरूप में और भी कहते हैं।

जो जत्थ कम्ममुक्को जल थल आयास पव्वए णयरे।
सो रिजुगयी पवण्णो माणुसखेत्ताउ उप्पयइ ॥690॥

यो पत्र कर्मयुक्त्तो जलस्थलाकाश पर्वते नगरे।
स ऋजुगतिंप्रपन्न: मनुष्य क्षेत्रत: उत्पद्यते ॥690॥

पणयालसहसहस्सा माणुसखेत्तं तु होइ परिमाणं।

सिद्धाणं आवासो तित्तियमित्तम्मि आयासे ॥691॥

पंच चत्वारिंशच्छत सहस्रं मानुषक्षेत्रस्य तु भवति परिमाणम्।
सिद्धानामावासः तावन्मात्रे आकाशे ॥691॥

अर्थ : *सिद्ध परमेष्ठी मनुष्य क्षेत्र से ही उत्पन्न होते हैं तथा उनकी गति ऋजु गति होती है जिस क्षेत्र में कर्म नष्ट होते हैं। उसी क्षेत्र की सीध में वे सिद्ध स्थान पर जाकर विराजमान हो जाते हैं। जल स्थल आकाश पर्वत नगर जहाँ से भी कर्म मुक्त होंगे उसी की सीध में सीधे जाकर वे लोक शिखर पर विराजमान हो जायेंगे। मनुष्य क्षेत्र का परिमाण पैंतालीस लाख योजन है। इसलिये पैंतालीस लाख योजन के आकाश में ही सिद्धों का निवास स्थान है जंबूद्वीप की चौड़ाई एक लाख योजन है उसके चारों ओर लवण समुद्र है उसकी एक ओर की चौड़ाई दो लाख योजन है। लवण समुद्र के चारों ओर धातकी द्वीप है उसकी चौड़ाई एक ओर की चार लाख योजन है। धात की द्वीप के चारों ओर कालोद समुद्र है उसकी एक ओर की चौड़ाई आठ लाख योजन है। कालोद समुद्र के चारों ओर पुष्कर द्वीप है उसकी पूरी चौड़ाई सोलह लाख योजन है। परन्तु पुष्कर द्वीप के ठीक मध्य भाग में मानुषोत्तर पर्वत है तथा मानुषोत्तर पर्वत तक ही मनुष्य क्षेत्र गिना जाता है। इसलिये आधे पुष्कर द्वीप की चौड़ाई आठ लाख योजन ही समझनी चाहिए। इस प्रकार मानुषोत्तर पर्वत, पूर्व भाग से पश्चिम भाग तक व उत्तर से दक्षिण तक पैतालीस लाख योजन ही होते हैं।*

आगे और भी सिद्धों का स्वरूप कहते हैं।

सव्वे उवरिं सरिसा विसमा हिट्ठम्मि णिच्चलपएसा।
अवगाहणाय जम्हा उक्कस्स जहण्णिया दिट्ठा ॥692॥

सर्वे उपरि सदृशाः विषमा अधस्तने निश्चलप्रदेशाः।
अवगाहना च यस्मात् उत्कृष्टा जघन्यादिष्टा ॥692॥

अर्थ : *उस सिद्ध स्थान में अनन्तानन्त सिद्ध परमेष्ठी विराजमान हैं। उन समस्त सिद्धों का ऊपरी भाग समान होता है तथा नीचे का भाग ऊँचा नीचा रहता है। इसका भी कारण यह कि सिद्धों की अवगाहना उत्कृष्ट सवा पाँच सौ धनुष है और जघन्य अवगाहना साढ़े तीन हाथ है। मुट्ठी बाँधकर एक हाथ की लम्बाई को अरत्नि कहते है जिस आसन से जिस स्वरूप से जैसे शरीर से कर्म मुक्त होते हैं उसी आसन से उसी रूप से और उसी शरीर के समान उनके आत्मा का आकार हो जाता है इसलिये ऊपर का भाग तो सबका समान होता है और नीचे का भाग समान नहीं होता।*

एगोवि अणंताणं सिद्धो सिद्धाण देह अवगांस।
जह्मा सुहमत्तगुणो अवगाह गुणो पुणो तेसिं ॥693॥

एकोऽपि अनन्तानां सिद्धः सिद्धानां ददात्यवकाशम्।
यस्मात्सूक्ष्मत्वगुणः अवगाहनगुणः पुनस्तेषाम् ॥693॥

अर्थ : *एक सिद्ध की आत्मा में अनन्तानन्त सिद्ध समा जाते हैं। इसका भी कारण यह है कि आत्मा अमूर्त है, इसलिये उनमें सूक्ष्मत्व गुण है। इसके सिवाय उनमें अवगाहनत्व गुण भी है। सूक्ष्म और अवगाहनत्व गुण के कारण एक सिद्ध में भी अनन्तानन्त सिद्ध आ जाते हैं। दीपक का प्रकाश मूर्त है फिर भी एक आले में अनन्त दीपकों का प्रकाश समा जाता है फिर सिद्धों की आत्मा तो अमूर्त है इसलिये एक सिद्ध में भी अनन्त सिद्धों की आत्मा आ जाता है।*

आगे सिद्धों के गुण कहते हैं।

सम्मत्तणाणदंसणवीरियसुहमं तहेव अवगहणं।
अगुरुलहुअव्ववाहं अट्ठगुणा होंति सिद्धाणं ॥694॥

सम्यक्त्वज्ञानदर्शनवीर्यसूक्ष्मं तथैवावगाहनम्।
अगुरुलघु अव्याबाधं अष्टगुणा भवन्ति सिद्धानाम् ॥694॥

अर्थ : *सम्यक्त्व, ज्ञान, दर्शन, वीर्य, सूक्ष्मत्व, अवगाहन, अगुरु लघु अव्याबाध ये आठ गुण सिद्धों में होते हैं।*

भावार्थ : *यह संसारी आत्मा अनादि काल से ज्ञानावरणादिक आठों कर्मों से जकड़ा हुआ है। वे आठों कर्म जब नष्ट हो जाते है तब सिद्ध अवस्था प्राप्त होती है। आत्मा में ऊपर लिखे आठ गुण हैं और उनको आठों ही कर्मों ने ढक रखा था। इसलिये उन कर्मों के नाश होने पर ऊपर लिखे आठ गुण अपने आप प्रकट हो जाते हैं। मोहनीय कर्म के नाश होने से सम्यक्त्व गुण प्रगट हो जाता है, ज्ञानावरण कर्म के नाश होने से अनन्त ज्ञान प्रगट हो जाता है, दर्शनावरण कर्म के नाश होने से अनन्त दर्शन प्रगट हो जाता है, अन्तराय कर्म के नाश होने से अनन्त वीर्य प्रगट हो जाता है, आयु कर्म के अभाव होने से अवगाहन गुण प्रगट हो जाता है, नाम कर्म के नाश होने से सूक्ष्मत्व गुण प्रगट हो जाता है, गोत्र कर्म के अभाव से अगुरू लघु गुण प्रगट हो जाता है और वेदनीय कर्म के अभाव से अव्याबाध गुण प्रगट हो जाता है इस प्रकार आठों कर्मों के नाश हो जाने से सिद्धों में ऊपर लिखे आठ गुण प्रगट हो जाते हैं।*

जाणइ णिच्छइ सयलं लोयालोयं च एक्कहेलाए।
सुक्खं सहाव जायं अणोवमं अन्तपरिहीणं ॥695॥

जानाति पश्यति सकलं लोकालोकं च एक हेलया।
सुखं स्वभावजातं अनुपमं अन्तपरिहीनम् ॥695॥

अर्थ : *वे सिद्ध भगवान एक ही समय में समस्त लोकाकाश और समस्त अलोकाकाश को जानते हैं तथा सबको एक ही साथ एक ही समय में देखते हैं। उन समस्त सिद्धों का सुख शुद्ध आत्मा जन्य स्वाभाविक है, संसार के सुख की तथा उनकी कोई उपमा नहीं है और न कभी उन सिद्धों का अन्त होता है। वे सदा काल विराजमान रहते हैं।*

रविमेरुचंदसायरगयणाईयं तु णत्थि जह लोए।
उवमाणं सिद्धाणं णत्थि तहा सुक्खसंधाए॥696॥

रविमेरुचन्द्रसागरगगनादिकं तु नास्ति यथा लोके।
उपमानं सिद्धानां नास्ति तथा सुखसंधाते॥696॥

अर्थ : *सूर्य, चन्द्रमा, मेरु पर्वत समुद्र आकाश आदि इस लोक संबधी समस्त पदार्थ सिद्धों के उपमान नहीं हो सकते, अर्थात् संसार में ऐसा कोई पदार्थ नहीं है जिसकी उपमा सिद्धों को दे सकें। इसी प्रकार उनके अनन्तसुख का भी कोई उपमान नहीं है।*

चलणं वलणं चिन्ता करणीयं किं पि णत्थि सिद्धाणं।
जम्हा अइंदियत्तं कम्माभावे समुप्पण्णं॥697॥

चलनं वलनं चिन्ता करणीयं किमपि नास्ति सिद्धानाम्।
यस्मादतीन्द्रियत्वं कर्माभावेन समुत्पन्नम् ॥697॥

अर्थ : *उन सिद्ध परमेष्ठी को न कहीं गगन करना पड़ता है, न अन्य कोई क्रिया करनी पड़ती है और न किसी प्रकार की चिन्ता करनी पड़ती है। इसका भी कारण यह है कि उनके समस्त कर्मों को अभाव में (जितनी क्रियायें है वे सब इन्द्रियों के द्वारा होती हैं।) सिद्ध परमेष्ठी के शरीर और इन्द्रियाँ सभी नष्ट हो गयी हैं। इसलिये उनको कोई भी क्रिया कभी नहीं करनी पड़ती है।*

आगे आचार्य अन्तिम मंगल करते हैं।

णट्ठट्ठकम्मबन्धणजाइजरामरणविप्पमुक्काणं।
अट्ठवरिट्ठगुणाणं णमो णमो सव्वसिद्धाणं॥698॥

नष्टाष्टकर्मबन्धनजातिजरामरणविप्रमुक्तेभ्यः।
अष्टवरिष्टगुणेभ्यो नमो नमः सर्वसिद्धेभ्यः॥698॥

अर्थ : *जिनके आठों कर्मों का बन्धन नष्ट हो गया है, जन्म मरण बुढ़ापा आदि सांसारिक समस्त दोष जिनके नष्ट हो गये हैं और ऊपर लिखे सर्व श्रेष्ठ आठ गुण प्रगट हो गये हैं ऐसे सिद्ध परमेष्ठी को मैं श्री देवसेन आचार्य बार-बार नमस्कार करता हूँ।*

जिणवरसासणमतुलं जयउ चिरं सूरिसपरउवयारो।
पाढय साहूँ वि तहा जयन्तु भव्वा वि भुवणयले॥699॥

जिनवरशासनमतुलं जयतु चिरं सूरिः स्वपरोपकारी।
पाठकः साधुरपि तथा जयन्तु भव्या अपि भुवनतले॥699॥

अर्थ : *संसार में जिसकी कोई उपमा नहीं ऐसा यह भगवान जिनेन्द्र देव का कहा हुआ शासन सदाकाल जयवन्त रहें। इसी प्रकार अपने आत्मा कल्याण करने वाले और अन्य अनेक भव्य जीवों का कल्याण करने वाले आचार्य परमेष्ठी सदा काल जयवन्त रहें। इसी प्रकार उपाध्याय परमेष्ठी तथा साधु परमेष्ठी सदा काल जयवन्त रहें तथा तीनों लोको में रहने वाले भव्य जीव भी सदा जयवन्त रहें।*

जो पढइ सुणइ अक्खइ अण्णेसिं भावसंगहं सुत्तं।
सहणइ णियकम्मं कमेण सिद्धालयं जाइ॥700॥

यः पठति श्रृणाति कथयति अन्येषां भावसंग्रह सूत्रम्।
सन्ति निजकर्म क्रमेण सिद्धालयं याति॥700॥

अर्थ : *इस प्रकार कहे हुए इस भाव संग्रह के सूत्रों को जो पढ़ता है, सुनता है अथवा अन्य भव्यजीवों को सुनाता है वह पुरुष अनुक्रम से अपने कर्मों को नाश कर सिद्ध अवस्था को प्राप्त करता है।*

सिरिविमलसेण गणहर सिस्सो णामेण देवसेणोत्ति।
अबुहजणबोहणत्थं तेणेयं विरइयं सुत्तं॥701॥

श्री विमलेसनगणधर शिष्यो नाम्ना देवसेन इति।
अबुधजन बोधनार्थ तेनेदं विरचितं सूत्रम्॥701॥

अर्थ : *श्री विमलसेन गणधर व आचार्य के शिष्य श्री देवसेन आचार्य ने अज्ञानी लोगों को समझाने के लिये इस भावसंग्रह सूत्र की रचना की है।*

इस प्रकार अयोग केवली गुणस्थान का स्वरूप कहा।

इस प्रकार आचार्य श्री देवसेन विरचित भाव संग्रह ग्रन्थ की धर्मरत्न, सरस्वती दिवाकर, पंडित लालाराम शास्त्री द्वारा निर्मित यह भाषा टीका समाप्त हुई।

उपसंहार

इस भावसंग्रह ग्रन्थ में चौदह गुणस्थानों का स्वरूप है। उस स्वरूप में सब गुणस्थानों की क्रियाएँ भाव आदि बतलाये है, तथापि थोड़ा-सा स्वरूप और लिखा जाता है जिससे उनका पूर्ण ज्ञान हो जाए।

गुणों के स्थानों को गुणस्थान कहते हैं, मोह और योग के निमित्त से सम्यग्दर्शन और सम्यक् चारित्र रूप आत्मा के गुणों की तारतम्यरूप अवस्था विशेष को गुणस्थान कहते है।

वे सब गुणस्थान चौदह है। मिथ्यात्व, सासादन, मिश्र, अविरत सम्यग्दृष्टि, देश विरत, प्रमत्त विरत, अप्रमत्त विरत, अपूर्व करण, अनिवृत्ति करण, सूक्ष्मासांपराय, उपशांतमोह, क्षीणमोह, सयोगकेवली, अयोगकेवली।

इनमें से पहला गुणस्थान दर्शन मोहनीय के उदय से होता है, इसमे आत्मा के परिणाम मिथ्यात्व रूप होते हैं, चौथा गुणस्थान दर्शन मोहनीय कर्म के उपशम क्षय अथवा क्षयोपशम से होता है। इस गुणस्थान में आत्मा के सम्यग्दर्शन गुण का प्रादुर्भाव हो जाता है। तीसरा गुणस्थान सम्यग्मिथ्यात्वरूप दर्शनामोहनीय कर्म के उदय से होता है। इस गुणस्थान में आत्मा के परिणाम सम्यग्मिथ्यात्व अर्थात् उभय रूप होते हैं। पहले गुणस्थान में औदयिकभाव, चौथे गुणस्थान में औपशमिक क्षायिक अथवा क्षायोपशमिक भाव और तीसरे गुणस्थान में औदयिक भाव होते हैं। परन्तु दूसरा गुणस्थान दर्शनमोहनीय कर्म का उदय उपशम क्षय और क्षयोपशम इन चार अवस्थाओं में से किसी भी अवस्था की अपेक्षा नहीं रखता है। इसलिये यहाँ पर दर्शनमोह कर्म की अपेक्षा से पारिणामिक भाव है किन्तु अनन्तानुबन्धी रूप चारित्रमोहनीय कर्म की अपेक्षा से औदयिक भाव भी कहे जा सकते है। इस गुणस्थान में अनन्तानुबन्धी के उदय से सम्यक्त्व का घात हो गया है इसलिये वहाँ सम्यक्त्व नहीं है और मिथ्यात्व का भी उदय नहीं आया है इसलिये मिथ्यात्व परिणाम भी नहीं है। अतएव यह गुणस्थान मिथ्यात्व और सम्यक्त्व की अपेक्षा से अनुदय रूप है। पाँचवें गुणस्थान से दशवें गुणस्थान तक छह गुणस्थान चारित्र मोहनीय कर्म के क्षयोपशम से होते हैं इसलिये इन गुणस्थानों में क्षायोपशमिक भाव होते हैं। इन गुणस्थानों में सम्यक्चारित्र गुण की क्रम से वृद्धि होती जाती है। ग्यारहवाँ गुणस्थान चारित्र मोहनीय कर्म के उपशम से होता है इसलिये ग्यारहवें गुणस्थान में औपशमिक भाव होते हैं। यद्यपि यहाँ पर चारित्र मोहनीय कर्म का पूर्णतया उपशम हो गया है तथापि योग का सद्भाव होने से पूर्ण चारित्र नहीं है। क्योंकि सम्यक् चारित्र के लक्षण में योग और कषाय के अभाव से सम्यक् चारित्र होता है ऐसा लिखा है। बारहवाँ गुणस्थान चारित्र मोहनीय कर्म के क्षय से होता है इसलिये यहाँ क्षायिक भाव होते हैं। इस गुणस्थान में भी ग्यारहवें गुणस्थान की तरह सम्यक् चारित्र की पूर्णता नहीं है। सम्यग्ज्ञान गुण यद्यपि चौथा गुणस्थान में ही प्रगट हो चुका था।

भावार्थ : *यद्यपि आत्मा का ज्ञान गुण अनादिकाल से प्रवाह रूप चला आ रहा है तथापि दर्शन मोहनीय कर्म उदय होने से वह ज्ञान मिथ्यारूप था परन्तु चौथे गुणस्थान में जब दर्शनमोहनीय कर्म के उदय का अभाव हो गया तब वही आत्मा का ज्ञान गुण सम्यग्ज्ञान कहलाने लगा। षष्ठमादि गुणस्थानों में तपश्चरणादिक के निमित्त से अवधिज्ञान और मनः पर्यय ज्ञान भी किसी किसी जीव के प्रगट हो जाते है तथापि केवल ज्ञान के हुए बिना सम्यग्ज्ञान की पूर्णता नहीं हो सकती। इसलिये बारहवें गुणस्थान तक यद्यपि सम्यग्दर्शन की पूर्णता हो गयी है (क्योंकि क्षायिक सम्यक्त्व के बिना क्षपक श्रेणी नहीं चढ़ता और क्षपक श्रेणी के बिना बारहवाँ गुणस्थान नहीं होता) तथापि सम्यग्ज्ञान और सम्यक्चारित्र अभी तक अपूर्ण है। इसलिये अभी तक मोक्ष नहीं होता। तेरहवाँ गुणस्थान योगों के सद्भाव की अपेक्षा से होता है। इसलिये इसका नाम सयोग और केवलज्ञान के निमित्त से सयोग केवली है। इस गुणस्थान में सम्यग्ज्ञान की पूर्णता हो जाती है परन्तु चारित्र गुण की पूर्णता न होने से मोक्ष नहीं होता। चौदहवाँ गुणस्थान योगों के अभाव की अपेक्षा से है इसलिये इसका नाम अयोग केवली है। इस गुणस्थान में सम्यग्दर्शन सम्यग्ज्ञान और सम्यक् चारित्र इन तीनों गुणों की पूर्णता हो जाती है अतएव मोक्ष भी अब दूर नहीं रहा, अर्थात् अ इ उ ऋ लृ इन पाँच ह्रस्व स्वरों के उच्चारण करने में जितना काल लगता है उतने ही काल में मोक्ष हो जाता है।*

आगे संक्षेप से सब गुणस्थानों का स्वरूप कहते है।

मिथ्यात्व गुणस्थान : *मिथ्यात्व प्रकृति के उदय से अतत्त्वार्थ श्रद्धा न रूप आत्मा के परिणाम विशेष को मिथ्यात्व गुणस्थान कहते है। इस मिथ्यात्व गुणस्थान में रहने वाला जीव विपरित श्रद्धा न करता है और सच्चे धर्म की ओर इसकी रूचि नहीं होती। जैसे पित्तज्वर वाले रोगी को दुग्ध आदि मीठे रस कड़वे लगते हैं उसी प्रकार इसको भी समीचीन धर्म अच्छा नहीं लगता।*

इस गुणस्थान में कर्मों की एक सौ अड़तालीस प्रकृतियों में से स्पर्शादिक, वीस प्रकृतियों का अभेद विवक्षा से स्पर्शादिक चार में और बन्धन पाँच संघात पाँच का अभेद विवेक्षा से पाँच शरीरों में अन्तर्भाव होता है इस कारण भेद विवक्षा से सब एक सौ अड़तालीस

सम्यक्त्व के तीन भेद है। दर्शन मोहनीय की तीन प्रकृति और अनन्तानुबन्धी की चार प्रकृति इस प्रकार इन सात प्रकृतियों के उपशम होने से उपशम सम्यक्त्व होता है। इन सातों प्रकृतियों के क्षय होने से जो सम्यक्त्व होता है वह क्षायिक है तथा छह प्रकृतियों के अनुदय और सम्यक् प्रकृति नाम की प्रकृति के उदय होने से जो सम्यक्त्व होता है उसको क्षयोपशमिक सम्यक्त्व कहते हैं। उपशम सम्यक्त्व के दो भेद है एक प्रथमोशम सम्यक्त्व और दूसरा द्वितीयोपशम सम्यक्त्व। अनादि मिथ्यादृष्टि के पाँच और सादि मिथ्या दृष्टि के सात प्रकृतियों के उपशम होने से जो सम्यक्त्व होता है उसको प्रथमोपशम सम्यक्त्व कहते हैं।

सातवें गुणस्थान में क्षायोपशमिक सम्यग्दृष्टि जीव श्रेणी चढ़ने के सन्मुख अवस्था में अनन्तानुबन्धी चतुष्टय की विसयोजन (अप्रत्याख्यानादि रूप) करके दर्शन मोहनीय की तीनों प्रकृतियों का उपशम करके जो सम्पृक्त्व को प्राप्त होता है उसको द्वितीयोपशम सम्यक्त्व कहते है।

और अभेद विवक्षा से एक सौ बाईस प्रकृति है। सम्यग्मिथ्यात्व और सम्यक्प्रकृति मिथ्यात्व इन दो प्रकृतियों का बन्ध नहीं होता है। क्योंकि इन दोनों प्रकृतियों की सत्ता सम्यक्त्व परिणामों से मिथ्यात्व प्रकृति के तीन खंड करने से होती है। इस कारण अनादि मिथ्यादृष्टि जीव की बन्ध योग्य प्रकृति एक सौ बीस और सत्त्व योग्य प्रकृति एक सौ छयालीस है। मिथ्यात्व गुणस्थान में तीर्थंकर प्रकृति आहारक शरीर और आहारक अंगोपांग इन तीन प्रकृतियों का बन्ध सम्यग्दृष्टि के ही होता है। इसलिये इस गुणस्थान में एक सौ बीस में से तीन घटाने पर एक सौ सत्रह प्रकृतियों का बन्ध होता है।

सम्यक् प्रकृति मिथ्यात्व सम्यग्मिथ्यात्व आहारक शरीर आहारक अंगोपांग और तीर्थंकर प्रकृति इन पाँच प्रकृतियों का इस गुणस्थान में उदय नहीं होता। इसलिये एक सौ बाईस में से पाँच घटाने पर एक सौ पैतालीस प्रकृतियों का उदय होता है। तथा एक सौ अड़तालीस प्रकृतियों का सत्त्व रहता है।

सासादन गुणस्थान : प्रथमोपशम सम्यक्त्व के काल में जब अधिक से अधिक छह आवली और कम से कम एक समय शेष रहता है तब अनन्तानुबन्धी कषाय की किसी एक प्रकृति का उदय होने से सम्यक्त्व[1] का नाश हो जाता है तथा मिथ्यात्ववादि होता नहीं इसलिये उस समय वह जीव सासादन गुणस्थान वाला कहलाता है।

मिथ्यात्व गुणस्थान में एक सौ सत्रह प्रकृतियों का बंध होता था उनमें से उसी मिथ्यात्व गुणस्थान में मिथ्यात्व, हुंडक संस्थान, नपुंसक वेद, नरकगति नरकगत्यनुपूर्वी, नरकायु असंप्राप्तासृपाटिका संहनन, एकेन्द्रिय जाति विकलत्रय तीन स्थावर आतप सूक्ष्म, अपर्याप्त और साधारण इन सोलह प्रकृतियों की व्युच्छित्ति हो जाती है इसलिये एक सौ सत्रह में से सोलह घटाने पर एक सौ एक प्रकृतियों का बंध इस (सासादन) गुणस्थान में होता है पहले गुणस्थान में एक सौ सत्रह प्रकृतियों का उदय होता है उसमे से मिथ्यात्व, आतप, सूक्ष्म, अपर्याप्त और साधारण इन पाँच प्रकृतियों की व्युच्छित्ति हो जाती है अतएव पाँच घटानें पर एक सौ बारह प्रकृतियों रही। परन्तु नरक गत्यानुपूर्वी का उदय इस गुणस्थान में नहीं होता इसलिये इस गुणस्थान में एक सौ ग्यारह प्रकृतियों का उदय होता है तथा सत्त्व एक सौ 85 प्रकृतियों का होता है। यहाँ पर तीर्थंकर प्रकृति आहारक शरीर और आहारक अंगोपांग इन तीन प्रकृतियों की सत्ता नहीं रहती।

मिश्र गुणस्थान : सम्यग्मिथ्यात्व प्रकृति के उदय से जीव के न तो केवल सम्यक्त्व परिणाम होते हैं और न केवल मिथ्यात्व रूप परिणाम होते हैं किन्तु मिले हुए दही गुड़ के स्वाद के समान एक भिन्न जाति के मिश्र परिणाम होते हैं इसको मिश्र गुण स्थान कहते हैं।

दूसरे गुण स्थान में बन्ध प्रकृति एक सौ एक थी। उनमें से अनन्तानुबन्धी क्रोध मान माया लोभ स्त्यानगृद्धि, निद्रानिद्रा, प्रचला प्रचला, दुर्भग दु:स्वर अनादेय, यग्रोध संस्थान, स्वातिसंस्थान, कुब्जक संस्थान वामन संस्थान, वज्रनाराच संहनन नाराच संहनन अर्द्धनाराच संहनन, कीलित संहनन, अप्रशस्त विहायो गति, स्त्रीवेद, नीच गोत्र, तिर्यग्गति तिर्यंगत्यानुपूर्वी तिर्यंगायु, उद्योत, इन पच्चीस प्रकृतियों की व्युग्च्छत्ति होने से शेष छियत्तर प्रकृतियाँ रहती है।

इस गुण स्थान में किसी भी आयु कर्म का बन्ध नहीं होता इसलिये इन छिहत्तर में से मनुष्यायु और देवायु इन दो के घटाने पर चौहत्तर प्रकृतियों का बन्ध होता है। नरकायु की पहले गुण स्थान में और तिर्यगायु की दूसरे गुणस्थान में व्युच्छित्ति हो चुकी है।

इस गुण स्थान में एक सौ प्रकृतियों का उदय होता है क्योंकि दूसरे गुण स्थान में एक सौ ग्यारह प्रकृतियों का उदय था उनमें से अनन्तानुबन्धी चार, एकेंद्रियादिकि चार, स्थावर एक इस प्रकार नौ प्रकृतियों की व्युच्छित्ति होने पर एक सौ दो प्रकृतियाँ रह जाती है। इनमें से नरकगत्यानु पूर्वी दूसरे गुणस्थान में घट चुकी है और देवगत्यानुपूर्वी मनुष्यगत्यनुपूर्वी तिर्यग्गत्यानुपूर्वी इन प्रकृतियों का उदय इस गुण स्थान में नहीं होता क्योंकि इस गुण स्थान में मरण नहीं होता। इस प्रकार शेष निन्यानवें प्रकृति रह जाती है। तथा सम्यग्मिथ्यात्व प्रकृति का उदय इस गुण स्थान में रहता है। इस प्रकार इस गुण स्थान में सौ प्रकृतियों का उदय रहता है। इस गुण स्थान में तीर्थंकर प्रकृति के बिना एक सौ सेंतालीस प्रकृतियों का सत्त्व रहता है।

अविरत सम्यग्दृष्टि गुणस्थान : दर्शनमोहनीय की तीन और अनन्तानुबन्धी की चार इन सात प्रकृतियों के उपशम तथा क्षय अथवा क्षयोपशम होने से और प्रत्याख्यानावरण क्रोध मान माया लोभ के उदय से व्रत रहित सम्यग्दृष्टि पुरुष चौथे गुणस्थान वर्ती कहलाता है।

तीसरे गुणस्थान में चौहत्तरि प्रकृतियों का बन्ध होता है उनमें मनुष्यायु देवायु और तीर्थंकर प्रकृति इन प्रकृतियों सहित सतत्तरि प्रकृतियों का बन्ध होता है।

तीसरे गुणस्थान में सौ प्रकृतियों का उदय होता है, उनमें से सम्यग्मिथ्यात्व की व्युच्छित्ति हो जाती है तथा चार आनुपूर्वी और सम्यक्प्रकृति मिथ्यात्व इन पाँच प्रकृतियों के मिलानें से एक सौ चार प्रकृतियों का उदय होता है।

इस गुण स्थान में एक सौ अडतालीस प्रकृतियों का सत्त्व रहता है किन्तु क्षायिक सम्यग्दृष्टि के एक सौ इकतालीस प्रकृतियों का ही सत्त्व रहता है।

पाँचवाँ देश विरत गुण स्थान–प्रत्याख्यानावरण क्रोध मान माया लोभ के उदय से यद्यपि संयम भाव नहीं होता तथापि अप्रत्याख्यानावरण क्रोध मान माया लोभ के उपशम के श्रावक व्रत रूप देश चारित्र होता है। इसी को देश विरत नामक पाँचवाँ गुण स्थान कहते है। पाँचवें आदि ऊपर के समाप्त गुण स्थानों में सम्यग्दर्शन और सम्यग्दर्शन का अविनाभावी सम्यग्ज्ञान अवश्य होता है। इनके बिना पाँचवें छट्ठे आदि गुण स्थान नहीं होते।

चौथे गुणस्थान में जो सतत्तर प्रकृतियों का बन्ध कहा है उनमें से अप्रत्याख्यानावरण क्रोध मान माया लोभ मनुष्यगति मनुष्यगत्यानुपूर्वी मनुष्यायु औदारिक शरीर औदारिक अंगोपांग वज्रवृषभनाराच सहंनन इन दश प्रकृतियों की व्युच्छत्ति इस गुणस्थान में हो जाती है। इसलिये सतत्तर में से दश घटाने पर शेष सड़सठ प्रकृतियों का बन्ध इस गुणस्थान में

जिस गुणस्थान में कर्म प्रकृतियों के बन्ध उदय अथवा सत्त्व की व्युच्छित्ति कही हो उस गुणस्थान तक ही उन प्रकृतियों का बन्ध उदय अथवा सत्त्व माना जाता है आगे के किसी भी गुण स्थान में उन प्रकृतियों का बन्ध उदय अथवा सत्त्व नहीं होता है इसी को व्युच्छित्ति कहते है।

होता है।

चौथे गुणस्थान में एक सौ चार प्रकृतियों का उदय कहा है उनमे से अप्रत्याख्यानावरण क्रोध मान माया लोभ, देवगति देवगत्यानुपूर्वी, देवायु, नरकायु, नरक गति नरक गत्यानुपूर्वी, वैक्रियक शरीर वैक्रियक अंगोपांग, मनुष्य गत्यानुपूर्वी, तिर्यग्गत्यानुपूर्वी, दुर्भग, अनादेय, अयशस्कीर्ति इन सत्रह प्रकृतियों की व्युच्छित्ति इस गुणस्थान में हो जाती है इसलिये एक सौ चार में से सत्रह घटाने पर सत्तासी प्रकृतियों का उदय होता है।

चौथे गुणस्थान में एक सौ अडतालीस प्रकृतियों का सत्त्व रहता है उनमे से व्युच्छिन्न प्रकृति एक नरकायु के बिना एक सौ सेंतालीस का सत्त्व रहता है। किन्तु क्षायिक सम्यग्दृष्टि की अपेक्षा से एक सौ चालीस का ही सत्त्व रहता है।

छठा प्रमत्तविरत गुणस्थान : संज्वलन और नोकषाय के तीव्र उदय से संयम भाव तथा मल जनक प्रमाद ये दोनों ही युगपत् एक साथ होते है इसलिये इस गुणस्थानवर्ती मुनि को प्रमत्तविरत अथवा चित्रलाचरणी कहते है।

यद्यपि संज्वलन और नोकषाय का उदय चारित्र गुण का विरोधी है तथापि प्रत्याख्यानावरण कषाय का उपशम होने से प्रादुर्भूत सकल संयम के घात करने में समर्थ नहीं है। इस कारण उपचार से संयम का उत्पादक कहा है।

पाँचवें गुणस्थान में सडसठ प्रकृतियों का बन्ध होता है उनमें से प्रत्याख्यानावरण क्रोध मान माया लोभ इन चार प्रकृतियों की व्युच्छित्ति हो जाती है इसलिये इन चार के घटाने पर शेष त्रेसठ प्रकृतियों का बन्ध होता है।

पाँचवें गुण स्थान में सतासी प्रकृतियों का उदय कहा है उनमे से प्रत्याख्यानावरण क्रोध मान माया लोभ तिर्यग्गति तिर्यगायु उद्योत और नीच गोत्र इस आठ प्रकृतियों की व्युच्छित्ति हो जाती है इसलिये इन आठ प्रकृतियों के घटाने पर शेष उनासी प्रकृतियाँ रह जाती है। उनमें आहारक शरीर और आहारक अंगोपांग मिलाने से इक्यासी प्रकृतियों का उदय रहता है।

पाँचवें गुणस्थान में एक सौ सेंतालीस प्रकृतियों की सत्ता कही है उनमें से तिर्यगायु की व्युच्छित्ति हो जाती है इसलिये शेष एक सौ छयालीस प्रकृतियों का सत्त्व रहता है। किन्तु क्षायिक सम्यग्दृष्टि की अपेक्षा से एक सौ उन्तालीस का सत्त्व रहता है।

सातवाँ अप्रमत्त विरत गुणस्थान : संज्वलन और नो कषाय के मन्द उदय होने से प्रमाद रहित संयम भाव होते है। इस कारण इस गुणस्थानवर्ती मुनि को अप्रमत्त विरत कहते है। इस गुणस्थान के स्वस्थान अप्रमत्त विरत और सातिशय अप्रमत्त विरत ऐसे दो भेद है। जो मुनि हजारों बार छठे से सातवें में और सातवें से छठे गुणस्थान में आवे-जावे उसको स्वस्थान अप्रमत्त विरत कहते है तथा जो श्रेणी चढ़नें के सन्मुख होते है उनको सातिशय अप्रमत्त विरत कहते है।

इसमें इतना और समझ लेना चाहिए कि क्षायिक सम्यग्दृष्टि और द्वितीयोपशम सम्यग्दृष्टि ही श्रेणी चढते है। प्रथमोपशम सम्यग्दृष्टि जीव प्रथमोपशम सम्यक्त्व को छोड़कर

क्षायोपशमिक सम्यग्दृष्टि होकर प्रथम ही अनन्तानुबन्धी क्रोध मान माया लोभ का विसंयोजन करके दर्शन मोहनीय की तीन प्रकृतियों का उपशम करके यातो द्वितीयोपशम सम्यग्दृष्टि हो जाय अथवा तीनों प्रकृतियों का क्षय करके क्षायिक सम्यग्दृष्टि हो जाय तब श्रेणी चढ सकता है।

जहाँ चारित्र मोहनीय की शेष रही इक्कीस प्रकृतियों का क्रम से उपशम तथा क्षय किया जाय उसको श्रेणी कहते है। उस श्रेणी के दो भेद है। उपशम श्रेणी और क्षपक श्रेणी जिसमें चारित्र मोहनीय की इक्कीस प्रकृतियों का उपशम किया जाय उसको उपशम श्रेणी कहते है। और जिसमे उन इकईस प्रकृतियों का क्षय किया जाय उसको क्षपक श्रेणी कहते है। क्षायिक सम्यग्दृष्टि दोनों ही श्रेणी चढ सकता है। द्वितीयोपशम सम्यग्दृष्टि जीव उपशम श्रेणी ही चढता है। क्षपक श्रेणी नहीं चढता। उपशम श्रेणी के आठवाँ नौवाँ दशवाँ और ग्यारहवाँ गुण स्थान है तथा क्षपक श्रेणी के आठवाँ नौवाँ दसवाँ और बारहवाँ गुण स्थान है।

चारित्र मोहनीय कर्म की इक्कीस प्रकृतियों को उपशम करने के लिये अथवा क्षय करने के लिये अधः करण अपूर्व करण और अनिवृत्ति करण ये तीन प्रकार के परिणाम निमित्त कारण होते है।

इनमें से जिस करण में परिणामों के समूह ऊपर के समयवर्ती तथा नीचे के समयवर्ती जीवों के परिणाम सदृश भी हो और विसदृश भी हो। उसको अधः करण कहते है। यह अधः करण सातवें गुण स्थान में ही होता है। इसका उदाहरण इस प्रकार है।

किसी राजा के यहाँ 3072 आदमी काम करते है वे सब सोलह महकमों में भी बटे हुए है। पहले महकमे में एक सौ 162 आदमी दूसरे में एक सौ छ्यासठ, तीसरे में एक सौ सत्तर, चौथे में एक सौ चौहत्तर, पाँचवें में एक सौ अठत्तर, छठे में एक सौ ब्यासी, सातवें में एक सौ छियासी, आठवें में एक सौ नब्बे, नौंवें में एक सौ चौरानवें, दशवें में एक सौ अठानवे, ग्यारहवे में दो सौ दो बारहवें में दो सौ छह, तेरहवें में दो सौ दस, चौदहवे में दो सौ चौदह, पन्द्रहवें में दो सौ अठारह और सोलहवें में दो सौ बाईस आदमी काम करते हैं।

पहले महकमे के एक सौ बासठ आदमियों में से पहले आदमी का वेतन एक रुपया दूसरे का दो रुपया तीसरे का तीन रुपया इस प्रकार एक एक बढते हुए एक सौ बासठवें आदमी का वेतन एक सौ बासठ रुपया है। दूसरे महकमे में एक सौ छ्यासठ आदमी काम करते है उनमे से पहले आदमी का वेतन चालीस रुपया है। दूसरे तीसरे आदि आदमियों का वेतन क्रम से एक एक रुपया बढता हुआ एक सो छ्यासठवें आदमी का वेतन दो सौ पाँच रुपया है। तीसरे महकमे में एक सो सत्तरि आदमी काम करते है इनमें से पहले आदमी का वेतन अस्सी रुपया है फिर आगे एक-एक रुपया बढ़ता गया है इसलिये एक सौ सत्तरवें आदमी का वेतन दो सौ उनचास रुपया है। चौथे महकमे में एक सौ चौहत्तर आदमी काम करते है। पहले आदमी का वेतन एक सौ इक्कीस रुपया है तथा आगे आगे के आदमियों का वेतन एक एक रुपया बढता गया है इसलिये एक सो चौहत्तरवें आदमी का वेतन दो सौ चौरानवें रुपया है। इसी क्रम से सोलहवें महकमे में दो सो बाइसवें आदमी का वेतन नौ सो

बारह रुपया है। इस उदाहरण में पहले महकमे के उन्तालीस आदमियों का वेतन ऊपर के महकमे के किसी भी आदमी के वेतन से नहीं मिलता। तथा अन्त के सत्तावन आदमियों का वेतन नीचे के महकमे के किसी भी आदमी के वेतन से नहीं मिलता। शेष वेतन ऊपर नीचे के महकमों के वेतनों के साथ यथा सम्भव समान भी है। इसी प्रकार यथार्थ में भी ऊपर के समय सम्बन्धी परिणामों और नीचे के समय सम्बन्धी परिणामों सदृशता यथासम्भव जानना। विशेष गोमट्टसार से जानना चाहिए।

छठे गुणस्थान में तिरेसठ प्रकृतियों का बन्ध कहा था उनमें से अस्थिर अशुभ असाता, अयशस्कीर्ति अरति शोक इन छह प्रकृतियों की व्युच्छित्ति हो जाती है उनके घटाने से सत्तावन प्रकृति रही। उनमे आहारक शरीर और आहारक अंगोपांग के मिलाने से उनसठ प्रकृतियों का बन्ध होता है।

छठे गुणस्थान में इक्यासी प्रकृतियों का उदय कहा है उनमे आहारक शरीर आहारक आंगोपांग, निद्रा निद्रा प्रचला प्रचला, और स्त्यानगृद्धि इन पाँच प्रकृतियों की व्युच्छित्ति हो जाती है। इसलिये इन पाँच के घटाने से शेष छिहत्तर प्रकृतियों का उदय इस सातवें गुणस्थान में रहता है।

छठे गुणस्थान के समान इस गुणस्थान में भी एक सो छयालीस की सत्ता रहती है किन्तु क्षायिक सम्यग्दृष्टि के एक सो उन्तालीस प्रकृतियों का ही सत्त्व रहता है।

आठवाँ अपूर्व करणगुणस्थान : जिस करण में उत्तरोत्तर अपूर्व परिणाम होते जाय अर्थात् भिन्न समय वर्ती जीवों के परिणाम सदा विसदृश ही हो और एक समय वर्ती जीवों के परिणाम सदृश भी हो और विसदृश भी हों उसको अपूर्व करण कहते है और यही आठवाँ गुणस्थान है।

सातवें गुणस्थान में उनसठ प्रकृतियों का बन्ध कहा है उनमे से एक देवायु प्रकृति की व्युच्छित्ति हो जाती है शेष अट्ठावन प्रकृतियों का बन्ध इस आठवें गुणस्थान में होता है।

सातवें गुणस्थान में जो छिहत्तरि प्रकृतियों का उदय कहा है उनमे से सम्यक्प्रकृति अर्द्ध नाराच कीलक असम्प्राप्ता सृपाटिका इन चार प्रकृतियों की व्युच्छित्ति हो जाती है इसलिये चार के घटाने पर शेष बहत्तर प्रकृतियाँ का उदय इस गुणस्थान में होता है।

सातवें गुणस्थान में एक सो छियालीस प्रकृतियाँ का सत्त्व कहा है उनमे से अनन्तानुबन्धी क्रोध मान माया लोभ इन चार प्रकृतियों की व्युच्छित्ति हो जाती है इसलिये द्वितीयोपशम सम्यग्दृष्टि उपशम श्रेणी वाले के तो एक सौ बयालीस प्रकृतियों का सत्त्व रहता है किन्तु क्षायिक सम्यग्दृष्टि उपशम श्रेणी वाले के दर्शन मोहनीय की तीन प्रकृति रहित एक सो उन्तालीस प्रवृतियों का सत्त्व है और क्षपक श्रेणी वाले के अनन्तानुबन्धी क्रोध मान माया लोभ दर्शन मोहनीय की तीन और देवायु इन प्रकृतियों की व्युच्छित्ति हो जाती है। इसलिये एक सौ छियालीस में से आठ घटाने पर शेष एक सौ अडतीस प्रकृतियों का सत्त्व रहता है।

अनिवृत्तिकरण : जिस करण में भिन्न समयवर्ती जीवों के परिणाम सदृश ही हो उसको अनुवृत्ति करण कहते है। यही नौवाँ गुणस्थान है।

इन तीनों ही करणों के परिणाम प्रतिसमय अनन्तगुणी विशुद्धता लिये होते है।

आठवें गुणस्थान में अट्ठावन प्रकृतियों का बन्ध कहा है उनमें से निद्रा, प्रचला, तीर्थकर, निर्माण, प्रशस्त विहायोगति, पंचेन्द्रिय जाति, तेजस शरीर, कार्मण शरीर, आहारक शरीर, आहारक आंगोपांग, सम चतुरस्त्र संस्थान, वैक्रियिक शरीर देवगति, देवगत्यानुपूर्वी, रूप, रस, गंध, स्पर्श, अगुरू लघुत्व, उपघात परघात, उच्छ्वास, त्रस, बादर, पर्याप्त, प्रत्येक, स्थिर, सुस्वर, आदेय, हास्य, रति, जुगुप्सा, भय इन छत्तीस प्रकृतियों की व्युच्छित्ति हो जाती है। इन छतीस को घटाने पर शेष बाईस प्रकृतियों का बन्ध इस नौवें गुणस्थान में होता है।

आठवें गुणस्थान में जो बहत्तर प्रकृतियों का उदय होता है उनमे से हास्य, रति, अरति, शोक, भय, जुगुप्सा इन छह प्रकृतियों की व्युच्छित्ति हो जाती है। शेष छ्यासठ प्रकृतियों का उदय इस नौवे गुणस्थान में रहता है।

इस गुणस्थान में आठवें गुणस्थान के समान द्वितीयोपशम सम्यग्दृष्टि उपशम श्रेणी वाले के एक सो उनतालीस और क्षपक श्रेणी वाले के एक सौ अड़तीस प्रकृतियों का सत्त्व रहता है।

दशवाँ सूक्ष्म सांपरायगुणस्थान : अत्यन्त सूक्ष्म अवस्था को प्राप्त लोभ कषाय के उदय को अनुभव करते हुए जीव के सूक्ष्म सांपराय नाम का दशवाँ गुणस्थान होता है।

नौवें गुणस्थान में बाईस प्रकृतियों का बन्ध होता है। उनमें से पुरुष वेद संज्वलन क्रोध मान माया लोभ इन पाँच प्रकृतियों की व्युच्छित्ति हो जाती है शेष सत्रह प्रकृतियों का बन्ध होता है।

नौवे गुणस्थान में जो छ्यासठ प्रकृतियों का उदय होता है उनमें से स्त्रीवेद पुरूषवेद नपुंसकवेद, संज्वलन क्रोध मान माया इन छह प्रकृतियों की व्युच्छित्ति हो जाती है। इसलिये इन छह प्रकृतियों के घटाने पर शेष साठ प्रकृतियों का उदय दशवें गुणस्थान में रहता है।

उपशम श्रेणी में नौवें के समान द्वितीयोपशम सम्यग्दृष्टि के एक सौ बयालीस, और क्षायिक सम्यग्दृष्टि के एक सो उनतालीस और क्षपक श्रेणी वाले के नौवें गुणस्थान में जो एक सौ अडतीस प्रकृतियों का सत्त्व है उनमें से तिर्यग्गति, तिर्यग्गत्यानुपूर्वी, बिकलत्रय की तीन, निद्रानिद्रा, प्रचला प्रचला, रत्यानगृद्धि, उद्योत आतप, एकेन्द्रिय, साधारण, सूक्ष्म, स्थावर अप्रत्याख्यानावरण की चार, अप्रत्याख्यानावरण की चार, नोकषाय की नौ, संज्वलन क्रोध मान माया, नरक गति, नरकगत्यानुपूर्वी इन छत्तीस प्रकृतियों को व्युच्छित्ति हो जाती है। इसलिये इनको घटाने पर शेष एक सो दो प्रकृतियों का सत्त्व रहता है।

ग्यारहवाँ उपशांत मोह गुणस्थान : चारित्र मोहनीय की इक्कीस प्रकृतियों के उपशम होने से यथाख्यात चारित्र को धारण करने वाले मुनि के ग्यारहवाँ उपशान्त मोह नामक गुणस्थान होता है। इस गुणस्थान का काल समाप्त होने पर मोहनीय के उदय से जीव नीचले गुणस्थानों में आ जाता है।

दशवें गुणस्थान में सत्रह प्रकृतियों का बन्ध होता था। उनमे से ज्ञानावरण की पाँच,

दर्शनावरण की चार, अन्तराय की पाँच, यश: कीर्ति उच्चगोत्र इन सोलह प्रकृतियों की व्युच्छित्ति हो जाती है। शेष एक सातावेदनीय का बन्ध होता है।

दशवें गुणस्थान में साठ प्रकृतियों का उदय होता है उनमे से एक संज्वलन लोभ की व्युच्छित्ति हो जाती है। शेष उनसठ प्रकृतियों का उदय होता है।

नौवें और दशवें गुणस्थान के समान द्वितीयोपशम सम्यग्दृष्टि के एक सौ बयालीस और क्षायिक सम्यग्दृष्टि के एक सो उनतालीस प्रकृतियों का सत्त्व रहता है।

बारहवाँ क्षीणमोह गुणस्थान : मोहनीय कर्म के अत्यन्त क्षय होने से स्फटिक भोजन में रखे हुए निर्मल जल के समान अत्यन्त निर्मल अविनाशी यथाख्यात चारित्र के धारक मुनि के क्षीण मोह गुणस्थान होता है।

इस गुणस्थान में केवल साता वेदनीय कर्म का बन्ध होता हैं।

ग्यारहवें गुणस्थान में उनसठ प्रकृतियों का उदय होता है उनमे से वज्र नाराच और नाराच इन दो प्रकृतियों की व्युच्छित्ति हो जाती है शेष सत्तावन प्रकृतियों का उदय होता है।

दशवें गुणस्थान में क्षपक श्रेणी वाले की अपेक्षा एक सौ दो प्रकृतियों का सत्त्व है, उनमें से संज्वलन लोभ की व्युच्छित्ति हो जाती है उसके घटाने पर एक सौ एक प्रकृतियों का सत्त्व रहता है।

तेरहवाँ संयोग केवली गुणस्थान : मोहनीय की अट्ठाईस, ज्ञानावरण की पाँच दर्शनावरण की नौ अन्तराय की पाँच इस प्रकार घातिया कर्मों की सेंतालीस प्रकृतियाँ तथा नरक गति, तिर्यग्गति, नरक गत्यानुपूर्वी तिर्यग्गत्यानुपूर्वी विकलत्रय की तीन देवायु मनुष्यायु, तिर्यगायु, उद्योत, आतप, एकेन्द्रिय, साधारण, सूक्ष्म स्थावर इस प्रकार तिरेसठ प्रकृतियों का क्षय होने से लोकाकाश प्रकाशक केवलज्ञान तथा मनोयोग वचन योग और काय योग के धारक अरहंत भट्टारक के सयोग केवली नामक तेरहवाँ गुणस्थान होता है। यही केवली भगवान अपनी दिव्य ध्वनि से भव्य जीवों को मोक्षमार्ग का उपदेश देकर संसार में मोक्षमार्ग का प्रकाश करते है।

इस गुणस्थान में केवल एक सातावेदनीय का बन्ध होता हैं।

बारहवें गुणस्थान में जो एक सो एक प्रकृतियों का सत्त्व है उनमें से ज्ञानावरण की पाँच, दर्शनावरण की चार, अन्तराय की पाँच, निद्रा प्रचला इन सोलह प्रकृतियों की व्युच्छित्ति हो जाती है। शेष पिचासी प्रकृतियों का सत्त्व रहता है।

अयोग केवली चौदहवाँ गुणस्थान : मन वचन काय के योगों से रहित केवल ज्ञान सहित अरहंत भट्टारक के चौदहवाँ गुणस्थान होता है। इस गुणस्थान का काल अ इ उ ऋ लृ इन पाँच ह्रस्व स्वरों के उच्चारण मात्र जितना है। अपने गुणस्थान के काल के द्विचरम समय में सत्ता की पिचासी प्रकृतियों में से बहत्तर प्रकृतियों का और चरम समय में तेरह प्रकृतियों का नाश करके अरहंत भगवान मोक्ष धाम को पधार जाते है।

तेरहवें गुणस्थान में से जो साता वेदनीय का बन्ध होता था उसकी उसी गुणस्थान में व्युच्छित्ति होने से इस गुणस्थान में किसी का भी बन्ध नहीं होता। तेरहवे गुणस्थान में जो

बयालीस प्रकृतियों का उदय होता है उनमे से वेदनीय, वज्र वृषभ नाराच संहनन, निर्माण, स्थिर, अस्थिर, शुभ, अशुभ, सुस्वर, दुःस्वर, प्रशस्त विहायो गति, अप्रशस्त विहायो गति, औदारिक शरीर, औदारिक अंगोपांग, तैजस शरीर, कार्मण शरीर, समचतुस्र संस्थान, न्यग्रोध, स्वाति, कुब्जक, वामन, हुँडक, स्पर्श, रस, गन्ध, वर्ण, अगुरु लघुत्व, उपघात, परघात, उच्छ्वास, प्रत्येक इन तीस प्रकृतियों की व्युच्छित्ति हो जाती है। शेष वेदनीय, मनुष्यगति मनुष्यायु पंचेन्द्रिय जाति, सुभग, त्रस, बादर, पर्याप्त आदेय, यशस्कीर्ति, तीर्थंकर प्रकृति और उच्चगोत्र इन बारह प्रकृतियों का उदय रहता है।

तेरहवें गुणस्थान के समान इस गुणस्थान में पिचासी प्रकृतियों का सत्त्व है परन्तु द्विचरम समय में बहत्तर और अन्तिम समय में तेरह प्रकृतियों का सत्त्व नष्ट करके अरहन्त भगवान मोक्ष में जा विराजमान होते है। यह उपसंहार आवश्यकता समझकर जैन सिद्धान्त प्रवेशिका से लिखा है॥

अन्तिम मंगलाचरण

वन्दे वीर जिनेन्द्रं तद्वाणी वीरसारं वन्दे।
तद्धोषितजिनधर्मं वन्देऽहं वोधिसाभाय॥

अर्थ : अन्त में मैं जिनेन्द्र देव भगवान वर्द्धमान स्वामी को नमस्कार करता हूँ, उनके मुख से प्रगट हुई द्वादशांग वाणी को नमस्कार करता हूँ और विद्यमान आचार्य वर्य श्रीवीर सागरजी महाराज की वन्दना करता हूँ एवं रत्नत्रय की प्राप्ति के लिये उनके द्वारा कहे हुए जिनधर्म की वन्दना करता हूँ।

जयतु सदा जिनधर्मः सूरिः श्री शांति सागरो जयतु।
यच्चरणसेवया मां प्राप्ता स्वल्पा हि जिनभक्ति॥

अर्थ : यह जैनधर्म सदा जयवन्त हो तथा जिनके चरणकमलों की सेवा करने से मुझे थोडी सी जिनभक्ति प्राप्त हुई है ऐसे भाद्रपद शुक्ल 2 विक्रम संवत् 2012 को 84 वर्ष की आयु में दिवंगत आचार्य वर्य श्री शांति सागर जी महाराज सदा जयवन्त रहें।

समाप्तोऽयं ग्रंथः

अमृतवाणी

जागृत हो धर्मवीरे!

धर्म निर्मूल विध्वंस सहन्ते न प्रभावका।
बिना सावद्यलेशेन न स्याद्धर्म प्रभावना।
आजन्म दिगम्बर भगवत् जिनसेनाचार्य

धर्म निर्मूल विनाश को धर्मवीर, कर्तव्यनिष्ठ, धर्मप्रभावक मनुष्य सहन नहीं करते हैं। धर्म रक्षा के लिये यदि किसी से पाप भी होता है वह नगण्य है। ''सावद्य लेशो बहु पुण्य राशौ'' न्यायानुसार पाप कर्म पुण्य अधिक होने से दोषकर नहीं है, बिना स्वल्प पाप से धर्म प्रभावना नहीं हो सकती है।

चेतावन

धर्मनाशे क्रियाध्वंसे सुसिद्धान्तस्य विप्लवे।
अपृष्टैरपि वक्तव्यं तत्स्वरूपं प्रकाशने॥''ज्ञानार्णव''

धर्मनाशमे, क्रियाध्वंसे अर्थात् धार्मिक सम्यक्क्रियाओं के लोप में सुआगम सम्मत सिद्धान्त का विकल्प होने पर, बिना पूछे भी उनका कथन करने के लिये बोलना चाहिए।

महापाप

जिणवर आणा भंगं उरसूत्त लेस देक्षणयं।
आणा भंगे पावन्ता जिनसमय दुकरं धम्म॥ (उपदेशरत्नमाला)

जिनाज्ञा उल्लंघन करके उन्मार्ग उत्सूत्र का जो अंशमात्र भी उपदेश देता है वह जिनाज्ञा भंग करता है। उससे ऐसा पाप होता है। जिससे उसको जिनधर्म पाना दुष्कर हो जाता है।

अजितशत्रू

तावद् गर्जन्ति शास्त्राणि जम्बुका विपिने यथा।
न गर्जन्ति महाशक्तिर्यावद् स्याद्वाद केशरी॥

तब तक शास्त्ररूपि श्रृगाल गर्जन करता है, जब तक महाशक्तिवान स्याद्वादसिंह गर्जन नहीं करता है।

सत्याग्रह

पक्षपाति नमे वीरे न द्वेष कपिलादिषु।
युक्तिमद् वचनं यस्य तस्य कार्यपरिग्रहः॥

मेरे वीरप्रति पक्षपात नहीं कपिलादि प्रति द्वेष नहीं। किन्तु जिनका वचन युक्तियुक्त है उन्हीं का अनुकरण करो।

हिन्दी दोहा

विषयसुख का लालची सुन अध्यातम वाद।
त्याग धर्म को त्यागकर करे साधु अपवाद॥
समकित समकित रटनतै समकित कबहुँन होय।
वीतराग की भगति बिन समकित कैसे होय॥
कायपाय कर तप नहीं किना आगम पढकर न मिटि कषाय।
धन को जोडि दान नहीं दिना तो तु क्या किया इत आन॥
कहते है करते नहीं मुँह के बडे लवार।
कालां मुँह होयेगा कर्म के दरबार॥
क्या क्या देखी वीतरागमे तू क्या जाने वीरा रे।
वीतराग की वाणी द्वार दूर करो भवपीरा रे॥

❑❑❑